Herbergen der Christenheit

Sonderband 27

Herbergen der Christenheit

Jahrbuch für deutsche Kirchengeschichte

Herausgeber und Redaktionsbeirat:

Markus Hein
mit Michael Beyer, Volker Gummelt, Wolfgang Krogel, Margit Scholz,
Susanne Böhm und Christoph Werner

Sonderband

27

Landeskirche ohne Landesherrn

Neuanfänge und Kontinuitäten der evangelischen
Kirchen in der Zeit der Weimarer Republik

Herausgegeben von
Christopher Spehr

EVANGELISCHE VERLAGSANSTALT
Leipzig

Gedruckt mit freundlicher Unterstützung
der Evangelischen Kirche in Deutschland,
der Union Evangelischer Kirchen in der EKD,
der Evangelischen Kirche in Mitteldeutschland,
des Vereins für die Kirchengeschichte der Kirchenprovinz Sachsen und
der Gesellschaft für Thüringische Kirchengeschichte.

Bibliographische Information der Deutschen Nationalbibliothek
Die Deutsche Nationalbibliothek verzeichnet diese Publikation in der
Deutschen Nationalbibliographie; detaillierte bibliographische Daten
sind im Internet über http://dnb.dnb.de abrufbar.

© 2021 by Evangelische Verlagsanstalt GmbH · Leipzig
Printed in Germany

Das Werk einschließlich aller seiner Teile ist urheberrechtlich geschützt.
Jede Verwertung außerhalb der Grenzen des Urheberrechtsgesetzes ist ohne
Zustimmung des Verlags unzulässig und strafbar. Das gilt insbesondere für
Vervielfältigungen, Übersetzungen, Mikroverfilmungen und die Einspeicherung
und Verarbeitung in elektronischen Systemen.

Das Buch wurde auf alterungsbeständigem Papier gedruckt.

Cover: Zacharias Bähring, Leipzig
Coverbild: Georgenkirche Berlin zur Zeit der Straßenkämpfe im Jahr 1919 © IMAGO images
Layout: Institut für Kirchengeschichte der Theologischen Fakultät Leipzig
Satz: Felicia Zs. Hein
Druck und Binden: Hubert & Co., Göttingen

ISBN 978-3-374-06869-2 // eISBN (PDF) 978-3-374-06871-5
www.eva-leipzig.de

Inhalt

5 Inhalt

9 Vorwort

11 *Christopher Spehr*
Landeskirche ohne Landesherrn – ein einleitender Prospekt

VERÄNDERUNGEN IN GESELLSCHAFT UND KIRCHE

25 *Klaus Dicke*
Herausforderungen an Staat, Gesellschaft und Kirche nach dem
Ersten Weltkrieg in Deutschland

39 *Axel Noack*
Von der Eisenacher Konferenz zum Deutschen Evangelischen
Kirchenbund

LANDESKIRCHEN IM VERGLEICH

79 *Jürgen Kampmann*
Preußen und Württemberg – und auch das preußische Hohenzollern

KIRCHENPROVINZEN DER ALTPREUßISCHEN UNION

97 *Albrecht Geck*
Die Kirchenprovinz Westfalen und das Ende des preußischen
Summepiskopats 1918/19

117 *Andreas Mühling*
Politische Umbrüche 1918/19 und die Rheinische Provinzialkirche

129 *Hans Seehase*
Die Kirchenprovinz Sachsen – eine östliche Gliedkirche der
Evangelischen Kirche der altpreußischen Union
zwischen 1918 und 1933

151   *Dietmar Neß*
Die schlesische Kirchenprovinz 1918-1933 und die Unierte
evangelische Kirche in Polnisch Oberschlesien seit 1923

KLEINERE LANDESKIRCHEN

183   *Rainer Hering*
Vom Patronat zur Demokratie
Die Evangelisch-lutherische Kirche im Hamburgischen Staate
in der Weimarer Republik

199   *Gerrit Noltensmeier*
Revolution und kirchliche Neuordnung in Lippe

213   *Helge Klassohn*
Das Ende des landesherrlichen Kirchenregiments in Anhalt
Die Bildung einer eigenständigen Landeskirche ab 1918 und
das Wirken von Franz Hoffmann und Ewald Stier

LANDESKIRCHEN IN DER MITTE DEUTSCHLANDS

243   *Ernst Koch*
Abschiede und ein Neuanfang
Das Werden der Thüringer evangelischen Kirche 1918/19

261   *Wolfgang Lück*
Die Landeskirche in Hessen-Darmstadt zwischen 1918 und 1933

LANDESKIRCHEN IM SÜDEN DEUTSCHLANDS

281   *Johannes Ehmann*
Die vereinigte evangelisch-protestantische Landeskirche in Baden
1919 in verfassungspolitischer Perspektive

293   *Wolfgang Sommer*
Die bayerische Landeskirche nach dem Ende des landesherrlichen
Kirchenregiments und in den ersten Jahren der Weimarer Republik

DEUTSCHSPRACHIGE EVANGELISCHE KIRCHEN IM OSTEUROPÄISCHEN AUSLAND

315 *Olgierd Kiec*
Die evangelischen Kirchen in Polen nach 1918

331 *Sebastian Rimestad*
Von »deutschen« Landeskirchen zu nationalen Volkskirchen
Der Umbruch 1917/20 in den evangelisch-lutherischen Kirchen
des Baltikums

345 *Ulrich A. Wien*
»Man wechselt sein Vaterland doch nicht wie ein Hemd.«
Die Evangelische Landeskirche A. B. in Rumänien nach
dem Ende des Ersten Weltkriegs

367 Autorenverzeichnis

369 Personenregister

378 Ortsregister

381 Abkürzungsverzeichnis

Vorwort

Die in diesem Band enthaltenen Beiträge gehen auf die Tagung »Landeskirche ohne Landesherrn: Neuanfänge und Kontinuitäten der evangelischen Kirchen in der Zeit der Weimarer Republik« zurück, die vom 29. bis 31. August 2019 im Herderzentrum der Evangelisch-Lutherischen Kirchengemeinde Weimar stattfand. Zu diesem wissenschaftlichen Symposium, das zugleich die Jahrestagung des Arbeitskreises Deutsche Landeskirchengeschichte (ADLK) bildete, hatten die Gesellschaft für Thüringische Kirchengeschichte e.V., der Verein für Kirchengeschichte der Kirchenprovinz Sachsen e.V., die ADLK und der Lehrstuhl für Kirchengeschichte der Theologischen Fakultät der Friedrich-Schiller-Universität Jena als gemeinsame Veranstalter eingeladen.

Anlass war das 100-jährige Jubiläum der Weimarer Reichsverfassung, welche von der in Weimar tagenden Nationalversammlung beschlossen worden und im August 1919 in Kraft getreten war. Die neue Verfassung vollzog mit ihren Artikeln über Religion und Religionsgesellschaften die moderate Trennung von Staat und Kirche und regelte dadurch das zukünftige Mit- und Nebeneinander von Staat und Kirche. Notwendig geworden war die neue Verhältnisbestimmung durch das Ende der Monarchie und dem damit verbundenen Ende des landesherrlichen Kirchenregiments seit dem 9. November 1918. Wie aber reagierten die evangelischen Landeskirchen auf die Tatsache, nun ohne Landesherrn das Kirchenregiment in die Hand zu nehmen? Welche Herausforderungen mussten bewältigt werden? Wie groß waren die Neuanfänge oder handelte es sich größtenteils um Kontinuitäten?

Diesen und weiteren Fragen wurde während der Tagung anhand einzelner Landes-, Provinzial- und Auslandskirchen nachgegangen. Die allesamt gehaltvollen Referate wurden durch zwei öffentliche Abendvorträge ergänzt. Nach Grußworten von Propst Dr. Dr. h.c. Johann Schneider (Halle), Regionalbischof der Evangelischen Kirche in Mitteldeutschland, und Prof. Dr. Andreas Mühling (Trier), Vorsitzender des ADLK, hielt Prof. Dr. Klaus Dicke (Jena) am 29. August 2019 den Eröffnungsvortrag zu den politischen und kirchlichen Herausforderungen nach dem Ersten Weltkrieg aus politik- und ideengeschichtlicher Perspektive. Dr. Thomas A. Seidel (Weimar), Vorsitzender der Gesellschaft für Thüringische Kirchengeschichte e.V., auf dessen Anregung der Tagungstitel zurückgeht, begrüßte die Teilnehmerinnen und Teilnehmer seitens der gastgebenden Vereine und lud für die Evangelische Kirche in Deutschland zum anschließenden Empfang. Am folgenden Abend entfaltete Altlandesbischof Prof. Axel Noack (Halle), zugleich Vorsitzender des Vereins für die Kirchengeschichte der Kirchenprovinz Sachsen e.V., Genese und Wirken des 1922

9

Vorwort

gegründeten Deutschen Evangelischen Kirchenbundes. Geistliche Akzente setzten die Morgenandachten in der Herderkirche, die am 30. August Pfarrer Sebastian Kircheis (Weimar) und am 31. August Prof. Axel Noack hielten.

Die Tagung wurde durch eine Arbeitsgruppe bestehend aus Dr. Hans Seehase (Magdeburg), Pfarrer Christian Dietrich (Erfurt), Pfarrerin Dr. Susanne Böhm (Apolda) und Prof. Dr. Christopher Spehr (Jena) vorbereitet. In der Tagungsorganisation machten sich verdient Karl-Christoph Goldammer, Maximilian Rosin und Johanna Schaich sowie Petra Richter (alle Jena). Für das Catering sorgte Ralf Kleist (Jena) von der SAMS Initiative Jena. Gefördert wurde die Tagung durch die Gesellschaft für Thüringische Kirchengeschichte, den Verein für die Kirchengeschichte der Kirchenprovinz Sachsen, die Evangelische Kirche in Mitteldeutschland und die Evangelische Kirche in Deutschland. Ihnen allen sei herzlich gedankt.

Erfreulicher Weise stellten alle Referenten ihre Vorträge für die Publikation zur Verfügung. Ergänzt wurden sie durch Beiträge über die evangelische(n) Kirche(n) in Hamburg, Westfalen, Schlesien, Bayern und das Baltikum, die für diesen Band explizit angefertigt wurden. Für die gute Zusammenarbeit sei den Autoren ein herzliches Dankeschön zugesprochen. Zu danken sind darüber hinaus Maja Menzel, Klara Simon und ganz besonders Karl-Christoph Goldammer (alle Jena) für die umsichtige redaktionelle Arbeit. Wertvolle Anregungen sind Prof. Dr. Jürgen Kampmann (Tübingen) zu verdanken. Der Band konnte in die Reihe »Herbergen der Christenheit« als Sonderband aufgenommen, der Satz durch Felicia Zs. Hein erstellt und das Werk durch die Evangelische Verlagsanstalt Leipzig betreut und publiziert werden. Für die stets gute und vertrauensvolle Zusammenarbeit sei Dr. Markus Hein (Leipzig) und seitens der Evangelischen Verlagsanstalt Stefan Selbmann gedankt. Dass die Publikation nun vorgelegt werden kann, ist dank der finanziellen Förderung durch die Evangelische Kirche in Deutschland, die Union Evangelischer Kirchen in der EKD, die Evangelische Kirche in Mitteldeutschland, den Verein für die Kirchengeschichte der Kirchenprovinz Sachsen sowie die Gesellschaft für Thüringische Kirchengeschichte ermöglicht worden.

Jena, im März 2021   Christopher Spehr

Landeskirche ohne Landesherrn – ein einleitender Prospekt

Von Christopher Spehr

Unter dem Titel »Revolution und Kirche«[1] erschien im Frühjahr 1919 ein Band, der die tagesaktuelle Frage aufgriff, was die revolutionären Entwicklungen seit dem 9. November 1918 für Kirche und Schule in Deutschland zu bedeuten hätten. Noch ganz unter dem Eindruck des Endes der Monarchie und der Übernahme der Regierung durch sozialdemokratische Kräfte stehend hatten die Herausgeber, der Berliner Historiker Friedrich Thimme und der Osnabrücker Pfarrer Ernst Rolffs, führende Theologen, Juristen und Kirchenvertreter gebeten, zu einzelnen Problemfeldern des Verhältnisses von Staat, Kirche und Schule Stellung zu beziehen. Das Ergebnis waren zeitdiagnostische Aufsätze, die sich aus unterschiedlicher Perspektive mit der notwendigen Neuordnung des Verhältnisses von Staat und Kirche befassten und die »Trennungsfrage«[2] zukunftsorientiert diskutierten.

So analysierte beispielsweise Friedrich Thimme das »Verhältnis der revolutionären Gewalten« zur Religion und zu den Kirchen.[3] In seinem Beitrag spannte er den Bogen von Karl Marx und Friedrich Engels über die sozialistischen Parteiprogramme von Eisenach, Gotha und Erfurt bis hin zu den kirchendistanzierenden Entwicklungen unter dem preußischen Minister für Wissenschaft, Kultur und Volksbildung Adolph Hoffmann. Dass mit dessen Ausscheiden aus der Regierung am 4. Januar 1919 Verordnungen über die Beschränkung des Religionsunterrichts zurückgenommen wurden und in dieser Angelegenheit der frühere Zustand wiederhergestellt wurde, betonte Thimme ausdrücklich. Eine umsichtige Klärung des Verhältnisses von Kirche und Staat erhoffte er sich von der in Aussicht gestellten Nationalversammlung.

Als konsequentes Ergebnis der geschichtlichen Entwicklung deutete der Kieler Theologieprofessor Otto Baumgarten das »Ende der Staatskirche«.[4] Der Berliner Pfarrer Otto Dibelius plädierte für eine »wahre, freie, kraftvolle Volkskirche« als Antwort auf die Trennungsfrage,[5] womit er sein später in der Programmschrift »Das

---

1 REVOLUTION UND KIRCHE: zur Neuordnung des Kirchenwesens im deutschen Volksstaat/ hrsg. von Friedrich Thimme; Ernst Rolffs. Berlin 1919.

2 Ebd, V.

3 Friedrich THIMME: Das Verhältnis der revolutionären Gewalten zur Religion und den Kirchen. In: Revolution und Kirche … (wie Anm. 1), 1-50.

4 Otto BAUMGARTEN: Das Ende der Staatskirche das Ergebnis der geschichtlichen Entwicklung. In: Revolution und Kirche … (wie Anm. 1), 70-82.

5 Otto DIBELIUS: Volkskirchenräte, Volkskirchenbund, Volkskirchendienst. In: Revolution und Kirche … (wie Anm. 1), 201-213, hier 203.

Christopher Spehr

Jahrhundert der Kirche« (1927) entfaltetes Konzept einer Volkskirche in Umrissen skizzierte.[6] Und der Gießener Theologieprofessor Martin Schian bemerkte in seinem Aufsatz zur Neugestaltung der Kirchenverfassung:

> »Kein Zweifel: die staatliche Umwälzung muß auch eine Neugestaltung der Verfassung der evangelischen Kirchen zur Folge haben. Zu eng waren Staatsregimente und evangelische Kirchen verbunden, als daß die letzteren einfach bei ihrer alten Art bleiben könnten, wenn sich die ersteren von Grund auf wandeln.«[7]

Nicht den Zusammenschluss der Landeskirchen zu einer Reichskirche, sondern die Neugestaltung der Einzelkirchen wollte Schian bedenken, wenn er resümierte: »Zwei Umstände werden diese Neugestaltung bestimmen: der Fortfall der Monarchien und die Entchristlichung der Regierungen.«[8] Weil das Kirchenregiment des Landesherrn aufhöre, müssten die evangelischen Kirchen nun zur »Selbstregierung« übergehen.[9]

Wie diese »Selbstregierung« der Landeskirchen ohne Landesherrn konkreter aussehen sollte, darüber gingen die Antworten der versammelten Autoren auseinander. Einig waren sie sich aber darin, dass das Ende der Monarchie im November 1918 einen gravierenden Umbruch für die Landeskirchen bedeutete und insbesondere die sozialdemokratischen Länderregierungen mit ihren radikalen Trennungsforderungen von Staat und Kirche eine Bedrohung für den Bestand der Kirchen darstellte. Insgesamt bildete der weitsichtige Band »Revolution und Kirche« ein über den Moment hinausgehendes Stimmungsbild, das auch nach Einführung der Regelungen der Weimarer Reichsverfassung zu Religion und Religionsgesellschaften (Art. 135-141) aktuell blieb.

Mit dem Ende des landesherrlichen Kirchenregiments 1918 standen die 44 evangelischen Landes- und Provinzialkirchen im Deutschen Reich in der Tat vor umwälzenden Herausforderungen. Obwohl in Kirche und Theologie schon länger über eine Ausdifferenzierung von Kirche und Staat diskutiert und teilweise seit dem Kulturkampf praktiziert worden war, trat nun der organisatorische Ernstfall ein. Das seit der Reformation etablierte Kirchenregiment des Landesherrn war mit dem Ende der Monarchie hinfällig geworden. Jetzt stellte sich die Frage, ob und wie die summepiskopalen Rechte auf die Kirchenregierungen transferiert werden konnten. Weder politisch noch innerkirchlich waren die rechtlichen Strukturen der evangelischen Landeskirchen geklärt. Zudem hielt die unruhige, revolutionäre Bedrohungslage auch 1919 noch an und wurde beispielsweise in den Berliner Straßenkämpfen während des Generalstreiks vom März 1919 mit über 1.200 Toten sinnfällig. Als Symbol für die politischen Auseinandersetzungen diente der durch

---

6 Otto DIBELIUS: Das Jahrhundert der Kirche: Geschichte, Betrachtungen, Umschau und Ziele. Berlin 1927.

7 Martin SCHIAN: Die Neugestaltung der Kirchenverfassung. In: Revolution und Kirche … (wie Anm. 1), 187-201, hier 187.

8 Ebd, 188.

9 Ebd.

Artilleriefeuer zerstörte Turm der Georgenkirche am Alexanderplatz, von dem eine Postkarte angefertigt und verbreitet wurde. Ein Ausschnitt dieses Fotos dient dem vorliegenden Band als Coverbild und steht bildhaft für die Umbruchsituation.

Nach den Monaten des Übergangs wurde in der Weimarer Reichsverfassung vom 11. August 1919 das Verhältnis von Staat und Kirche reichsrechtlich geregelt. Zwar wurde die Trennung von Staat und Kirche festgeschrieben und das Staatskirchentum aufgehoben, die privilegierte Position der beiden Großkirchen mit ihrem öffentlich-rechtlichen Status aber blieb – anders als von den sozialistischen Akteuren gefordert – erhalten (Art. 137).[10] Daher stellt sich die Frage, wie die Kirchen, insbesondere die evangelischen Kirchen, hierauf reagierten? Wie vollzogen und gestalteten sie den »Umbruch« in die landeskirchliche Selbstständigkeit? Welche Neuanfänge waren nötig und welche Kontinuitäten möglich? Durch welche Ordnungen und Strukturen suchten die Landeskirchen diesen Weg zu beschreiten? Zudem kam es nach Kriegsende vor allem durch den Versailler Vertrag zu Gebietsverlusten für das Deutsche Reich und somit auch zu Änderungen der davon betroffenen Kirchen und Kirchengebieten.[11] Was veränderte sich für diese Kirchen und die übrigen deutschsprachigen Kirchen im Ausland?

Während sowohl die politischen Entwicklungen im Deutschen Reich der Jahre 1918/19 bereits intensiv erforscht,[12] als auch das Ringen um die Verhältnisbestimmung von Staat und Kirche,[13] die Religionsdebatte in Weimar[14] sowie die Folgen der

---

10 Vgl. z.B. die Überblicke bei Wolf-Dieter HAUSCHILD: Lehrbuch der Kirchen- und Dogmengeschichte. Bd. 2: Reformation und Neuzeit. Gütersloh 1999, 831-833; Claudia LEPP: Protestantismus und Politik. In: Kirchliche Zeitgeschichte_evangelisch. Bd. 1: Protestantismus und Weimarer Republik (1918-1932)/ hrsg. von Siegfried Hermle; Harry Oelke. Leipzig 2019, 33-55, hier 36-40.

11 Vgl. Karl-Heinz FIX: Kirchliche Ordnung und Strukturen. In: Kirchliche Zeitgeschichte_evangelisch … (wie Anm. 10), 74-99, hier 75-77.

12 Vgl. exemplarisch DIE VERGESSENE REVOLUTION VON 1918/19/ hrsg. von Alexander Gallus. Göttingen 2010; Mark JONES: Am Anfang war Gewalt: die deutsche Revolution 1918/19 und der Beginn der Weimarer Republik. Berlin 2017; Robert GERWARTH: Die größte aller Revolutionen: November 1918 und der Aufbruch in eine neue Zeit. München 2018; Lothar MACHTAN: Kaisersturz: vom Scheitern im Herzen der Macht. Darmstadt 2018. Zur Weimarer Republik allgemein vgl. u.a. Ursula BÜTTNER: Die überforderte Republik 1918-1933: Leistung und Versagen in Staat, Gesellschaft, Wirtschaft und Kultur. Stuttgart 2008.

13 Vgl. Martin GRESCHAT: Der deutsche Protestantismus im Revolutionsjahr 1918/19. Witten 1974.

14 Vgl. Michael DREYER: Kirche, Konstitution, Kompromiss: zur Religionsdebatte in der Weimarer Nationalversammlung. In: Religiöse Bildung und demokratische Verfassung in historischer Perspektive/ hrsg. von Gregor Reimann; Michael Wermke. Leipzig 2019, 19-40; Ansgar HENSE: Koordinaten und Kontext des Weimarer Ordnungsmodells von Staat und Religion. In: Weimar international: Kontext und Rezeption der Verfassung von 1919/ hrsg. von Thomas Kleinlein; Christoph Ohler. Tübingen 2020, 147-166. Wolfgang HUBER: Balancierte Trennung: Kommentar. In: Ebd, 167-174.

Weimarer Reichsverfassung für die Kirchen verschiedentlich untersucht wurden,[15] fehlten bisher die unterschiedlichen Voraussetzungen und Entwicklungen der Landes- und Provinzialkirchen berücksichtigende Vergleichsstudien.[16] Der vorliegende Band, der auf die Weimarer Tagung von 2019 zurückgeht, setzt an diesem Desiderat an, wenn er die Geschehnisse in einzelnen Landes- und Provinzialkirchen vor 100 Jahren in ideengeschichtlicher, institutionengeschichtlicher und territorialkirchenhistorischer Perspektive zu ergründen sucht. Anhand einzelner Studien, die zu vergleichenden Entdeckungen anregen, wird die Entwicklung verschiedener Landes- und Provinzialkirchen seit 1918 skizziert und dargestellt. Dass hierbei nicht alle Landes- und Provinzialkirchen berücksichtigt werden konnten, sondern eine exemplarische Auswahl im Zusammenhang mit dem Arbeitskreis Deutsche Landeskirchengeschichte getroffen wurde, sei explizit erwähnt. Einen eigenen kleinen Schwerpunkt bilden drei Aufsätze zu den deutschsprachigen evangelischen Kirchen im osteuropäischen Ausland. Verschiedentliche wiederholende Beschreibungen der politischen Ereignisse in den Aufsätzen seien als Vertiefungen zu verstehen. Um eine gewisse Übersichtlichkeit zu gewähren, sind die Beiträge des Bandes einzelnen Rubriken zugeordnet.

Im Vorfeld der Tagung waren den Autoren zur Orientierung Fragen an die Hand gegeben worden, die nicht detailliert zu beantworten waren, wohl aber einer gewissen Vergleichbarkeit dienen konnten. Diese Fragen seien der Vollständigkeit wegen hier noch einmal aufgeführt:

1. Wie reagierte die Landes- bzw. Provinzialkirche auf das Ende des landesherrlichen Kirchenregiments?
2. Mit welchen spezifischen Herausforderungen musste sich die evangelische Kirche (z.B. Politik, Militär, Industrie, Folgen des Ersten Weltkriegs) seit 1918 auseinandersetzen?
3. Wie wirkten sich die politischen Veränderungen auf die deutschsprachigen Auslandskirchen aus?

---

15 Vgl. Kurt NOWAK: Evangelische Kirche in der Weimarer Republik: zum politischen Weg des deutschen Protestantismus zwischen 1918 und 1932. Weimar 1981; Gerhard BESIER: Die Evangelische Kirche der altpreußischen Union im Weimarer Staat (1918-1933). In: Die Geschichte der Evangelischen Kirche der Union. Bd. 3: Trennung von Staat und Kirche – Kirchlich-politische Krisen – Erneuerung kirchlicher Gemeinschaft (1918-1992)/ hrsg. von dems.; Eckhard Lessing. Leipzig 1999, 35-210.

16 Vgl. zur institutionellen Orientierung HANDBUCH DER DEUTSCHEN EVANGELISCHEN KIRCHEN 1918 BIS 1949: Organe – Ämter – Personen. Bd. 2: Landes- und Provinzialkirchen/ hrsg. von Karl-Heinz Fix; Carsten Nicolaisen; Ruth Pabst. Göttingen 2017. – Als Quellensammlungen vgl. DIE VERFASSUNGEN DER DEUTSCHEN EVANGELISCHEN LANDESKIRCHEN: unter Berücksichtigung der kirchlichen und staatlichen Ein- und Ausführungsgesetze. 2 Bde. Berlin 1927; STAAT UND KIRCHE IM 19. UND 20. JAHRHUNDERT: Dokumente zur Geschichte des deutschen Staatskirchenrechts. Bd. IV: Staat und Kirche in der Zeit der Weimarer Republik/ hrsg. von Ernst Rudolf Huber; Wolfgang Huber. Berlin 1988.

4. Welche Grundordnung / Kirchenordnung / Verfassung wählte oder erarbeitete die Kirche und warum?
5. Welche Rolle spielte hierbei das Bekenntnis?
6. Welche institutionellen Ämter und Organe (Synode, Bischof, Landeskirchenrat, Presbyterien o.ä.) wurden geschaffen bzw. weiterentwickelt?
7. Wo sind Kontinuitäten zur Kirche vor 1918, wo Diskontinuitäten festzustellen?
8. Welche kirchengeschichtlichen Ereignisse sind für die Kirche in der Zeit zwischen 1918 und 1933 von Bedeutung?
9. Welche Personen oder Gruppen prägten den Weg der Kirche in der Zeit der Weimarer Republik?
10. Welche Haltung nahm die Kirche bzw. nahmen ihre offiziellen Vertreter zur Weimarer Reichsverfassung ein?

Die erste Rubrik befasst sich mit den »Veränderungen in Gesellschaft und Kirche«. *Klaus Dicke* führt in seinem Beitrag in die politische und gesellschaftliche Situation der Zeitenwende ein und spürt umsichtig den Herausforderungen an Staat, Gesellschaft und Kirche in Deutschland nach dem Ersten Weltkrieg nach, die er durch die Schlagworte »Bewältigung der Kriegsfolgen«, »Von der Monarchie zur Demokratie« und »Aufbruch in die Moderne« umschreibt.[17] Als Schwierigkeiten für den Protestantismus in Deutschland identifiziert er u.a. das Ende des landesherrlichen Kirchenregiments, die Kirchenfeindlichkeit (nicht nur der Arbeiterschaft) und die noch fehlenden politischen Artikulationsmöglichkeiten angesichts des neu gewonnenen Pluralismus. Das Hauptproblem von Politik, Gesellschaft und Kirche in der Weimarer Republik, das letztlich zur Überforderung der jungen Republik führte, sieht Dicke in einer Art »kollektiver Realitätsverweigerung«.[18]

Gleichwohl erkannten die nun ohne Landesherrn selbstständig handelnden Landeskirchen, dass nur ein gewisser Zusammenschluss auf Reichsebene den gemeinschaftlichen Herausforderungen mit ihren neuen Realitäten gerecht werden könne. Diesem Anliegen trug die Gründung des Deutschen Evangelischen Kirchenbundes am 25. Mai 1922 Rechnung, in dem sich die jetzt 28 Landeskirchen zusammenschlossen, ohne aber ihre organisatorische und bekenntnismäßige Unabhängigkeit aufzugeben. Hierüber berichtet *Axel Noack* in seinem Beitrag, der die Genese des Kirchenbundes in einen weiten Rahmen stellt. Seine Darstellung reicht von den ersten Initiativen im 19. Jahrhundert über die Wirkungszeit der Organe des Kirchenbundes in den 1920er Jahren bis hin zur »Aufhebung« des Kirchenbundes in die Deutsche Evangelische Kirche 1933.[19]

---

17 Klaus Dicke: Herausforderungen an Staat, Gesellschaft und Kirche nach dem Ersten Weltkrieg in Deutschland, in diesem Band.
18 Ebd.
19 Axel Noack: Von der Eisenacher Konferenz zum Deutschen Evangelischen Kirchenbund, in diesem Band.

Die zweite Rubrik thematisiert »Landeskirchen im Vergleich«. *Jürgen Kampmann* zeichnet anhand von Preußen und Württemberg die unterschiedlichen politischen Entwicklungen und landeskirchlichen Weichenstellungen nach, die in Preußen in der Kirchenverfassung der Evangelischen Kirche der altpreußischen Union (ApU) mündeten. Anschaulich hebt er eine geografische Schnittstelle hervor, wenn er das bisher von der Forschung vernachlässigte evangelische Kirchenwesen im preußischen Hohenzollern untersucht, welches eine besondere Stellung innerhalb der altpreußischen Landeskirche einnahm.[20]

Weil die Entwicklungen der einflussreichen altpreußischen Unionskirche bereits in der zweiten Rubrik dargestellt wurden, sollen in der dritten Rubrik nun vier der acht »Kirchenprovinzen der Altpreußischen Union« genauer hervorgehoben werden. *Albrecht Geck* entfaltet in seinem Beitrag über die Kirchenprovinz Westfalen in den Jahren 1918/19 die politische Situation in Preußen sowie dessen landeskirchliche Veränderungen und beschreibt, wie über die »außerordentlichen« Kreissynoden zwischen Dezember 1918 und Februar 1919 und die »außerordentliche« Provinzialsynode die Bewältigung des politischen und kirchlichen Systemwechsels verlief.[21] Der durch die Rheinisch-Westfälische Kirchenordnung von 1835 mitsamt ihren presbyterial-synodalen Elementen verbundenen Rheinischen Provinzialkirche widmet sich sodann *Andreas Mühling*. Im Umgestaltungsprozess der Kirchenprovinz hebt er besonders die 34. Rheinische Provinzialsynode vom März 1919 hervor und analysiert die Bedeutung der revidierten Rheinisch-Westfälischen Kirchenordnung von 1923 für die Rheinische Provinzialkirche. Die spezifischen kirchenpolitischen Herausforderungen des rheinischen Protestantismus nach 1918 berücksichtigt er ebenfalls.[22] In einen größeren Horizont stellt *Hans Seehase* seine Untersuchung über die Kirchenprovinz Sachsen, in der er zugleich Diskussionsgänge der Weimarer Tagung von 2019 aufnimmt. Aus kirchenrechtlicher Perspektive bedenkt er die Frage nach der Kirchengewalt und weist auf die »gestufte Repräsentation« der jeweiligen kirchlichen Ebenen hin. Die preußische Provinzialkirche Sachsen wird sodann historisch eingeordnet, mit den Debatten um die »Groß-Thüringen-Frage« und dem »Mitteldeutschland-Projekt« verknüpft sowie anhand der inneren Gliederung des Provinzkirchensynodalverbandes dargestellt. Welche Bedeutung die Verfassungsurkunde der altpreußischen Unionskirche von 1922 für die Kirchenprovinz Sachsen hatte, wird in diesem Aufsatz ebenso bedacht, wie die Schulfrage, der Dienst für die

---

20 Jürgen KAMPMANN: Preußen und Württemberg – und auch das preußische Hohenzollern, in diesem Band.

21 Albrecht GECK: Die Kirchenprovinz Westfalen und das Ende des preußischen Summepiskopats 1918/19, in diesem Band.

22 Andreas MÜHLING: Politische Umbrüche 1918/19 und die Rheinische Provinzialkirche, in diesem Band.

Kirchen im Ausland, innerkirchliche Strömungen und prägende Persönlichkeiten.[23] Als vierte Provinzialkirche präsentiert *Dietmar Neß* die schlesische Kirchenprovinz, indem er deren Geschichte von 1918 bis 1933 skizziert, den Verfassungsaufbau mitsamt den Provinzialsynoden umreißt sowie die einzelnen kirchlichen Arbeitsfelder skizziert. Unter der Überschrift »Grenzland-Erfahrungen« stellt er in einem eigenen Abschnitt die Eingliederung Ost-Oberschlesiens ins polnische Staatsgebiet 1922 und die damit verbundene kirchliche Teilung 1923 dar, die zur Gründung der Unierten evangelischen Kirche in Polnisch Oberschlesien führte.[24]

Neben der Landeskirche der altpreußischen Union, die mit ihren ca. 18 Millionen Mitgliedern fast die Hälfte der deutschen Protestanten umfasste und deren Struktur nach der Neukonstituierung von 1922 aus der zentralen Leitungsgewalt des Evangelischen Oberkirchenrats, des Kirchensenats und der Generalsynode sowie der Untergliederung in die Provinzialkirchen bestand, existierten verschiedene Landeskirchen, die vom Gebietsumfang deutlich geringer waren. Von diesen »kleineren Landeskirchen« – so die vierte Rubrik – sollen die drei Landeskirchen Hamburg, Lippe und Anhalt näher untersucht werden. Für die Kirchen in den hanseatischen Stadtstaaten und zugleich als Beispiel für eine norddeutsche Landeskirche dient der Beitrag von *Rainer Hering* über die Evangelisch-lutherische Kirche im Hamburgischen Staate. Wie die Hamburger Landeskirche auf das Ende der Monarchie, die Revolution, die Kriegsniederlage und die Kirchenaustrittsbewegung reagierte, wird ebenso umsichtig herausgearbeitet, wie die Genese der Kirchenverfassung von 1923. Nicht ein Landesherr, sondern die evangelisch-lutherischen Senatoren hatten das Patronatsrecht über die Hamburgische Kirche ausgeübt, welches sie im März 1919 zugunsten der Synode als oberstes Organ aufgaben. Trotz der Umbrüche stellt Hering personelle und institutionelle Kontinuitäten über 1918/19 hinaus fest. Instruktiv sind die Darstellungen über die Diskussion um die Einführung des Bischofsamtes, über die Finanzen und über die Frage der Frauenordination sowie über das Engagement von Pfarrern in der Politik. Diese Themen waren – so Hering – auf verschiedenen Ebenen von großer Bedeutung »für die Modernisierung« in der Hansestadt.[25]

Der Revolution und kirchlichen Neuordnung im einstigen Fürstentum Lippe widmet sich *Gerrit Noltensmeier*. Durch das gewachsene Vertrauensverhältnis zwischen Landesherrn und Landeskirche gelang es dem Generalsuperintendenten August Weßel bereits am 18. November 1918 in Nachfolge des fürstlichen Summepiskopats die Kirchengewalt auf den »Landeskirchenrat« zu übertragen. In diesem

---

23 Hans Seehase: Die Kirchenprovinz Sachsen – eine östliche Gliedkirche der Evangelischen Kirche der altpreußischen Union zwischen 1918 und 1933, in diesem Band.

24 Dietmar Neß: Die schlesische Kirchenprovinz 1918-1933 und die Unierte evangelische Kirche in Polnisch Oberschlesien seit 1923, in diesem Band.

25 Rainer Hering: Vom Patronat zur Demokratie: die Evangelisch-lutherische Kirche im Hamburgischen Staate in der Weimarer Republik, in diesem Band.

Christopher Spehr

Gremium, das durch den brüskierten Volks- und Soldatenrat sistiert, im Februar 1919 aber wiedereingesetzt wurde, fielen konsistoriale und synodale Elemente zusammen. Die weiteren Herausforderungen für die reformiert geprägte lippische Landeskirche, die u.a. das Verhältnis der zu ihr gehörenden einzelnen lutherischen Gemeinden betrafen, werden darüber hinaus akzentuiert.[26] Hatte die lippische Landeskirche 1918 ca. 144.000 Mitglieder so zählte die Landeskirche von Anhalt im selben Jahr ca. 315.000 Mitglieder. Dieser Kirche wendet sich *Helge Klassohn* in seinem Beitrag zu. In ihm beschreibt er die Entwicklung und Struktur der evangelisch-unierten Landeskirche des Herzogtums Anhalt vor 1918, die durch die Revolution vom November 1918 eintretenden Veränderungen und Diskussionen zur Trennung von Staat und Kirche sowie die durch den Generalsuperintendent Franz Hoffmann vorangetriebenen kirchenleitenden Umstrukturierungen zugunsten des Landeskirchenrats und der Landessynode. Eine per Wahl zusammengetretene Landeskirchenversammlung hob den durch den anhaltischen Staatsrat beschlossenen, ersten Landeskirchenrat im November 1919 auf und übertrug die Ausarbeitung eines Verfassungsentwurfes einem neuen Landeskirchenrat. Die Verfassung wurde im Juli 1920 durch die Landeskirchenversammlung angenommen. Charakteristisch für Anhalt war der Streit der in Gruppierungen versammelten konservativen und liberalen Akteure um den künftigen Kurs der Volks- und Landeskirche.[27]

Unter der Rubrik »Landeskirchen in der Mitte Deutschlands« werden einerseits die Thüringer, andererseits die deutlich westlicher gelegene Hessische Landeskirche dargestellt. *Ernst Koch* beschreibt in seinem Aufsatz die historischen Hintergründe der acht Thüringer Landeskirchen bis 1918, entfaltet die kirchenpolitische und theologische Diskussion der Landeskirchen über eine zu gründende gemeinsame Thüringer evangelischen Kirche und skizziert die Zusammenführung der sieben Einzelkirchen zur neuen Landeskirche 1920. Während die Kirche von Sachsen-Coburg sich der Evangelisch-Lutherischen Kirche in Bayern anschloss, blieb die Landeskirche Reuß ältere Linie bis 1934 selbstständig, bevor sie sich auf Druck der Thüringer Kirche anschloss. Wie in Anhalt gab es auch in Thüringen kirchenparteiliche Gruppierungen, die um Stimmen für den Einzug in die Landessynode rangen.[28] Die Entwicklung in Hessen-Darmstadt zwischen 1918 und 1933 thematisiert *Wolfgang Lück*. Hierbei geht er auf die politischen Veränderungen vom Großherzogtum zum Volksstaat Hessen ein, akzentuiert die Herausforderungen der Nachkriegszeit mit der Klärung des Verhältnisses von Staat und Kirche und vergleicht die Verfassungen der evangelischen Kirche von Hessen-Darmstadt von

---

26 Gerrit NOLTENSMEIER: Revolution und kirchliche Neuordnung in Lippe, in diesem Band.

27 Helge KLASSOHN: Das Ende des landesherrlichen Kirchenregiments in Anhalt: die Bildung einer eigenständigen Landeskirche ab 1918 und das Wirken von Franz Hoffmann und Ewald Stier, in diesem Band.

28 Ernst KOCH: Abschied und ein Neuanfang. Das Werden der Thüringer evangelischen Kirche 1918/19, in diesem Band.

Landeskirche ohne Landesherrn – ein einleitender Prospekt

1874 mit der im Jahr 1922 beschlossenen. Die Rolle des neuen Präsidenten der Landeskirche, Prälat Wilhelm Diehl, wird im Blick auf Kontinuitäten und Diskontinuitäten sowie auf die Diskussion um eine aus fünf Landeskirchen zu vereinigende großhessische Kirche untersucht. Berücksichtigung finden auch die Aktivitäten der in Hessen vorherrschenden kirchenpolitischen Gruppierungen.[29]

Die Rubrik »Landeskirchen im Süden Deutschlands« enthält Beiträge zur unierten badischen und lutherischen bayerischen Landeskirche, nachdem die württembergische Landeskirche bereits in der zweiten Rubrik berücksichtigt wurde. *Johannes Ehmann* untersucht die vereinigte evangelisch-protestantische Landeskirche in Baden vornehmlich in verfassungspolitischer Perspektive. Um die Kirchenverfassung von 1919 besser einordnen zu können, zeichnet er die Entwicklung des fürstlich-badischen evangelischen Summepiskopats und dessen Ende 1918 nach und konzentriert sich sodann auf die Diskussion und den Annahmeprozess der neuen Kirchenverfassung, die eine Bekräftigung der Verfassung von 1861 darstelle. Die Kirchengewalt lag bei der Synode, die Administration bei der Kirchenregierung. Wirklich neu war das Frauenwahlrecht.[30] Mit der Revolution von 1918/19 in Bayern und deren Auswirkungen auf die bayerische Landeskirche befasst sich *Wolfgang Sommer*. Kenntnisreich werden aus bayerischer Perspektive die politischen Geschehnisse um den Mord an Kurt Eisner und der Münchener Räterepublik im Frühjahr 1919 geschildert. Außerdem wird die Überleitung des Summepiskopats auf die revolutionäre Regierung analysiert, die Diskussion um die Trennung von Staat und Kirche präsentiert und die Haltung der evangelischen Landeskirche zur Revolution profiliert. Auf die neue Kirchenverfassung der sich von jetzt an Evangelisch-Lutherische Kirche bezeichnenden bayerischen Landeskirche, die am 1. Januar 1921 in Kraft trat, und auf die darin entfalteten kirchlichen Strukturen wird ebenso eingegangen wie auf die Staatskirchenverträge von 1924, die der bayerische Staat mit der Evangelisch-Lutherischen Kirche und mit der Vereinigten protestantisch-evangelisch-christlichen Kirche der Pfalz abschloss. Diese bilateralen Verträge sollten Vorbild für weitere Staatskirchenverträge werden und bis heute Bestand haben.[31]

Welche Auswirkungen das Ende des Ersten Weltkrieges, das Abdanken der Monarchen in Deutschland und das Erstarken des jeweiligen Nationalgedankens auf die deutschsprachigen Kirchen im Ausland hatte, soll in der abschließenden Rubrik »Deutschsprachige evangelische Kirchen im osteuropäischen Ausland« exemplarisch nachgegangen werden. *Olgierd Kiec* analysiert die evangelischen

---

29 Wolfgang Lück: Die Landeskirche in Hessen-Darmstadt zwischen 1918 und 1933, in diesem Band.

30 Johannes Ehmann: Die vereinigte evangelisch-protestantische Landeskirche in Baden 1919 in verfassungspolitischer Perspektive, in diesem Band.

31 Wolfgang Sommer: Die bayerische Landeskirche nach dem Ende des landesherrlichen Kirchenregiments und in den ersten Jahren der Weimarer Republik, in diesem Band.

Christopher Spehr

Kirchen in Polen nach 1918, indem er zuerst über die Entstehung der Republik Polen orientiert, um sodann die sieben evangelischen Kirchen zu charakterisieren, die in der sogenannten Zweiten Polnischen Republik existierten. Dabei hebt er zwei Probleme besonders hervor: Zum einen wurden die evangelischen Kirchen in der Regel von nationalen Minderheiten – vornehmlich den Deutschen – getragen, zum anderen waren sie bis auf die Evangelisch-Augsburgische Kirche mit ihrem Warschauer Konsistorium von Kirchenbehörden im Ausland abhängig. Am Beispiel der Evangelisch Unierten Kirche in Polen beschreibt Kiec die politischen und nationalen Herausforderungen, mit denen die bis 1920 zur Landeskirche der altpreußischen Union gehörenden Kirchen der Provinzen Posen und Westpreußen jetzt als »Auslandskirche« zu tun hatte. Thematisiert werden darüber hinaus die Auseinandersetzungen zwischen den deutschen und polnischen Protestanten, die zu den ungelösten Problemen der evangelischen Kirchen in der Zweiten Polnischen Republik zählten.[32] Über die Entwicklung von »deutschen« Landeskirchen zu nationalen Volkskirchen im Baltikum informiert *Sebastian Rimestad*. In seinem Beitrag veranschaulicht er, wie aus den baltischen Ostseeprovinzen des Russischen Reiches die Staaten Estland und Lettland mit ihren neuen evangelisch-lutherischen Nationalkirchen gebildet wurden, und akzentuiert die mit dem Umbruch zusammenhängenden Herausforderungen. Zudem geht er auf das gespannte Verhältnis der neuen Kirchen zu Deutschland und den Deutschen zwischen den Weltkriegen ein.[33] Konnten bei der Veränderung zur Selbstständigkeit der Landeskirchen im Deutschen Reich vielfach Kontinuitäten festgestellt werden, überwogen im Baltikum die Diskontinuitäten. Ähnlich radikal änderten sich 1918 für die Evangelische Landeskirche A. B. in Siebenbürgen die Rahmenbedingungen, worauf *Ulrich A. Wien* in seinem Aufsatz eingeht. Versiert beschreibt er die politischen Umwälzungen, die zum Staat Rumänien führten, erinnert an die Genese der Evangelischen Kirche A. B. vor 1918 und entfaltet die Transformation zur Evangelischen Landeskirche in Rumänien sowie deren zahlreichen Herausforderungen, Kontroversen und Konflikte mit dem Staat und seinen verschiedenen ethnischen Gruppen.[34]

Durch die Beiträge dieses Bandes werden die jeweils spezifischen Entwicklungen der evangelischen Landeskirchen erstmals überhaupt differenziert akzentuiert, einander gegenübergestellt und insgesamt in den größeren politischen und kirchenpolitischen Rahmen eingeordnet. Konnten Kontinuitäten – auch personeller und verfassungsrechtlicher Art – bei verschiedenen Landeskirchen im Reich identifiziert werden, so traten die Diskontinuitäten vornehmlich in den osteuropäischen deutsch-

---

32 Olgierd Kiec: Die evangelischen Kirchen in Polen nach 1918, in diesem Band.

33 Sebastian Rimestad: Von »deutschen« Landeskirchen zu nationalen Volkskirchen: der Umbruch 1917/1920 in den evangelisch-lutherischen Kirchen des Baltikums, in diesem Band.

34 Ulrich A. Wien: »Man wechselt sein Vaterland doch nicht wie ein Hemd«: die Evangelische Landeskirche A. B. in Rumänien nach dem Ende des Ersten Weltkriegs, in diesem Band.

Landeskirche ohne Landesherrn – ein einleitender Prospekt

sprachigen Landeskirchen durch Grenzveränderungen, nationale Staatenbildung und Herrscherwechsel in den Vordergrund. Trotz unterschiedlicher Herausforderungen beschritten die Landeskirchen ohne Landesherrn nach 1918 nun selbstständig und gestärkt im kirchlichen Selbstbewusstsein den Weg in die Zukunft. Dass diese Zukunft allerdings keine 15 Jahre später erheblich in Frage gestellt werden würde, ahnte damals noch niemand.[35]

---

35 Vgl. Klaus SCHOLDER: Die Kirchen und das Dritte Reich. Bd. 1: Vorgeschichte und Zeit der Illusionen 1918-1934. Frankfurt am Main; Berlin; München 1977.

VERÄNDERUNGEN IN GESELLSCHAFT UND KIRCHE

Herausforderungen an Staat, Gesellschaft und Kirche nach dem Ersten Weltkrieg in Deutschland

Von Klaus Dicke

Dass wir es mit den Ereignissen in Deutschland zwischen dem 9. November 1918 und dem 10. Januar 1920, dem Tag des Inkrafttretens des Versailler Vertrages, mit einer von Bergen komplexer Probleme beladenen Zeitenwende[1] für Deutschland und Europa zu tun haben, dürfte jedem sofort klar sein, der sich auch nur oberflächlich mit Zeitzeugnissen befasst. In seiner Begrüßung der Weimarer Nationalversammlung am 6. Februar 1919 stellte Friedrich Ebert fest: »In der Revolution erhob sich das deutsche Volk gegen eine veraltete, zusammenbrechende Gewaltherrschaft« und fügte hinzu: »Mit den alten Königen und Fürsten von Gottes Gnaden ist es für immer vorbei«.[2] Der erste Revolutionstag, so hatte Harry Graf Kessler in der Nacht zum 10. November 1918 notiert, habe »in wenigen Stunden den Sturz der Hohenzollern, die Auflösung des deutschen Heeres, das Ende der bisherigen Gesellschaftsform in Deutschland gesehen. [...] Einer der denkwürdigsten, furchtbarsten Tage der deutschen Geschichte«.[3] Der Schock saß tief, seit Ende September die Oberste Heeresleitung von den Durchhalteparolen abgelassen und dem Kaiser Waffenstillstandsangebote empfohlen hatte, denen der amerikanische Präsident Wilson, auf dem nahezu eschatologische Hoffnungen ruhten, jedoch eine Abfuhr mit der Begründung erteilte, dass er mit autoritären Monarchisten nicht verhandele. Die Flucht Wilhelms II. ins holländische Exil und die nahezu synchrone Abdankung aller regierenden Fürsten markierten das klägliche Ende des Kaiserreichs.

Im Kieler Hafen, in Wilhelmshaven und bald in Berlin, in München und im Reich hatte die neue Zeit revolutionär begonnen. Die Übergabe der Regierung an Friedrich Ebert, die Ausrufung der Republik durch Philipp Scheidemann und bald darauf die Einrichtung des Rates der Volksbeauftragten mit seiner »Magna Charta der Revolution« vom 12. November 1918 markierten den Kaltstart der Weimarer Republik, der ersten parlamentarischen Demokratie in Deutschland. Doch es war keineswegs allein vom Untergang der Monarchie und der »Welt von gestern« die

---

1 Zu Deutungen der Zeitenwende vgl. Jürgen JOHN; Rüdiger STUTZ: Die Jenaer Universität 1918-1945. In: Traditionen – Brüche – Wandlungen: die Universität Jena 1850-1995/ hrsg. von der Senatskommission zur Aufarbeitung der Jenaer Universitätsgeschichte im 20. Jahrhundert. Köln; Weimar; Wien 2009, 271-275 mit zahlreichen Nachweisen.

2 Zitiert nach Wilhelm RIBHEGGE: Die Weimarer Nationalversammlung 1919 als Ort der Erinnerung. In: Weimar und die Republik: Geburtsstunde eines demokratischen Deutschlands/ hrsg. von Michael Schultheiß; Julia Roßberg. Weimar 2009, 39.

3 Harry Graf KESSLER: Das Tagebuch 1880-1937: sechster Band/ hrsg. von Günter Riederer. Stuttgart 2006, 627.

Rede: »Es wird eine neue Welt werden, und wir werden dabei sein, dazugehören« – so schildert Carl Zuckmayer im Rückblick die Stimmungslage des jungen Kriegsheimkehrers, der »zwischen Feuer und Asche den Anhauch einer Vita Nuova« verspürt haben will.[4] Mit Walter Gropius regte sich die »vita nuova« in Weimar; treffend war z.B. eine im ZDF ausgestrahlte Fernsehserie über die Anfänge des Bauhauses mit »Die neue Zeit« betitelt.

In diesem Spannungsfeld von Untergang und Neubeginn sind die Herausforderungen an Politik und evangelische Kirche zu sehen, die im Folgenden zu behandeln sind. Ich beschränke mich dabei aus einer politikwissenschaftlichen Perspektive im ersten Teil auf die Zeit zwischen dem 9. November 1918 und dem Inkrafttreten des Versailler Vertrages. Die Bestimmungen des Waffenstillstandes bezeichnen zusammen mit den statistischen Daten der unmittelbaren Kriegsfolgen eine erste Gruppe von existenziellen Herausforderungen, die hinreichend objektivierbar sind. Sehr viel komplexer wird das Bild jedoch dadurch, dass bereits in deren Bewältigung Deutungen jenes Spannungsfeldes von Altem hier und Neuer Zeit dort hineinspielen. Sie bewegen die Gemüter bis heute, wie etwa der Publikumserfolg der »Schlafwandler« Christopher Clarks,[5] der die Schuldfrage wieder aufrollt, ebenso belegt wie Deutungsdifferenzen über den ersten evangelischen Kirchentag in Dresden 1919 in der Gegenwartspresse.[6]

Das Mit- und Ineinander von Vergangenheitsbewältigung, »Forderung des Tages«, um jene schöne Formulierung Goethes zu verwenden, und Zukunftsgestaltung bestimmt somit den Mix von Herausforderungen an Politik und Kirche, die das Jahr 1919 in Deutschland dominierten. Um dieser Komplexität gerecht zu werden, werde ich drei Gruppen von Herausforderungen in der jeweiligen Wahrnehmung von Politik und Kirche behandeln: die Herausforderungen unmittelbarer Kriegsfolgen (I.), des Übergangs von der Monarchie zur Demokratie (II.) sowie der mit der Revolution dynamisierten Moderne (III.).

I Bewältigung der Kriegsfolgen

Die Bilanz des Krieges war unvorstellbar katastrophal. Er hat fast 9 Mio. Soldaten das Leben gekostet; Frankreich beklagte 1,3 Mio., Österreich-Ungarn 1,5 Mio., Russland rund 1,8 Mio. und Deutschland etwas mehr als 2 Mio. Gefallene. Die Zahl der Kriegsgefangenen betrug ca. 7 Mio. Hinzu kamen fast 6 Mio. zivile Opfer. Die Zahl der Verwundeten und Kriegsversehrten übertraf die Zahl der militärischen Todes-

---

4 Carl Zuckmayer: Die langen Wege: Betrachtungen. Frankfurt 1996, 97.93.

5 Christopher Clark: Die Schlafwandler: wie Europa in den Ersten Weltkrieg zog. München 2013. Dazu Gerd Krumeich: Maximale Nachwirkung. In: FAZ, 6. Mai 2019, 13.

6 Vgl. Anna-Lena Niemann: Angst vor Bedeutungslosigkeit und Sozialismus. In: FAZ, 19. Juni 2019, 10. Dazu den Leserbrief von Wolfgang Sommer. In: FAZ, 26. September 2019, 6.

opfer deutlich.[7] Nahezu »apokalyptische« Ausmaße nahm das Massensterben durch das Wüten der Spanischen Grippe 1918 bis 1920 an, der weltweit 25 Mio., nach neueren Schätzungen bis 50 Mio. Menschen zum Opfer fielen. Welches Ausmaß an Betroffenheit für die Gemeinden in Deutschland mit den Kriegstoten verbunden war, kann man noch heute auch an den erinnerungskulturell nicht uninteressanten Denkmalen für die Weltkriegsgefallenen in fast allen Dörfern beispielsweise des Weimarer Landes ersehen.

Den seelischen und geistigen Befindlichkeiten nach Kriegsende wird man sich am ehesten über künstlerische Darstellungen und literarische Zeugnisse nähern können. Die von Freya Klier in ihrem Buch »Dresden 1919« zusammengetragenen Quellen oder auch die Zeichnungen und Gemälde von Otto Dix, George Grosz und anderen, die in jüngeren Ausstellungsprojekten zur Weimarer Republik zusammengetragen wurden, vermitteln den Eindruck chaotischer Zerrissenheiten. Klier fasst sehr eindrücklich zusammen:

> »Schon kurz nach Kriegsende steht alles nebeneinander: Angst und Verrohung, wilde Kreativität, Hunger nach Liebe und wachsender Hass auf Andersdenkende. Nun, wo das Schlachten zu Ende ist, spüren viele: Die Welt ist aus den Fugen. Menschen beginnen, wie wild zu feiern. Oder sie sterben still vor sich hin. In Lazaretten flößen Schwestern zerschossenen Gesichtern karge Nahrung ein, während den ersten Neureichen schon die erlesensten Speisen munden. Alles steht nebeneinander: Hungrige Kriegskrüppel und aus den Nähten platzende Cafés, endlose Einkaufsschlangen und bereits überfüllte Tanzsäle. Getanzt wird exzessiv, taumelnd auf der Naht von Untergang und Zukunftsverheißung«.[8]

Das intellektuelle Berlin gleicht einer brodelnden Ideenküche: Zwischen Sowjet-Begeisterung und kruden Verschwörungstheorien à la Dolchstoßlegende ist alles vertreten, nach einem Bonmot Ernst Blochs herrscht »der kategorische Imperativ mit dem Revolver in der Hand«.[9] Ernst Troeltsch sprach später vom »Traumland der Waffenstillstandsperiode«.[10]

Als unmittelbare Kriegsfolgen standen vier große Herausforderungen im Vordergrund:[11]

---

7 Zahlen bei Ian KERSHAW: Höllensturz: Europa 1914 bis 1949. München 2017, 137-142.

8 Freya KLIER: Dresden 1919: die Geburt einer neuen Epoche. Freiburg; Basel; Wien 2018, 150.

9 Zitiert ebd, 212.

10 Nach Stefan GERBER: Weimar und die Nationalversammlung: die Stadt Weimar und die Begründung der ersten deutschen Demokratie. In: Weimar und die Republik ... (wie Anm. 2), 30.

11 Zum Folgenden Hagen SCHULZE: Weimar: Deutschland 1917-1933. 2. Aufl. Berlin 1982, 31-55; Ursula BÜTTNER: Weimar: die überforderte Republik 1918-1933. Stuttgart 2008, 43-53; DIES.: Weimar – überforderte Republik und überforderte Bürger. In: Weimar als Herausforderung: die Weimarer Republik und die Demokratie im 21. Jahrhundert/ hrsg. von Michael Dreyer; Andreas Braune. Stuttgart 2016, 81-102.

Klaus Dicke

Erstens war das Deutsche Reich bis zum 10. Januar 1920 formell im Krieg und stand unter dem Regime des Waffenstillstandes, der am 11. November 1918 in Compiègne unterzeichnet worden war. Dessen Bestimmungen sahen vor, dass binnen 15 Tagen die im Feld stehende Armee – es handelte sich um ca. 3 Mio. Soldaten – ins Reich zurückzuführen sei, andernfalls drohte Kriegsgefangenschaft. Sowohl die Rückführung als auch die Reintegration der Armee – insgesamt ca. 8 Mio. Soldaten – ins Zivilleben stellte nicht nur vor große organisatorische Anforderungen, sondern hatte durchaus soziale Spannungen zur Folge, als etwa in den Betrieben neben der Umstellung von Kriegs- auf Friedensproduktion Frauen und Fremdarbeiter durch geschwächte Kriegsheimkehrer ersetzt wurden. Schwerste Verletzungen und Invalidität vieler Kriegsheimkehrer stellten die medizinische und soziale Versorgung, v.a. die sog. »Krüppelvorsorge« und damit auch diakonische Einrichtungen unter enorme Belastungen.

Zweitens war die Ernährungslage katastrophal. In Deutschland herrschte Hunger, auch da die Seeblockade der deutschen Häfen nach wie vor bestand. Während sich das Deutsche Reich 1914 zu 80 % selbst versorgen konnte, hatten Fehlplanungen, fehlende Arbeitskräfte und Maschinen, fehlendes Saatgut u.a. Faktoren bis zum berühmt gewordenen »Rübenwinter« 1916/17 die Ernährungskapazität auf weniger als 1.000 Kalorien pro Kopf sinken lassen. Erst im März 1919 wurden Lebensmittellieferungen aus dem Ausland zugelassen, und das Damoklesschwert massiver Hungersnot war einer der Gründe für die Unterzeichnung des Versailler Vertrages am 28. Juni 1919 durch den Nachfolger des zurückgetretenen Kanzlers Scheidemann Gustav Bauer, nach der die Seeblockade denn auch aufgehoben wurde. Auch die prekäre Ernährungslage hatte soziale Konflikte zur Folge: Schwarzmarkt und Hamsterkäufe auf dem Land bargen jede Menge Konfliktstoff.

Ein drittes Problem war die Wohnungsnot. Dazu nur folgende anekdotische Evidenz: Bei der ersten Jenaer Immatrikulation nach dem Krieg schloss der Prorektor Justus Wilhelm Hedemann seiner Rede den Appell an die Studenten an, »nach etwa frei werdenden Quartieren Umschau zu halten« und bei den Bürgern durch freundliches Zureden »für Erschließung neuer Quartiere zu werben«. Kommilitonen mit Angehörigen in Jena sollten unbedingt »auf eine ›eigene Bude‹ verzichten« und damit Quartiere für andere Kommilitonen freimachen.[12]

Eine vierte Herausforderung schließlich betraf die innere Sicherheit. Das Deutsche Reich war weit von einem friedlichen Zustand im Innern entfernt: Die Revolutionsfolgen haben namentlich in Berlin, München und anderen Großstädten zu bewaffneten Auseinandersetzungen geführt, an denen sich v.a. die sich rasch bildenden Freikorps beteiligten. In Berlin waren Schießereien an der Tagesordnung; bis zur Beendigung des sog. »Spartakus-Aufstandes« waren nahezu 200 Tote zu

---

12 DIE UNIVERSITÄT JENA IN DER WEIMARER REPUBLIK 1918-1933: eine Quellenedition/ bearb. von Tom Bräuer; Christian Faludi. Stuttgart 2013, 64.

verzeichnen. Der politische Mord trat auf die Tagesordnung: Rosa Luxemburg und Karl Liebknecht am 15. Januar 1919, Kurt Eisner in München am 21. Februar 1919, Gustav Neuring am 12. April 1919 in Dresden, Gustav Landauer, der »sanfte Anarchist« und Freund Martin Bubers, der eigens nach München gekommen war, um »durch rednerische Betätigung an der Umbildung der Seelen« mitzuarbeiten,[13] am 2. Mai 1919, Matthias Erzberger, der den Waffenstillstand unterzeichnet hatte, am 26. August 1921 und Walther Rathenau am 24. Juni 1922 waren prominente Opfer.

Diese kurze Faktenskizze drängender existenzieller Herausforderungen mag genügen. Wie wurde ihr begegnet? Zunächst eine kurze Erinnerung an den Gang der politischen Ereignisse:

In der Nacht vom 29. auf den 30. Oktober 1918 brachte der Befehl der Admiralität, die Flotte solle zu einer Entscheidungsschlacht gegen England auslaufen, die Initialzündung für die November-Revolution. Mehr als 1.000 Festnahmen und eilige Vermittlungsversuche der Mehrheitssozialdemokraten und namentlich Gustav Noskes konnten nicht verhindern, dass der Aufstand der Matrosen in Kiel und Wilhelmshaven sich ausweitete und binnen weniger Tage im ganzen Reich Soldaten- bzw. Arbeiterräte die politische Kontrolle übernahmen.

Als Wilhelm II. am 4. November Rücktrittsforderungen zum wiederholten Male ablehnte, versuchten Politiker der Mehrheitssozialdemokraten (MSPD) durch Gespräche u.a. mit der Obersten Heeresleitung (OHL) die Kontrolle zu übernehmen, forderten am 8. November ultimativ den Rücktritt des Kaisers und traten aus der Regierung des an der Spanischen Grippe erkrankten Max von Baden aus. In München wurde an diesem Tag die Republik ausgerufen. Was immer ihn in den wirren Stunden des 9. November mit Streikaufrufen, Revolutionsberichten und Drängen der Sozialdemokratie bewogen haben mag – Max von Baden gab gegen Mittag die noch nicht bestätigte Abdankung des Kaisers bekannt, übertrug das Amt des Reichskanzlers auf Friedrich Ebert und verband dies mit dem Versprechen der Wahl einer Nationalversammlung zur Bestimmung der künftigen Verfassung des Deutschen Reiches. Um 14 Uhr rief Philipp Scheidemann vom Reichstag die Republik aus. 21 regierende Fürsten im Reich traten der Reihe nach ab. Das Kaiserreich war sang- und klanglos verblichen.

Nun hatte wenige Stunden nach Scheidemann auch Karl Liebknecht die »Freie sozialistische Republik Deutschland« ausgerufen und damit die seit 1917 bestehende Spaltung der Sozialdemokratie in USPD und MSPD dokumentiert. Am 10. November konstituierte sich eine als »Rat der Volksbeauftragten« bezeichnete Regierung aus je drei Mitgliedern der USPD und der MSPD. Am 11. November wurde in Compiègne der Waffenstillstand unterzeichnet, und zwar nicht von Erich Ludendorff oder der OHL, sondern vom Zentrumspolitiker und Staatssekretär

---

13 So die Einladung Eisners nach Klier: Dresden … (wie Anm. 8), 214.

Klaus Dicke

Matthias Erzberger.[14] Der Rat der Volksbeauftragten kündigte als politische Maßnahmen u.a. die Einführung des Acht-Stunden-Tages und das Frauenwahlrecht an und verabschiedete Ende des Monats ein Wahlgesetz. Die strikt am Sowjetmodell orientierte USPD musste auf einem »Allgemeinen deutschen Rätekongress« im Dezember eine Absage an ihr revolutionäres Modell hinnehmen; für den 19. Januar 1919 wurden Wahlen zur Nationalversammlung ausgeschrieben. Aus USPD und dem Spartakusbund ging am 1. Januar 1919 die Kommunistische Partei Deutschlands hervor.

Soweit zur politischen Lage. Was nun die oben genannten Herausforderungen angeht, so sind vor allem drei Dinge festzuhalten:

1. Friedrich Ebert, die MSPD und auch die Mehrheit der Räte hielten Kurs in Richtung Republik und parlamentarische Demokratie. In einem nur schwer zu gewichtenden Motivbündel aus Dringlichkeit der »Forderungen des Tages«, dem Bemühen, dem nach wie vor im Bürgerkrieg verfangenen russischen Sowjet-Experiment keinen Raum zu geben und den Damoklesschwertern von Hunger und Bürgerkrieg zu entrinnen, entschloss sich namentlich Ebert zur Zusammenarbeit mit den Funktionseliten des Kaiserreiches, mit der Armee, dem Verwaltungsapparat und den Agrarstrukturen. So kam es zwar zu einem Austausch der politischen Elite, nicht jedoch zu einem republikanisch-demokratischen personellen Neuaufbau wichtiger staatlicher Funktionsbereiche – ein Sachverhalt, der bis heute zu kontroversen Beurteilungen des Erfolges der Revolution und der Startbedingungen der Weimarer Republik führt.[15]

2. Wie schon im Kaiserreich, stärker dann aber in den Kriegsjahren, waren caritative bzw. diakonische Hilfswerke der Kirchen am Aufbau des Sozialstaates sowie der humanitären Versorgung von Kriegsopfern beteiligt, sahen sich aber zunehmend in staatlich gelenkte Kooperationen eingebettet, die seit der Revolution sozialdemokratisch dominiert waren. Jenseits der daraus sich ergebenden politischen Spannungen machte der Neuaufbau des dualen Systems sozialer Sicherung in den ersten Jahren der Weimarer Republik auch eine Modernisierung bzw. Neuorganisation der Diakonie erforderlich, worauf etwa der seit 1849 bestehende »Central-Ausschuß für die Innere Mission der deutschen Evangelischen Kirche«

---

14 Zu ihm Torsten OPPELLAND: Matthias Erzberger: der vergessene Märtyrer. In: Weimar als Herausforderung … (wie Anm. 11), 175-188. Zu seiner Rolle im Zusammenhang mit Versailles auch Martin OTTO: Wer kann zum Beispiel für die Presseleute garantieren? In: FAZ, 12. Juni 2019, N3.

15 Aus der Fülle der Literatur neben den oben (Anm. 11) genannten Michael DREYER: Kirche, Konstitution, Kompromiss: zur Religionsdebatte in der Weimarer Nationalversammlung. In: Religiöse Bildung und demokratische Verfassung in historischer Perspektive/ hrsg. von Gregor Reimann; Michael Wermke. Leipzig 2019, 22-25.

1920 in Breslau mit der Gründung des »Centralverbandes der Inneren Mission« reagierte.[16]

3. Für Historiker mag es banal klingen, aber gleichwohl ist festzuhalten, dass der 9. November 1918 keine »Stunde Null« war; die Geschichte gönnt der Menschheit solcherlei nicht. Vielmehr sind wichtige Strukturentwicklungen, Herausforderungen und vor allem auch Mentalitäten aus der Geschichte des Kaiserreichs und des Krieges heraus zu erklären. Dies gilt nun vor allem für die zentrale Herausforderung für Politik und Kirche: den Übergang von der Monarchie zur Republik.

II Von der Monarchie zur Demokratie

Die Wahlen zur Nationalversammlung vom 19. Januar 1919 hatten mit der sog. Weimarer Koalition aus MSPD, Zentrum und DDP eine arbeits- und tragfähige Parteienkonstellation zur Erarbeitung der neuen Reichsverfassung ergeben. Die Nationalversammlung trat am 6. Februar in Weimar zusammen, am 14. August 1919 trat die Weimarer Verfassung bereits in Kraft. Sie etablierte die erste parlamentarische Republik in Deutschland, freilich mit starken Reservatrechten des Reichspräsidenten, die ihn zu einer Art Derivatkaiser werden ließen.

Für das politische Leben ergab sich aus der neuen Verfassung eine Fülle von Änderungen. Vor allem folgende sind hervorzuheben: Die politische Elite – darauf wurde schon hingewiesen – rekrutierte sich nicht mehr aus dem aristokratisch-bürokratischen Unterbau der Monarchie, sondern aus parteipolitischem Wettbewerb, bei dem sich eine deutliche Machtverschiebung zugunsten der durch die Sozialdemokratie vertretenen Arbeiterschaft ergab. Mit dem Parteienwettbewerb gewann nun auch ein Phänomen verfassungsrechtliche Anerkennung, dem nun verstärkte Aufmerksamkeit gewidmet wird: die in sich pluralistisch strukturierte, stark individualisierte und in ihren Lebensäußerungen dynamisch pulsierende Gesellschaft.[17] Ich erinnere daran, dass die Etablierung der Soziologie als Universitätsfach in die Gründungsphase der Weimarer Republik fällt und dass die beiden Reden des Soziologen Max Weber über Wissenschaft und über Politik als Beruf[18] zu den herausragenden literarischen Zeugnissen des Jahres 1919 gehören. Zugleich wird damit aber auch die Einheit der Gesellschaft bzw. die Verhinderung gesellschaftlicher Fragmentierung zu einer politischen Herausforderung.

---

16 Karl Heinz NEUKAMM: Art. Diakonie. In: Evangelisches Staatslexikon. 3. Aufl. Stuttgart 1987, 610-618.

17 Ribhegge: Die Weimarer Nationalversammlung ... (wie Anm. 2), 47 f; Schulze: Weimar ... (wie Anm. 11), 56 f.

18 Max WEBER: Vom inneren Beruf zur Wissenschaft. In: Soziologie, Universalgeschichtliche Analysen, Politik/ hrsg. von Johannes Winckelmann. 5. Aufl. Stuttgart 1973, 311-339; DERS.: Der Beruf zur Politik. In: Ebd, 166-185.

Dieser Herausforderung suchten die demokratischen Verfahren der Weimarer Reichsverfassung zu begegnen. Man wird der Weimarer Nationalversammlung zugutehalten müssen, dass sie v.a. mit dem Kompromisswerk der Verfassung den Beweis angetreten hat, dass eine pluralistische Gesellschaft bei aller Divergenz weltanschaulicher und politischer Konzeptionen zur demokratischen Selbstregierung fähig ist. Diese Leistung war in der Weimar-Forschung lange Zeit durch die Beurteilung der Weimarer Republik von ihrem Scheitern her aus dem Blick geraten und ist erst in den letzten beiden Jahrzehnten zu Recht wieder in den Vordergrund gerückt worden.[19] An sie zu erinnern ist in einer Zeit umso wichtiger, in der der Kurswert des Kompromisses im Sinkflug zu sein scheint.

Zu den weiteren mit dem Übergang von der Monarchie zur Demokratie zusammenhängenden politischen Herausforderungen gehören auch die Neustrukturierung des Wirtschaftslebens, der sozialen Sicherungssysteme und der Finanzordnung, die rasch in Angriff genommen wurden. Schließlich sind neben dem Föderalismus die auf die Integration und soziale Gestaltung der Republik ausgerichteten Grundrechte der Weimarer Reichsverfassung als Innovation zu nennen. Da die Grundrechte jedoch weitgehend als in der Gesetzgebung einzulösende Programmsätze formuliert waren, unterblieb die Etablierung eines eigenen Systems des judiziellen Grundrechtsschutzes. Zentral für die Neugestaltung landeskirchlicher Verfassungen schließlich sind die auf Religionsfreiheit und der Trennung von Staat und Kirche beruhenden Neuregelungen der Religionsverfassung.[20]

Die wichtigste Belastung für die Politik stellte jedoch ohne Zweifel der Versailler Vertrag dar, der »jene schöne Hoffnung auf die verkündete ›Selbstbestimmung der Völker‹ im Keim erstickte«[21] und als demütigende Fortsetzung des Krieges mit anderen Mitteln empfunden wurde. Namentlich der Kriegsschuldartikel 231 erregte die Gemüter und setzte heftige Angriffe gegen die republiktragenden demokratischen Politiker und politischen Parteien frei. Im Sinne der gegen »vaterlandslose« Zivilisten gerichteten Dolchstoßlegende wurden die Politiker der Weimarer Koalition als »Novemberverbrecher« diskreditiert, und schon bei den Reichstagswahlen 1920 bröckelte die Mehrheit der Weimarer Koalition.

Wie stellte sich nun der Übergang von der Monarchie zur Republik als Herausforderung für den Protestantismus in Deutschland dar? Hier sind zunächst drei Sachverhalte zu vergegenwärtigen:

---

19 Michael DREYER; Andreas BRAUNE: Weimar als Herausforderung: zum Umgang mit einer schwierigen Republik. In: Weimar als Herausforderung … (wie Anm. 11), XI-XVI.

20 Dazu Dreyer: Kirche … (wie Anm. 15), 19-39; Ansgar HENSE: Koordinaten und Kontext des Weimarer Ordnungsmodells von Staat und Religion. In: Weimar international: Kontext und Rezeption der Verfassung von 1919/ hrsg. von Thomas Kleinlein; Christoph Ohler. Tübingen 2020, 147-166; sowie den dazugehörenden Kommentar von Wolfgang HUBER: Balancierte Trennung. In: Ebd, 167-174.

21 Zuckmayer: Die langen Wege … (wie Anm. 4), 100.

Herausforderungen an Staat, Gesellschaft und Kirche nach dem Ersten Weltkrieg

1. Das Ende der Monarchie bedeutete zugleich das Ende der landesherrlichen Kirchenverfassung; der »organisatorische Ernstfall«[22] war da. Nicht nur waren damit Reformen, die bereits vor dem Krieg angemahnt und auch angedacht wurden,[23] unabweisbar geworden, sondern die über Jahrhunderte gewachsene Identifikation des Protestantismus mit dem episkopalen Haupt des Monarchen wurde als existenzbedrohend empfunden, war doch die Monarchie politischer Rückhalt und wirtschaftliche Sicherung der Evangelischen Kirche zugleich.[24] Das sonntägliche Gebet für den Monarchen: »Walte mit Deiner Gnade über unserem König und seinem ganzen Hause. Segne unseren Kaiser und alle seine Angehörigen, und sei des Deutschen Reiches und Volkes starker Schutz und Schirm«[25] war im ersten Teil gegenstandslos (und im zweiten ob der deutschen Niederlage fraglich) geworden. Dieser durchaus als Enthauptung wahrgenommene Bruch hinterließ massive Irritationen und Phantomschmerzen.

2. Nahezu unmittelbar mit der Revolution führte sich das Räteregime mit massiver Kirchenfeindlichkeit ein. Der im Rat der Volksbeauftragten zuständige Adolph Hoffmann erließ bereits am 12. November eine dezidiert antikirchliche Direktive, deren Eckpunkte die als Freiheit von Religionszwang gedeutete Religionsfreiheit, die Trennung von Kirche und Staat sowie die Befreiung der Schulen von allen religiösen Einflüssen darstellte.[26] In den Ländern erfolgten bis Anfang der 20er Jahre drastische Umsetzungen. In Thüringen etwa führte die Absicht der zweiten, unter Beteiligung der USPD und Duldung der KPD sozialdemokratisch geführten Landesregierung, den Reformationstag als Feiertag abzuschaffen, zu einem veritablen Kulturkampf.[27]»[T]ruly diabolical innovations«[28] – so kommentierte Martin Rade in einem Bericht über die Lage des Protestantismus in Deutschland nach dem Krieg im »American Journal of Theology« die damit eingeschlagene Linie. Die ohnehin bereits bestehenden Spannungen zwischen Sozialdemokratie und Evangelischer Kirche wurden zum tiefen Graben. Daran haben dann auch die deutlich milder ausgefallenen Regelungen der Reichsverfassung wenig ändern und das grundsätzliche Misstrauen vor allem der lutherisch orientierten Protestanten gegenüber der Demokratie entscheidend abbauen können.[29]

---

22 So Christopher Spehr in der Einleitung zu diesem Band, siehe oben S. 12.

23 Vgl. etwa Walther Schücking: Neue Ziele der staatlichen Entwicklung. 2. Aufl. Marburg 1913, 70-81.

24 Klier: Dresden … (wie Anm. 8), 215.

25 Ebd, 216.

26 Zum Hintergrund Huber: Balancierte Trennung … (wie Anm. 20).

27 Immanuel Voigt: Kulturkampf in Thüringen. Thüringische Landeszeitung (21.8.2019), 9.

28 Martin Rade: The Present Situation of Protestantism in Germany. In: The American Journal of Theology 24/3 (1920), 355.

29 Büttner: Weimar … (wie Anm. 11), 270. Huber: Balancierte Trennung … (wie Anm. 20) weist auf auch protestantische Unterstützung der Sozialdemokratie hin.

3. Anders als die Katholiken mit dem Zentrum verfügte der Protestantismus nicht über eine im neuen System verankerte politische Artikulationsmöglichkeit, »[u]nd dies in einer Situation, die politisches Handeln dringlicher macht[e] als je zuvor«.[30] Zwar gab es durchaus liberal-demokratische Politiker – Friedrich Naumann und Wilhelm Kahl allen voran, auch liberale Theologen wie Rade oder Troeltsch – und traten pazifistische und christlich-sozialistische Kreise in Erscheinung, ohne jedoch das überwiegende Bild einer antidemokratischen Grundhaltung v.a. in den Gemeinden und Kirchenleitungen entscheidend zu relativieren. Zu stark war jedenfalls im Luthertum die mit einer Ablehnung der Demokratie verbundene, über drei Jahrhunderte gewachsene Bindung an die Monarchie, die bereits im Krieg etwa dazu führte, dass der Deutsch-Evangelische Frauenbund aus dem Dachverband der für das Frauenwahlrecht kämpfenden Vereine und Verbände mit der Begründung austrat, dass er das Wahlrecht ablehne, »wenn es nur um den Preis einer allgemeinen Demokratisierung des Landes zu erreichen« sei.[31] Und so richteten namentlich Teile der Pfarrerschaft ihre Hoffnungen auf die DNVP, die mit Unterstützung der evangelischen Kirche zu einer »neuen evangelischen Volkspartei« wurde.[32] Emanuel Hirsch, Paul Althaus u.a. haben dies dann theologisch zu unterfüttern gesucht, letzterer etwa durch eine völkische Rede auf dem Kirchentag 1927.[33]

Insgesamt wurden damit die aus dem Ende des Ersten Weltkrieges resultierenden Herausforderungen des sich in die Defensive gedrängt sehenden Protestantismus nun ihrerseits zu einer massiven Herausforderung für die Politik der jungen Republik. Wer sollte die Ängste abbauen, die daraus resultierten, dass sich der Protestantismus urplötzlich in einem sich freilich bunt austobenden Pluralismus zu behaupten hatte? Ob und inwieweit die seit Dresden 1919 regelmäßig abgehaltenen Kirchentage mit ihrer Strategie der Verlautbarung dazu beigetragen haben, müssen detaillierte Untersuchungen beurteilen. Die politisch zentrale Frage lautet: Wer sollte die Evangelische Kirche wie für die Demokratie gewinnen? Die Bilanz, die Rudolf Smend 1932 unter dem Titel »Protestantismus und Demokratie« in dieser Hinsicht zog, ist doch ernüchternd.[34]

---

30 Klier: Dresden … (wie Anm. 8), 216.

31 Ebd, 65 f.

32 Büttner: Weimar … (wie Anm. 11), 96-98 mit Nachweisen.

33 Dazu Rudolf SMEND: Protestantismus und Demokratie. In: Ders.: Staatsrechtliche Abhandlungen und andere Aufsätze. 2. Aufl. Berlin 1968, 297-308; Kurt SONTHEIMER: Antidemokratisches Denken in der Weimarer Republik. 4. Aufl. München 1994, 198. Vgl. auch Klaus DICKE: Obrigkeitsstaat und Wächteramt: Auswirkungen der reformatorischen Obrigkeitslehre auf das Verständnis von Staat und Gesellschaft in der Moderne. In: Weimar und die Reformation: Luthers Obrigkeitslehre und ihre Wirkungen/ hrsg. von Christopher Spehr; Michael Haspel; Wolfgang Holler. Leipzig 2016, 141-156.

34 Smend: Protestantismus … (wie Anm. 33), 297-308.

III Aufbruch in die Moderne

Damit komme ich zu meiner dritten Gruppe von Herausforderungen, die unter dem Stichwort »Aufbruch in die Moderne« stehen. Ohne in die allfälligen Debatten über erste, zweite usw. Moderne einsteigen zu wollen, kann man doch gerade in Weimar davon sprechen, dass die mit der Industrialisierung im Kaiserreich und mit dem Weltkrieg selbst angekurbelte Dynamik der Moderne mit der Gründung der Republik ein neues Momentum erhielt. Dafür steht zunächst die demokratische Weimarer Reichsverfassung selbst: Hartmut Rosa weist darauf hin, dass

> »die eher statische Monarchie – in der Königinnen und Könige ihr Leben lang herrschen und dynastische Nachfolgeregelungen die bestehende Ordnung unverändert aufrechterhalten – durch ein demokratisches System ersetzt wurde, dass dynamische Stabilisierung in Form wiederholter Wahlen alle vier bis fünf Jahre erfordert«.[35]

Auch die Grundrechte der Verfassung sind insoweit anzuführen, als sie durch gesetzgeberische Tätigkeit auszufüllende Programmsätze enthielten, die politische Programme der Gesellschaftsgestaltung – Acht-Stunden-Tag, Wirtschaftsdemokratie u.a. – mit Verfassungsrang belegten. Ferner steht das Bauhaus mit der Etablierung des Designs für Dynamisierung: »Vermeidung alles Starren: Bevorzugung des Schöpferischen« heißt es im von Walter Gropius verfassten Programm des Bauhauses vom April 1919.[36] An der »Umbildung der Seelen« sollte Kurt Landauer in München mitwirken, und bis in erste Ansätze demokratischer politischer Bildung oder auch in die Volkshochschulbewegung hinein wirkten Vorstellungen, wie sie sich aus Friedrich Nietzsches Vision des »neuen Menschen« ergaben.[37]

Ein zweites, im Werk Max Webers verkörpertes Kennzeichen der Moderne ist die Rationalität, verbunden mit einer fortschreitenden »Entzauberung der Welt«. Auch hier lassen sich die Verfahrensregeln der Weimarer Reichsverfassung anführen, und die Verfassung selbst war ja ein schlagender Beweis für die überlegene Leistungsfähigkeit rationaler Organisation des politischen Diskurses. Der Weimarer Staat war als »rationale Anstalt« im Weberschen Sinne konzipiert. Dies wurde verstärkt durch den aus dem Kaiserreich überkommenen rechtspositivistischen Mainstream unter den Staatsrechtlern, wenn auch einige wenige Ansätze der sog. »Allgemeinen Staatslehre« dessen erklärte Politikferne zu überwinden suchten.

---

35 Hartmut Rosa: Über die Schwierigkeit, Fundamente im Treibsand zu bauen: beschleunigungstheoretische Überlegungen zum Verhältnis von Recht und Demokratie. In: Universitas: Ideen, Individuen und Institutionen in Politik und Wissenschaft. FS für Klaus Dicke/ hrsg. von Manuel Fröhlich; Oliver Lembcke; Florian Weber-Stein. Baden-Baden 2019, 317.

36 Bauhaus Archiv; Magdalena Droste: Bauhaus 1919-1933. Köln 1998, 19.

37 Exemplarisch Harry Graf Kessler: Der neue deutsche Menschentyp. In: Künstler und Nationen: Aufsätze und Reden 1899-1933/ hrsg. von Cornelia Blasberg; Gerhard Schuster. Frankfurt a.M. 1988, 285-294.

Ein drittes dynamisierendes Merkmal der Weimarer Republik war der bereits angesprochene Pluralismus. Vor allem die Debatten um die Verfassung waren »die Geburt der pluralistischen Gesellschaft in Deutschland«.[38] Ein nicht überschaubarer und sich beinahe wöchentlich ändernder Blätterwald, die ständig verbesserten Möglichkeiten des Rundfunks – 1925 führte Abraham Esau die erste UKW-Übertragung zwischen Jena und Kahla durch – und eine wahre Pilzkultur an Vereinen und Interessensgemeinschaften führten einen neuerlichen »Strukturwandel der Öffentlichkeit« herbei und überschütteten das Publikum mit Zukunftsentwürfen und Lebensweisheiten.

Und schließlich darf viertens die völlige Veränderung der Weltpolitik und des internationalen Umfeldes der Weimarer Republik nicht unerwähnt bleiben. Das Experiment des Völkerbundes, das in Weimar Harry Graf Kessler begeisterte und dann, als es seinem eigenen Entwurf nicht folgte, arg enttäuschte, hatte ein völkerrechtliches Kriegsverbot festgeschrieben und ein – sich freilich bald als illusionär erweisendes – System der kollektiven Sicherheit errichtet. Aber er gab Minderheiten und unter Kolonialherrschaft leidenden Völkern politische Artikulationsmöglichkeiten und internationales Gehör, wie etwa die leidenschaftliche Rede Haile Selassies 1936 vor der Völkerbundversammlung nach der italienischen Invasion zeigte. Die Welt war in der Tat eine andere geworden.[39]

Nun hatte bereits Ferdinand Tönnies im Jahr 1887 durchaus im Blick auf Modernisierungsdynamiken in seinem Werk »Gemeinschaft und Gesellschaft« auf den Unterschied zwischen einer Gemeinschaft, in der ein substanzieller »Wesenswille« walte, und der Gesellschaft, in der Artikulationen des Willkürwillens fröhliche Urständ feierten, aufmerksam gemacht.[40] Tönnies hatte übrigens über die Rezeption z.B. durch Bonhoeffer[41] auch Auswirkungen auf ekklesiologische Überlegungen. Überträgt man jedoch davon abgesehen seine Dichotomie auf die geistige Situation und Stimmungslage der Weimarer Republik, sind folgende Ergebnisse thesenhaft festzuhalten:

1. Der überwiegende Geist Weimars war kommunitär gestimmt. Der Begriff der »Arbeitsgemeinschaft« wurde nachgerade zu einem leitkulturellen Grundbegriff: vom Bauhausprogramm, das auf die Gemeinschaftsformen des mittelalterlichen Handwerks zurückgriff, über die Volkshochschulbewegung bis hin zur Bezeichnung internationaler Organisationen als »Arbeitsgemeinschaften«.
2. Es war gerade die »Seelenlosigkeit« ihres – von der positivistischen Rechtslehre unterstrichenen – Formalismus, die der lutherische Protestantismus in seiner

---

38 Ribhegge: Die Weimarer Nationalversammlung ... (wie Anm. 2), 48.

39 Eindrücklich David LLOYD GEORGE: Ist wirklich Friede?. Leipzig o.J. [1924], 77-93.

40 Ferdinand TÖNNIES: Gemeinschaft und Gesellschaft: Grundbegriffe der reinen Soziologie. Darmstadt 1963.

41 Klaus-Michael KODALLE: Dietrich Bonhoeffer: zur Kritik seiner Theologie. Gütersloh 1991, 124-129.

Kritik an der Demokratie in den Vordergrund stellte. In dieser Kritik wurde nicht mehr der Staat, sondern das Volk als Träger eines einheitsstiftenden »Wesenswillens« angesehen und wurde so zum politischen Kristallisationspunkt »der von einem konservativen Gefühls-Luthertum beherrschten Evangelischen Kirche«.[42]

3. Der Pluralismus brachte die Evangelische Kirche in die Defensive. Schon vor dem Krieg hatte sie Austrittswellen zu überstehen, die nach 1918 etwa in Berlin 50.000 Austritte pro Jahr erreichten. Zudem hatte sie sich in einer Öffentlichkeit konkurrierender Heilslehren zu behaupten. Die bereits erwähnten Kirchentage, die Gründung des Deutschen Evangelischen Kirchenbundes am 25. Mai 1922 oder auch der nun forcierte Bau von Gemeindehäusern sind zwar durchaus als Reaktionen auf den Modernisierungsschub der Öffentlichkeit anzusehen, blieben aber letztlich Instrumentarien der, wenn ich das so sagen darf, ganz inneren Mission.

Freilich darf nicht übersehen werden, dass von »dem« Protestantismus in Deutschland nicht die Rede sein kann, sondern dass sich auch im Protestantismus ein Gärungsprozess unterschiedlichster theologischer Entwürfe und Ansätze zeigte und sich durchaus auch, wenn auch meist sehr randständig, republikaffine Stimmen artikulierten. Das gilt für die kleine Gruppe pazifistischer Theologen und das gilt ebenso für vernunftrepublikanische Stimmen aus dem Kreis der liberalen Theologie, wie sie auf dem Königsberger Kirchentag 1927 etwa Wilhelm Kahl repräsentierte. Das gilt vor allem aber auch für den kleinen Kreis von Theologen, die dem christlichen Sozialismus anhingen. Sie hatten bereits 1919 den »prachtvolle[n] Pastor Leonhard Ragaz«, wie Stefan Zweig ihn nannte[43], ins thüringische Tambach-Dietharz eingeladen – und sie bekamen Karl Barth, der seine Zuhörer mit dem Vortrag »Der Christ in der Gesellschaft« – wie ich nach dreifacher Lektüre der publizieren Version[44] immer noch meine – überforderte. Barth warb für ein neues Weltverhältnis des Christen, ohne der Welt zu verfallen. Im Mittelpunkt stand ohne Wenn und Aber Gott als der »ganz Andere« und das Reich Gottes, und in den Bahnen der Hegelschen Dialektik präsentierte er die ersten Walzerschritte der dialektischen Theologie, sicher einer der einflussreichsten theologischen Impulse des 20. Jahrhunderts. Politisch war er und war der christliche Sozialismus zwar sozialdemokratisch orientiert, trug durch massive Kritik der liberalen Theologie und auch des katholischen Zentrums aber nicht wenig zur Delegitimierung der Weimarer Politik bei.

---

42 So Büttner: Weimar … (wie Anm. 11), 269.

43 Stefan ZWEIG: Die Welt von Gestern: Erinnerungen eines Europäers. 5. Aufl. Frankfurt 2017, 283.

44 Karl BARTH: Der Christ in der Gesellschaft. In: Anfänge der dialektischen Theologie: Teil I/ hrsg. von Jürgen Moltmann. München 1977, 3-37.

IV Schluss

Ursula Büttner hat ihr Standardwerk zur Weimarer Republik überschrieben mit »Weimar. Die überforderte Republik«. Die existenziellen, politischen und gesellschaftlichen Herausforderungen, von denen ich einige zu benennen versucht habe, haben in ihrer Fülle sicherlich zu dieser Überforderung in Politik, Kirche und Gesellschaft beigetragen. Der Hauptgrund für die Überforderung der Republik und der jungen Demokratie waren sie aber wohl nicht. Diesen wird man vielmehr in einer Art kollektiver Realitätsverweigerung sehen müssen, zu der Troeltschs Bild vom »Traumland« passend scheint. In deren Kern stand die fehlende Anerkennung der verheerenden militärischen Niederlage und der daraus folgende Mangel an Bereitschaft, sich wieder einen anerkannten und geachteten Status in der sich neu etablierenden Weltgemeinschaft zu erarbeiten. Versailles hat dazu sicher nicht wenig beigetragen.

Gleichwohl muss ich gestehen, dass ich mit einiger Beklemmung zur Kenntnis genommen habe, dass und wie der liberale Theologe und Journalist Martin Rade seinen amerikanischen Lesern in einem seitenlangen historischen Exkurs den Nachweis zu führen suchte, dass den Deutschen jeder Anflug von Buße unmöglich sei, ja dass er unter Verweis auf Röm. 2,4 – »weißt du nicht, dass dich Gottes Güte zur Buße leitet?« – in den Angriffsmodus überging: »The untrustworthiness and lack of sympathy exhibited by the victors served to justify in our eyes the war which we had fought against them«.[45]

Die Weimarer Reichsverfassung bot durchaus die Möglichkeit zu einem auch innerlich befriedeten Weg Deutschlands nach dem verlorenen Krieg; freilich aus der Distanz von 100 Jahren gesehen: eine Gnade Gottes. Doch die überschwänglichen Erwartungen an die als »freieste«, »modernste« und fortschrittlichste gepriesene Verfassung waren Teil der Realitätsverweigerung, zu der ein mit den Sowjets liebäugelndes Reden vom »neuen Menschen«, die vielleicht wirkmächtigste Ideologie des 20. Jahrhunderts, das Seine beitrug.

Mit all dem ist und bleibt die Weimarer Republik und gerade ihre Gründungszeit selbst eine Herausforderung, gerade auch für unsere Gegenwart.

---

45 Rade: The Present Situation ... (wie Anm. 28), 351.

Von der Eisenacher Konferenz zum Deutschen Evangelischen Kirchenbund

Von Axel Noack

Formal gesehen hat der Deutsche Evangelische Kirchenbund nur elf Jahre und somit nicht einmal über zwei Legislaturperioden hinweg bestanden (1922-1933). Dennoch stellt er eine der ganz wichtigen Etappen auf dem Weg hin zur Evangelischen Kirche in Deutschland (EKD) dar, die nicht übergangen werden soll. Darüber hinaus gehört er in die Nachkriegszeit nach dem Ersten Weltkrieg und ist einzureihen in die verschiedenen Aktivitäten der Landeskirchen, sich nun »ohne Landesherren« neu zu organisieren.

Im Folgenden soll der Weg zu seiner Gründung am Himmelfahrtstag des Jahres 1922 (25. Mai) nachgezeichnet werden. Es schließt sich ein kurzer Bericht über die Zeit des Kirchenbundes und seine »Aufhebung« in der Deutschen Evangelischen Kirche (DEK) im Jahre 1933 an.

I Der Beginn des Weges hin zum Kirchenbund

Nicht leicht zu bestimmen ist, wo man ansetzen soll, den Weg der Entstehung zu beschreiben. Mit der Beschreibung des Startpunktes fallen wichtige Entscheidungen zur historischen Bewertung des Bundes: Ich kann den Bund einordnen in die lange Reihe der Bemühungen um eine konfessionelle Einigung im deutschen Protestantismus, vornehmlich zwischen reformierten und lutherischen Christen und Kirchen, was sich zweifelsfrei begründen ließe. Dann wäre als Startpunkt schon an das Marburger Religionsgespräch von 1529 zu denken. Der Kirchenbund würde dann in die Nähe der Begründung von »Unionen« im weitesten Sinne gerückt werden. Das wäre sicher vielen heute überhaupt nicht recht. Zumal die eigentliche Begründung des Kirchenbundes in eine Zeit fällt, in der das Wort »Union« zwar in vielen anderen Teilen der Welt einen durchaus positiven Klang hatte, in Deutschland aber nahezu durch die Auseinandersetzungen in der zweiten Hälfte des 19. Jahrhunderts als »verbrannt« bezeichnet werden kann. Beim Kirchenbund ging es mehr um organisatorisch-pragmatische Fragen des Zusammenwirkens der evangelischen Kirchen in Deutschland als um eine konfessionelle Annäherung.

So ist auch die klare Aussage der Präambel der Kirchenbundverfassung zu verstehen:

> »Zur Wahrung und Vertretung der gemeinsamen Interessen der deutschen evangelischen Landeskirchen einen engen und dauernden Zusammenschluß derselben herbeizuführen, das Gesamtbewußtsein des deutschen Protestantismus zu pflegen und für die religiössittliche Weltanschauung der deutschen Reformation die zusammengefaßten Kräfte

Axel Noack

der deutschen Reformationskirchen einzusetzen – dies alles unter Vorbehalt der vollen Selbständigkeit der verbündeten Kirchen in Bekenntnis, Verfassung und Verwaltung.«[1]

Betrachtet man nun das Zusammenwirken der deutschen Protestanten unter diesem stärker organisatorischen Aspekt, dann lässt es sich begründen, beim Ende des Heiligen Römischen Reiches im Jahre 1806 anzusetzen.[2]

Am 6. August dieses Jahres trat der Kaiser Franz zurück und entließ alle Mitarbeiter des Reiches. Damit wurden auch alle Institutionen des Reichs (Reichstag und Reichsgerichte etc.) aufgelöst. Mit dem Reichstag verfielen auch die beiden reichsrechtlich geschützten konfessionellen Fraktionen des Reichstages, das »Corpus Evangelicorum« bzw. das »Corpus Catholicorum«. Das Corpus Evangelicorum, der Zusammenschluss der protestantischen Reichstände, Fürsten und freien Reichstädte, stellte in der Tat die erste förmliche gemeinsame Organisation der Protestanten im Deutschen Reich dar. Diese evangelische Fraktion, die sich aus Delegierten (es waren Diplomaten bzw. »Gesandte«, keine Theologen!) der einzelnen Länder, Fürstentümer und Städte zusammensetzte, konnte einiges bewegen, etwa bei der Übernahme des Gregorianischen Kalenders auch in den evangelischen Ländern, die ihn in Deutschland erst ca. 1700 durchgängig eingeführt haben. Viele hofften – von den Theologen erwartete man wenig – dass nun dieser evangelische Zusammenschluss des Corpus Evangelicorum auch etwas zum Kirchenfrieden würde beitragen können. Mancher Vorschlag erreichte die Delegierten. So ließ etwa der Pfarrer und Lehrer Johann Altmann eine Schrift erscheinen – deren Titel ist dabei Programm:

»Neugebahnter Weg Zu einem Evangelischen Kirchen-Frieden; Oder Proposition eines neuen / leichten und sicheren Expedients zu erwuenschter Association der Protestierenden; In einem Leib der gesambten Evangelischen Kirchen/ ohne daß die von der Augspurgischen / noch die von der Reformierten Confession, Ihre Lehr oder Kirchen-Gebraeuch im geringsten deßhalben zu aendern gehalten seyn. So Allen und jeden Herren Abgesandten der Protestierenden Souverainitaeten, welche im Namen Ihrer Hohen HErren Principalen das Corpus Evangelicum auff den Reichstag zu Regenspurg vorstellen / zu unbeschwaerter uberlegung demuehtig recommendiert wird.«[3]

Als Verfasser wird angegeben: »Von einem der den Frieden liebt«.

---

1 VERHANDLUNGEN DES 2. DEUTSCHEN EVANGELISCHEN KIRCHENTAGES 1921: Stuttgart 11.-15. IX. 1921/ hrsg. vom Deutschen Evangelischen Kirchenausschuß. Berlin-Steglitz 1921, 30: Verfassung des Deutschen Evangelischen Kirchenbundes, § 1 Bundeszweck.

2 Vgl. Theodor BRAUN: Zur Frage der engeren Vereinigung der deutschen evangelischen Landeskirchen. Berlin 1902. Der Jurist, Konsistorialrat Braun setzt beim »Corpus Evangelicorum« an: Ebd, 1-5.

3 Frankfurt 1722. Es gab – so berichtet Altmann im Vorwort — schon eine Auflage dieses Buches aus dem Jahre 1705.

II Überlegungen und Bemühungen im 19. Jahrhundert

Das alles war nun 1806, mit dem Ende des Reiches, obsolet geworden und beinah sofort setzten Überlegungen ein, wie eine neue Organisationsform für den Zusammenhalt der Protestanten gefunden werden konnte. Die Vorschläge dazu überhäuften sich. Dabei gingen die Ideen darüber, wie vor allem ein politischer Zusammenschluss der Länder und Fürstentümer zu einem Reichsverband gefunden werden konnte, wie er über verschiedene Versuche (z.B. Zollunion, Norddeutscher Bund, Rheinbundstaaten etc.) dann schließlich in der Reichgründung von 1871 seinen Abschluss fand, einher mit den Überlegungen zu einer Kircheneinigung.

Vorschläge für kirchliche Zusammenschlüsse – sie reichten bis zur Idee einer deutschen »Nationalkirche«, die auch katholische Christen mit einschließt – gediehen auf dem Hintergrund dieser politischen Entwicklung. Beide erhielten gewaltigen Aufschwung durch die Befreiungskriege gegen die napoleonische Herrschaft, die durch die Völkerschlacht bei Leipzig (1813) und den Wiener Kongress (1815) ihr Ende fand. Sie entsprachen einer sehr emotionalen nationalen »Erhebung«. Die Burschenschaften wurden zum Vorreiter der nationalen Einigung. Bei ihrer ersten großen Feier auf der Wartburg 1817 gab es auch eine alle konfessionellen Grenzen überschreitende Abendmahlsfeier.[4]

Die neuen politischen Grenzen, die durch den Wiener Kongress gezogen wurden, waren in dieser Zeit ganz selbstverständlich auch Kirchengrenzen und wurden ohne größere Verwerfungen akzeptiert. Das galt etwa für die großen ehemals albertinischen Gebiete (Kurkreis um Wittenberg, Bitterfeld und Herzberg, Stiftsterritorien um Zeitz und Naumburg und Merseburg, den sächsischen Teil der Mansfelder Grafschaften, dazu große Teile des »Thüringer Kreises« mit Sangerhausen, Weißenfels, die Grafschaften Stolberg-Roßla, Stolberg-Stolberg etc.). Fast alle diese Gebiete sollte der preußische Staat dann in seine neue Provinz »Sachsen« einbringen. Diese neuen, ehemals sächsischen »Beutepreußen« durften dann ihren Namen mitbringen: Provinz Sachsen. Die Untertanen dieser neuen Gebiete begrüßte der preußische König Friedrich Wilhelm III. mit einem »Zuruf«. Der einzigen Satz, der die Kirche betraf, lautete: »Die Diener der Kirchen werden fernerhin die ehrwürdigen Bewahrer des väterlichen Glaubens sein.«[5]

Noch waren die Landesherren auch die Oberhäupter der »Landeskirchen« (summus episcopus) und schon von daher waren die Möglichkeiten der kirchlichen

---

4 Vgl. Christopher Spehr: Der Protestantismus und das Wartburgfest. In: Das Wartburgfest von 1817 als europäisches Ereignis/ hrsg. von Joachim Bauer; Stefan Gerber; Christopher Spehr. Heidelberg 2020, 155–178, hier 168 f.

5 »Zuruf« des preußischen Königs Friedrich Wilhelm III. an die neuen Untertanen vom 15.5.1815. Zitiert nach einem Faksimile in der Sonderausstellung im Barockschloss Delitzsch im Jahre 2015: »Unter neuer Herrschaft – Konsequenzen des Wiener Kongresses von 1815«.

Axel Noack

Verhandlungen über die Landesgrenzen hinweg sehr eingeschränkt. Dennoch gab es schon damals erste Stimmen, die die immer noch sehr enge Verbindung der Kirche zum Staat kritisch sahen. Schon im Jahre 1808 veröffentlichte Friedrich Daniel Ernst Schleiermacher – zunächst sogar anonym – seinen »Vorschlag zu einer neuen Verfassung der protestantischen Kirche im preußischen Staate«.[6] Hier steht am Anfang die schonungslose Analyse:

> »Dass unser Kirchenwesen in einem tiefen Verfall ist, kann niemand leugnen. Der lebendige Anteil an den öffentlichen Gottesverehrungen und den heiligen Gebräuchen ist fast ganz verschwunden, der Einfluss religiöser Gesinnungen auf die Sitten und auf deren Beurteilung kaum wahrzunehmen, das lebendige Verhältnis zwischen den Predigern und ihren Gemeinden so gut als aufgelöst, die Kirchenzucht und Disciplin völlig untergegangen, der gesamte geistliche Stand in Absicht auf seine Würde in einem fortwährenden Sinken begriffen, in Absicht auf seinen eigentlichen Zweck von einer gefährlichen Lethargie befallen.«[7]

Interessant und für die Debatten im 19. Jahrhundert von großer Bedeutung ist die Angabe der Gründe für diesen schwierigen Zustand der Kirche:

> »Der Grund aller dieser Übel liegt in einigen bei uns seit der Reformation begangenen Fehlern. So wie vorher die Kirche von dem Staate sich zu sehr emancipiert, ja, über ihn erhoben hatte, so hat man sie seitdem dem Staate zu sehr untergeordnet und die Ansicht, als ob sie nur ein Institut des Staates zu bestimmten Zwecken wäre, hat seitdem immer mehr überhand genommen.«[8]

So war also eine innovative Kraft zum Aufeinander-Zugehen der Kirchen und Konfessionen aus der offiziellen Kirche als staatsgebundener Kirche nicht zu erwarten. Diese Rolle übernahmen andere. Hier ist auf etliche Einzelpersonen zu verweisen und in der Folge vor allem auf verschiedene Vereine, die im 19. Jahrhundert sehr oft riesige Mitgliederzahlen gewinnen konnten.

1 Einzelne Akteure

Einzelne wichtige Akteure waren neben Schleiermacher vor allem der Göttinger Kirchenhistoriker Gottlieb Jakob Planck, der Urgroßvater des Physikers Max Planck, der die Entwicklungen der großen Veränderungen präzise nachzeichnete.[9]

---

6 Friedrich Daniel Ernst SCHLEIERMACHER: Entwurf einer neuen Verfassung der protestantischen Kirche im preußischen Staat. In: Staat und Kirche im 19. und 20. Jahrhundert: Dokumente zur Geschichte des deutschen Staatskirchenrechts/ hrsg. von Ernst Rudolf Huber und Wolfgang Huber. Bd. 1: Staat und Kirche vom Ausgang des alten Reichs bis zum Vorabend der bürgerlichen Revolution. Berlin 1973, 565-573, hier 565 f.

7 Ebd, 565.

8 Ebd, 566.

9 Gottlieb Jacob PLANCK: Ueber die Trennung und Wiedervereinigung der getrennten christlichen Haupt-Partheyen: mit einer kurzen historischen Darstellung der Umstände, welche die Trennung der lutherischen und reformirten Parthie veranlassten, und der Versuche, die zu ihrer Wiedervereinigung gemacht wurden. Tübingen 1803; DERS.: Ueber den gegenwär-

Für die nationale Erhebung in Verbindung mit den kirchlichen Einigungsbemühungen stehen dann weiter solche bekannten Persönlichkeiten wie der Turnvater Friedrich Ludwig Jahn und der Dichter Ernst Moritz Arndt. Bei diesen beiden gingen allerdings die Aufrufe zur nationalen Erneuerung einher mit einer deutlichen Abgrenzung von Frankreich und den Franzosen.

Später sind dann vor allem der Diplomat Christian Carl Josias von Bunsen und der Jenaer Kirchengeschichtler Karl August von Hase zu nennen. Gerade an Karl August von Hase kann gezeigt werden, wie die Versuche der organisatorischen Einigung im deutschen Protestantismus einhergingen mit dem Aufbau innerkirchlicher synodaler Strukturen. Hase war ein Verfechter des synodalen Prinzips, wie er in einer Denkschrift von 1848 zeigt: »Dieses Repräsentativ-System der Kirche [d.h. das presbyterial-synodale Prinzip, A.N.] ist nicht eine bloß zeitgeistige Nachahmung des Staats auf breitester demokratischer Grundlage, vielmehr [...] die Kirche hat zuerst diese Rechtsform für sich ausgebildet.«[10] Er brachte das Schloss Friedenstein in Gotha als einen besonders prädestinierten Ort für ein Kirchenbündnis zur Sprache: Wie »die deutsche Reichsversammlung in einer protestantischen Kirche ein Unterkommen gefunden [hat], so könnte die deutsche Kirchenversammlung [...] im Schlosse Friedensstein [bei Gotha] [...] eine gastliche Stätte finden.« Darauf wird noch zurückzukommen sein.

2 »Vereine« übergreifen Ländergrenzen

So wurde der Gustav-Adolf-Verein, der erste große, alle politischen Ländergrenzen überschreitende Verein zum Prototyp eines protestantischen Vereins im 19. Jahrhundert. Initiiert wurde er im Jahre 1832, zum 200. Todestag des Schwedenkönigs Gustav Adolf am 6.11.1632 bei Lützen, von dem Leipziger Superintendenten Christian Gottlob Großmann, der einen Aufruf »an die Protestantische Welt« zur Linderung der Not der Brüder, d.h. »eine Anstalt zu brüderlicher Unterstützung bedrängter Glaubensgenossen, und zur Erleichterung der Noth«[11] veranstaltete. Großmann bekam bald Unterstützung aus anderen Landeskirchen, so z.B. von Hofprediger Dr. Karl Zimmermann aus Darmstadt.[12]

Andere Vereine sollten folgen. Große Bedeutung für das Einigungsgeschehen und den Gedanken einer konfessionellen »Union« aller Protestanten erlangte der

---

tigen Zustand und die Bedürfnisse unserer protestantischen Kirche bei dem Schluss Ihres dritten Jahrhunderts: Betrachtungen, Vorschläge und Wünsche. Erfurt 1817.

10 Karl August VON HASE: Die evangelisch protestantische Kirche des deutschen Reichs: eine kirchenrechtliche Denkschrift. Leipzig 1849, 62. Das folgende Zitat ebd, 109 f.

11 Gustav-Adolf-Stiftung. Leipziger Tageblatt 167 (14.12.1832). – Eine gute, knappe Information über die Herausbildung des Vereins bietet der Wikipedia-Eintrag: »Gustav-Adolf-Werk«, https://de.wikipedia.org/wiki/Gustav-Adolf-Werk (zuletzt besucht am 3.12.2020). Vgl. auch Eberhard WINKLER: Art. Gustav-Adolf-Werk. RGG[4] 3 (2000), 1335 f.

12 Vgl. Karl ZIMMERMANN: Der Gustav-Adolf-Verein: ein Wort von ihm und für ihn. 5. Aufl. Darmstadt 1860.

»Protestantenverein«, dessen Gründungsvater der Theologe, später badischer Kirchenrat Daniel Schenkel war. Bei ihm verbindet sich der Gedanke der Union wieder mit einer sehr liberalen theologischen Haltung, wie schon die erste Satzung des Vereins[13] ausdrückt:

> »§ 1. Auf dem Grunde des evangelischen Christenthums bildet sich unter denjenigen deutschen Protestanten, welche eine Erneuerung der protestantischen Kirche im Geiste evangelischer Freiheit und im Einklang mit der gesammten Culturentwicklung unserer Zeit anstreben ein deutscher Protestantenverein. Derselbe setzt sich zum Zweck:
> 1) den Ausbau der deutschen evangelischen Kirchen auf der Grundlage des Gemeindeprinzips je nach den besonderen Verhältnissen der verschiedenen Länder mit deutscher Bevölkerung, so wie die Anbahnung einer organisatorischen Verbindung der Landeskirchen;
> 2) die Bekämpfung alles unprotestantischen hierarchischen Wesens innerhalb der einzelnen Landeskirchen und die Wahrung der Rechte, Ehre und Freiheit des deutschen Protestantismus;
> 3) die Erhaltung und Förderung christlicher Duldung und Achtung zwischen verschieden Confessionen und ihren Mitgliedern; [...]«.[14]

Hier ist nun allerdings ein Achtungszeichen anzubringen: Besondere Schwierigkeiten erwuchsen dem Einigungsgedanken, weil dieser sehr schnell mit dem theologischen Liberalismus und dem (nicht ganz zu Unrecht) polemisch abgewehrten »Unionismus« in Verbindung gebracht wurde. Kritiker des Liberalismus – z.B. konfessionelle Lutheraner – wurden daher oft auch zu Kritikern der Einigungsbemühungen, wie noch zu zeigen sein wird.

Daneben gehören der Evangelische Bund und auch die von der Kaiserin geförderte Frauenhilfe zu den großen Vereinen, die z.T. mehrere hunderttausend Mitglieder umfassten. Der sich rasant ausweitende Eisenbahnverkehr schuf gute Arbeitsbedingungen für grenzüberschreitende Vereine.

3 Abspaltungen und Auswanderung

Das Bild wäre aber unvollständig, wollte man gerade für die zweite Hälfte des 19. Jahrhunderts neben den zahlreichen Vereinsgründungen nicht auch auf die stark angewachsene Zahl der Kirchenspaltungen und Neugründung von (Frei-) Kirchen verweisen. Die Einführung der »negativen Religionsfreiheit«, also der Freiheit, gar keiner Religion angehören zu müssen, wie sie unter dem preußischen König Friedrich Wilhelm IV. begann und bald in allen Fürstentümern in Deutschland Gestalt annahm, schuf den rechtlichen Rahmen. Abspaltungen geschahen nach »rechts«

---

13 Die Gründung des Vereins erfolgte am 7. und 8. Juni 1865 in Eisenach mit mehr als 500 Teilnehmenden (Theologen und Laien). Zum Verein selbst vgl. Claudia LEPP: Protestantisch-liberaler Aufbruch in die Moderne: der deutsche Protestantenverein in der Zeit der Reichsgründung und des Kulturkampfes. Gütersloh 1996.

14 Satzung zitiert nach: Daniel SCHENKEL: Der Deutsche Protestantenverein und seine Bedeutung in der Gegenwart nach den Akten dargestellt. Wiesbaden 1868, 108.

und nach »links«: Den Gruppen der sogenannten »separierten Lutheraner« die zunächst aus Protest gegen die Union und vor allem gegen die in Preußen eingeführte Agende standen, sich aber dann sogar in »rein« lutherischen Kirchen (Hannover und Sachsen) in eigenen Gruppen separierten, standen auf der anderen Seite die betont rationalistischen »Lichtfreunde« entgegen, die gegen den »Dogmenzwang«, ja sogar gegen die Verwendung des Apostolikums im Gottesdienst standen. Unter den Lichtfreunden besonders im Mitteldeutschen Raum wurden die ersten Jugendweihen eingeführt (Pfarrer Eduard Balzer in Nordhausen) und in Verbindung mit den von der römisch-katholischen Kirche sich abspaltenden »Deutschkatholiken« »Freie Gemeinden« gegründet, die hier zeitweilig einen enormen Zulauf fanden und der »verfassten« Kirche erheblichen Abbruch taten.

Auch bei den »separierten Lutheranern« handelte es sich nicht um eine – schon gar nicht um eine einheitliche – Randerscheinung. In einer Petition des (altlutherischen) Ober-Kirchen-Kollegiums in Breslau an das Preußische Abgeordnetenhaus vom 17.12.1868[15] nannten die Eingeber auch Mitgliederzahlen der separierten Lutheraner. Sie gaben an: »52 Parochien mit 168 Gemeinden und 41.000 Seelen«.[16] In Preußen schließlich setzten sich diese lutherischen Gruppen auch für eine von den Landeskirchenleitungen unabhängige Kirchenregierung ein und forderten manche der den Landeskirchen zugebilligten Privilegien (Stempel- und Portobefreiung, Steuerbefreiung von Amtsträgern usw.) auch für ihre Kirchen ein. Sie wurden in der Regel abschlägig beschieden.

Und nicht zu vergessen: Größere Teile der separierten Lutheraner zogen es vor, Deutschland in Gänze den Rücken zuzukehren und nach Amerika auszuwandern. Sie wurde dort zur Kernzelle der heutigen konservativen Lutheraner, der Missouri-Synode. Dabei handelt es sich nicht nur um Ausnahmefälle. Zwischen 1846 und 1893 zog es jährlich 100.000, zum Teil bis zu 200.000 Menschen aus Deutschland nach Amerika.[17] Dabei handelte es sich natürlich nicht nur um Auswanderer aus religiösen Gründen. Die wohl spektakulärste Aktion veranstaltete der Pfarrer Martin Stephan, der 1838 mit mehr als 600 Anhängern (darunter sechs Pfarrern und zehn Vikaren!) nach Amerika auswanderte und in St. Louis eine Gemeinde gründete. Nicht zuletzt deshalb, weil das Leben von Pfarrer Stephan von manchem Skandal geprägt war, ist eine fast unübersichtliche Menge an Literatur zu dem Fall und den

---

15 Text vollständig bei Julius NAGEL: Die Kämpfe der evangelisch-lutherischen Kirche in Preußen seit Einführung der Union. Stuttgart 1869, 258-263.

16 Ebd, 259.

17 Vgl. Sine MAIER-BODE: Deutsche in Amerika, https://www.planet-wissen.de/geschichte/neuzeit/auswanderer/pwiedeutscheinamerika100.html#Germantown (zuletzt besucht am 3.12.2020).

sogenannten »Stephanisten« entstanden.[18] Die in Amerika sich gründenden Gemeinden wirkten nach Deutschland zurück. Das reichte bis zum Predigeraustausch.[19]

4 Kirchentage und Eisenacher Konferenz

Neben dem Vereinswesen sind nun aber vor allem der Deutsche Evangelische Kirchentag und dann die Eisenacher Konferenz zu nennen. Dabei steht der Kirchentag gewissermaßen auf der Scheidelinie:

Trotz der neuen konfessionellen Streitigkeiten in der zweiten Hälfte des 19. Jahrhunderts gelang es verschieden aktiven Männern, einen breit aufgestellten »Kirchentag«[20] ins Leben zu rufen. Dessen erste Versammlung im Jahre 1848 in Wittenberg hatte mehr als 660 namentlich aufgeführte Teilnehmer.[21] Die Einladung ging aus von einem Vorbereitungskreis unter Leitung und Initiative des Juristen und Politikers Moritz August von Bethmann-Hollweg. Eingeladen waren

> »diejenigen Freunde der evangelischen Kirche, geistlichen und nichtgeistlichen Standes, welche auf dem Grund des evangelischen Bekenntnisses stehen […] um in einer vorläufigen freien Versammlung die Verhältnisse der evangelischen in der gegenwärtigen Zeitlage brüderlich zu beraten.«[22]

Dieser Kirchentag kam ohne Kompetenzen zusammen, wie Bethmann-Hollweg gleich zur Eröffnung erklärt:

> »Wir sind hier versammelt ohne rechtliche Macht und rechtliches Ansehen als einzelne, welche die Kirche lieb haben, und soweit der Herr Gnade schenkt, ihr dienen möchten. Wir sprechen als eine nichtlegitimierte Versammlung, die auch kein Recht sich anmaßen will, nur aus, was der evangelischen Kirche Noth thue. [sic!] Wir fassen vielleicht Meinungsäußerungen in der Form von Resolutionen, und bieten diese den gesetzlichen Organen dar. Nehmen diese das Dargebotene an, so sind wir in dieser Hinsicht nicht vergeblich zusammen gewesen.«[23]

---

18 Vgl. Ludwig LÜTKEMÜLLER: Die Lehre und die Umtriebe der Stephanisten. Altenburg 1838. Vgl. auch: Renate SCHÖNFUß-KRAUSE: Ein Sachse wird zum Luther Amerikas: auf der Suche nach Glaubensfreiheit – Auswanderung von 665 sächsischen Lutheranern aus Dresden nach Nordamerika, https://www.teamwork-schoenfuss.de/app/download/14691620622/Martin+Stephan+%28Geistlicher%29%2C+Carl+Ferdinand+Wilhelm+Walther.pdf?t=1548175087 (zuletzt besucht am 10.2.2020).

19 Vgl. Gottfried HERRMANN: Lutherische Freikirche in Sachsen: Geschichte und Gegenwart einer lutherischen Bekenntniskirche. Berlin 1985, 272-275.

20 Der offizielle Titel lautete zunächst: »Wittenberger Kirchenversammlung für die Gründung eines deutschen evangelischen Kirchenbundes«. Vgl. den Protokollband dieser Versammlung: DIE VERHANDLUNGEN DER WITTENBERGER KIRCHENVERSAMMLUNG FÜR DIE GRÜNDUNG EINES DEUTSCHEN EVANGELISCHEN KIRCHENBUNDES IM SEPTEMBER 1848: nach Beschluß und im Auftrag derselben veröffentlicht durch ihren Schriftführer Dr. Kling, ord. Professor der Theologie in Bonn. Berlin 1848.

21 Vgl. Ebd, Anhang 121-126.

22 Ebd, 125.

23 Ebd, 1.

Als Ergebnis dieses Kirchentages lässt sich dennoch festhalten:

1. Der Kirchentag erließ ein »Bußwort«.
2. Der Kirchentag beschloss einstimmig »einen Verein für die für die Gründung eines Bundes der deutsch-evangelischen Konfession zu stiften«.[24]
3. Der Kirchentag sollte übers Jahr fortgesetzt werden.
4. Am Rande: die Bildung des Centralausschusses der Inneren Mission nach Wicherns bedeutsamer Rede.

In Wittenberg 1848 wurde also schon ein Bund »der deutsch-evangelischen Konfession« zur Sprache gebracht. Bis 1872 fanden noch etliche solcher Kirchentage statt, dann zerbrach die Gemeinschaft an inneren Differenzen.[25] Wichtige Teilnehmer zogen sich zurück. Aber es war ein Anfang gemacht worden.

Sehr viel glücklicher agierte die sogenannte »Eisenacher Konferenz«, die auf Initiative der landeskirchlichen Leitungen[26] zu informellen Beratungen seit 1852 in der Woche nach dem Pfingstfest in Eisenach im ungefähr zweijährigen Turnus zusammen kam, um

> »auf Grundlage des Bekenntnisses wichtigere Fragen des kirchlichen Lebens in freiem Austausch zu besprechen und unbeschadet der Selbständigkeit jeder einzelnen Landeskirche ein Band ihres Zusammengehörens darzustellen und die einheitliche Entwicklung ihrer Zustände zu fördern.«[27]

Die Konferenz konnte, gerade weil sie keine verbindlichen Beschlüsse fassen konnte, sehr viel erreichen. Die Themen der Beratung betrafen nahezu alle Bereiche des kirchlichen Lebens. Vieles, was uns heute selbstverständlich erscheint, verdanken wir dieser Konferenz: gemeinsames Gesangbuch, Bibelrevision, Feiertagsregelungen etc.[28]

In den einzelnen Konferenzen wurden sehr praktische kirchliche Alltagsprobleme besprochen. Es wurde nichts verbindlich beschlossen und dennoch waren die dort gegeben Anregungen von solcher Qualität und Überzeugungskraft, dass vieles davon in den einzelnen Landeskirchen umgesetzt wurde.

Im Jahre 1900 wurde eine erste organisatorische »Spitze« von sechs Personen gebildet, die als eine Art Dauerinstitution fortan die Geschicke der Konferenz leiten sollte. Im Jahr 1903 konnte aus ihr der »Deutsche evangelische Kirchen

---

24 Ebd, 130.

25 Besonders auffällig wurde der innerlutherische Eklat auf dem Kirchentag in Kiel im Jahre 1867. Hier wurde unter Berufung auf die 50 Jahre alten Thesen von Claus Harms von 1817 die ganzen Einigungsbemühungen unter das Verdikt der rationalistischen Theologie gestellt.

26 Zur Konferenz gehörten alle deutschen Kirchenregierungen mit Ausnahme der des thüringischen Fürstentums Reuß ältere Linie. Hinzu kamen die Österreichischen Kirchen (Augsburgischer und Helvetischer Konfession).

27 [Hermann] VON DER GOLTZ: Art. Konferenz, evangelisch-kirchliche. In: RE³ Bd. 10 (1901), 662-670, hier 663.

28 Einen Überblick über die Themen der einzelnen Konferenzen bietet ebd, 666-669.

Axel Noack

ausschuss« hervorgehen, der zu einer der Gründungsinitiativen des Deutschen evangelischen Kirchenbundes (1922) wurde. Dieser »Kirchenausschuss« erlangte zunächst in Preußen die Anerkennung als Körperschaft öffentlichen Rechts. Seine praktische Organisation (Büroarbeit) wurde dem altpreußischen Oberkirchenrat in Berlin übertragen. Im in dieser Zeit neuerrichteten Gebäude des Evangelischen Oberkirchenrates in der Berliner Jebensstraße am Bahnhof Zoo sollte später auch der Deutsche Evangelische Kirchenbund seinen Sitz haben.

5 Die Reichsgründung als Motor?

Neuen Schwung in die Bestrebungen brachte die Gründung des Deutschen Reiches im Jahre 1871. Auf private Initiative wurde schon für den 10. bis 12. Oktober 1871 eine sogenannte »Oktoberversammlung«[29], eine »freie kirchliche Versammlung evangelischer Männer aus dem deutschen Reich«, nach Berlin eingeladen. Diese Oktoberversammlung bildete den Höhepunkt der Bemühungen um eine kirchliche Einigung auf Reichsebene im 19. Jahrhundert. Sie wurde aber zugleich Ausdruck der Zerrissenheit und machte die Schwierigkeiten deutlich, die noch zu überwinden sein würden.

Im Einladungsschreiben, unterzeichnet von mehr als 200 Männern, hieß es:

> »Angesichts der weltgeschichtlichen Ereignisse, durch welche die gnädige Hand Gottes das deutsche Reich unter einem protestantischen Kaiser neu begründet hat, erwacht überall, soweit unser Volk die Güter und Gaben der Reformation wahrt und pflegt, ein lebendiges Bewußtsein der Verpflichtungen, welche der evangelischen Kirche des Vaterlandes in allen ihren confessionellen und landeskirchlichen Gliederungen von der neu angebrochenen Zeit auf's Gewissen gelegt werden. Die Zukunft Deutschlands, die Zukunft unserer Kirche fordert es, daß die Gerichte und die Gnadenführungen Gottes nicht unerkannt noch unverwerthet bleiben, sondern für Glauben und Leben unseres Volkes Frucht tragen. Danach verlangen im Norden und Süden des Vaterlandes Tausende. Was sie betend auf ihrem Herzen tragen, das muß zur Klarheit gebracht, seinen offenen Ausdruck finden und eine belebende, zur That erweckende und alle Adern unseres Volkslebens durchströmende Kraft werden. Dazu wird, so hoffen wir, der Zusammen-tritt evangelischer Männer zu einer freien Versammlung wesentlich beitragen. In dieser Gewißheit laden wir hiermit ein [...].«[30]

Gleichzeitig wurde mitgeteilt, dass wegen der großen Oktoberversammlung sowohl der für 1871 vorgesehenen Evangelische Kirchentag, wie auch der »Congress für Innere Mission« abgesagt worden seien.[31]

---

29 Gerhard BESIER: Die Oktoberversammlung 1871 und die nationalkirchliche Einheit. In: Die Geschichte der Evangelischen Kirche der Union. Bd. 2/ hrsg. von Joachim Rogge; Gerhard Ruhbach. Leipzig 1994, 181-195.

30 Vgl. den Protokollband der Konferenz: DIE VERHANDLUNGEN DER KIRCHLICHEN OCTOBER-VERSAMMLUNG IN BERLIN VOM 10. BIS 12. OCTOBER 1871/ hrsg. vom Sekretariate. Berlin 1872, V.

31 Vgl. ebd, V. XI.

Der Einladung war das Programm der Veranstaltung beigefügt. Hervorzuheben sind drei Referate, verteilt auf die drei Tage der Konferenz:

1. Pfarrer Johann Friedrich Ahlfeld aus Leipzig: »Was haben wir zu thun, damit unserem Volke ein geistliches Erbe aus den großen Jahren 1870 und 1871 verbleibe?«
2. Generalsuperintendent, Propst Dr. Brückner aus Berlin: »Die Gemeinschaft der deutschen Landeskirchen im deutschen Reich«
3. Dr. Johann Hinrich Wichern aus Berlin: »Die Mitarbeit der evangelischen Kirche an den socialen Aufgaben der Gegenwart«

Den inhaltlichen Schwerpunkt bildete das Referat von Propst Dr. Benno Bruno Brückner. Schon bevor dieser zu referieren beginnen konnte, gab der Präsident, der schon vom Kirchentag her bekannte Jurist und Politiker Moritz August von Bethmann-Hollweg, eine Erklärung ab:

> »Präsident theilt mit, daß Missionsdirector Wangemann schon vor einiger Zeit dem Comité der Versammlung den Wunsch ausgedrückt habe, unmittelbar nach dem Referenten in längerer Rede die Ansichten der lutherisch-confessionellen Mitglieder der Versammlung aussprechen zu dürfen, und daß das Comité und die Versammlung der Einladenden beschlossen habe, das von Dr. Wangemann gestellte Gesuch bei der Versammlung zu befürworten.«[32]

Brückner selbst ging sehr behutsam zu Werke und sprach sich gegen Extreme aus. Er kritisierte die umlaufenden Vorschläge:

> »Zwei Vorschläge sind bekanntlich gemacht. Evangelische National- oder, wie man jetzt sagt Reichskirche – so lautet der Eine. Lutherische Bekenntnißkirche – heißt der Andere. Es ist bemerkenswerth, daß beide Vorschläge nichts weiter sind, als die einseitige Betonung des Einen der beiden Principien, von denen das Landeskirchenthum ursprünglich bestimmt gewesen ist. Das territoriale Moment sucht seinen Ausdruck in der evangelischen Nationalkirche; denn diese würde, da sie die ganze Nation bei dem Zwiespalt zwischen Katholisch und Evangelisch doch nicht zu umspannen vermöchte, gar nichts weiter sein als eine erweiterte evangelische Territorialkirche. Das confessionelle Moment sucht seine Verwirklichung in der lutherischen Bekenntnißkirche; denn diese ist nichts als der Versuch, die Confession in der Reinheit und Abgeschlossenheit zu erhalten, welche zu sichern die Landeskirchen nicht stark genug waren. Ich kann mich zu keinem der beiden Vorschläge bekennen. Sehe ich im Gedanken der Nationalkirche eine falsche Vermischung, so sehe ich in der Bekenntnißkirche eine falsche Scheidung. Die Nationalkirche – immer vorausgesetzt, daß damit ein einheitlicher Verfassungs-Organismus unter Einem Kirchenregiment, eine wirkliche deutsch-evangelische Reichskirche gemeint ist – würde nothwendig eine Beeinträchtigung sein für die selbständige Bewegung der einzelnen geschichtlichen Kirchenkreise. Die Herstellung einer genuin-lutherischen Confessionskirche ist schlechterdings nicht denkbar ohne die Gründung der Freikirche und das würde heißen: Aufgebung der Volkskirche. Verletzung der großen volkspädagogischen Aufgabe, welche Gott Lob! die evangelische Kirche hat.«[33]

---

32 Ebd, 46.
33 Ebd, 52.

Axel Noack

Er setzte sich für eine Abendmahlsgemeinschaft[34] zwischen den Kirchen ein und votiert für eine »Convocation«, also einen förmlichen (lockeren) Zusammenschluss der Kirchen.

Zum heftigen Gegenschlag holte dann Hermann Theodor Wangemann[35] aus. Er sprach sehr heftig gegen die Union, besonders in Preußen:

> »Die Sünde der preußischen Union aber ist es besonders in ihrer praktischen Ausführung gewesen, daß man das, was doch nur durch den heiligen Geist selbst gewirkt werden kann, durch menschliches Machen und Maßregeln unterstützen zu müssen geglaubt hat, nicht bedenkend, daß wer an der Knospe zerrt, nicht die Entfaltung der Blume fördert, sondern die Blume selbst zerstört. Diese Sünde wird von den gegenwärtigen Vertretern der Union bereitwilligst anerkannt. Aber dieses Anerkennen genügt nicht. Zu wahrer Buße gehört, daß man den als falsch erkannten Weg völlig verläßt, und den angerichteten Schaden wieder gut zu machen sich bemüht.«[36]

Er fasst seine Ausführungen in sechs Sätzen zusammen, in denen er die Auflösung der Union in Preußen, insonderheit des gemeinsamen Kirchenregiments als Vorbedingung für weitere Vereinigungen der Kirchen festlegt. Dabei strebt er an, dass aus den unierten Kirchengemeinden (»Consensual-Gemeinden«) faktisch eine dritte Konfession mit eigenem Kirchregiment werden soll:

> »Ich fasse daher die Summa meines Vortrags in folgende sechs Sätzen zusammen […].
> 1. Die wiedergewonnene Einigung des deutschen Vaterlandes hat das Verlangen nach einem engeren Zusammenschluß der deutschen evangelischen Landeskirchen allgemein hervorgerufen. Das Heil der Kirche, gleichwie die Wohlfahrt unseres Volkes fordert es, diesen Zug zu pflegen und in festgeordnete Bahnen zu leiten.
> 2. Die unerläßliche Vorbedingung hierfür ist, daß die lutherische und reformirte Kirche überall da, wo ihre rechtliche Existenz als Kirchen gegenwärtig in Frage gestellt ist, wiederum als zu Recht bestehend öffentlich und durch die That anerkannt werden.
> 3. Diese Anerkennung muß vor allem in Preußen erfolgen.
> 4. Dieselbe wird aber nur dann mit Vertrauen aufgenommen und als gewährleistet angesehen werden, wenn das Kirchenregiment auf allen Stufen dem verschiedenen Bekenntnisse entsprechend so gestaltet wird, daß durch seine Organisation und die

---

34 In der heutigen gängigen Terminologie würde man das, was Brückner vorschlägt als »eucharistische Gastfreundschaft« bezeichnen. Die einzelnen Konfessionen behalten ihr Abendmahlsverständnis und die daraus folgende liturgische Gestaltung, laden aber Mitglieder anderer Kirchen zur Teilnahme an der Feier des Heiligen Mahls ein.

35 Der vor allem als Missionar bekannte H. T. Wangemann hatte schon zuvor seine »Sieben Bücher preußischer Kirchengeschichte« als genaue Beschreibung des »Kampfes um die lutherische Kirche« herausgegeben und mit einigen Anhängen versehen. Hermann Theodor WANGEMANN: Sieben Bücher preussischer Kirchengeschichte: eine aktenmäßige Darstellung des Kampfes um die lutherische Kirche im XIX. Jahrhundert. Berlin 1859. Vgl. auch DERS.: Der Kirchenstreit unter den von der Landeskirche sich getrennt haltenden Lutheranern in Preußen: ein Bericht zur Ergänzung der bisherigen Veröffentlichungen nach den Quellen dargestellt. Berlin 1862.

36 Redebeitrag von H. T. Wangemann. In: Die Verhandlungen der kirchlichen Octoberversammlung … (wie Anm. 30), 71.

Verpflichtung seiner Mitglieder auf das Sonderbekenntniß die Selbständigkeit der Confessionskirchen gesichert ist.

5. Die Consensual-Gemeinden werden demgemäß kirchlich zusammenzufassen und im Kirchenregiment auch zu vertreten sein.

6. Nur dann, wenn durch Erfüllung dieser Forderungen nach allen Seiten Gerechtigkeit geübt wird, können die evangelischen Landeskirchen sich enger als bisher kirchlich zusammenschließen und sich im Frieden erbauen zum Segen für unser Vaterland, zur Ehre unseres Gottes!

Ich schließe mit dem Gebet: Herr! gieb uns Frieden, deinen Frieden! Amen!«[37]

Das alles waren keine guten Voraussetzungen für das Gelingen der Konferenz. Einige Redner warnten davor, bei dieser Gesprächslage durch Abstimmung Entscheidungen herbeizuführen:

»Und nun zum Schlusse eine Warnung! Man hat Sie ermahnt, die Vorschläge, welche Sie gehört haben, durch Abstimmung sich anzueignen. Ich bitte Sie, thun Sie das nicht! Keine Abstimmung heute in dieser Sache! Sie würde der Anfang eines Zwiespalts werden, welcher schlimmer wäre als der, den wir bis jetzt beklagt haben. Das verhüte Gott!«[38]

Einige Teilnehmer erklärten dennoch, wenn es schon keine förmliche Abstimmung geben sollte, die Zustimmung zum Referat Brückner durch ihre Unterschrift schriftlich leisten zu wollen. Das Präsidium erklärte daraufhin:

»Noch habe ich der Versammlung folgende Mittheilung zu machen: eine namhafte Zahl von Mitgliedern hat das Präsidium ersucht zu gestatten, daß eine Zustimmungserklärung zu dem gestrigen Referat des Herrn D. Brückner und zu den von ihm gestellten Anträgen in Circulation gesetzt und von Denjenigen, die ihrem Einverständniß einen Ausdruck geben wollen, unterzeichnet werde. Das Präsidium glaubt diesem Antrage seinerseits nur Folge geben zu können.«[39]

Der schließlich von 561 Teilnehmern[40] unterschriebene Text hat folgenden Wortlaut:

»Die Unterzeichneten erklären von ganzem Herzen ihre wesentliche Zustimmung zu dem von dem Herrn Generalsuperintendenten D. Brückner über ›die Gemeinschaft der evangelischen Landeskirchen im deutschen Reich‹ gehaltenen Referate, sowie insbesondere zu den beiden auf Abendmahlsgemeinschaft und die ins Auge zu fassende Bildung einer sogenannten Convocation gerichteten praktischen Vorschlägen desselben, und sind bereit auf die Erreichung dieser Ziele nach ihren Kräften und in ihren Kreisen hinzuwirken.«[41]

---

37 Ebd, 75.

38 Redebeitrag von Professor von Hofmann aus Erlangen: Ebd, 84.

39 Ebd, 107.

40 Eine Liste der Namen der Unterzeichneten findet sich im Anhang der Buchausgabe des Referates von Propst Brückner: Benno Bruno BRÜCKNER: Die Gemeinschaft der evangelischen Landeskirchen im deutschen Reich: Vortrag auf der Oktoberversammlung in Berlin. Berlin 1872, 26-32.

41 Die Verhandlungen der kirchlichen Octoberversammlung … (wie Anm. 30), 171. Im Protokoll wird dabei darauf hingewiesen, dass »die Versammlung am 12. Oktober […] bei

Axel Noack

Legt man die Mitteilung[42] zu Grunde, dass für die Konferenz 1.317 Mitgliedskarten und dazu noch 1.022 Karten für Zuhörer auf den Emporen der Berliner Garnisonskirche ausgegeben worden waren, dann zeigt die Zahl der 561 geleisteten Unterschriften an, dass keine übergroße Mehrheit die Auffassungen Brückners geteilt hatte. Zwar wird berichtet, dass im Verlaufe der Versammlung einstimmig folgende Resolution angenommen worden sei:

> »Die Versammlung spricht den Wunsch aus, daß Wege gefunden werden möchten, einen engeren Zusammenschluß der evangelischen Landeskirchen des deutschen Reiches unbeschadet ihrer territorialen und confessionellen Eigenthümlichkeit und Selbständigkeit herbeizuführen, und die Mitglieder dieser Versammlung wollen gerne bei jeder sich darbietenden Gelegenheit die Erreichung dieses Zieles fördern.«[43]

Gleichzeitig setzte die Konferenz eine relativ große, nächtlich tagende Arbeitsgruppe ein, deren der Versammlung vorgelegtes Ergebnis im Grunde nur noch die Festlegung enthielt, auch im Jahre 1872 eine solche Konferenz abzuhalten. Als Tagungsort sollte Dresden vorgesehen werden. Auch sollten der Evangelische Kirchentag und der Zentralausschuss für Innere Mission wiederum gebeten werden, auch im Jahr 1872 auf eigene Tagungen zu verzichten. Die eingesetzte Kommission sollte als Vorbereitungsgruppe für die neue Versammlung agieren. Mit einem Dank an den Kaiser, der »seine« Garnisonskirche zur Verfügung gestellt hatte und mindestens zeitweise persönlich anwesend war, endete die Oktoberversammlung.

Eine vergleichbare Versammlung fand 1872 allerdings nicht statt. Am 18.3.1872 erklärte die eingesetzte Kommission, dass man sich für die Aussetzung einer weiteren Versammlung entschieden habe.[44] Bei dem dennoch im Oktober 1872 stattfindenden Kirchentag in Halle – er sollte der letzte seiner Art werden – fehlten lutherische Vertreter fast vollkommen. Der große Ansatz der Oktoberversammlung musste als gescheitert gelten.

Der bekannte Hallesche Professor Martin Kähler, der große Hoffnungen auf die Oktoberversammlung gesetzt hatte, wollte die Ergebnisse der Versammlung dennoch würdigen. Er gab eine entsprechende kleine Schrift heraus.[45] Später, in seinen Lebenserinnerungen stellt er fest, dass seine Schrift ohne jedes Echo geblieben sei. Er schrieb: »Es ist verklungen; und die leise Hoffnung, daß es etwas frommen könne, ist zu Wasser geworden.«[46] Im preußischen Kultusministerium, im

---

weitem nicht mehr vollzählig war, sowie daß die Unterzeichnungslisten auch unter den noch Anwesenden keineswegs durchgängig circuliren konnten.«

42 Vgl. ebd, XII.

43 Ebd, 89.

44 Besier: Die Oktoberversammlung … (wie Anm. 29), 194.

45 Vgl. Martin KÄHLER: Bedeutung und Erfolge der kirchlichen Oktoberversammlung in Berlin: ein Wort zur Verständigung über dieselbe von einem schweigenden Teilnehmer. Gotha 1872.

46 THEOLOGE UND CHRIST: Erinnerungen und Bekenntnisse von Martin Kähler/ hrsg. von Anna Kähler. Berlin 1926, 254.

Von der Eisenacher Konferenz zum Deutschen Evangelischen Kirchenbund

Evangelischen Oberkirchenrat und schließlich auch in der Eisenacher Konferenz wurde das Scheitern der Oktoberversammlung ebenfalls bedacht.[47]

6 Behutsame Stärkung der Eisenacher Konferenz als neuer gangbarer Weg

Der in der Eisenacher Konferenz an verantwortlicher Stelle[48] agierende Oberkonsistorialrat und juristisches Mitglied im Evangelischen Oberkirchenrat, Theodor Braun, unternahm Jahre später einen neuen Versuch und legte eine entsprechende Broschüre vor.[49] Nach einem ausführlichen geschichtlichen Rückblick auf die Zeit vor 1806 und auf das ganze 19. Jahrhundert benennt er darin »Weitere Ziele« und formuliert »die nächste Aufgabe«.[50] Er sah jetzt die Möglichkeit, die Eisenacher Konferenz »weiter zu entwickeln« und ihre Kompetenzen langsam auszuweiten. Er zeigte damit den Weg auf, auf dem eine engere Verbindung der evangelischen Landeskirche – allerdings erst 20 Jahre später – wirklich gelingen sollte. Anknüpfend an die derzeitige Arbeitsweise der Konferenz schätzte er ein:

> »Der Form nach ist die Tätigkeit der Konferenz zur Zeit dreifacher Art. Sie stellt 1. leitende Gesichtspunkte auf für die Behandlung kirchlicher Fragen, sucht 2. auf die Durchführung der in dieser Hinsicht von ihr gefaßten Beschlüsse in den einzelnen Landeskirchen hinzuwirken, und wird 3. für gewisse unmittelbar praktische Zwecke als Verwaltungsbehörde tätig.«[51]

Wirklichen Handlungsbedarf sah Braun nur beim zweiten Punkt. Die Konferenz teile den einzelnen Kirchenregierungen zwar die Beschlüsse der Konferenz mit und erkundige sich über die in den Landeskirchen veranlassten Aktivitäten, aber damit habe es sein Bewenden. Es komme nun darauf an mit »nachhaltig treibender Kraft [...], ohne welche in der Welt überhaupt nichts zu Stande kommt« der Umsetzung der Beschlüsse mehr Aufmerksamkeit zu schenken. Braun ging dabei davon aus, dass dies möglich sei, auch wenn der Konferenz künftig »zur Durchführung ihrer Beschlüsse kein rechtlicher Einfluß zu Gebote stehen« wird.[52] Der Auf- und Ausbau des »Deutschen Evangelischen Kirchenausschusses«, der – wie schon beschrieben – zu einer der Kernzellen des Kirchenbundes werden sollte, sollte Braun Recht geben.

Nun wurde Kaiser Wilhelm II. selbst aktiv: Im Jahr 1901 zur Feier des 300. Geburtstages von »Ernst dem Frommen«[53] war der deutsche Kaiser persönlich in Gotha und hielt auf Schloss Friedenstein »eine international beachtete Rede«[54] über

---

47 Besier: Die Oktoberversammlung ... (wie Anm. 29), 193 f.
48 Ab 1897 war Braun für die Geschäftsführung im Vorstand der Eisenacher Konferenz tätig.
49 Vgl. Braun: Zur Frage der engeren Vereinigung ... (wie Anm. 2).
50 Ebd, 31. 45
51 Ebd, 44.
52 Ebd.
53 Der Ernestiner Ernst I. war seit 1640 Herzog von Sachsen-Gotha.
54 So die Internetchronik der Stadt Gotha: https://www.gotha.de/rathaus-politik/aktuelles/deutsch-englisches-jahr-2011/1900-2011.html (zuletzt besucht am 15.10.2019).

Axel Noack

die Vereinigung aller evangelischen Kirchen in Deutschland nach dem Vorbild der Politik von Herzog Ernst dem Frommen.

III Der Erste Weltkrieg und die Novemberrevolution

Der Erste Weltkrieg ging zunächst mit einer euphorischen Kriegsbegeisterung einher.[55] Manche meinten, damit würde es auch zu einer religiösen Erneuerung kommen. Und so überbordeten die Überlegungen zum Thema kirchlicher Neubau für die Zeit nach dem Kriege. Freilich sind die »Baupläne« für eine neue Kirche durchaus widersprüchlich, wie das kirchliche Jahrbuch des Jahres 1916 summierend feststellt:

> »Aber eine sachliche Prüfung ergibt sehr bald, wie unendlich verschiedenartig die Auffassungen von dem ist, was man ›religiöses Leben‹ nennt. Von der ›Bekehrung‹ im engsten methodistischen Sinn gefaßt bis zur bloßen Ethisierung der Gedankenwelt sind da alle Schattierungen vertreten. Daher auch die Buntscheckigkeit und Vielfarbigkeit der Baupläne. Nationalisierung, Ethisierung, Humanisierung der christlichen Gedankenwelt fordern die einen, um die Kirche populär zu machen, Konzentration auf das Wort vom Kreuz die anderen, um den breiten Strom nicht versanden zu lassen. Alle kirchlichen und kirchenpolitischen Programme schatten sich ab in den vorliegenden Bauplänen, dazu noch eine Menge privater Lieblingsvorstellungen und ein ganzer Komplex sozialer Bestrebungen. […] Kurz es ist kaum eine Theorie, kaum ein im kirchlichen und sozialen Leben der letzten Jahrzehnte hervorgetretener Gedanke – das weite Gebiet des Kirchenpolitischen eingeschlossen (Verfassungsänderungen der Kirche, Trennung von Kirche und Staat, landesherrliches Kirchenregiment, ›deutsche Reichskirche‹) – der nicht eine Ablagerungsstätte in den kirchlichen Neubauplänen gefunden hätte […] Ein nicht unbeträchtlicher Teil der Ausführungen zu unserem Thema wird getragen von dem von vornherein schiefen Gedanken, als komme es in erster Linie darauf an, die ›Kirche‹ zu retten.«[56]

1915 referierte der Berliner Theologe Friedrich Mahling vor dem Zentralausschuss der Inneren Mission in Berlin zum Thema: »Können wir das wiedererwachte religiöse Leben in unserem Volke pflegen, und auf welche Weise soll es geschehen?« Eine Konsequenz zog der Zentralausschuss und begründete am 26.2.1916 in Berlin einen Zusammenschluss von freien Werken und Vereinen.[57] Diese Vereinigung wurde später bei der Begründung des Kirchenbundes eine der wichtigen beteiligten Einrichtungen und treibenden Kräfte.[58]

---

55 Einen ausführlichen, kommentierten Überblick über die in diesem Zusammenhang erschiene Literatur bietet: KJ 43 (1916), 142-155.

56 Ebd, 140 f.

57 22.2.1916: Konferenz deutscher evangelischer Arbeitsorganisationen (KDEAO). Einen Bericht über die Gründung bietet KJ 43 (1916), 157-159. Dort werden 22 freie Werke aufgezählt, die sich in der Konferenz zusammenschlossen.

58 Nicht zu Unrecht werden die Unterlagen dieser Konferenz im Berliner kirchlichen Archivzentrum unter den »Vorgängereinrichtungen der EKD (1849-1962)« aufbewahrt.

In die Zeit des Ersten Weltkrieges fiel auch die Veröffentlichung des vieldiskutierten Aufsatzes des Jenaer Neutestamentlers, Heinrich Weinel: »Die Deutsche Reichskirche«[59]. Weinel erinnert an den »Traum der Väter« im 19. Jahrhundert:

> »In diesen großen Tagen, in denen sich im Deutschen Reich vollenden will, was das neunzehnte Jahrhundert in Hoffnung und Erfüllung, in Krieg und Friedenstat aufgebaut hat, steigt auch ein halbvergessener Traum unserer Urgroßväter wieder vor uns auf: eine einheitliche Kirche des Deutschen Reiches.«[60]

Er geht auf die bisherigen Organisationen von Eisenacher Konferenz und Kirchenausschuss ein und schreibt:

> »So dankbar man darum auch für das sein kann, was Kirchenkonferenz und Kirchenausschuß bisher wirklich geleistet haben, so wenig sind auch nur die bescheidenen Hoffnungen erfüllt, die man noch in den vierziger und siebziger Jahren des vorigen Jahrhunderts hegte, als in den großen Zeiten, da Deutschland im Geiste und hernach im Fleische geschaffen ward. Nun hoffen wir endlich, daß unsere Tage da im Wetter des Weltkrieges Deutschland von neuem geboren wird, uns wenigstens auch die evangelische Kirche des Deutschen Reiches bringen werden.«[61]

Auch Weinel sah dafür im Kriege eine besonders günstige Situation:

> »Wer das Ziel will, der greife an und arbeite an seinem Platz. ›Noch im Krieg‹ müssen die großen Dinge begonnen werden, die ans Leben kommen und das neue Deutschland schaffen sollen. Während draußen die Kanonen donnern, dürfen wir nicht schlafen. Auch unsere Synoden dürfen sich nicht verkriechen, sondern müssen tagen, den Volksnöten kräftig wehren und das neuerstehende Leben sammeln und pflegen!«[62]

Weinel, der für den Gedanken der »Reichskirche« auch viel Kritik einstecken musste, konnte nur einen Anstoß geben, der freilich im Krieg nicht annähernd umgesetzt werden konnte.

Das Ende des Krieges mündete in Deutschland in die Revolution. Dabei ist erstaunlich und auffällig, das auch zahlreiche Kirchenvertreter die Novemberrevolution – jedenfalls in den ersten Tagen und Wochen – nicht nur negativ sehen sollten, wie das wenige Jahre später – von einigen religiösen Sozialisten abgesehen – nahezu durchgehend der Fall gewesen ist. Schon im Frühjahr 1919 erschien der sehr beachtliche Band »Revolution und Kirche – zur Neuordnung des Kirchenwesens im deutschen Volksstaat«[63]. Darin beschrieb der Berliner Pfarrer und spätere Bischof Otto Dibelius, wie verschiedene Haltungen und Einstellungen letztlich doch ein Bündnis eingehen und schließlich gemeinsam – wenn auch aus unterschiedlicher Motivlage – den Kirchenbund befördern sollten:

---

59 Veröffentlicht in: Der Kunstwart und Kulturwart 23 (1915), 129-137.

60 Ebd, 129.

61 Ebd, 130.

62 Ebd, 137.

63 Vgl. REVOLUTION UND KIRCHE: zur Neuordnung des Kirchenwesens im deutschen Volksstaat/ hrsg. von Friedrich Timme; Ernst Rollfs. Berlin 1919.

»Da kam der 9. November 1918 [...] und im Herzen derer, die an der Kirche hingen, blitzte die Überzeugung auf: nun ist auch für die Kirche neue Zeit! Nun muß aus dem unvolkstümlichen Bau der früheren Tage endlich, endlich eine wahre, freie kraftvolle Volkskirche entstehen! [...] Zweierlei wirkte zusammen. Bei denen, die die Revolution als den Anbruch freierer, besserer Tage begrüßten, der Gedanke: auch die Kirche muß teilhaben an dem Geschenk des neuen Geistes! Wie im Staat muß auch in der Kirche von unten her das Neue kommen! Wir dürfen die Frühlingsstunde, die unwiederbringliche nicht verschlafen! Bei den anderen, die in der Revolution einen Verrat an der deutschen Vergangenheit, eine furchtbare Gefahr für die deutsche Zukunft sahen, führte entgegengesetzte Besorgnis zu dem gleichen Ziel: wir müssen die Kirche retten vor der Zerstörung durch den neuen Geist! Und nur dann werden wir sie retten, wenn wir uns Mann für Mann und Frau für Frau um unsere Kirche scharen, wenn das Volk seine Kirche wiederfindet und die Kirche ihr Volk. Um das Erbe der Vergangenheit zu wahren, müssen wir eine Volkskirche haben!«[64]

Noch auffälliger ist der Beitrag von Konsistorialrat Professor Arthur Titius, der überschrieben wurde: »Über den Zusammenschluß der deutschen evangelischen Landeskirchen«.[65] Titus vermerkt dabei ausdrücklich, dass sein Beitrag bereits im Januar 1919 geschrieben worden sei.[66] Titius, der bald einer der Wortführer des entstehenden Kirchenbundes wurde und auf zwei Kirchentagen eins der Hauptreferate hielt, sprach in diesem Beitrag – was für die folgenden Jahre durchaus als auffällig gelten kann – von »der Mitschuld [...] der protestantischen Christenheit am Kriege«. Er wertet die Revolution als einen nötigen Neubeginn auch für die evangelischen Kirchen:

»Durch die Entwicklung der politischen Verhältnisse sind die bisherigen Träger des landesherrlichen Kirchenregiments zusammengebrochen, und die Erhaltung des bisherigen Verhältnisses der evangelischen Kirchen zu den deutschen Einzelstaaten erscheint aussichtlos, ist aber auch nicht wünschenswert. Denn da die Leitung aller öffentlichen Angelegenheiten in Zukunft notwendig der jeweilig herrschenden Partei zufallen wird, so würden die Kirchen mehr und mehr denn je in den politischen Kampf hineingezogen und ihre Leitung Sache des jeweiligen Siegers werden.«[67]

Titius stellte seine Überlegungen in den großen Zusammenhang der Ideen des 19. Jahrhunderts. Auch er erinnerte an das 1806 endende »Corpus Evangelicorum« und auch an die – nach seiner Sicht – von Preußen ausgehenden Unionsbestrebungen, die jetzt obsolet geworden seien:

»Damit sind dann auch die auf mehr oder minder engen Zusammenschluß der evangelischen Landeskirchen gerichteten Bestrebungen in eine ganz neue Phase getreten. Der deutsche evangelische Kirchenausschuß, der seit anderthalb Jahrzehnten die gemeinsamen

---

64 Otto Dibelius: Volkskirchenräte, Volkskirchenbund, Volkskirchendienst. In: Revolution und Kirche ... (wie Anm. 63), 201-212, hier 202.
65 Arthur Titius: Über den Zusammenschluß der deutschen evangelischen Landeskirchen. In: Revolution und Kirche ... (wie Anm. 63), 213-222.
66 Vgl. ebd, 222.
67 Ebd, 213.

Interessen der deutschen evangelischen Kirchen vertrat, konnte noch innerhalb gewisser Schranken als eine Erneuerung des auf die Reformationszeit zurückgehenden Corpus Evangelicorum, das mit dem Reich dahingesunken war, angesehen werden. Waren es doch die auf die landesherrlichen Gewalten zurückgehenden Kirchenregierungen, die hier zusammentraten. Alledem ist nun die Rechtsgrundlage entzogen. […] Auf kirchlichem Gebiet ward das Bestreben, die Sonderart und das Sonderrecht der deutschen Stämme den vorhanden Zentralisierungsbestrebungen gegenüber zu behaupten, noch verschärft durch die kirchlichen Unionsbestrebungen, die, aus unabweisbaren geschichtlichen Nötigungen des preußischen Staatsgebildes herausgewachsen, zur persönlichen Sache und gewissermaßen zur Familientradition der preußischen Könige geworden waren. Es ist daher nicht verwunderlich, daß die Vertreter gerade der lutherischen Landeskirchen allen von Preußen ausgehenden Einigungsbestrebungen mit Mißtrauen gegenübertraten und sie vielfach hemmten. Jeder staatlichen Unionspolitik ist nun durch den Wandel der Dinge der Boden ein für allemal entzogen. Damit ist ein sich immer wieder geltend machendes Hemmnis gegen Bestrebungen auf Zusammenschluß in Fortfall gekommen […]«[68]

Wie schon der Jenaer Kirchenhistoriker Karl von Hase sah auch Arthur Titius, dass nun alle Landeskirchen genötigt seien, synodale Leitungsstrukturen aufzubauen. Er ging darüber hinaus und eignete den freien Werken und Vereinen eine besondere Bedeutung zu:

»Mit dem Wegfall des Staatskirchentums werden ferner alle deutschen Kirchen sich nach wesentlich gleichen Gesichtspunkten synodal aufbauen müssen und auf die Synodalvertretungen wie auf die Kirchenregierungen werden naturgemäß die Großen, den deutschen Protestantismus vertretenden Organisationen (der Gustav Adolf-Verein, der Evangelische Bund, die evangelisch-sozialen Vereinigungen, die Vereine der äußeren und inneren Mission usw.) die bereits heute sich großenteils zu Arbeitsorganisationen verbunden haben, größeren Einfluß gewinnen als bisher, einen Einfluß, der ohne Frage im Sinne einer inneren Einigung des deutschen Gesamtprotestantismus sich wirksam zeigen wird.«[69]

Schließlich kommt er auf die Lage der Welt und die ökumenische Situation zu sprechen:

»Leider wird sich der Arbeiter-Internationale, die den Weltfriedenskongreß begleiten wird, eine religiose protestantische Internationale noch nicht zur Seite stellen lassen. Aber zweifelsfrei wird die protestantische Christenheit ihre Mitschuld am Kriege nur dadurch abtragen können, daß sie für alle auf den Weltfrieden abzielenden Bestrebungen in den einzelnen Ländern einen günstigeren Boden und einen stärkeren Widerhall schafft, für die durch den Weltkrieg aufs schwerste gefährdete Missionsarbeit erneut und mit allen Kräften eintritt und für persönlichen Austausch der führenden Männer in den einzelnen Ländern regelmäßig wiederkehrende Gelegenheiten bietet. Erscheint aber eine Fühlungnahme des gesamten Protestantismus unter manchen Gesichtspunkten als ein erstrebenswertes (wenn auch nicht leicht erreichbares) Ziel, so tritt damit zugleich die Stellungnahme der deutschen protestantischen Kirchen zu den anderen protestantischen religiösen Gemeinschaften auf deutschem Boden in eine neue Beleuchtung.«[70]

---

68 Ebd, 214.
69 Ebd, 215.
70 Ebd, 217.

IV Das Vorfeld der eigentlichen Gründungsphase

Die ersten organisatorischen Bemühungen zur Gründung des Kirchenbundes geschahen in einer »Vorkonferenz zur Vorbereitung eines allgemeinen deutschen evangelischen Kirchentages«.[71] Die Initiative dazu ging Anfang Februar 1919 von einem Treffen von zehn Mitgliedern des Deutschen Evangelischen Kirchenausschusses mit fünf Delegierten der »Konferenz der Arbeitsorganisationen« aus.[72] Diese 15 Personen luden bereits für den 27. und 28. Februar 1919 zur »Cassler Vorkonferenz« ein. Eingeladen wurden:

1. Alle Mitglieder des Kirchenausschusses und der Eisenacher Konferenz.
2. Die Vorsitzenden der »obersten« Landessynoden.
3. »Einige vom Kirchenausschuss berufene Männer, die in der Kirchenfrage besonders hervorgetreten waren.«[73]
4. 56 Vertreter freier evangelischer Vereinigungen.

Aus dem großen Kreis der Geladenen erschienen ca. 130 Teilnehmer. Größere Referate wurden nicht gehalten. Die Besprechungen ergaben die Einberufung eines ersten (vorbereitenden) Kirchentages für den Juli 1919.[74] Ausführlich wurde die personelle Zusammensetzung des Kirchentages beraten. Schließlich benannte die Vorkonferenz auch das Ziel ihres Vorhabens:

> »[…] daß ein allgemeiner deutscher evangelischer Kirchentag unter den gegenwärtigen Verhältnissen geboten und als eine dauernde Einrichtung ins Auge zu fassen sei. Dabei war ausdrücklich betont worden, daß nicht etwa die Gründung einer einheitlichen Reichskirche beabsichtigt sei […]«[75]

Es darf nicht übersehen werden, dass sich durch das Inkrafttreten der Weimarer Reichsverfassung vom 11.8.1919 auch die Rechtslage verbessert hatte. Hieß es doch nun in Artikel 137: »Es besteht keine Staatskirche. Die Freiheit der Vereinigung zu Religionsgesellschaften wird gewährleistet. Der Zusammenschluß von Religionsgesellschaften innerhalb des Reichsgebiets unterliegt keinen Beschränkungen.« Damit war die letzte Hürde beseitigt, die staatlicherseits einen Zusammenschluss der Landeskirchen behindern konnte.

---

71 Niederschrift der Verhandlungen der Vorkonferenz zur Vorbereitung eines allgemeinen deutschen evangelischen Kirchentages: Cassel-Wilhelmshöhe den 27. und 28. Februar 1919. Berlin 1919.

72 Vgl. KJ 46 (1919), 378.

73 Ebd.

74 Später wurde der Kirchentag auf September verschoben.

75 Beschluss der »Cassler Vorkonferenz«. In: Niederschrift der Verhandlungen … (wie Anm. 71), 9.

Das Programm war damit klar vorgegeben und im September 1919 konnte der 1. (vorbereitende) Deutsche Evangelische Kirchentag in Dresden zusammentreten.[76] Der Kirchentag gab sich eine ausführliche Geschäftsordnung.[77]

Das Hauptreferat zum Thema »Evangelisches Christentum als Kulturfaktor« hielt Konsistorialrat Arthur Titius.[78] In den Debatten des Kirchentages wurde die sehr unterschiedliche Bewertung der Revolution noch sehr sinnfällig deutlich: Neben der Trauer um die ausgeschiedenen Könige und Fürsten wurde ebenso die Hoffnung auf einen Neubeginn deutlich.

Im Ergebnis erteilte der Kirchentag den Auftrag zur Erarbeitung einer Kirchenbundesverfassung und eines Kirchenbundesvertrages. Dem Kirchentag war auch bereits ein Bericht über die »Ausführung der Beschlüsse der Cassler Vorkonferenz«[79] erstattet worden. In diesem Bericht wird deutlich, dass schon vor dem ersten Kirchentag eine Einigung über die Organstruktur des künftigen Kirchenbundes erzielt worden war.

>»Als Organe des Kirchenbundes haben zu gelten:
> 1. Der Deutsche Evangelische Kirchentag,
> 2. Die Deutsche Evangelische Kirchenkonferenz als Organ der deutschen evangelischen Kirchenregierungen und als Wahlkörper für den Kirchenausschuß,
> 3. Der Deutsche Evangelische Kirchenausssschuß als geschäftsführendes und vollziehendes Organ des Deutschen Evangelischen Kirchenbundes; er vertritt den nicht versammelten Kirchentag.«[80]

In den Debatten des Kirchentages bildeten sich auch die damals in allen Kirchen streitbar behandelten Fragen nach dem kirchlichen Wahlrecht ab. Selbst für den Kirchentag wurde ein Urwahlsystem diskutiert, aber schließlich verworfen.[81] Stattdessen wurden »Grundsätze« aufgestellt, welche die Zusammensetzung des Kirchentages regeln sollten. Danach würde es drei Gruppen geben: 1. Die kirchenregimentliche Gruppe (50 Mitglieder), 2. Die synodale Gruppe (102 Mitglieder) und 3. Die Vereinsgruppe (75 Mitglieder). Zu diesen 227 Mitgliedern kämen Vertreter der Theologischen Fakultäten (17 Theologen), 18 Religionslehrer, drei Kirchen-

---

76 Von den Verhandlungen dieses und der folgenden Kirchentage gibt es genaue Niederschriften, die in großer Auflage gedruckt werden konnten: VERHANDLUNGEN DES DEUTSCHEN EVANGELISCHEN KIRCHENTAGES 1919: Dresden 1.-5. IX. 1919/ hrsg. vom Deutschen Evangelischen Kirchenausschuß. Berlin-Steglitz o.J. Zu allen Kirchentagen der 1920er Jahre vgl. Daniel BORMUTH: Die Deutschen Evangelischen Kirchentage der Weimarer Republik. Stuttgart 2007.

77 Text der Geschäftsordnung vgl. Verhandlungen des Deutschen ... (wie Anm. 76), 18-22.

78 Referat KR Titius. In: Verhandlungen des Deutschen ... (wie Anm. 76), 73-83.

79 Vgl. Verhandlungen des Deutschen ... (wie Anm. 76), 9-13.

80 Ebd, 12.

81 Vgl. ebd, 214-237.

musiker, ein militär-kirchlicher Vertreter und eine 54 Vertreter umfassende »Ausgleichsgruppe«. Insgesamt sollte der Kirchentag somit 320 Mitglieder umfassen.[82]
Einen breiten Raum nahmen die Überlegungen zu den künftigen Aufgaben des Kirchenbundes ein.[83] Summierend wurde festgehalten, dass der Kirchenbund die Aufgaben der Eisenacher Konferenz (1851) und des Kirchenausschusses (1903) weiterhin wahrnehme. Sodann wurden unmittelbare und mittelbare Aufgaben unterschieden, die hier gekürzt erscheinen:

1. *Unmittelbare Aufgaben*:
   Wahrung evangelischer Interessen zum Auslande und zum Reich
   Kirchliche Versorgung der evangelischen Deutschen im Auslande
2. *Mittelbare Aufgaben*:
   Anregungen an Landeskirchen
   Festigung des Bandes zwischen evangelischem Volkstum und Kirche
   Christliche Liebestätigkeit
   Ausgleich und Versöhnung sozialer Gegensätze
   Schutz der kirchlichen Feiertage
   Ausbildung des theologischen Nachwuchses
   Die Wahrung der der Kirche für die Erfüllung ihrer Aufgaben erforderlichen Rechte
   Förderung der freien kirchlichen Arbeitsorganisationen

Zu den »unmittelbaren Aufgaben«, die schon seit der Eisenacher Konferenz bestanden, gehörte die kirchliche Statistik, die bis zum heutigen Tag – wenn auch in gänzlich veränderter Form – von der EKD wahrgenommen wird.

Dem zweiten vorbereitenden Kirchentag in Stuttgart 1921 lag dann auch schon ein »Geschäftsbericht«[84] des Kirchenausschusses vor. Auch der Text für eine Verfassung für den Deutschen Evangelischen Bund sowie der Entwurf eines »Bundesvertrages« wurden vorgelegt.[85] Diese Vorlagen waren so ausgreift, dass größere Veränderungen nicht nötig wurden.

Die Hauptreferate des Kirchentages hielten der Vizepräsident des Evangelischen Oberkirchenrates, der Theologe Julius Kaftan zum Thema: »Die neue Aufgabe, die der evangelischen Kirche aus der von der Revolution proklamierten Religionslosigkeit des Staates erwächst«.[86] Und der (bayrische) Kirchenpräsident, Friedrich Veit, sprach zum Thema: »Die evangelische Kirche und die Schule«.[87]

---

82 Vgl. ebd, 14-17.
83 Vgl. ebd, 84-105.
84 Verhandlungen des 2. Deutschen … (wie Anm. 1), 13-29.
85 Vgl. ebd, 30-39. Die Begründung zur Verfassung folgt unmittelbar ebd, 39-45.
86 Referat Julius Kaftan. In: Ebd, 121-138.
87 Referat Friedrich Veit. In: Ebd, 160-179.

Bei den vom Kirchentag zu bewältigenden Wahlen (Wahlen zum Vorstand und Wahl der außerordentlichen Mitglieder zum Kirchenausschuss) fällt auf, dass diese sehr zügig und ohne größere Aufregung vonstattengingen. Es müssen also Vorabsprachen getroffen worden sein. Das wird ganz am Rande auch sichtbar und sagt etwas aus über die Zusammensetzung und innere Befindlichkeit des Kirchentages. Bei der Wahl des Verfassungsausschusses fragte der Vertreter der Vereinsgruppe, Konsistorialrat (Mitglied des Berliner EOK) D. Hermann Scholz: »Ich möchte mich darüber unterrichten, in welchen Kreisen die eben gehörten Vorschläge vereinbart worden sind.«[88] Ihm wurde eine unmittelbare Antwort durch den Direktor der Berliner Stadtmission D. Wilhelm Philipps zuteil: »Es haben sich auf dem Kirchentage, soweit ich unterrichtet bin, zwei Gruppen gebildet: eine ›Vereinigte Rechte‹ und eine ›Linke‹ mit einem Anhang solcher, die sich der Rechten nicht anschließen wollen.«[89]

Der Stuttgarter Kirchentag verabschiedete nun auch erstmalig eine »Kundgebung«, und zwar zum Thema »Über die Stellung der Evangelischen Kirche zur Schule«.[90] Die Kundgebungen sollten ein wichtiges Instrument der Kirchentage werden, um die evangelische Öffentlichkeit anzureden. Das sollte sich in der EKD fortsetzen.[91] Der Kirchentag in Stuttgart, an den sich eine größere Gedenkfeier zu Luthers Auftreten auf dem Reichstag zu Worms[92] im Jahr 1521 anschloss, beendete seine Arbeit so, dass nun an die eigentliche Gründung des Kirchenbundes im Jahr 1922 gegangen werden konnte.

V Die Gründung des Kirchenbundes 1922

Die Aktenlage des Kirchenbundesamtes ergibt ein eindrückliches Bild über die Vorbereitung und Durchführung der Gründungsveranstaltung.[93] Die Vorbereitungen gestalteten sich aufwendig, besonders für den Gottesdienst. Die Auswahl der Lieder, die in verschiedenen Gesangbüchern mit Textabweichungen und verschiedenen

---

88 Verhandlungen des 2. Deutschen … (wie Anm. 1), 110.

89 Ebd.

90 Ebd, 234 f.

91 Vgl. DIE GRUNDORDNUNG DER EVANGELISCHEN KIRCHE IN DEUTSCHLAND VOM 13. JULI 1948, in der Fassung des Kirchengesetzes zur Änderung der Grundordnung der Evangelischen Kirche in Deutschland vom 26. Oktober 2016, Art. 20 (1): »In Erfüllung ihrer Aufgaben kann die Evangelische Kirche in Deutschland Ansprachen und Kundgebungen ergehen lassen, die leitenden Stellen der Gliedkirchen zu Besprechungen versammeln und von ihnen Auskunft oder Stellungnahme einholen.« Vgl. KUNDGEBUNG DER 12. SYNODE DER EVANGELISCHEN KIRCHE IN DEUTSCHLAND AUF IHRER 6. TAGUNG: Kirche auf dem Weg der Gerechtigkeit und des Friedens vom 13.11.2019, https://www.ekd.de/kundgebung-ekd-synode-frieden-2019-51648.htm (zuletzt besucht am 29.1.2021).

92 Programm für die Gedenkfeier. In: Verhandlungen des 2. Deutschen … (wie Anm. 1), 12.

93 Im Evangelischen Zentralarchiv Berlin handelt es sich um den Bestand 1/A2 und 1/A3/75. Außerdem um den Nachlass von August Wilhelm Schreiber, dem damaligen Direktor

Melodien überliefert waren, musste koordiniert werden. Die Einladung die namentlich erfolgte, sah vor:

>Die feierliche Begründung des Deutschen Evangelischen Kirchenbundes soll am Himmelfahrtstage, dem 25. Mai d.J., in der Lutherstadt Wittenberg am Grabe Luthers in der Schloßkirche vollzogen werden. Der Deutsche Evangelische Kirchenausschuß beehrt sich, [handschriftlich:] Herrn Missionsdirektor D. Schreiber Zu dieser Feier sowie zu den damit verbundenen Veranstaltungen ergebenst einzuladen.«[94]

Weiter wurde vermerkt, dass eine Einladungskarte nötig mitzubringen und im Büro des Predigerseminars abzugeben sei, um Wohnungsnachweis und Festprogramm in Empfang nehmen zu können. »Als Anzug ist erwünscht schwarzer Rock und im Festgottesdienst für die Herren geistlichen Vertreter Ornat.« Unterzeichnet ist die Einladung vom Vorsitzenden des Kirchenausschusses D. Reinhard Johannes Möller.[95]

Das Programm am Himmelfahrtstag gestaltete sich wie folgt:

>Donnerstag, den 25. Mai 1922: Vormittags 8 1/2 Uhr: Turmblasen. Vormittags 9 Uhr: Die Kurrende singt auf dem Lutherhofe. Vormittags 9 1/4 Uhr: Versammlung der Teilnehmer am Kirchgange auf dem Lutherhofe. Gleichzeitig kurze Feier in Luthers Wohnstube für die Vertreter der Landeskirchen (Ephorus Professor D. Jordan). Vormittags 9 1/2 Uhr: Gemeinsamer Kirchgang vom Lutherhause zur Schloßkirche. Vormittags 10 Uhr: Festgottesdienst in der Schloßkirche. Liturgie Landesoberpfarrer D. Reichardt-Eisenach. Nach der Festpredigt des Präsidenten des Evangelisch-lutherischen Landeskirchenrats in München, D. Veit, unterzeichnen die Vertreter der Landeskirchen unter Anführung eines Schriftwortes am Grab Luthers die Urkunde über die Errichtung des Deutschen Evangelischen Kirchenbundes. Chöre von Praetorius, Vulpius, Schütz, Franck, Händel: der Oratorien- und Kirchenchor der Stadtkirche Mittags 12 Uhr: Gemeinsamer Zug zum Marktplatz. Dort Ansprache (Superintendent D. Klingener-Kassel) vom Altan des Rathauses und Gesänge der vereinigten Männerchöre Wittenbergs. Mittags 12 1/2 Uhr: Besichtigung der Sammlungen der Lutherhalle. Nachmittags 2 Uhr: Gemeinsames Essen im Hotel ›Goldner Adler‹.«[96]

Bei dem feierlichen Akt an Luthers Grab unterzeichneten die Vertreter von 28 Landeskirchen am Himmelfahrtstag 1922 in folgender Reihenfolge mit ihren offiziellen Kirchennamen.[97] Dabei trat die preußische Landeskirche der Altpreußischen Union als eine Kirche auf. Die Thüringer unterzeichneten noch ohne die

---

der Deutschen Evangelischen Missionshilfe und Schriftführer der Konferenz Deutscher Evangelischer Arbeitsorganisationen (Bestand 673/72).

94 Einladungsschreiben aus Nachlass Schreiber … (wie Anm. 93), 2

95 Ebd.

96 Programm vom 25.5.1922. In: Einladungsschreiben aus Nachlass Schreiber … (wie Anm. 93), 2.

97 Liste der Teilnehmenden: EZA 1/A2 … (wie Anm. 93). Diese Liste zeigt an, welche gewaltigen Veränderungen in der landeskirchlichen Landschaft sich seither ergeben haben. Heute hat die EKD 20 Gliedkirchen.

Von der Eisenacher Konferenz zum Deutschen Evangelischen Kirchenbund

Evangelische Lutherische Kirche von Reuß ältere Linie, die sich anders als anfangs bei der Eisenacher Konferenz nun als eine gesonderte Kirche beteiligte:

1. Evangelische Landeskirche der älteren preußischen Provinzen
2. Evangelisch-lutherische Landeskirche des Freistaats Sachsen
3. Evangelisch-lutherische Landeskirche der Provinz Hannover
4. Evangelische Landeskirche in Württemberg
5. Evangelisch-lutherische Kirche in Bayern rechts des Rheins
6. Evangelisch-lutherische Landeskirche der Provinz Schleswig-Holstein
7. Thüringer Evangelische Kirche
8. Evangelisch-lutherische Kirche im Hamburgischen Staate
9. Evangelische Landeskirche in Hessen
10. Vereinigte evangelisch-protestantische Landeskirche Badens
11. Evangelische Kirche in Hessen (Cassel)
12. Evangelisch-lutherische Landeskirche von Mecklenburg-Schwerin
13. Vereinigte protestantische-evangelisch-christliche Kirche der Pfalz
14. Braunschweigische evangelisch-lutherische Landeskirche
15. Evangelische Kirche des Konsistorialbezirkes Wiesbaden
16. Evangelische Landeskirche Anhalts
17. Evangelisch-lutherische Kirche des Landesteils Oldenburg
18. Bremische Evangelische Kirche
19. Evangelische Kirche im Konsistorialbezirk Frankfurt am Main
20. Evangelisch-reformierte Kirche der Provinz Hannover
21. Lippische (reformierte und lutherische) Landeskirche
22. Evangelisch-lutherische Landeskirche der Provinz Lübeck im Freistaat Oldenburg
23. Mecklenburg-Strelitzer Landeskirche
24. Evangelisch-lutherische Kirche von Reuß ältere Linie
25. Vereinigte Evangelische Landeskirche von Waldeck und Pyrmont
26. Evangelisch-lutherische Landeskirche von Schaumburg-Lippe
27. Evangelisch-lutherische Kirche im Lübeckischen Staate
28. Evangelische Kirche des Landesteils Birkenfeld

Auch die Namen der Unterzeichner und die jeweils von ihnen zitierten Worte der Heiligen Schrift sind überliefert worden.[98] Hier einige Beispiele:[99]

Altpreußen: D. Winckler: Jak 4,8: »Naht euch zu Gott, so naht er sich zu euch. Reinigt die Hände, ihr Sünder, und heiligt eure Herzen, ihr Wankelmütigen.«

Thüringen: Reichardt: 2Chr 15,17: »Aber die Höhen in Israel wurden nicht abgetan; doch war das Herz Asas rechtschaffen sein Leben lang.«

---

98 Vgl. Liste der biblischen Voten. In: EZA 1/A3/75 … (wie Anm. 93).
99 Die Bibeltexte werden nach der revidierten Lutherbibel von 1912 zitiert.

Reuß ältere Linie: Jahn: Hebr 4,14: »Dieweil wir denn einen großen Hohenpriester haben, Jesum, den Sohn Gottes, der gen Himmel gefahren ist, so lasset uns halten an dem Bekenntnis.«

Bremen: Lürmann: 2Kor 3,17: »Denn der HERR ist der Geist; wo aber der Geist des HERRN ist, da ist Freiheit.«

Birkenfeld: Fickeisen: 1Joh 5,4: »Denn alles, was von Gott geboren ist, überwindet die Welt; und unser Glaube ist der Sieg, der die Welt überwunden hat.«

Braunschweig: Sievers: Jes 26,1+2: »Zu der Zeit wird man ein solch Lied singen im Lande Juda: Wir haben eine feste Stadt, Mauern und Wehre sind Heil. Tut die Tore auf, daß hereingehe das gerechte Volk, das den Glauben bewahrt!«

Zum Schlussakt auf dem Wittenberger Marktplatz wurde das Lied des reformierten Huldreich Zwingli gesungen:

»Herr, nun selbst den Wagen halt!
Bald abseit geht sonst die Fahrt;
das brächt Freud dem Widerpart,
der dich veracht so freventlich.«[100]

Damit war der Kirchenbund gegründet und konnte an seine Arbeit gehen. Mit dem 1. Januar 1923 war auch das »Kirchenbundesamt« in Berlin eingerichtet worden.[101] Die ersten noch kommissarischen Beamten stellte die preußische Landeskirche zur Verfügung. Die beiden ersten vom Kirchenbund selbst berufenen Beamten waren der bisherige Oberhofprediger aus Gotha, Emil Rudolf Gustav Scholz als Theologischer Berichterstatter und Professor D. Johannes Schneider als Leiter des Kirchenstatistischen Amtes.[102]

VI Die kurze Wirkungszeit des Kirchenbundes

Die Zählung der Kirchentage setzt nun neu ein. Bis zum Endes des Kirchenbundes im Jahre 1933 wurden noch drei Kirchentage abgehalten.

1. Bethel 1924

Der erste (ordentliche) Kirchentag fand in Bethel vom 14. bis 17. Juni 1924 statt.[103] Der Kirchentag war eigentlich für das Jahr 1923 geplant gewesen, wegen der »Hochflut« der Inflation im Jahre 1923 musste er vertagt werden.[104] Die Hauptreferate: a) OKR

---

100 Heute: EG 242.

101 Bericht des Präsidenten des Kirchenausschusses. In: VERHANDLUNGEN DES ERSTEN DEUT-SCHEN EVANGELISCHEN KIRCHENTAGES 1924: Bethel-Bielefeld 14. bis 17. Juni 1924/ hrsg. vom Deutschen Evangelischen Kirchenausschuß. Berlin-Steglitz 1924, 15.

102 Vgl. ebd. Johannes Schneider wurde vor allem als langjähriger Herausgeber des Kirchlichen Jahrbuches bekannt.

103 Vgl. ebd.

104 Ebd, 66.

Arthur Titius: »Evangelisches Ehe- und Familienleben und seine Bedeutung in der Gegenwart« b) Prälat Dr. Jakob Schoell, Stuttgart: »Der evangelische Berufsgedanke und das Arbeitsleben der Gegenwart«. Zum Präsidenten des Kirchentages für die erste Legislaturperiode wurde D. Wilhelm Freiherr von Pechmann, Direktor der Bayrischen Handelsbank, Geheimer Hofrat aus München durch Zuruf gewählt.[105] Der erste Kirchentag konnte nun auch daran gehen, »Kirchenbundesgesetze« zu verabschieden.[106]

Einen wichtigeren Teil dieses und der folgenden Kirchentage sollte der »Geschäftsbericht« (auch »Tätigkeitsbericht«) des Deutschen evangelischen Kirchenausschusses darstellen. Sie sollten später weit über 100 Seiten umfassen und nahezu alle Fragen des kirchlichen Lebens berühren.[107] Wie der Kirchenausschuss 1924 in seinem Bericht die Frage der Kriegsschuld aufgreift, zeigt die sichtlich veränderte Stimmung nach dem Inkrafttreten des Versailler Vertrages (1.1.1920) und die Notlage nach dem Inflationsjahr 1923 an.[108]

Außerdem fällt auf, dass die »Gruppen« des Kirchentages deutlicher in Erscheinung traten, als das in den vorbereitenden Kirchentagen der Fall gewesen ist. Eine »Geschäftliche Mitteilung« des Präsidenten:

> »Ich darf dann sofort im Einvernehmen mit dem Präsidium weiterfahren mit dem Vorschlag, daß wir heute Nachmittag erst um ½ 5 Uhr wieder hier im Plenum zusammenkommen, daß um 4 Uhr die Herren Gruppenführer sich zu uns bemühen zu einer gemeinsamen Besprechung im Präsidium.«[109]

In den künftigen Kirchentagen sollte dann die im Verborgenen geschehende regelnde Rolle der Gruppen noch zunehmen. Zudem betraf die vom Kirchentag verabschiedete Kundgebung »Soziale Kundgebung« soziale Fragen und die Arbeitswelt. Sie wurde einstimmig verabschiedet.[110] Die in den Gruppen vorab verabredete Wahl zum Kirchenausschuss verlief ohne jede Aussprache.[111]

---

105 Vgl. ebd.
106 Kirchenbundesgesetz btr. den Anschluss deutscher evangelischer Kirchengemeinschaften, Gemeinden und Geistlichen ausserhalb Deutschlands an den Kirchenbund. In: Verhandlungen des ersten Deutschen … (wie Anm. 101), 139-147.
107 Der Geschäftsbericht des Kirchenausschusses zum Kirchentag 1924. In: Verhandlungen des ersten Deutschen … (wie Anm. 101), 12-37.
108 Vgl. ebd, 106 f. Vgl. für 1929 die Erklärung des Deutschen Evangelischen Kirchenausschusses zur zehnjährigen Wiederkehr des Versailler Diktats. In: Der Deutsche Evangelische Kirchenbund in seinen Gesetzen, Verordnungen und Kundgebungen/ hrsg. von Johannes Hosemann. Berlin 1932, 169 f.
109 Verhandlungen des ersten Deutschen … (wie Anm. 101), 173.
110 Text der Kundgebung: Ebd, 215 f; Verabschiedung der Kundgebung: Ebd, 240.
111 Vgl. ebd, 244-246.

2. Königsberg 1927

Der zweite (ordentliche) Kirchentag fand in Königsberg vom 17. bis 21. Juni 1927 statt.[112] Die Hauptreferate lauteten: a) Prof. Dr. Paul Althaus: »Kirche und Volkstum«, b) Dr. jur. Wilhelm Kahl: »Kirche und Vaterland«.

Der Geschäftsbericht des Kirchenausschusses umfasst mit Anlagen mehr als 120 Seiten. Einen besonderen Anteil nimmt – auch in den beigefügten Dokumenten – die Diskussion mit der Ökumene um die Frage der deutschen Schuld am Kriege ein.

Im Referat von Paul Althaus bemühte sich der Redner, die Kirche mit der neuen »Volkstumsbewegung« zusammenzuführen. Er führte dabei den Begriff »völkisch« zum Teil kritisch, aber letztlich sehr zustimmend ein und nutzte auch Argumente, die wenig später in judenfeindlichen Darstellungen gebraucht wurden:

> »Von hier aus erscheint uns die deutsche Gegenwart weithin als schmerzliche Entartung. Unser Volk, so hören wir, hat sich selbst verloren. Verloren an die Zivilisation, verloren an die Fremde. […] Man denkt dabei zunächst an die Deutschen unter fremder Herrschaft, denen die Freiheit, in Kirche und Schule Deutsche zu sein, bedroht und geschmälert wird […]. Aber die Fremde ist eine Macht auch in der Heimat: die Überfremdung Unserer Literatur, des Theaters, der Künste, der Mode und der Feste, des Parteiwesen und der öffentlichen Dinge, die Preisgabe an volklose Geldmächte ist uns quälend zum Bewußtsein gekommen. […] Angesichts alles dessen wird nun die Losung ausgegeben: unser Volk soll sich wiederfinden! Abwehr gegen die Mächte der Fremde und Zerstörung. Wiedergeburt des Volkslebens aus eigenen Quellgründen! Die Hoffnungen und Losungen sind so umfassend wie die erkannte Not: Wiedergeburt der Arbeits-, Wirtschafts-, Geldverhältnisse aus dem Geist echter Volksgemeinschaft.«[113]

Allerdings stritt Althaus auch gegen die neuen Gedanken von »völkischer Religion« und mit den »Deutschkirchlern«. Er kritisierte Einzelerscheinungen an der »Volkstumsbewegung« und sprach sich für eine Verbindung mit der Kirche aus.

Paul Althaus schloss sein Referat mit einem sehr emotionalen Appell:

> »Evangelische Männer und Frauen! Wir stehen in einer Schicksalsstunde unseres Volkes und unserer Kirchen. Wir fühlen ihre Verantwortung. Furchtbar, wenn Volkstumsbewegung und Kirche sich ebenso verfehlten, wie die Arbeiterbewegung und Kirche sich weithin verfehlt haben! Heute droht die Gefahr, daß wir eine Volkstumsbewegung bekommen, die der Kirche verloren ist, und eine Kirche, die ihr Volk in seinem heißesten Wollen nicht mehr findet. Schmerzlicheres könnte uns nicht geschehen. Es wäre das Todesurteil für unser Volkstum, es wäre der Verzicht der Kirchen auf ihre Sendung, die Welt zu durchdringen, ein ganzes Volk, für das sie vor Gott verantwortlich sind, ihm zuzuführen. Daß es doch nimmermehr dahinkäme! Uns jedenfalls, die Diener und vor anderen Verantwortlichen der Kirche, lassen Sie mit Fleiß tun, daß die Stunde, die Gott bereitet hat nicht vergeblich dahingehe!«[114]

---

112 Vgl. VERHANDLUNGEN DES ZWEITEN DEUTSCHEN EVANGELISCHEN KIRCHENTAGES 1927, Königsberg i.Pr., 17. bis 21. Juni 1927/ hrsg. vom Deutschen Evangelischen Kirchenausschuß. Berlin-Steglitz 1927.

113 Paul ALTHAUS: Kirche und Volkstum. In: Ebd, 205 f.

114 Ebd, 224.

Althaus erhielt für sein Referat sehr viel Beifall und der Vizepräsident D. Wolff betonte, wie sehr es dem Referenten gelungen sei, die Versammlung »in den Bann der Sache« zu ziehen: »Wir haben hier und da den Atem angehalten unter ihren Worten. Es war uns manchmal, als wenn unser deutsches Blut rascher schlüge, und als wenn unser deutsches Herz stille stehen müsse.«[115] Die Rede von der »Volkskirche« in einem so völkischen Sinne und der Ruf nach einer »Kirche des Volksganzen« enthielt – auch wenn das nicht ausgesprochen wurde – die Forderung, die evangelische Kirche nun auch stärker zu vereinigen als das im Kirchenbund bisher möglich gewesen ist.

Sehr viel nüchterner gestaltete sich dann das Referat des Juristen Wilhelm Kahl, der ganz wesentlich am Entstehen der »Kirchenartikel« der Weimarer Reichsverfassung beteiligt gewesen ist, zum Thema »Kirche und Vaterland«.

Auch die »Vaterländische Kundgebung« des Kirchentages,[116] die beide Referate aufnehmen wollte, war wesentlich gemäßigter als es das Referat von Paul Althaus hatte erwarten lassen, zeigte aber doch auch an, dass die Zeiten andere waren. Zur Abstimmung über die Kundgebung bat der Präsident, dass die Damen und Herren, die zustimmen wollten, sich von ihren Plätzen erheben. Seine Feststellung: »Soviel ich sehe, ist die Kundgebung so gut wie einmütig angenommen.«[117] Die Kundgebung sollte mit einer Grußadresse an Reichpräsident von Hindenburg geschickt werden und auch in einer besonderen Broschüre veröffentlich werden.

Dennoch sollte das Ganze drei Jahre später ein Nachspiel auf dem Kirchentag in Nürnberg haben: Ein Delegierter, der Gutsbesitzer Detlev von Arnim-Kröchlendorff,[118] meldete sich nach Abstimmung über die neue Kundgebung von 1930 zu Wort und bemängelte, dass im gedruckten Protokoll des Königsberger Kirchentages eine schriftliche, zu Protokoll gegeben Erklärung nicht aufgenommen worden sei. Er wiederholte hier die Erklärung, damit sie im jetzigen Protokoll zu finden sei:

> »Auf dem Königsberger Kirchentag hat eine Anzahl von Mitgliedern des Kirchentages folgende Erklärung zu Protokoll gegeben: ›Es ist uns unmöglich, für die vaterländische Kundgebung des Königsberger Kirchentages zu stimmen, weil wir es mit unserem Gewissen nicht vereinigen können, vor allem dem Satz in dieser Kundgebung zuzustimmen: Sie (die Kirche) will, daß jedermann um des Wortes Gottes willen der staatlichen Ordnung untertan sei. Wir müßten dann unter Umständen auch die Anordnungen einer kirchen- und christentumsfeindlichen Regierung anerkennen, die sich direkt gegen Christum und

---

115 Ebd, 225.

116 Der Text der Vaterländischen Kundgebung in: Verhandlungen des zweiten Deutschen … (wie Anm. 112), 338-340.

117 Ebd, 340.

118 Detlev von Arnim-Kröchlendorff war später Mitglied in der Bekennenden Kirche und im altpreußischen Bruderrat.

Axel Noack

die evangelische Kirche richten.‹ Da diese Erklärung im Protokoll nicht aufgenommen worden ist, habe ich mir erlaubt, sie hier zu wiederholen.«[119]

Der Vorgang ist insofern von Bedeutung, als sich hier die ersten Vorzeichen des Kirchenkampfes andeuten. Das wird an der Erklärung sichtbar, die der damalige (1927) noch amtierende Präsident, Freiherr von Pechmann, zur Wortmeldung von von Arnim 1930 abgab. Er bestätigt, dass er selbst »an dieser Unterlassung« beteiligt gewesen sei, aber dass er auch selbst diese Erklärung unterzeichnet habe und führt aus:

> »Die Erklärung ist mir meines Erinnerns von dem Herrn Grafen Arnim-Boitzenburg persönlich übergeben worden […] Meine erste Frage war natürlich, ob diese Erklärung nunmehr verlesen werden solle. Darauf hat Herr Graf Arnim mir erwidert: ›nein, wir verzichten auf eine Verlesung aus naheliegenden Gründen.‹ Wir die Unterzeichner der Erklärung, zu denen ich also selbst gehöre, und andere, die damals in mehr oder minder schwerer Gewissensnot zu mir gekommen sind und mich gebeten haben, ob ich nicht noch in letzter Stunde dafür sorgen könnte, daß die ganze Kundgebung zurückgezogen werde, wir haben uns eben doch schließlich überwunden und haben geglaubt, dem Kirchentage, aber auch Königsberg und der ganzen Provinz Ostpreußen es schuldig zu sein, daß wir keinen Schritt tun, durch welchen der Zweck, zu dem wir nach Ostpreußen und nach Königsberg gegangen sind, wahrscheinlich mehr oder minder stark in Frage gestellt worden wäre.«[120]

3. Nürnberg 1930

Der dritte (ordentliche) Kirchentag fand in Nürnberg vom 26. bis 30. Juni 1930 statt.[121] Das Hauptreferat hielt Superintendent und Präses Wolf aus Aachen unter dem Titel »Recht und Kraft der Deutschen Reformation zur Kirchenbildung«.

Im Programm außerdem: Sonnabend den 28. Juni: »9 Uhr abends: Volkstümliche Kundgebung auf dem Hauptmarkt«[122]

Dem dritten Kirchentag in Nürnberg ging am 25.6.1930 eine große Feierlichkeit zum Gedenken des 400. Jahrestages der Übergabe der Confessio Augustana an Kaiser Karl V. am 25.6.1530 voraus. Bei dieser so bedeutenden Jubiläumsfeier wurde u.a. die kritische Neuausgabe der Bekenntnisschriften der evangelisch-lutherischen Kirche der Öffentlichkeit übergeben. Sie sollte über Generationen

---

119 VERHANDLUNGEN DES DRITTEN DEUTSCHEN EVANGELISCHEN KIRCHENTAGES 1930, Nürnberg 26. bis 30. Juni 1930/ hrsg. vom Deutschen Evangelischen Kirchenausschuß. Berlin-Steglitz 1930, 353.

120 Ebd. 353.

121 Vgl. zum Gesamtzusammenhang Bormuth: Die Deutschen Evangelischen Kirchentage … (wie Anm. 76), 244-260.

122 Mit einer Übertragung »auf den Rundfunk«. Verhandlungen des dritten Deutschen … (wie Anm.119), 15.

hinweg zu einem wichtigen Handbuch der Studierenden der Theologie werden.[123] Mit einem Sonderzug reisten die Delegierten dann von Augsburg nach Nürnberg.[124]

Der Kirchentag musste sich – für die neue Legislaturperiode – ein neues Präsidium wählen. Der alte Präsident Wilhelm Freiherr von Pechmann stand nicht mehr zur Verfügung. Gewählt wurde (wiederum durch Zuruf) Graf Woldemar Vitzthum von Eckstaedt, der Präses der sächsischen Landessynode.[125]

Der Tätigkeitsbericht des Deutschen Evangelischen Kirchenausschusses (D.E.K.A.), der mehr als 150 Seiten umfasst,[126] enthält auch einen Abschnitt, der unter Bezug auf den Kirchentag von 1927 zum Thema »Festigung des Bandes zwischen evangelischen Volkstum und Kirche« spricht. Allerdings scheint alles noch im Fluss zu sein:

> »Die beiden großen Vorträge auf dem Kirchentag in Königsberg über ›Kirche und Vaterland‹ und ›Kirche und Volkstum‹ haben ihren Niederschlag in der ›Vaterländischen Kundgebung‹ gefunden. Auf dieser Grundlage beschäftigte sich der D.E.K.A. mehrfach mit wichtigen Weltanschauungsbewegungen im öffentlichen Leben. Verschiedene an den D.E.K.A. eingereichte Anträge und Vorgänge im öffentlichen Leben veranlaßten den Präsidenten des D.E.K.A. zu Rundfragen an die obersten Kirchenbehörden betreffend Stellung der evangelischen Kirchen zur Freimaurerei, zur Freidenkerei sowie zu den vaterländischen Verbänden. Das Ergebnis der Rundfragen wurde vom K.B.A. [Kirchenbundesamt; A.N.] in eingehenden Denkschriften zusammengefasst und vom D.E.K.A. in seiner Sitzung vom 8. Juni 1928 in Eisenach beraten. Zu der Freimaurerei Stellung zu nehmen, sah sich der D.E.K.A. nicht veranlaßt, weil die Lage in den einzelnen Kirchengebieten sehr verschieden und deshalb eine Stellungnahme zur Sache der Zuständigkeit der Landeskirchen zu überlassen ist. [...] Über die anderen Weltanschauungsbewegungen der Gegenwart, zu denen vom evangelischen Standpunkt aus um ihrer kulturellen Bedeutung willen Stellung genommen werden muß, haben eingehende Beratungen stattgefunden, die bis jetzt noch nicht zum Abschluß gekommen sind.«[127]

Das Thema des Kirchentages 1930 war die in den zwanziger Jahren viel debattierte »Kirchenfrage«, also die Frage danach, was aus der Kirche werden würde. Schon im »Kirchlichen Jahrbuch« 1928 hatte der Kirchenbundesbeamte Johannes Schneider sehr anschaulich auf diese die Themenstellung hingewiesen:

> »Auf meinem Schreibtisch liegen griffbereit: links eine vom modernen Zeitgeist geborene Reihe von Zeitschriften, welche von der ›Agonie des Christentums‹ und vom rettungs-

---

123 Diese Neuausgabe mit Vorwort von Präsident Kapler erfolgte auf Anregung des D.E.KA.

124 Freilich darf bei aller Begeisterung für das so prächtige CA-Jubiläum nicht übersehen werden, dass die Feier des Kirchenbundes am 22. September 1930, dem 400. Jahrestag der Übergabe der Apologie der CA, ergänzt wurde durch eine Feier des Lutherischen Einigungswerkes bzw. der Allgemeinen lutherischen Konferenz. Die »Altlutheraner« die ebenfalls vom Kirchenausschuss zur Feier eingeladen worden waren, regieren mit harscher Ablehnung, vgl. KJ 58 (1931), 31-40.

125 Verhandlungen des dritten Deutschen ... (wie Anm. 119), 209.

126 Ebd, 39-172.

127 Ebd, 108.

Axel Noack

losen Verfall der Kirche reden und darüber das Buch von Piechowski, ›Proletarischer Glaube – die religiöse Gedankenwelt der organisierten deutschen Arbeiterschaft nach sozialistischen und kommunistischen Selbstzeugnissen‹; rechts das bekannte von D. Dibelius verfaßte Buch: ›Das Jahrhundert der Kirche‹. [...] Könnte man einem von einem anderen Gestirn kommenden mit der Fähigkeit scharfen logischen Denkens ausgerüsteten Geschöpf [...] den Auftrag (erteilen): Nun urteile über die religiöse Lage in Deutschland – er würde wahrscheinlich seufzend bekennen: Ich weiß nicht, wie ich urteilen soll. Die glühende Röte einer in Reibungen erhitzten Zeit umgibt uns. Welches Horoskop stellt sie dem Christenglauben überhaupt, der Kirche speziell? Ist es die Abendröte, die bald in der Nacht untergehen wird, oder die Morgenröte, die die aufsteigende Sonne kündet? Welche Stunde zeigt Gottes Uhr?«[128]

Das Referat »Recht und Kraft der deutschen Reformation zur Kirchenbildung« von Präses Friedrich Walter Paul Wolf, des Vizepräsidenten des Kirchentages, beschreibt die Schwierigkeiten, heute über die Kirche zu reden.[129] Anders als in der Katholischen Kirche stehe die Evangelische Kirche im Verdacht, wegen der Unmittelbarkeit des Einzelnen zu Gott ein gebrochenes Verhältnis zur Kirche als Organisation zu haben. Dem gegenüber betont er die Notwendigkeit einer geeinigten Kirche besonders in diesen aufregenden Zeiten. Sein Vortrag gipfelt in dem Satz: »Der deutsche Protestantismus wird Kirche sein oder er wird nicht sein!«[130]

»So hat die äußere Formung der Kirche auf dem Boden der deutschen Reformation immer etwas Unfertiges, Zwiespältiges behalten, und es gilt auch von ihr, wie von allen großen deutschen Dingen, daß sie der Regel spotten und mit nichts recht vergleichbar sind als mit sich selbst. Und so stellt sich uns das auch Heute dar. Ein Kirchenbund, der keine Kirche ist und sein will, und der doch mehr ist als ein äußerer Zweckverband, in dem es auch eine Gemeinschaft des Glaubens, des Geistes, der Liebe gibt und die gleiche Beugung unter das Evangelium, unter Gottes Wort allein. Die einzelnen Kirchen aber, in ihrem Volkstum, alle vor die gleiche Aufgabe gestellt, die staatsfreie Kirche zu sein, die sie bis dahin nicht waren und nicht sein konnten. Alle also vor die Frage gestellt, ob sie, aus der deutschen Reformation, von ihrem Ursprung her, und nicht nur unter dem peinlichen Zwang staatlicher Maßnahmen, die Kraft zu einer freien Kirchenbildung, zu einem Organismus eigenen Wesens und eigener Art und Aufgabe haben. Daran hängt mehr als mancher Geistespolitiker und Kulturwissenschaftler, auch als mancher evangelische Christ von heute weiß oder zugibt. Es könnte sein, daß hier – in diesen scheinbar sehr äußeren Dingen, bei denen es sich um Verfassung, Rechtsbildung, Gemeindeordnung, Amtsbegriff, Steuerfragen zu handeln scheint – zugleich auf dem Spiele stände, wieweit die Botschaft der deutschen Reformation noch eine Stätte und eine Wirkungskraft in unserem deutschen Volke hätte.«[131]

Es scheint dem Kirchentag schwer gefallen zu sein, nach diesem Referat einen einmütig zu verabschiedenden Kundgebungstext zu erarbeiten. Der Berichterstatter gibt einen Einblick in die Arbeit des zuständigen Ausschusses: Tagung bis nachts

---

128 Johannes SCHNEIDER: Der Untergrund der kirchlichen Zeitlage. In: KJ 55 (1928), 517.
129 Vgl. Verhandlungen des dritten Deutschen ... (wie Anm. 119), 223-236.
130 Ebd, 233.
131 Ebd.

Von der Eisenacher Konferenz zum Deutschen Evangelischen Kirchenbund

1 Uhr. Lange Überlegungen, ob überhaupt eine Kundgebung möglich und nötig sei. Sechs verschiedene Textfassungen.

Schließlich gab es doch eine knappe Kundgebung, die als Aufgabe der Kirche benennt:

»Sie hat einem zerrissenen und zerspaltenen Volk in der Kraft des Glaubens und der Liebe eine spürbare und lebensvolle Gemeinschaft zu bieten, die stärker ist als alle Standes- und Berufssonderungen, stärker als der Kampf der Machtgruppen, stärker als aller wirtschaftliche Zwang. Sie hat in einer Zeit, da Völker und Religionen, Glaube und Unglaube miteinander ringen, eine weltumspannende Aufgabe, die über die Grenzen der Einzelkirche und des eigenen Volkes hinausgeht. Sie weiß sich endlich auch um denen zum Dienst verpflichtet, die ihr fremd und feind geworden sind.«[132]

Als neues Schlüsselwort redete die Kundgebung nun »von der Verpflichtung zu rechter Kirchlichkeit«. Damit wird natürlich angezeigt, wie es im Jahre 1930 (noch) einen sehr großen Interpretationsspielraum bei dem Thema einer Kirchenbildung zu geben schien. Der Text der Kundgebung wurde »ohne förmliche Abstimmung« durch Akklamation beschlossen.

Der Kirchentag war von einem rauer werdenden Ton und der weiter zunehmenden Bedeutung der Gruppen gekennzeichnet. In den Debatten standen als erste Redner die jeweiligen »Gruppenführer« am Pult, und sprachen im Namen »ihrer Freunde«. Eine längere sehr emotionale Debatte gab es um den keiner Gruppe mehr angehörenden religiösen Sozialisten und Mannheimer Stadtpfarrer Erwin Eckert. Er stand im Kirchentagsplenum auf ziemlich einsamen Posten.[133]

Der Präsident beendete diesen aufregenden letzten Kirchentag mit den Worten:

»Meine Damen und Herren! Wir sind am Schluß unserer Verhandlungen, und wenn sie mit einer gewissen Erregung abgeschlossen haben, so liegt das an Gründen, die wir alle aufs Lebhafteste und Tiefste bedauern. Wir können nur hoffen, daß bei künftigen Kirchentagen die Auseinandersetzungen sich in Formen vollziehen, die die Gefühle des größten Teils des Kirchentages nicht verletzen. Das Große an unserer diesjährigen Tagung liegt darin, daß der über dem Grabe Luthers in Wittenberg gegründete Deutsche Evangelische Kirchentag sich in diesen Tagen zu dem Bekenntnis seiner Väter in feierlicher Form bekannt hat. War der Kirchentag in Stuttgart der Sicherung der evangelischen Schule gewidmet, brachte der Tag von Bethel die bedeutungsvolle Soziale Botschaft der Kirche und schenkte uns die Tagung in Königsberg 1927 die Vaterländische Kundgebung, so erhält der Kirchentag von Nürnberg 1930 seine charakteristische Bedeutung durch das Bekenntnis zum Evangelium unseres Herrn und Heilandes Jesus Christi und zur Kirche des Evangeliums, zu den Worten von Sünde und Gnade, zu den Worten von Versöhnung und Rechtfertigung, zu den Worten von Glaube und neuem Gehorsam. Das Augsburger Bekenntnis ist heute noch so lebendig wie es vor 400 Jahren zur Zeit unserer Väter gewesen ist.«[134]

---

132 Ebd, 313.

133 Vgl. die Debatte um und mit Pfarrer Eckert: Verhandlungen des dritten Deutschen ... (wie Anm. 119), 256-259. 280-287. 352-354.

134 Ebd, 354 f.

Axel Noack

VII Die »Aufhebung« des Kirchenbundes in der Reichskirche

Schon 1931 und 1932 wurde die sich verändernde Lage sehr schnell deutlich. Die neue kirchenpolitische Partei der »Deutschen Christen« (DC) die mit Macht in die kirchlichen Entscheidungsgremien drängte und von Hitlers Reichsregierung massive Unterstützung erhielt, hatte in ihrem Wahlprogramm stehen:

> »2. Wir kämpfen für einen Zusammenschluß der im ›Deutschen Evangelischen Kirchenbund‹ zusammengefassten 29 Kirchen zu einer evangelischen Reichskirche und marschieren unter dem Ruf und Ziel: ›Nach außen eins und geistgewaltig um Christus und sein Wort geschart, nach innen reich und vielgestaltig, ein jeder Christ nach Ruf und Art.‹«[135]

Damit war der Weg vorgezeichnet. Die eigentliche Bildung einer Reichskirche, der »Deutschen Evangelischen Kirche« (DEK), der Nachfolge-Organisation des Kirchenbundes, im Jahre 1933 geschah in großer – für kirchliche Verhältnisse untypischer – Eile. Für Ende April 1933 hatte der Präsident des Deutschen Evangelischen Kirchenausschusses, Hermann Kapler ein »Drei-Männer-Kollegium« bestehend aus ihm selbst, dem lutherischen Bischof von Hannover, August Marahrens, und dem Mitglied des Moderamens des reformierten Bundes, Hermann Albert Hesse, einberufen. Hitler schickte seinen persönlichen Beauftragten und späteren Reichsbischof, den Königsberger Militärpfarrer Ludwig Müller, in dieses Kollegium. Hier wurde die Verfassung der DEK erarbeitet. Sie trat bereits am 11.7.1933 in Kraft und stellte in der Präambel die Zeit der »Wende« besonders heraus:

> »In der Stunde, da Gott unser deutsches Volk eine große geschichtliche Wende erleben läßt, verbinden sich die deutschen evangelischen Kirchen in Fortführung und Vollendung der durch den Deutschen evangelischen Kirchenbund eingeleiteten Einigung zu einer einigen Deutschen Evangelischen Kirche. Sie vereinigt die aus der Reformation erwachsenen gleichberechtigt nebeneinanderstehenden Bekenntnisse in einem feierlichen Bund und bezeugt dadurch: ›Ein Leib und ein Geist, ein Herr, ein Glaube, eine Taufe, ein Gott und Vater aller, der da ist über allen und durch alle und in allen. Die Deutsche Evangelische Kirche gibt sich nachstehende Verfassung [...].‹«[136]

Es sollte nicht lange dauern, da wurde von der neuen Reichskirchenleitung unter Reichsbischof Müller an eine Änderung dieser neuen Kirchenverfassung gedacht. Schon im Juli 1934, wenige Tage nach der BK-Synode von Barmen, tagte ein »Verfassungsausschuß der Deutschen evangelischen Kirche« in zwei Unterausschüssen: a) »für den Gemeindeaufbau« und b) »für das Verhältnis der Landeskirchen zur Reichskirche«. Die Vorhaben waren weitreichend. Im Grunde ging es um eine verfassungsmäßige Legitimierung des schon im vollen Gange befindlichen Prozesses der »Eingliederung« der Landeskirchen in die Reichskirche.

---

135 KJ 59 (1932), 69.
136 Text der Verfassung der DEK in: Gesetzblatt der Deutschen Evangelischen Kirche 1 (1933), 2-4, hier 2.

Rechtsgutachten wurden dazu bemüht. Ein Satz aus dem Rechtsgutachten von Johannes Heckel wird zustimmend zitiert:

>Die Verwandlung der landeskirchlich gegliederten Reichskirche in eine Einheitskirche ist in Artikel 12 der Verfassung der Reichkirche als möglich angedeutet. Ein solcher Akt verläßt also die Legitimitätsbasis der reichskirchlichen Verfassung nicht, sondern bleibt auf ihrem Boden.«[137]

Die Kernsätze der Überlegungen lauten: »Die Deutsche Evangelische Kirche gliedert sich künftig statt in Landeskirchen in Gebietskirchen. [...] Die Gesetzgebung [soll] ausschließlich bei der Deutschen evangelischen Kirche liegen.«[138] Vor dem Verfassungsausschuss wurde mit Stolz berichtet:

>Von den 28 zersplitterten Landeskirchen, die in Deutschland zur Zeit der Machtübernahme vorhanden waren, sind bisher bereits 22 in der Evangelischen Reichskirche aufgegangen, bei 3 weiteren Kirchen ist die Eingliederung in vollem Gange, während nur ein Rest von 3 Kirchen verbleibt, bei denen die Schwierigkeiten noch nicht als überwunden angesehen werden können. Das stetige Vorwärtsschreiten des großen Einigungswerkes wird, wie der Reichsbischof auf eindrucksvolle Weise belegen konnte, gerade von den breiten Massen des Kirchenvolkes getragen, deren freudiges Bekenntnis zur deutschen Einheit auch auf kirchlichem Gebiete die mannigfaltigen Schwierigkeiten der Entwicklung überwinden hilft. Der Reichskanzler Adolf Hitler erklärte seine Befriedigung mit dem Fortschritt des Einigungswerkes und der zeitgemäßen Neuordnung, zumal hiermit die zunehmende Befriedung des kirchlichen Lebens marschiere.«[139]

Dass hier ein schlichtes Wunschdenken der Reichskirchenregierung vorlag, sollte sich bald zeigen. Gerade diesem »Einigungswerk« des Reichsbischofs wurde heftiger Widerstand entgegengesetzt. Im Mittelpunkt der Auseinandersetzungen im Kirchenkampf standen bald die Eingriffe der Reichskirchenleitung in die Verfassung der DEK.

Die neben der Theologischen Erklärung von Barmen auf der ersten DEK-Bekenntnissynode vom Mai 1934 verabschiedete Erklärung zur »Rechtslage« widmete sich diesem Thema. Sie wurde zur Grundlage für die Beschlüsse der BK-Synode in Dahlem mit der Begründung eines kirchlichen »Notrechtes«. Spiritus rector war Reichsgerichtsrat Wilhelm Flor, der auf der Barmer BK-Synode in einem Referat die »Schliche und Kniffe« herausstellte, »mit denen vom Reichskirchenregiment die kirchlichen Gesetze gehandhabt, durchgeführt oder auch – zumeist – wieder aufgehoben wurden.«[140]

---

137 Gesetzblatt der Deutschen Evangelischen Kirche 45 (11.8.1934), 126.
138 Ebd, 133.
139 Gesetzblatt der Deutschen Evangelischen Kirche 39 (23.7.1934), 109.
140 Sonderdruck: BEKENNTNISSYNODE DER DEUTSCHEN EVANGELISCHEN KIRCHE: Wuppertal-Barmen den 31.5.1934/ hrsg. vom Bruderrat der DEK. O.O, o.J., 4. Der Sonderdruck umfasst vier Seiten: Einen Brief »an die evangelischen Gemeinden und Christen« (ebd, 1), die »Theologische Erklärung zur gegenwärtigen Lage« (ebd, 1-3) sowie die »Erklärung der Bekenntnissynode zur Rechtslage der Deutschen Evangelischen Kirche« (ebd, 4).

Axel Noack

Aus der »Erklärung zur Rechtslage der Bekenntnissynode der Deutschen Evangelischen Kirche«:

> »1. Das derzeitige Reichskirchenregiment hat diese unantastbare Grundlage [das Evangelium von Jesus Christus; A.N.] verlassen und sich zahlreicher Rechts- und Verfassungsbrüche schuldig gemacht. Es hat dadurch den Anspruch verwirkt, rechtmäßige Leitung der Deutschen Evangelischen Kirche zu sein. [...]
> 3. In der Kirche ist eine Scheidung der äußeren Ordnung vom Bekenntnis nicht möglich. Insofern ist die in der Verfassung festgelegte Gliederung der Deutschen Evangelischen Kirche in Landeskirchen bekenntnismäßig begründet. [...]
> 4. Die Einheit der Deutschen Evangelischen Kirche wird nicht geschaffen durch den rücksichtslosen Ausbau einer zentralen Befehlsgewalt, die ihre Rechtfertigung dem der Kirche wesensfremden weltlichen Führerprinzip entnimmt. Die hierarchische Gestaltung der Kirche widerspricht dem reformatorischen Bekenntnis.«[141]

Die Reichskirchenregierung sollte – so die Forderung vieler – zum reformatorischen Verständnis und zu äußeren Ordnung der Kirche »zurückkehren«. Der radikalere Flügel der sich bildenden Bekennenden Kirche hielt schon im Jahre 1934 ein solche »Rückkehr« zu geordneten Verhältnissen nicht mehr für möglich. So überzog z.B. der Jurist Wilhelm Flor die Reichskirchenleitung mit heftiger Kritik indem er – auch als die Reichskirchenleitung bzw. die Leitung der APU einlenken wollten und zum »alten Recht« zurückkehren wollten – das für einen nun unmöglichen Schritt hielt. Sein Fazit:

> »Eine Neuordnung der evangelischen Kirche der altpreußischen Union ist bei der völligen Zerstörung auf kirchenrechtlichem Gebiet nur möglich unter Anerkennung eines kirchlichen Notrechtes, das auch die Grundlage des vorläufigen Kirchenregimentes der DEK bildet.«[142]

Auch für den Staat schien es, dass mit der »Rückkehr« zum »älteren Recht« alle Schwierigkeiten behoben seien müssten. Reichsinnenminister Wilhelm Frick betonte auf einer Versammlung am 30.11.1934:

> »Zwar mag die Reichskirchenregierung etwas zu stürmisch versucht haben, die Einheit der Reichskirche zu schaffen, doch hat sie, indem sie sich streng auf die Rechtsgrundlage zurückbegeben hat, ihren guten Willen zu erkennen gegeben. Diesen guten Willen darf man nunmehr auch von der Gegenseite erwarten. Ich verlange als verantwortlicher Reichsminister für die Kirchenfragen endgültige Einigung. Das Volk hat das Pastorengezänk satt. Ich werde nicht zulassen, daß der Streit weiter finanziert wird, und werde der Kirche die Finanzen sperren.«[143]

Noch deutlicher wurde Propaganda-Minister Joseph Goebbels in einer Rede in Stettin am gleichen Tage:

---

141 Erklärung zur Rechtslage. In: Ebd, 4.
142 Amtliche Mitteilungen des Präses der BK 7 (6.12.1934), zitiert nach: Chronik der Kirchenwirren. In: Gotthardbriefe/ hrsg. von Joachim Gauger, 146-158. Brief, 12. Jg. (1935) Elberfeld 1935, 374.
143 Ebd, 146-158. Brief, 12. Jg., 416.

»Die Kirche glaubt, daß wir uns als Reformatoren aufspielen wollen. Nichts, was uns ferner liegt! Wir sind keine Reformatoren. Wir sind politische Revolutionäre. Wenn die Kirche weiterhin das Bedürfnis hat, ihre Streitigkeiten vor dem deutschen Volke zu erörtern, und auch nicht davor zurückschreckt im Angesicht der Öffentlichkeit ihre schmutzige Wäsche zu waschen, dann nur unter zwei Bedingungen: erstens, daß darunter der Staat keinen Schaden leidet und zweitens, dann nicht in unseren Versammlungssälen, sondern in ihren Kirchen, im Angesicht ihres Gottes, wenn sie den Mut dazu haben. Wir haben nicht den Ehrgeiz, auf ihre Kanzeln zu steigen; aber wir dulden auch nicht, daß sie auf unsere Rednertribünen kommen. Denn da haben sie nichts verloren. Ein 66 Millionen-Volk kann nicht 28 Landeskirchen haben. Es ist an der Zeit, diese 28 Landeskirchen zu einer großen Reichskirche zu vereinigen. Wir haben geglaubt, daß das reibungslos vor sich ginge; denn es war nur zum Guten und Nutzen der Kirche erdacht gewesen. Es ging uns um große christliche Aufgaben. Wir haben gehofft, daß sie uns einen Teil der Arbeit und Sorge abnehmen würde. Sie hat es nicht getan, sondern ist sich in dogmatischen Haarspaltereien ergangen. Ich frage euch: wäre es nicht besser von der Kirche gewesen, wenn sie in dieser Zeit größter Umwälzung statt dogmatischer Haarspaltereien innere Belebung der seelischen Kräfte gegeben hätte?«[144]

Es war also wieder der Staat, der kräftig in die kirchlichen Belange eingriff und für sich (immer noch) die Zuständigkeit beanspruchte, für innerkirchlichen Frieden zu sorgen.

Im Sommer 1935 wurde ein »Reichskirchenminister« eingesetzt, der bald nach Amtsantritt mit sogenannten vermittelnden »Kirchenausschüssen« regelnd eingreifen wollte.[145] Er ist damit gescheitert. Aber über die Frage der Beteiligung an den »Kirchenausschüssen« zerbrach letztlich die Einheit der Bekennenden Kirche. Mit dem Krieg versank vieles im Chaos und die Evangelische Kirche musste sich nach 1945 neu finden. Es ist ihr gelungen, in der Evangelischen Kirche in Deutschland (EKD) die widerstreitenden Gruppen (unter Ausschluss der Gruppe der Deutschen Christen!) wieder in einem Kirchenbund zu vereinen.

Erst im September 2019 (also 100 Jahre nach dem ersten Kirchentag in Dresden!) konnte die Änderung der Grundordnung der EKD nach Zustimmung aller Landeskirchen in Kraft treten, die nun den Kirchenbund der EKD als »Kirche« ansehen kann. Artikel 1 Abs. 1 lautet nun:

»Die Evangelische Kirche in Deutschland ist die Gemeinschaft ihrer lutherischen, reformierten und unierten Gliedkirchen. Sie versteht sich als Teil der einen Kirche Jesu Christi. Sie achtet die Bekenntnisgrundlage der Gliedkirchen und Gemeinden und setzt

---

144 Ebd.

145 Erlass vom 16.7.1935: Einsetzung Minister Kerrl: »Auf den Reichsminister ohne Geschäftsbereich, Kerrl, gehen die bisher im Reichs- und Preußischen Ministerium des Inneren sowie im Reichs- und Preußischen Ministerium für Wirtschaft, Erziehung und Volksbildung bearbeiteten kirchlichen Angelegenheiten über. Wegen der Ausführung dieses Erlasses treffen die beteiligten Reichs- und preußischen Minister nähere Bestimmung. Berlin, den 16. Juli 1935«. In: Ebd, 550.

voraus, dass sie ihr Bekenntnis in Lehre, Leben und Ordnung der Kirche wirksam werden lassen. Sie ist als Gemeinschaft ihrer Gliedkirchen Kirche.«[146]

---

146 Bekanntmachung der Neufassung der Grundordnung der Evangelischen Kirche in Deutschland (GO-EKD) vom 15. Januar 2020. Abs. I, Art. 1. ABl. EKD 1 (2020), 2-10, hier 3. Siehe auch: https://www.kirchenrecht-ekd.de/kabl/45207.pdf (zuletzt besucht am 15.1.2021). Vgl. auch die erste Fassung: Grundordnung der Evangelischen Kirche in Deutschland vom 13. Juli 1948. ABl. EKD (1948), 233.

LANDESKIRCHEN IM VERGLEICH

Preußen und Württemberg –
und auch das preußische Hohenzollern[1]

Von Jürgen Kampmann

Hier soll es einen knappen, gedrängten Einblick in die kirchlichen und damit in Bezug stehenden politischen Entwicklungen in Preußen und Württemberg nach dem Ende des Summepiskopats im November 1918 geben. Der Vergleich ist umso weniger ein nur willkürlich gewählter, waren doch beide Staaten unmittelbare Territorialnachbarn – grenzten doch Württemberg und das seit 1850 zu Preußen gehörende Hohenzollern unmittelbar aneinander.

Mindestens zwei weitere Gemeinsamkeiten sind darüber hinaus zu nennen: Beide Staaten, Preußen wie Württemberg, wurden von einem »Wilhelm II.« regiert – Preußen von dem allgemein bekannten Regenten dieses Namens (Wilhelm II., †1941), der zugleich deutscher Kaiser war,[2] Württemberg von einem König Wilhelm II. (†1921), der von Person und Auftreten her sehr anders geprägt war als sein preußisches Gegenüber: zurückhaltend, im Lebensstil offenbar bewusst bürgerlich.[3]

Unabhängig davon: Beide waren zutiefst der evangelischen Landeskirche, in deren verfassungsmäßigem Aufbau ihnen jeweils das Amt des summus episcopus

---

1 Vortrag in Weimar am 31. August 2019. Vgl. dazu auch zwei weitere partiell die Thematik berührende Vorträge des Vfs., auf die im Folgenden nicht jeweils besonders verwiesen wird: Jürgen KAMPMANN: Staatskirchenrecht als Zumutung?: die Entstehung der staatskirchenrechtlichen Bestimmungen der Weimarer Reichsverfassung und die zeitgenössischen Perspektiven der evangelischen Kirchen. Essener Gespräche zum Thema Staat und Kirche 54 (2019), 8-33; Jürgen KAMPMANN: Rechtliche Strukturen in der evangelischen Kirche in der Weimarer Republik: Baden im Vergleich. Jahrbuch für badische Kirchen- und Religionsgeschichte 13 (2019), 159-178.

2 Aus der Vielzahl der Biographien über Kaiser Wilhelm II. seien hier nur genannt: Christopher CLARK: Kaiser Wilhelm II. Harlow u.a. 2000. Dt. Ausgabe: Wilhelm II.: die Herrschaft des letzten deutschen Kaisers. Aus dem Englischen von Norbert Juraschitz und Thomas Pfeiffer. München 2008. John C. G. RÖHL: Young Wilhelm: the Kaiser's early life. 1859-1888. Cambridge 1998; DERS.: Wilhelm II. Bd. 1: Die Jugend des Kaisers. 1859-1888. München 1993, 2. Aufl. 2001; Bd. 2: Der Aufbau der Persönlichen Monarchie. 1888-1900. München 2001; Bd. 3: Der Weg in den Abgrund: 1900-1941. München 2008. – Zum kirchlichen Engagement Wilhelms II. siehe WILHELM II. – KAISER, KÖNIG, KIRCHE[N]MANN: ein Herrscher, der niemals reif wurde?/ hrsg. im Auftrag der Arbeitsgemeinschaft der EKU-Stiftung für kirchengeschichtliche Forschung von Wilhelm Hüffmeier; Jürgen Kampmann. Bielefeld 2014.

3 Vgl. Paul SAUER: Württembergs letzter König: das Leben Wilhelms II. Stuttgart 1994. Vgl. auch knapp Martin OTTO: Wilhelm II., König von Württemberg. In: Württembergische Biographien unter Einbeziehung hohenzollerischer Persönlichkeiten. Bd. III/ hrsg. im Auftrag der Kommission für geschichtliche Landeskunde in Baden-Württemberg von Maria Magdalena Rückert. Stuttgart 2017, 264-272.

Jürgen Kampmann

zukam, zugetan, was auch öffentlich erkennbar war und dem jeweiligen Kirchenwesen durch vielfache Unterstützung und Förderung zugutekam. Doch obwohl beide Landesherrn im November 1918 abdankten und damit nicht nur die monarchische Staatsform ein Ende fand, sondern auch der Summepiskopat, kam es hinsichtlich der Etablierung einer neuen Struktur für die jeweilige Verfassung der Landeskirche in Württemberg und in Preußen zu einer in vielem deutlich voneinander abweichenden Entwicklung in beiden Staaten.

Doch vor welchem Hintergrund ist dies zu sehen und zu verstehen?

I Zeitgenössische Perspektiven in den evangelischen Kirchen 1918/1919

Dem November 1918 waren vier Kriegsjahre mit Wechselbädern von durchlebten Stimmungen hohen Mutes und niederschmetternder Erfahrungen vorangegangen:[4] Genannt seien hier als Stichworte nur der Sieg über die russischen Truppen in der Schlacht bei Tannenberg, der immens hohe Blutzoll des Stellungskrieges an der Westfront, die massiven Versorgungs- und Ernährungsprobleme im Steckrübenwinter 1916/17, das Erschrecken in Bürgertum und Adel über die Revolution in Russland 1917, das Hochgefühl über den an der Ostfront sehr günstigen Friedensvertrag von Brest-Litowsk vom 3. März 1918,[5] die Verstörung über das für die meisten ganz überraschend kommende militärische Scheitern an der Westfront – mit Folge der Abdankung des Kaisers und dessen Entweichen ins Exil der Niederlande. Und dann die Revolutionserscheinungen: meuternde Soldaten, streikende Arbeiter, Bildung von Arbeiter- und Soldatenräten, Ausrufung von Republik und Räterepublik.[6]

Was bedeutete es – neben den noch nicht abzusehenden politischen Veränderungen – für die künftige Arbeit der Kirchen, wenn nun das politisch linke Spektrum – dezidiert kirchenkritisch eingestellt – an der Macht war?

Wie tief kirchliche Wahrnehmung und Wertung des Zeitgeschehens berührt waren, lässt sich ermessen, wenn man einander gegenüberstellt, wie Walter Michaelis[7] in

---

4 Vgl. dazu Gerhard BESIER: Die Landeskirche und der Erste Weltkrieg. In: Die Geschichte der Evangelischen Kirche der Union. Bd. 2: die Verselbständigung der Kirche unter dem königlichen Summepiskopat (1850-1918)/ hrsg. von Joachim Rogge; Gerhard Ruhbach. Leipzig 1994, 480-497, dort 483-496. Vgl. zu Württemberg Hartmut LEHMANN: Die evangelische Kirche im Königreich Württemberg 1806-1918. In: Kirche im Königreich Württemberg 1806-1918/ hrsg. vom Geschichtsverein der Diözese Rottenburg-Stuttgart und Verein für württembergische Kirchengeschichte; Redaktion Maria E. Gründig. Stuttgart 2008, 26-51, dort 46-51.

5 Zur Entwicklung der »Stimmungslage« zum Krieg im Jahr 1918 siehe Martin GRESCHAT: Kirchliche Zeitgeschichte: Versuch einer Orientierung. Leipzig 2005, 21.

6 Dazu Andreas PLATTHAUS: Der Krieg nach dem Krieg: Deutschland zwischen Revolution und Versailles 1918/19. Berlin 2018, 64 f.

7 Zu Person und Werdegang vgl. H[einz-]J[ochen] SCHMIDT: Art. Michaelis, Walter. In: Evangelisches Gemeindelexikon/ hrsg. von Erich Geldbach; Hartmut Burkhardt; Kurt Heimbucher. Wuppertal 1978, 352 f.

Preußen und Württemberg – und auch das preußische Hohenzollern

den Jahren 1914 und 1919 in seiner Bielefelder Gemeinde gewirkt hat: Er, jüngerer Bruder von Georg Michaelis, welcher 1917 für wenige Monate deutscher Reichskanzler und preußischer Ministerpräsident war,[8] war Pfarrer an der dortigen Neustädter Marienkirche und zugleich von 1906 bis 1911 und dann wieder von 1919 bis 1953 Präses des Gnadauer Gemeinschaftsverbandes – und damit reichsweit in einer exponierten Stellung für die ja nicht kleine Zahl der von Pietismus und Erweckung geprägten Evangelischen.[9]

Walter Michaelis hatte ab August 1914 die Kriegsbetstunden in seiner Kirchengemeinde so gestaltet:

»Wir hielten sie zunächst täglich. Und zwar verlasen wir den Tagesbericht der Heeresleitung, besprachen und erläuterten ihn und schlossen mit einer etwa nur zehn Minuten langen biblischen Andacht und Gebet. Diese stete Verbindung mit dem täglichen Geschehen auf dem Kriegsschauplatz und dem politischen Geschehen war wohl ein Grund (neben der Kürze), daß sie monatelang sich eines natürlich je nach dem Gang der Dinge wechselnden, aber allezeit starken Besuches erfreuten. Man merkte aber bald, wie unklare geographische Vorstellungen die Menschen mit bescheidener Schulbildung hatten. Durchmarsch nach Belgien! Warum durch Belgien? Wo liegt Warschau? Wo Rumänien? Da mußte geholfen werden. Mein Ältester, Primaner, damals noch nicht im Krieg, und der gleichaltrige Sohn unseres Kirchenrendanten klebten starke Papierbogen zusammen, bis ein Quadrat von $4^{1}/_{2}$ Meter entstand. Darein wurden die Grenzen der europäischen Länder, deren Hauptstädte und die großen Ströme gezeichnet. Diese Riesenkarte wurde an einer Stehleiter am Ende des Kirchenschiffes vor dem hohen Chor aufgehängt, und bei gelegentlichen, neu auftretenden geographischen Gesichtspunkten mußte einer meiner Söhne mit langem Rohrstock zeigend die Ausführungen des Pfarrers begleiten. Ich gestehe, dieser Vorgang war in keiner Agende vorgesehen, und mir wurde erzählt, ein Mitglied der obersten Kirchenbehörde in Berlin habe denn doch etwas bedenklich den Kopf geschüttelt, als er von diesem Ausstattungsstück einer kirchlichen Kriegsbetstunde hörte. […] Aber Not darf auch ein kirchlich-kultisches Gesetz brechen. Wie anders ließ sich über die Frage sprechen, wie ein Christ den Durchmarsch in Belgien zu beurteilen hat – zu schweigen von den geographischen Verhältnissen der Balkanstaaten, wo wohl mancher ›Gebildeter‹ eine etwas genauere Prüfung nicht bestanden hätte. Jedenfalls waren viele in der Gemeinde sehr dankbar, und vermehrtes Verständnis und Aufmerksamkeit war die erfreuliche Folge dieser Einrichtung.«[10]

Am 29. Juni 1919, am Tag nach der Unterzeichnung des Versailler Friedensvertrages, predigte Walter Michaelis dann zu Mt 16,26 (»Was hülfe es dem Menschen, wenn er die ganze Welt gewönne und nähme doch Schaden an seiner Seele. […]«):

»Als gestern nachmittag in Versailles der Friedensvertrag unterzeichnet wurde, da trug man einen Toten zu Grabe, um den uns das Herz blutet: unser Deutschland! Das Deutschland von einst ist tot. Seine Flotte ruht auf dem Grund des Meeres und wird vielleicht nie wieder auferstehen. Das deutsche Heer hat sich aufgelöst. In Zukunft dürfen wir nur

---

8 Vgl. Rudolf Morsey: Art. Michaelis, Georg. NDB 17 (1994), 432-434.

9 Vgl. Martin Kumlehn: Art. Michaelis, 2. Walter. RGG⁴ 5 (2002), 1206.

10 Walter Michaelis: Erkenntnisse und Erfahrungen aus fünfzigjährigem Dienst am Evangelium. 2., durchges. und verm. Aufl. Gießen 1949, 60 f.

Jürgen Kampmann

eine Truppe von hunderttausend Mann halten, die nicht einmal genügend ist, um die Ordnung im eigenen Lande zu bewahren. Unser Wirtschaftsleben wird geknebelt sein. Durch viele Kommissionen werden unsere Gegner es beherrschen und beaufsichtigen. Unsere Selbstbestimmung ist dahin; unsere Weltstellung gefallen. [...] – Aber noch viel größer ist Deutschlands innere Not! Wie schon so viele während des Krieges taten, so sieht auch jetzt ein jeglicher auf seinen Weg, verfolgt seine Interessen, sucht seinen Gewinn. Ein furchtbares Gericht ist über uns hereingebrochen. Aber wie es scheint, hört auch jetzt unser Volk Gottes Stimme nicht. Es bleibt Gott abgewandt. Man möchte verzweifeln, weil man an der Seele des Volkes keinen Punkt sieht, wo man anknüpfen könnte. [...] Um die Welt zu gewinnen, ließ es seine Seele Schaden nehmen. Es war wie eine Jagd nach Gewinn, nach Glanz und Lust. Nach den ewigen Gütern fragten wenige. [...] Ach, in so vielen Dingen war uns Deutschen nicht die Frage, was will Gott, was ist Gottes Gebot, wie muß ich handeln, um meine Seele nicht zu verletzen; sondern: was nützt mir, wie gewinne ich die Welt? Mit diesen Augen haben auch die allermeisten das sogenannte Friedensinstrument angesehen. Unterzeichnen oder nicht unterzeichnen, das war die große, schwere, belastende Frage der letzten Wochen. [...] Aber, haben wir darauf geachtet, wonach die meisten Menschen im Volk bei der Entscheidung gefragt haben? Sie haben nicht gefragt, was fordert die Ehre Deutschlands, was fordert unsere Wahrhaftigkeit, was fordert die Treue gegen den früheren Kaiser und gegen die Führer im Heer und im Staat, die uns gedient haben, sondern die meisten fragten nur: was ist nützlicher, oder was ist schädlicher, unterzeichnen oder nicht unterzeichnen? [...] Unsere Unterschrift wird aufgefaßt als Bekenntnis unserer alleinigen Schuld am Kriege. Man hält es für unmöglich, daß wir alle Verpflichtungen, die wir eingehen, erfüllen können, und wir haben doch unterschrieben. [...] Mit der Unterzeichnung hat Deutschland seine Seele verletzt, um die Welt zu gewinnen, um die Folgen der Nichtunterzeichnung von sich abzuwenden. Diese Stellung zum Friedensvertrage ist die Krönung der ganzen Gesinnung, die unser Volk seit Jahrzehnten bewiesen hat. Reich wollte es werden, Macht und Einfluß haben, in der Welt genießen; und darüber hat es seine Seele verloren, seiner Seele geschadet.«[11]

In Michaelis' Worten im Juni 1919 kommt eine massive Enttäuschung zum Vorschein, dass sich die Kriegsjahre für die evangelische Kirche ganz und gar nicht »geistlich gelohnt« haben im Sinne einer erhofften neuen Hinwendung der Bevölkerung zur christlichen Verkündigung – eine massive Kirchenaustrittswelle von 800.000 Personen in den Jahren von 1919 bis 1921 bei einer Gesamtanzahl von knapp 40.000.000 Evangelischen und damit von etwa 2 % der Gemeindeglieder in nur drei Jahren im Deutschen Reich stellt dies unter Beweis. Doch auch Mitte der 1920er Jahre waren noch mehr als 95 % der deutschen Bevölkerung der evangelischen oder der katholischen Konfession zugehörig.[12] Die immer wieder zu lesende Behauptung, die evangelische Kirche habe im 19. und frühen 20. Jahrhundert den Kontakt zur Arbeiterschaft verloren, stimmt statistisch gesehen jedenfalls ganz und

---

11 W[alter] MICHAELIS: Um unsere Seele!: Predigt am Sonntag nach der Friedensunterzeichnung den 29. Juni 1919 gehalten. Bethel bei Bielefeld o. J. [1919], 2-7.

12 Zur Entwicklung der Anzahl der evangelischen Gemeindeglieder an der Gesamtbevölkerung des Deutschen Reiches vgl. [Johannes] SCHNEIDER: Kirchliche Statistik. KJ 55 (1928), 27-155, dort 28 f.

gar nicht. Der sehr hohe Grad der Bindung der Bevölkerung an eine der beiden Konfessionskirchen zeigt, dass es politisch 1918/19 unausweichlich war, eine für die überwältigende Mehrheit der Einwohner tragfähig erscheinende Regelung für den Status der Kirchen zu finden unter den neuen politischen Verhältnissen.

In den einzelnen Ländern stand – einfach um der Notwendigkeit der Fortführung des ja ungebrochen weitergehenden Alltagsbetriebes der evangelischen Kirchen willen – umgehend die Klärung an, in welcher Weise die bisherigen summepiskopalen Rechte der Landesherren nach deren Abdankung in den jeweiligen evangelischen Landeskirchen wahrzunehmen waren – auch und gerade angesichts der revolutionär pauschal erhobenen Forderung nach einer »Trennung von Staat und Kirche«.[13] Wie sahen die Lösungen in Württemberg und in Preußen aus?

II Weichenstellungen in Württemberg

In Württemberg wurde fast ohne den geringsten zeitlichen Verzug ein Weg gebahnt. Hier wusste der im Konsistorium in Stuttgart wirkende Konsistorialpräsident Hermann Zeller[14] ein bereits 1898 für den Fall einer katholischen Thronfolge im Land geschaffenes, 1912 noch einmal revidiertes Religionsreversaliengesetz auf die sich unerwartet einstellende Situation der Abdankung König Wilhelms II. in Anwendung zu bringen. Das genannte Gesetz sah die Bildung einer kollegialen evangelischen Kirchenregierung aus zwei Ministern evangelischen Bekenntnisses, dem dienstältesten Generalsuperintendenten, dem Synodal- und den Konsistorialpräsidenten vor für den Fall, dass ein neuer Landesherr nicht evangelischer Konfession sein würde. Im Moment des revolutionären Umbruchs am 9. November 1918 erreichte es Zeller noch mit der erforderlichen Zustimmung aller zu beteiligenden Gremien einschließlich des Königs, dieses Gesetz im Wege einer Notgesetzgebung so abzuändern, dass es auch für den Fall des Thronverzichts (den der König dann am

---

13 Zur anfänglichen Unklarheit im Protestantismus, welche kirchlichen und kirchenpolitischen (Reform-)Ziele man angesichts des politischen Umbruchs verfolgen solle, siehe Martin GRESCHAT: Der deutsche Protestantismus im Revolutionsjahr 1918/19. Witten 1974, 143-146. Vgl. auch Kurt NOWAK: Evangelische Kirche in der Weimarer Republik: zum politischen Weg des deutschen Protestantismus zwischen 1918 und 1932. 2. Aufl. Weimar 1988, 18-20. – Besier: Die Landeskirche und der Erste … (wie Anm. 4), 496, weist mit Recht darauf hin, dass man sich zumindest in der (alt)preußischen evangelischen Kirche mit der erlittenen Niederlage im Ersten Weltkrieg »völlig identifizierte«: »Die vollständige materielle und ideelle Indienstnahme der evangelischen Kirche durch das kriegführende Vaterland prägte bei den Nachgeborenen das Bild einer engen Allianz von Staat und Kirche. In der Tat: Die evangelische Kirche hatte diesen Krieg auf allen Ebenen mitverloren.«

14 Vgl. BIOGRAPHISCHES HANDBUCH DER WÜRTTEMBERGISCHEN LANDTAGSABGEORDNETEN 1815-1933/ im Auftrag der Kommission für geschichtliche Landeskunde in Baden-Württemberg bearb. von Frank Raberg. Stuttgart 2001, 1062.

30. November 1918 endgültig erklärte) anzuwenden war.[15] So gelang an dieser Stelle ein formalrechtlich bruchloser Transfer der summepiskopalen Rechte.

Die bisherige Landessynode wurde einberufen, und sie stellte die Weichen für eine Neuwahl einer Synode nach einem neuen Wahlgesetz, das – entsprechend den neuen politischen Gegebenheiten und in Anpassung an diese – nicht nur den Frauen das Wahlrecht zugestand, sondern auch dem Prinzip der Urwahl folgte, so dass die Landessynodalen direkt von den »Kirchengenossen« gewählt wurden. Diese neue Synode hat dann im Laufe des Jahres 1919/20 eine neue Kirchenverfassung für die Landeskirche ausgearbeitet, die dann schon den in der Weimarer Reichsverfassung vom 11. August 1919 formulierten staatskirchenrechtlichen Eckpunkten Rechnung trug – so dass dann an die Stelle der Kirchenregierung und der darin noch vorgesehenen Mitwirkung von zwei Ministern eine neue, aus mehreren miteinander verflochtenen Institutionen der Kirchenleitung – Kirchenpräsident, Landeskirchenausschuss, Landeskirchentag und Evangelischem Oberkirchenrat – trat.[16] Verkündet wurde die neue Verfassung noch von der bisherigen Kirchenregierung am 24. Juni 1920, doch konnte sie erst am 1. April 1924 in Kraft treten, nachdem der württembergische Landtag zugestimmt hatte.[17]

Sie steht in der Evangelischen Landeskirche in Württemberg bis zur Gegenwart in Geltung und ist – entsprechend der württembergischen evangelischen Kirchenverfassungstradition seit der Reformation – dadurch charakterisiert, dass sie die Landeskirche als Einheit begreift, in der »von oben« her Leitung ausgeübt und für das Ganze der Kirche wahrgenommen wird – die darunter existierenden Ebenen der Kirchenbezirke und Kirchengemeinden finden in der Kirchenverfassung keine Ausgestaltung, und diesen Ebenen kommt auch keine Mitwirkung etwa an der Kirchengesetzgebung zu.

III Weichenstellungen in Preußen

Zur genau gleichen Zeit nahm das Geschehen in Preußen einen sehr anderen Verlauf. Hier schienen sich schon lange im kirchlichen Bereich gehegte Befürchtungen nach der Abdankung des Königs alsbald zu bewahrheiten. Denn die Maßnahmen der neuen provisorischen Regierung aus Sozialisten und USPD in Preußen sorgten für Furore. Am 13. November 1918 richtete sie eine Kundgebung an das Volk, dass Preußen so rasch wie möglich in einen völlig demokratischen Bestandteil einer einheitlichen deutschen Volksrepublik verwandelt werden solle; in der Liste der Aufgaben der Regierung wurden auch genannt »Befreiung der Schule von

---

15 Vgl. dazu Siegfried HERMLE: Kirche nach 1918: Ende und Neuanfang. In: Württembergs Protestantismus in der Weimarer Republik/ hrsg. von Rainer Lächele; Jörg Thierfelder. Stuttgart 2003, 11-31, hier 17f.

16 Ebd, 20-26.

17 Ebd, 26.

jeglicher kirchlicher Bevormundung« sowie Trennung von Staat und Kirche. Das preußische Ministerium für Wissenschaft, Kunst und Volksbildung wurde unter die kollegiale Leitung von Konrad Haenisch[18] (SPD) und Adolph Hoffmann[19] (USPD) gestellt. Letzterer hatte zahlreiche Schriften verfasst, auch eine mit dem bezeichnenden Titel: »Die zehn Gebote und die besitzende Klasse«[20] – was ihm den Spitznamen »Zehn-Gebote-Hoffmann« eingetragen hatte. Anders als es diese Bezeichnung vermuten lässt, war Hoffmann aber weder kirchlich gebunden noch kirchlich interessiert, sondern bezeichnete sich selbst als »freireligiös«; er galt als Vorkämpfer der Kirchenaustrittsbewegung.

Es passte genau in das von ihm schon bestehende Bild eines Gegners von Christentum und Kirche, dass er am 15. November 1918 die Aufhebung des Zwanges zur Teilnahme am schulischen Religionsunterricht verfügte.[21] Am 27. November wurden auf sein Betreiben die bis dahin noch bestehenden Elemente der geistlichen Schulaufsicht beseitigt, zwei Tage später, am 29. November, dann auch der Religionsunterricht als Pflichtfach abgeschafft sowie jede religiöse Handlung in den Schulen untersagt.[22]

Das löste heftige Reaktionen in der Bevölkerung quer durch Deutschland aus, es kam zu Massenversammlungen mit mehreren tausend Beteiligten in vielen Städten auch außerhalb Preußens – in Dresden wurde etwa die Gesamtzahl der Demonstranten auf 20.000 geschätzt.[23]

Hoffmann verblieb nur annähernd sieben Wochen in seinem Amt, das dann von Konrad Haenisch allein weitergeführt wurde. Unter dem Druck der öffentlichen Meinung, nicht zuletzt auch von den katholischen Bischöfen und der Zentrumspartei mobilisiert, wich auch Haenisch zurück und setzte am 28. Dezember 1918 den Erlass Hoffmanns gegen den schulischen Religionsunterricht faktisch wieder außer Kraft. Dennoch sind die Auswirkungen dieses Kurses in der preußischen Kultuspolitik in den ersten Wochen nach dem Ende der Monarchie auf die evangelisch-kirchlich gesonnenen Kreise der deutschen Bevölkerung kaum zu überschätzen:

---

18 Zur Person siehe Wolfgang HOFMANN: Art. Haenisch, Konrad. NDB 7 (1966), 442-444.

19 Zur Person siehe [Hermann] MULERT: Art. Hoffmann, 1. Adolph. RGG² 2 (1928), 1974.

20 Die Schrift erlebte eine enorme Auflagenhöhe; vgl. Adolph HOFFMANN: Die zehn Gebote und die besitzende Klasse: nach dem gleichnamigen Vortrage. 18. Aufl. (171.-180. Tsd.) Berlin 1904.

21 Siehe Nowak: Evangelische Kirche in der Weimarer ... (wie Anm. 13), 23.

22 Ebd, 24.

23 Der politische Mobilisierungseffekt gegen das Vorgehen der preußischen Regierung zeigte reichsweit Wirkung, so auch in Württemberg; siehe Rainer LÄCHELE; Jörg THIERFELDER: Parallele Leben?: Johannes Merz (1857-1929) und Theophil Wurm (1868-1953). In: Württembergs Protestantismus in der Weimarer Republik/ hrsg. von Dens. Stuttgart 2003, 155-173, dort 163. – Es wurde sogar gemutmaßt, dass Hoffmanns schnelles Agieren in der Frage der Trennung von Staat und Kirche eine wesentliche Ursache dafür gewesen ist, »daß die Wahlen zur Nationalversammlung 1919 keine sozialistische Mehrheit ergaben«, so Mulert: Art. Hoffmann ... (wie Anm. 19), 1974.

Jürgen Kampmann

Alle Vorurteile gegen Sozialisten und deren politische Ziele schienen sich als nur zu berechtigt zu erweisen.

Die folgenden Monate mündeten dann aber in eine Entwicklung mit für die Kirchen viel weniger dramatischem Ausgang als zunächst gedacht – in Rückschau darauf konnte zum Beispiel der kurmärkische Generalsuperintendent Otto Dibelius[24] 1926 schon fast etwas hochnäsig schreiben:

> »Kein Revolutionsführer zweifelt daran, daß er mit der Kirche, wenigstens mit der evangelischen, leichtes Spiel haben wird. [...] Hatte nicht [...] Marx gelehrt, daß mit der großen ökonomischen Revolution alle Religion von selbst verschwinde? Aber es kam anders, als die Führer gemeint hatten. Zu Gewalttaten gegen die Kirche fand man nicht den Mut. Schon sechs Wochen nach der Revolution überbietet man sich in Beteuerungen, daß alles seinen ordentlichen und gesetzmäßigen Gang gehen sollte. Und als die Nationalversammlung in Weimar zusammentritt [also am 6. Februar 1919], hat sich die Lage schon so weit geklärt, daß von einer Vergewaltigung der Kirche nach französischem Muster nicht mehr die Rede sein konnte.«[25]

Dibelius stellte das deutend in eine geschichtliche Parallele: »Es ging im Grunde ebenso wie einst im Parlament der Paulskirche. Eigene religiöse oder gar kirchliche Ziele hatten die Gegner der Kirche nicht. Darum konnten sie etwas Positives nicht zustande bringen. Negation ist unfruchtbar.«[26]

Ende 1918 und im beginnenden Jahr 1919 war solch eine gelassene, ja lässige Perspektive nirgends zu finden. Die Fragen nach den künftigen rechtlichen Strukturen für die evangelischen Landeskirchen waren weder innerkirchlich klar abgesteckt noch im politischen Raum austariert.

Besondere Beachtung auch über das Land hinaus fanden die Vorgänge in Preußen schon deshalb, weil die dortige evangelische Landeskirche der älteren Provinzen die mit weitem Abstand größte im Reich war – wenngleich mit unterschiedlichen Kirchenverfassungen für die westlichen und die östlichen Provinzen.[27]

---

24 Zu Werdegang und Wirken von Otto Dibelius siehe Hartmut Fritz: Art. Dibelius, Otto. RGG⁴ 2 (1999), 833 f.

25 Siehe Otto Dibelius: Das Jahrhundert der Kirche: Geschichte, Betrachtung, Umschau und Ziele. 4. unv. Aufl. Berlin 1927, 73.

26 Ebd.

27 In den beiden preußischen Westprovinzen (Westfalen und Rheinprovinz) stand 1918 die (revidierte) Rheinisch-Westfälische Kirchenordnung in Kraft, in den östlichen Provinzen hingegen die Generalsynodalordnung von 1876; siehe Kirchenordnung für die evangelischen Gemeinden der Provinz Westfalen und der Rheinprovinz vom 5. März 1835 in der Fassung des Kirchengesetzes vom 5. Januar 1908 nebst den einschlägigen Kirchen- und Staatsgesetzen: unter besonderer Berücksichtigung der für die Provinz Westfalen ergangenen behördlichen Erlasse und Provinzialsynodal-Beschlüsse für den praktischen Gebrauch unter Mitwirkung von R. Hildebrandt bearbeitet/ hrsg. von A. Richter. Münster 1908; bzw. Die Kirchengemeinde- und Synodalordnung für die Provinzen Preußen, Brandenburg, Pommern, Posen, Schlesien und Sachsen/ hrsg. von Alfred Uckeley. Bonn 1912.

Das preußische Kultusministerium zögerte hier nicht, seinerseits direkt (ohne es aber so zu deklarieren) die summepiskopalen Rechte aufzugreifen, um so möglichst unverzüglich eine Trennung von Kirche und Staat zu bewirken. Am 28. November 1918 ordnete es in einem Erlass an die Provinzialkonsistorien an, dass die agendarische gottesdienstliche Fürbitte für den König und das königliche Haus zu entfallen habe.[28] Am 5. Dezember ernannte es den auf demokratische Kirchenreform drängenden evangelischen Berliner Pfarrer Dr. Ludwig Wessel[29] zum Regierungsvertreter für die evangelischen Kirchenbehörden und zum geborenen Mitglied des altpreußischen Evangelischen Oberkirchenrats – er sollte nun alle kirchlichen Erlasse gegenzeichnen und an allen Sitzungen der kirchlichen Leitungsgremien teilzunehmen berechtigt sein.[30] Dagegen legte der Evangelische Oberkirchenrat in Berlin wenige Tage später Rechtsverwahrung ein[31] unter Verweis auf das doch politisch proklamierte, an sich diametral entgegengesetzte Ziel, Staat und Kirche trennen zu wollen![32] Am 9. Januar 1919 deutete dann aber das preußische Staatsministerium ein Einlenken an, indem es nun in Aussicht stellte, dass die Neuregelung des Staat-Kirche-Verhältnisses einer »preußischen Nationalversammlung« vorbehalten bleiben und ihr »ein Benehmen mit den kirchlichen Organen vorhergehen« müsse; ja es wurde sogar schon formuliert, dass dabei das Ziel im Auge zu behalten sei, »daß die berechtigten Interessen der kirchlichen Schichten im preußischen Volke zu schonen und jede Verletzung religiöser Gefühle, jeder Gewissensdruck vermieden werden« müsse.[33]

Wegen des heftigen Gegenwinds, den er erlebte, legte Wessel sein Amt bereits am 11. Januar nieder.[34] Dennoch beanspruchte die preußische Regierung am 20. März als Rechtsnachfolgerin des Königs dezidiert das landesherrliche Kirchenregiment – auf Beschluss der preußischen Landesversammlung wurden diese Rechtsbefugnisse dann auf drei evangelische Minister übertragen. Darin sah der EOK aber einen »schwerwiegenden Eingriff in die Grundrechte unserer Landeskirche« und

---

28 Siehe Gerhard Besier: Zwischen Waffenstillstand und Reichsverfassung: die APU und das Ende des monarchischen Summepiskopats. In: Die Geschichte der Evangelischen Kirche der Union. Bd. 3: Trennung von Staat und Kirche. Kirchlich politische Krisen. Erneuerung kirchlicher Gemeinschaft. (1918-1992)/ hrsg. von Gerhard Besier; Eckhard Lessing. Leipzig 1999, 35-75, hier 43.

29 Zur Person siehe Manfred Gailus: Vom Feldgeistlichen des Ersten Weltkriegs zum politischen Prediger des Bürgerkriegs: Kontinuitäten in der Berliner Pfarrerfamilie Wessel. Zeitschrift für Geschichtswissenschaft 50 (2002), 773-803.

30 Siehe dazu Karl Heinrich Lütcke: Neuanfang nach 1918 in Preußen. Blätter für württembergische Kirchengeschichte 108/109 (2008/2009), 249-264, hier 256f. Vgl. Besier: Zwischen Waffenstillstand und Reichsverfassung … (wie Anm. 28), 48.

31 Ebd.

32 Lütcke: Neuanfang nach 1918 … (wie Anm. 30), 157.

33 Besier: Zwischen Waffenstillstand und Reichsverfassung … (wie Anm. 28), 51.

34 Lütcke: Neuanfang nach 1918 … (wie Anm. 30), 257.

Jürgen Kampmann

legte daher erneut Rechtsverwahrung ein.[35] Der preußische Ministerpräsident Paul Hirsch[36] versicherte dann am 11. Juni 1919, dass die gesetzliche Regelung vom 20. März des Jahres nur einen provisorischen Charakter habe und mit der »Bildung selbständiger Kirchenregierungen ihren natürlichen Abschluss finden« und in der Praxis eine Handhabung stattfinden werde, die der Selbständigkeit der kirchlichen Interessen Rechnung« trage.[37] Festgehalten wurde damit aber staatlicherseits dennoch an der grundlegenden Überzeugung, dass die summepiskopalen Rechte nicht ein dem Monarchen nur als Person zukommendes, kirchlicherseits verliehenes und damit automatisch nach Abdankung des Monarchen an die Kirche zurückfallendes Annexrecht darstellten, sondern dass die iura circa sacra dem Monarchen als Staatsperson eigen gewesen und damit nach dessen Abdankung dem Staat zugefallen seien, so dass nur einer unter Mitwirkung des Staates entstandenen selbständigen Kirchenbehörde diese Rechte übertragen werden könnten.[38] Ein entsprechendes Vorgehen kam dann auch weiter zur Umsetzung.

Dies betraf die kirchlich unternommenen Schritte zu einer kirchlichen Verfassungsreform durch Einberufung einer außerordentlichen Generalsynode. Diese wurde als nur mit staatlicher Genehmigung durch das Kollegium der drei Minister für möglich erachtet.[39] Hier trat aber Konfliktstoff zutage angesichts einer Auseinandersetzung darüber, ob eine verfassunggebende Kirchenversammlung durch Urwahl oder durch ein Siebwahlverfahren zu bilden sei. Kultusminister Haenisch hielt Letzteres für nicht angemessen, was er Mitte Juli 1919 dem EOK mitteilte, und auch die drei evangelischen Minister vertraten noch im Dezember 1919 die Auffassung, dass ein Siebwahlverfahren »im Widerspruch zu den demokratischen Grundrechten des preußischen Staates« stehe.[40] Darauf konterte der EOK, dass nicht einmal in der Monarchie die Forderung erhoben worden sei, dass die Generalsynode beabsichtigte Kirchengesetze vorab dem Staat habe vorlegen und diese »nach außerkirchlichem Vorbilde, namentlich nach staatspolitischen Grundsätzen« habe aus- und umgestalten müssen.[41] Dezidiert wurde dabei dann auch auf den zu diesem Zeitpunkt schon geltenden Art. 137 Abs. 1 der Reichsverfassung »Es besteht keine Staatskirche« verwiesen.[42] In der öffentlichen Diskussion wurde das Ganze als »Kampfansage des religionslosen Staates an die evangelische Kirche« bezeichnet. Einen solchen Konflikt scheute man aber in der preußischen Regierung, und so stimmten die evangelischen Minister schließlich der geplanten Einberufung

---

35 Besier: Zwischen Waffenstillstand und Reichsverfassung … (wie Anm. 28), 63.
36 Zur Person siehe Klaus MALETTKE: Art. Hirsch, Paul. NDB (1972), 217f.
37 Besier: Zwischen Waffenstillstand und Reichsverfassung … (wie Anm. 28), 65.
38 Zum zeitgenössischen juristischen Diskurs darüber siehe ebd, 64.
39 Siehe dazu ebd, 71-73.
40 Ebd, 73f.
41 Ebd, 74.
42 Ebd.

Preußen und Württemberg – und auch das preußische Hohenzollern

der außerordentlichen Generalsynode zu, die sich dann auch gegen die Urwahl der verfassunggebenden Kirchenversammlung entschied.[43]

Am 19. Juni 1920 wurde dann für die Evangelische Landeskirche der älteren Provinzen Preußens ein Kirchengesetz erlassen, dass die kirchenregimentlichen Rechte des Monarchen auf einen neu gebildeten Evangelischen Landeskirchenausschuss übertrug – und das wurde durch preußisches Staatsgesetz vom 8. Juli 1920 bestätigt.[44] Bis zur Verabschiedung einer neuen Kirchenverfassung für die Evangelische Kirche der altpreußischen Union sollten dann noch einmal zwei Jahre vergehen.[45] Der preußische Landtag stimmte der Verfassungsurkunde von 1922 am 19. März 1924 zu, so dass diese zum 1. Oktober 1924 in Kraft treten konnte.[46]

Charakterisiert ist diese Verfassung, die bis zur Verselbständigung der preußischen Provinzialkirchen nach Ende des Zweiten Weltkriegs in Kraft blieb, dadurch, dass sie den Grundsatz umsetzt, dass sich die Kirche von der Gemeinde her aufbaut. Durch das Siebwahlverfahren ist auch personell eine unmittelbare Verzahnung der verschiedenen Ebenen der kirchlichen Leitung gegeben.

IV Die besondere Stellung Hohenzollerns in der altpreußischen Landeskirche

Interessant ist nun vielleicht noch ein Seitenblick auf das Württemberg unmittelbar benachbarte preußische Hohenzollern.

Die Fürsten Friedrich Wilhelm Konstantin von Hohenzollern-Hechingen[47] und Karl Anton von Hohenzollern-Sigmaringen[48] entsagten am 7. Dezember 1849 ihrer Regierung; durch erbvertragliche Regelung ging die Landesherrschaft in den beiden bis dahin konfessionell dezidiert katholisch geprägten Territorien an die preußische Krone über; durch ein Patent König Friedrich Wilhelms IV.[49] vom 12. März 1850 wurde die Vereinigung mit dem preußischen Staat vollzogen.[50]

---

43 Ebd, 74 f.

44 Ebd, 65.

45 Siehe dazu Gerhard BESIER: Die neue preußische Kirchenverfassung und die Bildung des Deutschen Evangelischen Kirchenbundes. In: Die Geschichte der Evangelischen Kirche der Union. Bd. 3 … (wie Anm. 28), 76-117, dort 90-102.

46 Ebd, 102.

47 Zur Person siehe Anton-Heinrich BUCKENMAIER; Michael HAKENMÜLLER: Friedrich-Wilhelm Constantin: der letzte Fürst. Biographie. Teil 1. Die Zeit in Hechingen und Hohenzollern. Hechingen 2005.

48 Vgl. Hugo LACHER: Fürst Karl Anton von Hohenzollern. In: Hohenzollern/ hrsg. von Fritz Kallenberg. Stuttgart 1996, 476-480.

49 Zur Person siehe Rolf Thomas SENN: In Arkadien: Friedrich Wilhelm IV. von Preußen: eine biographische Landvermessung. Berlin 2013.

50 Vgl. J[ulius] THEOBALD: Geschichte der evangelischen Gemeinden in den Hohenzollerischen Landen: Festschrift zur Feier des fünfzigjährigen Bestehens evangelischer Kirchengemeinden in Hohenzollern (1861-1911)/ hrsg. im Auftrage der Kreissynode. Sigmaringen 1911, [5].

Nach preußischer Übernahme der Landesherrschaft in Hohenzollern war durch Organisationsverordnung vom 7. Januar 1852 dem Konsistorium der Rheinprovinz in Koblenz die aufsichtliche Zuständigkeit für die hohenzollerischen Lande übertragen worden.[51] Eine Verbindung Hohenzollerns zu den Organen der Rheinischen Provinzialsynode wurde aber nicht hergestellt – und auch nicht die in der Rheinprovinz seit 1835 bereits in Geltung stehende Rheinisch-Westfälische Kirchenordnung[52] in Kraft gesetzt.

1855 wurde vielmehr in Sigmaringen ein erster vorläufiger, aus sechs vom Konsistorium ernannten Mitgliedern gebildeter Kirchenvorstand eingesetzt,[53] und 1857 in Hechingen ein Pfarrvikariat eingerichtet. Im gleichen Jahr wurde mit der in Hechingen als Königsgeschenk errichteten Kirche die erste evangelische Gottesdienststätte in Hohenzollern auf eigenem Grundstück in Dienst genommen.[54]

Zur förmlichen Einrichtung von zwei Kirchengemeinden in Hohenzollern – in Hechingen und in Sigmaringen – kam es erst am 5. Juni 1861.[55] Für die Kirchengemeindem wurde königliches Patronat mit ausschließlich dem Landesherrn zustehenden Recht der Pfarrstellenbesetzung festgesetzt;[56] Superintendenturgeschäfte wurden bis auf Weiteres dem Sigmaringer Pfarrer übertragen.[57] Dann wurden in Anlehnung an die Rheinisch-Westfälische Kirchenordnung Kirchenvorstände gebildet.[58]

Nach der Errichtung einer dritten Parochie in Haigerloch 1874 wurde ein »Ephoralsprengel« für Hohenzollern gebildet und der Sigmaringer Pfarrer für diesen zum

---

51 So wurde noch im gleichen Jahr ein bis dahin in der Rheinprovinz tätiger Pfarrer zur Seelsorge an den Evangelischen in Hohenzollern mit Amtssitz in Sigmaringen entsandt. Siehe ebd, 7. Vgl. auch Volker TRUGENBERGER: Ein Seelsorger für Hohenzollern. In: Evangelisch in Hohenzollern: Katalog zur Ausstellung des Evangelischen Dekanats Balingen und des Staatsarchivs Sigmaringen/ hrsg. von Volker Trugenberger; Beatus Widmann. Stuttgart 2016, 18.

52 Siehe Walter GÖBELL: Die Rheinisch-Westfälische Kirchenordnung vom 5. März 1835. 2. Bd. Düsseldorf 1954.

53 Theobald: Geschichte der evangelischen Gemeinden … (wie Anm. 50), 9.

54 Ebd, 9-11. Vgl. auch Volker TRUGENBERGER: Die Ausstellung »Evangelisch in Hohenzollern«: eine Einführung. In: Evangelisches Leben in Hohenzollern und im benachbarten Württemberg: Begleitveranstaltungen zur Ausstellung »Evangelisch in Hohenzollern« des Evangelischen Kirchenbezirks Balingen und des Staatsarchivs Sigmaringen anlässlich des 500-Jahr-Jubiläums der Reformation 2017/ hrsg. von Jürgen Kampmann u.a. Balingen; Stuttgart 2020, 9-17; dort 14.

55 Theobald: Geschichte der evangelischen Gemeinden … (wie Anm. 50), 22. Die Genehmigung dazu war am 8. August 1860 durch Prinzregent Wilhelm erteilt worden; siehe ebd, 21. Vgl. auch Volker TRUGENBERGER: Evangelische Pfarrsprengel und Kirchengemeinden. In: Evangelisch in Hohenzollern: Katalog zur Ausstellung des Evangelischen Dekanats Balingen und des Staatsarchivs Sigmaringen/ hrsg. von Volker Trugenberger; Beatus Widmann. Stuttgart 2016, 20.

56 Theobald: Geschichte der evangelischen Gemeinden … (wie Anm. 50), 22.

57 Ebd, 23.

58 Ebd, 23 f.

Preußen und Württemberg – und auch das preußische Hohenzollern

Superintendenten ernannt;[59] dieser wurde »durch besonderes königliches Vertrauen« dann auch zum Mitglied der außerordentlichen preußischen Generalsynode 1875 berufen.[60] In Personalunion war der Superintendent auch Rat der für Hohenzollern eingerichteten Bezirksregierung.[61] Die förmliche Einrichtung einer Kreissynode ließ aber auf sich warten.[62]

Für die weitere Ausformung des kirchlichen rechtlichen Aufbaus wurde die für die östlichen Provinzen Preußens 1873 erlassene Ordnung zugrunde gelegt, ergänzt um einige Formulierungen aus der Rheinisch-Westfälischen Kirchenordnung über die Rechte und Pflichten der Gemeindeglieder sowie die Pflichten der Mitglieder des Gemeindekirchenrats – ganz verzichtet wurde auf das Pfarrwahlrecht der Kirchengemeinden.[63] Diese besondere Kirchengemeindeordnung wurde dann am 1. März 1897 vom König genehmigt.[64] Eine besondere, nach Vorbild der Kirchengemeinde- und Synodalordnung vom 10. Dezember 1873[65] konzipierte Kreissynodalordnung für Hohenzollern erlangte am 2. Juli 1898 Rechtskraft,[66] und ein besonderes Gesetz vom 19. September 1898 ermöglichte, dass diese Kreissynode unter Überspringen der rheinischen Provinzialsynode fortan direkt einen Vertreter und einen Stellvertreter in die preußische Generalsynode entsenden konnte, was eine Abänderung von § 2 Absatz 1 der preußischen Generalsynodalordnung erforderte und deren Mitgliederbestand von 150 auf 151 gewählte Mitglieder erhöhte.[67] Ein erster Abgeordneter zur preußischen Generalsynode wurde durch die Kreissynode im Jahr 1900 entsandt.[68]

Zeitgenössisch wurde diese besondere kirchenverfassungsrechtliche Stellung Hohenzollerns innerhalb der preußischen Landeskirche damit begründet, dass es sich um einen Bezirk »mit eigenen Lebensbedingungen und Lebensäußerungen« handele; »Hohenzollern ist ein vorgeschobener Posten […] und eine reine Diasporasynode.«[69]

Da die für den Bereich der östlichen Provinzialkirchen Preußens geltenden Ordnungen wesentlich den für Hohenzollern im Einzelnen getroffenen Bestimmungen

---

59 Ebd, 33.

60 Ebd, 34.

61 Ebd.

62 Erst am 31. Dezember 1892 wurde in einem Erlass des Evangelischen Oberkirchenrats in Berlin anerkannt, dass dies ein »unabweisbares Bedürfnis« sei. Siehe ebd, 80.

63 Ebd.

64 Ebd, 81.

65 Siehe Die Kirchengemeinde- und Synodalordnung für die Provinzen … (wie Anm. 27).

66 Theobald: Geschichte der evangelischen Gemeinden … (wie Anm. 50), 81. Vgl. zu der Entwicklung auch Volker TRUGENBERGER: Selbständiger Kirchenkreis. In: Evangelisch in Hohenzollern … (wie Anm. 55), 24.

67 Theobald: Geschichte der evangelischen Gemeinden … (wie Anm. 50), 81. Siehe Kirchliches Gesetz- und Verordnungsblatt 1898, 147.

68 Theobald: Geschichte der evangelischen Gemeinden … (wie Anm. 50), 82.

69 Ebd, 83.

Jürgen Kampmann

zugrunde gelegt wurden, ist mit Blick auf die dortigen Kirchengemeinden trotz der aufsichtlichen Zuständigkeit des rheinischen Konsistoriums aus kirchenrechtlicher Perspektive mit Recht formuliert worden: »Zur rheinisch-westfälischen Kirche gehören daher jene Gemeinden nicht«.[70]

Und nun das erneut Überraschende: An dieser besonderen Rechtsstellung Hohenzollerns innerhalb der (alt)preußischen Landeskirche haben dann auch die verfassungsrechtlichen Umgestaltungen nach dem Ende des Summepiskopats 1918 nichts grundlegend verändert. In der Verfassungsurkunde für die Evangelische Kirche der Altpreußischen Union von 1922 wurde in Artikel 164 festgehalten: »Die Hohenzollerischen Lande bleiben der Kirche als selbständiger Kirchenkreis eingegliedert.«[71] Die Obliegenheiten des Generalsuperintendenten, des Konsistoriums und Rechtsausschusses blieben den in der Rheinprovinz eingerichteten entsprechenden Institutionen übertragen, für den Erlass der Ordnung für die Wahl zur Kreissynode und für die Bestätigung des Superintendenten war dem Kirchensenat die Zuständigkeit übertragen.[72] Auch die Vertretung Hohenzollerns in der Generalsynode durch einen unmittelbar von der dortigen Kreissynode entsandten Abgeordneten blieb erhalten.[73]

Mit Inkrafttreten der Verfassungsurkunde der Evangelischen Kirche der altpreußischen Union erhielt allerdings nun auch deren Vorspruch mit dessen Aussage über die Anerkennung der »fortdauernde[n] Geltung der Bekenntnisse« für den Kirchenkreis Hohenzollern Rechtskraft.[74] Der grundlegend bestimmten direkten Anbindung des Kirchenkreises Hohenzollern an die Berliner Leitungsebene der altpreußischen Landeskirche entspricht, dass auch bei der 1923 erfolgten Überarbeitung der Rheinisch-Westfälischen Kirchenordnung trotz der partiellen aufsichtlichen Zuständigkeit von Institutionen der Rheinprovinz die besonderen Regelungen für Hohenzollern nicht berücksichtigt wurden; insbesondere gewannen so auch die der Rheinisch-Westfälischen Kirchenordnung vorangestellten Bekenntnisparagraphen in Hohenzollern keine Rechtskraft.[75]

---

70 Gottlieb LÜTTGERT: Evangelisches Kirchenrecht in Rheinland und Westfalen. Gütersloh 1905, 10 f. Vgl. auch (nach dem Ende des Summepiskopats): VERFASSUNGSURKUNDE FÜR DIE EVANGELISCHE KIRCHE DER ALTPREUßISCHEN UNION: vom 29. September 1922/ für den Handgebrauch erläutert und mit den zugehörigen Gesetzen hrsg. von Gottlieb Lüttgert; Ausgabe für Rheinland und Westfalen. Berlin 1925, 252.

71 Siehe ebd, 251.

72 Ebd, Art. 164 Abs. 2. Zu den getroffenen Sonderregelungen siehe VERFASSUNGSURKUNDE FÜR DIE EVANGELISCHE KIRCHE DER ALTPREUSSISCHEN UNION: vom 29. September 1922/ für den Handgebrauch erläutert und mit den zugehörigen Gesetzen hrsg. von Gottlieb Lüttgert; 2. Aufl., neu bearb. und ergänzt von Friedrich Koch. Berlin 1932, 153.

73 Siehe ebd, Art. 117 Abs. 2 Nr. 1; vgl. Verfassungsurkunde für die Evangelische Kirche der altpreußischen Union (1925) … (wie Anm. 70), 197 f.

74 Siehe ebd, [19 f].

75 Siehe H[einrich] NOETEL: Die Kirchenordnung für die evangelischen Gemeinden der Provinz Westfalen und der Rheinprovinz vom 6. November 1923 mit Erläuterungen nebst

So blieb das evangelische Kirchenwesen in Hohenzollern auch nach den Veränderungen, die die Jahre 1918 und 1919 mit sich brachten, eine Besonderheit in der so großen altpreußischen Landeskirche – mit einer ganzen Reihe von Sonderregelungen und Sonderrechten, die doch allein dem Umstand zu verdanken waren, dass Hohenzollern seit 1850 der besondere Augapfel der preußischen Monarchen gewesen war. Dieser rechtliche Sonderstatus blieb den Evangelischen dort auch ohne königlichen Landesherrn erhalten in den Jahren der Weimarer Republik – wenn man will, könnte man sagen: Hier blieb man trotzdem königliche Kirche, nur ohne König.

V Fazit

Es gab im Ergebnis – in Württemberg wie in Preußen und erst recht in Hohenzollern – über das Ende des Summepiskopats 1918 hinaus im kirchlichen Alltag viel mehr Kontinuitäten, als man es vielleicht selbst angesichts der politischen Umbrüche und Unruhen zeitgenössisch wahrnahm. Dies ist wesentlich vor dem Hintergrund zu sehen, den die Verhandlungen über die religionsverfassungsrechtlichen Fragen in der Weimarer Nationalversammlung 1919 genommen hatten.

Im Zuge der dort im Verfassungsausschuss geführten Debatten war schon Anfang April 1919 seitens der SPD signalisiert worden, dass man in den Fragen der rechtlichen Ordnung des Verhältnisses von Kirche und Staat eine »schiedlich-friedliche Auseinandersetzung« suche und keine »gewaltsame Trennung«.[76] Dies ist auch vor dem Hintergrund zu sehen, dass der Deutsche Evangelische Kirchen-Ausschuss in einer Eingabe auf eine Unterschriftssammlung von mehr als 3,4 Millionen evangelischer Wahlberechtigter hatte verweisen können, die sich gegen eine Beeinträchtigung der kirchlichen Rechte gewandt hatten.[77] Und der preußische EOK hatte als für die Fortexistenz der Kirchen unverzichtbare materielle Erfordernisse geltend gemacht: die Fortgeltung des Status einer Körperschaft des öffentlichen Rechts, das Recht zum Einzug von Kirchensteuern, die Garantie der kirchlichen Vermögensrechte und der Staatsleistungen.[78]

In den Beratungen des Verfassungsausschusses hatte der DVP-Abgeordnete Wilhelm Kahl zudem mit Erfolg darauf aufmerksam gemacht: »Es gibt keine absolute Trennung von Staat und Kirche. Berührungen und Reibungen werden

---

Ergänzungsbestimmungen im Anhang. Dortmund 1928. Siehe entsprechend auch die völlige Nichtberücksichtigung Hohenzollerns bei Martin SELLMANN: Die Rheinisch-Westfälische Kirchenordnung in der Fassung vom 6. November 1923 in ihrem Verhältnis zur Verfassungsurkunde für die Evangelische Kirche der altpreußischen Union. Witten (Ruhr) 1928.

76 Siehe ebd, 529. Vgl. Sandra KÖNEMANN: Staatskirchenrecht in der wissenschaftlichen Diskussion der Weimarer Zeit. Frankfurt (Main) u.a. 2011, 55.

77 Besier: Zwischen Waffenstillstand und Reichsverfassung ... (wie Anm. 28), 59 samt Anm. 129.

78 Siehe ebd, 59.

Jürgen Kampmann

immer bleiben, schon weil es sich um dieselben Menschen handelt. Das Problem der Trennung läuft nur hinaus auf die Festlegung des gesetzlichen Mindestmaßes von an sich unvermeidlichen Berührungen.«[79]

Auf Reichsebene regelte die Weimarer Verfassung dazu das Grundlegende. Die Religionsgesellschaften verblieben Körperschaften öffentlichen Rechts im bisherigen Umfang.[80] Die kirchlichen Feiertage blieben beibehalten, die Möglichkeit zur Seelsorge im Militär und in Strafanstalten und die Erteilung von Religionsunterricht in öffentlichen Schulen sowie die theologischen Fakultäten an den Universitäten blieben erhalten.[81]

Das damit erzielte Ergebnis übertraf alle Erwartungen der kirchlich Beteiligten.[82] Der Deutsche Evangelische Kirchenausschuss erhob dagegen keine Einwände.[83] Schwer taten sich viele im Protestantismus dennoch mit dem Selbstverständnis der Republik, das nicht dezidiert als auf den Überzeugungen der Christenheit fundiert ausgewiesen war.[84]

Die Kirchen verhielten sich aber ihrerseits rechtstreu, haben keine »Ausbruchsversuche« unternommen, sondern sich (wenn auch nicht unbedingt gleich mit Begeisterung) in das sich neu formierte gesellschaftliche Gefüge der Weimarer Republik eingepasst. Die staatskirchenrechtlich geformte Basis hat sich als so praktikabel erwiesen, dass sie via Übernahme ins Grundgesetz 1949 bis heute nicht nur gilt, sondern als tragfähig, zukunftsfähig und bewahrenswert erweist.

---

79 Ebd, 530.

80 Ebd, 544. 684 f.

81 Siehe ebd und auch Könemann: Staatskirchenrecht in der wissenschaftlichen Diskussion ... (wie Anm. 76), 56-58.

82 So Besier: Zwischen Waffenstillstand und Reichsverfassung ... (wie Anm. 28), 62.

83 Siehe dazu Könemann: Staatskirchenrecht in der wissenschaftlichen Diskussion ... (wie Anm. 76), 65 Anm. 296.

84 Siehe ebd, 68 f.

Kirchenprovinzen der altpreußischen Union

Die Kirchenprovinz Westfalen und das Ende des preußischen Summepiskopats 1918/19

von Albrecht Geck

I Der 9. November 1918 als Epocheneinschnitt

Dass der 9. November 1918 für den deutschen Protestantismus eine tiefe Zäsur war, ist eine Tatsache, derer sich die Allgemeinhistoriker und die Kirchenhistoriker – und übrigens auch schon die Zeitgenossen – immer bewusst waren.[1] Es ist der Tag, an dem Kaiser Wilhelm II. als deutscher Kaiser abdankte. Zwar war dies zunächst nur eigenmächtig durch Prinz Max von Baden verkündet worden. Auch hatte Wilhelm eigentlich nur als Kaiser, nicht aber auch als preußischer König abdanken wollen. Und schließlich bestätigte er seine Abdankung als Kaiser wie als König schriftlich erst am 28. November – also drei Wochen später. Aber darauf kam es am 9. November schon gar nicht mehr an: An diesem Tage etwa um 14.00 Uhr rief Philipp Scheidemann (SPD) vom Westbalkon des Berliner Reichstagsgebäudes die Republik aus.

Für die evangelische Kirche in Preußen bedeutete dies das Ende einer Epoche. Denn der Kaiser war als Landesherr zugleich »oberster Bischof« (»summus episcopus«) seiner evangelischen Untertanen, die preußische Landeskirche mit der preußischen Monarchie also auf das Engste verwoben.[2] Der Berliner Oberhofprediger Adolf Stoecker hatte das 1871 von Otto von Bismarck mit »Blut und Eisen« geschmiedete Kaiserreich sogar das »Heilige evangelische Reich deutscher Nation« genannt.[3] Er brachte damit die besondere konfessionelle Prägung dieses politischen Gebildes zum Ausdruck – im Unterschied zum römisch-katholisch geprägten Heiligen »Römischen« Reich deutscher Nation, das bis 1806 Bestand gehabt hatte und dessen Herrschergeschlecht, die Habsburger, nicht wie die Hohenzollern evangelisch, sondern eben römisch-katholisch gewesen war.

---

1 Der Beitrag erscheint zugleich im JWKG 115 (2020), 335-356. Zu den Ereignissen des 9. November 1918 vgl. Thomas NIPPERDEY: Deutsche Geschichte 1866-1918 II: Machtstaat vor der Demokratie. 3. Aufl. München 1995, 862-876; Christopher CLARK: Preußen: Aufstieg und Niedergang (1600-1947). 4. Aufl. München 2007, 704-716.

2 Vgl. Albrecht GECK: Die Synoden und ihre Sistierung in der Reaktionszeit: Konsistorialregiment und episkopalistische Tendenzen. In: Die Geschichte der Evangelischen Kirche der Union I: die Anfänge der Union unter landesherrlichem Kirchenregiment (1817-1850)/ hrsg. von J. F. Gerhard Goeters; Rudolf Mau. Leipzig 1992, 125-133.

3 Zitat bei Günter BRAKELMANN: Der Krieg 1870/71 und die Reichsgründung im Urteil des Protestantismus. In: Kirche zwischen Krieg und Frieden: Studien zur Geschichte des deutschen Protestantismus/ hrsg. von Wolfgang Huber; Johannes Schwerdtfeger. Stuttgart 1976, 304.

Der verstorbene Tübinger Kirchenhistoriker Klaus Scholder sprach angesichts des Endes des Reiches von 1871 von einer »vierfachen Krise« des deutschen Protestantismus:

- »rechtlich«: Wie würde das Verhältnis von Staat und Kirche neu geordnet werden?
- »wirtschaftlich«: Wie würde sich die Kirche zukünftig finanzieren, wenn die staatliche Unterstützung wegfiel?
- »politisch«: Wie würde sich die Kirche zur Revolution und zur parlamentarischen Demokratie stellen? Und schließlich:
- »theologisch-religiös-kulturell«: Wie würde die Kirche die Katastrophe der jüngsten Geschichte, die Niederlage im Ersten Weltkrieg deuten?[4]

Wie also stellte sich die evangelische Kirche in der Kirchenprovinz Westfalen diesen Herausforderungen, und welche unterschiedlichen kirchlichen Selbstverständnisse kamen dabei zum Ausdruck? Zur Beantwortung dieser Fragen wird erstmals die Sammlung der Protokolle der »außerordentlichen Kreissynoden«, die in Westfalen vom Dezember 1918 bis Februar 1919 stattfanden, herangezogen. Ihre systematische Auswertung im Zusammenhang mit den Verhandlungsprotokollen der Jahre 1919 und 1920 wäre eine lohnende Aufgabe für die Kirchenkreisgeschichtsforschung, die sich um eine Typologie der Kirchenkreise bemüht.[5] Einstweilen kann dies nur exemplarisch am Beispiel eines Vergleichs der Kirchenkreise Dortmund (im Ruhrgebiet) und Lübbecke (in Minden-Ravensberg) erfolgen. Für die Rekonstruktion des größeren Verstehenshorizontes konnte auf einige Monografien zurückgegriffen werden, insbesondere von Jochen Jacke,[6] Wolfhart Beck[7] und Dirk Bockermann[8]. Der Zugang über die vergleichende Kirchenkreisgeschichte anhand sogenannter Epochenjahre wurde erstmals in dem von Helmut Geck herausgegebenen Band »Kirchenkreisgeschichte und große Politik. Epochenjahre deutscher

---

4 Klaus SCHOLDER: Die Kirchen und das Dritte Reich I: die Vorgeschichte und Zeit der Illusionen 1918-1934. Frankfurt (Main) 1986, 3-8.

5 Vgl. Helmut GECK: Kirchenkreisgeschichtsforschung – ein regionalgeschichtlich orientierter Zweig evangelischer Kirchengeschichtsforschung. In: Kirchenkreise – Kreissynoden – Superintendenten/ hrsg. von Dems. Münster 2004, 22 f; zu Helmut Geck und der Arbeit des IKZG-RE vgl. jetzt Traugott JÄHNICHEN: Helmut Geck (1931-2010) – Pionier der Kirchenkreisgeschichtsforschung. JWKG 115 (2019), 455-466.

6 Jochen JACKE: Kirche zwischen Monarchie und Republik: der preußische Protestantismus nach dem Zusammenbruch von 1918. Hamburg 1976.

7 Wolfhart BECK: Westfälische Protestanten auf dem Weg in die Moderne: die evangelischen Gemeinden des Kirchenkreises Lübbecke zwischen Kaiserreich und Bundesrepublik. Paderborn 2002.

8 Dirk BOCKERMANN: »Wir haben in der Kirche keine Revolution erlebt.«: der kirchliche Protestantismus in Rheinland und Westfalen 1918/19. Köln 1998.

Die Kirchenprovinz Westfalen und das Ende des preußischen Summepiskopats 1918/19

Geschichte im Spiegel rheinischer und westfälischer Kreissynodalprotokolle (1918/19 – 1932/33 – 1945/46)« gewählt.[9]

II Trennung von Kirche und Staat und die Altpreußische Landeskirche

So »völlig [...] unvorbereitet«, wie man gesagt hat, war die preußische Landeskirche am 9. November allerdings doch nicht gewesen.[10] Dass das zu erwartende Ende der Monarchie auch die Trennung von Kirche und Staat bedeutete, war den Akteuren auf der Landes- ebenso wie auf der Provinzialebene durchaus klar. Schon am 10 November 1918 bekundete der preußische Evangelische Oberkirchenrat (EOK): »So will unsere evangelische Kirche als Volkskirche mitten im Leben der Jetztzeit stehen, auch wenn äußere Stützen hinfallen sollten.«[11] Am 30. November 1918 hieß es: »Unsere evangelische Kirche fürchtet in dem Bewußtsein ihrer inneren Selbständigkeit die Trennung von Kirche und Staat nicht.«[12] Der westfälische Generalsuperintendent Wilhelm Zoellner[13] äußerte sich ebenfalls pragmatisch. Der Eindruck sei zu vermeiden, als sei »die evangelische Kirche eine Instanz, welche den Kaiser zurückführen will. Daß sie es nicht kann, steht ja fest«.[14]

Die Vorstellung einer staatlich zwar nicht privilegierten, dafür aber freien Kirche fand quer zu den theologischen Lagern durchaus Befürworter. Eine freie Kirche, so der liberale Theologe Otto Baumgarten, erreiche den Arbeiter besser, weil sie »von jedem Verdacht der Liebedienerei gegenüber der Reaktion und dem Kapitalismus

---

9 Vgl. KIRCHENKREISGESCHICHTE UND GROßE POLITIK: Epochenjahre deutscher Geschichte im Spiegel rheinischer und westfälischer Kreissynodalprotokolle (1918/19 – 1932/33 – 1945/46)/ hrsg. von Helmut Geck. Münster 2006.

10 Gerhard BESIER: Kapitel IV: Die evangelische Kirche der altpreußischen Union im Weimarer Staat (1918-1933). 1.: Zwischen Waffenstillstand und Reichsverfassung: die altpreußische Union und das Ende des monarchischen Summepiskopats. In: Die Geschichte der Evangelischen Kirche der Union: ein Handbuch. Bd. 3: Trennung von Staat und Kirche – Kirchlich-politische Krisen – Erneuerung kirchlicher Gemeinschaft: (1918-1992)/ hrsg. von Gerhard Besier; Eckhard Lessing. Leipzig 1999, 40. Freilich bietet Besier in seiner Darstellung dann selbst zahlreiche Beispiele dafür, wie verhältnismäßig pragmatisch hohe und höchste Vertreter der Kirche sowie kirchliche Gremien auf die sich anbahnende und dann neue Situation zu reagieren in der Lage waren.

11 Ansprache des Evangelischen Oberkirchenrats der altpreußischen Landeskirche an die Gemeinde, 10.11.1918. In: Staat und Kirche im 19. und 20. Jahrhundert: Dokumente zur Geschichte des deutschen Staatskirchenrechts IV. Staat und Kirche in der Zeit der Weimarer Republik/ hrsg. von Ernst Rudolf Huber; Wolfgang Huber. Berlin 1988, 37.

12 Gemeinschaftliche Ansprache des Evangelischen Oberkirchenrats, des Generalsynodal-Vorstandes und der Vertrauensmänner der altpreußischen Landeskirche an die Gemeinden, 30.11.1918. In: Ebd, 22.

13 Zu Zoellner vgl. Friedrich Wilhelm BAUKS: Die evangelischen Pfarrer in Westfalen von der Reformationszeit bis 1945. Bielefeld 1980, 578 (Nr. 7181).

14 Wilhelm Zoellner an Ernst Poensgen, 15.11.1918; zitiert bei Bockermann: »Wir haben in der Kirche … (wie Anm. 8), 51.

los geworden ist«.[15] In der konservativen Kreuzzeitung hieß es: »Wir haben von diesem Tag [der Trennung von Staat und Kirche] nicht nur viel zu fürchten, sondern auch viel zu hoffen.«[16] Aufsehen erregte eine Versammlung von 200 Pfarrern in Berlin am 18. November. Sie bildete einen sogenannten »Pfarrerrat« mit der Botschaft, »bei allen sozialen und humanitären Aufgaben der Neuzeit« mitarbeiten zu wollen.[17] Von Marburg ging eine Initiative zur Gründung von »Volkskirchenräten« als Kern einer staatlich unabhängigen »Freien Evangelischen Volkskirche« auf der Grundlage demokratischer Wahlen aus, die über Martin Rades »Christliche Welt« große Breitenwirkung erzielte.[18] Nicht zufällig erinnerten die Begriffe »Pfarrerrat« und »Volkskirchenrat« an die überall gebildeten Arbeiter- und Soldatenräte.

In zahlreichen Stellungnahmen kirchenleitender Stellen war nun auch von der »Volkskirche« die Rede, die man bauen wolle.[19] Zwar war »Volk« ein diffuser Begriff und diente in den folgenden Jahrzehnten besonders völkischen Herrschaftsmodellen als Projektionsfläche. Aber in dieser Übergangzeit von der Monarchie zur Demokratie funktionierte er auch im Gegensatz zur Staatskirche, indem er Offenheit signalisierte für die neue Zeit. Andere dagegen sahen in einer ›demokratisierten‹ Volkskirche nur die »Herrschaft der Massen« (des »Unvolkes«)[20] – eine »Pöbelkirche«.[21] Der Begriff »Pöbelkirche« findet sich in den Verhandlungen der Westfälischen Provinzialsynode von 1919. Er brachte zweierlei zum Ausdruck: Verachtung für eine Großkirche ohne klare Bekenntnisbindung und – komplementär dazu – eben auch Verachtung für die Volksherrschaft als Staatsform.

Allerdings wusste die neue preußische Regierung die anfänglich positiven Signale der evangelischen Kirche nur bedingt oder gar nicht zu deuten und zu nutzen. Zwar gewährte der Rat der Volksbeauftragten reichsweit Religionsfreiheit.[22] Doch

---

15 Otto BAUMGARTEN: Meine Lebensgeschichte. Tübingen 1929, 363; zitiert bei Besier: Die evangelische Kirche ... (wie Anm. 10), 46.

16 Kreuzzeitung vom 25.12.1918; zitiert bei Besier: Die evangelische Kirche ... (wie Anm. 10), 46.

17 Zitiert bei Gottfried MEHNERT: Evangelische Kirche und Politik: 1917-1919. Die politischen Strömungen im deutschen Protestantismus von der Julikrise 1917 bis zum Herbst 1919. Düsseldorf 1959, 110.

18 Vgl. Hans Manfred BOCK: Die »Christliche Welt« 1919 bis 1933: organisierte Akteure und diskursive Affinitäten in der kulturprotestantischen Zeitschrift. In: Das evangelische Intellektuellenmilieu in Deutschland, seine Presse und seine Netzwerke (1871-1963)/ hrsg. von Michel Grunewald; Uwe Puschner. Bern 2008, 350-352.

19 Ansprache des Evangelischen Oberkirchenrats ... (wie Anm. 11), 37.

20 Johannes SCHNEIDER: Kirchliche Zeitlage: die äußere Zeitlage – das nationale Elend. Der kirchliche Neubau. KJ 46 (1919), 369.

21 VERHANDLUNGEN DER 28. AUSSERORDENTLICHEN WESTFÄLISCHEN PROVINZIALSYNODE ZU SOEST VOM 4. BIS 7. MÄRZ 1919. Dortmund 1919, 41*.

22 Aufruf des Rats der Volksbeauftragten an das deutsche Volk, 12.11.1918. In: Staat und Kirche ... (wie Anm. 11), 2: »Die Freiheit der Religionsausübung wird gewährleistet. Niemand darf zu einer religiösen Handlung gezwungen werden.«

Die Kirchenprovinz Westfalen und das Ende des preußischen Summepiskopats 1918/19

schon am 13. November 1918 kündigte die preußische Regierung eine dezidiert kirchenfeindliche Politik an.[23] Sie wollte die Trennung von Staat und Kirche »im Wege der Verordnung« durchsetzen. Den Kirchen seien »die bisher gewährten Staatszuschüsse« bereits zum April 1919 zu streichen.[24] Das sogenannte Kirchenaustrittsgesetz vom 13. Dezember 1918 erleichterte den Austritt aus den beiden Großkirchen.[25]

Verantwortlich für diese Politik war der USPD-Politiker Adolph Hoffmann, der gemeinsam mit Konrad Haenisch (SPD) als Kultusminister verantwortlich war. Hoffmann war Autor des kirchenfeindlichen Bestsellers »Die Zehn Gebote und die besitzende Klasse«, der 1922 bereits in 14. Auflage erschien.[26] Darin verschaffte er der »Kirchenaustrittsbewegung« massenhafte Resonanz, indem er die vermeintlichen oder tatsächlichen Zusammenhänge von kirchlicher Moral und Herrschaft des Kapitals aufdeckte. Dass dieser Mann nun preußischer Kultusminister war, trübte kirchlicherseits natürlich den hoffnungsvollen Blick in die Zukunft. Es formierte sich massiver und in seiner Form durchaus zeitgemäßer, nämlich plebiszitärer Widerstand. Am Neujahrstag 1919 organisierten die beiden Großkirchen eine Massenkundgebung mit etwa 60.000 Menschen vor dem Kultusministerium in Berlin. Beinahe stürmte die Menge das Gebäude.[27] Kurz darauf trat Hoffmann zurück. Nun nahm die Entwicklung einen für die Kirche doch noch positiven Verlauf. Der Einsatz für die Bekenntnisschule geriet zu einem eindrücklichen Plebiszit, so dass der Deutsche Evangelische Kirchenausschuss der verfassungsgebenden Nationalversammlung am 26. April 1919 immerhin 6.471.960 Unterschriften für die Beibehaltung der bisher bestehenden Bekenntnis(volks)schulen überreichen konnte.[28]

Die am 11. August 1919 in Kraft getretene Weimarer Verfassung erklärte dann zwar die Trennung von Kirche und Staat, gewährte den Kirchen aber eine Stellung, die deren Erwartungen – nach der kirchenfeindlichen Rhetorik der ersten Monate – bei Weitem übertraf.[29] Auch die Bekenntnisschule erhielt, sofern die Erziehungsberechtigten in einer Kommunalgemeinde dies verlangten, Bestandsschutz bis zum

---

23 Aufruf der preußischen Regierung »An das preußische Volk«, 13.11.1918. In: Staat und Kirche … (wie Anm. 11), 7.

24 Adolph Hoffmann an die Geistliche Abteilung des Ministeriums für Wissenschaft, Kunst und Volksbildung, 16.11.1918; zitiert bei Besier: Die evangelische Kirche … (wie Anm. 10), 43.

25 Preußisches Gesetz, betreffend die Erleichterung des Austritts aus der Kirche und aus den jüdischen Synagogengemeinden, 13.12.1918. In: Staat und Kirche … (wie Anm. 11), 57 f; zur Darstellung dieser Phase der Kirchenpolitik vgl. Scholder: Die Kirchen und das Dritte Reich … (wie Anm. 4), 19–22.

26 Adolph HOFFMANN: Die zehn Gebote und die besitzende Klasse. Berlin 1891.

27 Vgl. die Schilderung des Vorfalls bei Kristian Klaus KRONHAGEL: Religionsunterricht und Reformpädagogik: Otto Eberhards Beitrag zur Religionspädagogik in der Weimarer Republik. Münster 2004, 51.

28 Vgl. Besier: Die evangelische Kirche … (wie Anm. 10), 59.

29 Vgl. ebd, 62.

Albrecht Geck

Erlass eines Reichsgesetzes (das niemals zu Stande kam).[30] Die »Ära Hoffmann«
blieb – staatskirchenrechtlich gesehen – also Episode, wenn sie auch emotional
massiv nachwirkte und mit dazu beitrug, dass der Weimarer Staat bei der großen
Mehrheit der protestantischen Geistlichkeit und Funktionselite den Hautgout der
Kirchenfeindlichkeit nicht loswurde.

Die preußische Landeskirche reagierte auf die nach der Revolution drohenden
Maßnahmen schnell. Am 29. November 1918 beriefen der Evangelische Oberkirchenrat und der Generalsynodalvorstand einen sogenannten Vertrauensrat ein mit
Otto Dibelius an der Spitze.[31] Dieser Vertrauensrat pochte auf die Rechtskontinuität
der Kirche über die politische Umwälzung hinweg. Versuche der preußischen Regierung zur Übernahme des landesherrlichen Kirchenregiments, sei es durch den
liberalen Pfarrer Ludwig Wessel[32] – den Vater des späteren SA-Sturmbannführers
Horst Wessel – oder durch die Einsetzung dreier sogenannter Episkopalminister,
wurden zurückgewiesen.[33] Weil sie in ihrer Zusammensetzung zu sehr mit den
politischen und sozialen Strukturen des untergegangenen Kaiserreiches verbunden
erschien,[34] schlug der Vertrauensrat nicht die Einberufung der bestehenden Generalsynode vor, sondern die Wahl einer verfassunggebenden »Kirchenversammlung«
nach einer, wenn man so will, »revolutionären« Wahlordnung, die der Politik
abgeschaut war: Urwahl aus den Kirchengemeinden, Verhältniswahl zum Schutz

---

30 Vgl. dazu Norbert FRIEDRICH: Der Kampf der Protestanten für Religionsunterricht und
   Bekenntnisschule in der Weimarer Republik – ein Paradigma für die Haltung zum Verfas-
   sungsstaat? In: Auf dem Weg zum Grundgesetz: Beiträge zum Verfassungsverständnis des
   neuzeitlichen Protestantismus/ hrsg. von Günter Brakelmann; Norbert Friedrich; Traugott
   Jähnichen. Münster 1999, 111-124.
31 Vgl. Robert STUPPERICH: Otto Dibelius: ein evangelischer Bischof im Umbruch der Zeiten.
   Göttingen 1989, 79-83, und im Anschluss daran: Besier: Die evangelische Kirche … (wie
   Anm. 10), 44 f.
32 Vgl. das Schreiben des Ministeriums für Wissenschaft, Kunst und Volksbildung an den
   EOK vom 5.12.1918 und das entsprechende Protestschreiben des EOK an das Ministerium
   vom 13.12.1918. In: Staat und Kirche … (wie Anm. 11), 43-46.
33 Vgl. Besier: Die evangelische Kirche … (wie Anm. 10), 63-65; die Protestschreiben des
   EOK (vom 29. März 1919) und des Generalsynodalvorstands der altpreußischen Landeskirche (vom 2. April 1919) finden sich in: Staat und Kirche … (wie Anm. 11), 38-40.
34 Zur Zusammensetzung der Generalsynode im Jahre 1920 vgl. die Schilderung bei Jacke:
   Kirche zwischen Monarchie … (wie Anm. 6), 240 f: »Von den 170 Synodalen waren nicht
   weniger als 95 Theologen, davon allein 60 Superintendenten; hinzu kam noch ein Dutzend
   Männer aus der Konsistorialverwaltung. Unter den Laien überwogen mit weitem Abstand
   die Vertreter der hohen und höchsten Staatsbürokratie, gefolgt von den Ritterguts- und
   Großgrundbesitzern. Abgesehen von zwei Fabrikanten und einem Generaldirektor waren
   Berufe des industriell-technischen Sektors nicht vertreten. Kleine und mittlere Beamte, aber
   auch Angestellte und Vertreter der Arbeiterschaft fehlten gänzlich. Trotz des kirchlichen
   Interesses an der öffentlichen Volksschule war deren Lehrerschaft nur einmal vertreten, mit
   einem Rektor; hingegen gehörten zur Synode ein Schulrat und vier Gymnasialdirektoren.«

von Minderheiten sowie passives und aktives Wahlrecht auch der Frauen.[35] Die Kirche sollte »demokratischer« werden. Schon in einem Brief vom 5. Dezember 1918 an Martin Rade drückte Dibelius dies so aus: »Man denkt [...] daran, durch die Generalsynode ein Wahlrecht schaffen zu lassen, das den Zusammentritt einer ganz demokratisch gewählten kirchlichen Nationalversammlung ermöglicht, die dann ihrerseits weiter den neuen Aufbau schafft.«[36] So wurden dann nach den gültigen Kirchenverfassungen die Gemeindevertretungen sowie die Kreis- und Provinzialsynoden zur Beratung des Wahlrechts für die Wahl der verfassunggebenden Kirchenversammlung einberufen. Endgültig beschlossen werden sollte es dann durch die Generalsynode. Diese tagte allerdings erst im April 1920.

III Die »außerordentlichen Kreissynoden« in Westfalen (Dezember 1918 bis Februar 1919)

In der Kirchenprovinz Westfalen hatte der Vorstand der Westfälischen Provinzialsynode schon für den 22. November 1918 eine Versammlung der Superintendenten nach Hagen einberufen.[37] Diese wurde zum Ausgangspunkt der weiteren Entwicklung in Westfalen. Die Superintendenten forderten die Gemeindevertretungen (Presbyterien und Größere Gemeindevertretungen) auf, die jeweilige Kreissynode als ihre verfassungsmäßige Vertretung anzuerkennen und ihre Einberufung zu verlangen. Dies geschah, und in der Kirchenprovinz Westfalen traten zwischen Dezember 1918 und Februar 1919 »außerordentliche« Kreissynoden zusammen.[38] Da die bestehenden Gemeindevertretungen die Einberufung verlangt hatten, waren sie verfassungsmäßige, zwar »außerordentliche«, aber nicht »freie«, also sozusagen »revolutionäre« Synoden. Die »außerordentlichen Kreissynoden« erkannten nun die Provinzialsynode als ihre Vertretung an und forderten deren Einberufung. Daraufhin berief der Evangelische Oberkirchenrat am 3. Februar 1919 »außerordentliche« Provinzialsynoden ein.[39] In Westfalen fanden andere Versammlungen vom 4. bis 7. März und nochmals vom 4. bis 12. November 1919 (1. und 2. Sitzung) jeweils in Soest statt.

Was die außerordentlichen Kreissynoden betrifft, so sind diese interessant, weil die Bewältigung des politischen und kirchlichen Systemwechsels grundlegende

---

35 Vgl. Verhandlungen der 28. Außerordentlichen Westfälischen Provinzialsynode ... (wie Anm. 21), 12-17.

36 Zitiert in Stupperich: Otto Dibelius ... (wie Anm. 31), 84.

37 Vgl. Werner Danielsmeyer: Die Entstehung der Kirchenordnung für die evangelischen Gemeinden der Provinz Westfalen und der Rheinprovinz vom 6. November 1923. JWKG 76 (1983), 111.

38 Der relativ schmale Band mit den gedruckten Verhandlungsprotokollen befindet sich im Landeskirchlichen Archiv Bielefeld und konnte für diesen Aufsatz erstmals herangezogen werden.

39 Vgl. Danielsmeyer: Entstehung der Kirchenordnung ... (wie Anm. 37), 113.

Albrecht Geck

Fragen des kirchlichen und politischen Selbstverständnisses aufwarf. Zunächst sei festgestellt: Die außerordentlichen Kreissynoden dieser Monate stimmten den Vorschlägen der Superintendenten durchweg zu. Dazu gehörte in erster Linie die Übernahme folgender Erklärung:

>Wir erkennen an, daß die Zukunft unserer evangelischen Kirche als Landeskirche nur durch den engen und einmütigen Zusammenschluß auf synodaler Grundlage gesichert ist. Wir wollen daher die bestehende Kirchenordnung mit Ausschluß der Bestimmungen, welche durch das landesherrliche Kirchenregiment bedingt waren, aufrechterhalten. Darum erkennen wir die Kreissynode als unsere Beauftragte innerhalb der vorher genannten Bestimmungen der Kirchenordnung an und wünschen ihren baldigen Zusammentritt.«[40]

Alle 23 Kreissynoden beschlossen dies übereinstimmend. Probleme gab es im Kirchenkreis Recklinghausen. Hier hatte der Kreissynodalvorstand die Erklärung bereits vier Wochen zuvor in der »Recklinghäuser Allgemeinen Zeitung« veröffentlicht.[41] Später forderten dann jedoch drei Kirchengemeinden (Buer-Erle, Gladbeck, Waltrop-Datteln) eine Überarbeitung der bestehenden Kirchenverfassung. Sie wollten der Formel also nur unter Vorbehalt zustimmen. Zusammenfassend hieß es: »Wir wünschen [...] Beseitigung veralteter Bestimmungen.«[42] Es sollten nicht nur Älteste (aus dem Presbyterium), sondern auch Repräsentanten (aus der Größeren Gemeindevertretung) in die Kreis-, Provinzial- und Generalsynode gewählt werden können. Da Superintendent Friedrich Meyer[43] die »dissentierenden Gemeinden« zu einer vorbehaltlosen Zustimmung nicht bewegen konnte, erkundigte er sich bei Heinrich Kockelke,[44] dem Präses der Westfälischen Provinzialsynode, ob dies so akzeptabel sei. Man einigte sich darauf, dass die Zustimmung zur Kirchenordnung auch in Recklinghausen zumindest »prinzipiell« gegeben sei. Allerdings bleibt festzuhalten, dass die Erklärung der Hagener Superintendentenkonferenz in Recklinghausen dann doch nur bei 13 Gegenstimmen angenommen wurde.[45] Diese Hartnäckigkeit stach aus dem westfälischen Gesamtbild heraus. Denn ansonsten forderten nur wenige Vertretungen eine Stärkung des Laienelements, etwa die Kreissynode Bielefeld (auf Antrag der Kirchengemeinde Gütersloh),[46] die Kirchengemeinde Hattingen (Kirchenkreis Hattingen),[47] die Kirchengemeinde

---

40 Recklinghäuser Allgemeine Zeitung (4.12.1918).

41 Ebd.

42 VERHANDLUNGEN DER AUSSERORDENTLICHEN KREISSYNODE RECKLINGHAUSEN AM 8. JANUAR 1919 IN RECKLINGHAUSEN. Recklinghausen 1919, 5.

43 Zu Meyer vgl. Bauks: Die evangelischen Pfarrer ... (wie Anm. 13), 321 (Nr. 4045).

44 Zu Kockelke vgl. ebd, 265 (Nr. 3342).

45 Verhandlungen der außerordentlichen Kreissynode Recklinghausen ... (wie Anm. 42), 6.

46 VERHANDLUNGEN DER AUSSERORDENTLICHEN KREIS-SYNODE BIELEFELD AM 10. FEBRUAR 1919 IN BIELEFELD. Bielefeld 1919, 10.

47 VERHANDLUNGEN DER AUSSERORDENTLICHEN KREIS-SYNODE HATTINGEN AM 23. JANUAR 1919 IN HATTINGEN-RUHR. Hattingen 1919, 7.

St. Thomä Soest (Kirchenkreis Soest)[48] und die Kirchengemeinde Lohe (Kirchenkreis Vlotho).[49]

Der den außerordentlichen Kreissynoden durch die Superintendenten vorgegebene Text ist recht komplex formuliert: Die Synoden erkannten die Integrität der preußischen Landeskirche an und fühlten sich ihr zugehörig. Zugleich hielten sie an der in Geltung stehenden Rheinisch-Westfälischen Kirchenordnung von 1835/1908 fest. Darüber hinaus übernahmen sie von den Superintendenten drei Forderungen:

– »Rechtssicherheit« für eine »freie evangelische Volkskirche«,
– Sicherstellung des schulischen Religionsunterrichts und der theologischen Ausbildung sowie
– ausreichende »Dotation«, falls staatliche Zuschüsse zukünftig wegfallen sollten.[50]

Wie differenziert und heterogen die Verhandlungen jenseits dieser grundsätzlichen Übereinstimmung von Kreissynode zu Kreissynode sein konnten, das möge exemplarisch ein Vergleich zwischen dem Kirchenkreis Lübbecke (Minden-Ravensberg) und dem Kirchenkreis Dortmund (Grafschaft Mark im damals sogenannten Industriegebiet, heute Ruhrgebiet) zeigen.

In Lübbecke fand die außerordentliche Kreissynode am 17. Dezember 1918 in Rahden statt.[51] Den genannten Beschlussvorlagen wurde zugestimmt. Im Übrigen ist das Ergebnisprotokoll nicht sonderlich aussagekräftig, wohl aber das Protokoll der nächsten regulären Kreissynode vom 14. Oktober 1919. Dort ist eine »Syn.-Pfarrkonferenz« erwähnt, die in der Zwischenzeit Vorschläge für die Beschlussfassung ausgearbeitet hatte.[52] So erhielt das geistliche Element mit Superintendent Karl Kuhlo[53] an der Spitze einen deutlichen Akzent. Kuhlos Bericht gab Ton und Richtung an. Über den neuen Staat wusste er nichts Positives zu sagen. Die »unheilvolle Revolution« habe einen »Schmachfrieden« herbeigeführt.[54] Das »sieg-

---

48 VERHANDLUNGEN DER KREISSYNODE SOEST IN IHRER AUSSERORDENTLICHEN VERSAMMLUNG AM 6. JANUAR 1919. Soest 1919, 16-17.

49 NIEDERSCHRIFT ÜBER DIE VERHANDLUNGEN DER AUSSERORDENTLICHEN TAGUNG DER KREISSYNODE VLOTHO IM JAHRE 1919. Vlotho 1919, 4.

50 Zitiert nach Verhandlungen der 28. Außerordentlichen Westfälischen Provinzialsynode ... (wie Anm. 21), 1*.

51 VERHANDLUNGEN DER KREISSYNODE LÜBBECKE IN AUSSERORDENTLICHER TAGUNG, 17.12.1918 (als Handschrift gedruckt), o.O. o.J. [1919]; zum Kirchenkreis Lübbecke in dieser Zeit vgl. bereits Beck: Westfälische Protestanten ... (wie Anm. 7), 89-186; Jürgen KAMPMANN: Epochenjahre deutscher Geschichte im Spiegel von Kreissynodalprotokollen des Kirchenkreises Lübbecke (1918/19 – 1932/33 – 1945/46). In: Kirchenkreisgeschichte und große Politik ... (wie Anm. 9), 246-255.

52 Verhandlungen der Kreissynode Lübbecke in außerordentlicher Tagung ... (wie Anm. 51), 6.

53 Zu Kuhlo vgl. Bauks: Die evangelischen Pfarrer ... (wie Anm. 13), 285 (Nr. 3568).

54 Aus dem »Bericht über die Betätigung des Synodal-Zweigvereins der Gustav-Adolf-Stiftung im letzten Jahr des Weltkrieges 1918«. In: Verhandlungen der Kreissynode Lübbecke 1919. Lübbecke 1919, 32.

Albrecht Geck

reiche Volk [...] [sei] durch innere Feinde zermürbt« worden, schloss sich Kuhlo der Dolchstoßlegende an.[55] Pfarrer, die möglicherweise anders dachten, wurden zurechtgewiesen:

> »Der Umsturz hat gezeigt – so sagt die Kirchengemeinde Blasheim – welches Geistes Kinder etliche Pfarrer sind, die sich offen auf die Seite des Umsturzes gestellt haben. Solange die Feindschaft der Sozialdemokratie gegen Christentum und Kirche dieselbe bleibt, ist es einem rechtschaffenen Geistlichen unmöglich, sich zu ihr zu bekennen.«[56]

Die Beschlussvorlagen wurden ohne weitere Diskussion »einstimmig angenommen«. Überhaupt wurden in Lübbecke alle Beschlüsse einstimmig gefasst. Weder gab es alternative Anträge, noch Enthaltungen oder gar Gegenstimmen, noch gab es vor den Beschlussfassungen Aussprachen. Hier kam ein Kirchenideal zum Ausdruck, das man vielleicht als vor-modern bezeichnen könnte, das aber nicht einfach rückständig war, sondern sich an der biblischen Vorstellung eines »ruhigen und stillen Lebens« (1Tim 2,2) orientierte.[57] Dem entsprach Kuhlos Amtsverständnis. Für Kirchenleitungsämter kämen nur »willensstarke Führernaturen« in Frage. Diesen seien »ungehemmte Entfaltungsmöglichkeiten« einzuräumen.[58] Kuhlo erwähnte die soeben erschienene Biographie Johann Heinrich Volkenings aus der Feder des Tholuckschülers und Schwiegersohns Volkenings Dietrich August Rische.[59] Solche Persönlichkeiten seien »lebendige Zeugen Jesu Christi«, deren Geist auch die neue Zeit prägen möge. Innerhalb des Spektrums protestantischer Theologien und Frömmigkeitsstile gehörte Lübbecke also zur konservativen, konfessionell lutherisch und erweckungstheologisch geprägten Orthodoxie. In diesem Sinne fasste Kuhlo sein Amt als Superintendent nicht als Moderator unterschiedlicher Standpunkte auf, sondern eher als Patriarch, der die Synode unter Wahrung ihrer kirchlich-religiösen Identität sicher durch unübersichtliche Zeiten zu manövrieren hatte.

Anders der Kirchenkreis Dortmund. Hier fand die außerordentliche Kreissynode am 30. Januar 1919 statt.[60] Die kirchenpolitische Lage blieb kompliziert, hatte sich in der Zwischenzeit aber ein wenig aufgehellt. Der »Zehn-Gebote-Hoffmann« war (wie

---

55 Bericht der Kirchengemeinde Dielingen. In: Ebd, 19.

56 Ebd, 14.

57 Dieser Hinweis auch schon bei Kampmann: Epochenjahre deutscher Geschichte ... (wie Anm. 51), 247.

58 Verhandlungen der Kreissynode Lübbecke 1919 ... (wie Anm. 54), 8.

59 August Dietrich RISCHE: Johann Heinrich Volkening: ein christliches Lebens- und kirchliches Zeitbild aus der Mitte des 19. Jahrhunderts. Gütersloh 1919 (postum herausgegeben von Risches Sohn B. Rische); zu August Dietrich Rische vgl. Bauks: Die evangelischen Pfarrer ... (wie Anm. 13), 410 (Nr. 5086).

60 VERHANDLUNGEN DER AUSSERORDENTL. KREISSYNODE DORTMUND, 30. JANUAR 1919. Dortmund 1919. Zum Kirchenkreis Dortmund vgl. bereits Ernst BRINKMANN: Die evangelische Kirche im Dortmunder Raum in der Zeit von 1815-1945. Dortmund 1979; Traugott JÄHNICHEN: Die Kreissynode Dortmund in den Epochenjahren 1918/19 – 1933/34 – 1945/46. In: Epochenjahre kirchlicher Zeitgeschichte ... (wie Anm. 9), 98-125; EVANGELISCH IN

erwähnt) am 4. Januar zurückgetreten. Am 19. Januar hatten Wahlen zur verfassunggebenden Nationalversammlung stattgefunden, deren Resultat aus evangelischer Sicht zwar ambivalent, aber keineswegs hoffnungslos war. Die Kirche hatte zur Wahl der Rechtsparteien DNVP und DVP als Sachwalter evangelischer Interessen aufgerufen, die zusammen nur 14,7 % erzielten und damit eine Niederlage erlitten. Dass das katholische Zentrum mit 19,7 % besser abgeschnitten hatte, war (kirchen-) politisch zwar eine Schmach, ermöglichte aber politischen Widerstand gegen eine aus kirchlicher Sicht allzu unvorteilhafte Trennung von Kirche und Staat, obwohl die Entscheidung darüber letztlich in der Hand der bekämpften Linksparteien (SPD/ USPD) und demokratischen Parteien (DDP) lag, die gemeinsam immerhin auf 64 % der Stimmen kamen. Die Mehrheit der evangelischen Bevölkerung muss also links bzw. demokratisch gewählt haben, stand der Republik demnach aufgeschlossener gegenüber als die protestantischen sogenannten Funktionseliten. Bemerkenswert ist schließlich, dass die erstmals zu Wahlen zugelassenen Frauen in ihrer Mehrheit »evangelisch«, also deutschnational abgestimmt hatten. Für die bevorstehenden Debatten um das Frauenwahlrecht in der Kirche war dies nicht unbedeutend.[61]

Das Dortmunder Verhandlungsprotokoll bildete die Komplexität der Situation ab. Die heterogene Pfarrerschaft repräsentierte ein Spektrum theologisch-religiöser Positionen, die immer wieder in das politisch-gesellschaftliche Gebiet hinüberspielten. Superintendent Karl Winkhaus[62] formulierte als Ziel der Verhandlungen ausdrücklich die »Erhaltung der Volkskirche in geistiger Weite unter Zusammenfassung der verschiedenen kirchlichen, theologischen und religiösen Kräfte«.[63] Die Kirche möge zukünftig stärker »Spiegelbild der evangelischen Volkskreise und geistigen Strömungen der Landeskirche« sein. Anträge zu Änderungen der Kirchenverfassung wurden kontrovers debattiert und mit Mehrheit, also nicht oder nur selten einstimmig, beschlossen.

Der Superintendent hatte es in Synode und Gemeinde auch mit profilierten Persönlichkeiten des öffentlichen Lebens zu tun, die (wie im Falle Gottfried Traubs)[64] reichsweit bekannt waren. Gottfried Traub, Pfarrer an der Dortmunder St. Reinoldi-Gemeinde, der zwischen 1912 und 1918 wegen Solidarität mit dem Kölner Pfarrer Carl Jatho[65] amtsenthoben worden war, war Gründungsmitglied der DNVP und für diese in die Weimarer Nationalversammlung gewählt. Er gehörte sogar dem

---

DORTMUND, LÜNEN UND SELM: Kirche der Reformation 1517 bis 2017/ hrsg. von Ulf Schlüter. Essen 2015.

61 Zur Analyse der Wahl zur verfassunggebenden Nationalversammlung vgl. Jacke: Kirche zwischen Monarchie ... (wie Anm. 6), 115-118.

62 Zu Winkhaus vgl. Bauks: Die evangelischen Pfarrer ... (wie Anm. 13), 564 (Nr. 7007).

63 Verhandlungen der außerordentl. Kreissynode Dortmund ... (wie Anm. 60), 4.

64 Zu Traub vgl. Bauks: Die evangelischen Pfarrer ... (wie Anm. 13), 514 (Nr. 6371); zum Folgenden vgl. Jänichen: Die Kreissynode Dortmund ... (wie Anm. 60), 99-101.

65 Zu Jatho vgl. Thomas Martin SCHNEIDER: Der Fall Jatho. In: Evangelisch am Rhein: Werden und Wesen einer Landeskirche/ hrsg. von Joachim Conrad u.a. Düsseldorf 2007, 182-184.

im November 1918 gebildeten »Vertrauensrat« der preußischen Landeskirche an. Obwohl damals nicht Synodaler prägte Traub doch die Dortmunder Diskussion, weil er außerhalb der Kreissynode gut besuchte Vorträge hielt, die dann bei der Synodaltagung verteilt wurden. Seine Linie, Kirche und Staat sollten trotz Trennung kooperieren (Beibehaltung des Religionsunterrichts in der Schule und der theologischen Fakultäten an den Universitäten), machte sich die Dortmunder Synode ausdrücklich zu Eigen. Umstritten war Traubs aktive Rolle in der demokratie- und parlamentskritischen, aber kirchenfreundlichen DNVP. Demgegenüber begrüßten andere Pfarrer den neuen Staat als Überwinder des preußischen Militarismus (so Otto Roth)[66] und unterstützten sogar die Völkerbundpläne des US-amerikanischen Präsidenten Woodrow Wilson (so Hermann Goetz)[67]. Die Heterogenität der Kreissynode Dortmund zeigt: Ein Amtsverständnis wie das Kuhlos hätte Superintendent Winkhaus schnell an seine Grenzen geführt. Zwangsläufig sah sich dieser eher in der Rolle des Moderators, weniger in der eines Form und Inhalt der Verhandlungen vorgebenden Patriarchen.

Im Hintergrund dieses Befundes stehen unterschiedliche gesellschaftlich-soziale und konfessionelle Situationen im Ruhrgebiet einerseits und in Minden-Ravensberg andererseits. Der Grund dafür liegt in der durch die Industrialisierung verursachten Zuwanderung in das werdende Ruhrgebiet, die die Bevölkerung dort von 220.000 Einwohnern 1820 auf etwa 3.500.000 Einwohnern 1910 anwachsen ließ.[68] Die damit verbundenen Konflikte verwickelten die Kirchen in ständig virulent gehaltene Auseinandersetzungen mit den weltanschaulich-politischen Gegnern in Sozialismus und Katholizismus, demgegenüber sich dann innerhalb des Protestantismus theologisch unterschiedlich orientierte Gruppierungen unterschiedlich positionierten. So war das Thema der sogenannten (evangelisch-katholischen) »Mischehen« ein jedes Jahr sorgfältig recherchiertes und akribisch in Tabellen dokumentiertes Dauerthema auf den Synoden der Kaiserzeit und auch der Weimarer Republik. Exemplarisch sei hier auf die Kreissynode Recklinghausen verwiesen, wo die Zahl der »Mischehen« von 1.618 im Jahr 1906 (bei 74.425 Evangelischen im Kirchenkreis) auf 9.500 im Jahr 1931 (bei 180.566 Evangelischen) angewachsen war. Immer ging es dabei nicht nur um die Eheschließung, sondern vor allem um die Frage der Konfessionszugehörigkeit der Kinder. »Mischehen« und evangelische Ehepartner wurden

---

66 Zu Roth vgl. Bauks: Die evangelischen Pfarrer … (wie Anm. 13), 417 (Nr. 5177).

67 Zu Goetz vgl. ebd, 158 (Nr. 2016).

68 Vgl. Traugott Jähnichen; Norbert Friedrich: Migration und religiöse Pluralisierung im Ruhrgebiet: zur Entwicklung der Konfessionsstruktur im Ruhrgebiet bis zum Beginn des Kaiserreichs. In: Neue Heimat finden – Auf Vielfalt vertrauen – Im Revier leben!: Migration und Religionen im Ruhrgebiet/ hrsg. von Norbert Friedrich; Traugott Jähnichen; Isolde Parussel. Kamen 2019, 10.

Die Kirchenprovinz Westfalen und das Ende des preußischen Summepiskopats 1918/19

diesbezüglich »in die Zucht« genommen, was für die betroffenen Personen nicht selten zu menschlich inakzeptablen Situationen führte.[69]

Anders in Lübbecke: Bei 53.849 Evangelischen im Jahre 1918 gab es hier gerade einmal 57 Mischehen, 24 mit evangelischer und 13 mit katholischer Erziehung. 20 dieser Ehen waren kinderlos bzw. die Kinder wurden evangelisch erzogen. Entsprechend knapp fiel der Bericht über »Konfessionelles« im Kreissynodalprotokoll aus. Es hieß dort nur: »In den konfessionellen Verhältnissen der Synode ist keine wesentliche Aenderung eingetreten. In Blasheim ist die erste Mischehe geschlossen (Mann katholisch), das Kind ist evangelisch getauft.«[70]

Dennoch teilte die Kreissynode Lübbecke das Bewusstsein der Landes- und der Provinzialkirche, sich in einem »Zwei-Fronten-Krieg« zwischen Rom und Moskau zu befinden. Im Synodalprotokoll vom September 1918 hieß es: »Bei einem Abgeordnetenhaus mit sozialistisch-jesuitischer Mehrheit werden die evangelisch-kirchlichen Interessen schlecht aufgehoben sein.«[71] Aber anders als im Ruhrgebiet war diese Bedrohung eher abstrakt bzw. kam sie, wenn sie konkret wurde, von außen, nämlich eben von dort – aus dem Ruhrgebiet. 1919 hieß es:

> »Auch der Umstand, daß viele Männer und Jünglinge Arbeit im Industriegebiet suchen müssen, wirkt nicht günstig auf das sittliche Leben in der Gemeinde. Sie bringen von da viel Geld, aber auch viel Verwirrung der sittlichen Begriffe mit. Grobe Unsittlichkeit ist jedoch bis jetzt nicht bekannt geworden. [...] Es ist kein uneheliches Kind geboren, auch ist in keiner bestehenden Ehe eine vorzeitige Geburt zu verzeichnen.«[72]

Die Geschlossenheit des Milieus sollte gewahrt bleiben. Noch 1932 hieß es: »Man halte die Augen offen und sorge dafür, daß sich in unsern Gemeinden nicht Katholiken ansiedeln.«[73]

Freilich: Wie manche Schwierigkeit importiert wurde, so ließ sie sich auch wieder exportieren: »In Isenstedt wurde eine Mischehe (Mann katholisch) evangelisch getraut. Die Leute ziehen ins Industriegebiet.«[74]

IV Die »Demokratisierung« der evangelischen Kirche

Die reichsweiten Wahlen zur verfassunggebenden Nationalversammlung am 19. Januar 1919 waren erstmals allgemeine, gleiche, geheime und direkte Wahlen. Analog dazu lag der Westfälischen Provinzialsynode ein von Pfarrer David Schwartzkopff

---

69 Vgl. Albrecht GECK: Migration ins Vest Recklinghausen: protestantische Zuwanderung in eine katholische Region. In: Ebd, 18 f.

70 Verhandlungen der Kreissynode Lübbecke 1919 ... (wie Anm. 54), 8.

71 Verhandlungen der Kreissynode Lübbecke in außerordentlicher Tagung ... (wie Anm. 51), 4; zitiert auch bei Kampmann: Epochenjahre deutscher Geschichte ... (wie Anm. 51), 247.

72 Verhandlungen der Kreissynode Lübbecke 1919 ... (wie Anm. 54), 22.

73 Zitiert bei Beck: Westfälische Protestanten ... (wie Anm. 7), 126.

74 Verhandlungen der Kreissynode Lübbecke in außerordentlicher Tagung ... (wie Anm. 51), 8.

Albrecht Geck

(Wustrau)[75] ausgearbeiteter Wahlrechtsentwurf für die Wahl der verfassunggebenden Kirchenversammlung vor. Dieser schloss das Frauenwahlrecht, die Verhältniswahl und die Urwahl ein.[76]

Zu diesen Themen hatten auch schon einige der außerordentlichen Kreissynoden Stellung genommen. Dass nicht die bestehende Generalsynode (die zuletzt im November 1915 getagt hatte), sondern eine an dieser vorbei zu wählende Kirchenversammlung eine so grundlegende Reform auszuarbeiten und zu beschließen haben sollte, wurde als problematisch empfunden. In Schwelm, wo der Präses der Westfälischen Provinzialsynode Kockelke Superintendent war, hieß es dazu:

> »Synode erfährt, daß der Vertrauensmännerrat einen neuen Wahlgesetzentwurf für die konstituierende Kirchenversammlung vorbereitet, wonach die Mitglieder dieser konstituierenden Versammlung auf Grund einer den Wahlen der Nationalversammlung entsprechenden Ordnung – Urwahl und Verhältniswahl – von allen über 24 Jahren alten Männern und Frauen, die der evangelischen Kirche angehören, gewählt werden sollen. Synode erkennt demgegenüber die zur Zeit bestehende Generalsynode als gesetz- und rechtmäßige Vertretung der Landeskirche an und fordert von dieser als der geordneten Vertretung der Landeskirche, daß von ihr die erforderlichen Neuordnungen vorbereitet und beschlossen werden.«[77]

Als die Pläne für die verfassunggebende Kirchenversammlung sowie das neue Wahlrecht dann doch nicht zu verhindern waren, lehnte die Westfälische Provinzialsynode im März/November 1919 die Urwahl ab. Beschluss 50 lautete: »In der Erwägung, daß Träger des kirchlichen Lebens nicht das Einzelglied, sondern die Gemeinde ist, lehnt die Provinzialsynode für die Wahlen zur verfassunggebenden Kirchenversammlung Urwahlen mit aller Entschiedenheit ab.«[78] Hier sah die Synode den »articulus stantis et cadentis ecclesiae«, auch wenn die Emphase sprachlich ein wenig verrutschte: »Drohe man uns von Berlin aus mit Vergewaltigung, so sagen wir dagegen, wir wollen abwarten, ob uns einer umbringen wird. Aber diese Erwartung kann für uns kein Grund sein, uns selbst umzubringen.«[79]

Der Beschluss wird ekklesiologisch begründet. Träger des kirchlichen Lebens ist nicht der Einzelne, sondern die Ortsgemeinde.[80] In dieser geht es nicht um die Individualinteressen des einzelnen Gemeindegliedes, sondern um das Kollektivinteresse

---

75 Zu Schwartzkopff vgl. Otto Fischer: Evangelisches Pfarrerbuch für die Mark Brandenburg seit der Reformation II/2. Berlin 1941, 814.

76 Text: Geheimes Staatsarchiv Berlin, Abt. Merseburg, H.A. Rep 76 III, Sekt. I, Abt. XVII 214/1.

77 Verhandlungen der Kreis-Synode Schwelm in ihrer ausserordentlichen 15. Versammlung am 31. Januar 1919 in der reformierten Kirche zu Schwelm. Schwelm 1919, 3.

78 Verhandlungen der 28. Außerordentlichen Westfälischen Provinzialsynode ... (wie Anm. 21), 55.

79 Ebd.

80 Zum Folgenden vgl. Albrecht Geck: Christokratie und Demokratie: die Presbyterialsynodalverfassung im Kontext konstitutioneller Bestrebungen in Preußen zu Beginn des

Die Kirchenprovinz Westfalen und das Ende des preußischen Summepiskopats 1918/19

des Evangeliums, dem alle gemeinsam dienen. So sind – streng genommen – auch nicht die Synodalen Mitglieder der Synoden, sondern die Ortsgemeinden (auf der Kreissynode), die Kreissynoden (auf der Provinzialsynode) und die Provinzialsynoden (auf der Generalsynode). Nach dem sogenannten »Siebsystem« wird deshalb auch nur das Presbyterium direkt (durch Urwahl) gewählt, während alle anderen Verfassungsebenen durch die Entsendung von Abgeordneten des Presbyteriums in die Kreissynoden, der Kreis- in die Provinzialsynoden, der Provinzialsynoden in die Generalsynode bestückt werden. Aus dieser Sicht gibt es einen geradezu kategorialen Unterschied zwischen Synode und Parlament, zwischen Demokratie und Christokratie. In der Kirche mag gewählt werden, aber die Macht geht – anders als in der Demokratie – nicht vom Volke, sondern von Christus aus.[81]

Wer also wie Jacke bei der Ablehnung der »Urwahl« letztlich politische Motive unterstellt, greift zu kurz.[82] Dennoch ist der Hinweis auf politische und gesellschaftliche Gesichtspunkte nicht einfach aus der Luft gegriffen. Es ist ja nicht zu leugnen, dass das »Siebsystem«, wie das Beispiel der Generalsynode zeigt, zu einer Honoratiorenkirche geführt hatte.[83] Auch gibt es Hinweise darauf, dass die Kritiker der Urwahl faktisch zugleich Kritiker der parlamentarischen Demokratie und umgekehrt die Befürworter der Urwahl faktisch zugleich Befürworter der Demokratie als Staatsform waren, weil es im Bewusstsein der Beteiligten hier eben doch eine Komplementarität zwischen politischer und kirchlicher Verfassung gab.[84] Im Kirchenkreis Lübbecke jedenfalls stand die Kreissynode der Urwahl so kritisch gegenüber, dass sie unverdrossen die Einberufung der Generalsynode forderte (und die Frage der Kirchenversammlung überhaupt ignorierte). Das Festhalten am Siebsystem verdichtete sich hier zu der Ablehnung der Volkskirche zugunsten der Bekenntniskirche, wenn gefordert wurde, die der Kirchenordnung vorangestellten Bekenntnisparagraphen seien nicht allein lehrgesetzlich, sondern religiös zu verstehen.[85]

Anders wiederum Dortmund. Schon auf der »außerordentlichen Kreissynode« forderte das Presbyterium der St. Marien Gemeinde, die Provinzial- und General-

---

    19. Jahrhunderts. In: Der Kirchenkreis in der presbyterial-synodalen Ordnung/ hrsg. von Helmut Geck. Münster 2008, 142 f.

81 So zum Beispiel auch heute in der Evangelischen Kirche von Westfalen (EKvW). In der Kirchenordnung der EKvW in der Fassung der Bekanntmachung vom 14. Januar 1999 (KABl. 1999) heißt es: »Die Kreissynode […] wählt die Abgeordneten zur Landessynode.« (Art. 88) und: »Die Landessynode wählt […] die Mitglieder zur Synode der Evangelischen Kirche in Deutschland.« (Art. 121); Text: www.ekvw.de.

82 Vgl. Jacke: Kirche zwischen Monarchie … (wie Anm. 6), 170.

83 Vgl. die Auflistung ebd, 240 f, siehe Anm. 34.

84 So bereits zu Beginn des 19. Jahrhundert; vgl. Albrecht GECK: Kirchliche Selbständigkeitsbewegung in Preußen zu Beginn des 19. Jahrhunderts. JWKG 90 (1996), 95-119.

85 Verhandlungen der Kreissynode Lübbecke 1919 … (wie Anm. 54), 7.

Albrecht Geck

synoden sollten in Zukunft stärker die Vielfalt der Volkskirche abbilden.[86] Dazu machte es eine Reihe von Vorschlägen, die auf eine größere Repräsentativität der Synoden zielten, nämlich:

– Angleichung des Repräsentationsschlüssels an aktuelle Gemeindegrößen insbesondere in den großen Städten,
– Urwahl der bisher vom König in die Generalsynode entsandten Abgeordneten aus der Größeren Gemeindevertretung und Angleichung ihrer Zahl an die durch das Siebsystem Entsandten. Die Pfarrer Hans Tribukait (Dortmund-Reinoldi)[87] und Hermann Christian Seewald (Dortmund-Johannes)[88] stellten sogar den Antrag, die gesamte Generalsynode durch Urwahl aller Gemeindeglieder zu wählen.
– Vergrößerung der Anzahl der Laien auf den Synoden,
– Einführung eines Verhältniswahlsystems zur Berücksichtigung kirchlicher Minderheiten.[89]

An der intensiven Debatte auf der Westfälischen Provinzialsynode über das Wahlrecht der Frauen beteiligten sich aus dem Kirchenkreis Lübbecke Pfarrer August Meyer (Gehlenbeck)[90] und Superintendent Kuhlo. Die Argumente lauteten: »[Es ist] ein Zeichen des Niedergangs eines Volkes, wenn die Männer nicht ›Manns genug‹ [...] [sind], die öffentlichen Angelegenheiten zu entscheiden.«[91] Die ganze Richtung widerspreche »der von Gott gebotenen Ordnung«, weshalb die besten Frauen das Wahlrecht auch gar nicht wollten. Es sei letztlich »grausam«, ihnen das dennoch zuzumuten.[92] Eine derartige Verantwortung widerspreche dem Wesen der Frau, die – im Unterschied zum Mann – viel »rede« und »leidenschaftlich« sei. Der Mann sei »ruhiger«. Die »Begabung der Frau« liege im Bereich der »Mütterlichkeit«. Man wollte keine »›Bemutterung‹ der Männer durch [Frauen]« auf der Synode.[93]

Dortmund dagegen forderte das Frauenwahlrecht schon auf der außerordentlichen Kreissynode. St. Marien und Pfarrer Tribukait argumentierten: Da es im staatlichen Bereich eingeführt sei, habe es ohnehin keinen Sinn, es im kirchlichen Bereich zu verweigern, um es dann schließlich doch einführen zu müssen. Ähnlich argumentierten später auch die Befürworter auf der Provinzialsynode mit »Klugheit«

---

86 Verhandlungen der außerordentl. Kreissynode Dortmund ... (wie Anm. 60), 6.
87 Zu Tribukait vgl. Bauks: Pfarrer (wie Anm. 13), 514 (Nr. 6377); vgl. auch Brinkmann: Die Evangelische Kirche im Dortmunder ... (wie Anm. 60), 182-200; Günter BIRKMANN: »Unsere Pfarrer haben versagt«: Hans Tribukait – ein liberaler und streitbarer Pfarrer. In: Evangelisch in Dortmund ... (wie Anm. 60), 245-247.
88 Zu Seewald vgl. Bauks: Die evangelischen Pfarrer ... (wie Anm. 13), 468 (Nr. 5802).
89 Vgl. Verhandlungen der außerordentl. Kreissynode Dortmund ... (wie Anm. 60), 6 f.
90 Zu Meyer vgl. Bauks: Die evangelischen Pfarrer ... (wie Anm. 13), 320 (Nr. 4041).
91 Verhandlungen der 28. Außerordentlichen Westfälischen Provinzialsynode ... (wie Anm. 21), 28*.
92 Ebd, 50.
93 Ebd, 50 f.

Die Kirchenprovinz Westfalen und das Ende des preußischen Summepiskopats 1918/19

und dem »Rad der Zeit«[94]. Allerdings gab es von vornherein auch Kompromissvorschläge. Pfarrer Julius Frey (Lünen)[95] schlug vor, lediglich einen »Frauenbeirat« mit nur »beratender Stimme« in der Größe eines Viertels der eigentlichen Verfassungsorgane zu bilden. So gab es in dieser Frage stundenlange Debatten. Im März 1919 beschloss die Westfälische Provinzialsynode schließlich mit 63 gegen 22 Stimmen das aktive und passive Wahlrecht der Frau vom vollendeten 24. Lebensjahr an (Beschluss 45).[96] Allerdings schränkte man das sogleich ein: 44 Synodale (bei 41 Gegenstimmen und 6 Enthaltungen) stimmten dafür, dass die Anzahl der Stellen, in die Frauen gewählt werden konnten, gedeckelt werde (Beschluss 46)[97] – eine negative Frauenquote also. Auf der Sitzung im November 1919 wurde die Frauenfrage dann jedoch noch einmal aufgegriffen und Beschluss 46 mit 65 gegen 20 Stimmen bei 4 Enthaltungen wieder aufgehoben.[98] Damit kam also doch das Frauenwahlrecht ohne Maximalquote.

V Klage über den »religionslosen Staat«

Die hier dargestellten Diskussionen und Entscheidungen zeigen: Die These, dass die evangelische Kirche durch die Trennung von Kirche und Staat in eine Krise gestürzt wurde, ist richtig, bedarf aber der Modifikation. Die Schritte, die man kirchlicherseits auf die neue Obrigkeit zuging, und die Schritte, die man zur verfassungsmäßigen Demokratisierung der Kirche bei gleichzeitigem Achten auf kirchliches Eigenrecht unternahm, zeigen, dass viele Entscheidungsträger in Berlin und in Westfalen den Anforderungen der neuen Zeit keineswegs verständnis- oder ratlos gegenüberstanden. Präses Kockelke sah in der Trennung von Kirche und Staat positiv eine »Entstaatlichung« der Kirche, die sie »frei [mache] von allen staatlichen Rücksichten und Bedingungen und damit auch von dem Verdacht, ein Werkzeug einzelner Klassen zu sein«.[99] Ihm schwebte eine selbständige Volkskirche vor, die dem Staat gegenüber Pflichten wahrnahm, die dieser zu schätzen wusste. Dies drückte er in Worten aus, die an das Böckenförde-Diktum aus den 1970er-Jahren erinnern: Der Staat bedürfe »zur Förderung des Rechtes der geistigen und materiellen Interessen seiner Bürger der sittlich-religiösen Bildung [...], welche nur durch die Kirche vermittelt werden kann«[100]. Deshalb sei die Kirche als »Korporation

---

94 Ebd, 51.

95 Zu Frey vgl. Bauks: Die evangelischen Pfarrer ... (wie Anm. 13), 139 (Nr. 1786).

96 Beschluss 45. In: Verhandlungen der 28. Außerordentlichen Westfälischen Provinzialsynode ... (wie Anm. 21), 52.

97 Beschluss 46 In: Ebd.

98 Beschluss 27. In: Verhandlungen der zweiten ausserordentlichen 28. Provinzialsynode zu Schwelm vom 4. bis 12. November 1919. Dortmund 1919, 42.

99 Verhandlungen der 28. Außerordentlichen Westfälischen Provinzialsynode ... (wie Anm. 21), 10.

100 Ebd.

öffentlichen Rechts« verfassungsrechtlich zu schützen, finanziell zu unterstützen und staatlich zu bevorzugen. Genau dies geschah nach der »Schrecksekunde« des Hoffmann'schen Interregnums durch die Religionsartikel der Weimarer Reichsverfassung: Sie stellten im Grunde einen beachtlichen Sieg der Kirchen dar, der im weiteren Verlauf eigentlich zu einem positiveren Verhältnis zur Republik hätte beitragen müssen.

Im Bewusstsein der protestantischen Geistlichkeit entsprach der Entstaatlichung ihrer Kirche jedoch so etwas wie eine »Entkirchlichung« des Staates bzw. des öffentlichen Lebens. Gab es für jene Verständnis, so löste diese große Sorge um den Bestand der evangelischen Kirchen und die Bedeutung des Protestantismus aus, dem im Kaiserreich so etwas wie ein leitkultureller Anspruch zugekommen war. In diesem Sinne wurde im Verfassungsausschuss der Westfälischen Provinzialsynode der Weimarer Staat verächtlich als »religionslos« bezeichnet.[101] Zudem zeichnete sich ab, dass die weltanschaulichen Gegner in Zentrum (Katholizismus) und SPD (Sozialismus) an den Schalthebeln der politischen Macht sein würden, während der Protestantismus ohne nennenswerte politische Hausmacht zu bleiben drohte. Zwar beteiligten sich die evangelischen Kirchen aktiv an den Wahlen, aber gerieten mit der Wahlempfehlung ausgerechnet für DNVP und DVP politisch in eine Minderheitenposition und vor allem Opposition zum Weimarer Staat.[102]

So überlagerte die nostalgische Erinnerung daran, was man verloren hatte, schon sehr früh den anfänglichen Pragmatismus. Typisch ist vielleicht eine Beobachtung aus dem Kirchenkreis Recklinghausen.[103] Hier gesellte sich zu dem Pragmatismus vom Januar 1919 (auf der außerordentlichen Kreissynode) im September 1919 (auf der nächsten ordentlichen Kreissynode) eine große Trauer über die schmachvolle deutsche Niederlage im Krieg und den Untergang der Monarchie.[104] Die Ersetzung der Reichsflagge (schwarz–weiß–rot) durch die Fahne der Republik (schwarz–rot–gold) kommentierte das Gemeindeblatt »Friede und Freude« (Recklinghausen-Bruch) so: »Schwarz die Zukunft, rot die Gegenwart und golden die Vergangenheit.«[105] In Bochum gedachte man am 19. Januar 1919 – dem Tag der Wahl zur verfassunggebenden Deutschen Nationalversammlung – Kaisers Geburtstag. Am 27. Januar 1919 – dem Tag der Wahl zur verfassunggebenden Landesversammlung in Preußen – gedachte man der Reichsgründung.[106] In der Christuskirche (Recklinghausen) feierte die Gemeinde keinen einzigen der jährlich

---

101 Ebd, 41.

102 Vgl. Kurt NOWAK: Evangelische Kirche und Weimarer Republik: zum politischen Weg des deutschen Protestantismus zwischen 1918 und 1932. Göttingen 1981, 101-104.

103 Vgl. Helmut GECK: Epochenjahre deutscher Geschichte im Spiegel von Kreissynodalprotokollen des Kirchenkreises Recklinghausen (1918/19 – 1932/33 – 1945/46). In: Kirchenkreisgeschichte und große Politik … (wie Anm. 9), 38-97.

104 Vgl. den Bericht des Superintendenten Meyer ebd, 53.

105 Sonntags-Blatt für die evangel. Gemeinde Bruch (20.7.1919).

106 So Bockermann: »Wir haben in der Kirche … (wie Anm. 8), 135.

Die Kirchenprovinz Westfalen und das Ende des preußischen Summepiskopats 1918/19

wiederkehrenden Verfassungstage, sondern distanzierte sich vielmehr ausdrücklich.[107] Der Blick richtete sich schon bald sehnsuchtsvoll in die Vergangenheit und sorgenvoll in die Zukunft. In Lübbecke begrüßte Superintendent Kuhlo zwar noch 1926 den »Segen der Selbständigkeit« der Kirche,[108] aber man erinnerte sich auch, dass unter dem frommen Kaiser das landesherrliche Kirchenregiment durchaus erträglich gewesen sei.[109] 1922 bat der Recklinghäuser Superintendent Paul Kramm nicht Reichspräsident Friedrich Ebert, sondern immer noch den exilierten Kaiser Wilhelm II. um die symbolische Patenschaft bei seinem achten Sohn.[110]

Die Haltung des Protestantismus zum Staat von Weimar war von Anbeginn ambivalent. Die Kirchen befanden sich in einem Zwiespalt. Einerseits suchte der in seinen Synoden und Behörden institutionalisierte Protestantismus pragmatisch – und teilweise durchaus optimistisch – die Kooperation mit dem Staat, andererseits blickte das protestantische Milieu sorgenvoll in die Zukunft und verklärend in die Vergangenheit. Die allermeisten Pfarrer und Mitglieder der kirchlichen Funktionselite durchlebten diesen Zwiespalt höchstpersönlich selbst, indem sie in dem weltanschaulich neutralen Weimarer Staat weder politisch noch mental jemals heimisch wurden.

---

107 Vgl. Albrecht GECK: Die Christuskirche als ›Kaiserkirche‹: nationalprotestantisch geprägter Kirchenbau in Recklinghausen (1911). In: Kirche – Kunst – Kultur: Recklinghausen und darüber hinaus/ hrsg. von Dems. Münster 2013, 56.

108 Zitiert bei Beck: Westfälische Protestanten ... (wie Anm. 7), 129.

109 Vgl. dazu die Wahlanalysen bei Bockermann: »Wir haben in der Kirche ... (wie Anm. 8), 126-136.

110 Vgl. Albrecht GECK: Zwischen Kohlen und Katholen: Schlaglichter auf die Geschichte des Kirchenkreises Recklinghausen von seiner Gründung 1907 bis zum Jahre 1989 (samt einer Vorgeschichte evangelischen Lebens im Vest Recklinghausen im 19. Jahrhundert sowie einer Darstellung der Ereignisse während der Reformationszeit), Teil I. JWKG 115 (2019), 442.

Politische Umbrüche 1918/19 und die Rheinische Provinzialkirche

Von Andreas Mühling

I Vorbemerkungen

Der rheinische Protestantismus – innerhalb der katholisch geprägten preußischen Rheinprovinz mit Ausnahme des Bergischen Lands und Teilen von Hunsrück, Saarland und der Region Nahe-Birkenfeld unter den Rheinländern in einer Minderheit – verlor am 9. November 1918 seinen wichtigen politischen, für viele evangelische Christinnen und Christen allerdings auch zentralen theologischen Bezugspunkt. Trotz aller Gebete, Beschwörungen und Kundgebungen, trotz allen theologisch untermauerten Opfersinns und Siegesmutes setzte sich in der Obersten Heeresleitung Ende September 1918 die Erkenntnis durch, dass wegen der militärischen Überlegenheit der alliierten Streitkräfte der Krieg nicht mehr zu gewinnen sei. Das Deutsche Reich, mit dem Deutschen Kaiser und Preußischen König an seiner Spitze, Identifikationspunkt von vielen Protestantinnen und Protestanten im Rheinland, wurde mit der Flucht Kaiser Wilhelms II. in die Niederlande und der Ausrufung der Republik endgültig zur Geschichte.[1] Die am 9. November ausgerufene reale Republik, nach Überzeugung vieler evangelischer Protestanten weitgehend getragen von skrupellosen Atheisten, ultramontanen Katholiken, aufklärerischen Demokraten und schließlich auch von sich als Bürgerschreck gebärenden Sozialisten und Kommunisten, konnte kein Ersatz für das verlorene Reich sein: Die »in den Tiefen der protestantischen Mentalität wuchernden Identifikationssehnsüchte blieben über Jahre hinweg ungestillt.«[2]

Charakteristisch für die konservative, eine besondere Loyalität zum Hohenzollernhaus bekräftigende Haltung weiter Bevölkerungskreise innerhalb der Rheinischen Kirche ist eine unmittelbar vor Kriegsende veröffentlichte gemeinsame Erklärung des Konsistorialpräsidenten D. Dr. Gisbert Groos und des Generalsuperintendenten D. Karl Viktor Klingemann vom 3. November 1918. In dieser Erklärung wurde

---

1 Vgl. Jörn LEONHARD: Der überforderte Frieden: Versailles und die Welt 1918-1923. Bonn 2018, 216-286; Ulrich HERBERT: Geschichte Deutschlands im 20. Jahrhundert. München 2014, 161-174.

2 Günther VAN NORDEN: Das 20. Jahrhundert: Quellen zur Rheinischen Kirchengeschichte. Bd. 5. Düsseldorf 1990, 67; Herbert: Geschichte Deutschlands … (wie Anm. 1), 179. Vgl. insgesamt die instruktive Einleitung von Thomas M. SCHNEIDER: Kontinuitäten und Aufbrüche – Die Rheinische Kirche in der Zeit der Weimarer Republik (1918-1933). In: Krise und Neuordnung im Zeitalter der Weltkriege/ hrsg. von Thomas M. Schneider. Bonn 2013, 32-60.

Andreas Mühling

»unserem Kaiser und König das Gelöbnis unverbrüchlicher, tatbereiter Treue erneut (unterbreitet und legte) ihm die Bitte ans Herz [...], sein ererbtes und verfassungsmäßig ausgeübtes Herrscheramt allen Widersachern draußen und drinnen zum Trotz zu behaupten, des deutschen und preußischen Volkes starker Führer und Schützer in allen Drangsalen dieser dunklen Zeit zu bleiben.«[3]

Dieses an die Superintendenten der Rheinischen Provinzialkirche gerichtete Schreiben sollte an die Presbyterien umgehend weitergeleitet werden, damit die rheinischen Presbyterien Treuebekundungen ähnlichen Inhaltes abgeben. Einige Presbyterien kamen dieser Bitte auch noch vor dem 9. November 1918 nach.[4] Allerdings scheint es so, als seien die kirchlichen Repräsentanten des Rheinlandes von den Ereignissen des 8./9. November 1918 völlig überrascht worden, finden sich doch in den amtskirchlichen Verlautbarungen bis zum Ende des Kaiserreiches keinerlei kritische Voten zur Politik der Reichsregierung wie zur Kriegsführung und seinen Zielen insgesamt.[5] Doch noch bevor in Berlin die Republik ausgerufen wurde, vollzog sich, nahezu geräuschlos, am 8. November 1918 bereits im rheinisch-westfälischen Industriegebiet die vom Militär getragene Bildung von Arbeiter- und Soldatenräten.[6]

Auf die gemeindlichen Stellungnahmen, die hingegen nach dem 8./9. November 1918 im Rheinland abgegeben wurden, kann an dieser Stelle eben so wenig eingegangen werden wie auf die Voten Rheinischer Pfarrer und Kirchenpolitiker aus jenen Wochen. Auch die Kommentare der kirchlichen Publizistik müssen übergangen werden. Die zentrale Frage, der nun allerdings im Rahmen dieses Beitrages in gebotener Kürze nachgegangen werden soll, lautet: Wie kommentierte denn nun die Rheinische Provinzialkirche das Ende des Landesherrlichen Kirchenregimentes? Und wie sahen die kirchenpolitischen Reaktionen der Amtskirche auf diesen Herrschaftswechsel konkret aus?

II Die 34. Rheinische Provinzialsynode 1919

Die Protokolle und Berichte der Rheinischen Provinzialsynoden geben über diese Fragen näheren Aufschluss: Im März 1919 trat erstmals nach dem verlorenen Krieg in Barmen die Rheinische Provinzialsynode erneut zusammen. Die beiden Eingangsvoten zu dieser 34. Rheinischen Provinzialsynode vom stellvertretenden Präses der Synode, Theodor Bungeroth, und vom Generalsuperintendenten Klingemann zeigen, wie schwer sich jene herausragenden Repräsentanten des rheinischen Protestantismus auf die politischen Veränderungen einzustellen vermochten. Bungeroth

---

3 Dirk BOCKERMANN: »Wir haben in der Kirche keine Revolution erlebt«: der kirchliche Protestantismus im Rheinland und Westfalen 1918/1919. Köln 1998, 39.
4 Vgl. ebd.
5 Vgl. ebd, 40.
6 Vgl. ebd, 40 mit Anm. 117.

Politische Umbrüche 1918/19 und die Rheinische Provinzialkirche

zog in seinem Votum Parallelen dieser März-Synode des Jahres 1919 mit der vom März 1849. Damals habe der Sturm der Revolution an Königtum und Herr gerüttelt, heute seien nach Bungeroth »diese beiden Stützen gänzlich zusammengebrochen«, wie es in einem Synodenbericht heißt.

> »Im Geiste führte er [Bungeroth, A.M.] die Synode an die Gräber zahlloser Heldensöhne und Opfer des Krieges und an das letzte und tiefste, das weite Grab der Herrlichkeit unseres Reiches. Seit 1835 sei es stets der Rheinischen Provinzialsynode Herzenssache und Freude gewesen, dem König und Kaiser den Gruß der Treue zu senden. Zum ersten Male können wir das nicht. Aber unter der einmütigen Zustimmung der Versammlung sprach er es aus, dass der Dank für alles, was das Hohenzollernhaus durch Gottes Gnade für den Ausbau unseres preußischen und deutschen Vaterlandes getan, unauslöschlich und tief in unserem Herzen lebe«.[7]

Klingemann, ein überaus konservativer Theologe, zeichnete in seinem Bericht der Synode ebenfalls ein düsteres Bild von der kirchlichen Situation im Rheinland, die von ihm in größter Sorge analysiert wurde.[8] Dennoch deutete sich bereits in dieser Ansprache, bei aller Besorgnis, eine Bereitschaft innerhalb der Provinzialkirche an, sich kirchenpolitisch flexibel auf die neue Situation einstellen zu wollen. Die Rheinische Kirche werde sich, so Klingemann, mit der jetzigen Lage abfinden, denn an Preußen seien die Rheinischen Protestanten weiterhin gleich zweimal gebunden: »als Glied des Volkes und der Landeskirche.«[9] Auch auf das vielfach diskutierte Thema der Demokratisierung innerhalb der Kirche ging Klingemann in seinem Votum näher ein. In der Rheinisch-Westfälischen Kirchenordnung erkannte er ein großes Demokratiepotential, denn

> »die gegenwärtige Demokratisierung sei ›in Wahrheit Radikalisierung, eine rasche, schnellfertige Uebertragung von Rechten an Menschen, die noch gar nicht wissen, was Pflicht ist‹. Trotzdem werde auch in Zukunft ein behördliches, kirchliches Regiment benötigt. Alle Kraft müsse aufgebracht werden, um die Kirche als Volkskirche zu erhalten.«[10]

Bei aller öffentlich zur Schau getragenen Trauer der beiden Redner – Klingemanns Analyse unterstreicht einen bemerkenswerten Pragmatismus der Provinzialsynode. Der Begriff der »Volkskirche« konnte in diesem Zusammenhang auch als Gegenbegriff zur »Staatskirche« verstanden werden. Klingemann machte deutlich, dass die Rheinische Kirche keine Staatskirche mehr sein konnte. Nachdem der »Staat« im November 1918 als kirchenpolitischer Bezugspunkt fortfiel, musste ein neuer gesucht werden: Seine Aussage implizierte, dass die Rheinische Provin-

---

7 Vgl. den Bericht von der Eröffnung der 34. Rheinischen Provinzialsynode zu Barmen. In: van Norden: Das 20. Jahrhundert … (wie Anm. 2), 71 f.

8 Vgl. Bockermann: Der kirchliche Protestantismus … (wie Anm. 3), 99.

9 Ebd, 99.

10 Ebd.

Andreas Mühling

zialkirche ekklesiologisch den Begriff des »Staates« durch den Bezugspunkt des »Volkes« zu ersetzen habe.[11]

Um dieses Ziel, nämlich den Erhalt und die Umgestaltung der Kirche hin zu einer »Volkskirche«, erreichen zu können, erhielt nach Ansicht der Synodalen die Rheinisch-Westfälische Kirchenordnung eine besondere Bedeutung: Die Provinzialsynode stellte nämlich fest, dass durch

> »den Wegfall des landeskirchlichen Kirchenregimentes, das namentlich in Preußen in den Händen des Hauses Hohenzollern lange und segensreich gewirkt hat, [...] der rechtliche Bestand der Landeskirche, insbesondere auch der Union in keiner Weise erschüttert [ist]. Nicht ein Umbau, sondern ein Ausbau der Kirchenordnung ist deshalb notwendig und lediglich durch die kirchenordnungsgemäßen Körperschaften der Kirche zu beschließen und unter ausdrücklicher Wahrung des Rechtszusammenhanges zwischen Altem und Neuem. Das gilt auch angesichts der Bestrebungen auf Schaffung einer ›freien deutschen Volkskirche‹ und auf Umwandlung der Kirche in einen Zweckverband. [...] Zu dem Rechtsbestand der Landeskirche gehört auch die Rheinisch-Westfälische Kirchenordnung.«[12]

Somit sei kein völliger Neubau, sondern lediglich ein Umbau der kirchlichen Strukturen notwendig. Nochmals bekräftigte die Synode: »Auch gegenüber den Forderungen der Gegenwart bedarf deshalb die Rheinisch-Westfälische Kirche nicht einer neuen Verfassung, sondern nur eines Aus- und Umbaus der Rheinisch-Westfälischen Kirchenordnung.«[13]

Die Synode betonte also in ihren Beratungen des März 1919 eine weiterhin bestehende kirchenrechtliche Kontinuität und sprach sich deutlich für weitere kirchliche Reformen aus. Lediglich einige strukturelle Konsequenzen mussten aus dem Wegfall des landesherrlichen Kirchenregiments gezogen werden. Deutlich betonte die Synode auf diese Weise ihre Bereitschaft, das Kirchenregiment nunmehr selbst in die Hand nehmen zu wollen. Die Provinzialsynode gab dazu folgende Erklärung ab:

> »Mit dem Wegfall des landesherrlichen Kirchenregiments ist die Kirchenleitung unbeschadet des allgemeinen Aufsichtsrechts des Staates auf die Kirche selbst übergegangen. Dementsprechend geht das Kirchenregiment in Zukunft aus der Wahl der gesetzlichen Körperschaften der Kirche hervor, und zwar derart, dass jede Provinzialsynode die

---

11 Ebd, 276. Vgl. zur Diskussion auch Kurt MEIER: Volkskirche 1918-1945. München 1982, 9-44.

12 Anträge und Beschlüsse der 34. Rheinischen Provinzialsynode zur innerkirchlichen Neuordnung. In: van Norden: Das 20. Jahrhundert ... (wie Anm. 2), 73; zur Diskussion insgesamt siehe auch Claus MOTSCHMANN: Evangelische Kirche und preußischer Staat in den Anfängen der Weimarer Republik. Möglichkeiten und Grenzen ihrer Zusammenarbeit. Lübeck 1969, 79-84.

13 Anträge und Beschlüsse der 34. Rheinischen Provinzialsynode zur innerkirchlichen Neuordnung. In: van Norden: Das 20. Jahrhundert ... (wie Anm. 2), 73.

Politische Umbrüche 1918/19 und die Rheinische Provinzialkirche

Leitung der von ihr vertretenen Provinzialsynode selbstständig wählt, während der Generalsynode das Recht zusteht, die oberste Kirchenbehörde zu wählen.«[14]

Mit anderen Worten: Sämtliche kirchenleitende Organe sollten von der Synode gewählt, obrigkeitlich-konsistoriale Elemente hingegen innerhalb der Rheinischen Kirche zurückgedrängt werden. Weiter beschloss die Synode mit großer Mehrheit auch die Einführung des aktiven und passiven Wahlrechtes für Frauen und plädierte, um angemessen auf neue gesellschaftspolitische Entwicklungen reagieren zu können, für die Schaffung von Landespfarrämtern für bestimmte gesellschaftliche Gruppen wie Jugendliche, Studierende und Arbeiter.

Eines ist deutlich: Die Synode bemühte sich sehr, innerhalb der kirchlichen Öffentlichkeit nicht den Eindruck von fehlendem Gestaltungswillen und mangelnder Führungskraft aufkommen zu lassen. Die Rheinische Provinzialkirche, so das kirchenpolitische Signal, sei keinesfalls handlungsunfähig, von Rechtsunsicherheit oder sogar Rechtlosigkeit betroffen. Die Synode betonte ihren Willen, sich der neuen kirchlichen Herausforderungen entschlossen zu stellen, dabei die fortbestehende Gültigkeit der Kirchenordnung unterstreichend. Lediglich mussten nach Ansicht der Synode nur jene Artikel, die das landesherrliche Kirchenregiment betrafen, in der Kirchenordnung überarbeitet werden. In den Beratungen wurde auch eine staatliche Einmischung in die Angelegenheiten der Kirche abgelehnt, zugleich aber auch die weiterhin bestehende enge Verbindung mit der preußischen Landeskirche betont.[15]

III Zur Revision der Rheinisch-Westfälischen Kirchenordnung im Jahr 1923

Bereits vier Jahre später, 1923, nahm sich die 37. Rheinische Provinzialsynode der angekündigten Revision der Rheinisch-Westfälischen Kirchenordnung an,[16] die in ihrer beschlossenen Form eine Weiterentwicklung der bisherigen Kirchenordnung von 1835 darstellte. Die rheinische Provinzialkirche

---

14 Ebd., 73 f.

15 Zu den weiteren Beschlüssen vgl. Bockermann: Der kirchliche Protestantismus ... (wie Anm. 3), 100-102.

16 Vgl. den Bericht des Kölner Superintendenten Lic. Georg Martin Klingenburg über die 37. Rheinische Provinzialsynode und deren Beratungen einer »revidierten Kirchenordnung« August/September 1923. In: van Norden: Das 20. Jahrhundert ... (wie Anm. 2), 95-99; zur revidierten Kirchenordnung und ihren weiterhin bestehenden Besonderheiten grundsätzlich Bockermann: Der kirchliche Protestantismus ... (wie Anm. 3), 13 mit Anm. 58 sowie 103 f. Grundsätzlich sind zu nennen: »1. Gleichstellung aller Pfarrer; Wechsel im Vorsitz des Presbyteriums; 2. Wahl der Pfarrer durch die Gemeinden; 3. Wahl des Superintendenten durch die Kreissynode; 4. freie Berufung der Provinzialsynode durch den Präses; 5. keine landesherrlichen Ernennungen zur Provinzialsynode; 6. Stärkung des Presbyteriums als wichtigster Selbstverwaltungskörperschaft.« (ebd).

»setzte auf die Selbstbehauptung der rheinischen Kirche trotz ihrer Einbindung in die Struktur der Evangelischen Kirche der altpreußischen Union. So wurden sowohl das Amt des Generalsuperintendenten wie das Konsistorium beibehalten, die neben der Provinzialsynode und dem Präses standen. Zudem schuf man als Zwischengremium den Provinzialkirchenrat, der aus dem Präses und Vertretern sowohl der Provinzialsynode wie des Konsistoriums bestand. Der Antagonismus von presbyterial-synodaler Ordnung und Obrigkeit verschob sich zu einem Gegeneinander von Synode und Kirchenbehörde.«[17]

Ein kurzes Zwischenergebnis: Die Rheinische Kirche stellte sich mit ihrem Bekenntnis zur weiterhin gültigen Rheinisch-Westfälischen Kirchenordnung bewusst in einen auf die Duisburger Generalsynode von 1610 zurückgehenden presbyterial-synodal geprägten Traditionszusammenhang. 1610 traten Vertreter reformierter Gemeinden aus den Herzogtümern Jülich-Berg-Kleve-Mark in der Duisburger Salvatorkirche zusammen und konstituierten sich als eine Generalsynode, deren Gemeinden das kirchenleitende presbyterial-synodale Modell umzusetzen versprachen. Auch wenn dieses Modell von Kirchenleitung nach Überzeugung der Generalsynode nur als ein »Interim« gedacht war – es sollte nämlich solange gültig sein, bis die Obrigkeit zu verbindlichen kirchenpolitischen Gesprächen mit den Gemeinden in der Lage ist –, entfaltete das presbyterial-synodale Prinzip im Rheinland doch eine prägende Kraft. Dieser lebendige Traditionszusammenhang, der in seiner Rezeption stets auf die aktuelle Situation hin, und es dabei nicht immer mit den historischen Bezügen korrekt nehmend, gedeutet wurde, erwies sich als so stark, dass dieser nach 1918 auch den Wegfall des Landeskirchlichen Kirchenregimentes zu kompensieren vermochte.[18]

So betrafen die politischen Erschütterungen der Revolution die Gemeinden vor Ort auf je eigene Weise zwar unmittelbar, die provinzialkirchliche Struktur als solche blieb jedoch bemerkenswert stabil: Auf dieser provinzialkirchlichen Ebene, jener Ebene also, auf der bislang die obrigkeitlichen Eingriffe erfolgten, wurden strukturelle Kompensationen für das entfallene Kirchenregiment geschaffen. Bisherige Defizite kirchenleitenden Handelns im Gegenüber zu manchen gesellschaftspolitischen Gruppierungen – von Frauen über Arbeiter und Studenten bis hin zu Jugendlichen – wurden von Synode und Kirchenleitung erkannt und in innerkirchlichen Mobilisierungsprojekten angegangen. So sollten die neu eingerichteten Landespfarrämter die Beziehung zu jenen Gruppierungen stärken, die sich von der Rheinischen Kirche zu entfremden drohten.[19] Schließlich stellten

---

17 Uwe KAMINSKY: Die Evangelische Kirche im Rheinland von 1918 bis 1989: eine Übersicht. In: Evangelisch am Rhein/ hrsg. von Joachim Conrad u.a. Düsseldorf 2007, 97.

18 Vgl. Andreas MÜHLING: Das theologische Umfeld der Duisburger Synode von 1610. MEKGR 60 (2011), 103-114; Andreas METZING: Die Duisburger Generalsynode als Gegenstand der kirchengeschichtlichen Forschung und der evangelischen Erinnerungskultur. MEKGR 60 (2011), 135-159.

19 Vgl. hierzu Kordula SCHLÖSSER-KOST: Gesellschaftliche Gruppen im Blickfeld der Kirche 1918-1933. In: Evangelisch am Rhein ... (wie Anm. 17), 217-221.

auch die seit 1924 durchgeführten Rheinischen Kirchentage kirchliche Themen in einen gesellschaftlichen Diskurs, in der Hoffnung, der Abwanderung weiterer Bevölkerungsteile von der Rheinischen Kirche zu begegnen und diese neu für sie zu erschließen.[20]

IV Kirchenpolitische Herausforderungen

Auch wenn die kirchlichen Lösungsansätze in der Krise der Jahre 1918 und 1919 im Rheinland sich von denen der westfälischen Provinzialkirche nur wenig unterschieden, stand die rheinische Provinzialkirche doch vor einigen besonderen kirchenpolitischen Herausforderungen. Diese entstanden im Wesentlichen durch politische Entscheidungen der Versailler Siegermächte: So wurde in den Jahren von 1919 bis 1930 innerhalb der preußischen Rheinprovinz die politische Lage durch die linksrheinische Besetzung durch alliierte Truppenverbände und die entmilitarisierte rechtsrheinische Zone, samt Errichtung weiterer alliierter Brückenköpfe, gekennzeichnet.[21] Die Folgen des Versailler Friedensvertrages waren im Rheinland unmittelbar zu besichtigen, und dies nicht erst dann, als zwischen 1923 bis 1925 belgische und französische Truppen auch das Ruhrgebiet besetzt hielten, um den alliierten Reparationsforderungen militärisch robusten Nachdruck zu verleihen.[22] Zudem gerieten die bislang zur Synode Aachen gehörenden vier evangelischen Kirchengemeinden rund um Eupen-Malmedy zunächst als besonderes Gouvernement unter belgische Verwaltung, bis sie schließlich zum 1. Oktober 1922 den Verbund der Provinzialkirche auch formal zu verlassen hatten.[23]

Die Besatzung des Rheinlandes schränkte aber auch die praktische Arbeit der provinzialkirchlichen Gremien ein. Seit 1919 geschah das für provinzialkirchliche Gremien insofern, indem Synodale aus den südlichen Kirchenkreisen der Provinzialkirche, die innerhalb der französischen Besatzungszone lagen, zu den Gremiensitzungen nicht anreisen durften. So konnten beispielsweise im März 1919 Synodale aus den linksrheinischen südlichen Kirchenkreisen Simmern und Kreuznach an der Sitzung der Provinzialsynode nicht teilnehmen, da ihnen keine Ausreiseerlaubnis in das unbesetzte Gebiet erteilt wurde.[24] Kirchliche Kritiker der Besatzungsbehörden wurden zu Geldbußen verurteilt, teilweise inhaftiert oder sogar ausgewiesen. »Vor diesem Hintergrund kann der Aufruf des Konsistoriums

---

20 Vgl. Schneider: Kontinuitäten ... (wie Anm. 2), 49. Den Umfang der vier Besatzungszonen stellt dar: Leonhard: Der überforderte Frieden ... (wie Anm. 1), 265. Vgl. auch Erwin MÜLHAUPT: Rheinische Kirchengeschichte: von den Anfängen bis 1945. Düsseldorf 1970, 365 f.

21 Vgl. ebd, und insgesamt Herbert: Geschichte Deutschlands ... (wie Anm. 1), 195-213.

22 Vgl. Leonhard: Der überforderte Frieden ... (wie Anm. 1), 1233-1235.

23 Vgl. Martin SCHÄRER: Die Zugehörigkeit der evangelischen Kirchengemeinde Eupen-Malmedys zur Rheinischen Kirche 1940-1944. MEKGR 24 (1975), 235-242.

24 Vgl. Bockermann: Der kirchliche Protestantismus ... (wie Anm. 3), 95.

Andreas Mühling

der Rheinprovinz anlässlich des Versailler Friedensvertrages vom 27. Juni 1919 nur als außerordentlich moderat bezeichnet werden.«[25]

Zu den weiteren politischen Implikationen des Versailler Vertrages zählten in diesen politisch unruhigen Jahren auch die 1919 einsetzenden Diskussionen über die Errichtung einer sog. Rheinischen Republik in den belgisch und französisch besetzten Gebieten.[26] Unabhängig davon, wie realistisch jene ihren Höhepunkt Ende 1923 erreichenden Bestrebungen einer Loslösung des Rheinlandes vom Reichsverband denn auch wirklich war: Aus Sicht des rheinischen Protestantismus stellten diese Bestrebungen eine illegale Separation dar, die von den Rheinischen Protestanten über alle kirchenpolitische Lager hinweg so entschieden wie einmütig bekämpft wurde. Bereits die Provinzialsynode vom März 1919 verwahrte sich auf Antrag der Kreissynode Aachen »gegen alle Bestrebungen, die auf eine Zerstückelung Preußens und die Schaffung einer rheinischen oder rheinisch-westfälischen Sonderrepublik hinausgehen« und betonte die Einheit des Reiches sowie die der preußischen Landeskirche.[27] Konsistorium und Vorstand der Provinzialsynode bekräftigten diese Haltung nochmals am 18. Juni 1919 entschieden.[28] Dieser inhaltlich klaren Überzeugung folgte wenig später ein Aufruf des Rheinischen Hauptvereins des Evangelischen Bundes, dem sich mehr als 700 Rheinische Pfarrer, die Bonner Evangelisch-Theologische Fakultät sowie alle großen evangelischen Verbände anschlossen. Im besetzten Gebiet fand dieser Aufruf jedoch keine Verbreitung: 48 Kirchengemeinden wurde diese Erklärung nicht zugeleitet. Ihre 54 Pfarrer erhielten auf diese Weise nicht die Gelegenheit, den Text zu unterzeichnen.[29]

An der staatlichen und auch kirchlichen Einheit mit Preußen festhalten zu wollen, daran ließ der Rheinische Protestantismus zu keinem Zeitpunkt irgendeinen Zweifel. Die Integrität Preußens galt auch für das Saarland, jenem damals industriell wichtigen Landstrich, der seit dem Wiener Kongress in weiten Teilen zur preußischen Rheinprovinz gehörte. Das Saarland sei integrativer Bestandteil Preußens, und somit der Rheinischen Provinzialkirche – dies war innerhalb der Rheinischen Provinzialkirche ein zu keinem Zeitpunkt in Frage gestellter Konsens.

---

25 Schneider: Kontinuitäten und Aufbrüche … (wie Anm. 2), 47; vgl. den Aufruf des Evangelischen Konsistoriums zur Annahme des Friedensvertrages vom 27. Juni 1919. In: van Norden: Das 20. Jahrhundert … (wie Anm. 2), 80. Vgl. insgesamt Leonhard: Der überforderte Frieden … (wie. Anm. 1), 1212-1236.

26 Vgl. Mülhaupt: Rheinische Kirchengeschichte … (wie Anm. 20), 367 f; Leonhard: Der überforderte Frieden … (wie Anm. 1), 894-898.

27 Vgl. Bockermann: Der kirchliche Protestantismus … (wie Anm. 3), 195; vgl. insgesamt Klaus REIMER: Rheinlandfrage und Rheinlandbestrebung 1918-1933: ein Beitrag zur Geschichte der regionalistischen Bestrebungen in Deutschland. Frankfurt a.M. 1979.

28 Vgl. ebd, 196.

29 Vgl. ebd, 196-198 sowie den »Aufruf des Rheinischen Hauptvereins des Evangelischen Bundes zur Bildung einer Rheinischen Republik« vom 7. August 1919. In: van Norden: Das 20. Jahrhundert … (wie Anm. 2), 81.

Politische Umbrüche 1918/19 und die Rheinische Provinzialkirche

Diese von der großen Mehrheit der Protestanten geteilte Überzeugung bestimmte die Rheinische Kirchenpolitik im erst von französischen Truppen besetzten, dann aber seit 1920 unter der Verwaltung des Völkerbundes stehenden Saarland.[30]

Für das Saarland brachte das Ende des Ersten Weltkrieges besondere politische Herausforderungen und Veränderungen mit sich. Das sogenannte Saargebiet wurde von Preußen bzw. von der bayerischen Rheinpfalz abgetrennt und sollte vom 10. Januar 1920 an unter die Verwaltung des Völkerbundes gestellt werden.[31] Die französische Besatzungsmacht suchte daher noch im Jahr 1919 rasch Fakten zu schaffen und strebte die Entwicklung einer evangelischen Landeskirche an der Saar sowie die Errichtung einer Universität in Saarbrücken samt theologischer Fakultäten an. Diesem Vorhaben widersetzten sich die Superintendenten der saarländischen Kirchenkreise Saarbrücken und Sankt Johann erfolgreich: Sie verwahrten sich gegen jede Form staatliche Einmischung in kirchliche Belange und hielten an der kirchenpolitischen Einheit mit der Rheinischen Provinzialkirche fest.

Dennoch blieben, trotz demonstrativer Einheit mit der Rheinischen Provinzialkirche, zahlreiche Probleme wie die Kirchensteuerproblematik oder auch die Frage der Pfarrbesoldung unter Völkerbundverwaltung weiterhin ungeklärt. So sahen die gesetzlichen Regelungen des Völkerbundes für die saarländischen Kirchengemeinden in nur geringem Umfang staatliche finanzielle Leistungen vor,[32] blieben also die saarländischen evangelischen Kirchenkreise und Kirchengemeinden weiterhin von der eigenen Finanzkraft, aber dann insbesondere von finanziellen Zuwendungen der Rheinischen Provinzialkirche abhängig. Eine einvernehmliche Lösung der Kirchensteuerfrage im Saarland war damit in weite Ferne gerückt. Auch mussten die Gehälter und Pensionen der saarländischen Pfarrer weiterhin von der Provinzialkirche übernommen werden. Dabei blieb es ein großes Politikum, ob die Pfarrgehälter, Krankheitsbeihilfen und Pensionen nun in Mark oder in französischen Francs ausgezahlt werden sollten. Einerseits stand mit einer Zahlung in Francs politisch stets der Vorwurf des Separatismus im Raum, andererseits war diese Praxis angesichts der Inflation im Reich wirtschaftlich geboten. Doch unabhängig von zahlreichen kirchenpolitischen Schwierigkeiten, die sich angesichts neuer

---

30 Vgl. insgesamt Ian KERSHAW: Höllensturz: Europa 1914-1949. Bonn 2016, 168-177; Motschmann: Evangelische Kirche … (wie. Anm. 12), 116-123; Leonhard: Der überforderte Frieden … (wie Anm. 1), 1272-1275.

31 Vgl. Joachim CONRAD: Der saarländische Sonderweg 1919-1955. In: Krise und Neuordnung … (wie Anm. 2), 207-213.

32 Diese Regelung hat Auswirkungen bis in die Gegenwart hinein – die saarländische Landesverfassung vom 15. Dezember 1947, die auch mit Beitritt des Saarlandes zur Bundesrepublik 1955 weiterhin in Kraft blieb, steht in der Rechtsnachfolge des unter der Verwaltung des Völkerbundes stehenden Saargebietes, und nicht Preußens. Somit sind die staatlichen Zuschüsse an die Kirchengemeinden im Saarland heute äußerst gering. Vgl. Rudolf WENDT; Roland RIXECKER: Verfassung des Saarlandes: Kommentar/ hrsg. von den Mitgliedern des Verfassungshofes des Saarlandes. Saarbrücken 2009, 10. 274f.

Andreas Mühling

politischer Rahmenbedingungen für den Protestantismus im Saarland ergaben: Die Synoden Saarbrücken und St. Johann hielten an ihrer fragilen institutionellen Verbundenheit mit der Rheinischen Provinzialkirche fest.[33]

V Zur Bedeutung der Rheinisch-Westfälischen Kirchenordnung

Die kurze Übersicht zeigte, welche besondere stabilisierende Funktion die Rheinisch-Westfälische Kirchenordnung gerade auch für die Rheinische Provinzialkirche in den Jahren seit 1918 besaß. Befriedigt vermerkte der Kölner Superintendent Klingenburg in seinem Bericht über die Beratungen der 37. Provinzialsynode vom August/September 1923 über eine »revidierte Kirchenordnung«, dass es 1922 gelungen sei, die westfälischen und rheinischen Sonderrechte in der Verfassungsurkunde der Evangelischen Kirche der Altpreußischen Union zu verankern. So drehte sich im Wesentlichen die Diskussion lediglich um die Zusammensetzung der Provinzialsynode und die Wahl der Synodalen, die, so ergaben es die Beratungen, nicht in einer Urwahl, sondern aus den Kreissynoden heraus bestimmt werden sollten. Das Thema des Bekenntnisses hingegen spielte keine besondere Rolle in den Diskussionen und wurde mit einem knappen Satz abgehandelt: »Im Bekenntnisstand schließt sich die neue rheinisch-westfälische Kirchenordnung durch Beibehaltung ihrer vorausgeschickten Artikel I–III ihrer Vorgängerin an.«[34]

Es gelang also dem rheinischen Präses Walther Wolff, »alte provinzialkirchliche Sonderinteressen gegenüber der Landeskirche durchzusetzen«, ohne dabei Diskussionen über den Bekenntnisstand der Rheinischen Kirche zu entfachen.[35] Es wurde ein zwölfköpfiger Provinzialkirchenrat geschaffen, der die Sitzungen der Synode vorzubereiten und deren Beschlüsse auszuführen hatte. In diesem Zusammenhang ist die Zusammensetzung des neugeschaffenen Provinzialkirchenrates wichtig: Der Einfluss des Landeskirchenregimentes wurde deutlich zurückgedrängt, indem ihm lediglich noch drei Mitglieder angehörten, die vom Landeskirchenregiment eingesetzt wurden, nämlich der Generalsuperintendent, der Konsistorialpräsident und ein Konsistorialrat. Synodale Versuche, auf den Generalsuperintendenten – ehemals der verlängerte Arm des Königs in der Kirchenprovinz – zu verzichten, misslangen, doch wurde der Rheinische Präses auf Kosten von Kompetenzen des Generalsuperintendenten unter anderem dadurch gestärkt, dass der Präses den

---

33 Vgl. insgesamt Conrad: Sonderweg ... (wie Anm. 31), 207-216; Motschmann: Evangelische Kirche ... (wie Anm. 12), 118.

34 Vgl. den Bericht von Superintendent Georg Martin Klingenburg über die 37. Rheinische Provinzialsynode vom August/September 1923. In: van Norden: Das 20. Jahrhundert ... (wie Anm. 2), 98.

35 Schlösser-Kost: Gesellschaftliche Gruppen ... (wie Anm. 19), 159.

Vorsitz im Provinzialkirchenrat übernahm. Zudem wurden dem neuen Provinzial-kirchenrat weitere Befugnisse des Konsistoriums übertragen.[36]

Die Kirchenordnung nahm somit innerhalb der Rheinischen Kirche eine wichtige »Brückenfunktion« für den fließenden Übergang vom Ende der Monarchie hin zur Weimarer Republik ein. Diese »Brückenfunktion« der Kirchenordnung ist in ihrer kirchenpolitischen Bedeutung nicht zu unterschätzen. Die Kirchenordnung ermöglichte es dem überwiegend konservativen, dabei in nicht geringem Umfang weiterhin monarchistisch eingestellten[37] und fest an Preußen und Reich festhaltenden rheinischen Protestantismus, sich den neuen politischen Verhältnissen gegenüber behutsam zu öffnen. Die Revision der Kirchenordnung von 1923 schuf die rechtliche Voraussetzung dafür, dass der synodale Wille, neue Arbeitsfelder zu bestellen und hierfür neu geschaffene Landespfarrämter einzurichten, kirchenrechtlich auch umgesetzt wurde. Der stellvertretende Präses Bungeroth stellte bereits 1919 fest:

> »Somit kann ich nicht die Notwendigkeit eines Ausbaues unserer Landeskirche anerkennen. Gemeinsam mit unserm Provinzialsynodalvorstand und dem Präses der Westfälischen Provinzialsynode bin ich der Ueberzeugung, dass es sich nicht um einen Neubau unserer landeskirchlichen Verfassung, sondern nur um einen Umbau handeln kann. [...] Die Rheinisch-Westfälische Kirchenordnung, die uns von den staatsfreien ›Gemeinden unter dem Kreuz‹ als bewährtes und erprobtes Gut in schwerer Zeit überliefert worden ist, ist der Rechtsboden, auf dem die Rheinische Kirche steht.«[38]

Oder wie es Präses Wolff Ende 1919 knapp auf die Formel brachte: »Wir haben in der Kirche keine Revolution erlebt.«[39]

VI Ausblick

Es ist deutlich, dass der Rheinische Protestantismus und seine Leitungsgremien kirchlich nicht pauschal mit einem rückwärtsgewandten Konservatismus gleichgesetzt werden kann. Auch politisch gilt, dass die DNVP nicht zwangsläufig der politische Arm der Rheinischen Kirche war. Vielmehr weisen die kirchenpolitischen Entwicklungen seit 1923 in Richtung einer klaren kirchenpolitischen Ausdifferenzierung. Bei weiterhin mehrheitlich konservativer Grundhaltung – und politischer Nähe zur DNVP – konnten nun im Rheinischen Protestantismus unterschiedliche Positionen und Überzeugungen vertreten werden, bei denen auch traditionelle Überzeugungen mit progressiven Einsichten ineinander gehen konnten. Diese Pluralität zeigt sich beispielsweise in der Kirchentagsbewegung oder auch in einer

---

36 Vgl. ebd, 159 f sowie Schneider: Kontinuitäten und Aufbrüche ... (wie Anm. 2), 46.

37 Zu den Wahlergebnissen zur Nationalversammlung und zur preußischen Landesversammlung im Januar 1919 vgl. Bockermann: Der kirchliche Protestantismus ... (wie Anm. 3), 126-136.

38 Ebd, 97.

39 Ebd, 302.

Andreas Mühling

neuen Aufgeschlossenheit gegenüber sozialpolitischen wie auch theologischen Fragestellungen. Dass sich um 1929/1930 die neue evangelisch-theologische Fakultät in Bonn mit Karl Barth und Karl Ludwig Schmidt zu einem theologischen Anziehungspunkt in Deutschland entwickelte, lässt sich auch auf das Wohlwollen zurückführen, mit der die Rheinische Kirche diese Entwicklung begleitete.[40]

Diese komplizierte Lage spiegelt sich auch in der Haltung kirchlicher Vertreter gegenüber der Weimarer Reichsverfassung wider. Verhältnismäßig klein war die Gruppe jener, die die »Feindschaft der Kirche gegen die Republik kompromisslos und auf der ganzen Linie einforderte. [...] Die quantitativ stärkste Gruppe versuchte, die überlieferte Ordnung in den Kirchen über die Durchführung der Trennung von Staat und Kirche zu bewahren.«[41] Diese Theologen orientierten sich an der eigenen historisch gewachsenen Kirchenordnung, an einer bis ins 17. Jahrhundert zurückreichenden Tradition, und können grundsätzlich als Vernunftrepublikaner, gelegentlich auch als Überzeugungsrepublikaner bezeichnet werden. Schließlich zählte auf der linken Seite jene kleine Gruppe, »die die Revolution als Angebot und Möglichkeit zu einem echten Neuanfang für Kirche und Christen« verstand und vor allem durch die Religiösen Sozialisten repräsentiert wurde.[42] Doch auch diese Differenzierung kann nicht darüber hinwegtäuschen, dass die politische Zustimmung einer Mehrheit des protestantisch-kirchlichen Bürgertums seit 1925 zum Reichspräsidenten Hindenburg und dem von ihm repräsentierten Staat keineswegs eine Zustimmung zur demokratisch-parlamentarischen Republik insgesamt implizierte.[43]

Auf die komplizierte kirchenpolitische Lage nach 1918 reagierten die Rheinische Kirche und ihre Leitungsgremien strukturell unter Verweis auf ihre eigene Tradition und auf die Kirchenordnung rasch und zugleich bemerkenswert pragmatisch. Teilweise machte sich Aufbruchsstimmung im Rheinland breit; zugleich aber hielten zahlreiche Theologen an rückwärtsgewandten politischen Konzepten fest. Diese Spannung von in die Moderne gerichteten Entwicklungen sowie rückwärtsgewandten Konzeptionen sollte innerhalb der Rheinischen Kirche in den frühen Dreißigerjahren zu schweren Konflikten führen.

---

40 Vgl. hierzu Hermann DEMBOWSKI: Die Evangelisch-Theologische Fakultät zu Bonn in den Jahren 1930-1935. MEKGR 39 (1990), 335-361; Heiner FAULENBACH: Album Professorum der Evangelisch-Theologischen Fakultät der Universität Bonn. Bonn 1995, 14-20; Andreas MÜHLING: Karl Ludwig Schmidt: »Und Wissenschaft ist Leben.« Berlin; New York 1997, 67-116.

41 Vgl. insgesamt Bockermann: Der kirchliche Protestantismus ... (wie Anm. 3), 287 f.

42 Ebd.

43 Vgl. van Norden: Das 20. Jahrhundert ... (wie Anm. 2), 69.

Die Kirchenprovinz Sachsen – eine östliche Gliedkirche der Evangelischen Kirche der altpreußischen Union zwischen 1918 und 1933

Von Hans Seehase

I Vorbemerkung

Was ist Kirche – und was an ihr evangelisch?

Kirche ist zunächst das Gebäude, in dem Gebet, Gottesdienst und geistliche Musik stattfinden. Weiter ist Kirche die Gemeinschaft von gläubigen Personen, die sich zu den Veranstaltungen in dem Gebäude Kirche oder vergleichbar einem Gemeindezentrum sowie ähnlichen Räumen trifft. Und nicht zuletzt ist Kirche der rechtliche Begriff für eine Gemeinschaft unter staatlicher Aufsicht, die sich im 19. Jahrhundert zu einer Körperschaft des öffentlichen Rechts entwickelt hat. ›Evangelisch‹ bezieht sich auf das Verständnis von der guten Botschaft, dem Evangelium,[1] und ›protestantisch‹ auf die Verweigerung der Reformatoren gegenüber den altgläubigen Ständen des Reichs auf dem Reichstag von Speyer 1529. Seit etwa 1830 wurde in Preußen vom »summus episcopus«, dem König Friedrich Wilhelm III., angeordnet, in Zukunft nur »evangelisch« zu benutzen. Eine Begründung dafür musste der oberste Inhaber der Kirchengewalt und Bischof für diese Festlegung nicht mitliefern. Aber war ihm die Einengung auf den Protestakt in Speyer zu abwertend?

Der Tagungstitel der Tagung »Landeskirche ohne Landesherrn« geht in der ersten Zeile davon aus, dass es 1914 und 1920 durchweg Landeskirchen gab, die auf das Staatsgebiet eines Landesherrn begrenzt waren. Die einschneidende Änderung 1918/19 war nun, dass es Landes- und Provinzkirchen gab, die ihren monarchischen Landesherrn in einem Zeitrahmen vom 9. bis zum 24. November 1918 verloren hatten. Und verfolgt man die Entwicklung weiter, so gibt es heute nach den Wirren der Deutschen Evangelischen Kirche in der NS-Zeit und den kirchlichen Reformen um 1945 im Zuge der Konferenzen von Treysa sowie den nachfolgenden Entwicklungen seit 2012 zwanzig Landeskirchen in der 1948 gegründeten Evangelischen Kirche in Deutschland. Zu Beginn der Tagung wurde die Frage aufgeworfen, warum es nur Landeskirchen gebe, was ja der Entwicklung der Reformation in landesherrlichen Territorien folgte. Die Besonderheiten wurden nicht einzeln aufgezählt, es wären ja zunächst auch eher die Stadtstaaten-Kirchen auffällig gewesen, so in der Freien Hansestadt Bremen, der Freien und Hansestadt Hamburg und der Freien

---

1 Evangelisch definiert sich seit der Reformation über die Bekenntnisschriften und ist seit dem Westfälischen Frieden mit der Gründung des »Corpus Evangelicorum« ein Verfassungsbegriff, vgl. Heinrich DE WALL: Art. Evangelisch. In: RGG⁴ 2 (1999), 1709.

Hans Seehase

Hansestadt Lübeck, die zunächst Reichs- und Bundesländer-Kirchen waren. Die alte Hansestadt Frankfurt am Main war seit 1867 keine Freie Reichsstadt mehr, erhielt sich aber mit allen Landerweiterungen ihre »Landeskirche«[2]. Und wie sah sonst die Landkarte in den vom Weltkrieg geschundenen Regionen aus? Die alten Bundesstaaten des Deutschen Reiches wurden zu Reichsländern und Volksstaaten, die sich innerhalb der am 9. November 1918 ausgerufenen Republikformen Modelle für die Religionsgesellschaften ausdachten. Der Begriff »Kirche« wurde jetzt in der am 11. August 1919 verkündeten Reichsverfassung von Weimar eher ablehnend-negativ gebraucht: Es besteht keine Staatskirche.[3] War das etwas Neues – oder klang es nur so plakativ wie revolutionär? Und noch eine Gefahr lauert aus der Rückschau: Was bedeutet es heute, wenn mit dem Kirchengesetz vom 11. Juli 1933 eine Deutsche Evangelische Kirche entstand, die sich deutlich als protestantische Lösung eines unitarischen Modells verstand, das den Deutschen Evangelischen Kirchenbund in einer Weise fortentwickelte, die dieser bis 1932 gar nicht gewollt und herbeigeführt hatte? War die Deutsche Evangelische Kirche (DEK) nun eine neue Staatskirche, weil das neue Deutsche Reich die Reichsverfassung von Weimar auf ein Abstellgleis mit einem »Ermächtigungsgesetz« geschoben hatte, und ein Reichsgesetz vom 14. Juli 1933 die neue Kirchenverfassung staatlicherseits sanktionierte? Vordergründig muss die Antwort wohl »ja« lauten, dahinter ist aber zu bedenken, dass es sich um einen Weg handelte, auf dem die führende Partei der NSDAP die zögernden Provinz- und Landeskirchen vor sich hertrieb. Eine reine Parteikirche war die DEK nicht, aber in einem zunehmenden System ohne Gewaltenteilung und Gewaltenbalance wurde sie zum Spielball dessen, was wir heute »Kirchenkampf« oder »Glaubensauseinandersetzung« nennen.[4]

Die Frage nach den Begrifflichkeiten und Bezeichnungen, die natürlich wie in vielen Zusammenhängen der deutschen Gesellschaftssysteme unterschiedlich waren, ist am Ende der Tagung im Zusammenhang mit der Überlegung deutlich aufgeworfen worden, welche bisher griechischen oder lateinischen Titel jetzt durch deutsche Worte ersetzt wurden. Eine Staatskirche im engeren Sinne der Zuordnung zu einem rechtlich verfassten, nach Möglichkeit noch demokratischen System hat es in Deutschland allenfalls in den Stadtstaaten gegeben. Für die restlichen Kir-

---

2 Hier in Anführungsstrichen gesetzt, weil es sich um eine erweiterte Stadtkirche wie in Hamburg und Bremen handelte.

3 Vgl. Art. 137 Satz 1 Verfassung des Deutschen Reiches vom 11. August 1919. Reichsgesetzblatt (künftig: RGBl.) Nr. 6982 (1919), 1383. 1409.

4 Rechtlich bemerkenswert ist das Ende dieser Konstruktion: Nach der Beseitigung deutscher Regierungsgewalt durch die Alliierten nach der Kapitulation im Mai 1945 hat der Alliierte Kontrollrat durch das Gesetz Nr. 49 vom 20. März 1947 (abgedruckt im Gesetzblatt der Provinz Sachsen-Anhalt Nr. 7 [1947], 58) neben anderen NS-Maßnahmen auch das Reichsgesetz vom 14. Juli 1933 zur Verfassung der DEK (vgl. RGBl. I Nr. 80 [1933], 471) aufgehoben. Danach blieb es den Gremien der Kirche ausdrücklich überlassen, die Normen dieser Verfassung beizubehalten oder abzuändern.

Die Kirchenprovinz Sachsen

chen galt die Zuordnung zu einem Landesherrn, der Territorien mit zuletzt ganz unterschiedlichen Konfessionen vereinte. Was da »Evangelische Kirche Seiner Majestät Lande und Provinzen« hieß und später bis 1919 »Evangelische Landeskirche der älteren Provinzen der Monarchie«, kam sogar ohne Hinweis auf Preußen aus. Dies sagt schon einiges aus und ist nicht nur geographisch gemeint, weil es eben nicht nur die östlichen Provinzen waren, sondern auch die Rheinprovinz und Westfalen. Nicht gemeint waren die neupreußischen Gebiete in der Provinz Schleswig-Holstein, in der Provinz Hannover und in der Provinz Hessen-Nassau nach 1866, denen die Union und der Evangelische Oberkirchenrat (EOK) nach der Zusage des Monarchen 1867 erspart blieben. Preußen war also genau genommen ein Staat und Land mit vielen, sehr unterschiedlichen »Landeskirchen«. Sie umfassten die Territorien, welche zu den seit dem 17. Jahrhundert zum Preußischen Staat verbundenen Provinzen vereinnahmt worden waren, und wurden allmählich wie dieser Staat zu einer öffentlich-rechtlichen Körperschaft.[5]

Die entsprechende Öffnung war ein Ergebnis der religiösen Toleranzbewegung um 1846/47 und der »März-Revolution« von 1848. Aber auch danach blieben die Monarchen, Großherzöge, Herzöge, Fürsten und Grafen die Spitze der evangelischen Kirchengesellschaften. Dabei gab es Sonderformen in den Gebieten, in denen der Landesherr nicht evangelisch war – so im Königreich Sachsen ab 1697 und zuletzt mit der Vision eines konfessionellen Thronwechsels im Königreich Württemberg nach 1912 oder im Kaiserreich Österreich. Und dann setzte sich ein rechtlich korrekter Name 1922 durch, der nur ungewöhnlich impraktikabel war – und an sich hätte dazu führen müssen, nicht mehr von einer Landeskirche, sondern von einer »Korporationskirche« zu reden.[6] Eine Konfliktlinie entstand nach 1919, nachdem deutlich wurde, dass »Altpreußische Union« als kirchenrechtlicher Begriff des Kirchendaseins auch dort vorkommt, wo nicht mehr Preußen ist – beispielsweise in den früheren Provinzen Posen und Westpreußen, im Völkerbunds-Staat Freistadt Danzig und im nördlichsten Teil Ostpreußens, dem an Litauen gefallenen Memelland, in den Ostkantonen Belgiens um Eupen, Málmedy und St. Vith oder im früheren Reichsland Elsaß-Lothringen.

Eine andere Konfliktlinie, die auch in dem Schlussgespräch nach der Tagung angedeutet wurde, ist die der kirchlichen Funktionsbegriffe: War bisher von »Diözesen« oder »Ephorien« gesprochen worden, sollten in Zukunft die Begriffe der Verfassungsurkunde benutzt werden: Dann gab es nur noch »Kirchengemeinden« statt »Pfarreien« und »Kirchenkreise« statt Ephorien, wobei auffiel, dass sich der Begriff der »Kreisgemeinde« aus der Rheinisch-Westfälischen Kirchenordnung nie

---

5 So ausdrücklich wie in Art. 2 der Verfassungsurkunde von 1922 stand das zuvor nirgends.

6 Vgl. Verfassungsurkunde für die Evangelische Kirche der altpreussischen Union: vom 29. September 1922/ für den Handgebrauch erläutert und mit den zugehörigen Gesetzen hrsg. von Gottlieb Lüttgert. Berlin 1925, 23 (Kommentar zum Vorspruch der Verfassungsurkunde 1922).

Hans Seehase

wirklich durchgesetzt hat. Auf diese korrekte Verwendung musste aber erst der EOK Mitte der 1920er Jahre hinweisen! Und die bisherigen Funktionsbezeichnungen wurden in der altpreußischen Unionskirche ersichtlich nie angefochten, so dass es weiterhin den EOK, die Konsistorien, die Generalsynode, die Provinzsynoden, Kreissynoden, Presbyterien und Gemeindekirchenräte, die Generalsuperintendenten und Superintendenten ohne Kritik gegeben hat. War das möglich, weil die Bemühungen um Repräsentationsorgane nach 1846 so weit geführt hatten, dass die Kirchengemeinde-Synodalordnung und die Generalsynodalordnung von 1873/1876 eher nebenbei die kirchlichen Aufsichtsbehörden des landesherrlich-staatlichen Kirchenregiments nach 1850 zu landesherrlichen Behörden des Königs umgewandelt hatten? War das so unauffällig geschehen, dass zwar die Forderungen danach abgeebbt waren, aber man Konsistorien und den EOK immer noch für staatlich hielten, weil dort Staatsbeamte den Auftrag des monarchischen »summus episcopus« vollzogen?[7]

So war vermutlich der EOK, der für die Provinzialkirchen in Hannover, Schleswig-Holstein, Frankfurt, Nassau, Hessen-Kassel und Waldeck-Pyrmont[8] als höhere kirchliche Aufsichtsbehörde nach wie vor nicht zuständig war, der erste, der sich »an Luthers Geburtstag im Jahre 1918« nach den Ereignissen vom 9. November 1918 in Berlin an die Gemeinden und damit die Gemeindechristen der evangelischen Landeskirche wandte.[9] Die Denkschrift beginnt im Duktus des kaiserlichen Deutschlands: »Wir haben den Weltkrieg verloren«. Aber:

> »Deutschland ist nicht verloren, und das Evangelium ist nicht gebunden [...] So will unsere evangelische Kirche als Volkskirche mitten im Leben der Jetztzeit stehen, auch wenn äußere Stützen hinfallen sollten. Sie ist und bleibt eine Macht, der unser Volk zuversichtlich vertrauen kann; denn sie steht auf ewigem Grunde. Darum, evangelische Christen, die innere Zwietracht hat uns verderbt, so schließt die Reihen [...]. In diesen Tagen, in denen die Welt ein Chaos ist, muß unser deutsches Volk eine Christengemeinde sehen, die nicht flieht, sondern glaubt, die nicht klagt, sondern aufrecht steht, die nicht verzweifelt, sondern hofft. [...] Nur den Demütigen gibt er Gnade. [...] Wir wollen den Trost ergreifen, daß der Herr, der durch Tod zum Leben gegangen ist, immer im Kommen ist. [...] Er lebt und herrscht, er wird siegen. Er läßt seine Sache nicht im Stich! Das Reich muß uns doch bleiben.«

---

7 Vgl. Art. 21 in: Gesetz, betreffend die evangelische Kirchenverfassung in den ältern Provinzen der Monarchie: vom 3. Juni 1876 (Nr. 8410). Gesetz-Sammlung für die Königlichen Preußischen Staaten Nr. 11 (1876), 125-132, hier 130 Nr. 8410.

8 Dieses Gebiet hat bis 1922 und 1929 noch eine reichsrechtliche Sonderrolle gespielt, war aber eng an Preußen angebunden und hat seine »Landeskirche« bis zur Eingliederung in die DEK 1934 behalten.

9 Das Wort des EOK vom 10. November 1918 wird hier und im Folgenden zitiert nach der Vorlage in Rep H 54 (Superintendentur/Kirchenkreis Halle/Saale Nr. 249), Landeskirchenarchiv der EKM (Standort Magdeburg), unpag.

Die Kirchenprovinz Sachsen

So weit die programmatischen Aufforderungen mit Blick in eine ungewisse Zukunft – voller Evangelium, was dann auch »gute Hoffnung« bedeuten kann – das Reich in dem Schlusssatz ist aber naturgemäß das Reich Jesu Christi. Wie viel Skepsis und Ungeduld auf dem Weg waren, hat der EOK lieber gar nicht mit angedeutet – »sein [d.h. Christi] Weg ist auch in den dunklen Wassern dieser Zeit.« Und noch ein solches Paradigma: Art. 1 der Verfassungsurkunde 1922 weist in Satz 1 die Kirchengewalt ausschließlich der Kirche zu. Auch wenn das bisher schon galt, stand es nirgends, weil da noch das monarchische Staatsoberhaupt war, das Rechte der »iura in sacra« und »circa sacra« für sich als »summus episcopus« in weiter Auslegung in Anspruch nahm. Aber nun war deutlich, dass die Kirchengewalt etwas anderes sein musste als das, was in der Preußischen Verfassung vom 30. November 1920 in Art. 2 formuliert war, »Träger der Staatsgewalt ist die Gesamtheit des Volkes«[10]. Und eine Zuweisung an eine Institution der Kirche oder das Kirchenvolk ist unterblieben. Der Streit darüber, ob es ausreicht, die Kirchengewalt der Landes- oder Generalsynode zuzuweisen, ist kein formaler. Folgt man aber dem Gedanken, dass es gestufte Repräsentation gibt, so ist die offene Formulierung die geeignete! Dabei ist deutlich, dass die Kirchengewalt nicht einzelnen Personen zugewiesen ist, sondern den Synoden auf allen Ebenen, die keinen Parlamentarismus in synodaler Einkleidung praktizieren sollen.[11] Auf dieses immer noch kursierende Bild sind wir während der Tagung bis zur Schlussdiskussion immer wieder gestoßen – ein Gemeindekirchenrat oder Presbyterium bis zur Generalsynode übt nicht »Demokratie in der Kirche« aus, sondern gemeinsam mit Pfarrer*innen die Repräsentation der jeweiligen kirchlichen Ebene!

In diesem Zusammenhang sei noch eine Besonderheit erwähnt, die von der sprachlichen Seite her auffällt: Die Preußische Verfassung vom 30. November 1920 regelt nur ganz wenige Sachverhalte aus dem religionsrechtlichen Zusammenhang, was dafür spricht, dass die Reichsverfassung hier Vorrang hatte.[12] Diese Sachverhalte werden unterschiedlichen Begriffen zugeordnet: Die erste Vorschrift ist die über den Austritt mit bürgerlicher Wirkung – hier ist von Religionsgemeinschaften und bezogen auf das Kirchensteuerrecht in Art. 76 von Körperschaften des öffentlichen Rechts die Rede. In den Übergangsvorschriften finden sich noch zwei Artikel, in denen kirchenrechtliche Spezifika geregelt sind: Art. 82 behandelt den Übergang der königlichen Befugnisse, in Abs. II auch die kirchenregimentlichen. In Art. 82

---

10 Verfassung des Freistaats Preußen vom 30. November 1920 (Nr. 12003). Preußische Gesetzessammlung (künftig: PrGS) Nr. 54 (1920), 543-558, hier 543.

11 Also liegt wie bisher die Kirchengewalt bei den Presbyterien/Gemeindekirchenräten, Kreissynoden, Provinzsynoden und der Generalsynode – jetzt allerdings ohne den Landesherrn. Preußische Tradition war nach langem Ringen ein presbyterial-synodales System in allen Provinzen, aber ohne Prärogative der Landessynode, die Generalsynode hieß, worauf der Entwurf der Verfassungsurkunde 1922 des EOK hinwies. Vgl. Verfassungsurkunde für die Evangelische Kirche … (wie Anm. 6), 26.

12 Vgl. Verfassung des Freistaats ... (wie Anm. 10), 543.

Hans Seehase

Abs. III wird auf den Vorrang von Art. 137 der Reichsverfassung bei der Ausübung der Rechte gegenüber den »Religionsgesellschaften« ausdrücklich verwiesen.

II Der regionale Bezug der preußischen Provinzkirche Sachsen

1 Das Kirchengebiet

Weil die Evangelische Kirche der altpreußischen Union (EKapU) die inhaltliche und rechtliche Fortsetzung dessen ist, was bisher die preußische Landeskirche bildete, fehlt in der Verfassungsurkunde eine Vorschrift darüber, welchen Gebietsstand diese Kirche umfasst. Für den Provinzialsynodalverband Sachsen war das generell keine Überlebensfrage wie in Westpreußen oder in Teilen Schlesiens. Die Frage nach der Zugehörigkeit mediatisierter Gebiete stellte sich im Westen der Kirchenprovinz Sachsen dennoch, wenngleich nie ernsthaft: Gedacht sei an die drei Grafschaften Stolberg, deren zwei unstreitig mit den sächsischen Gebieten 1815/16 zur Provinz Sachsen gelangt waren. Neben Stolberg-Stolberg und Stolberg-Roßla gab es noch die Grafschaft Stolberg-Wernigerode, die schon vor 1803, nämlich 1714, staatsvertraglich durch Rezesse der Territorialherren an Kurbrandenburg/Preußen gebunden worden war. Gehörte die Grafschaft territorial zu Preußen und zur Provinz Sachsen? Mit der Aufhebung sämtlicher Standesvorrechte der um 1890 gefürsteten Grafenfamilien durch Preußisches Gesetz 1920[13] war davon auszugehen, dass die staatsrechtliche Angliederung ein Ende gefunden hatte.[14] Und für die kirchlichen Sonderrechte, die die Grafen einzeln verliehen bekommen hatten, wurde ein gesondertes Kirchengesetz erarbeitet, das 1925 alle Mediatverwaltungsformen einzeln für die Zukunft mit einer neuen kirchlichen Autorität versah.[15] Damit wurde dem Bedarf für die Kirchenkreise mit besonderen Verwaltungseinrichtungen Rechnung getragen, wie dies Art. 163 der Verfassungsurkunde von 1922 vorsah.[16] Rechtssystematisch sei nur darauf hingewiesen, dass die Neuordnung für die Stolberger Grafschaften und Kirchenkreise verpflichtend war (Art. 163 Abs. I), während bei anderen Sondereinrichtungen ein kirchliches Bedürfnis zu begründen war (Art. 163 Abs. II). Das Stadtkonsistorium Stralsund in der Kirchenprovinz Pommern ist diesem offenbar nicht nachzuweisendem kirchlichen Bedürfnis übrigens zum

---

13 Gesetz über die Aufhebung der Standesvorrechte des Adels und die Auflösung der Hausvermögen vom 23. Juni 1920 (Nr. 11923). PrGS Nr. 32 (1920), 367-382.

14 Vgl. dazu das Gutachten von Heinrich Albert Zachariä, Staatsrat und Professor an der Georgs-Universität Göttingen, vom Juli 1862 über die staatsrechtlichen Verhältnisse des Grafen und Hauses sowie der Grafschaft Stolberg-Wernigerode zur Preußischen Krone.

15 Für das Evangelische Ministerium Erfurt, für das Stadtkonsistorium Breslau sowie für die drei Stolberger Fürstlichen Konsistorien Stolberg, Roßla und Wernigerode vgl. Kirchliches Gesetz- und Verordnungsblatt (künftig KGVBl.) (1925), 63.

16 Vgl. Staatsgesetz, betreffend die Kirchenverfassungen der evangelischen Landeskirchen. Vom 8. April 1924 (Nr. 12829). PrGS Nr. 30 (1924), 221-225. 226-468, hier 260 = KGVBl. (1924), 59.

Opfer gefallen. Stolberg-Wernigerode wurde seit 1815 immer wie preußisches Inland behandelt, allerdings mit weitreichenden Sonderrechten. Es war nach 1919 wohl nie zweifelhaft, dass der Kreis Grafschaft Wernigerode wie der Kirchenkreis Stolberg-Wernigerode zur Provinz Sachsen gehörten – das war bis 1918, vermutlich mit abnehmender Tendenz, für die kirchliche Zugehörigkeit noch anders.[17]

2 Die Provinz Sachsen und die »Groß-Thüringen-Frage«

Eine nicht unwichtige Rolle, auch für die Kirchenprovinz Sachsen, spielte die sogenannte »Groß-Thüringen-Frage«, die an sich eher mit der Zukunft der acht Herzogtümer und Fürstentümer im ernestinischen Süden der heutigen EKM zu tun hatte. Doch es ging nur vordergründig um die Frage der Integration hin zu einem Staat und danach um dessen Stellung im Deutschen Reich der Republik. Die Frage war, ob Thüringen vergleichbar den anderen Frei- und Volksstaaten konzipiert werden könne, oder ob es zu Verbindungen mit dem ganzen Preußischen Regierungsbezirk Erfurt oder Teilen davon kommen solle. Die Diskussion darüber hat fast die gesamte Zeit bis zum Tode des ersten Reichspräsidenten Friedrich Ebert ausgefüllt. Phasenweise ging es darum, die Thüringer Territorien Preußen anzugliedern – entweder als eine neue Provinz Thüringen mit den Zentralorten Erfurt und Meiningen oder als vierten Regierungsbezirk in der Provinz Sachsen. Ebenso diskutiert wurde die Abtrennung wichtiger Kernbereiche des Regierungsbezirkes Erfurt um Erfurt selbst sowie die Landkreise Weißensee und Langensalza bis hin zu Teilen des Regierungsbezirkes Merseburg um Heldrungen und Artern, weil auf diese Weise die nördlichen Enklaven Thüringens in der Provinz Sachsen mit den anderen südlicheren Gebieten Verbindung erhielten. Die Verhandlungen wurden teilweise mit verbitterten Argumenten geführt, wobei sich der Freistaat Preußen darauf berief, dass nicht ohne ein Gesetz der Nationalversammlung oder des Landtages Teile des Freistaates abgegeben werden könnten. Nach einhundertjähriger Zugehörigkeit ehemals kursächsischer und kurmainzischer Gebiete wollten diese auf keinen Fall abgegeben werden.

Ob damals bereits nach der Devise, die der spätere Generalsuperintendent der Kurmark, Otto Dibelius, kultiviert hat, »Staatsgrenzen sind kein Grund, die Kirchengrenzen zu verändern«,[18] schon darüber nachgedacht wurde, dass sich mit dem

---

17 Dazu hat der Verfasser einige Untersuchungen unternommen, die bisher nur teilweise veröffentlicht sind, vgl. Hans SEEHASE: Die Eingliederung von Standesherrschaften in das Königreich Preußen. In: Unter neuer Herrschaft: Konsequenzen des Wiener Kongresses 1815/ hrsg. von Manfred Wilde; Hans Seehase. Leipzig 2016, 89-118; und ein bisher nicht veröffentlichter Aufsatz: DERS: Kirchenregimente unterhalb der landesherrlichen Ebene in der Kirchenprovinz Sachsen: das Fallbeispiel der drei Grafschaften Stolberg und anderer altpreußischer regionaler Herrschaftsgebiete (Manuskript).

18 Zitat nach Otto DIBELIUS: Das Jahrhundert der Kirche: Geschichte, Betrachtung, Umschau und Ziele. Berlin 1928, 75 f. Vgl. auch DERS.: Staatsgrenzen und Kirchengrenzen: eine Studie zur gegenwärtigen Lage des Protestantismus. Berlin 1921.

Hans Seehase

Wechsel der staatlichen Zuordnung auch die Kirchengrenzen ändern können, ist nicht ganz deutlich. Aber deutlich ist der Protest auch aus den betroffenen Kirchengemeinden, wie der Verhandlungsführer der Preußischen Provinzkirche, der Senior des Evangelischen Ministeriums und Superintendent des Kirchenkreises Erfurt, Gerhard Fischer, formulierte. Abgesehen davon, dass er fälschlicherweise Erfurt und sein Landgebiet zur Freien Reichsstadt erklärte, gab er zu Protokoll, dass man in seinem Aufsichtsbezirk wesentlich kirchlicher dächte als im unfrommen Thüringen ringsum.[19] Und selbst die Neugliederung der Provinzen in Preußen durch Führerlasse vom 1. April 1944[20] bezogen auf die Provinzen Sachsen und Hessen-Nassau haben zwar – sicher unbewusst – manche Idee von 1923 aufgegriffen, kirchlich aber keine Folgen gehabt. So gab es bis 2009 Landstriche von Preußisch-Thüringen, die zur Evangelischen Kirche der Kirchenprovinz Sachsen gehörten.

3 Das Mitteldeutschland-Projekt

Im Vergleich dazu war die Frage der Neugliederungsdebatte in der Republik von Weimar, bezogen auf das Mitteldeutschland-Projekt, mit einem ganz anderen Ausgangspunkt gestellt worden, weil es hier darum ging, den Zuschnitt der Reichsländer nicht mehr nur nach historischen, sondern auch wirtschaftlichen Gesichtspunkten neu zu konzipieren. Dieses Projekt ist im Wesentlichen von dem damaligen Landeshauptmann der Preußischen Provinz Sachsen, dem Liberaldemokraten Dr. Erhard Hübener, im Provinziallandtag in Merseburg mit einigen Mitstreitern aus der Wirtschaft entwickelt worden.[21] So verlockend diese Ideen einer Zusammenfassung von Wirtschaftsräumen gewesen sein mag, scheiterten sie an den zunehmenden Länder-Egoismen.

4 Die innere Gliederung des Provinzkirchensynodalverbandes

Im Gegensatz zu den bisher geschilderten Besonderheiten im äußeren Umfang der Landes- und Provinzkirche soll es in diesem Unterabschnitt darum gehen, wie der innere Umfang für die Zukunft effektiver gestaltet werden sollte. Ausgangspunkt war hier die schlichte Formulierung von Art. 60 Abs. II der Verfassungsurkunde

---

19 Vgl. dazu die Akte »Großthüringen«, G 56/I Rep A gen 1597 1919-1922, Landeskirchenarchiv der EKM (Standort Magdeburg).

20 Durch die Erlasse, veröffentlicht im RGBl I, 109 f, entstanden die Provinzen Kurhessen und Nassau sowie die Provinzen Magdeburg und Halle-Merseburg, letztere ausdrücklich zur Angleichung an die Reichsverteidigungsbezirke. Der Regierungsbezirk Erfurt verblieb bei Preußen, es wurde lediglich der Reichsstatthalter in Thüringen mit der Wahrnehmung der Befugnisse des Oberpräsidenten beauftragt, vgl. § 1 Abs. 2 des Erlasses vom 1. April 1944. RGBl. I Nr. 20 (1944), 111.

21 Einzelheiten sind zu finden bei Mathias TULLNER: Erhard Hübener und die Provinz Sachsen: Mitteldeutschland-Pläne und Reichsreform. In: Länder, Gaue und Bezirke: Mitteldeutschland im 20. Jahrhundert/ hrsg. von Michael Richter; Thomas Schaarschmidt; Mike Schmeitzner. Halle/Saale 2007, 73-84.

Die Kirchenprovinz Sachsen

von 1922: »Die Kirchenkreise bleiben in ihren bisherigen Grenzen bestehen.« Genau so unbestritten, aber ungeliebt war die folgende Vorschrift von Art. 61 Abs. I: »Jeder Kirchenkreis bildet einen Selbstverwaltungskörper (Kreissynodalverband) und zugleich einen Verwaltungsbezirk der Kirche.«

Dabei sei nur der Vollständigkeit halber darauf hingewiesen, dass in den östlichen Provinzen die Kirchenkreise Teil des Kirchenregimentes waren, in den westlichen Provinzen nicht. Auf diesen Zwittergebilden der kirchlichen Institutionenlehre lag ein Hauptaugenmerk der neuen Verfassungsurkunde, da diese gerade in den Kirchenkreisen eine neue Form der Beteiligungsinitiative einführen sollte.

Der Bestand der Kirchenkreise war also zunächst verfassungsfest. Aber bald sollte sich erweisen, dass der bisherige Zuschnitt der Kirchenkreise zu klein war. Schon die verfassungsgebende Kirchenversammlung regte an und legte fest, dass die Provinzsynoden und Provinzkirchenräte dafür sorgen sollten, für die Zukunft leistungsfähige, den Bevölkerungs-, Wirtschafts- und Verkehrsverhältnissen entsprechende Gebilde zu schaffen.[22] Dieser Umbau der Kirchenkreise ist lange und teilweise erbittert in den Regionen diskutiert worden und jeweils für die drei Regierungsbezirke der Provinz Sachsen umgesetzt worden. Im Ergebnis wurden Kirchenkreise durch Zusammenlegung und Aufhebung neu geschaffen oder verändert. Die Entscheidung des Provinzialkirchenrates erging am 26. März 1928 jeweils für den Regierungsbezirk Magdeburg[23], für den Regierungsbezirk Merseburg[24] und für den Regierungsbezirk Erfurt[25]. Nach Zustimmung des EOK wurden zahlreiche Kirchenkreise in ihrem Kirchengemeindebestand verändert, wobei auch hier auffällt, dass in den jeweiligen Urkunden noch von »Pfarrsprengeln« die Rede ist. Das Inkrafttreten der Änderungen wurde bewusst sukzessive gestaltet, wobei nicht immer ganz deutlich ist, auf welche örtlichen Verhältnisse hier Rücksicht genommen wurde.[26] Um einige Änderungen ist erbittert gestritten worden. In vielen Fällen ging es um historische Zusammenhänge, die nicht immer die entscheidende Rolle spielten, in anderen um die verkehrstechnische Erreichbarkeit der Superintendentur mit der Bahn oder dem Bus. Auch die Frage der Schuleinzugsbezirke hat mitunter eine Bedeutung gehabt.

Ein Sonderfall ist auffällig, wenngleich seine Liquidierung nicht mehr bis 1933 erreicht worden ist: Aus rechtstraditioneller Herleitung gab es noch die alte kursächsische Schulinspektion für die Landesschule Pforta, in der der Geistliche Inspektor einen Superintendententitel führte. Diese Funktion einer Kirchenaufsicht

---

22 Diese Entschließung ist offenbar erst mit dem Zustimmungsgesetz des Freistaates Preußen im Jahre 1924 veröffentlicht worden, vgl. KGVBl. (1924), 130.

23 Vgl. KABl. Kirchenprovinz Sachsen 11 (1928), 91.

24 Vgl. ebd, 94.

25 Vgl. ebd, 97.

26 Die meines Wissens längste Herauszögerung des Inkrafttretens der Neuregelung gab es mit dem Kirchenkreis Buckau, der erst 1934 aufgehoben wurde.

Hans Seehase

im Schulbereich, zu der auch die Kirchengemeinde Kösen gehörte, wurde dem Grunde nach zum 1. April 1928 beseitigt. Der Protest des Geistlichen Inspektors in Pforta führte aber dazu, dass diese Entscheidung immer wieder herausgezögert wurde. Die Begründung ist an sich nicht überraschend: Der Geistliche Inspektor wies darauf hin, dass nach 1919 die Diskussion über die Lehrfacultas für Religion auch die Landesschule Pforta eingeholt hatte. Wenn jetzt die Provinzkirche die Inspektion Pforta aufhob, werde nur das Bestreben der staatlichen Seite gefördert, die Stellen der Lehrkräfte nicht mehr mit Geistlichen zu besetzen. Demgemäß hat der Provinzkirchenrat nach Art. 80 der Verfassungsurkunde eine Abgrenzung zu den Befugnissen des Superintendenten des Kirchenkreises Naumburg vorgenommen. Zunehmend wurde diese Aufgabenteilung als leere Hülse empfunden, doch hat sich die Existenz des Geistlichen Inspektors und Superintendenten in Pforta erst mit der Umgestaltung der Landesschule in eine Nationalpolitische Erziehungsanstalt (NAPEA/Napola) erledigt.[27]

III Der Umbau der Landeskirche und der Provinzkirche im Vollzug der Verfassungsurkunde vom 29. September 1922

Betrachtet man die zum Teil einschneidenden Veränderungen in anderen Kirchen im Deutschen Reich, so kann man geneigt sein, zu behaupten, in Alt-Preußen habe sich insgesamt nichts geändert. Dass das nicht stimmt, ersieht man schon daraus, dass die Verfassungsurkunde den Kirchenkreisen eine neue Funktion für das lebendige Kirchenleben zugewiesen hat. Aber auch andere Einrichtungen im bisher bekannten Kirchengefüge erhielten neue Funktionen, die zum Teil schon deswegen nötig waren, weil die bisherigen obsolet geworden waren. So verloren die Generalsuperintendenten ihre Aufgabe, die Grundzüge des landesherrlichen Kirchenregimentes in den Provinzen nach den Äußerungen des Königs voranzutreiben. Sie, deren Dienstinstruktion von 1828 nie veröffentlicht worden ist, übernahmen jetzt die geistliche Leitung in dem Provinzsynodalverband und die Leitung der Konsistorien. Erneut hatten mit dieser Konstruktion die westlichen Provinzsynodalverbände die größten Schwierigkeiten, weil nach wie vor Konsistorien und Generalsuperintendenten mit der Tradition des presbyterial-synodalen Kirchenverständnisses ihrer Kirchenordnung vom März 1835 eher schwer zu vereinbaren waren. Gelang dies noch durch eine Angleichung der Kirchenordnung in den Jahren 1922/23, so stellte die Verfassungsurkunde von 1922 den beiden Synodalverbänden frei, die Leitung des jeweiligen Konsistoriums einem Juristen zu übertragen.[28] Von dieser Regelung Gebrauch gemacht hat allerdings nur die Provinzkirche in der Rheinprovinz.

---

27 Vgl. dazu die Archivakte »Neuumgrenzung der Kirchenkreise im kommunalen Kreis Naumburg (Stadt und Land)«, Rep A gen 597, Landeskirchenarchiv der EKM (Standort Magdeburg).

28 Vgl. Art. 162 Verfassungsurkunde für die evangelische Kirche … (wie Anm. 6), 260.

Die Kirchenprovinz Sachsen

Für die Kirchenprovinz Sachsen gibt es einige Äußerungen eines leitenden Kirchenbeamten, der mit dem Verfassungsinhalt so seine Schwierigkeiten hatte. Der 1919 berufene Konsistorialpräsident Ernst Loycke[29] hat ein undatiertes Gutachten unter dem Titel »Konsistorium und Provinzkirchenrat« hinterlassen, das einige für den Verwaltungsjuristen beschwerliche Regelungen und Sachverhalte enthält.[30] Grundsätzlich hielt er den Verfassungsinhalt für ein normales Laienverständnis eher fernliegend, im einzelnen zudem die Verwaltungsgrundsätze für zu wankend, weil sie sich stets neu bildeten. Am meisten Probleme gab es nach hergebrachtem Verständnis mit dem Provinzkirchenrat, der anders als die Konsistorien nicht den Weisungen des EOK unterlag, ferner damit, dass jetzt nicht mehr der gesamte Gemeindekirchenrat (GKR), sondern nur noch der Pfarrer an Weisungen im Instanzenzug gebunden waren. An anderer Stelle wurde Loycke noch deutlicher: Die Selbstverwaltung durch den Provinzkirchenrat sei ein Systemirrtum, weil die laufende Verwaltung dem Konsistorium obliege. Zudem sei eine Kopie der kommunalen Selbstverwaltung ein deutlicher Weg in die Leere.[31] Eine gewichtige Kritik traf den Vorsitz im Kollegium des Konsistoriums: In dem Gutachten schrieb Loycke zunächst »verhängnisvoll«, was er aber durchstrich und durch »undurchführbar« ersetzte. Es gab für ihn eine inhaltliche und eine strukturelle Begründung, da bei der Existenz mehrerer Generalsuperintendenten der oder die jeweils nicht geschäftsführenden ihr Amt nur unsachgemäß ausfüllen konnten.[32]

Neu war die Verteilung der innerkirchlichen Gewalten nach den herkömmlichen drei Theorieprinzipien episkopal (Provinzkirchenrat), konsistorial und synodal (die Rechtsausschüsse als die Vorläufer kirchlicher Verwaltungsgerichtsbarkeit), welche allerdings bei Loycke in seinem Gutachten nur kurz gestreift wurden.

Im Verhältnis zum Staat, der die Oberaufsicht über die Vermögensverhältnisse der kirchlichen Körperschaften behielt, änderte sich strukturell einiges. Dafür ergingen zwei Staatsgesetze, eines bezüglich der Kirchenverfassungen der evangelischen Landeskirchen vom 8. April 1924[33] und eines über die einstweilige Regelung der Kosten für die Verwaltungsbehörden der evangelischen Landeskirchen vom 15. Oktober 1924.[34] Mit diesen Staatsgesetzen blieben im Wesentlichen die

---

29 Zu seiner Biographie und Wirkungsgeschichte vgl. Hans Seehase: Art. Loycke, Ernst. In: Magdeburger Biographisches Lexikon: 19. und 20. Jahrhundert. biographisches Lexikon für die Landeshauptstadt Magdeburg und die Landkreise Bördekreis, Jerichower Land, Ohrekreis und Schönebeck/ hrsg. von Gunter Schanderah; Guido Heinrich. Magdeburg 2002, 438.

30 Dieses maschinen- und handschriftliche Gutachten befindet sich im Evangelischen Zentralarchiv Berlin: EZA 617/9.

31 Vgl. ebd, 12.

32 Vgl. ebd, 13-15.

33 Vgl. Staatsgesetz … (wie Anm. 16), 221-226.

34 Vgl. Gesetz über die einstweilige Regelung der Kosten für die Verwaltungsbehörden der evangelischen Landeskirchen: vom 15. Oktober 1524 (Nr. 12891). PrGS Nr. 49 (1924), 607-609.

Hans Seehase

Staatsleistungen für kirchliche Beamte erhalten, und auch die Zuweisung kirchlicher Gebäude für kirchenregimentliche Zwecke wurde nicht verändert.[35] Die Patronatsfragen blieben unberührt[36], doch auch wenn das Ministerium für Wissenschaft, Kunst und Volksbildung ab 1921 daran ging, alle bisherigen landesherrlichen Patronate auf den Prüfstand zu stellen, stellte sich bald heraus, dass aus den landesherrlichen Patronaten fiskalische geworden waren.[37] Eine wichtige Änderung gab es für Patronatsbaufälle: Zum einen hatte es sich in Altpreußen eingebürgert, dass im Zweifel ein Bauresolut von den Regierungen in den Regierungsbezirken erlassen werden konnte. Das Staatsministerium sah in dieser Verwaltungsentscheidung durchaus etwas Sinnvolles und regte in der Landtagsdebatte zu dem Staatsgesetz über die evangelischen Kirchenverfassungen an, diese Bauresolute auf die neupreußischen Provinzen auszudehnen.[38] Zum anderen wurde jetzt der Rechtsweg in Bausachen anders geregelt: Weil hier in der Regel öffentlich-rechtliche Verpflichtungen zugrunde lagen, sollte auch im öffentlich-rechtlichen Verwaltungsstreitverfahren über die Baulasten befunden werden. Diese Rechtsnorm[39] bescherte den Bezirksverwaltungsgerichten und dem Preußischen Oberverwaltungsgericht bis etwa 1942, als die Rechtsprechung kriegsbedingt eingestellt wurde, zahlreiche Einzelfälle, in denen zumeist die Kirchengemeinden obsiegten.

IV Provinzkirche und Dienst für das Ausland

In die Zeit der großen Weltwirtschaftskrise fielen einige Entscheidungen für kirchliche Einrichtungen, die dem Dienst für das Ausland gewidmet waren. Zu nennen ist beispielsweise das Predigerseminar für das Ausland, speziell für den Dienst im Süden Brasiliens, das 1911 in Soest begründet wurde und nach mehreren Umzügen (über Witten an der Ruhr nach Stettin) im Dezember 1929 seine Arbeit in Ilsenburg im Harz aufnahm.[40] Das Bemerkenswerte daran war, dass die altpreußische Landeskirche hier die Chance wahrnahm, einen romanischen Gebäudekomplex um das Schloss und die Klosterkirche auf dem Territorium der Grafschaft Stolberg-

---

35 Vgl. §§ 1, 4 und 7 des Staatsgesetzes vom 15. Oktober 1924. Ebd, 607 f.

36 Art. 19 Nr. 1 Staatsgesetz … (wie Anm. 16), 225.

37 Damit endete die Fiktion, die man seit der Preußischen Verfassung von 1850 durchgehalten hatte: Das landesherrliche Patronat galt als ein persönliches Patronat des Monarchen, wurde aber wahrgenommen von den Regierungen in den Provinzen als staatlichen Behörden.

38 Es hatte wohl nur einen Fall in Weilburg, Provinz Hessen-Nassau, gegeben: Landtags-Drucksache Preußischer Landtag Nr. 7266, 1. Wahlperiode, 1. Tagung 1921/1923; Stellungnahme des Preußischen Staatsministeriums vom 28. November 1923 zu dem Entwurf eines Gesetzes, betreffend die Kirchenverfassungen der evangelischen Landeskirchen.

39 Vgl. Art. 17 Staatsgesetz … (wie Anm. 16), 224.

40 Vgl. dazu die Archivakten »Landeskirchliches Diaspora-Seminar in Ilsenburg«, Rep E 3 Nr. 1065 (Fürstlich Stolberg-Wernigeröder Konsistorium) 1929-1947, Landeskirchenarchiv der EKM (Standort Magdeburg); ferner die des Evangelischen Stifts Ilsenburg in der Überlieferung des Konsistoriums der Kirchenprovinz Sachsen unter Rep A gen 1744.

Die Kirchenprovinz Sachsen

Wernigerode zu nutzen. Da das Fürstenhaus in dieser Zeit tief in der Insolvenz steckte, erwarb die Landeskirche das Areal des Klosters Ilsenburg nicht zu Eigentum, was ihr zu riskant war, sondern schloss einen länger befristeten Pachtvertrag. Die seminaristische Ausbildung wurde 1938 durch die NS-Regierung untersagt.

Eine zweite Ausbildungsstätte mit überregionaler Bedeutung befand sich seit 1912 auf dem Gebiet der Kirchenprovinz Sachsen: das Auslands-Diakonissen-Mutterhaus, dessen Zielgebiet ebenfalls die südlichen Regionen Brasiliens war. Das Mutterhaus war 1909 in Münster/Westfalen gegründet worden und auf besonderen Wunsch des 1907 errichteten Katharinenstifts in Wittenberg zur Verstärkung der Schwesternschaft dorthin umgezogen. Das fusionierte Diakonissenmutterhaus bestand bis 1940, als die Schwestern der Kaiserswerther Prägung zurückgezogen und durch Schwestern der Zehlendorfer Diakonie ersetzt wurden.[41]

Ausländische Kirchengemeinden gab es auf dem heutigen Gebiet der EKM wenige, zu denken ist vor allem an die Kirche nahe des Schlachtfeldes des Dreißigjährigen Krieges vor den Toren von Lützen und der Stelle, an der der König Gustav II. Adolf von Schweden 1632 gefallen ist. Diese Kirche gehört bis heute zur Schwedischen Kirche. Zu nennen ist ferner die Kirche St. Michael and all Angels in Weimar, die 1899 von der Church of England gebaut wurde. Die anglikanische Gemeinde verließ diese Kirche 1914 mit Ausbruch des Ersten Weltkrieges, danach stand die Kirche lange Zeit leer. Am 30. September 1928 ist sie neu geweiht worden und heute als Kreuzkirche Teil der Evangelischen Kirchengemeinde Weimar.

V Der Wegfall der geistlichen Schulaufsicht

Die geistliche Schulaufsicht wurde in Preußen sehr früh nach einem Erlass vom 15. Februar 1919 durch Gesetz vom 18. Juli 1919 beseitigt. Die Folgen für den Religionsunterricht sind mehrfach beschrieben worden, so das dies hier nicht noch einmal ausgebreitet werden soll.

In den drei Stolberger Grafschaften vollzog sich der Verzicht auf die geistliche Schulaufsicht durch den Inhaber einer mediaten Kirchenaufsicht sehr unterschiedlich: Am intensivsten wurde um die Zukunft der geistlichen Schulaufsicht in der Grafschaft Stolberg-Wernigerode gerungen. Der Oberpräsident der Provinz Sachsen schrieb am 6. Juni 1921 an das Fürstliche Konsistorium Stolberg-Wernigerode bezüglich der Zukunftsverhandlungen für das Fürstliche Gymnasium in Wernigerode.

---

41 Einen sachlichen Grund für diesen Wechsel vermag bisher kaum jemand zu nennen; immerhin gibt es von dem langjährigen Chefarzt des Paul-Gerhardt-Stiftes, Professor Dr. Wolfgang Böhmer, die Vermutung, dies habe damit zu tun, dass sich das Kaiserswerther Diakonissenmutterhaus Katharinenstift in den späteren 1930er Jahren zur Bekennenden Kirche gehalten habe – vgl. dazu seinen Aufsatz: Wolfgang BÖHMER: Das Krankenhaus des Paul-Gerhardt-Stiftes im Wandel der Zeiten. In: Impulse zur Diakonie in der Lutherstadt Wittenberg/ hrsg. von Peter Gierra. Berlin 1983, 89 f.

Hans Seehase

Dazu war das Ministerium für Wissenschaft, Kunst und Volksbildung in Berlin durchaus nach einem Erlass vom 1. Juni 1921 bereit, machte sie aber von einem vertraglichen Verzicht des Fürsten auf seine Rezessrechte aus § 26 Teil B von 1822 abhängig. Nachdem das Ministerium in Berlin noch einmal am 12. September 1921 eine generelle Verzichtsvereinbarung angemahnt hatte, entgegnete das Konsistorium Stolberg-Wernigerode am 26. November 1921: Der Fürst habe seinen Verzicht in Aussicht gestellt, stelle aber dafür zwei Bedingungen. Zum einen müssten alle Lasten, die mit der Schulaufsicht verbunden waren, vom Land übernommen werden, zum anderen auch die Beamten und Angestellten. Zum Jahreswechsel 1921/22 waren die nötigen Absprachen getätigt, nach dem Verzicht vom 15. Januar 1922 konnten die Folgeregelungen getroffen werden. Am 17. August 1922 teilte das Ministerium für Wissenschaft, Kunst und Volksbildung dem Oberpräsidenten der Provinz Sachsen mit, die Dienstgeschäfte der Schulaufsicht seien bis auf Weiteres auf den Oberpräsidenten übergegangen. Es sollte danach ein Schulaufsichtskreis gebildet werden, der identisch mit der Grafschaft Wernigerode sei und später gegebenenfalls um die Gebiete Stolberg-Stolberg und Stolberg-Rossla erweitert werden könne. Kreisschulrat für Wernigerode wurde der Oberlehrer Dr. Gustav Geist,[42] bisher Lehrer am Lyzeum in Wernigerode.

Nur für Stolberg-Stolberg ist in dieser Akte der Verzicht erwähnt, ohne dass das Konsistorium Stolberg-Stolberg am 7. Oktober 1922 ein Datum dafür angab. Das Ministerium verfügte am 17. November 1922 die Übertragung der Schulaufsicht für die Grafschaft Wernigerode an die Regierung Magdeburg, während für die Grafschaften Stolberg und Rossla die Regierung Merseburg zuständig war. In ihrem Aufsichtsbezirk sollte der Schulaufsichtskreis geteilt werden, was nach dem Übergang der Zuständigkeit ab dem 1. März 1923 geschah. Für Stolberg-Rossla fand sich keine gesonderte Regelung.[43]

Aus Stolberg-Stolberg ist zudem noch bemerkenswert, dass die Umfrage des Ministeriums für Wissenschaft, Kunst und Volksbildung vom 1. April 1919 zum Stand des Religionsunterrichtes im Schulbetrieb nach dem Bericht des Kreisschulinspektors vom 9. Oktober 1920 nur wenige Neuerungen angeregt hatte: Nur ein Lehrer in der Gemeinde Bielen hatte die Befreiung vom Religionsunterricht beantragt.[44]

Eine weitere Folge war, dass in Zukunft eine Trennung der bisher verbundenen Küster-Schul-Ämter und auch der entsprechenden Vermögen der Schulgemeinden

---

42 Der Name ist ermittelt über das Adressbuch der Stadt Wernigerode 1928/1929, das im Internet veröffentlicht ist (https://forum.ahnenforschung.net/archive/index.php/t-46760.html [zuletzt besucht am 9.3.2021]).

43 Der gesamte Vorgang ergibt sich aus der Akte »Verzicht Sr. Durchlaucht des Fürsten zu Stolberg-Wernigerode auf sämtliche Schulaufsichtsbefugnisse in der Grafschaft Wernigerode im Wege freiwilliger Vereinbarung« 1921-1928, Bestand E 3, Konsistorium Stolberg-Wernigerode Nr. 39, Landeskirchenarchiv der EKM (Standort Magdeburg).

44 Vgl. die Akte »Trennung zwischen Kirche und Staat«, Konsistorium Stolberg-Stolberg Tit. XIX No. 387, Rep E 2 Nr. 1385, Landeskirchenarchiv der EKM (Standort Magdeburg).

anstand. Auf dieses durchaus spannende Kapitel der Baulastenverteilung und -umverteilung zwischen Kommunen und Kirchengemeinden, das bis heute noch zu den nicht vollständig geklärten Fragen der Auseinandersetzung gehört, kann hier nur hingewiesen werden.[45]

Eine Folge der Trennung aber war schon vorher sichtbar geworden, als die Lehrerseminare aufgehoben wurden, die Lehrer für solche verbundenen Kirchen-Schul-Ämter ausbildeten. Insbesondere Organisten und Kantoren bzw. Chorleiter waren Inhaber solcher verbundenen Ämter. So also waren die Provinzkirchen jetzt gezwungen, für den Nachwuchs eigene Ausbildungsstätten einzurichten. Auf diese Weise entstand 1926 die Kirchenmusikschule in Aschersleben, die am 1. April 1926 ihren Betrieb aufnahm. Älter sind insbesondere das Institut der Lutherischen Landeskirche Schleswig-Holstein in Eckernförde (seit 1924) und das Institut der Kirchenprovinz Westfalen in Dortmund, das 1948 nach Herford, später als Hochschule für Kirchenmusik, verlegt wurde. Die Gründung in Aschersleben wurde dadurch begünstigt, dass der Oberbürgermeister sehr daran interessiert war, die frei gewordenen Gebäude des Lehrerseminars wieder zu Ausbildungszwecken zu nutzen. Erschwert wurde die Kirchenmusikausbildung durch die schleppende Trennung der Kirchen-Schul-Stellen und dadurch, dass viele Absolvent*innen nicht sofort auf die wenigen der freigewordenen Kirchenmusikerstellen berufen wurden. In den 1930er Jahren führte der Ruf nach Verbindung zu einer pädagogischen Ausbildungsstätte dazu, dass die Kirchenmusikschule nach Halle/Saale umzog.[46]

VI »Corporate identity« und aufziehender Streit um öffentliche Beflaggung

In den Jahren der politischen Auseinandersetzung auf den Straßen mit großen Demonstrationszügen wurde die innere Zerrissenheit der neuen republikanischen Verfassung auch sichtbar, wenn die unterschiedlichen Gruppen mit den Farben der jungen Demokratie oder den Farben der untergegangenen Monarchie unterwegs waren. Begünstigt wurde dieser Farbenstreit dadurch, dass die Reichsverfassung beide Farbfolgen in den öffentlichen Flaggen vorsah: die Farben des Reiches waren die der studentischen Bewegung von 1848: schwarz – rot – gold.[47] Für die Handelsflagge aber war die bisherige Flagge in schwarz – weiß – rot Grundlage, die Reichsfarben fanden sich lediglich in der oberen inneren Ecke.[48] Auch für die Be-

---

45 Die sogenannten Küster-Schul-Vermögens-Auseinandersetzungen gehören heute noch zu den vordringenden Aufgaben, die in den Staats-Kirche-Verträgen benannt sind – vgl. für Sachsen-Anhalt im Wittenberger Kirchenvertrag Art. 11 Abs. 2 vom 15. September 1993. KGVBl. (1994), 173; vgl. für Thüringen im Kirchenvertrag Art. 11 Abs. 2 vom 15. März 1994. Abl. ELKTh, 85.

46 Vgl. dazu die Kirchenarchivakte »Kirchenmusikschule Aschersleben«, Rep A gen 351, Landeskirchenarchiv der EKM (Standort Magdeburg).

47 Vgl. Art. 3 Satz 1 der Reichsverfassung vom 11. August 1919. RGBl. (1919), 1383.

48 Vgl. Art. 3 Satz 2 der Reichsverfassung vom 11. August 1919. Ebd.

flaggung öffentlicher Gebäude war die Festlegung eindeutig, wenngleich mancher Zeitgenosse seine politischen Präferenzen auch mit der alten kaiserlichen Flagge hervorhob. In dieser Auseinandersetzung kamen einige wenige Kirchengemeinden auf die Idee eines dritten Weges mit versöhnender Neutralität und erfanden eine Kirchenfahne, die sich der Deutsche Evangelische Kirchenbund 1927 zu eigen machte. Die Veröffentlichung erfolgte im Kirchlichen Amtsblatt der Kirchenprovinz Sachsen vom 5. April 1927[49], nachdem der Kirchensenat der altpreußischen Landeskirche die Kirchenfahne übernommen hatte. Neu ist bemerkenswerterweise die Regelung des Trauerflors.

Die Kirchenfahne hat die NS-Zeit einigermaßen unbeschadet überstanden, wobei sie später nach 1938 Konkurrenz durch die Nationalflagge und die Hakenkreuzflagge bekam – bis die Kirchenkanzlei der Deutschen Evangelischen Kirche am 31. Mai 1939 wiederholte, dass eine Kirchenflagge innerhalb der Deutschen Evangelischen Kirche nicht mehr geführt werde. Auch hier hat es Versuche der Neutralisierung des politischen Streits gegeben, indem als vierte Variante die »Taubenflagge« der Kaiserswerther Mutterhaus-Diakonie als gleichberechtigt anerkannt wurde.[50] Die Rehabilitierung der Kirchenfahne geschah nach 1945 durch den Rat der EKD durch Verordnung vom 18. November 1947. Die meisten Gliedkirchen sind dieser Regelung gefolgt, ohne selbst die Beflaggung kirchlicher Gebäude zu normieren.[51]

VII Innerkirchliche konfessionelle Strömungen

Dazu sind dem Verfasser bisher keine Darstellungen bekannt. Auffällig scheint nur, dass die konfessionellen Auseinandersetzungen nach 1919 stellenweise erheblich zugenommen haben. Oft versteht der moderne Christ nicht mehr, welche Gegensätze zwischen den großen Konfessionen zu erheblichen Verstimmungen geführt haben. Häufig war die Gründung einer neuen römisch-katholischen Kirchengemeinde wie die der Franziskaner im Süden Halles Anlass für Klagen der evangelischen Kirchengemeinden, die Verzerrungen des tradierten Bestandes fürchteten. Insofern gab es stellenweise auch kirchliche Neubauten, die als Gemeindezentren wie in Halle-Gesundbrunnen angelegt wurden. Ob für diese Auseinandersetzungen die Tatsache mitverantwortlich war, dass die römisch-katholische Kirche mit dem

---

49 Vgl. KABl. (1927), 79.

50 Der gesamte Vorgang zu den Fragen der Kirchenfahne und ihrer Konkurrenz mit staatlichen Flaggen ist gut dargestellt in der Archivakte »Anschaffung einer evangelischen Kirchenfahne bez. einer Kirchenbundesfahne sowie Anbringung von Hakenkreuzen auf Kirchturmspitzen« im Konsistorium Stolberg-Roßla, Rep E 1 Nr. 1435 seit 1925, Landeskirchenarchiv der EKM (Standort Magdeburg).

51 Vgl. eine Richtlinie der Evangelischen Kirche im Rheinland vom 2. Dezember 1949. KABl. (1950), 74. Sie sollte Zweifel beseitigen und betonte institutionell Selbstverständliches. Wichtig aber ist der Schlusssatz: »Eine Beflaggung aus nichtkirchlichen Anlässen findet nicht statt.«

Die Kirchenprovinz Sachsen

Zentrum eine Partei als Sprachrohr hatte, die auf evangelischer Seite fehlte, muss dahinstehen. Allgemein ist jedoch auffällig, dass sehr genau beobachtet wurde, wie sich die römisch-katholische Weltkirche auf die Siegerseite der Mächte des Ersten Weltkrieges schlug.[52]

Für den innerevangelischen Diskurs in der Provinz Sachsen blieb die Struktur unverändert: Der Kirchenkreis Halle war reformiert mit den Kirchengemeinden Halle reformiert und Wettin reformiert. Darüber hinaus blieb es bei der Selbständigkeit der drei reformierten Kirchengemeinden in Magdeburg, die sich erst 1950 zu einer Vereinigten Evangelisch-Reformierten Kirchengemeinde zusammenschlossen. Die übrigen reformierten Kirchengemeinden waren im Zuge der Unions- und Agendendiskussion bis 1830 den sie umgebenden Kirchenkreisen zugeordnet worden, in denen sie sich auch finanziell gut versorgt eingerichtet hatten.

VIII Prägende Gestalten der Provinzkirche

Unter der Zahl der Stelleninhaber ist es schwer, einige hervorzuheben, die das Bild der Provinzkirche geprägt haben. Dazu gehört sicher der schon erwähnte Konsistorialpräsident D. Ernst Loycke, der zum 1. März 1936 auf die Stelle des weltlichen Vizepräsidenten des EOK in Berlin berufen wurde. Er gehörte wohl zu einer nicht unbeachtlichen Gruppe von Vertretern der Mitte, was auch im Kirchenkampf deutlich wurde, in dem er schlichtend tätig wurde.

Daneben sind zu erwähnen die drei Generalsuperintendenten: Max Stolte, 1910-1933 Generalsuperintendent von Magdeburg, Johannes Schöttler, 1917-1931 Generalsuperintendent von Merseburg, Johannes Eger, 1929-1933 Generalsuperintendent von Erfurt, und zuletzt Karl Lohmann, 1931-1933 Generalsuperintendent von Merseburg.[53] Ohne dass dies im Einzelnen untersucht ist – für Max Stolte liegt immerhin ein Aufsatz vor[54] – können sie als Vertreter einer nationalkonservativen Pfarrerschaft gelten.

---

52 Dazu nur beispielhaft eine Ausarbeitung von Pfarrer Lic. Dr. Eugen Kerstan, der ab 1925 Pfarrer in Erxleben, Kirchenkreis Bornstedt, auf einer Patronatspfarrstelle der Familien von Alvensleben war – sie findet sich in seiner Personalakte, Rep A spec P K 144, Landeskirchenarchiv der EKM (Standort Magdeburg).

53 Lohmann wirkte vom 1. August 1931 bis 4. Oktober 1933 als Generalsuperintendent, dann als Propst, seit 17. Februar 1934 wieder als Generalsuperintendent; geistliche Leitung der Kirchenprovinz 1937 und geistlicher Dirigent im Konsistorium 1940. Vgl. Hans SEEHASE: Art. Lohmann, Karl. In: Magdeburger biographisches Lexikon … (wie Anm. 29), 434f.

54 Vgl. Christoph HARTMANN: Geistliche Leitung während des Weltkrieges in der preußischen Provinz Sachsen: über das Wirken von Generalsuperintendent D. Max Stolte. epd-Dokumentation 4 (2015), 52-58, hier 52.

Ein besonderer Exponent dieser Richtung ist der langjährige Domprediger am Magdeburger Dom Ernst Martin,[55] der auch Mitglied des Reichstages war. Er gehörte mit zu den Begründern des Stahlhelms. Zu seiner Wirkungsgeschichte zählt der Umgang mit dem Magdeburger Ehrenmal für die Gefallenen des Ersten Weltkrieges, das Ernst Barlach im Auftrag des Freistaates Preußen ab 1927 für den Magdeburger Dom schuf. Schon als das Mahnmal im Advent 1929 aufgestellt wurde, gehörte Domprediger Martin zu denen, denen die anklagende Botschaft der Barlachschen Figuren widerstrebte. Ab 1933 strebte die Evangelische Domgemeinde danach, dieses Mahnmal loszuwerden, was aber dank des Kirchenregimentes von Konsistorium, EOK und Ministerium für Wissenschaft, Kunst und Volksbildung bis zum September 1934 hinausgezögert werden konnte. Domprediger Martin, der zunächst zu den Fordernden der Entfernung gehörte, hat bald öffentlich bekannt, dass die Verbringung des Mahnmals aus dem Dom ein Fehler war. Für ihn selbst bestand die Konsequenz darin, dass er sich ab 1937 der Bekennenden Kirche zuwandte. So war es vielleicht auch konsequent, dass er die Predigt zur Wieder-Indienstnahme des Mahnmals hielt, als die Figurengruppe nach ihrer Irrfahrt 1955 in den Magdeburger Dom zurückkehrte.

Ein weiteres Einzelbild konnte ich aus der Evangelischen Kirchengemeinde St. Katharinen in Magdeburg finden, die zu den Kirchen in der Provinzhauptstadt gehörte, die im Ersten Weltkrieg den Großteil ihrer Glocken verloren hatte. Die Kirche, die nach der Zerstörung im Dreißigjährigen Krieg zu den ersten gehörte, die wieder aufgebaut wurden, konnte 1927 ihr komplettiertes Geläut in Dienst nehmen. Aber es wird kein Zufall gewesen sein, dass der Gemeindepfarrer dafür den Termin des Geburtstages des Reichspräsidenten von Hindenburg nutzte, um in seiner Predigt Gedanken nationalkonservativer Begeisterung unterzubringen.[56]

IX Versuch eines Fazits

Angesichts nur weniger Bilder aus dem evangelischen Alltagsleben in der Kirchenprovinz Sachsen fällt es schwer, für dieses Gebilde sehr unterschiedlicher evangelischer Traditionen, die 1815 zusammengebunden wurden, eine Beurteilung dessen zu finden, wie die Gemeinden und Gemeindeglieder mit den Chancen einer neuen Kirchenverfassung von 1922 und religionsrechtlicher Grundzüge der Reichsverfassung von 1919 zur Überwindung von obrigkeitsstaatlicher Lähmung umgegangen sind. Ob die Chancen einer beteiligungsfreundlichen Gestaltung

---

55 Domprediger in Magdeburg bis 1957; 1936 aus der NSDAP ausgeschlossen. Ein biographisches Bild ergibt sich aus Hans SEEHASE: Art. Martin, Ernst. In: Magdeburgisches biographisches Lexikon … (wie Anm. 29), 450.

56 Vgl. das Depositum der Evangelischen Kirchengemeinde St. Katharinen, J 25 Nr. 118, Landeskirchenarchiv der EKM (Standort Magdeburg). Die Kirche stand bis 1967 im Nordabschnitt des Breiten Weges und wurde dann, entgegen aller Absprachen und Verträge mit dem Rat der Stadt, abgetragen, weil sie dem sozialistischen Stadtbild im Wege war. Über den Verbleib der Glocken ist dem Autor nichts bekannt.

der kirchlichen Ebenen genutzt wurden, lässt sich nur schwer einschätzen. Dazu kommt, dass dieses System mit knapp vierzehn Jahren nur wenig Zeit gehabt hat, die Eingewöhnungsschwierigkeiten zu überwinden.

Deutlich wird aber, dass die Sehnsucht nach einer Leitfigur wie der des »summus episcopus«, wenn sie überhaupt vorhanden war, wohl nicht im Vordergrund gestanden hat. In der altpreußischen Landeskirche hat es nicht an Versuchen gefehlt, von der Ermächtigung in Art. 111 Abs. II Nr. 6 der Verfassungsurkunde Gebrauch zu machen und doch noch einen Bischofstitel für die Generalsuperintendenten einzuführen. Aber diese Versuche sind wiederholt gescheitert – vorrangig daran, dass dieser Titel nicht zu einer Kirche passe, die einem synodalen Prinzip folgt.[57] Dort, wo die mediatisierten Fürsten noch vorhanden waren und ihr Kirchensystem nach 1925 in unterschiedlicher Intensität an die Verfassungsurkunde angeglichen erhielten, blieben die Fürsten auch Identifikationsfiguren »ihrer« Kirchen. Lediglich der Erbprinz Botho von Stolberg-Wernigerode, der in der Weltwirtschaftskrise um 1929 in finanzielle Bedrängnis geriet, hat 1930 – ein Jahr, nachdem sein Vater Fürst Christian Ernst von Stolberg-Wernigerode (reg. 1896-1929) sich zurückgezogen hatte, sein verbliebenes Kirchenregiment aufgegeben.

Wenn man auf andere Landeskirchen blickt, fällt auf, welche Rolle die unterschiedlichen Bekenntnisschriften für den Verfassungsprozess gespielt haben. So umstritten der Vorspruch zur Verfassung von 1922 war, der nach allgemeiner Meinung kein Teil der Verfassungsurkunde ist[58], ist deutlich, dass sich das Miteinander der evangelischen Konfessionen bewährt hat. Es bedurfte nicht (mehr) einer Stärkung oder Unterstützung eines »summus episcopus«, der in Preußen zuletzt nicht mehr zu erkennen gab, dass dynastisch seit 1614 das reformierte Bekenntnis herrschend war. Wenn es so ist, dass auch in Lippe das reformierte Bekenntnis überwiegend das Hofbekenntnis war, das in den Gemeinden nicht überwiegend gelebt wurde[59], so ist es nur konsequent, dass die Evangelische Kirche der Kirchenprovinz Sachsen in ihrer Grundordnung vom 30. Juni 1950 eine Gewichtung der Bekenntnisse vornimmt: Im Vorspruch heißt es unter Ziffer 4:

> »Sie ist eine Kirche der lutherischen Reformation, in der weit überwiegend die lutherischen Bekenntnisschriften in Geltung stehen. Die Augsburgische Konfession, die Apologie, die Schmalkaldischen Artikel, der Kleine und Große Katechismus Luthers, und, wo sie anerkannt ist, die Konkordienformel. Sie hat ihren besonderen Charakter

---

57 Vgl. Art. 100 der Verfassungsurkunde für die Evangelische Kirche der altpreußischen ... (wie Anm. 6), 176.

58 Vgl. Vorspruch der Verfassungsurkunde für die Evangelische Kirche der altpreußischen ... (wie Anm. 6), 22.

59 So lässt sich eine Äußerung des langjährigen Landessuperintendenten Dr. Gerrit Noltensmeier auf der Tagung verstehen.

Hans Seehase

in der kirchlichen Gemeinschaft mit den reformierten Gemeinden ihres Bereiches, in denen der Heidelberger Katechismus gilt.«[60]

Dieses konfessionelle Selbstverständnis hat die Evangelische Kirche der Kirchenprovinz Sachsen auch mit in die Fusion mit der Evangelisch-Lutherischen Kirche in Thüringen hineingenommen. Auch hier findet sich diese Formulierung in der Präambel zur Verfassung der Evangelischen Kirche in Mitteldeutschland. Bemerkenswert ist, dass dort die Formulierung ausführlicher ist:

> »Die Evangelische Kirche in Mitteldeutschland ist eine Kirche der lutherischen Reformation und hat ihren besonderen Charakter in der kirchlichen Gemeinschaft mit den reformierten Gemeinden in ihrem Bereich. Im Verständnis des von den Reformatoren gemeinsam bezeugten Evangeliums bleibt sie den in ihren Gemeinden geltenden Bekenntnissen verpflichtet. Dies sind in den lutherischen Kirchengemeinden die lutherischen Bekenntnisschriften die Augsburger Konfession, die Apologie, die Schmalkaldischen Artikel, der Kleine und Große Katechismus Luthers, die Konkordienformel, wo sie anerkannt ist, und der Traktat über Gewalt und Hoheit des Papstes. In den reformierten Kirchengemeinden gilt der Heidelberger Katechismus; Herkommen und Geschichte der reformierten Gemeinden sind bestimmt von der Geltung der Confessio Sigismundi, der Confession de Foi und der Discipline Ecclesiastique. Diese Verpflichtung schließt ein, die Bekenntnisse immer wieder an der Heiligen Schrift zu prüfen und sie in Leben, Lehre und Ordnung der Kirche wirksam werden zu lassen.«[61]

Mit dieser Formulierung wird der geschichtliche Bogen sehr viel weiter gezogen und gleichzeitig ein Gebot formuliert, aufeinander zu hören bei der Aufgabe der Umsetzung von Lehre und Ordnung.

Dem Christen in der Evangelischen Kirche der Kirchenprovinz Sachsen wird es zunehmend schwerer verständlich, dass in der ersten Grundordnung für die Evangelische Kirche der Kirchenprovinz Sachsen das Schwergewicht der Ämter und Funktionen lutherisch dominiert ist, was sich aus dem Entwicklungsprozess in der EKD erklärt. In diesem Zusammenhang ist auch wichtig, dass diese EKD es erst nach langjähriger Diskussion im Jahr 2019 geschafft hat, in Art. 1 ihrer Grundordnung eine Definition unterzubringen, dass auch die EKD theologisch Kirche ist – nicht nur die Zusammenfassung von bekenntnisgebundenen Gliedkirchen.[62] Und als solche hat sich die Evangelische Kirche der Kirchenprovinz Sachsen bis zu ihrer Fusion mit der Evangelisch-Lutherischen Kirche in Thüringen, die ihren Konfessionszusatz erst seit 1948 führte, im Jahr 2009 durchaus verstanden. Dabei fällt dann aber immer noch auf, dass die unierten Kirchengemeinden, derer es in der Evangelischen Kirche der Kirchenprovinz Sachsen einige gibt, keine Erwähnung

---

60 Grundordnung der Evangelischen Kirche der Kirchenprovinz Sachsen vom 30. Juni 1950. ABl. EKD Nr. 131, 245.

61 Verfassung der Evangelischen Kirche in Mitteldeutschland vom 5. Juli 2008. ABl. der Föderation evangelischer Kirchen in Mittteldeutschland (2008) Nr. 8 vom 15. August, 183.

62 Vgl. Bekanntmachung der Neufassung der Grundordnung der Evangelischen Kirche in Deutschland (GO-EKD). Vom 15. Januar 2020. ABl. EKD 1 (2020), 3.

Die Kirchenprovinz Sachsen

finden. Sie sind Ergebnis eines Fusionsprozesses im Zuge der Unionsbewegung nach 1817, der sich teilweise sehr lang hingezogen hat.[63]

---

63 Ein Aufsatz des Verfassers dazu ist unter dem Titel »Auf dem Weg zu einer Union zwischen Lutheranern und Reformierten in der Kirchenprovinz Sachsen« veröffentlicht in: Die andere Reformation: Johannes Calvin und die Reformierten in Mitteldeutschland. Begleitband zur Wanderausstellung/ hrsg. von Margit Scholz. Magdeburg 2010, 37-72. Ein weiterer Aufsatz des Verfassers, der als Vortrag auf der Tagung zum Jubiläum der altpreußischen Union im Jahr 2017 gehalten worden ist, liegt als Manuskript vor.

Die schlesische Kirchenprovinz 1918-1933 und die Unierte evangelische Kirche in Polnisch Oberschlesien seit 1923

Von Dietmar Neß

I »Es regt sich auch hin und her«

»Vor allem wollen wir uns unter Gottes gewaltige Hand beugen und bekennen, daß das Schwere, das Gott uns auferlegt, nicht ohne unsere Schuld auf uns gekommen ist […]. Es gilt, der neuen Obrigkeit den Gehorsam zu leisten, den wir ihr schuldig sind.«[1]

Klarer konnte die Mahnung nicht sein, welche die drei Spitzen der Kirchenprovinz Schlesien, das Königliche Konsistorium, die beiden Generalsuperintendenten und der Vorstand der Schlesischen Provinzialsynode am sechsten Tag nach der Novemberrevolution, also am 15. November 1918, in einem Flugblatt an die Kirchengemeinden richteten.

Und ebenso deutlich sprachen die beiden schlesischen Generalsuperintendenten, Theodor Nottebohm und Wilhelm Haupt, in einem gemeinsamen Hirtenbrief das nun für die Kirche anstehende Problem an:

»Die neue Zeit stellt auch unserer Landeskirche neue Aufgaben. Der König war bisher ihr oberster Bischof. Zwar ist es ein Irrtum […] zu meinen, nur ein monarchistischer Staat könne ein christlicher Staat sein. Dennoch wird das Verhältnis der Kirche zum Staat in Zukunft ein anderes werden. Die größere Selbständigkeit, die sie erlangt, kann ihr zum Segen gereichen«,

und dann fügten die Geistlichen Mahnungen an, die der Gemeinde in allen ihren Gliedern aufgegeben und möglich seien:

»[…] aber nur dann wird das geschehen, wenn ihre Glieder entschlossen sind, treu an dem Aufbau der Gemeinde zu arbeiten […] Evangelische Väter […]; evangelische Mütter […]; evangelische Männer und Jünglinge […]; evangelische Frauen und Jungtrauen […] Die Gefahren, die unserem teuren Vaterland im Innern wie im Äußeren drohen, sind sehr groß; aber so groß sind sie nicht, daß nicht einer noch größer wäre, der, von dem Martin Luther einst sang: ›Er hilft uns frei aus aller Not, die uns jetzt hat betroffen‹«.[2]

Damit war eine grundlegende Feststellung getroffen: Für Schlesien galt, dass zwar gelegentlich eine Sehnsucht nach den monarchischen Zeiten in Kirche und Staat anklang, doch überwog weit der Wille, die neue Unabhängigkeit vor allem

---

1 Flugblatt, mitgeteilt in: Kirche und Heimat: evangelisches Wochenblatt für die Kirchenkreise Gleiwitz und Pleß (1918) vom 1. Dezember, 289.

2 Kirchliches Amtsblatt für den Geschäftsbereich des Evangelischen Konsistoriums der Provinz Schlesien (fortan zitiert: Kirchl. Amtsblatt) 66 (1919), 7 f; der vollständige Text auch in: Quellenbuch zur Geschichte der evangelischen Kirche in Schlesien/ hrsg. von Gustav Adolf Benrath. München 1992, 388-391.

Dietmar Neß

als Aufgabe und Chance zu begreifen. Das Evangelische Kirchenblatt für Schlesien summierte in seiner Ausgabe vom 8. Dezember 1918 als Antwort auf eine Leserzuschrift jedenfalls:

>»Wir haben keinen Kaiser mehr, aber wir haben auch staatsrechtlich nur ein Provisorium von Regierung. Wir stellen uns als Geistliche auf den Boden dieser Tatsache, wenn wir alles tun, was wir können, um den gegenwärtigen Ex-lex-Zustand des Vaterlandes nicht zur Katastrophe werden zu lassen und auch den gegenwärtigen Gewalten im Reich [...] helfen Ordnung, Zucht und Besonnenheit aufrecht zu erhalten. Darüber ist keine Meinungsverschiedenheit.« Es gelte jedoch, »daß bei allem, was auch für die Zukunft der evangelischen Kirche auf dem Spiele steht, ein quietistisches Ruhen und Gehenlassen der Dinge in dem Gedanken: ›Wir müssen uns Gottes Willen beugen‹ geradezu ein frevelhafter Mißbrauch des Gottvertrauens wäre. Es regt sich auch hin und her.«[3]

Wie die kirchenpolitisch Wachen und Aktiven sich zu Wort meldeten, sei hier kurz skizziert: Es kam zu einer Fülle von Aktivitäten, von denen nur einige genannt seien:

a) der Konvent der Breslauer evangelischen Geistlichen rief bereits am 12. November einen »Arbeitsausschuß« ins Leben, der sich mit Verfassungs-, Finanz-, Wahl- und Schulfragen beschäftigte und für den 1. Dezember eine evangelische Volksversammlung im Zirkus Busch einberief, die so überfüllt war, dass parallel in die Elisabethkirche umgeleitet werden musste.[4]

b) Im Telegrammstil wird aus dem 500-Seelen-Ort Gremsdorf im Kreis Bunzlau berichtet: »Zwei prachtvolle Versammlungen, 500 Personen, die Hälfte Männer. Resolution gegen das Kultusministerium einstimmig angenommen. Noch keine der politischen Parteiversammlungen annähernd so stark besucht.«[5]

c) Eine Gruppe sozialdemokratischer Arbeiter und Arbeiterinnen im Industriedorf Hermsdorf bei Waldenburg veröffentlichte am 17. November einen »Aufruf«, in dem es heißt:

>»Eine neue Zeit ist für das arbeitende Volk angebrochen. Es soll eine Zeit sozialer Gerechtigkeit werden. Vieles, was in Staat und Gesellschaft morsch war, stürzt zusammen. Wir evangelischen Arbeiter und Arbeiterinnen, die wir der sozialdemokratischen Partei angehören [...], wollen nicht, daß unsere evangelische Kirche durch die Neuordnung der staatlichen und gesellschaftlichen Verhältnisse geschwächt und in ihrer heilsamen Arbeit an der Seele unseres Volkes gehindert werde. Wenn es jetzt zu einer Trennung von Staat und Kirche kommt, so fordern wir von unserer Parteileitung und unseren Abgeordneten, daß auf die Lebensbedürfnisse der Kirche Rücksicht genommen wird [...]. Ferner wollen wir, daß unseren Kindern die christliche Erziehung in der Schule erhalten bleibt [...]«.[6]

---

3 Der Schriftleiter Gottfried Reymann (1875-1946) in: Evangelisches Kirchenblatt für Schlesien (fortan zitiert: EKBlSchl) 21 (1918), 398.

4 Vgl. ebd, 400; EKBlSchl 22 (1919), 25 f.

5 EKBlSchl 22 (1919), 33.

6 EKBlSchl 21 (1918), 412, mitgeteilt aus der in Waldenburg erscheinenden sozialdemokratischen »Bergwacht«.

Ähnliches berichten auch Pastor Dr. Alfred Wiesenhütter aus Rothsürben und der sozialdemokratische »Breslauer Volksrat«.

Die beiden ersten Forderungen, die laut wurden und in denen sich alle kirchlichen Stimmen, Gruppen und Richtungen völlig einig waren, waren die verfassungsmäßige Trennung von Kirche und Staat und die Respektierung ihrer Selbständigkeit, zugleich aber auch ihrer Sonderstellung als christlichen Kirchen, die sich in Reaktion auf das Vorpreschen des preußischen Kultusministers Adolph Hoffmann vor allem in der »Schulfrage« kristallisierte. Sie sind sehr präzise zusammengefasst in »Forderungen der Kirche an den Staat«, die der Schlesische Pfarrerverein bereits im Dezember 1918 in seinen »Mitteilungen« veröffentlichte und die hier stellvertretend für viele andere zitiert seien:

> »1. Wir verlangen eine staatsfreie Volkskirche. Dazu gehört: Freiheit beim Aufbau ihrer Verfassung. a.) Selbstverwaltung der Kirchengemeinden durch eigene Organe und Erhaltung der bisherigen Parochialverfassung; b.) Aufbau der Synoden in allen Stufen nach kirchl. Grundsätzen; c.) Unabhängigkeit der von den Synoden gewählten Kirchenleitungen; d.) Schutz des Gottesdienstes, der kirchlichen Handlungen, des kirchl. Unterrichts, der kirchl. Festtage und der kirchl. Friedhöfe; e.) Anerkennung der Kirche als öffentl. Korporation mit dem Recht, ihre Mitglieder zu besteuern, Erhaltung des kirchl. Besitzes und Vermögens.
>
> 2. Wir verlangen die Anerkennung der Kirche als Kulturmacht. Wir erkennen die Schule als selbständigen Organismus an und gestehen ihr unter Verzicht auf die geistliche Schulaufsicht fachmännische Aufsicht zu. Wir verlangen: a.) Erhaltung der konfessionellen Volksschule, mindestens des konfessionellen Religionsunterrichts in den Schulen, in erster Linie durch die bestellten Lehrer und Lehrerinnen; b.) Freiheit zur Errichtung von konfessionellen Privatschulen. Weil der Staat als Kulturmacht verpflichtet ist, die Kulturinteressen zu unterstützen, so müssen wir erwarten, daß c.) bei einer Trennung von Kirche und Staat die bisher gewährten Beihülfen des Staats an die Kirche in irgendwelcher Form sichergestellt werden.«[7]

Zwei Diskussionsbeiträge zum Verhältnis Staat und Kirche stehen, noch ohne jeden möglichen Bezug auf den Umsturz, in der unmittelbar vorhergehenden Ausgabe der »Mitteilungen«. Neu war das Thema also nicht, es wechselte nur von der Theorie in die Praxis. Wie überhaupt aus dem evangelischen Kirchenblatt dieses Jahres gezeigt werden kann, dass es eine fragende, gärende Unruhe über die Verhältnisbestimmung von Staat, Volk und Kirche gab, die im Umsturz die Initialzündung zum vollen Ausbruch fand.

Der Vorstand des Schlesischen Pfarrervereins war es auch, der den baldigst möglichen Zusammentritt der Kreissynoden forderte; dies geschah noch im November in Görlitz, im Dezember in Ohlau, Liegnitz, Parchwitz, Freystadt, Tarnowitz, Goldberg, Schweidnitz sowie anderen Orten und setzte sich im neuen Jahr fort.

---

7 Der Präses des Vereinsvorstandes, D. Gerhard EBERLEIN: »Forderungen der Kirche an den Staat«. Mitteilungen des Evangelischen Pfarrervereins der Provinz Schlesien 28 (1918), 91; auch im EKBlSchl 21 (1918), 426.

Dietmar Neß

Und es waren gewiss nur die wenigsten Gemeindeversammlungen, von denen das Evangelische Kirchenblatt berichtete, dass in ihnen vor und nach dem Jahreswechsel in Vorträgen, Diskussionen und Entschließungen die neue Lage erklärt und erörtert wurde. Sie lassen sich zusammenfassen in der zitierten Stellungnahme des Pfarrervereins: »Diesem Wirrwarr im kirchlichen Lager gegenüber freuen wir uns, daß endlich die Kirche selbst in einer ihrer geordneten Instanzen auf den Plan tritt«[8], schrieb ihr Präses Pastor D. Gerhard Eberlein Ende Dezember 1918 und umriss die Aufgaben der außerordentlichen Synode vom 28. November bis 5. Dezember 1919 in Breslau. Der amtliche Bericht mit zwei grundlegenden Referaten zur Frage des Verhältnisses von Kirche und Staat sowie drei Entschließungen der Synode wurde publiziert.[9] Die grundlegenden Entscheidungen sind hier freilich bereits durch die Religionsartikel der Weimarer Verfassung gegeben und die Auseinandersetzung in der Sache damit deutlich entschärft.

II Verfassungsaufbau

Folgendes sei erinnert und an den Anfang gestellt: Schlesien war im Gefüge der evangelischen Kirche der Altpreußischen Union eine von neun Provinzialkirchen, also untergeordnete zweite Instanz und in den entscheidenden Schritten der erforderlichen Neuordnung abhängig und weisungsgebunden. Sie war aber zur Mitwirkung aufgefordert, die sich in zwei Wahlen des Jahres 1921 manifestierte.

In einem ersten Schritt wurden gemäß dem von einer außerordentlichen Kirchenversammlung erlassenen Gemeindewahlgesetz vom 19. Juni 1920 durch den EOK für den Januar 1921 Wahlen zu den Gemeindekörperschaften – Gemeindekirchenrat und Gemeindeversammlung – angesetzt; sie fanden in Schlesien durchweg am 23. Januar statt. Der Schriftleiter des Evangelischen Kirchenblattes gab die Ergebnisse aus 48 der 54 Kirchenkreise bekannt; demnach hatten sich insgesamt 316.243 Gemeindeglieder in die Wählerlisten eingetragen, davon haben 139.403 auch gewählt, und die tatsächliche Wahlbeteiligung der Eingetragenen lag zwischen 25,5 % im Kirchenkreis Gleiwitz und 58,1 % im Kirchenkreis Trebnitz. Darüber hinaus werden aus dieser Wahlanalyse hier zwei Aussagen festgehalten: erstens »gegen früher eine außerordentliche und erfreuliche Teilnahme«; zweitens der »von Kirchenpolitik freie Charakter«, den der Schriftleiter »erfreulich« nennt: »unsere schlesischen Kirchengemeinden [sind] kirchenpolitisch nicht eingestellt.«[10]

In der Mitte des 19. Jahrhunderts hatten sich »Parteien« oder »Gruppen« gebildet, die, nach einer Beobachtung des Breslauer Theologieprofessors Carl Adolph

---

8 Ebd, 425 f.

9 Vgl. VERHANDLUNGEN DER AUSSERORDENTLICHEN SCHLESISCHEN PROVINZIAL-SYNODE ZU BRESLAU. Breslau 1920; siehe die Auszüge im Quellenbuch zur Geschichte … (wie Anm. 2), 391-400 und die Berichte im EKBlSchl 22 (1919), 51-53. 67-68.

10 EKBlSchl 24 (1921), 49 f. 66-69.

Die schlesische Kirchenprovinz 1918-1933

Suckow in der von ihm herausgegebenen Zeitschrift »Der Prophet«, »nicht allein einerlei Ansicht oder Theorie […] hegen, sondern unter gegebenen koncreten Verhältnissen ein bestimmtes Ziel zu erreichen bemüht sind.«[11] Das geschehe im kirchlichen Raum ähnlich wie im politischen. In diesem Sinne etablierten sich »kirchenpolitische Gruppen«, die dann in der Bildung und in der Arbeit der Provinzial- und Generalsynoden ab 1875 das von ihnen erstrebte Wirkungsfeld fanden. Es kann hier für Schlesien nur festgehalten werden, dass zu Beginn des 20. Jahrhunderts vier solcher Gruppen etabliert waren: die Lutherisch-Konfessionellen, die Positiv-Unierten, die Mittelpartei (Evangelische Vereinigung) und die Kirchlich-Liberalen. Es war den Gruppen selbstverständlich, dass sie sich in die Diskussionen zur neuen Gestalt und Verfassung mit ihren je eigenen Vorstellungen einschalteten.

Die stärkste dieser Gruppen, die »Freunde der Positiven Union« forderten in einer Entschließung zum Verfassungsentwurf u.a., dass in der (heiß umstrittenen) Präambel »der bisherige Bekenntnisstand der Kirche zwar deutlich zum Ausdruck kommt […], daß aber auch der Schein vermieden wird, es handle sich um die Aufstellung eines neuen Lehrgesetzes«; die Kirche bestehe »auf dem in der Heiligen Schrift gegebenen in den Bekenntnissen der Reformation bezeugten Evangelium von Jesus Christus […]«; die Verfassung müsse »in allen ihren Teilen der Auswirkung des synodalen Prinzips vollen Raum geben«, mit der Selbstverwaltung der Kirchengemeinden Ernst gemacht und die Befugnisse der Aufsichtsbehörde klar definiert werden; »die Generalsuperintendenten müssen die geistliche Führung in der Provinzialkirche haben«, die Verwaltung müsse der Synode verantwortlich bleiben.[12]

Vom Lutherischen Verein liegt uns nur die einem Flugblatt entnommene Äußerung vor, dass man die klare Berufung der Präambel auf die Bekenntnisse begrüße, unter ausdrücklichem Hinweis darauf, dass nach der Staatsverfassung der Religionsunterricht in den Schulen nach den Bekenntnisgrundsätzen der Kirche zu erteilen sei.[13]

Aus der Volkskirchlichen Vereinigung kam die Forderung, dass es statt der vorgeschlagenen Leitungsgremien (»Kollegien«) »eine persönlich verantwortliche Spitze« auf der Provinzial- wie der Gesamtkirchen-Ebene geben müsse und diese »selbstverständlich in der Hand eines Geistlichen liege.«[14]

Die liberalen »Freunde der evangelischen Freiheit« erklärten sich u.a. dahingehend, dass es »eine einengende, dogmatische Bindung« in der Präambel nicht

---

11 Carl Adolph SUCKOW: Kirchliche Parteien. Der Prophet: eine Monatsschrift für die evangelische Kirche 8 (1846), 1-16, hier 1. – Zum Folgenden vgl. ausführlich die Magisterschrift von Dietmar NEß: Die kirchenpolitischen Gruppen der Kirchenprovinz Schlesien von der Mitte des 19. Jahrhunderts bis zum Jahr 1933. Hamburg 1980.

12 EKBlSchl 25 (1922), 180.

13 Vgl. ebd, 214f.

14 Ebd, 215.

Dietmar Neß

geben dürfe; dass »die Selbständigkeit der Kirchengemeinden weiter auszubauen« sei und »auch den Kreissynoden [...] erweiterte Aufsichts- und Verwaltungsbefugnisse eingeräumt werden.« Von ihnen sei der Superintendent oder jedenfalls der Vorsitzende der Kreissynoden zu wählen. Die Leitung der Provinzial- wie Landeskirche müsse »von Kollegien ausgeübt werden«, an deren Spitze auch ein Nichttheologe stehen könne.[15]

Kehren wir zurück zu den Gemeindewahlen vom 23. Januar 1921. Aus ihnen gingen die Wahlen der 21 Vertreter hervor, welche die Kirchenprovinz Schlesien zur Verfassunggebenden Kirchenversammlung entsandte,[16] auf deren Arbeit hier nicht eingegangen werden kann.

1 Gemeindewahlen 1924

Die neue Verfassung beginnt, von »einleitenden Bestimmungen« abgesehen, mit dem kurzen Satz: »Die Kirche baut sich aus der Gemeinde auf.« In Vorwegnahme dieses Satzes hatten die beiden Wahlen vom 23. Januar und 26. Juni 1921 stattgefunden; dieser Satz bedingt, dass zunächst wieder die Gemeindekörperschaften, danach von diesen die Abgeordneten zur Provinzialsynode und von diesen wieder die Mitglieder der Generalsynode zu wählen sind. So wurden also am 25. Januar 1925 »erstmalige verfassungsmäßige« Gemeindewahlen angeordnet.[17] Das Ergebnis konnte insgesamt in gleicher Weise charakterisiert werden wie bei den Gemeindewahlen des Jahres 1921.[18]

2 Wahlen zur Provinzialsynode 1925

Als nächster Schritt im Verfassungsaufbau der Landeskirche folgten die Wahlen zu den Provinzialsynoden. Angesetzt wurden sie auf den 24. Mai 1925, wahlberechtigt waren die Mitglieder der Gemeindekörperschaften, eingerichtet wurden sieben Wahlbezirke. Wahlvorschläge stellten wie seit Jahrzehnten selbstverständlich die vier kirchenpolitischen Gruppen auf, wieder traten sie mit je einer »Einheitsliste« an. In zwei Wahlkreisen blieben es die einzigen und so entfiel die Wahl; im Wahlkreis Breslau kam eine »bibel- und bekenntnistreue Charakterliste«, die »Liste Aust«, im Wahlkreis Liegnitz eine linksgerichteten »Liste Schütze« hinzu, und in den Bezirken Oels, Liegnitz, Görlitz und Glogau wurden unter den Namen »Niedlich« und »Pathe« Wahlvorschläge einer neuen Gruppierung zugelassen, die sich »Bund für deutsche Kirche« nannte[19] – eine Selbstbezeichnung mit einer folgenschweren Akzentverlagerung.

---

15 EKBlSchl 24 (1921), 411.

16 Ihre Namen im HANDBUCH DER DEUTSCHEN EVANGELISCHEN KIRCHEN 1918–1949: Organe, Ämter, Verbände, Personen. Bd. 1/bearb. von Heinz Boberach. Göttingen 2010, 230 f.

17 Kirchl. Amtsblatt 71 (1924), 132 f.

18 Vgl. EKBlSchl 28 (1925), 74-76. 84-86.

19 Kirchl. Amtsblatt 72 (1925), 49.

Selbst der doch gut informierte Schriftleiter des Evangelischen Kirchenblattes zeigte sich überrascht über das Auftreten dieser neuen Gruppe wenige Wochen vor der Wahl und fragte nach. Antwort kam in einem etwas unpräzisen und vom Schriftleiter als unüblich aggressiv bezeichneten Brief vom Vorsitzenden der Preußischen Gruppe, Studienrat Dr. Kurd Niedlich in Berlin.[20] Diese Gruppe sei hier nach einer im Evangelischen Kirchenblatt veröffentlichten Anzeige charakterisiert, die mit dem Satz beginnt:

>Die Kirche muß Hüterin und Künderin der Volksseele werden«, und weiter »[ ] das ist die einzig sachgemäße Stellung der Religion im Volksleben. Und diese unentbehrliche Verschmelzung der Religion mit dem Volkstum, des Christentums mit dem Deutschtum [...] muß von der Kirche vollzogen werden.«[21]

Die kirchenpolitischen Gruppen und Richtungen waren keine amtlichen Größen. Die kirchenamtliche Namensliste der Gewählten wie auch der gedruckte Verhandlungsbericht der Provinzialsynode enthielten sich jeglicher diesbezüglichen Zuordnung, doch sorgten Wahlaufrufe, Wahlprogramme und die kirchliche und auch weltliche Presse dafür, dass als Ergebnis festgehalten werden kann: die Einheitslisten der vier Gruppen stellten 95 Abgeordnete, die Breslauer Rechtsliste fünf, die Liegnitzer Linksliste drei, die Deutschkirchlichen Karl Niedlich und Hermann Pathe zwei Abgeordnete. Auf der Synode selbst änderten sich freilich die Proportionen: Die über die Einheitslisten Gewählten sortierten sich entsprechend einem von den Gruppenvorständen vereinbarten Proporz wieder zu den vier bisherigen Gruppen; ihnen schlossen sich die anderen Abgeordneten an, und schließlich traten noch die Vertreter der Verbände, Polnisch-Oberschlesiens, des Landeskirchenausschusses und des Konsistoriums hinzu.[22]

3 Wahlen zur Provinzialsynode 1929

Auf die Provinzialsynode von 1929 soll nur kurz eingegangen werden. Festzustellen ist eine deutliche Zersplitterung: In den 7 Wahlbezirken gab es insgesamt 22 Listen; bemerkenswert ist dabei, dass die beiden Rechtsgruppen (Konfessionelle und Positive Union) sechs Sitze verlieren, die Linke jedoch von sechs auf elf Mandate fast verdoppeln konnte, die Deutschkirche verlor einen Sitz. Die Gewählten ordneten sich auf der Synode jedoch den bisherigen vier Gruppen bzw. Fraktionen zu, die beiden Rechtsgruppen wurden freilich durch die nicht über die Listen gewählten Synodalen verstärkt.

---

20 Vgl. EKBlSchl 28 (1925), 161 f. 203-205. 306.

21 Ebd, 461; weitere Zitate, bis hin zu der Formulierung »man entsetze sich nicht: der Weg zum Heiland ist über die deutschen Märchen viel reiner zu finden [...] als über die Erzvätergeschichten« vgl. bei Neß: Die kirchenpolitischen Gruppen ... (wie Anm. 11), 162-165. 182, Anm. 1 und 2.

22 Vgl. EKBlSchl 28 (1925), 261-264. 277-279. 285-287. VERHANDLUNGEN DER 17. ORDENTLICHEN SCHLESISCHEN PROVINZIAL-SYNODE (1925) ZU BRESLAU. Breslau 1925, 2-9.

Generalsuperintendent Martin Schian urteilte im Rückblick, dass »den ›Gruppen‹ ein starkes Maß von Einfluß zugeschoben [wurde], was nicht als glücklich bezeichnet werden kann. Der Weg zur Provinzialsynode führte […] lediglich über die ›Gruppe‹.«[23]

War die Kirche somit an die Gruppen ausgeliefert? Man wird es bejahen im Blick auf das Wahlverfahren und darauf, dass das Gruppendenken sich als Proporzdenken bei der Besetzung von Posten, Arbeitsausschüssen und Kommissionen der Synoden fortsetzte. »Man konnte nur bedauern«, meint der Berichterstatter,

> »daß es noch nicht gelungen ist, ganze Synodale aus den auf die einzelnen Gruppen fallenden Bruchteilen von Synodalen auf mechanischem Wege zu konstruieren oder in einer überparteilichen Retorte chemisch zu erzeugen, damit allen Ansprüchen an Gesinnungstüchtigkeit und Gruppenprestige genügt werde.«[24]

Ein Blick auf die Verhandlungsgegenstände der beiden Synodaltagungen unseres Zeitabschnittes, 1925 und 1929, relativiert jedoch, wie uns scheint, Schians Urteil. Denn es sind doch recht wenige Themen und Entscheidungen, bei denen kirchenpolitische Anschauungen und Differenzen in der Sache entscheidungsrelevant gewesen wären. Insgesamt muss dem Urteil des genannten Berichts zugestimmt werden:

> »Schwierige, spannende Situationen ergaben sich nicht, auch keine Gruppengegensätze oder -unterschiede traten in Erscheinung; sie sind da, und das gehört zum Reichtum der evangelischen Kirche – aber bei den Abstimmungen war viel Einmütigkeit und bei diskutablen Anträgen sah man bejahende Hände auf allen Seiten des Hauses als Zeichen einer starken Arbeitsgemeinschaft.«[25]

Eine »demokratische« Gesinnung im politischen Verständnis wird man aus der synodalen Arbeit nicht ableiten können, zumal solche Verknüpfungen in den untersuchten Quellen nirgends zu lesen sind. Man übte weiter die seit Jahrzehnten gewohnte innerkirchliche repräsentative Demokratie in ihren abgestuften Gremien, nur eben in einer anderen politischen Grundordnung. Man freute sich der größeren Freiheit »im« Staat, nicht gegen den Staat. Und das änderte sich erst, als man allmählich – und es dauerte seine Zeit – begriff, dass der Nationalsozialismus diese Freiheit bedrohte, schließlich angriff und zerstörte.

---

23 Martin SCHIAN: Die äußere Gestalt der evangelischen Kirche in Schlesien seit der Mitte des 19. Jahrhunderts. Jahrbuch für schlesische Kirchengeschichte 26/1 (1936), 19. Vgl. Walter GEPPERT: Das Wesen der preußischen Union. Berlin 1939, 351. 363, der vom »parlamentarischen Papalismus« spricht.

24 EKBlSchl 32 (1929), 477.

25 Ebd. – Neben den gedruckten amtlichen Verhandlungsberichten sei auf das EKBlSchl, aber auch ausdrücklich auf die ausführliche je tagesaktuelle Berichterstattung über alle Provinzialsynoden in der »Schlesischen Zeitung« hingewiesen.

III »Die Kirche an der Arbeit«

Wer die Zwischenkriegsjahre angemessen darstellen will, muss den großen Reichtum inneren Lebens der Kirche sehen: in kirchlichen Vereinen, Gruppen, Organisationen, Institutionen, Initiativen und zuallererst in den Kirchengemeinden selbst. Das ist freilich ein so weites Themenfeld, dass jeder Versuch, es zu beschreiben, den Rahmen dieser Arbeit weit übersteigen würde; wir begnügen uns mit einigen Zahlen, Stichworten und Beispielen, die in diesen Jahren neue Akzente setzen.

1 Die Zahlen

a) Eine »Übersicht über die Innere Mission und verwandte Bestrebungen in Schlesien« aus dem Jahre 1920 erfasst 88 Einträge, darunter acht Diakonissenmutterhäuser und zwei Diakonenanstalten, dazu kommen die Einrichtungen der »Schlesischen Synodaldiakonie«.[26]

b) Eine »Statistik der Evangelischen Liebestätigkeit in der Kirchenprovinz Schlesien« nennt für das Jahr 1926 allein unter der Rubrik »Anstaltsarbeit« hunderte Einrichtungen von den Krankenhäusern über Trinkerasyle bis zur Binnenschiffermission in Breslau und Cosel/OS; demnach taten ihren Dienst 173 Diakone sowie in Niederschlesien 1.243 und in Oberschlesien 535 Diakonissen.[27]

c) Zu berichten wäre über die vielgestaltige Jugendarbeit, die Frauenhilfen und Männerarbeit, die Kindergottesdienstarbeit, über die Arbeitervereine, denen viel Sorgfalt gewidmet wurde. Dies alles war, nach den Einschränkungen des Krieges, mit den immer wieder beklagten großen finanziellen Schwierigkeiten zunächst der Inflation, am Ende des Jahrzehntes der Weltwirtschaftskrise, Fortsetzung und Ausbau der Vorkriegsarbeit verbunden. Schlesien war Gustav-Adolf-Land, der Grundstein zur ersten Diasporakirche des Vereins überhaupt wurde am 3. August 1846 in Bad Reinerz gelegt, und es folgten viele; seine Jahresfeste waren kirchliche Großveranstaltungen. Letzteres muss auch über die Feste der Inneren und Äußeren Mission gesagt werden.

Die beiden »großen« provinzweiten kirchlichen Wochenzeitungen sind ebenso zu nennen wie die Gemeindeblätter; das Blatt für Schlesische Kirchenmusik und die Mitteilungen des Schlesischen Pfarrervereins, der Gustav-Adolf-Bote, die Freundesblätter der Diakonie und Mission, die Zeitschrift »Der Arbeiter« des schlesischen Verbandes der Arbeitervereine. Neue Arbeitsfelder waren Film- und Rundfunkarbeit, Laienspiel und Dorfkirchenbewegung. Hervorheben aber wollen wir vier Arbeitsfelder: die Schularbeit, die Kreiswohlfahrtspflege, die Siedlungsarbeit und die Pressearbeit.

---

26 Vgl. DEM 39. KONGRESS FÜR INNERE MISSION BRESLAU, 5.–10. SEPTEMBER 1920/ dargeboten vom Ausschuß zur Vorbereitung des Kongresses. Breslau 1920, 12-28.

27 Vgl. STATISTIK DER EVANGELISCHEN LIEBESTÄTIGKEIT IN DER KIRCHENPROVINZ SCHLESIEN: Heft 1. Anstaltsarbeit. Breslau 1926, 73 Seiten.

Dietmar Neß

2 Schul- und Elternarbeit

Das neben dem Verfassungsaufbau zweite große Thema, das der evangelischen Kirche durch den Umsturz ungesucht aufgegeben war, ist sachlich mit dem Stichwort »Schulgesetzgebung« bezeichnet, kirchenfeindlich in Preußen auf das Heftigste angestoßen durch die Verordnungen des sozialdemokratischen Kultusministers Hoffmann. Denn Schlesien war ein konfessionell gespaltenes Land: Nach der Volkszählung von 1925 gehörten von 4.511.606 Einwohnern 47,58 % der katholischen, 49,57 % der evangelischen Kirche an,[28] wenn auch regional deutlich verschieden – von 95 % Evangelischen im Nordwesten bis zu 95 % Katholiken im Südosten.[29] Es war ein massentaugliches Thema; unter dem erstmals im Jahresregister 1920 des Evangelischen Kirchenblattes im Register aufgeführten Schlagwort »Kirche und Schule« wird eine Fülle von Berichten und Stellungnahmen genannt, und sicher nicht zufällig widmet das o. g. Flugblatt der Generalsuperintendenten vom 12. Januar 1919 diesem Thema den ersten und zugleich ausführlicheren Teil.

Es mutet wie eine explosionsartige Entwicklung an, ein plötzlich hellwaches Interesse weit in die evangelischen Gemeinden hinein, wenn nur vier Jahre später in einer Broschüre des Evangelischen Preßverbandes für Schlesien berichtet wird:

> »Schon bei den Elternbeiratswahlen 1920 haben sich […] evangelische Eltern zusammengeschlossen, um gegen alle Angriffe auf die evangelische Schule gewappnet zu sein […]. Binnen kurzem waren 500 Eltern- und Volksbünde gegründet, die am 16. Februar 1922 den Schlesischen Provinzialverband evangelischer Eltern- und Volksbünde gründeten. Sein Zweck ist, die gemeinsamen Interessen auf dem Gebiet des Erziehungswesens zu vertreten und alle beteiligten Kräfte in der Provinz Schlesien zu einheitlicher Arbeit zusammenzufassen.‹ […] Bis zum heutigen Tage ist ein stetes Wachstum […] zu verzeichnen!«[30]

Die Befürchtungen des Anfangs sind in Schlesien nicht eingetreten, wie statistische Angaben aus dem Jahr 1931 belegen: Demnach gab es in Niederschlesien 2.266 evangelische, 967 katholische, 28 weltliche und 33 Simultanschulen, in Oberschlesien 232 evangelische, 958 katholische, drei jüdische und zwölf Simultanschulen.[31] Es blieb bis auf geringe Ausnahmen bei der konfessionellen Grundschule, in der Regel mit einer anderskonfessionellen Minderheit. In einem konzentrierten Rückblick schilderte der Geschäftsführer Pastor Walter Schwarz bei der Zehn-Jahresfeier am 7. Februar 1932 vor den Delegierten sowie vor kirchlicher

---

28 Vgl. Walter ROHR: Auf evangelischer Wacht in Schlesien. 2. Aufl. Breslau 1927, 21; Angaben ohne Ost-Oberschlesien.

29 Vgl. SILESIA SACRA: historisch-statistisches Handbuch über das evangelische Schlesien/ hrsg. von Gerhard Hultsch. Düsseldorf 1953, 252 mit einer Konfessionskarte.

30 UM UNSER SCHULWESEN. In: Ev. Preßverband für Schlesien, Schles. Provinzial-Elternbund, Sozialer Ausschuß, Sekretariat für Volksbildung. Breslau 1924, 17-29, hier 18.

31 Bernhard BUSCHBECK: Kirche und Schule in der Weimarer Republik unter besonderer Berücksichtigung der Entwicklung in Schlesien. Jahrbuch für Schlesische Kirchengeschichte 70 (1991), 80.

Die schlesische Kirchenprovinz 1918-1933

und staatlicher Prominenz die Triebkräfte und Aufgaben, die Kämpfe, Erfolge und Niederlagen einer in diesem Jahrzehnt ausdifferenzierten weitverzweigten evangelischen Schul- und Erziehungsarbeit, »in einem Augenblick« (ohne dies dann weiter auszuführen), »wo schwere Schatten über unserem Schulwesen stehen, wo Gefahren aller Art den Weg der evangelischen Elternschaft umlauern, die die ganze Treue im Kleinen, die weite Voraussicht und den langen Atem erfordern«[32] – eine Zusammenkunft im Jahr 1933 ist nicht mehr belegbar und war wohl nicht mehr möglich.

3 Die Kreiswohlfahrtspflege

Die Reichsgesetzgebung hatte nach dem Krieg die Freie Wohlfahrtspflege ermöglicht, die auch in Schlesien alsbald aufgegriffen wurde. Um gemeinsam wirkungsvoller handeln zu können, bildete sich noch 1923 ein »Sozialer Ausschuß« mit einer Geschäftsstelle beim Evangelischen Pressedienst.[33] Er habe, heißt es im Geschäftsbericht des Konsistoriums für die Jahre 1924/25, »als seine wichtigste Aufgabe angesehen, die gesamte Kirchenprovinz mit einem möglichst lückenlosen Netz von gut arbeitenden Kreiswohlfahrtsdiensten zu überziehen.«[34] Als leitende Prinzipien galten die Leitung durch einen Geistlichen und die Anstellung einer hauptamtlichen Kraft. »Wie gründen wir einen Ev. Kreiswohlfahrtsdienst?«, fragte das Evangelische Kirchenblatt und antwortete u.a. mit dem Abdruck eines Satzungsentwurfes, der als Zweck formuliert, »die Evangelische Liebestätigkeit in dem Kreise zusammenzufassen, zu fördern, auszugestalten und bei den kommunalen Organen der anderen Vereinigungen der Wohlfahrtspflege zu vertreten.«[35] Dies sei »bisher in 33 Kreisstädten erfolgt.«[36]

4 Die Siedlungsarbeit

Dieser weitere Arbeitszweig sozialer Verantwortung ergab sich daraus, dass

> »wie überall in Deutschland sich [...] ein großer Wohnungsmangel mit seinen betrüblichen Folgen, auch für das sittliche und religiöse Leben herausgestellt [hat]. Demgegenüber konnte sich auch die Kirche nicht abwartend und zusehend verhalten. Rührige Geistliche haben in ihren Kirchengemeinden ihre Aufmerksamkeit dem Wohnungswesen zugewandt und örtliche Siedlungsgenossenschaften gegründet [...], auch die kirchlichen Körperschaften, in einigen Fällen unterstützt vom Patron und anderen kirchlich interes-

---

32 EKBlSchl 35 (1932), 79-83, hier 79; vgl. den Pressebericht (ebd, 64 f) und den Vortrag des Vorsitzenden Prof. D. Erich Schaeder über Grund und Ziel evangelischer Elternarbeit (ebd, 89-92).

33 Ev. Preßverband für Schlesien ... (wie Anm. 30), 30-35.

34 GESCHÄFTSBERICHT [des Ev. Konsistoriums] FÜR 1924 UND 1925. In: Archiwum Państwowe we Wrocławiu, Bestand I,47 Śląski Konsystorz Ewangelicki [Konsistorialakten] I, 2522, 773 f.

35 EKBlSchl 27 (1924), 51 f. 59 f.

36 Geschäftsbericht für 1924 ... (wie Anm. 34), 774.

Dietmar Neß

sierten Persönlichkeiten. Um eine Zersplitterung der Kräfte zu verhindern [...], hat sich der ›Schlesische Evangelische Siedelungs- und Heimstättenausschuß‹ gebildet [...].«[37]

Diese Arbeit hat, ihre Wurzeln bei Wichern und Bodelschwingh aufgreifend, für Schlesien eine aktuelle Darstellung eines ihrer Protagonisten, Pastor Max Greiner, erfahren; es sei aber zu den Ursachen der Not speziell in Schlesien darauf hingewiesen, dass die Abtrennung Ost-Oberschlesiens zu einer starken teils erzwungenen, teils freiwilligen Abwanderung ins Reich geführt hat.[38]

5 Der Evangelische Preßverband für Schlesien

Die vielleicht erstaunlichste Institution der schlesischen Kirche dieser eineinhalb Jahrzehnte ist der Evangelische Preßverband für Schlesien (EPS). Aus der Inneren Mission heraus hatte er sich 1914 institutionell verselbständigt und unter seinem im Jahre 1918 berufenen Direktor Pastor Walter Schwarz einen wohl nicht geahnten Aufschwung genommen. Es ist eigentlich eine völlig unzureichende Bezeichnung für die Arbeit, die sich dahinter verbarg. Als Schwarz sie 1924 in einer schmalen Broschüre als »Evangelischer Volksdienst« selbst vorstellte,[39] arbeitete der Verband in einer Presseabteilung, einer Schulabteilung, einer Sozialen Abteilung und einer Volksbildungsabteilung, eine jede von ihnen weiter mehrfach untergliedert. Und er weitete sie aus: Film- und Rundfunkdienst kamen hinzu, Verlagstätigkeit, das Gemeindeblatt »Unsere Kirche«, Volksbüchereien, noch 1934 das »Evangelische Centralarchiv für die Kirchenprovinz Schlesien«.[40]

»Es hat sich bewährt«, berichtet der EPS auf der Provinzialsynode im Jahr 1925,

> »daß diese Arbeitsgebiete nicht nebeneinander, sondern ineinander organisiert sind und durch die Verbindung mit dem Schlesischen Evangelischen Presseverband ein einheitliches Ganzes bilden. Dadurch wurde erzielt: 1. eine einheitliche Führung der evangelischen Öffentlichkeitsarbeit, wodurch eine Zersplitterung verhütet wurde, 2. eine vermehrte Stoßkraft der gesamten Arbeit, da die einzelnen Abteilungen Hand in Hand miteinander arbeiten, 3. eine gegenseitige Befruchtung und Förderung durch ein Herüber- und Hinübergleiten von Impulsen und Motiven, eine bedeutende Ersparnis

---

37 Ebd, 775 f.

38 Max GREINER: Soziale Siedlungs- und Volksbildungsarbeit. Breslau 1926; DERS.: Das kirchliche Siedlungswerk in Schlesien. Düsseldorf 1931. Vgl. auch seine Kurztexte im EKBlSchl 29 (1926), 108 f. 139-141. Von einer »Siedlungsfreizeit« der Kirche für Neusiedler im Kreis Lauban berichtet das EKBlSchl 36 (1933), 211; so hat auch die ab 1920 erbaute Breslauer Vorstadt Zimpel viele Oberschlesier aufgenommen. Vgl. auch: OBERSCHLESISCHE WOHNUNGSNOT/ hrsg. von der Wohnungsfürsorgegesellschaft für Oberschlesien GmbH. Düsseldorf o.J. [1928].

39 S. oben Anm. 30. Zu Person und Werk von Walter Schwarz s. Eberhard SCHWARZ: Pro ecclesia – jenseits der Fronten: zum Gedenken an Oberkonsistorialrat D. Walter Schwarz 1886-1957. Jahrbuch für schlesische Kirchengeschichte 64 (1986), 7-53.

40 Eva LINDNER: Das Evangelische Centralarchiv für die Kirchenprovinz Schlesien 1934-1945. In: Kirche und Staat im 19. und 20. Jahrhundert: Vorträge – Aufsätze – Gutachten. Neustadt a.d. Aisch 1968, 271-279.

an Verwaltungskosten, da nur ein Büro nötig ist. Es zeigt sich täglich, wie eng Bildungsarbeit und soziale Arbeit verbunden sind, wie in den Eltern- und Volksbünden die Arbeit der Sozialen Geschäftsstelle und der Volksbildung ausgewertet wird, wie die Presseabteilung erst durch das enge Verbundensein mit den anderen Abteilungen und die dadurch gegebenen engen Beziehungen mit maßgeblichen Persönlichkeiten in den Stand gesetzt wird, planmäßige evangelische Pressearbeit im Sinne einer evangelischen Kulturpolitik zu treiben.«[41]

Liest man über den Bericht, den sein Direktor Walter Schwarz selbst zurückblickend geschrieben hat,[42] hinaus in anderen Quellen und Zeugnissen, so wird etwas spürbar, was er selbst nicht sagen konnte: Wie sehr Walter Schwarz in seiner Person Seele und Motor dieser Arbeit war. Kurt Ihlenfeld, der eine Zeit lang, gemeinsam mit Jochen Klepper und Rudolf Mirbt, unter ihm arbeitete, hat es in knappen Worten versucht: »der unermüdliche, großzügige und ideenreiche Initiator des ganzen Unternehmens [...] frei von generaldirektorialen Anwandlungen [...] die denkbar kollegialsten Beziehungen.«[43]

So zeigte sich im betrachteten Zeitabschnitt insgesamt eine Kirche, die hinausging in ein Umfeld, das in wachsendem Maße nicht mehr selbstverständlich christlich war,[44] die dort ihre eigenen Mitglieder stärkte und zugleich werbend und verteidigend nach außen zu wirken versuchte. »Die Kirche an der Arbeit« – die Überschrift, die wir diesem Abschnitt unserer Skizze geben, stammt bereits aus dem Jahr 1932; wir wissen keine, die kürzer und treffender zugleich sein könnte.[45]

»Die Kirche baut sich aus der Gemeinde auf«, sagt die Verfassungsurkunde des Jahres 1924. Wenn das richtig ist, muss dann nicht auch gefragt werden, wie sich die Umwälzungen der Jahre 1918 und 1933 und die Jahre dazwischen im »Kirchenvolk« spiegeln? Es ist nicht möglich, dieser Frage hier nachzugehen, aber gestellt sei sie, als Forschungsdesiderat.[46]

---

41 Verhandlungen ... (wie Anm. 22), 210-218, hier 215f.
42 Walter Schwarz: Die Geschichte der evangelischen Preßbestrebungen in Schlesien. In: Evangelischer Preßverband für Schlesien: Zeitungshilfe 1920. Breslau 1920, 13-20. Unveränderter, bis 1945 fortgeführter Nachdruck in: Vom diakonischen Werk in der evangelischen Kirche Schlesiens/ hrsg. von Gerhard Hultsch. Ulm 1957, 152-169.
43 Kurt Ihlenfeld: Freundschaft mit Jochen Klepper, Witten u.a. 1958, 12.
44 Vgl. Ulrich Bunzel: Die Neben- und Gegenkirchliche Bewegung in Schlesien in der Nachkriegszeit. Breslau 1932.
45 Vgl. Hellmut Eberlein: Schlesische Kirchengeschichte: ein Abriß für Lehrende und Lernende. Breslau 1932, 67.
46 Wir verweisen auf drei zeitnahe handschriftliche Gemeindechroniken von Waldenburg-Weißstein, Landeshut und Stolz, die bei der Gemeinschaft evangelischer Schlesier und im Haus Schlesien verwahrt werden. Martin Schian schrieb 1918 ein Büchlein: Die evangelischen Kirchengemeinden in der Kriegszeit. Leipzig 1918.

Dietmar Neß

IV Grenzland-Erfahrungen

Oberschlesien bedarf eines eigenen Abschnittes.[47] Denn alles bisher Dargestellte könnte unter der Annahme gelesen worden sein, als sei die Kirchenprovinz Schlesien weiterhin ein ungebrochenes einheitliches Ganzes geblieben und könne als solches beschrieben werden. Für das kirchliche Leben Oberschlesiens war jedoch die territoriale Spaltung einschneidender als die Änderung der kirchlichen Grundordnung. Die Eingliederung Ost-Oberschlesiens (Polnisch-Oberschlesiens) in ein seit sechs Jahrhunderten entfremdetes polnisches Staatsgebiet musste denen, die sie erlebt haben, ein Trauma gewesen sein in dem Sinne, den wir heute diesem Wort geben. In zwei Abschnitten, deren fragmentarischen Charakters wir uns wohl bewusst sind, sei darauf eingegangen.[48]

Die weit in das vorausgehende Jahrhundert zurückreichenden Vorstellungen einer nationalen Wiedergeburt Polens, die damit verbundenen territorialen Ansprüche (nicht nur) auf ganz Oberschlesien, die sich an die allgemeinen Bestimmungen des Versailler Vertrages anschließenden Verhandlungen mit den abmildernden Bestimmungen, die eine endgültige Entscheidung über den Umfang der Abtretungen von einer Volksabstimmung abhängig machten, den damit verbundenen rechtlichen Schwebezustand unter einer interalliierten Schiedskommission und deren durchaus nicht neutrales Wirken, die polnischen Versuche, über intensive Propaganda[49] wie auch über die drei oberschlesischen Aufstände 1920/21 vollendete Tatsachen zu schaffen, und das eingebettet in die nationale und nationalistische Zeitströmung beider Seiten – dies alles kann hier nicht näher beschrieben werden.[50] Und dabei

---

47 Vgl. zu den Ereignissen und Entwicklungen in (Ost-)Oberschlesien auch den Beitrag in diesem Band von Olgierd Kiec: Die evangelischen Kirchen in Polen nach 1918.

48 Die Vorgänge sind ausführlich dargestellt in: Alfred Kleindienst; Oskar Wagner: Der Protestantismus in der Republik Polen 1918/19 bis 1939 im Spannungsfeld von Nationalitätenpolitik und Staatskirchenrecht, kirchlicher und nationaler Gegensätze. Marburg 1985. Dietmar Neß: Die Auswirkungen der Industrialisierung auf die evangelische Kirche in Oberschlesien. Jahrbuch für schlesische Kirchengeschichte 95/96 (2016/2017), 27-76 passim.

49 Vgl. den Text eines Flugblattes des Warschauer Konsistoriums an die »Evangelischen Brüder in Schlesien«; der Text ist wiedergegeben im EKBlSchl 22 (1919), 286, auch bei Kleindienst; Wagner: Der Protestantismus ... (wie Anm. 48), 432-434; vgl. auch Kirche und Heimat ... (wie Anm. 1), 88.

50 Vgl. Konrad Fuchs: Politische Geschichte 1918-1945. In: Geschichte Schlesiens. Bd. 3: Preußisch-Schlesien 1740-1945. Österreichisch-Schlesien 1740-1918/45/ hrsg. von Joachim Menzel. Stuttgart 1999, 81-104. Rudolf Jaworski: Konfession als Faktor nationaler Identifikationsprozesse in Ostmitteleuropa im 19. und zu Beginn des 20. Jahrhunderts. In: Pluralität, Religionen, kulturelle Codes/ hrsg. von Moritz Csáky; Klaus Zeyringer. Innsbruck 2001, 133-149; Kleindienst; Wagner: Der Protestantismus ... (wie Anm. 48), passim; Rudolf Vogel: Deutsche Presse und Propaganda des Abstimmungskampfes in Oberschlesien. Phil. Diss. Leipzig 1931.

Die schlesische Kirchenprovinz 1918-1933

ist zu beachten, dass, anders als die Regelungen zur kirchlichen Neuordnung, die nur die Evangelischen betreffen und berühren mochte, der sich über drei Jahre hinziehende Ablösungsprozess die gesamte (ober-)schlesische Bevölkerung betraf, bewegte und mobilisierte. Am Ende dieses Prozesses stehen zwei Daten: die zum 15. Juli 1922 vollzogene politische und die zum 6. Juni 1923 vollzogene kirchliche Teilung.

Hier ist nur zu berichten, wie dieses politische wie kirchliche Geschehen sich in der schlesischen Kirche widerspiegelt. In vorahnender und vorausschauender Erwartung der Ergebnisse der Friedensverhandlungen beschlossen eine außerordentliche Gleiwitzer und eine außerordentliche Kattowitzer Kreissynode, je im Beisein von Vertretern der anderen oberschlesischen Kreissynoden, in Anwesenheit auch des Konsistorialpräsidenten Ernst Bender und des Generalsuperintendenten Theodor Nottebohm im Dezember 1918 die Einrichtung eines »Arbeitsausschusses« der sechs (voraussichtlich) von der Abtrennung bedrohten Kirchenkreise Gleiwitz, Kreuzburg, Neiße, Oppeln, Pleß und Ratibor, um schneller über gemeinsame Notwendigkeiten zu beraten, die nur in Oberschlesien, nicht aber in der weiteren Provinz sich ergeben mochten. Es gab damit eine gemeinsame Stimme, die in die noch offene Entwicklung hinein erklärt:

> »Namens der 6 oberschlesischen Kreissynoden fordern wir, daß die Ostmark deutsch bleibt, daß insbesondere weder Oberschlesien noch Teile Mittel- oder Niederschlesiens von dem alten Vaterlande losgetrennt werden. Wir erheben diese Forderung aus geschichtlichen, rechtlichen und kulturellen Gründen, aber auch um der Zukunft unserer evangelischen Gemeinden willen. Über 80 evangelische Gemeinden mit rund 200.000 Seelen wären in Oberschlesien unter polnischer Herrschaft der Verkümmerung und Auflösung ausgesetzt. Sollte wider unser Hoffen und Wünschen deutsches Gebiet abgetrennt werden müssen, so fordern wir für die evangelischen Gemeinden in diesen Grenzgebieten die Freiheit der kirchlichen Selbstbestimmung, ungehinderte und dauernde Verbindung mit den deutschen Landeskirchen, Sicherstellung aller daraus entspringenden kirchlichen Freiheiten und Rechte und die Unantastbarkeit der deutschen Sprache in Kirche und Schule. Oppeln, den 29. April 1919.«[51]

Die am 20. März 1921 durchgeführte Abstimmung wurde vom Konsistorium begleitet mit der an die ganze Kirchenprovinz gegebenen Empfehlung zur »Fürbitte für das gefährdete Oberschlesien« und »besondere gottesdienstliche Feiern« am

---

51 Kirche und Heimat 3 (11.5.1919), 122. – Dort auch auszugsweise weitere Stimmen, u.a. vom Ersten Deutschen Evangelischen Kirchentag, dem Vorstand der oberschlesischen Männer- und Jünglingsvereine bis zum Oppelner Regierungspräsidenten in der Deutschen Nationalversammlung. Vgl. auch den in einer Septembernummer des EKBlSchl 22 (1919), 283-285 und in Kirche und Heimat 3 (1919), 214-216 veröffentlichten sehr ruhig-sachlich geschriebenen Text des Kattowitzer Pfarrers und späteren Kirchenpräsidenten Hermann Voß; s. auch die im Quellenbuch zur Geschichte ... (wie Anm. 2), 403-412 wiedergegebenen Texte.

Dietmar Neß

Vorabend zur Mitternacht,[52] und angesichts des rechtlichen Vollzugs der politischen Abtrennung 1922 mit einer gemeinsamen Kundgebung des Konsistoriums und der Provinzialsynode an die Gemeinden des Abstimmungsgebietes und der Anordnung einer »Trauerkundgebung« in den Gottesdiensten des 25. Juni 1922 mit dem Text einer Kanzelansprache des EOK.[53]

1 »Wir stehen fast wehrlos da«

Die Kirchengemeinden des abgetrennten Gebietes konstituieren sich auf einer Kreissynode am 6. Juni 1923 zur »Unierten evangelischen Kirche in Polnisch-Oberschlesien«.[54] Deren Weg mag hier mit folgenden Hinweisen markiert werden:

a) Entsprechend dem Genfer Schiedsspruch war die Sonderstellung des Abtrennungsgebietes unter dem besonderen Schutz einer alliierten Kommission auf 15 Jahre befristet.

b) Die Landeskirche umfasste im Jahr 1936 20 Kirchengemeinden mit 24 Pfarrstellen und etwa 29.500 Gemeindegliedern, davon 3.263 Polen.[55] Zum Kirchenpräsidenten wurde der Kattowitzer Pfarrer und bisherige Superintendent Hermann Voß gewählt.

c) Wichtig ist der Hinweis, dass das »Genfer Abkommen« vom 15. Mai 1922 in ihrem Art. 88 festhält:

> »Den Religionsgesellschaften [...] steht es frei, auch über die Staatsgrenzen hinaus rein kirchliche Beziehungen zum Zwecke gemeinsamen Handelns auf dem Gebiete des Bekenntnisses, der Lehre, des Kultus und der Liebestätigkeit zu unterhalten und dabei Gaben ihrer Glaubensgenossen im Auslande anzunehmen.«[56]

Dies ermöglichte enge Kontakte zur deutschen »Mutterkirche« ebenso wie zur Ökumene.[57]

d) Um das innere Leben der Gemeinden, ihrer Gruppen und ihrer Liebesarbeit zu skizzieren, sei auf die Berichte zurückgegriffen, die das Evangelische Kirchenblatt über die jährlichen Tagungen der Landessynode brachte,[58] denn »da wir

---

52 Kirchl. Amtsblatt 68 (1921), 23. 59: »an besonderem Glockengeläut sollte es nirgends fehlen«.

53 Kirchl. Amtsblatt 69 (1922), 55 f. 63.

54 Text des Statuts bei Kleindienst; Wagner: Der Protestantismus ... (wie Anm. 48), 436-438. Das Statut ist damals einer interessierten kirchlichen Öffentlichkeit ausdrücklich im EKBlSchl 26 (1923), 147-149 zusammen mit einem Begleittext des Kirchenpräsidenten D. Hermann Voß zugänglich gemacht worden.

55 Vgl. Auslanddeutschtum und evangelische Kirche: Jahrbuch 1937. München 1937, 249.

56 Deutsch-polnisches Abkommen über Oberschlesien vom 15. Mai 1922. RGBl. II (1922), 283.

57 Vgl. Kleindienst; Wagner: Der Protestantismus ... (wie Anm. 48), 435.

58 Diese Berichte im EKBlSchl 27 (1924), 201; 28 (1925), 188 f; 29 (1926), 222; 30 (1927), 239 f; 31 (1928), 246; 32 (1929), 236; 33 (1930), 209 f. 258; 34 (1931), 232; 35 (1932), 206 f;

Die schlesische Kirchenprovinz 1918-1933

früher zur schlesischen Landeskirche gehörten, werden sicher auch viele Leser des Kirchenblattes am Ergehen der evangelischen Gemeinden, die von der Mutterkirche abgetrennt worden sind, Anteil nehmen.«[59] Es lassen sich darin immer wiederkehrende wesentliche Freuden und Nöte dieser Diasporakirche erkennen. Geklagt wird über Gottesdienststörungen und Belästigungen der Geistlichen, über massive Behinderung der deutschen Minderheitenschulen und den »meist trostlosen« Religionsunterricht evangelischer Kinder in katholischen Schulen; über die Mischehenpraxis der katholischen Kirche. Beklagt werden die »planmäßige Entdeutschung« und der »katastrophale Niedergang« der Industrie und die damit einhergehende Abwanderung der deutschen Bevölkerung und damit der Rückgang der Kirchensteuererträge.

Dem gegenüber wurde von lebhaftem, treuem Gottesdienstbesuch berichtet, kaum unter 50 %, ja bis zu 80 % der Gemeindeglieder, von steigenden Abendmahlsziffern bei abnehmender Mitgliederzahl; von lebendiger Liebesarbeit vor allem der Frauenhilfen, von »blühendem Leben« kirchlicher Vereine, vor allem auch der Jugend, als »Brunnenstuben der Kraft und Treue.«

Betont werden muss schließlich, dass die Kirche sich ausdrücklich mühte, auch der polnisch-umgangssprachlichen Bevölkerung in Gottesdienst und Seelsorge gerecht zu werden; als Beispiel mag hier nur angeführt werden, dass sie es war, die im Jahre 1931 ein evangelisches Gesangbuch in polnischer Sprache herausgab.[60]

> »Es muß zugegeben werden daß die kirchlichen Behörden viel getan haben, um die Bedürfnisse der Gläubigen polnischer Nationalität zu befriedigen. Dies wurde jedoch nicht als eine Möglichkeit behandelt, den polnischen Nationalcharakter dieser Gruppe zu bestärken, sondern einfach als die Versorgung ihrer spirituellen Bedürfnisse«,[61]

urteilt zutreffend der polnische Pfarrer und Kirchenhistoriker Henryk Czembor; und es sei ausdrücklich vermerkt, dass alles was unser Aufsatz über das innere Leben dieser Diasporakirche skizziert, in seiner Darstellung bestätigt wird.

---

36 (1933), 209. Darüber hinaus bringt das Evangelische Kirchenblatt in allen Jahrgängen immer wieder Einzelberichte. Vgl. auch Neß, Die Auswirkungen ... (wie Anm. 48), insbes. ab S. 41.

59 EKBlSchl 27 (1924), 201.

60 Nowy Śpiewnik Ewangelicki czyli Kancjonal dla zborów Unijnego Ewangelickiego Kościoła/ hrsg. von Rada Krajowa Kościelna Unijnego Ewangelickiego Kościoła na Polskim Górnym Śląsku w Katowicach. Katowice 1931. Vgl. Richard Kammel: Die Muttersprache in der kirchlichen Verkündigung. Witten 1959.

61 Henryk Czembor: Ewangelicki Kosciół Unijny na polskim Górnym Śląsku. Katowice 1993; hier zitiert nach der englischsprachigen »Summary«. Diese Dissertation kann auch dadurch gekennzeichnet werden, dass sie damals, 1977, nicht veröffentlicht werden konnte. Man habe das damals »nicht gerne gesehen«, schrieb mir der Verfasser im Begleitbrief zu einem mir 1994 freundlich dezidierten Exemplar.

e) Alles Leben und Wirken dieser Kirche und ihrer Gemeinden wurde, in völliger Übereinstimmung mit den Zielen des polnischen Staates, freilich behindert und konterkariert durch die Bestrebungen des Warschauer evangelischen Konsistoriums unter der Führung ihres Generalsuperintendenten Julius Bursche, seine Kirche im Sinne des von ihm verfolgten Programms des »polnischen Evangelizismus« zu prägen. Dieser Begriff wird umschrieben als Aufgabe,

> »daß die evangelisch-lutherische Kirche in Polen einen Missionsauftrag am katholischen polnischen Volk habe. Diesen könne sie aber nur dann erfüllen, wenn sie der Sprache und dem Geiste nach eine polnische Kirche geworden sei und das Evangelium den Polen ›im polnischen Gewande‹ verkündet werde«.[62]

Dies bedeutete die Polonisierung der in Polnisch-Oberschlesien lebenden deutschen Evangelischen. Mittel dazu waren die bereits 1924 zu einem »Verband« zusammengeschlossenen »Vereine evangelischer Polen« (in Oberschlesien), auch wurden gezielt polnische Geistliche in die Gemeinden entsandt, um die polnisch sprechende evangelische Bevölkerung in die Evangelisch-Augsburgische Kirche Polens hineinzuziehen.[63] Alle eingesehenen Quellen, Berichte und Verlautbarungen bezeugen jedoch übereinstimmend, dass auch die Gemeindeglieder polnischer Sprache treue Glieder ihrer Gemeinde blieben und diesen Bestrebungen ablehnend gegenüberstanden. So mag als Beispiel erwähnt werden, dass es bei den Gemeindewahlen des Jahres 1936 eine deutsche und eine polnische Wahlliste gab, die Unterscheidung also in der Nationalität lag; das Ergebnis lag bei 157 zu 29 Gemeindeältesten.[64]

f) Dieses Vorgehen der polnisch-evangelischen Kirche setzte nach anfänglichen beiderseitigen Verständigungsbemühungen[65] mit der Amtsübernahme des schlesischen Wojewoden Michał Grażynski im Jahre 1926 ein und verschärfte sich in den Folgejahren, wobei die Aggressivität ganz auf polnischer Seite lag und nach Kräften durch die staatlichen Stellen unterstützt wurde. »Im ganzen ist unsere Lage wieder schwerer geworden, als die einer Kirche, die absterben soll und nicht sterben will«, heißt es im Jahr

---

62 Kleindienst; Wagner: Der Protestantismus … (wie Anm. 48), 19; vgl. auch 71-79. – Julius Bursche war »mit glühendem Herzen« beides: evangelisch und polnisch; darüber, welches Element stärker war, konnte es unter den wider Willen von diesen Nationalisierungsversuchen betroffenen Evangelischen Ostoberschlesiens keinen Zweifel geben. Vgl. Joachim ROGGE: Worte des Gedenkens an Bischof Dr. Julius Bursche aus Anlaß seines 50. Todestages am 20. Februar 1992. Jahrbuch für Schlesische Kirchengeschichte 72 (1993), 185-187.

63 Vgl. dazu die Aufstellung bei Dietmar NEß: Schlesisches Pfarrerbuch. Bd. 5: Oberschlesien, Ostschlesien/ hrsg. vom Verein für Schlesische Kirchengeschichte. Leipzig 2015, 370-374.

64 Vgl. Kleindienst; Wagner: Der Protestantismus … (wie Anm. 48), 213.

65 Czembor: Ewangelicki Kosciół … (wie Anm. 61), 104 spricht von einer »loyalen Einstellung« (lojalną postawę) der deutschen Pfarrer.

Die schlesische Kirchenprovinz 1918-1933

1933.[66] Sie ist zu Recht als Kirchenkampf erlebt und beschrieben worden; jedoch mit ganz anderem Hintergrund als im übrigen Schlesien. Es muss von einem Widerstehen an drei Fronten gesprochen werden: gegen polnisch-nationalistische Bestrebungen, gegen die übermächtige katholische Kirche und gegen die polnische Evangelisch-Augsburgische Kirche. Jenseits des hier zu betrachtenden Zeitabschnitts erfolgte ab Kriegsbeginn ein staatlich-nationalsozialistischer, harter, deutscher, nun auch rassistisch-antipolnischer Gegenschlag; unter ihm hat mit ihren polnisch-sprachigen Mitgliedern nicht zuletzt auch die evangelische Kirche (Ost-)Oberschlesiens gelitten.[67]

Für die Unierte evangelische Kirche in Polnisch-Oberschlesien war mit dem Jahr 1933 keine neue Zeit angebrochen; die Gedanken der Bewegung der Deutschen Christen fanden keinen nachweisbaren Widerhall; und wenn dem Bericht über die Kattowitzer Landessynode im Mai (!) 1933 zufolge Kirchenpräsident D. Hermann Voß in seinem Jahresbericht geäußert hat: »Als Auslandskirche erwarten wir von der neuen kirchlichen Entwicklung in Deutschland einen starken Rückhalt für unser Bestehen«,[68] dann drückt er darin ganz gewiss nur die Bedrängnis seiner Kirche aus. »Wir stehen fast wehrlos da« – so hatte er 1932 die Situation seiner Kirche beschrieben.[69]

7. Das Ende dieser deutschen Kirche in Polnisch-Oberschlesien war rabiat und abrupt: Nur einen Tag nach Ablauf der Genfer Konvention, am 16. Juni 1937, verfügte der Schlesische Sejm, also eine politische Stelle, ihre Auflösung. Der Kirchenpräsident und die Kirchenräte wurden ihrer Ämter enthoben, noch 1937 zwölf Geistliche ausgewiesen und unter Zuhilfenahme staatlicher Gewalt polnische Geistliche eingesetzt. Mit Beginn des Zweiten Weltkrieges kam Ost-Oberschlesien wieder zur Kirchenprovinz Schlesien zurück und teilte deren Schicksal und Ende.

2 »Wahrung der evangelischen Interessen«

Wir kommen zurück auf den nach der Abstimmung bei Deutschland gebliebenen Teil Oberschlesiens. Festzuhalten ist einerseits, dass die kirchliche Entwicklung mit der in der übrigen Kirchenprovinz wie bisher und in gleichlautendem Einklang weiterging. Jedoch soll auf folgende Besonderheiten hingewiesen werden:

1. Die Heraufstufung des bisherigen Regierungsbezirkes Oppeln zu einer eigenen Provinz ließ es im Blick auf die ja vielfältigen Verbindungen mit den Ebenen staatlicher Verwaltung als erforderlich erscheinen, dass der Anfang des Jahres

---

66 EKBlSchl 36 (1933), 209 im Bericht über die Tagung der Landessynode im Mai 1933.

67 Vgl. Eberhard SCHWARZ: Die Teschener Kirche im Schnittpunkt der Spannungen 1939-1945. Schlesien. Kunst, Wissenschaft, Volkskunde 15 (1970), 133-135.

68 EKBlSchl 36 (1933), 209.

69 Hermann VOSS: Die besonderen Nöte der evangelischen Kirche in Polnisch-Oberschlesien. Die evangelische Diaspora 14 (1932), 244.

Dietmar Neß

1919 gebildete »Arbeitsausschuß der (jetzt nur noch fünf) oberschlesischen Kreissynoden« erhalten und gestärkt wurde. Aus dem gleichen Grunde erwies es sich als sinnvoll, dass sich auch die vielen kirchlichen freien Verbände jeweils als »Provinzialverbände« konstituierten.

2. Oberschlesien war Zentrumsland, und ›Zentrum‹ hieß katholisch, und dies nicht nur im Sinne der Bevölkerungsstatistik und der gelebten Frömmigkeit – ca. 90 % der Bevölkerung Oberschlesiens waren katholisch. Hier sind Personalpolitik, Schulpolitik und die für Oberschlesien wichtige Mischehen-Praxis der katholischen Kirche vornehmlich zu nennen und als aggressiv-feindlich erlebt und vielfältig dokumentiert worden. Der Schlesier habe »die Witterung für Gegenreformation aus vergangenen Tagen in der Seele.«[70]

In einer ausführlichen Denkschrift, im Frühjahr 1924 verfasst vom Vorsitzenden des genannten Arbeitsausschusses, Superintendent Konrad Schmula in Beuthen, heißt es:

> »Mit der Umwälzung des Jahres 1918 und der danach einsetzenden Zentrumspolitik hat die Lage der evangelischen Gemeinden in Oberschlesien eine vollständige Wandlung erfahren. Alsbald nach der Revolution meldeten nicht nur die Polen, sondern auch die katholisch-oberschlesischen Kreise ihre Ansprüche an. Der Kampf um die Autonomie endete mit der Anerkennung Oberschlesiens als einer selbständigen Provinz, unter der Voraussetzung, daß damit ›Oberschlesien dem Zentrum als Domäne überlassen würde‹. ›Die Auswüchse‹ dieser Machtansprüche des Zentrums zeigten sich bald. Wer das öffentliche Leben Schlesiens beobachtet, kann sie täglich feststellen. Es sei hier erinnert an den führenden und entscheidenden Einfluß, welchen die Bevollmächtigten des Zentrums auf die Gestaltung der Provinzialverwaltung, auf die Besetzung leitender Regierungsstellen, der Beamtenstellen der Provinzialverwaltung, auf die kulturellen Verhältnisse und Organisationen, die einseitige Einstellung des Volksbildungswesens, der Volksbüchereien, der Volkshochschulen usw. ausüben. Gleichzeitig damit trat auf kirchlichem Gebiet die katholische Kirche mit großen Machtansprüchen auf [...]. Es liegen vielfache Beweise von unduldsamer Gesinnung aus weiteren Volksschichten vor [...].«[71]

3. Die evangelische Kirche wehrte sich gegen ihre Marginalisierung. Zu nennen ist hier wohl zuerst die vom genannten Ausschuss auf Anregung des Direktors des Evangelischen Presseverbandes für Schlesien, Pastor Walter Schwarz, initiierte Gründung des »Evangelischen Volksdienstes für Oberschlesien« mit der Anstellung eines hauptberuflichen theologischen Mitarbeiters; seine Aufgaben liegen in der Beobachtung und Analyse aller wichtigen politischen, sozialen,

---

70 EKBlSchl 32 (1929), 408 in einem Hinweis auf das Buch von Rohr: Auf evangelischer Wacht ... (wie Anm. 28). Vgl. im EKBlSchl 21 (1919), 30 eine Protestentschließung der oberschlesischen Kreissynoden. – »Der alte Konfessionscharakter hat auch während der Weimarer Zeit die Politik des Z.s bestimmt, bs. in der Personalpolitik«, so Karl KUPISCH: Art. Zentrum. RGG³ 6 (1959), 1899.

71 Evangelisches Zentralarchiv Berlin, Bestand 7/14233; der vollständige Text ist wiedergegeben bei Neß: Die Auswirkungen ... (wie Anm. 48), 68-75, hier 70.

Die schlesische Kirchenprovinz 1918-1933

kirchlichen Entwicklungen der Provinz, in der Anregung und Koordinierung mannigfacher evangelisch-kirchlicher Aktivitäten, im sachkundigen Kontakt mit Behörden und Dienststellen zur »Wahrung der evangelischen Interessen.«[72] Zu nennen sind weiterhin das am 29. September 1926 eingeweihte Freizeit- und Tagungszentrum »Volksbildungshaus Schwedenschanze« bei Neustadt mit seinen weitgefächerten Schulungs- und Freizeitangeboten.[73] Und die Gegenwehr bestand in der alltäglichen bewusst hochgehaltenen Zugehörigkeit der Gemeindeglieder zur evangelischen Kirche, die sich z.B. in überdurchschnittlichem Gottesdienst- und Abendmahlsbesuch zeigte, in den gern gefeierten Festen, zu denen man sich fleißig besuchte und im Besuch stärkte; so auf den drei großen »Evangelischen Volkstagen für Oberschlesien«, 1925 in Oppeln, 1929 in Hindenburg, 1933 in Neisse mit ihren je aktuellen Grundsatz-Themen. Der Bericht des Evangelischen Pressedienstes für Schlesien über das Fest am 28. Mai 1933 in Neisse scheint uns in der Sprache, in der berichtet wird, ebenso wie in den behandelten Themen so charakteristisch für die nationale Aufbruchsstimmung dieses Sommerhalbjahrs 1933 in der gesamten schlesischen Provinzialkirche zu sein, ebenso aber auch für die – wenn man denn hören konnte – deutliche Warnung vor einem drohenden Irrweg, der die Nation und den »Führer« über den Glauben und das Evangelium zu stellen gewillt war, dass wir hier wenigstens einige fragmentarische Sätze daraus wiedergeben; im Rückblick lesen sie sich wie ein »Hinken auf beiden Seiten«. Fünf Gottesdienste wurden am Vormittag gefeiert, sieben parallele Festveranstaltungen am Nachmittag. »Auch die evangelischen Männer sagen ›ja!‹ zur nationalen Erhebung […] [aber] das unverkürzte Evangelium heiligt die Volksseele«, erklärte Pastor Lic. Dr. Ulrich Bunzel. »Der Staat ist ein Zuchtmeister auf Christus hin. Die Predigt des in Christus erschienenen Heils ist jedoch allein der Kirche Amt […]. Daher muß ein seiner Grenzen bewußter Staat der Kirche volle Freiheit zur Verkündigung des Evangeliums gewähren«, referiert Pastor Dietrich Gottschewski. Ein Festzug durch die Stadt und »eine imposante Massenkundgebung im vollbesetzten Stadium vor 12.000 Zuhörern« bilden den Abschluss. Und dort heißt es ebenso deutlich: »Immer haben die Evangelischen ihr Vaterland lieb gehabt. Dankbar bekennen sie sich zum Frühling des deutschen Volkes«, doch gelte es, »in evangelischer Begeisterung […] Zeugnis abzulegen zu Christus als dem alleinigen Heilsbringer.«[74]

---

72 Ebd, 74, Anm. 175.
73 EKBlSchl 30 (1927), 20; vgl. Neß: Die Auswirkungen … (wie Anm. 48), passim.
74 EKBlSchl 36 (1933), 211. Die vorangehenden Zitate ebd.

Dietmar Neß

V »Wir hatten gebauet ein stattliches Haus«

Diese Zeile eines Heidelberger Burschenschaftsliedes aus dem Jahr 1815 zitiert Walter Schwarz im Rückblick und setzt hinzu: »da kam das Jahr 1933«.[75] Wie konnte es geschehen?

Die Zerstörung des verfassungsmäßigen Ordnungsgefüges der Kirche ist noch am leichtesten zu skizzieren.

Die Gemeindewahlen im November 1928 und die ihnen folgenden Wahlen vom 12. Mai 1929 zur 19. Provinzialsynode waren ganz in herkömmlicher Weise vonstattengegangen. Als sie turnusgemäß am 13. November 1932 bzw. am 23. Mai 1933 wieder anstanden, war alles anders: Die Politik schaltete sich massiv und aggressiv in die kirchlichen Belange ein. Und zielstrebig: In einem Brief an Walter Schwarz, den Direktor des EPS, hatte es Pfarrer Kurt Zarnikow, Mitglied der NSDAP und »kulturpolitischer Fachberater« der Partei für Schlesien, bereits am 6. Januar 1932 ganz unmissverständlich formuliert: »Ich weiß, daß die diesjährigen Kirchenwahlen einen Generalangriff der NSDAP zeigen werden.«[76] Und Anfang Februar 1932 erschien als »Rundschreiben Nr. 4« der NSDAP, Gau Schlesien und zugleich »Kirchenpolitisches Rundschreiben Nr. 1« ein erstes »Sonderrundschreiben« an die Parteigliederungen in der Provinz Schlesien, verfasst vom »Leiter der Kulturabteilung beim Gau Schlesien«, mit »Richtlinien« für die im Herbst anstehenden Kirchenwahlen, die »für das kommende dritte Reich von größter Bedeutung« seien. Man trete unter dem Kennwort »Evangelische Nationalsozialisten« (im Sommer in »Deutsche Christen« umbenannt) an, »so schnell wie möglich« habe »jede Ortsgruppe, jede Kirchengemeinde [...] einen Fachberater für Kirchenfragen zu melden«. Als »Grundsätze in aller Kürze« werden u.a. genannt: »Überwindung der aus jüdisch-marxistischem Geist geborenen Humanität mit ihren Auswirkungen wie Pazifismus, Internationale, Christliches Weltbürgertum usw.«, »Betonung eines kämpferischen Glaubens im Dienste des von Gott gegebenen deutschen Volkstums«, »Reinigung und Erhaltung der Rasse als eine von Gott für alle Ewigkeit gegebene Pflicht«.[77]

Wie dieses Rundschreiben – und weitere – umgesetzt wurden, ist hier nicht zu berichten, wir müssen uns mit der Zusammenfassung begnügen, die Generalsuperintendent Martin Schian im Gemeindeblatt »Unsere Kirche« gegeben hat:

---

75 Schwarz in: Vom diakonischen Werk ... (wie Anm. 42), 152; dort ist unmittelbar auf den Bericht über den Evangelischen Preßverband Schlesien bezogen, womit wir hier die gesamte Kirchenprovinz charakterisieren.

76 Zu diesem Briefwechsel detailliert Neß: Die kirchenpolitischen Gruppen ... (wie Anm. 11), 183-188. Kurt Zarnikow war von 1937-1945 im Staatsdienst als Regierungsrat beim Landratsamt Angermünde.

77 Konsistorialakten ... (wie Anm. 34), I,2446, 84-88 als Abschrift; Verf. ist Dr. Günter Seifert, Direktor der Volkshochschule Breslau.

»Die Wahlen zu den kirchlichen Körperschaften haben in der Gemeinde diesmal viel Staub aufgewirbelt. In Schlesien ist es an vielen Orten trotz allem zu Einheitslisten gekommen […]. Infolgedessen ist es nicht möglich, mit irgendwelcher Sicherheit das Gesamtwahlergebnis, berechnet nach dem Anteil der Gruppen, zu ermitteln. Das ist nur dort möglich, wo es […] tatsächlich zur Wahl gekommen ist. Die aus diesen Wahlen bekannten Zahlen lassen erkennen, daß die Listen der Deutschen Christen einen nicht unbedeutenden Erfolg gehabt haben, die der religiösen Sozialisten nur einen geringen […]. Jedenfalls ist es gut und heilsam, daß auch in Zukunft in vielen Kirchengemeinden die Mitglieder des Gemeindekirchenrates und die Gemeindeverordneten […] nicht mit einem Parteietikett versehen sein werden. […] Alles kommt auf sachliche Arbeit an, alles auf friedliches Zusammenstehen.«[78]

Es ist gewarnt worden:

a) Martin Schian wandte sich am 15. Juli 1932 in einem vierseitigen Schreiben an die Geistlichkeit seines Sprengels mit der eindringlichen Mahnung, dass die Kirche »sich keiner politischen Partei oder Bewegung verschreiben darf«:

»[L]assen Sie mich offen aussprechen, daß ich es sehr wohl verstehen kann, daß mancher Pfarrer, hingerissen von dem Schwunge der nationalen Bewegung und erfüllt von der Sorge um unser deutsches Vaterland, alle Rücksichten beiseite zu setzen und nur jener Bewegung dienen zu sollen glaubt. Aber billigen kann ich es nicht. […] Wehe einer Kirche, die davon absähe, sich vom Evangelium und von ihm allein bestimmen zu lassen.«[79]

b) Die gleiche Warnung steht in einer »Kundgebung des Provinzialkirchenrats und der Generalsuperintendenten an die Gemeinden der Kirchenprovinz Schlesien«, datiert auf den 13. September 1932 und als Flugblatt verbreitet:

»Parteipolitik gehört nicht in die Kirche. […] In ihr soll der Geist der Liebe und der Versöhnung die sonst durch Meinungsverschiedenheiten Getrennten vor Gottes Angesicht zusammenschließen. […] Für die Wahlen zu den kirchlichen Körperschaften sind alle Männer und Frauen willkommen, denen es heiliger Ernst ist, den Gemeinden sorgfältig und treu, dem Worte Gottes und den Ordnungen der Kirche gemäß selbstlos zu dienen. Parteipolitische Gesichtspunkte dürfen für die Aufstellung der kirchlichen Wahlvorschläge in keinem Falle ausschlaggebend sein […].«[80]

c) Unter der redaktionellen Überschrift »In letzter Stunde« wandte sich Generalsuperintendent Otto Zänker am 2. Oktober 1932 mit der Warnung vor einer Politisierung an die kirchliche Öffentlichkeit, dann aber wird er auch inhaltlich deutlicher:

»Wir wollen doch nicht Deutschtum und Christsein einfach gleichsetzen, als wäre schon der ein Christ, der heute von der Religion der Rasse und des Blutes spricht. Gewiß ist uns deutsche Rasse, deutsches Blut ein gottgeschenktes, unverlierbares Gut. Aber es kommt nicht darauf an, daß unser Christentum germanisiert wird, sondern umgekehrt, daß unser Volkstum von christlichem Geist durchdrungen wird. […] Wir bleiben bei

---

78 Martin Schian in einer Zuschrift an: Unsere Kirche: Evangelisches Gemeindeblatt 11 (1932), 514, Rubrik »Aus Kirche und Welt«.

79 Vier-Seiten-Druckblatt im Besitz des Verfassers.

80 Druckblatt im Besitz des Verfassers.

Dietmar Neß

dem in der Bibel geoffenbarten Gottesglauben, der im deutschen Volkstum eine große Gottesgabe sieht, dem aber die Erlösung durch Jesus Christus, den Weltheiland, über aller Politik steht.«[81]

d) Es war Walter Schwarz, der in zwei gründlichen Abhandlungen bereits 1930 und 1931 nüchtern und klar – aber freilich nicht »massentauglich« und aktuell für ein (wählendes) Kirchenvolk – diese beiden Themenkreise beschrieben und analysiert hat: »Die Stellung des Christen zu Volk und Staat«[82] und »Welche Bedeutung hat die Spannung zwischen Nationalsozialismus und evangelischem Christentum für die apologetische Wortverkündigung?«,[83] sie sind als Hinführung zur Problematik noch immer lesenswert. Liest man sie Jahrzehnte später wieder, mag ihre ruhige Sachlichkeit befremden; die Aggressivität und Totalität des Nationalsozialismus und der DC als ihrer christlich verbrämten Hilfstruppe in die Kirche hinein hat sich damals auch Walter Schwarz so wenig wie wohl »alle« anderen nicht wirklich vorstellen können.

Es ist bei beidem, bei der Einmischung der politischen Ideologie und der kaum verschleierten Parteiabhängigkeit der DC ebenso wie in der Verhältnisbestimmung von christlichem Glauben und deutschem Volkstum, auch um eine besondere »Offenbarung« intensiv gestritten worden – man lese im Evangelischen Kirchenblatt seit 1925 – und vor beidem deutlich gewarnt worden. Es ist hier auch festzustellen, dass vorerst – und das gilt bis in den Sommer 1933 hinein – in den gewählten Gemeindekörperschaften (kirchen-)politisch motivierter Streit ausblieb; jedenfalls fanden wir dafür keine Belege, und die auf dieser Ebene zu regelnden Angelegenheiten bieten dazu ja auch kaum Anlass.

Unruhe brach auf, als für den 22. bis 24. Mai 1933 die Wahl der von den Gemeindekörperschaften zu bestimmenden Abgeordneten der Provinzialsynode festgesetzt wurden. Die so gewählte Provinzialsynode ist freilich nie zusammengetreten.[84]

---

81 EKBlSchl 35 (1932), 345 f; wieder abgedruckt im Quellenbuch zur Geschichte … (wie Anm. 2), 440-443.

82 Walter Schwarz: Die Stellung des Christen zu Volk und Staat. Wort und Tat: Hefte der Apologetischen Centrale 3 (1930), 1-9; vgl. EKBlSchl 33 (1930), 98. 144. Zu Walter Schwarz vgl. die Angaben oben, Anm. 39.

83 Walter Schwarz: Welche Bedeutung hat die Spannung zwischen Nationalsozialismus und evangelischem Christentum für die apologetische Wortverkündigung?. Wort und Tat: Hefte der Apologetischen Centrale 3 (1931), 13-22 und wieder abgedruckt im Jahrbuch für schlesische Kirchengeschichte 68 (1989), 177-191.

84 Es mag als Stimmungsbild hier reichen, die Ergebnisse festzuhalten: Die DC gewinnen mit 62 von 111 Mandaten die absolute Mehrheit, die Konfessionellen 13 Sitze (statt 20 im Jahr 1929), die Positive Union 21 (statt 43), die Volkskirchliche Evangelische Vereinigung 14 (statt 31) und die Freie Volkskirche einen einzigen Sitz; vgl. Neß: Die kirchenpolitischen Gruppen … (wie Anm. 11), 195-198; die dort gegebenen Zahlen sind nach den hier mitgeteilten zu korrigieren.

Die schlesische Kirchenprovinz 1918-1933

Denn inzwischen hatten sich im Reich die Ereignisse überstürzt: Am 30. Januar 1933 wurde Adolf Hitler zum Reichskanzler gewählt, die »Bewegung« suchte zielstrebig die Macht auch in der Kirche; die Verhandlungen um Reichskirche und Reichsbischof sind zu erinnern, die Einsetzung des Staatskommissars August Jäger am 24. Juni für die preußische Landeskirche und des Ratiborer Rechtsanwalts Dr. Fritz Schmidt für die Provinz Schlesien, zu dessen ersten Verfügungen noch am gleichen Tage die Absetzung des Liegnitzer Generalsuperintendenten Martin Schian gehörte – er erfuhr davon aus dem Radio[85] –, die am 11. Juli im Reichsgesetzblatt verkündete Verfassung der DEK, auch nachzulesen im Evangelischen Kirchenblatt für Schlesien, und die daraufhin in ganz Deutschland binnen zwölf Tagen angesetzten und am 23. Juli überstürzt durchgeführten Kirchenwahlen.[86] Sie waren von den DC mit allen verfügbaren propagandistischen Mitteln und kräftigster Unterstützung des Parteiapparates vorbereitet worden; auch die »Schlesische Zeitung« druckte noch am Wahlsonntag als »Mahnruf Adolf Hitlers« seine Rundfunkansprache vom Vorabend ab.[87] Die noch eilends aufgestellten Listen »Evangelium und Kirche« hatten keine Chance. Und was sollte auch ein einfaches Gemeindeglied gegen die DC einwenden, wenn es in der Ausgabe seines Kirchenblattes vom Wahltag[88] lesen konnte, wie der Breslauer DC-Pfarrer Martin Fröhlich[89] unter ihren »inneren Aufgaben« an erster Stelle »die geistesmächtige, lebensnahe Predigt von Christus« nennt, danach »die Erweckung einer neuen Freude an der Bibel«, weiterhin »lebendige Gottesdienste«, eine »von Wahrheit, Gerechtigkeit und Liebe bewegte Gottesgemeinde« und schließlich »ein drittes, christliches Reich«?

Doch soll für Schlesien von versuchter Gegenwehr, obwohl sie nur Episode war, doch berichtet werden. Am 11. Mai hatte sich deutschlandweit eine »Jungreformatorische Bewegung« mit einem »Ruf zur Sammlung« als Protestbewegung gegen die DC zu Wort gemeldet. Mitte Juni berichtet auf einer Versammlung mit ca. 300 Teilnehmern in Breslau der Führer dieser Bewegung in Schlesien, Pfarrer Dietrich Gottschewski, über »Wesen und Ziel«;[90] unter dem Begriff »Evangelium und Bekenntnis« äußert sich P. Dr. Ulrich Bunzel, Pastor an der Haupt- und

---

85 Vgl. Gerhard EHRENFORTH: Die schlesische Kirche im Kirchenkampf 1932-1945. Göttingen 1968, 34-36.

86 Ebd; Neß: Die kirchenpolitischen Gruppen… (wie Anm. 11).

87 Schlesische Zeitung 368 (23.7.1933).

88 EKBlSchl 36 (1933), 261 f: »Die inneren Aufgaben der Glaubensbewegung ›Deutsche Christen‹«.

89 Er hat sich laut einem undatierten, wohl aus der Mitte des Jahres 1935 stammenden und aus dem Umfeld der Jugendarbeit stammenden vervielfältigten Schreiben von dem »in die Irre gehenden Weg« der DC getrennt; weitere schlesische Unterzeichner sind die Pfarrer Otto Aust, Eduard Meißner, Georg Seibt, Johannes Vietzke sowie CVJM-Generalsekretär Kuhn, Kaufmann Philipp Ohr, Genossenschaftsdirektor Schmidt; hektogr. Blatt im Besitz des Verfassers.

90 EKBlSchl 36 (25.6.1933), 228.

Dietmar Neß

Stadtpfarrkirche St. Maria Magdalena.[91] Er hatte auch – und dieser Beleg für den Versuch in letzter Stunde sei hier auszugsweise zitiert – am 15. Juli im Verein mit Superintendent Joachim Classen und Pastor Paul Viebig unter der Bezeichnung »Bruderkreis evangelische Kirche. Evangelium und Bekenntnis« ein hektographiertes Schreiben an Amtsbrüder formuliert, in dem er vor dem Versuch der »restlosen Majorisierung unserer Kirche« durch die DC warnt; es gehe um die »Selbstbehauptung gegen Irrlehren und Irrlehrer.« »Die Fronten sind gegeben, darum sammeln sich die evangelischen Christen unter der Parole »Evangelische Kirche! Evangelium und Bekenntnis«! Und dann folgen »Praktische Anwendungen«: »Unter der gegebenen Parole den Wahlkampf beginnen! Keine faulen Kompromisse! […] persönliche Werbung, sachliche Aufklärung […] Gemeindeabend! Flugblattverteilung, wenn möglich Ortspresse bedienen […].« Und auch: »für Reden stellen sich zur Verfügung […].«[92]

Man hat aber die Situation des Sommers 1933 noch nicht wirklich verstanden, wenn man nicht auch folgenden Satz bewusst aufnimmt, der den ganzen Zwiespalt und die ganze Verwirrung aufdeckt; sie stehen in dem gleichen Anschreiben: »Staatspolitisch bekennen wir uns eindeutig zu dem das ganze Volk wollenden Staat Hitlers. Es geht also nicht um Machtpositionen Hitlers.«

Wir können hier nicht über Wahlvorbereitungen, Eingriffe in die Erstellung der Wahlvorschläge, den Wahltag und einzelne Wahlergebnisse berichten; wir geben nur den sehr knappen Bericht, in dem das Konsistorium das Wahlergebnis für die Gesamtprovinz wie folgt mitteilt:

> »Nur ›ein‹ Wahlvorschlag war zugelassen in 773 Gemeinden; Wahlen fanden statt in 56 Gemeinden. Gewählt wurden insgesamt – einschließlich der Einheitslisten – Deutsche Christen 17.150; andere Richtungen 4.950; Unpolitische 2.559, oder in Hundertsätzen: DC 70 %, andere Richtungen 20 %, Unpolitische 10 %.«[93]

Die noch aus Bunzels Wahlaufruf sprechende und von vielen Gutwilligen und Gutgläubigen geteilte Hoffnung, dass sich aus den Gemeindewahlen wieder eine funktionierende synodale Ordnung entwickeln würde, zerschlug sich bald: Einheitslisten weit überwiegend mit DC-Anhängern machten die auf den 23. Juli angesetzten Wahlen zur Provinzialsynode überflüssig. Die am 20. August zusammengetretene »braune Synode« regelte wenige Formalia; die Rechenschaftsberichte

---

91 Ebd (26.7.1933), 262 f.

92 Hektographiertes Anschreiben, im Besitz des Verfassers, Kopie aus: Archiv zur Geschichte des Kirchenkampfes HF 1 Schlesien. Evangelisches Zentralarchiv Berlin. Es sind offensichtlich die Mitglieder der Positiven Union angeschrieben, wenn festgestellt wird: »die alten kirchenpolitischen Gruppen sind nicht mehr«. Bunzel war Schriftführer der Positiven Union.

93 EOK Gen. III, 51, vol. III, Evangelisches Zentralarchiv Berlin, Hervorhebungen im Original gesperrt. – In den Konsistorialakten … (wie Anm. 34) I, 2452, Bll. 3-26 befindet sich eine handschriftliche Liste mit (Wahl-) Ergebnissen.

Die schlesische Kirchenprovinz 1918-1933

des Provinzialkirchenrats, des Konsistoriums und beider Generalsuperintendenten wurden in die Anlagen verbannt. Dann machte sich die Synode selber überflüssig, indem »durch einstimmigen Beschluß der Provinzialkirchenrat ermächtigt [wird] zur selbständigen Erledigung der Haushalts- und Rechnungssachen und der sonstigen an sich der Beschlußfassung der Synode unterliegenden Angelegenheiten.«[94] Wir kennen neben dem gedruckten kirchenamtlichen Verhandlungsbericht zwei Berichte der »Schlesischen Zeitung«: einen sehr kurzen noch in der Nachmittagsausgabe des gleichen Tages, einen etwas ausführlicheren am 25. August; letzteren bringt auch – mit geringen und sachlich unerheblichen Abweichungen – das Evangelische Kirchenblatt. Demnach predigte im Eröffnungsgottesdienst in der St. Elisabethkirche der Gauleiter der DC, Pfarrer Kurt Zarnikow, über Hes 36,26: »Ein neuer Geist! An Stelle der Worte die Tat. An Stelle der Volksfremdheit Volksverbundenheit, an Stelle der Engigkeit Offenheit für Gottes Walten in der Geschichte unseres Volkes: Gottes Stunde schlägt auch für die Kirche in der Wende unseres Volkes.« Solche Auslegung war erwartbar. Aber dann charakterisierte zur Eröffnung der Sitzung der bisherige Präses der Provinzialsynode, Superintendent Erich Schultze die vier zurückliegenden Jahre als Jahre des »Verfalls«, ja des »Martyriums« der Kirche in einer immer gottloseren Welt charakterisierte, was »zur Katastrophe geführt hätte, wenn nicht Gott in Adolf Hitler sein Werkzeug bereitet hätte [...]. Jetzt hat die Glaubensbewegung der Deutschen Christen [...] die Mehrheit; sie tritt die Führung an [...], wir schreiten der Zukunft entgegen.«[95] Hat er das wirklich gesagt?[96] Doch auch Generalsuperintendent Otto Zänker, der zuvor eindrücklich gewarnt hatte, spricht in einem Grußwort von der »Liebe [der Kirche] zu den neuen Kräften.« Mindestens sechs Breslauer Abgeordnete gehörten nachweislich zur Gruppe »Evangelium und Kirche« – haben sie den ohne Diskussion, nur auf Zuruf eingebrachten Personalvorschlägen für die neun zu besetzenden Gremien zugestimmt? Oder hat der auch nur durch Zuruf »gewählte« neue Synodalpräses Konrad Jenetzky hier nur auf die Mehrheit der erhobenen Hände geblickt? Auch der Selbstentmächtigungsantrag scheint durch einfachen Zuruf und Handzeichen »ohne Debatte« angenommen; haben also – um nur diese Namen zu nennen – die Pastoren Ulrich Bunzel und Ernst Hornig, Mitinitiatoren von »Evangelium und Kirche«, oder auch Kirchenpräsident D. Voß – alle jeder Nähe zu den DC gänz-

---

94 VERHANDLUNGEN DER 20. ORDENTLICHEN SCHLESISCHEN PROVINZIALSYNODE (VIERTER NEUER FOLGE) ZU BRESLAU AM 24. AUGUST 1933. Breslau 1933.

95 EKBlSchl 36 (1933), 317 f; Schlesische Zeitung 428 (24.8.1933); 429 (25.8.1922).

96 Es erscheint unmöglich für den, der sein bisheriges Wirken in der Kirchenprovinz kennt; zu diesen Gedanken schweigt er sich freilich in seiner eigenen erinnernden Beschreibung der Synode aus, vgl. Jahrbuch für schlesische Kirchengeschichte 38 (1959), 147 f; 41 (1962), 143 f; er ist dann aber bereits wenige Wochen später durch ebendieselbe DC seines Amtes als Superintendent enthoben worden.

Dietmar Neß

lich unverdächtig – zumindest geschwiegen? Es muss eine seltsame Atmosphäre gewesen sein in dieser einen Stunde.

Eine Erklärung ist vielleicht zu finden in dem freilich nur schriftlich vorgelegten sehr detailreichen »Bericht des Evangelischen Konsistoriums [...] über seine Tätigkeit seit der Tagung der Provinzialsynode im Jahre 1929 und über die wichtigen Ereignisse auf dem Gebiete des kirchlichen Lebens in der Kirchenprovinz.« Zum »Stand des christlich-sittlichen Lebens« heißt es dort:

> »Jeder, der die Arbeit der Kirche in der Wortverkündigung kennt, muß anerkennen, daß die Kirche getan hat, was sie konnte. Sie hat Gottes Wort verkündigt, ob man es hören wollte oder nicht. Was ihrer Arbeit entgegentrat und sie lähmte, ja ganze Volkskreise ihr verschloß, war, um mit Spengler zu reden ›das irreligiös gewordenen Lebensgefühl‹, das zur Grundstimmung der weitesten Kreise geworden war. Und das aus dem Geist des Materialismus herausgewachsen war [...]. Welches Unheil die Kräfte der Verneinung und Zersetzung anrichteten, zeigte sich auf allen Gebieten des öffentlichen und des persönlichen Lebens. Sie rüttelten auch an den Grundlagen christlicher Gesittung und christlicher Ordnung [...]. Es wäre zum Zusammenbruch gekommen, wenn in unserem Volke nicht Kräfte lebendig gewesen wären, die sich dieser Entwicklung entgegenstellten und nach langem heißem Kampf einen Umschwung herbeiführten. Niemand kann das freudiger und dankbarer bezeugen als unsere Kirche. Dank den Männern, die zuerst eine Partei begründeten, dann eine Bewegung erweckten und unser Volk nicht allein zur nationalen Selbstbestimmung brachten, sondern grundsätzlich auch das gesamte Volksleben wieder auf die Grundlage eines ›positiven Christentums‹ und damit auf den Boden eines religiös gerichteten Lebensgefühls stellten. Eine Politik des scheinbar Unmöglichen wurde begonnen und zum Ziele geführt [...].«[97]

Der Zeitgeist also, der alte und nunmehr der neue, dient hier als Erklärung und Rechtfertigung. Und das Heil der Kirche wird erwartet von einer politischen Bewegung.

Noch einmal sei die Frage nach der Einstellung des »Kirchenvolks« gestellt, fokussiert auf die »Kirchenrevolution« 1933. Wir begnügen uns mit einer einzigen Antwort, halten aber dafür, dass sie in ihrer Zwiespältigkeit mehrheitsfähig war. Sie kam aus der kirchlich interessierten Mitte der Gemeinde. Reinhold Winkelmann, Leiter des Diakonissenhauses in Görlitz-Biesnitz, begann die 16. Folge der »Nachrichten und Grüße aus der Schwesternschaft und der Schlesischen Konferenz für Synodal-Diakonie« mit einer Auslegung zu Ps 62,20:

> »Seit dem letzten Male [...] haben sich große Ereignisse in Kirche und Staat vollzogen. Viele werden mit unruhigem Herzen manches verfolgt haben, weil vieles, was uns lieb und wert war, besonders in der Kirche, sich verändert hat [...]. Auch die Bewegung der Deutschen Christen hat die Schwestern sehr beschäftigt, teils begeistert zustimmend, teils in bangen Fragen. Da erwarten die Schwestern [...] ein Wort der Erbauung und Stärkung. Von Politik und dergleichen haben wir hier nichts zu reden.«[98]

---

97 Verhandlungen der 20. Ordentlichen ... (wie Anm. 94), 65 f.
98 Folge Nr. 16, Kunnerwitz, Oktober 1933, 6 Seiten.

Die schlesische Kirchenprovinz 1918-1933

Es wird wohl spätestens seit dem Ende des Ersten Weltkrieges keine einzige Wochenausgabe des von uns hier so ausführlich als Quelle herangezogenen, kontinuierlich, offen und vielstimmig das aktuelle Geschehen begleitenden Evangelischen Kirchenblattes für Schlesien geben, in der nicht die Vokabel oder der Begriff »Volk« traktiert wird. Es ist ein, wenn nicht »das« Schlüsselwort der »Zwischenkriegszeit.« Als theologischer Begriff und theologische Überhöhung, als vorhandene oder ersehnte und christlich zu durchringende Grundbestimmung des Daseins; als Aufgabe der Verwirklichung in allen kirchlichen Lebensäußerungen, in den Gruppen und Organisationen, in Bildung und Erziehung. »Das (deutsche) Volk« als Norm der Kirche. Bis dieses Wort dann, freilich erst jenseits des hier zu beschreibenden Zeitraumes, auf die Spitze und damit in die Perversion, in die Vergötzung und damit in den Absturz getrieben wurde. Aber das ist schon mehr rückblickende Deutung als beschreibende Chronik des Geschehens. Noch sah es Pastor Ulrich Bunzel am letzten Tag des Jahres 1933 zuversichtlicher, wenn er in seinem – seit 1918 alljährlich geübten – Jahresrückblick wie folgt summiert: »So herrlich das Jahr 1933 für unser teures Volk, so furchtbar für unsere arme Kirche. Die staatliche Umwälzung war nötig, die Kirchenrevolution nicht!« Und dann:

> »Wenn ich auch 13 Seiten geschrieben habe, so ist doch nur einiges angedeutet von dem herrlichen, furchtbaren des vergangenen Jahres. Und nun – die mitternächtliche Stunde naht für das dunkle neue Jahr, in das wir gehen: Herr Gott, segne unser teures Volk und seinen Führer, unsere arme Kirche und ihre Männer! Gib uns Freude und Gesundheit zum Kampf und Sieg für dein Evangelium. Amen.«[99]

---

99 Ulrich BUNZEL: Jahresrückblicke 1918-1945/46. Schreibkladden im Besitz der Gemeinschaft evangelischer Schlesier/Stiftung für das evangelische Schlesien, Nachlass Ulrich Bunzel. Zu seiner Person s. Eva BUNZEL: Ulrich Bunzel: Pastor in Schlesien. Eine Biographie zu seinem 100. Geburtstag. Jahrbuch für schlesische Kirchengeschichte 70 (1991), 85-127.

KLEINERE LANDESKIRCHEN

Vom Patronat zur Demokratie

Die Evangelisch-lutherische Kirche im Hamburgischen Staate in der Weimarer Republik

Von Rainer Hering

Michael Epkenhans gewidmet

Das Ende der Monarchie in Deutschland und das Ende der Verbindung von Thron und Altar erschütterten auch die Hamburger Geistlichkeit: »Furchtbare Katastrophe«, »gewaltige Erschütterung« – so beschrieben Pastoren in der Hansestadt das Ende des Ersten Weltkrieges und die daraus folgenden Veränderungen, die sich nicht nur in Politik und Gesellschaft, sondern auch für die Kirchen gravierend auswirkten. Dieser Beitrag zeigt am Beispiel der Evangelisch-lutherischen Kirche im Hamburgischen Staate, dass das Thema auf verschiedenen Ebenen von großer Bedeutung für die Modernisierung in der Hansestadt war. Deutlich wird zudem die personelle und theologische Kontinuität über die Zäsur 1918/19 hinweg.[1]

I Kirche und Revolution

»Wir Christen können uns zu einer ungetrübten Freude an dem Neuen, das sich jetzt gestaltet, nur schwer verstehen. [...] Religiöse Menschen sind nun einmal Gemütsmenschen, denn das Gemüt ist der Sitz der Religion. Und zu viele Gemütswerte fallen doch mit der Neuordnung der Dinge dahin, als daß es uns nicht in tiefster Seele schmerzen sollte!«

So kommentierte der Herausgeber des »Hamburgischen Gemeindeblattes«, der Pastor am Waisenhaus Lic. Paul Gastrow, in der Ausgabe vom 1. Dezember 1918 die politischen Veränderungen in Deutschland.[2] Damit hatte er sehr vorsichtig die Vorbehalte ausgedrückt, die nicht nur in der Hamburger Landeskirche bestanden. Die Versammlung ihrer Pastoren gab sich zunächst in einer Erklärung optimistischer:

»Wir befinden uns mitten in einer Neugestaltung der staatlichen und wirtschaftlichen Verhältnisse. Die christliche Religion steht und fällt nicht mit irgend einer Staatsform. Daher sehen wir, als Verkünder dieser Religion, mit Zuversicht und Arbeitsfreudigkeit der Zukunft entgegen. [...] Wir wollen daher vollen Ernst damit machen, daß bei der kirchlichen Arbeit und Verwaltung nicht auf die politische Parteistellung, sondern allein

---

1 Dieser Beitrag basiert auf Rainer HERING: Auf dem Weg in die Moderne?: die Hamburgische Landeskirche in der Weimarer Republik. In: Kirchliche Zeitgeschichte (20. Jahrhundert): Hamburgische Kirchengeschichte in Aufsätzen. Teil 5/ hrsg. von dems. und Inge Mager. Hamburg 2008, 37-74, die Zitate 43.

2 Vgl. Paul GASTROW: Der »Himmel auf Erden« und das »Himmelreich«. Hamburgisches Gemeindeblatt 11/9 (1.12.1918), 33. Zum Kontext vgl. REVOLUTION! REVOLUTION?: Hamburg 1918/19/ hrsg. von Hans-Jörg Czech; Olaf Matthes; Ortwin Pelc. Hamburg; Kiel 2018.

Rainer Hering

auf das kirchliche Interesse geachtet wird, damit unsere Kirche und ihre Verfassung mehr als bisher den Aufgaben der Gegenwart gerecht werden kann.«[3]

Schon fast euphorisch war ein Leitartikel des »Hamburgischen Gemeindeblattes«, der die »Morgenröte einer neuen Zeit« anbrechen sah: »Sie bringt uns Frieden, Klarheit, Fortschritt für die ganze Welt.« Aufgrund der durch Jahrzehnte gewachsenen deutschen Selbst- und Weltachtung sei auch der Eintritt in den Völkerbund kein Problem, schrieb Hermann Rieffenberg, Pastor an St. Gertrud (Hohenfelde).[4] Diese positive Einschätzung war aber keineswegs die der Mehrheit.

II Kirche und Kriegsniederlage

Die Niederlage im Ersten Weltkrieg und das Ende der Monarchie – verbalisiert in den eingangs zitierten Ausdrücken wie »furchtbare Katastrophe« oder »gewaltige Erschütterung« – wurden von Theologen als Gottesgericht interpretiert, »als eine Mahnung des Ewigen an das deutsche Volk zur Selbstbesinnung«.[5] Auch die Kirche sei zur Selbstprüfung aufgerufen. Gott habe den Gegnern der Deutschen die Kraft zum Sieg gegeben, um den Deutschen die eigenen Fehler – »Äußerlichkeit, Genussucht, Gewaltsinn und Gewinnsucht« – erkennen zu lassen.[6] Dem Weltkrieg wurde von Seiten der Kirche ein transzendenter Sinn zugewiesen, er wurde religiös interpretiert. Zugleich wurden die Deutschen moralisch entlastet: Die Schuld des Weltkrieges wurde als »Gesamtschuld unseres Geschlechts« gesehen: »die geistigen Gewalten, die vor und in diesem Kriege tätig waren; das äußere Verhalten, zu dem sie geführt haben.«[7] Eine Schuld einzelner oder des deutschen Volkes wurde abgelehnt, allein vor Gott sollte ein allgemeines Schuldbekenntnis erfolgen. Immer wieder wurde in Veröffentlichungen im »Hamburgischen Gemeindeblatt« betont, dass Gott weiterhin zu den Deutschen halte, wenn sie sich demütig zu ihm bekennen würden. Nachdem während des Krieges die Siegeseuphorie geschürt worden war, trug diese Interpretation dazu bei, die Niederlage zu bewältigen, ohne das bisherige Weltbild allzu sehr infrage zu stellen. Vor allem sollte das durch den Krieg und die enormen Opfer in der Bevölkerung geschwächte Vertrauen in Gott

---

3 Abgedruckt in: Hamburgisches Gemeindeblatt 11/9 (1.12.1918), 35 f.

4 [Hermann] Rieffenberg: Die Morgenröte einer neuen Zeit. Hamburgisches Gemeindeblatt 11/10 (8.12.1918), 37.

5 Arminius Claussen: Zukunftsaufgaben der Kirche. Hamburgisches Gemeindeblatt 11/16 (19.1.1919), 62-64, hier 63. Claussen war Pastor an St. Markus (Hoheluft). Zur Debatte über den Krieg im Protestantismus der Weimarer Republik vgl. Reinhard Gaede: Kirche – Christen – Krieg und Frieden: die Diskussion im deutschen Protestantismus in der Weimarer Republik. Bremen 2018.

6 [Hermann] Rieffenberg: Gott bleibt uns treu mit seiner versöhnenden Liebesmacht. Hamburgisches Gemeindeblatt 11/20 (16.2.1919), 77 f, hier 78.

7 Ders.: Gott bleibt uns treu mit seiner Vergebung. Hamburgisches Gemeindeblatt 11/18 (2.2.1919), 69.

und die Kirche wieder gestärkt und dem Trend zur Entkirchlichung entgegengewirkt werden. Dazu wurden die besonderen Leistungen der Deutschen hervorgehoben und die siegreichen Feinde diffamiert: Die deutsche Art sei sittlicher und innerlich tiefer als die fremde, die deutsche Kraft könne nur für einige Zeit geschwächt, nicht aber wirklich gebrochen werden, der Stolz auf die Leistungen der Front und des »Heimatheeres« sei auch im Angesicht der militärischen Niederlage berechtigt. Schließlich hätten die deutschen Gegner »die ganze Welt gegen ein einziges Volk« zusammengerufen. Ihr »Siegestaumel«, ihre mangelnde Bereitschaft zur Vergebung, zeige ihre mangelnde Jesusliebe. Daher stünden sie moralisch weit unter den Deutschen, die sogar ihren Feinden vergeben würden.[8] Dabei fiel kein Wort über die Rolle der Deutschen beim Beginn des Ersten Weltkrieges oder über die militärischen Auseinandersetzungen. Theologen übernahmen hier kritiklos gängige zeitgenössische Interpretationen zur Legitimierung ihrer eigenen Funktion.

Dementsprechend war die scharfe Ablehnung des Versailler Vertrages nicht überraschend: Die Synode verfasste eine Erklärung, die den Siegern des Weltkrieges »unchristliche[n] Haß«, »widergöttliche[n] Uebermut« und »gewissenlose Unwahrhaftigkeit« unterstellte.[9] Unter dem schweren Druck des Friedensvertrages seien Religion und Religionsbekundung »Gemeinschaftssache und Volkssache«, »ein Halt, wie für den inwendigen, so auch für den von den allgemeinen Nöten bedrängten äußern Menschen«. Die Synode rief auf zu »deutscher Festigkeit und deutscher Vaterlandsliebe«, zur Stärkung durch die Gemeinschaft im Gottesdienst. Offenbar bestand die Befürchtung, dass angesichts der Niederlage sich weite Teile der Bevölkerung von der Kirche abwenden würden, zumal sich die Geistlichkeit in Kriegspredigten und Kanonensegen eindeutig für den Krieg erklärt hatte. Und tatsächlich: Viele Kriegsteilnehmer traten mit dem Spottvers: »Die Pfaffen, sie segnen die Waffen« aus der Kirche aus. Die vor 1918 praktizierte Funktionalisierung des christlichen Glaubens für einen Krieg mit völlig neuen Dimensionen führte nunmehr zu einer entsprechenden Gegenreaktion.

III Evangelische Christen und die Kirchenaustrittsbewegung

Die Hansestadt Hamburg verfügte 1919 über 1.050.380 Einwohner, 1932 waren es schon 1.218.447.[10] Die Zahl derer, die einer Religionsgemeinschaft angehörten, nahm in diesem Zeitraum kontinuierlich ab. Während des Kaiserreiches, im Jahr

---

8 Vgl. ebd.

9 Hamburgisches Gemeindeblatt 11/38 (22.6.1919), 152. Die Erklärung vom 17.6.1919 schließt: »Laßt uns geloben, Gottes Volk zu sein und immer mehr zu werden, und dann darauf hoffen, daß Gott unser Gott sein will. Werfet euer Vertrauen nicht weg, auch nun nicht, da uns Geduld not ist! Ist Gott für uns, wer mag wider uns sein?«; 100 JAHRE APOSTELGEMEINDE HAMBURG-EIMSBÜTTEL/ hrsg. vom Kirchenvorstand der Apostelgemeinde. Hamburg 1990, 55.

10 Vgl. Ernst Christian SCHÜTT: Die Chronik Hamburgs. Dortmund 1991, 603.

Rainer Hering

1907, lag der Anteil der Evangelischen bei 92,3 Prozent, der der Katholiken bei 5,2 Prozent, zur jüdischen Religion bekannten sich zwei Prozent und nur 0,3 Prozent der Bevölkerung gehörten einer anderen nichtchristlichen bzw. gar keiner Religionsgemeinschaft an.[11] 1925 betrug der Anteil derjenigen, die keiner Religionsgemeinschaft angehörten 6,2 Prozent. Die Angehörigen der Landeskirche zählten nur noch 85,5 Prozent, die Zahl der Katholiken war konstant geblieben, die der Juden auf 1,73 Prozent zurückgegangen. Auf Reichsebene waren es 63,3 Prozent Protestanten zu 32,3 Prozent Katholiken und 1,8 Prozent Konfessionslosen.[12] In Hamburg überwogen im Vergleich zum Reich also traditionsgemäß die Protestanten, aber ebenso bei weitem auch diejenigen, die keiner Konfession angehörten; die Folgen der Kirchenaustrittsbewegung waren nachhaltig zu spüren. Bei den Angehörigen der Landeskirche waren die Frauen in der Mehrzahl (87,6 Prozent gegenüber 83,1 Prozent der Männer). Bei denen, die keiner Religionsgemeinschaft angehörten, lag der Anteil der Männer erheblich über dem der Frauen (7,9 Prozent zu 4,6 Prozent), was damit erklärt wurde, dass Frauen im Allgemeinen nicht so schnell die überlieferte Religionszugehörigkeit aufgeben würden.

Sieht man sich den Anteil der evangelischen Bevölkerung nach Wohngebieten an, so fällt auf, dass er in der Stadt Hamburg 85,7 Prozent, im Landgebiet jedoch 92,7 Prozent betrug (Gesamtgebiet: 86,1 Prozent). Die Bindungskraft traditioneller Überlieferung und die soziale Kontrolle waren in ländlicheren Gebieten größer als in der Stadt, wo die säkularen Tendenzen sich eher durchsetzten. Innerhalb des Stadtgebietes lagen die Vororte Finkenwerder, Alsterdorf, Groß Borstel, Ohlsdorf und Klein Borstel über dem Durchschnitt, die Stadtteile St. Pauli-Nord und -Süd, St. Georg-Nord, Barmbek, Billwerder Ausschlag und der Vorort Langenhorn weit darunter. Hier waren auch die Anteile derjenigen, die keiner Gemeinschaft angehören, sehr hoch. Diese Gebiete wurden besonders von Arbeitern bewohnt.[13]

Acht Jahre später, 1933, setzte sich der hier beschriebene Trend noch weiter fort. Nunmehr gehörten nur noch 76,4 Prozent der Einwohner der evangelischen Landeskirche an, wohin gegen sich 16 Prozent zu keiner Religionsgemeinschaft zählten. Der Anteil der Katholiken war bei 5,3 Prozent weiterhin stabil geblieben, der der Juden war weiter auf 1,5 Prozent gesunken. Zwischen 1925 und 1932 waren ca. 104.000 Personen aus der Evangelisch-lutherischen Kirche im Hamburgischen Staate ausgetreten, die Zahl der Wiedereintritte nahm erst 1933 kurzzeitig

---

11 Vgl. Berufsaufnahme vom 12. Juni 1907. In: Statistische Mitteilungen über den Hamburgischen Staat: Nr. 2/ hrsg. von Wilhelm Beukemann. Hamburg 1913, 276.

12 Vgl. Rainer HERING: Säkularisierung, Entkirchlichung, Dechristianisierung und Formen der Rechristianisierung bzw. Resakralisierung in Deutschland. In: Völkische Religion und Krisen der Moderne: Entwürfe »arteigener« Glaubenssysteme seit der Jahrhundertwende/ hrsg. von Stefanie von Schnurbein; Justus H. Ulbricht. Würzburg 2001, 120-164.

13 Vgl. Die Bevölkerung Hamburgs nach der Religionszugehörigkeit. Hamburger statistische Monatsberichte 3 (1926) November, 271-274.

zu.[14] Generell waren die Kirchen in Deutschland nicht in der Lage, diesem Trend wirksam entgegenzutreten.

Die äußere, zahlenmäßige Entwicklung setzte einen Trend fort, der schon im 19. Jahrhundert begonnen hatte und sich in der immer geringer werdenden Akzeptanz der Landeskirche und des evangelisch-lutherischen Bekenntnisses in der Bevölkerung der Millionenstadt äußerte. Auch die innerliche Verbindung zwischen der Hamburger Bevölkerung und ihrer Landeskirche war gering und oftmals durch Desinteresse und Gleichgültigkeit gekennzeichnet.

Die Kirche nahm diese Entwicklung aber nicht als gegeben hin, sondern versuchte vielmehr, ihr entgegenzutreten. Vor allem durch Hausbesuche bei Ausgetretenen oder Ehepaaren, die nicht kirchlich getraut waren bzw. ihre Kinder nicht taufen ließen, sollte der Trend gestoppt und die kirchliche Bindung des einzelnen wieder erhöht werden. So arbeitete seit 1926 die studierte Theologin Margarete Schuster als Gemeindehelferin der Hauptkirche St. Michaelis vor allem auf diesem Sektor.[15]

IV Kirchenverfassung

Die politischen Veränderungen nach dem Ende des Weltkrieges mit der Etablierung der ersten demokratischen Republik in Deutschland ließen auch die Kirche nicht unberührt. Erneut zeigt sich hier, dass sie in einem engen Wechselverhältnis zur Gesellschaft steht und kirchliche Entwicklungen stark von denen auf der politischen, wirtschaftlichen und sozialen Ebene bestimmt werden.

Die Weimarer Reichsverfassung vom 11. August 1919 bestimmte in Artikel 137: »Es besteht keine Staatskirche«. Damit wurde der Prozess der Trennung der engen Verbindung von Thron und Altar abgeschlossen, der in Hamburg bereits 1860/70 eingeleitet worden war. Der Anteil des Senats beschränkte sich seitdem auf das neu eingeführte Patronat der lutherischen Senatsmitglieder,[16] das vor allem die Bestätigung kirchlicher Gesetze und von Senior- und Pastorenwahlen sowie der Ernennung einiger Mitglieder der von Geistlichen und Laien gewählten Synode, des Kirchenrates und der Gemeindevorstände umfasste. Im März 1919 gaben die evangelisch-lutherischen Senatoren ihr Patronatsrecht über die Hamburgische Landeskirche auf. Mit der neuen Kirchenverfassung von 1923, die bis 1959 gültig

---

14 Vgl. Aus Hamburgs Verwaltung und Wirtschaft: Monatsschrift des Statistischen Landesamtes 11/7 (15.9.1934), 155-158.

15 Hierzu und zum folgenden: Arbeitsbericht Februar 1926 bis Oktober 1927. Landeskirchliches Archiv der Nordkirche, Kiel [LKAK], 32.03.01 Personalakten Pastoren, Personalakte Margarete Schuster, bes. Bl. 4. Dort auch die Zitate. Zu Schuster vgl. Rainer HERING: Art. Schuster, Margarete Adele Caroline Elisabeth. BBKL 9 (1995), 1145-1148; DERS.: Die Theologinnen Sophie Kunert, Margarete Braun und Margarete Schuster. Hamburg 1997, 99-119.

16 § 3 und § 4 der Verfassung der evangelisch-lutherischen Kirche im Hamburgischen Staate vom 9.12.1870. Hamburgische Gesetzessammlung 1870 I, 137-155, hier 138.

Rainer Hering

war, verwaltete die Evangelisch-lutherische Kirche im Hamburgischen Staate als Körperschaft des öffentlichen Rechts ihre Angelegenheiten selbständig. Wie im politischen Bereich wurde nun auch in der Kirche das aktive und passive Frauenwahlrecht eingeführt.[17] Die Synode war das oberste Organ der Hamburgischen Landeskirche. Sie bestand aus Abgeordneten der Kirchenvorstände und Konvente und wählte den Kirchenrat für Aufgaben der Verwaltung und zur Vorbereitung der Vorlagen für die Synode. Ihm gehörte ex officio der Senior an, der von der Synode aus dem Kreis der Hauptpastoren gewählt wurde. Er hatte die Dienstaufsicht über die Geistlichen und den Vorsitz im Hauptpastorenkollegium und in den Kollegien der Pastoren. Das Geistliche Ministerium umfasste alle Geistlichen, hatte allerdings nur gutachterliche Befugnisse bei verfassungsändernden Beschlüssen der Synode.[18]

V Die Diskussion um die Einführung des Bischofsamts

Eine öffentliche theologische Diskussion über das lutherische Bekenntnis oder kirchliche Lehrinhalte bzw. (liturgische) Formen gab es nicht. Kritische Anfragen einzelner Geistlicher, z.B. an das Glaubensbekenntnis, oder Plädoyers für eine Öffnung der bürgerlichen Kirche gegenüber der Arbeiterschaft sowie gegenüber

---

17 Vgl. Staatsarchiv Hamburg (StA HH), 111-1 Senat, Cl.VIII No.Xa, Protokoll der Senatssitzung vom 14.3.1919 (Bl. 377 f). In der Senatssitzung vom 7.5.1919 stellte Senator Max Schramm deutlich fest, dass »die auf staatlichem Gebiet sich vollziehende Umwälzung der Verhältnisse die völlige Trennung von Staat und Kirche zur Folge hat« (ebd, Bl. 680 f). Verfassung der Evangelisch-lutherischen Kirche im Hamburgischen Staate vom 30.5.1923. Hamburgisches Gesetz- und Verordnungsblatt (HGVBl.) (1923), 427-442; Georg DAUR: Von Predigern und Bürgern: eine hamburgische Kirchengeschichte von der Reformation bis zur Gegenwart. Hamburg 1970, 258. Auf Beschluss der Synode vom 24.6.1919 wurde eine Interimsverfassung vom 16.7.1919 verabschiedet (vgl. Amts-Blatt der Freien und Hansestadt Hamburg 163 (17.7.1919), 1217-1233). Im Laufe der zwanziger und dreißiger Jahre wurden auch die acht Stellen der Staatsgeistlichen am Waisenhaus, am Werk- und Armenhaus, an den Gefängnissen und an den Krankenhäusern St. Georg und Eppendorf aufgehoben und in kirchliche Hand überführt, vgl. [Paul] GASTROW: Die Staatsgeistlichen in Hamburg. Hamburgische Kirchenzeitung 2 (1925), 75 f. Es ist auffallend, dass die staatlichen Verfassungen der Hansestadt von 1921 und 1952 keine Aussagen über das Verhältnis zur Kirche treffen, vgl. Hans Peter IPSEN: Hamburgs Verfassung und Verwaltung: von Weimar bis Bonn. Hamburg 1956, 254.

18 Vgl. §§ 40-44 der Verfassung der evangelisch-lutherischen Kirche im Hamburgischen Staate vom 9.12.1870. Hamburgische Gesetzessammlung 1870 I, 137-153, hier 148 f sowie §§ 48-59 der Verfassung der Evangelisch-lutherischen Kirche im Hamburgischen Staate vom 30.5.1923. HGVBl (1923), 427-442; Wolf HARM: Ausschnitt aus der Geschichte der Ev.-luth. Kirche in Hamburg und ihre Struktur in der Gegenwart. Ms. Hamburg 1980, 37; Heinz STOOB: Die Entwicklung des kirchlichen Oberamtes in Hamburg. Ms. Hamburg 1955, 22.

technischen Entwicklungen, wurden kirchenintern ausgegrenzt, z.T. durch die Versetzung in den Ruhestand.[19]

Gravierende Verfassungsänderungen in der Kirche gab es während der Weimarer Republik nicht, aber ein wichtiges Moment stellte die Erörterung der Einführung des Bischofsamtes als Ersatz für das Seniorat dar, die von kirchenpolitisch »positiven« Theologen begonnen wurde: Hauptpastor Simon Schöffel hatte sich – unterstützt von seinem Kollegen Theodor Knolle – aus theologischen wie aus persönlichen Gründen schon frühzeitig für diese Änderung eingesetzt: Er war der Ansicht, dass zur lutherischen Kirche das Bischofsamt wesentlich dazugehöre – die Bezeichnung Senior würde dem Wesen der Kirche nicht hinreichend gerecht. Zudem wollte er eine terminologische Verbindung zu den kirchlichen Anfängen an der Elbe unter Ansgar herstellen. Aber auch eigene Karrierewünsche spielten eine Rolle. Die Erörterungen des Jahres 1925 – und erneut 1931 – standen aber auch im Zusammenhang mit Bestrebungen der katholischen Kirche, in Altona einen eigenen Bischofssitz einzurichten bzw. Anspruch auf das Bistum Ansgars zu erheben. Während der Weimarer Republik blieb die kollegiale Leitungsstruktur jedoch erhalten. Scharfe Kritik an Schöffels Plänen kam beispielsweise vom Pastor und späteren Philosophieprofessor Kurt Leese.[20] Auch in Preußen wurde 1925 die Einführung des Bischofsamtes diskutiert, im Frühjahr 1927 aber knapp abgelehnt. Erst nach der Machtübertragung an die Nationalsozialisten im Mai 1933 konnte sich Schöffel durchsetzen und wurde der erste Hamburger Landesbischof der Neuzeit. Diese Hierarchisierung der kirchlichen Entscheidungsstrukturen kann auch als Reaktion auf die Einführung der Demokratie im politischen und im kirchlichen Raum interpretiert werden. Um der Demokratisierung von Kirche und Gesellschaft entgegenwirken zu können, sollte die Spitze der Kirchenleitung umstrukturiert und allein auf eine Person ausgerichtet werden. Nach der Etablierung des »Führerprinzips« im »Dritten Reich« konnte diese Veränderung dann auch in der Hamburger Landeskirche durchgesetzt werden.[21]

---

19 Vgl. Rainer HERING: »… die Angelegenheit eignet sich nicht dazu, vor viele Ohren zu kommen.«: Theologie am Rande der Kirche. In: 500 Jahre Theologie in Hamburg: Hamburg als Zentrum christlicher Theologie und Kultur zwischen Tradition und Zukunft. Mit einem Verzeichnis sämtlicher Promotionen der Theologischen Fakultät Hamburg/ hrsg. von Johann Anselm Steiger. Berlin; New York 2005, 361-397.

20 Vgl. Hamburgischer Correspondent 505 (29.10.1925), 525 (10.11.1925) und 527 (11.11.1925); Christliche Welt 40 (1926), 148.

21 Vgl. Rainer HERING: Bischofskirche zwischen Führerprinzip und Luthertum: die Evangelisch-lutherische Kirche im Hamburgischen Staate und das »Dritte Reich«. Mitteilungen. Evangelische Arbeitsgemeinschaft für Kirchliche Zeitgeschichte 23 (2005), 7-52; DERS.: Nachfolger Ansgars?: der Hamburger Landesbischof Simon Schöffel als Kirchenhistoriker. In: Persönlichkeiten der deutschen Landeskirchengeschichtsschreibung: Tagung des Arbeitskreises Deutsche Landeskirchengeschichte und der Arbeitsgemeinschaft für Mecklenburgische Kirchengeschichte in Güstrow vom 27. bis 29. September 2018/ hrsg. von Johann Peter Wurm. Leipzig 2020, 139-146.

VI Finanzen

Die finanzielle Situation der Hamburger Kirche war nachhaltig von der gesamtwirtschaftlichen Lage des Deutschen Reiches bestimmt. Mit dem Ersten Weltkrieg setzte 1914 die Inflation ein, die sich 1922/23 zur Hyperinflation steigerte. Auf eine Phase der relativen Stabilisierung ab 1924 folgte 1929 ein Konjunkturabschwung, der in der Weltwirtschaftskrise gipfelte. Erst durch die systematisch erhöhten Staatsausgaben ab 1933 gab es einen Aufschwung der Wirtschaftslage, der jedoch im Zusammenhang mit Aufrüstung und Kriegsvorbereitungen zu sehen ist.[22]

Durch die Inflation hatte die Kirche fünf Millionen Mark verloren und die Steuerkraft der Gemeindemitglieder ging zurück, da der Ertrag der Kirchensteuer von der Höhe der Einkommen abhängig war. In der Inflationszeit wurde diese Steuer direkt in den Gemeinden bezahlt, um der Geldentwertung vorzubeugen.[23] Vor allem in den Jahren 1919 bis 1924 war die Arbeit der Synode durch die schwierige finanzielle Lage gekennzeichnet. Doch auch noch 1925 wurden die Kirchenvorstände zur Sparsamkeit gemahnt, vor allem bei der Instandhaltung der Gebäude.[24] Wie andere Berufsgruppen auch, so mussten die kirchlichen Mitarbeiter erhebliche Einbußen im Lebensstandard hinnehmen; 1930 wurden ihnen Gehaltsvorschüsse nur gegen eine Verzinsung gewährt.[25]

Ende der zwanziger Jahre wurde die Haushaltslage der Kirche noch schwieriger: Das Rechnungsjahr 1928 schloss mit einem »bedeutenden Fehlbetrag« ab und für 1929 und die folgenden Jahre rechnete man mit einem erheblichen Steuerausfall. Immer wieder appellierte der Kirchenrat an die Gemeinden, diese Situation in den Voranschlägen zu berücksichtigen, und behielt sich vor, diese einer »scharfen Überprüfung« zu unterziehen. Mit Wirkung vom 1. Februar 1931 wurden die Gehälter um fünf, ab April um sechs Prozent der Bruttobezüge gekürzt.[26] Die Zahl der Kirchenaustritte nahm weiter zu und erreichte 1931 mit 15.849 die höchste Ziffer seit 1920. Da die Austrittszahlen vor allem in den Monaten der Steuerzahlung

---

22 Vgl. Ursula BÜTTNER: Weimar: die überforderte Republik 1918-1933. Leistung und Versagen in Staat, Gesellschaft, Wirtschaft und Kultur. Stuttgart 2008, bes. 166-181, 397-405; Knut BORCHARDT: Grundriß der deutschen Wirtschaftsgeschichte. 2. Aufl. Göttingen 1985, 61-70; Gerald D. FELDMAN: The Great Disorder: Politics, Economics and Society in the German Inflation 1914-1924. New York; Oxford 1993.

23 Vgl. Martin HENNIG: Beiträge zur nordelbischen und zur hamburgischen Kirchengeschichte. Hamburg 1988, 42.

24 Vgl. An die Kirchenvorstände. Gesetze, Verordnungen und Mitteilungen aus der Evangelisch-lutherischen Kirche im Hamburgischen Staate (GVM) (25.11.1925), 71-73, hier 73.

25 Vgl. Daur: Von Predigern … (wie Anm. 17), 260; vgl. auch GVM (23.1.1930), 1. Der Zinssatz betrug sechs Prozent p.a.

26 Vgl. z.B. An die Kirchenvorstände. GVM (3.12.1929), 67 f; GVM (25.9.1930), 49; GVM (23.12.1930), 71; GVM (30.1.1931), 3; ebd, 13; Heinz BECKMANN: Die Etat-Synode. Hamburgische Kirchenzeitung 8 (1931), 33 f.

besonders anstiegen, scheint die schlechte wirtschaftliche Lage ausschlaggebend gewesen zu sein. Vor allem ungelernte Arbeiter verließen die Kirche, aber auch die Gehaltskürzungen im »Mittelstand« veranlassten etliche zu diesem Schritt.[27]

VII Die Frage der Frauenordination

Eine wichtige Herausforderung für die protestantischen Landeskirchen stellte in den zwanziger Jahren die Frage dar, ob die im staatlichen Bereich eingeführte Gleichberechtigung der Frauen auch in der Kirche umgesetzt werden sollte, und Frauen mithin ordiniert und als Pastorinnen eingestellt werden dürften. Seit der Jahrhundertwende durften Frauen sich an deutschen Universitäten immatrikulieren und im Wintersemester 1908/09 gab es die erste Studentin der evangelischen Theologie.[28] In Hamburg wurde die »Frauenfrage« ausgelöst durch eine Anfrage Sophie Kunerts, die seit 1925 als Sozialpädagogin in der Strafanstalt Fuhlsbüttel tätig war, nachdem sie vier Jahre zuvor in Berlin das erste theologische Examen abgelegt hatte. Auf ihren Antrag wurde sie zum zweiten Examen zugelassen, das sie im Herbst 1925 bestand. Umstritten war nun ihr Ziel, für ihre Tätigkeit in der Strafanstalt auch ordiniert zu werden. Im November 1927, nach zwei Jahren heftigster Auseinandersetzungen, wurde eine gesetzliche Regelung über »die Verwendung theologisch vorgebildeter Frauen in der Hamburgischen Kirche« verabschiedet. Obwohl sie dieselbe Ausbildung hatten, wurden Frauen nicht als Pastorinnen, sondern als geringer besoldete Pfarramtshelferinnen angestellt: Ihr Aufgabenbereich lag in der Wortverkündigung in Andachts- und Bibelstunden vor Frauen und Jugendlichen, im Abhalten von Kindergottesdiensten oder Religionsunterricht, in der Vorbereitung und Mitarbeit am Konfirmandenunterricht sowie in der seelsorgerlichen und sozialen Gemeindearbeit an Frauen und Mädchen. In Frauenanstalten und geschlossenen Frauenabteilungen von Anstalten durfte der Pfarramtshelferin auf Beschluss des Kirchenrats und des zuständigen Pfarramtes in besonderen Fällen der Einzelseelsorge auch die Verwaltung der Sakramente übertragen werden, wie Sophie Kunert es erbeten hatte.

Die Stellen von Pfarramtshelferinnen konnten nur mit Zustimmung des Kirchenrates von der Synode bewilligt werden, im Falle der Eheschließung schieden sie ohne Anspruch auf Ruhegehalt aus dem Dienst der Kirche aus. Die Tätigkeit

---

27 Vgl. Theodor KNOLLE: Kirchliche Chronik. In: Hamburger Kirchenkalender 1933. Hamburg o.J. [1932], 121-130, hier 121 f.

28 Zum Kontext vgl. Auguste ZEISS-HORBACH: Evangelische Kirche und Frauenordination: der Beitrag der Evangelisch-Lutherischen Kirche in Bayern zur deutschlandweiten Diskussion im 20. Jahrhundert. Leipzig 2017; FRAUENFORSCHUNGSPROJEKT ZUR GESCHICHTE DER THEOLOGINNEN, GÖTTINGEN: »Darum wagt es, Schwestern…«: zur Geschichte evangelischer Theologinnen in Deutschland. Neukirchen-Vluyn 1994.

der Pfarramtshelferin wurde nicht als geistliches Amt verstanden, sie wurde zum Dienst eingesegnet, nicht ordiniert.

Durch das Gesetz vom November 1927 wurde Frauen in verstärktem Maße eine theologische Tätigkeit in der Hamburgischen Landeskirche ermöglicht, ihre generelle Gleichberechtigung war aber noch längst nicht erreicht. Nicht nur in ihren Rechten und Wirkungsmöglichkeiten, auch in ihrer geistlichen und finanziellen Anerkennung waren Frauen trotz gleicher Vorbildung in keiner Weise den Männern gleichgestellt, diesen vielmehr unterstellt.[29] Auch für andere weibliche Beschäftigte in der Kirche gab es keine volle Gleichberechtigung. Wie in anderen Arbeitsverhältnissen lag ihr Lohn deutlich unter dem ihrer männlichen Kollegen.[30]

VIII Kirche und Republik

Wie schon ausgeführt, bestand ein ausgesprochen großes Spannungsverhältnis zwischen den hohen nationalen Erwartungen und ihrer Enttäuschung durch die vielfach als demütigend empfundene und mental nicht akzeptierte Niederlage am Ende des Ersten Weltkrieges. Da die Kirche mit Kriegspredigten und Waffensegnungen am Aufputschen der nationalen Empfindungen direkt beteiligt gewesen war, erfuhr sie entsprechend deutlich das Scheitern der nationalen Ambitionen. So verband sie sich auch mit der nachfolgenden Radikalisierung des Nationalismus, die sich auf Ablehnung der juristischen Festschreibung der Niederlage im Versailler Vertrag und seine Unterzeichner konzentrierte. Zugleich bedeutete aber der Ausgang des Ersten Weltkrieges den Untergang der Monarchie und das Ende des engen »Bündnisses von Thron und Altar«. Daher wurde die aus Krieg und Revolution hervorgegangene erste demokratische Republik, getragen von Sozialdemokraten, bürgerlichen Demokraten und Liberalen sowie teilweise vom katholischen Zentrum, von Anfang an mit Misstrauen betrachtet.

Der schon im Kaiserreich sichtbar gewordene Konflikt zwischen Nationalismus und demokratischen Vorstellungen verschärfte sich und wandte sich erstmals gegen den Staat und seine Verfassung. Dadurch veränderte sich Stoßrichtung und Radikalität des Nationalismus. Die parlamentarisch-demokratische Republik wurde nicht als angemessene Fortführung der deutschen Nationalgeschichte betrachtet. Der Nationalismus trug jetzt nicht mehr – wie am Ende des 19. Jahrhunderts – zur Integration bei, vielmehr arbeitete er an der Zersetzung der Weimarer Republik.[31]

---

29 Vgl. Rainer HERING: Frauen auf der Kanzel?: die Auseinandersetzung um Frauenordination und Gleichberechtigung der Theologinnen in der Hamburger Landeskirche. Von der Pfarramtshelferin zur ersten evangelisch-lutherischen Bischöfin der Welt. Zeitschrift des Vereins für Hamburgische Geschichte 79 (1993), 163-209.

30 So betrug der Stundenlohn ab 1.3.1932 für Männer 0,90 RM, für Frauen nur 0,70 RM, also keine 80 Prozent; vgl. GVM (1932), 13.

31 Vgl. Jürgen KOCKA: Das Problem der Nation in der deutschen Geschichte 1870-1945. In: Ders.: Geschichte und Aufklärung: Aufsätze. Göttingen 1989, 97-99.

Der Begriff des Volkes trat anstelle des Staates – bzw. des Reiches –, um sich so von der demokratischen Staatsform distanzieren zu können.[32]

Vor diesem Hintergrund muss das Verhalten der Hamburger Landeskirche und ihrer Vertreter zur Republik betrachtet werden. Die Kritik am Versailler Vertrag war – wie geschildert – geläufig, die Distanz zur Republik groß. Der zehnjährige Gedenktag der Unterzeichnung des Vertrages von Versailles, der 28. Juni 1929, wurde als Trauertag gestaltet. Die Kirchen sollten offengehalten, die Kirchenflaggen mit Trauerflor gehisst werden, und um 15 Uhr, der »Stunde der Unterzeichnung des Diktats«, wurde Trauergeläut angeordnet. Am darauffolgenden Sonntag sollte des Tages besonders gedacht und die Erklärung des Deutschen Evangelischen Kirchenausschusses verlesen werden.[33] 1931 erklärte der Ausschuss zur Kriegsschuldfrage:

>»Dieses Unrecht wird vor dem Gewissen der Völker immer wieder zu rechtfertigen gesucht durch die Belastung unseres Volkes mit der Kriegsschuld. Durch diese Belastung wird das deutsche Volk zum Verbrecher unter den Völkern der Erde gestempelt. Das können wir nicht ertragen, ohne uns der Selbstachtung zu berauben und uns der Lüge mitschuldig zu machen.
>
> Seit dem Jahre 1922 hat der Deutsche Evangelische Kirchenausschuß keine Gelegenheit vorübergehen lassen, ohne gegen die Kriegsschuldlüge seine Stimme zu erheben. […] die Behauptung der Kriegsschuld zehrt am Marke unseres Volkes.«[34]

Auch 1933 ordnete Landesbischof Simon Schöffel an, dass alle kirchlichen Gebäude zum Zeichen der Ablehnung des Versailler Vertrages mit Trauerflor zu flaggen seien.[35]

In den zwanziger Jahren gewann die Kirchenleitung ein zumindest nach außen hin loyales Verhältnis zum Staat, wie sich in der Begehung des Verfassungstages zeigte: Auf Bitten des Senats wurden die Glocken mittags für eine Viertelstunde geläutet und den Geistlichen wurde anheimgestellt, »in einer Ihnen geeignet erscheinenden Form des Verfassungstages zu gedenken«.[36] Die inhaltliche Füllung ließ diese Formulierung nun offen, so dass den Geistlichen ein gewisser Freiraum gewährt wurde, und die Kirche als Ganze sich möglichen Protesten entzog. 1932 wurde kirchenöffentlich ein – allerdings nicht namentlich genannter – Kirchenvorstand gerügt, der kurzfristig das Geläut am Verfassungstage verweigert hatte:

>»Der Kirchenrat weist, wie gelegentlich schon in früheren Jahren, darauf hin, daß eine solche Nichtbeachtung und -befolgung eines Ersuchens des Kirchenrats von seiten einer Einzelgemeinde in derartigen Fällen untragbar ist. Die ganze Handlung des Glo-

---

32 Vgl. dazu Michael WILDT: Die Ambivalenz des Volkes: der Nationalsozialismus als Gesellschaftsgeschichte. Berlin 2019.

33 Vgl. GVM (1929), 19.

34 GVM (1931), 87.

35 Vgl. GVM (1933), 43.

36 GVM (1927), 43. Zum zehnjährigen Verfassungstage wurde sogar ein festlicher Gottesdienst in der liberalen Hauptkirche St. Nikolai vom Kirchenrat veranstaltet, Glockengeläut und Beflaggung der Kirchen wurden angeordnet, vgl. GVM (1929), 33.

ckenläutens an einem solchen Tag würde ihren Sinn verlieren, wenn sie nicht allgemein durchgeführt würde.«[37]

Offensichtlich ging es in dieser Angelegenheit aber nicht nur um den Verfassungstag, sondern auch um die Autorität des Kirchenrates gegenüber den Gemeinden. Die grundsätzliche Distanz zwischen Kirchen und Sozialdemokraten ließ auch das Verhältnis zu einem sozialdemokratisch geprägten Staat nicht sehr eng werden, wenn nicht sogar in weiten Teilen der Geistlichkeit eine ausgesprochene Gegnerschaft vorhanden war. Schon 1925 hatte der Pastor an der Gnadenkirche und spätere Landesbischof Franz Tügel, der 1931 in die NSDAP eintrat, das Geläut am Verfassungstag verweigert. Für ihn war der Tag »aus dem Verbrechen der Revolution von 1918« erwachsen, der nur von Kreisen gefeiert werden könnte, die »größtenteils international empfinden und zugleich der Kirche gleichgültig oder feindlich gegenüberstehen«. »Den national Gesinnten – und zu ihnen gehören die meisten unserer Kirchenleute – stehen der Feier des 11. August innerlich fern, ja mit Groll im Herzen gegenüber.« Der Kirchenrat teilte Tügels Auffassung aber nicht.[38]

IX Kirche und Politik

Eine Statistik über die Parteimitgliedschaften der Hamburger Geistlichen in der Weimarer Republik gibt es nicht. Der überregionalen Literatur ist zu entnehmen, dass sich auch Pastoren nicht so »überparteilich« verhielten, wie sie oft postulierten, vielmehr zahlreiche von ihnen sich parteipolitisch engagierten, vornehmlich auf Seiten der rechten, der Republik distanziert bis feindlich gegenüberstehenden Parteien, wie der Deutschen Volkspartei (DVP) und der Deutschnationalen Volkspartei (DNVP). Die Gruppe der religiösen Sozialisten war demgegenüber zahlenmäßig und in ihrem Einfluss verschwindend gering.[39] Solange genaueres Material nicht

---

37 GVM (1932), 67. Weiter hieß es: »Liegen Bedenken bei einzelnen Kirchenvorständen vor, so entspricht es der Sache und der allgemeinen Gepflogenheit, die angeordnete Maßnahme nicht in letzter Stunde einseitig zu durchkreuzen, sondern bei Durchführung der angeordneten Maßnahme die Bedenken anzumelden und eine grundsätzliche Prüfung der Frage zu beantragen.«

38 Tügel an den Kirchenrat, 7.8.1925. LKAK, 32.03.01 Personalakten Pastoren, Personalakte Franz Tügel, Bl. 51; vgl. auch Rainer HERING: Die Bischöfe Simon Schöffel und Franz Tügel. Hamburg 1995, 66 f.

39 Kurt NOWAK: Evangelische Kirche und Weimarer Republik: zum politischen Weg des deutschen Protestantismus zwischen 1918 und 1932. Göttingen 1981, bes. 307-339; Karl-Wilhelm DAHM: Pfarrer und Politik: soziale Position und politische Mentalität des deutschen evangelischen Pfarrerstandes zwischen 1918 und 1933. Köln; Opladen 1965; Rainer HERING: »Parteien vergehen, aber das deutsche Volk muß weiterleben«: die Ideologie der Überparteilichkeit als wichtiges Element der politischen Kultur im Kaiserreich und in der Weimarer Republik. In: Völkische Bewegung – Konservative Revolution – Nationalsozia-

Vom Patronat zur Demokratie

vorliegt, wird man diese Erkenntnisse auch als Hypothese für Hamburg übernehmen können.

An einzelnen Beispielen lässt sich aber auch für die Hansestadt das parteipolitische Engagement von Geistlichen aufzeigen: Der Eilbeker Pastor Johannes Wehrmann war nicht nur im Stahlhelm aktiv, sondern auch Bürgerschaftsabgeordneter der DNVP von 1921 bis 1927. In dieser Partei dominierten in Hamburg die völkischen Antisemiten, die die meisten Funktionäre stellten und den politischen Kurs bestimmten. Bereits im Mai 1923, ein Jahr früher als in der Reichsorganisation, wurde hier der »Arierparagraph« eingeführt. Eine Zusammenarbeit mit gemäßigten bürgerlichen Parteien wurde abgelehnt, Ziel war die Wiederherstellung der Monarchie. Der Hamburger Landesverband gehörte zu den aktivsten und radikalsten regionalen Organisationen.[40]

Der Hauptpastor an St. Petri und Senior seit 1920 Friedrich Rode war wohl der prominenteste und am längsten aktive Politiker der Landeskirche. 1895 wurde er in die Bürgerschaft gewählt, wo er sich der Fraktion der Rechten anschloss und 1918 die Nationalliberalen führte. In der Weimarer Republik war er Fraktionsvorsitzender der DVP. Daneben leitete er den Hauptverein des Evangelischen Bundes in Hamburg und gehörte dem Ausschuss der Antiultramontanen Wahlvereinigung, also zwei dezidiert gegen die katholische Kirche gerichteten Organisationen, an. Der Hamburger Landesverband der DVP war am rechten Rand der Partei angesiedelt. Es gab hier sehr starke Sympathien für das Kaiserreich und die Bismarckfeiern der Vaterländischen Verbände.[41]

Auch in diesen engagierten sich Hamburger Pastoren, was am Beispiel des völkischen, antisemitischen Alldeutschen Verbandes gezeigt werden soll: Der Gefängnisgeistliche Heinrich Reuß war viele Jahre Vorsitzender der Hamburger Ortsgruppe und Mitglied des Gesamtvorstandes sowie des Geschäftsführenden Ausschusses. Als Redner trat er sowohl in der Hansestadt wie auch überregional auf und sprach z.B. über Themen wie »Der deutsche Gedanke in der Welt«. Darüber hinaus war er Vorstandsmitglied des 1884 gegründeten Reichstagswahlvereins. Er erlitt 1923 bei der Gedenkfeier der Alldeutschen zum 25-jährigen Todestag Bismarcks in Friedrichsruh einen tödlichen Schlaganfall.[42] Die Traueransprache für ihn hielt

---

lismus: Aspekte einer politisierten Kultur/ hrsg. von Walter Schmitz; Clemens Vollnhals. Dresden 2005, 33-43.

40 Vgl. Günther Severin: Jahre einer Gemeinde: Eilbek 1872-1943. Hamburg 1985, 423-453; Reinhard Behrens: Die Deutschnationalen in Hamburg. Phil. Diss. Hamburg 1973.

41 Vgl. Rainer Hering: Theologie im Spannungsfeld von Kirche und Staat: die Entstehung der Evangelisch-Theologischen Fakultät an der Universität Hamburg 1895 bis 1955. Berlin; Hamburg 1992, 435 f; ders.: Art. Rode, Friedrich Gottlieb Theodor. BBKL 8 (1994), 470-476; Ursula Büttner: Politische Gerechtigkeit und sozialer Geist: Hamburg zur Zeit der Weimarer Republik. Hamburg 1985, 47-62.

42 Vgl. StA HH, 331-3 Politische Polizei, S 19361; ebd, 731-8 Zeitungsausschnittsammlung (ZAS) A 767; Alldeutsche Blätter 33/9 (22.9.1923), 41; Rainer Hering: Konstruierte Nation:

Rainer Hering

sein Veddeler Amtsbruder Paul Ebert, der in den zwanziger Jahren Vorsitzender der Hamburger Alldeutschen war.[43]

Das politische Engagement der Geistlichen in der Hansestadt überwog auf Seiten der politischen Rechten. Den religiösen Sozialisten stand Kurt Leese nahe, in seiner Wohnung wurden 1928 die »Neuen Blätter für den Sozialismus« gegründet.[44] Demokratisch engagiert war insbesondere der Nikolai Hauptpastor Heinz Beckmann, der Bruder der Oberschulrätin und Vorkämpferin für die Gleichberechtigung der Frauen, Emmy Beckmann. So nahm auch er sich der Gleichberechtigung der Theologinnen in der Kirche an und wirkte als Herausgeber der »Hamburgischen Kirchenzeitung« in demokratischem Sinne. Vor allem in der sehr sensiblen Schulpolitik setzte er sich für gutnachbarliche Beziehungen zwischen sozialdemokratisch beeinflusstem Staat und lutherischer Kirche ein.[45]

Antisemitismus bzw. judenfeindliche Äußerungen gab es auch unter Hamburger Geistlichen. 1922 veröffentlichte Julius Hahn, Pastor in Eilbek, eine tendenziöse Schrift über »Die Judenfrage«, und ein entsprechender Vortrag, den er zwei Jahre später hielt, führte zu einer ergebnislosen Beschwerde der Jüdischen Gemeinde beim Kirchenrat wegen antisemitischer Hetze.[46] Allein die Feststellung, dass es eine »Judenfrage« gäbe, bildete schon ein Zugeständnis an antisemitische Kreise. Die Informationen über das Judentum waren nur spärlich; gängige, bis heute noch verbreitete Klischees bestimmten das Bild in Unterricht und Verkündigung. Selbst ein Judaist wie Pastor Walter Windfuhr, der der DNVP angehörte und ab 1929 als Honorarprofessor an der Universität lehrte, sah 1919 die »Gefahr einer Ueberschwemmung von Osten her« und stellte fest, dass »von den östlichen Juden her zur Zeit ein besonderer Einfluß auf die Geschicke unseres Vaterlandes ausgeht«, weil sich angeblich unter den führenden Revolutionären »zahlreiche jüdische Namen« finden würden. Wenngleich er sich von einem direkten Antisemitismus distanzierte und einigen Vorurteilen entgegentrat, so trug er doch dazu bei, andere Klischees weiterzuverbreiten: Den Juden fehle es an »Bodenständigkeit«, sie seien mit »auffallenden Rassenmerkmalen« ausgestattet und wären in einigen

---

der Alldeutsche Verband 1890-1939. Hamburg 2003; DERS.: Eliten des Hasses: der Alldeutsche Verband in Hamburg 1892 bis 1939. Hamburger Arbeitskreis für Regionalgeschichte Mitteilungen 43 (2005), 44-69.

43 Vgl. Behrens: Die Deutschnationalen ... (wie Anm. 40), 40; Hamburger Nachrichten 356 (3.8.1923); StA HH, 731-8 ZAS A 755.

44 Vgl. August RATHMANN: Ein Arbeiterleben: Erinnerungen an Weimar und danach. Wuppertal 1983, 161; Rainer HERING: Art. Leese, Kurt Rudolf Hermann Anton. BBKL 17 (2000), 826-848; Anton KNUTH: Der Protestantismus als moderne Religion: historisch-systematische Rekonstruktion der religionsphilosophischen Theologie Kurt Leeses. Frankfurt a.M. u.a. 2005.

45 Vgl. Rainer HERING: Heinz Beckmann und die »Hamburgische Kirchenrevolution«. Hamburg 2009.

46 Vgl. LKAK, 32.03.01 Personalakten Pastoren, Personalakte Julius Hahn.

Veröffentlichungen den Deutschen gegenüber überheblich.[47] Auf diese Art wurde ebenfalls antisemitische Vorstellungen verbreitet und die Akzeptanz von völkischen Gedanken erhöht. Später nahm Windfuhr aber eine andere Haltung ein und distanzierte sich im »Dritten Reich« in bemerkenswerter Weise nachdrücklich vom Nationalsozialismus.[48]

X Kirche und Behörden

Die Zusammenarbeit zwischen kirchlichen Einrichtungen und den staatlichen Behörden gestaltete sich unterschiedlich. Im Bereich der Schule war das Verhältnis, ausgehend von der Aufhebung des Religionsunterrichts zwischen 1918 und 1920, weiterhin indifferent bis gespannt. Noch 1924 gab es Schulen ohne Unterricht in diesem Fach; in anderen Fällen wurde die erteilte Unterweisung von der Kirche als unzureichend angesehen, weil weder die Zehn Gebote noch das Vaterunser memoriert werden konnten. Teilweise mussten Religionskurse vor dem Konfirmandenunterricht eingerichtet werden. Schwierigkeiten gab es bei der Abstimmung der Zeit für den Konfirmandenunterricht, der morgens vor der Schule oder in den Abendstunden erteilt werden musste.

Bei der Erstellung der Prüfungsordnung für die Religionslehrerausbildung wurde die Kirche als Institution nicht herangezogen: Allein Heinz Beckmann war in seiner Funktion als Mitglied der Behörde beteiligt worden und konnte auch auf die Auswahl der Dozenten Einfluss nehmen. 1926 wurde die Volksschullehrerbildung von den Seminaren an die Universität verlagert, allerdings gab es erst 1931 die Möglichkeit, auch Kurse für das Unterrichtsfach Religion zu besuchen. Während die Oberschulbehörde an der Ausbildung von entsprechenden Lehrkräften aufgrund eines Fachlehrermangels sehr interessiert war, blockierte die Hochschulbehörde vornehmlich aus finanziellen Gründen die Einrichtung entsprechender Veranstaltungen. Die 1919 gegründete Universität verfügte über keine theologische Fakultät; diese wurde erst 1952 eingerichtet. Allerdings gab es im Allgemeinen Vorlesungswesen bis 1933 auch öffentliche Vorlesungen im Bereich der Theologie, die zumeist die Hauptpastoren hielten. Auch die Kurse für die Kandidaten der Theologie und des Predigtamtes wurden hier öffentlich angekündigt. Dagegen galt die Zusammenarbeit mit dem Wohlfahrts- und dem Jugendamt als vortrefflich. Zahlreiche Geistliche

---

47 Vgl. [Walter] WINDFUHR: Zur heutigen Judenfrage. Hamburgisches Gemeindeblatt 11/31 (4.5.1919), 122 f, die Zitate 122; 33 (18.5.1919), 132; 34 (25.5.1919), 135 f.

48 Vgl. Rainer HERING: »Sprache und Kultur des Judentums« im Nationalsozialismus: Walter Windfuhrs Lehrtätigkeit an der Hamburger Universität. Zeitschrift des Vereins für Hamburgische Geschichte 80 (1994), 141-151; DERS.: Art. Windfuhr, Walter. BBKL 13 (1998), 1365-1375.

Rainer Hering

und Mitglieder von Kirchenvorständen waren Vorsteher, Pfleger oder Vertrauenspersonen dieser Ämter.[49]

XI Reaktion auf die Moderne

Die deutsche Niederlage im Ersten Weltkrieg und der damit verbundene Wechsel von der Monarchie zur Republik konfrontierte die Kirchen in aller Deutlichkeit mit den durch die Moderne hervorgerufenen gesellschaftlichen und politischen Veränderungen. Der Erste Weltkrieg kann als Schub dieser längst überfälligen Auseinandersetzung verstanden werden. Die Hamburger Landeskirche reagierte jedoch weitgehend mit dem Festhalten an der Tradition und ließ Modifikationen nur insoweit zu, als sie durch die gesellschaftliche Entwicklung unumgänglich geworden waren. Die Mehrzahl der Angehörigen der Leitungsebenen, der kirchenleitenden Elite, bildeten weiterhin ein retardierendes Moment im Kontext der Weiterentwicklung und versuchten die Veränderungen, insbesondere eine Demokratisierung und die Gleichberechtigung der Geschlechter zu verhindern bzw. zu verzögern.

Im vorangegangenen Aufsatz ist deutlich geworden, dass die evangelische Kirche in Hamburg als Institution enorm an Rückhalt in der Bevölkerung verloren hatte und inhaltlich immer weniger Einfluss, z.B. durch Schule und Universität, in Gottesdiensten und anderen öffentlichen Veranstaltungen, ausüben konnte.[50] Die Hamburger Kirchengeschichte der Weimarer Republik wurde in vielen Punkten wesentlich von der gesamtgesellschaftlichen und politischen Entwicklung geprägt und bestimmt. Kirchengeschichte kann daher adäquat nur als Gesellschaftsgeschichte verstanden werden. Der zentrale Begriff, der diese Zeit charakterisiert, ist der der Entkirchlichung.[51]

---

49 Vgl. Evangelisch-lutherische Kirche im Hamburgischen Staate: Kirchlicher Bericht über die Jahre 1923 und 1924 erstattet von Senior D. Stage. Hamburg 1925, 12-14; Rainer Hering: Vom Seminar zur Universität: die Religionslehrerausbildung in Hamburg zwischen Kaiserreich und Bundesrepublik. Hamburg 1997.

50 Vgl. Rainer Hering: Sozialdemokratisch beeinflußter Staat und lutherische Kirche in Hamburg: die Auseinandersetzungen um den Religionsunterricht 1918 bis 1921. Zeitschrift des Vereins für Hamburgische Geschichte 78 (1992), 183-207.

51 Jonathan Sperber: Kirchengeschichte als Sozialgeschichte – Sozialgeschichte als Kirchengeschichte. Kirchliche Zeitgeschichte 5 (1992), 11-17, sieht für die deutsche Gesellschaft der letzten zwei Jahrhunderte neben der Entkirchlichung auch die Bikonfessionalität als zentralen Faktor an (17). Für Hamburg ist diese These zu modifizieren, da dem Katholizismus hier nur eine untergeordnete Rolle zukommt, er nur in einem Segment der Öffentlichkeit wahrgenommen worden und nur für einen kleinen Teil der Gesellschaft prägend gewesen ist. Mit Sperber wird der Terminus »Säkularisierung« nicht angewandt, da der Wandel der Rechtsstellung der Institution Kirche vom Wandel der Mentalität getrennt werden muss. Der Rückgang der Institution Kirche ist nicht geradlinig verlaufen, und die Suche des Menschen nach Transzendenz besteht weiter und ist für die Gesellschaft als solche zum Teil konstitutiv (17).

Revolution und kirchliche Neuordnung in Lippe

Von Gerrit Noltensmeier

I Revolution in Lippe[1]

November 1918. Eine Fahne auf dem Schloss zu Detmold. Nicht die mit den Farben Gelb und Rot, die kannte man. Diese Farben Lippes grüßten dort seit Jahrhunderten. Und sie grüßen noch heute von diesem Schloss, in dem einst die Grafen zur Lippe und später die Fürsten residierten. Es ist ein eher kleines Schloss, ein alter, gedrungener Turm, Spuren der Renaissance, Höfisches ohne jeden Überschwang.

Wenige Jahre zuvor hatte der Streit um die Thronfolge für Aufsehen und Karikaturen gesorgt und musste vor Gericht geklärt werden. Dieses traf seine Entscheidung gegen den Willen von Kaiser Wilhelm II. und zu dessen Empörung! Seine Schwester war einem anderen Thronaspiranten angetraut worden. Nun war die Linie Lippe-Biesterfeld zum Zug gekommen. Was macht solch ein Streit mit dem Glauben, es sei Gottes Gnade, die den Monarchen Macht und Ehre verleiht? Fürst Leopold IV. regierte jetzt, besser: ließ regieren. Eher zurückhaltend, vermittelnd. Ein frommer Mann, der nun der oberste Bischof war. Leopold IV. hatte 1905 den Thron bestiegen, am 9. November 1918 verzichtete er auf diesen – arg dazu gedrängt.

Die Fahne, die jetzt da oben wehte, war rot.[2] Es war ein Sonntag, der 10. November: Ein Demonstrationszug war mit klingendem Spiel und roten Fahnen durch die Residenzstadt gezogen. Dann begehrte Unteroffizier Flügge Einlass ins Schloss. Ihm und seinen Begleitern wurde Einlass gewährt. Und nun hissten sie eine rote Fahne an dem Flaggenmast, an dem eben noch die Fürstenstandarte wehte.[3] Blutrot die Fahne? Ja, Blut wurde vergossen auf den Schlachtfeldern, unermesslich viel Blut. Aber bei der Revolution in der Heimat, die nun ihr Symbol bekam, im etwas verschlafenen Detmold, kam es nicht zum Blutvergießen. Warum auch? Es schien, als implodiere fast von selbst, was bisher die Macht und gemäßigten Glanz zu repräsentieren schien, als weiche das Überkommene einer neuen Zeit widerstandslos, als gebe man die Macht fast schon erleichtert aus den Händen. Wie andernorts ja auch. Es fegte alle neunzehn hinweg: Den Kaiser, die Könige und Fürsten, Monar-

---

1 Vgl. insgesamt REVOLUTION IN LIPPE: 1918 und der Aufbruch in die Demokratie/ hrsg. von Julia Schafmeister u.a. 2. Aufl. Bielefeld 2019.

2 Zur symbolischen Bedeutung der roten Fahne Wilfried REININGHAUS: Die Revolution 1918/19 in Westfalen und Lippe als Forschungsproblem. Münster 2016, 134-136. »Mit der roten Fahne wurde bereits das Symbol benannt, das wie kein anderes für die neue politische Ordnung stand. Wer sie zeigte, stand auf Seiten der Revolution, wer sie ablehnte oder gar abhängte, stand auf Seiten der Gegenrevolution.« (ebd, 134).

3 Vgl. Erich KITTEL: Die Revolution von 1918 in Lippe. Lippische Mitteilungen 37 (1968), 32-153, hier 45 f.

chisches, das mit seinen vermeintlich gottgewollten Privilegien haltlos geworden war. Überall in Deutschland. Es dauerte nicht lange.

Lothar Machtan hat in seiner breit angelegten Studie »Die Abdankung« die These formuliert und illustriert:

> »Die Monarchie in Deutschland wurde 1918 nicht mit Brachialgewalt gestürzt, sondern sie starb (mit ein wenig Nachhilfe) eines natürlichen Todes. […] Wie sollte Deutschland zur Modernität finden, solange seine große Politik sich derart archaisch an einem Herrschaftsmodell orientierte, das – personell betrachtet – ein einziges Macht- und Geistesvakuum war?«[4]

Ganz am Rande wird in dieser Untersuchung schließlich auch Leopold IV. zur Lippe zitiert; am 17. November schrieb der ehemalige Fürst an seinen Bruder Bernhard: »Was war das für ein entsetzlicher Sturmwind, der über Deutschland fegte. Als wenn die Menschheit den Verstand verloren hätte! Wenn man den Glauben an Gott und sein Vaterland nicht gehabt hätte, hätte man es ja nicht ertragen!«[5] Die danach folgenden Zeilen in Leopolds Brief übergeht Machtan:

> »Auch hierin die weise Hand Gottes zu sehen, ist Pflicht eines jeden Christen, und ich glaube, sie heute erkennen zu können, trotz allem Schweren, das das Schicksal damit auch mir und den Meinen gebracht hat. Es waren furchtbare Tage, die jetzt hinter uns liegen.«[6]

Ist es die geläufige Attitüde der Späteren, die dann allzu oft zu billig erscheint, wenn wir wenigstens hier ein Befremden festhalten: Der Fürst und sein Generalsuperintendent und mit ihnen viele andere, die in der vergehenden Welt Verantwortung getragen hatten oder diese eben schuldig geblieben waren, spürten das Entsetzen über den Zusammenbruch einer Welt, die man eben noch für stabil und dauerhaft gehalten hatte. Das Entsetzen, ja das Grauen über das, was zuvor auf den Schlachtfeldern und in den Herzen derer, die um die Gefallenen trauerten, zusammengebrochen und verschüttet worden war, kam hier nicht zu Wort.[7]

Gewiss, manche hatten noch versucht, Monarchisches mit Demokratischem zu verbinden, um so Kontinuitäten zu wahren in neuen Strukturen. Aber dazu war es zu spät. Auch in Lippe.

Soldaten der Marine waren in Bielefeld angekommen. Der Brand der Revolution machte nicht Halt an den lippischen Grenzen. Es wurde ein Volks- und Soldatenrat gebildet, in dem durchaus heterogene Kräfte zusammenfanden. Die Basis sollte breiter sein, als es das Zusammengehen von Militär und der Arbeiterschaft, die von der Sozialdemokratie repräsentiert wurde, bedeutet hätte. Mit hohem Pathos

---

4 Lothar MACHTAN: Die Abdankung: wie Deutschlands gekrönte Häupter aus der Geschichte fielen. Berlin 2008, 18 f.

5 Ebd, 350.

6 Kittel: Die Revolution … (wie Anm. 3), 110.

7 Michael Trowitzsch gibt dem Kapitel, das Karl Barth in seiner Stellung zum Ersten Weltkrieg nachspürt, die Überschrift: »Der Weltkrieg und das Grauen«: Michael TROWITZSCH: Karl Barth heute. Göttingen 2007, 203.

markierte man die Wende der Geschichte: »Zutrauen veredelt das Volk. Ewige Vormundschaft hemmt seine Reise.«[8] Energisch beanspruchte man die Macht, obwohl diese ja durch keine Wahl legitimiert war: »Die vollziehende Macht ruht bei dem Volks- und Soldatenrat in Detmold. Die Landesregierung folgt seinen Weisungen.«[9] Diese Macht »ruhte« freilich keineswegs. Man bedeutete dem Fürsten nachdrücklich, dass es Zeit sei, auf den Thron zu verzichten. Der versuchte es mit dem Vorbehalt, dass dieser Verzicht erst wirksam würde, wenn das lippische Volk dies durch seinen Landtag beschließen würde. Aber darauf ließen sich die Herren vom Volks- und Soldatenrat nicht ein. Sofort!

So kam, was nun kommen musste: Der Fürst verzichtete auf den Thron. Es schien für eine kurze Zeit, als wolle man ihn und seine Familie davonjagen, ihnen alles nehmen, was eben noch dauerhafter Besitz zu sein schien. Sogar das Schloss! Und die Familie fragte sich beklommen, wie man so leben könne. Aber es obsiegten die gemäßigten Kräfte. Man nahm, was zur selbständigen Existenz des Landes notwendig war, und ließ der Familie das, was ein Leben mit Anstand und Würde sicherte.

Hatte man sich eben noch in ganz trügerischer Sicherheit eingerichtet? Man hatte das abgebrannte Theater als Hoftheater in Kriegszeiten neu aufgebaut, hatte Orden zu Hauf und zu stattlichen Preisen verliehen, hatte Bürger zu Freiherren geadelt, als sei die Zeit stehen geblieben. Man war zur Jagd gegangen, eben noch, 1918, von Soldaten geschützt, während andere in den Schützengräben verschüttet wurden. Wiederholt besuchte Leopold »seine Lipper« an den Fronten, nahm dort an den Gottesdiensten teil, verteilte Liebesgaben und Ehrenzeichen. Die Soldaten erwarteten wohl nicht mehr. Sie brachten dem Fürsten spürbar Sympathie entgegen. Als dann alles vorbei war, kehrten sie im Dezember 1918 heim, brachten zu Hunderten ihrem Ehrenchef auf dem Schlossplatz ein dreifaches Hurra dar. Leopold versagte es sich, diese Anhänglichkeit für sich und gegen die Revolution zu nützen – in weiser, sich selbst beschränkender Zurückhaltung.

Hatten die einst führenden Kräfte wirklich realisiert, dass anfängliche Begeisterung, mit der man den Krieg als Notwendigkeit begrüßt hatte, dass jener Hochmut, der an die Überlegenheit des Deutschtums glaubte, die die Feinde ringsum nicht ertragen könnten, längst ernüchterter Enttäuschung gewichen war? Gewiss, man hatte Reformen versprochen, das Dreiklassenwahlrecht solle geändert, reformiert werden. Aber man spielte auf Zeit, dem Versprechen folgten keine Taten. Im November 1918 erst der Versuch einer halbherzigen Reform. Zu spät.

---

8 So der Vorspruch zum Aufruf des Lippischen Volks- und Soldatenrates anlässlich seiner Gründung am 10. November 1918 vgl. Erich Kittel: Heimatchronik des Kreises Lippe. Köln 1978, 285.
9 Ebd.

II Abschied und Neubeginn in der Landeskirche

Und die Kirche? Was nun in einer Kirche, die seit dem Jahrhundert der Reformation zu einer evangelischen, zunächst lutherischen »Landeskirche« geworden war und sich aus den Bistümern Paderborn, Minden und Köln gelöst hatte? Was nun in dieser Landeskirche, die 1605 durchaus von oben herab durch den damaligen Grafen Simon VI. der reformierten Prägung des reformatorischen Bekennens verpflichtet wurde? Sie hatte doch in dem Landesherren ihren »summus episcopus«. Was also nun?

Auch von den Kanzeln wurde durchweg der Krieg als notwendig erklärt und geistlich überhöht.[10] Aber bald schon resümierte das fürstliche Konsistorium 1917: »Es schien als solle eine wirkliche religiöse Erweckung unserem Volke geschenkt werden. Die Hoffnung hat sich nicht erfüllt.«[11] Man beklagte »Zuchtlosigkeit und Verwilderung der heranwachsenden Jugend«, klagte über »Wuchersinn« und »Auswüchse der Selbstsucht«.[12] Man kam zu der nüchtern enttäuschten Einsicht, dass der Krieg nicht viel an den Verhältnissen geändert habe:

> »Die Kirchenverächter sind Verächter, die Gleichgiltigen gleichgiltig, die Spötter Spötter und auch die bisherigen Liebhaber des Wortes und des Hauses Gottes sind es geblieben. Nur daß nach beiden Seiten Befestigung eingetreten ist: die Gottlosen sind gottloser, und die Frommen sind frömmer geworden.«[13]

Zweifel an der göttlichen Liebe und an der Gebetserhörung seien geweckt worden.

Das letzte vor der November Revolution erlassene Kirchengesetz ließ in seinem Vorspruch noch – wie all die anderen Gesetze zuvor – die hierarchisch gestufte Trias im Kirchenregiment erkennen. Dieses letzte Gesetz wurde im Juni 1918 erlassen. Dabei ging es um die Gehaltsverhältnisse der Konsistorialbeamten, genauer um die Bezahlung eines »Konsistorialkanzlisten«. Der Vorspruch: »Wir Leopold, von Gottes Gnaden regierender Fürst zu Lippe, Edler Herr und Graf zu Biesterfeld, Graf zu Schwalenberg und Sternberg usw., verordnen auf Vorschlag Unseres Konsistoriums und mit Zustimmung der Landessynode was folgt [...]«.[14] Fürst, Konsistorium und Synode, diese drei und in dieser Reihenfolge, in diesem Gefälle.

---

10 Vgl. KRAFT AUS DER HÖHE: Kriegspredigten aus den Jahren 1914-1917/ hrsg. vom Lippischen Pfarrerverein. Detmold o.J. [1917 oder 1918].

11 Bescheid des Fürstlichen Konsistoriums auf die von den reformierten Klassensammluneng [sic!] des Jahres 1916 erstatteten Berichte vom 3. September 1917. In: Gesetz- und Verordnungsblatt der Lippischen Landeskirche II 1916-1930. Detmold o.J., 12. Die einschlägige Sammlung wurde bis 1918 »Sammlung kirchlicher Gesetze und Verordnungen für das Fürstentum Lippe« betitelt, 1919 nannte man das Organ »Gesetz- und Verordnungsblatt der evangelischen Kirche in Lippe«.

12 Ebd.

13 Ebd, 13.

14 Ebd.

Am 14. November 1918 schrieb Generalsuperintendent D. August Weßel an die Herren Amtsbrüder in den reformierten Gemeinden des Landes. Er forderte sie auf, seine »Ansprache« im nächsten Gottesdienst vor der Predigt bekanntzumachen:

>»Die Schlachtfelder werden geräumt, und die Waffen ruhen. Aber wir müssen auf einen Frieden warten, der aus der Unterwerfung unter die Hand unserer Feinde kommt, und in der deutschen Heimat haben sich gleichzeitig gewaltige Umwälzungen vollzogen. Herrscherthrone sind gefallen. Volkskraft strebt empor [...]. Durch die Welt geht ein Ruf nach Freiheit. Wen der Sohn Gottes frei macht, der ist recht frei.«[15]

Zwei Tage zuvor, am 12. November, signalisierte eine Rundverfügung des Konsistoriums, welchen Umbruch man erlebte, welche Verunsicherung und Verlegenheit nun gar die liturgischen Vollzüge erfuhren:

>»Nachdem, wie den Herren anderweitig bekannt geworden sein wird, Seine Majestät der Kaiser und seine Hochfürstliche Durchlaucht der Fürst dem Throne entsagt haben, ersuchen wir bis auf weiteres, das allgemeine Kirchengebet den veränderten politischen Verhältnissen entsprechend zu gestalten.«[16]

Die Schlüsselstellung hatten nicht nur bei diesem Vorgang das Konsistorium und der Generalsuperintendent. Die Synode war für eine eher reformiert geprägte Landeskirche vergleichsweise spät – und damals nach dem Vorbild Preußens – gebildet worden.[17] Sie war 1877 beschlossen worden und trat 1878 erstmals zusammen. Vier Jahre später schlossen sich die vier lutherischen Gemeinden der Synode an. Sie tagte nur alle vier Jahre.

Wer sollte nun die Befugnisse übernehmen, die bisher dem Fürsten als dem »obersten Landesbischof« oblagen? Man hatte voneinander und von den gemeinsamen Aufgaben Abschied genommen – mit Wehmut, der Not gehorchend, würdig und mit Stil, im Geist der Dankbarkeit und Achtung – und zugleich schnell und definitiv.

Gemeinsam hatten die Mitglieder des Konsistoriums und des Synodalvorstandes an Leopold IV. sofort nach dessen Verzicht auf den Thron geschrieben:

>»Durchlauchtigster Fürst! Gnädigster Fürst und Herr! Euer hochfürstlichen Durchlaucht können die Unterzeichneten [...] nicht unterlassen nach den beweglichen Geschehnissen der letzten Tage ehrfurchtsvollen Dank auszusprechen für den Schutz und die Fürsorge, deren die evangelische Kirche des Landes von Eurer Hochfürstlichen Durchlaucht während höchstihrer Regierung sich hat zu erfreuen gehabt. Die wohlwollende und verständ-

---

15 Ebd, 38 f.

16 Ebd, 37.

17 Vgl. Heinrich BÖDEKER: Die Arbeit der Lippischen Landessynode. In: Die Lippische Landeskirche 1684-1984: ihre Geschichte in Darstellungen, Bildern und Dokumenten/ hrsg. von Volker Wehrmann. Detmold 1984, 205 f.; Gerrit NOLTENSMEIER: Epochen der Lippischen Kirchengeschichte: von der Reformation bis zur Jahrtausendwende. In: Lippische Geschichte. Bd. 2/ hrsg. von Heide Barmeyer u.a. Petersberg 2019, 185-199, hier 194 f.

nisvolle Leitung der Landeskirche vonseiten ihres bisherigen obersten Landesbischofs wird allezeit unvergesslich bleiben. In Ehrfurcht verharren [...]«.[18]

Es folgen die sechs Unterschriften.

Noch am selben Tag antwortete Leopold per Handschreiben an den Generalsuperintendenten:

> »Euer Exzellenz! Für Ihren im Verein mit dem Fürstl. Konsistorium und dem Vorstande der Landessynode mir in diese[n] schweren Tage[n] übersandten freundlichen Abschiedsgruß sage ich Ihnen allen von Herzen Dank. Was ich für unsere Landeskirche während meiner Regierung gethan habe, geschah aus innerster Überzeugung und treu fühlendem Herzen. Auch in allem Leid, das jetzt über unser armes Vaterland herein gebrochen ist, müssen wir Gottes allmächtige Hand zu erkennen suchen, anders ist es ja nicht zu ertragen. Nur der Glaube, der Berge versetzen kann, kann uns jetzt Kraft und Halt geben, und dieser Glaube ist der unentreißbare Schatz unserer Kirche, der uns reich machen will, auch wenn alles um uns zusammenbricht. Gott schütze unsere theuere Kirche, die einzige Trösterin im Menschenelend, daß sie immerdar bleibe, was sie ist und was sie war, der armen Menschen einzig sicherer Fels und Hort im wilden Wogendrang und Sturm des Lebens. Allzeit in teilnahmsvollem Gedenken wird unsere Landeskirche auf betendem Herzen tragen Ihr bisheriger oberster Landesbischof Leopold Fürst zur Lippe«.[19]

Wie deutlich war man auf beiden Seiten in glaubwürdiger Treue und und innerer Überzeugung so sehr dem verpflichtet, was nun doch über Nacht vergangen und von gestern war.

Und nun?

Die Lösung, die vorerst und dann mit Modifikationen bis heute weiterhelfen sollte, fand der Generalsuperintendent. Eigentlich ein Mann des Ancien Régime, tief konservativ geprägt, wies er den Weg im Übergang. Er, der mit dem neuen Geist, mit den Freunden der demokratisch republikanischen Verfassung fremdelte und den Sozialdemokraten, die bald die Mehrheit bilden sollten, mit eigensinnigem Misstrauen begegnete, wurde nun Anwalt der Eigenständigkeit und Unabhängigkeit der Kirche. August Weßel[20] war ein Sohn eines lippischen Pastors gleichen Namens, war 1861 als jüngstes von sechs Kindern geboren. Als der Knabe fünf Jahre alt geworden war, wurde der Vater lippischer Generalsuperintendent. Die Amtszeit

---

18 MATERIALIEN ZUR LIPPISCHEN LANDESGESCHICHTE. Bd. 3/ hrsg. von Martin Böttcher u.a. Detmold 1990, 227.

19 Ebd, 229. Nach Leopolds Tod am 30. Dezember 1949 veröffentlicht der Landeskirchenrat in der Lippischen Landeszeitung einen »Nachruf!«, der von Landessuperintendent Prof. lic. Neuser unterzeichnet war. Man erinnerte daran, dass Leopold der letzte fürstliche Summus Episcopus der Lippischen Landeskirche gewesen war. »Als der nunmehr Verewigte am 12. November 1918 dem Thron entsagte, endete damit seine Tätigkeit als oberster Landesbischof unserer Kirche.« (ebd). Dann wird die o.g. Erklärung Leopolds im Wortlaut zitiert.

20 Vgl. zum Folgenden: Hans-Peter WEHLT: Generalsuperintendent D. August Weßel: zwischen Summepiskopat und verfasster Landeskirche. In: Krieg – Revolution – Republik: Detmold 1914-1933/ hrsg. von der Stadt Detmold in Zusammenarbeit mit dem Naturwissenschaftlichen und Historischen Verein für das Land Lippe. Bielefeld 2007, 375-413.

des Vaters blieb eine Episode: Er starb 1868, zwei Jahre später. Ist solche Herkunft prägende Verpflichtung? Der Sohn studierte Theologie wie der Vater und viele seiner Vorfahren und geriet in seinen Berliner Studienjahren ins Umfeld des kaiserlichen Hofes: Er wurde für einige Jahre Erzieher im Hause eines kaiserlichen Oberhof- und Hausmarschalls. So tauchte er tief in das konservative Milieu ein, in dem der Glaube an gottgewollte monarchische Ordnungen gepflegt und gelebt wurde.

Dann wurde er Pastor im lippischen Lage, später in der kleinen, wohlhabenden reformierten Gemeinde Lehe bei Bremen. Als man in Lippe wieder einen Generalsuperintendent brauchte, kam man auf ihn. Der Grafregent berief ihn. Aber da gab es noch eine kleine Schwierigkeit: das Gehalt! Das war in Lehe höher als das, was man dem Generalsuperintendenten in Detmold gewährte. Grafregent Ernst fand eine elegante Lösung: Er bewilligte Weßel 1.000 Reichsmark aus der eigenen Schatulle. Man sorgte dafür, dass das nicht öffentlich bekannt wurde. Weßel wäre gerne ganz offiziell Hofprediger geworden. Das aber fügte sich nicht. Es waren gewiss nicht wesentlich pekuniäre Vergünstigungen, die dazu führten, dass es zwischen dem Regenten und seinem Generalsuperintendenten zu einer vertrauensvollen menschlichen Nähe kam. Nein, sie waren durchaus eines Sinnes. Diese Eintracht verband Weßel später auch mit dem letzten Fürsten. Und Weßel hielt seinem Fürsten die Treue, als sich die Verhältnisse so grundlegend geändert hatten.

D. August Weßel war von 1901 bis 1930 Generalsuperintendent der Lippischen Landeskirche. Foto: Archiv der Lippischen Landeskirche. (Bestand: Fotosammlung).

Weßel war nach der Revolution als Abgeordneter der DNVP in den Landtag eingezogen. Diese Partei war im Lippischen recht prominent präsent. Alfred Hugenberg lebte hier.[21] War die Annahme eines Mandates dieser Partei, die weit davon entfernt war, Mehrheiten zu erringen, ein neuerliches Anzeichen dafür, dass man den alten,

---
21 Vgl. Andreas RUPPERT: Zwölf Jahre Nationalsozialismus. In: Lippische Geschichte. Bd. 1/ hrsg. von Heide Barmeyer u.a. Petersberg 2019, 233-247, hier 226.

nationalen, sozial wenig aufgeschlossenen, gelegentlich auch antisemitischen und so gar nicht demokratisch-republikanischen Prägungen verpflichtet blieb, wo man doch im eigenen Amt weiteren, anderen Kreisen hätte nahe kommen müssen?[22] Dann aber ging es in den 20er Jahren noch einmal um Fragen des Vermögens des früheren Fürsten. Weßel stimmte als einziger im Landtag für die Lösung, die für Leopold günstig gewesen wäre. Unterlegen, auch von seinen Parteifreunden im Stich gelassen, trat Weßel als Abgeordneter zurück.

Doch wie war nun die Leerstelle zu füllen, die in der Kirchenleitung nach dem Thronverzicht des Fürsten entstanden war? Die Lösung fand Weßel erstaunlich schnell. Ein »Landeskirchenrat«, in dem die konsistorialen und die synodalen Elemente der kirchenleitenden Verantwortung zusammenfanden, sollte die Nachfolge des fürstlichen Summepiskopates bilden. Schon am 18. November beschloss man ein Kirchengesetz die Bildung eines Landeskirchenrates betreffend. Das Gesetz wurde am 9. Dezember bekanntgegeben.[23]

> »Der Synodalvorstand beschließt in Ausübung der [...] ihm übertragenen Rechte [...] nach dem Vorschlag des Konsistoriums, was folgt: 1. Um eine Lücke in der innerkirchlichen Verfassung und Verwaltung auszufüllen, treten bis auf weiteres die drei Mitglieder des Konsistoriums mit den drei Mitgliedern des Synodalvorstandes zu einem Landeskirchenrat zusammen. 2. Der Landeskirchenrat übt diejenigen Befugnisse aus, die nach Maßgabe von Kirchengesetzen dem obersten Landesbischof obliegen. 3. Zur Gültigkeit der Beschlüsse des Landeskirchenrates bedarf es der Zustimmung von vier Mitgliedern.«[24]

Mit dieser Entscheidung »hatte die lippische Kirche als erste in Deutschland nach dem Ende des landesherrlichen Kirchenregiments wieder eine vorläufige funktionsfähige Spitze.«[25]

Der Volks- und Soldatenrat aber sah darin eine Eigenmächtigkeit der Kirche und fühlte sich übergangen. Solcher Brüskierung musste man sich erwehren. Nach dem heftigen Einspruch des Volks- und Soldatenrates ruderte das Konsistorium kurz vor Weihnachten zurück und erklärte am 23. Dezember 1918: »Nunmehr müssen wir den Landeskirchenrat als aufgehoben ansehen.«[26] Die Konfusion war groß und begreiflich. Doch offenbar merkte man auf Seiten des Volks- und Soldatenrates bald, dass man sich auf ein Terrain gewagt hatte, das man gar nicht betreten wollte: kirchenleitende Verantwortung! Und das Konsistorium merkte seinerseits,

---

22 Weßel stand da nicht allein. Karl Koch trat als Superintendent des Kirchenkreises Vlotho und späterer Präses der westfälischen Provinzialsynode als Abgeordneter der DNVP an die Spitze der Preußischen Verfassunggebenden Versammlung. Vgl. Reininghaus: Die Revolution ... (wie Anm. 2), 109. Nach dem Zweiten Weltkrieg wurde Koch der erste Präses der dann selbständigen Evangelischen Kirche von Westfalen.
23 Vgl. Kittel: Die Revolution ... (wie Anm. 3), 47; Wehlt: Generalsuperintendent ... (wie Anm. 20), 394 f.
24 Gesetz- und Verordnungsblatt ... (wie Anm. 11), 39.
25 Wehlt: Generalsuperintendent ... (wie Anm. 20), 395.
26 Kittel: Die Revolution ... (wie Anm. 3), 47.

dass der Rückzug voreilig gewesen war. Also erklärten beide Seiten das Ganze als ein »Missverständnis«. Im Februar 1919 löste sich der Volks- und Soldatenrat auf, ein Landespräsidium wurde gebildet – teilweise mit identischen Personen.[27] Im Einvernehmen mit dem Landespräsidium nahm der Landeskirchenrat seine Tätigkeit wieder auf. Am 4. Juli 1919 wurde das einschlägige Kirchengesetz von der Landessynode einstimmig legalisiert.[28]

In den 20er Jahren geriet man in eine innerkirchliche Kontroverse. Der Landeskirchenrat betonte sein eigenständiges Mandat. Die Synode aber forderte ein viertes, synodales Mitglied im Landeskirchenrat. So hätte dort die synodale Seite die Mehrheit bekommen.[29] Das lehnte der Landeskirchenrat unter der Leitung des Generalsuperintendenten ab. Die Auseinandersetzung war quälend, langwierig, paralysierend und band die Kräfte, die zum Aufbau der Kirche, die obendrein von schlimmen Finanzsorgen geplagt wurde, notwendig gewesen wären. Eine Lösung gab es erst nach der Emeritierung des Generalsuperintendenten. Da war im unfruchtbaren Streit kostbare Zeit vergangen. Gewiss dominierte Generalsuperintendent Weßel mit natürlicher, in Jahren gewachsener Autorität diesen Landeskirchenrat. Seine Stimme als Vorsitzender gab nicht, wie später behauptet, bei Stimmengleichheit automatisch den Ausschlag. Aber sie hatte entscheidendes Gewicht. Er verkörperte das konservative kirchliche Milieu, das sich innerlich dem

---

27 »Das dreiköpfige lippische Landespräsidium war ein Unikum der deutschen Länderverfassungen, die auch durchweg kein Staatsoberhaupt, aber einen Ministerpräsidenten unter verschiedenen Bezeichnungen […] hatten. Die drei Mitglieder des Landespräsidiums waren nicht etwa drei Minister mit eigenen Ressorts, sondern eine Drei-Einheit, die auch nur geschlossen vom Landtag gestürzt werden konnte, was nie erfolgt ist.« Kittel: Heimatchronik … (wie Anm. 8), 289.

28 Vgl. Wehlt: Generalsuperintendent … (wie Anm. 20), 395. Die Synode betonte die Vorläufigkeit dieser Regelung und erklärte, dass man sich mit »dem weiteren Ausbau der kirchlichen Verfassung zu beschäftigen habe.« Wilhelm BUTTERWECK: Die Geschichte der Lippischen Landeskirche. Schötmar 1926, 224.

29 »In der Sitzung vom 15. Mai und in der Sitzung vom 4. Juni 1922 wurde nochmals über die Behandlung der Vorlage ›Landeskirchenordnung‹ gesprochen. Der Landeskirchenrat gab seine Stellungnahme in der Verfassungsfrage durch eine Erklärung kund, in der es heißt: ›Der Landeskirchenrat steht fest auf dem Boden der bis auf weiteres geschaffenen, nur auf kirchengesetzlichem Wege zu beseitigenden, sonst aber nicht zu erschütternden Verfassung der Landeskirche. Er nimmt auf Grund dieser Verfassung als neben der Landessynode stehender, rein kirchlicher Vertretungskörper eine bestimmende Mitwirkung bei der kirchlichen Gesetzgebung nach wie vor in Anspruch, und zwar nicht nur als ein ihm von der Kirche selbst verliehenes Recht, sondern als eine ihm auferlegte Pflicht, die er ohne Schädigung der Landeskirche nicht unerfüllt lassen kann. Der Landeskirchenrat wird nach wie vor für eine Landeskirchenordnung mit synodalem Grundcharakter eintreten und bittet die Landessynode wiederholt, die Beratung der ihr gemachten Vorlage mit ihm zu beginnen.‹ Die Landessynode dagegen erklärte aufs neue, daß sie in die erste Lesung der Verfassungsvorlage erst eintreten werde, wenn ihr das Recht, ohne Zustimmung des Landeskirchenrates die neue Verfassung zu beschließen, zugestanden sei.« Ebd, 234 f.

Neuen versagte. Er leistete hinhaltenden Widerstand gegen die Neuerungen, die doch zwingend geworden waren. 1918 erlebte er einen Zusammenbruch auch in der eigenen Vita. In dichter Folge hatte er vier von seinen fünf Söhnen verloren; drei waren im Krieg gefallen. Er blieb im Amt. Im Jahr 1930 reichte er das Gesuch um Emeritierung ein.

> »Was also bleibt? Kein strahlender Held, eher ein tragischer. Ein Mann, der unter den Verhältnissen der Zeit und im Zusammenwirken mit Grafregent Ernst im Jahr 1901 der richtige Mann am richtigen Ort war, ein Mann, der im Ersten Weltkrieg und den Jahren danach den zusätzlichen, teils neuen Anforderungen nicht mehr gewachsen war, aber tapfer auf sich nahm und mutig zu verteidigen suchte, was nach seinem Amtsverständnis von ihm verlangt wurde.«[30]

Im August 1930 beschloss die Synode ein Kirchengesetz die »Wahl eines stellvertretenden Generalsuperintendenten betreffend«. Dieses solle in Geltung bleiben bis zur »Neubesetzung der Stelle des Generalsuperintendenten«.[31] Man wollte Zeit gewinnen, in unübersichtlich gewordenem Gelände den Kurs markieren bevor auch personell bindende Festlegungen getroffen werden sollten. Erst am 1. November 1936 wurde mit Prof. Dr. Wilhelm Neuser nach sechsjähriger Vakanz ein neuer Landessuperintendent in sein Amt eingeführt, das dieser bis 1958 innehaben würde.

III Wirren, Selbständigkeit und Freiheit

Wir beschreiben abschließend zwei Problemkreise: Die Frage nach der Selbständigkeit der Landeskirche und ihrer Einheit und die Frage nach dem Verhältnis der Landeskirche zum Staat.

Was sollte nun aus Lippe werden? Ein kleines, immer schon armes Land: Der Anteil der Männer an der Bevölkerung, die über Monate hinweg Jahr für Jahr als Wanderarbeiter in der Ferne ihr Auskommen fanden, war ganz unvergleichlich hoch. Heinrich Drake, sozialdemokratisches Mitglied im Landespräsidium, favorisierte den Anschluss an Preußen und betrieb diese Lösung. 1925/26 führte er aus, »daß Lippe als selbständiger ›Staat‹ [...] nicht bestehen bleiben« könne; die Einzelstaaten und noch mehr die Kleinstaaten wie Lippe seien eine »Zeitwidrigkeit«, entbehrten der Lebensnotwendigkeit, und nach dem Fortfall der deutschen Fürsten sei »ein sehr wesentlicher Grund der patriarchalisch konservierten deutschen Henkeltöpfchenwirtschaft weggefallen.«[32] Drake würde erst viel später an diese Überlegungen neu anknüpfen, die in den 20er Jahren nicht zum Zuge kamen. Damals waren die Kräfte des Beharrens stark. Gerade das Erleben der neuen, parlamentarisch begründeten eigenständigen Gestaltungsmöglichkeit gab dem Willen,

---

30 Wehlt: Generalsuperintendent ... (wie Anm. 20), 404. Vgl. auch Butterweck: Die Geschichte ... (wie Anm. 28), 276 f.

31 Gesetz- und Verordnungsblatt ... (wie Anm. 11), 377.

32 Kittel: Heimatchronik ... (wie Anm. 8), 297.

Revolution und kirchliche Neuordnung in Lippe

selbständig zu bleiben, überzeugende Kraft.[33] Nach dem Zweiten Weltkrieg wurde Drake zum lippischen Landespräsidenten berufen und führte die Verhandlungen, die zum Ergebnis hatten, dass Lippe 1947 seine Selbständigkeit verlor und Teil des Bundeslandes Nordrhein-Westfalen wurde.

Und die Landeskirche? Hier war 1919 der Wille, Neuland zu betreten, Neues zu wagen, wenig ausgeprägt. Die Beobachtung, die Klaus Scholder ganz allgemein angestellt hat, erwies sich hier als besonders zutreffend:

> »[…] kaum war das landesherrliche Kirchenregiment erloschen und deutlich geworden, daß die neuen Regierungen eine Trennung von Kirche und Staat durchführen würden, da setzte sich überall ein auf Autonomie und Abgrenzung gerichtetes landeskirchliches Selbstbewußtsein durch. Die entscheidende Rolle dabei spielten die kirchlichen Behörden.«[34]

Wären da nicht wirtschaftliche Not und der Mangel an zureichenden finanziellen Ressourcen gewesen! Dieser Mangel förderte Misstrauen und Missgunst. Diese fanden an der konfessionell sehr besonderen Differenzierung in Lippe ihren Anlass. Die wenigen und zugleich dezidiert lutherischen Gemeinden hatten nicht ohne Grund den Eindruck, im Vergleich zu den mehrheitlich milde reformierten Gemeinden benachteiligt zu sein. Also wollte man sich lossagen und in lutherisch Hannover bessere Konditionen für das Überleben finden. Solche Trennung stieß in Lippe aber auf große, in der Verfassung begründete Vorbehalte. Man ließ die Lutheraner nicht los. Dennoch: Der vermeintliche »Nervus Rerum« begünstigte Fliehkräfte von besonderer Dynamik. 1933 war der Vertrag schon ausgefertigt, der einen Zusammenschluss Lippes mit reformiert Hannover regeln sollte.[35] Wenig später, 1934, hatte man den Beschluss veröffentlicht, der altpreußischen Union beitreten zu wollen, um »demnächst auch in der Kirchenprovinz Westfalen« seine kirchliche Heimat zu finden.[36] Die Verwirrung war groß. Aber: Die Wucht des Zeitgeschehens einerseits und andererseits der Wille, gerade jetzt beisammen zu bleiben und selbst den eigenen Weg zu bahnen, wurden bestimmend. So wählte man nach Jahren des Interims 1936 wieder einen eigenen Landessuperintendenten. Damit waren die Weichen in die Richtung, die eigene Selbständigkeit zu erhalten, deutlich gestellt. Und: Die Verhältnisse in Deutschland stellten der Kirche nun ganz

---

33 Obendrein hatte ausgerechnet Drake den § 35 des Reichs-Finanzausgleichsgesetzes wiederentdeckt. Der gewährleistete, dass minderbemittelten Ländern ergänzende Zuschüsse vom Reich zuflossen, vgl. ebd, 294. Unter den Landeskirchen gab es vergleichbare Regelungen, die der lippischen Kirche zugute kamen.

34 Klaus SCHOLDER: Die Kirche und das Dritte Reich. Bd. 1: Vorgeschichte und Zeit der Illusionen 1918-1934. Frankfurt 1977, 31.

35 Vgl. GESETZ- UND VERORDNUNGSBLATT DER LIPPISCHEN LANDESKIRCHE III 1931-1941. Detmold o.J., 89.

36 Ebd, 123 f.

andere, lebenswichtig zentrale Fragen. Selbständig oder nicht? Das geriet erst im neuen Jahrtausend wieder auf die Tagesordnung.

Doch wie arrangierten sich die Kirche und die staatlichen Institutionen? Wir erinnern uns an den Konflikt, als der Volks- und Soldatenrat die eigenständige Bildung eines Landeskirchenrates als Brüskierung seiner Autorität erlebt hatte. Die Einigung über das Verhältnis von Kirche und Staat, die man dann erzielte, »stellt eine frühe Variante in der Entwicklung des Reiches dar. Längst nicht überall war die Haltung der Sozialdemokraten so nachgiebig gegenüber den Landeskirchenvertretern und längst nicht überall wurde die Trennung so schnell und radikal vollzogen.«[37] Von nun an hatte man in Lippe die Eigenständigkeit der Kirche respektiert. In der praktizierten Trennung von Kirche und Staat war man damals in Lippe weiter als in allen anderen Landeskirchen. 1921 bemerkte der Deutsche Evangelische Kirchenausschuss (D.E.K.A.) in einem Rundschreiben: »Kirchliche Beschlüsse werden im allgemeinen immer noch von staatlichen Stellen genehmigt [...] außer in Lippe, wo man sich darum seit dem Erlaß der Reichsverfassung nicht mehr kümmert [...]. Dies wird von keiner Seite beanstandet.«[38] Wieso? Lippe: Wir sind in kleinen Welten. Da haben rein ideologisch aufgeladene Differenzen wenig Chancen. Die Akteure begegnen sich, sie kennen einander. Wo sie Animositäten pflegen, gehen sie einander aus dem Weg. Wo Sympathien verbinden, gibt es Zutrauen zueinander und so wird Freiheit zum Eigenen gewährt.

Und das Gottesgnadentum? Hatte es sich schon vor 1918 weithin erledigt, war zur Formel verkrustet, entleert? Gab es dann um 1933 die Versuchung, den fürstlichen Pluralis Majestatis, das eindrucksvolle »Wir«, aufleben zu sehen in jener neuen Bewegung, die schillernd genug die Vorsehung und den Allmächtigen für sich und für das überlegene Deutschtum reklamierte und sich zum »positiven Christentum« bekannte? Das hatte viele geblendet, auch in Lippe. Die Verblendung währte nicht lange.[39] Bald kursierten auch in Lippe die großen Sätze von der Freiheit des Evangeliums und von jener Botschaft der freien Gnade Gottes, die allem Volk auszurichten ist.[40] Als sich die Frage stellte, ob die Pfarrer auf den Führer und Reichskanzler zu vereidigen seien, erklärten einige lippische Pfarrer und waren darin eines Sinnes mit dem Landessuperintendenten:

---

37 Friedrich BÖTTCHER: Sozialer Wandel: Kirche und Frömmigkeit 1910-1933 am Beispiel von Lippe. Masch. Bielefeld 1989, 42.

38 LKA Detmold Archiv Kons. Nr. 4034.

39 Vgl. insgesamt Heinrich BÖDEKER: Die lippische Landeskirche unter dem Nationalsozialismus 1933-1945. In: Die Lippische Landeskirche ... (wie Anm. 17), 240-260.

40 Vgl. BEKENNTNISSYNODE DER DEUTSCHEN EVANGELISCHEN KIRCHE BARMEN 1934: Vorträge und Entschließungen/ im Auftrag des Bruderrates der Bekenntnissynode hrsg. von Karl Immer. Wuppertal-Barmen 1934; DIE BARMER THEOLOGISCHE ERKLÄRUNG: Einführung und Dokumentation/ hrsg. von Alfred Burgsmüller; Rudolf Weth. Neukirchen-Vluyn 1983, 39.

»Wir würden das Gewissen des Nächsten heillos verwirren und dem Staat gegenüber unwahrhaftig werden, wenn wir ihm die gewissenhafte Erfüllung der Amtspflichten beschwören, obwohl wir im Gehorsam gegen Schrift und Bekenntnis den von ihm erlassenen Gesetzen zur ›Befriedung der Kirche‹ widerstehen müssen. Durch diesen Eid würde also die Unwahrheit und des Nächsten Unheil gefördert.«[41]

Von Gottes Gnaden? Es brauchte manche Revolution des Denkens und der Verhältnisse bis sich die Erkenntnis behauptete, dass Gottes Gnade frei und unverfügbar ist. Sie ist nicht hierarchisch oder völkisch gebunden. Sie schenkt sich ungeplant und oft ganz unerwartet.[42]

---

41 Bödeker: Die lippische Landeskirche … (wie Anm. 39), 256.

42 »Konzeptionen der Gnade oder der Gabe legen nahe, dass das ›Entgegenkommen‹ zwar nicht ›verdient‹, gefordert oder erzwungen werden kann – daher der ›Geschenkcharakter‹ der Gnade –, dass es aber auf einer Erreichbarkeit basiert, zu der das empfangende Subjekt durchaus beitragen kann, insofern es für die Gnade oder die Gabe empfänglich sein muss.« Hartmut Rosa: Unverfügbarkeit. Wien; Salzburg 2019, 68.

Das Ende des landesherrlichen Kirchenregiments in Anhalt

Die Bildung einer eigenständigen Landeskirche ab 1918 und das Wirken von Franz Hoffmann und Ewald Stier

Von Helge Klassohn

I Gesellschaft, Staat und Kirche in Anhalt vor der Revolution von 1918

Das mit dem Thronverzicht der Askanier im November 1918 verbundene Ende des landesherrlichen Kirchenregiments in Anhalt mit der sich daraus ergebenden Trennung von Staat und Kirche war nicht nur ein für viele überraschend eingetretenes revolutionäres Ereignis, ein »Umsturz«, wie man damals sagte, sondern auch Teil eines schon über Jahrzehnte andauernden geschichtlichen Prozesses. Zu ihm gehörten die mit der Revolution von 1848 und den ersten demokratischen Verfassungen in Anhalt verbundenen Anstöße für ein neues Verhältnis von Staat und Kirche, die Vereinigung der drei anhaltischen Herzogtümer zu einem Gesamtstaat im Jahre 1863 und der sich daraus ergebende Zusammenschluss der drei anhaltischen evangelisch-reformierten Staatskirchen Anhalt-Dessau, Anhalt-Bernburg und Anhalt-Köthen[1] mit unterschiedlichen Anteilen an Gemeinden evangelischlutherischer Konfession zu einer, unierten, »evangelisch-christlichen«[2] Landeskirche unter einem landesherrlichen Kirchenregiment und mit einem Konsistorium in Dessau als staatskirchlicher Oberbehörde. Im Ergebnis dieser Entwicklung war eine klar strukturierte, im Rahmen des landesherrlichen Kirchenregimentes auch eigenständig agierende evangelisch-unierte Landeskirche entstanden. Das Bedürfnis nach »Demokratie« in Staat, Gesellschaft und Kirche, nach größerem Einfluss des Volkes auf die Machtausübung wurde spürbarer, auch in der Erinnerung an die Revolution von 1848 und die damals für Anhalt-Dessau-Köthen beschlossene fortschrittliche, demokratische Verfassung.[3]

---

1 Das seit 1542/44 wieder lutherische Anhalt-Zerbst war 1793 nach Erlöschen der dortigen askanischen Dynastie zwischen den anderen anhaltischen Teilfürstentümern aufgeteilt worden.

2 Bezeichnung der unierten Landeskirchen nach den Unionsstatuten von 1820 in Anhalt-Bernburg und von 1827 in Anhalt-Dessau.

3 Nach § 23 der 1848 vom frei gewählten Landtag der Herzogtümer Anhalt-Dessau/Anhalt-Köthen verabschiedeten und von Herzog Leopold Friedrich am 28.10.1848 verkündeten, jedoch im Jahre 1850 außer Kraft gesetzten Verfassung bestand »fernerhin keine Staatskirche«, jeder Staatsangehörige hatte »volle Glaubens- und Gewissensfreiheit«. Nach § 24 war die öffentliche Schule eine »Staats-Anstalt«, der von den stattlichen Lehrern zu erteilende Religionsunterricht sollte »nur ein allgemeiner, d.h. ein Unterricht in der auf religiöser Grundlage ruhenden Sittenlehre sein«, der »kirchlich-confessionelle« sei »ausgeschlossen und der Kirche zu überlassen«, zit. n. dem im Stadtarchiv Dessau befindlichen Exemplar.

Helge Klassohn

Das mitteldeutsche Herzogtum Anhalt erlebte in den letzten Jahrzehnten des 19. Jahrhunderts einen spürbaren wirtschaftlichen Aufschwung.[4] Zwischen den aristokratischen und bürgerlichen Schichten einerseits und der sich in zunehmendem Maße in der kapitalismus- und kirchenkritischen SPD und in den ihr nahestehenden Gewerkschaften organisierenden Arbeiterschaft andererseits war aber zugleich eine sich ständig vertiefende Kluft entstanden.[5] Nicht zuletzt spielten die mit dem kaum regulierten Kapitalismus einhergehenden sozialen Verwerfungen und Nöte bei der immer stärkeren Distanzierung der Arbeiterschaft von den bisherigen kirchlichen Glaubens- und Lebensformen sowie auch die antikirchliche Agitation der Sozialdemokratie und der bürgerlichen Freidenkerbewegung dabei eine wichtige Rolle. Darauf versuchte die anhaltische Landeskirche auch erste eigene Antworten zu geben.[6] Der größte Teil der Arbeiter- und Handwerkerschaft blieb weiter Mitglied der evangelischen Landeskirche, nahm aber, ebenso wie ein großer Teil des liberalen Bürgertums, kaum über ein traditionsbedingtes Maß hinaus am kirchlichen Leben teil.[7]

Zusammenfassend gesagt, stellte sich die Landeskirche hinsichtlich ihrer Stellung im Herzogtum Anhalt zu Anfang des 20. Jahrhunderts als eine dem Staatsoberhaupt, als dem »Träger der Kirchengewalt«[8] unterstellte und durch das ihm unmittelbar zugeordnete und auch mit staatlichen Kompetenzen ausgestattete »Herzogliche Konsistorium« unter Mitwirkung der Landessynode geleitete, auf vielfältige Weise mit dem Staat verbundene, allseits bekannte Institution mit einem bürgerlich-konservativem »Image« dar. Sie agierte gegenüber den anderen gesell-

---

4 Nach der Volkszählung vom 3.12.1864 lebten in Gesamtanhalt 193.046 Einwohner (187.379 Evangelische), davon 16.306 in Dessau. Vgl. Adolph ZAHN: Das gute Recht des reformirten Bekenntnisses und des Heidelberger Katechismus in Anhalt. Elberfeld 1866, 106. 1890 lebten hier 34.000 Einwohner und um 1900 50.000, vgl. Fritz HESSE: Von der Residenz zur Bauhausstadt. Dessau 1995, 13. Im Jahre 1913 lebten 315.000 Evangelische in Anhalt, vgl. STENOGRAMME DER 12. LANDESSYNODE 1913: Bericht des Konsistoriums. Dessau 1913, 150.

5 Vgl. Hesse: Von der Residenz … (wie Anm. 4), 16.

6 Dies geschah durch den Neubau von Kirchen, Gemeinde- und Vereinshäusern, die Gründung von sozialen Hilfseinrichtungen und -vereinen (»Innere Mission«) und die Einrichtung von Kindergärten und Jugendheimen.

7 Zur Stellung der Landeskirche in der anhaltischen Gesellschaft hinsichtlich ihrer Mitgliedschaft sei hier die von Synodalen der 12. Landessynode im Jahre 1913 nach dem Bericht des Konsistoriums mit besonderem Interesse diskutierte Frage der aus der Kirche Ausgetretenen erwähnt. Es gab im Berichtszeitraum bei 315.000 Evangelischen in Anhalt insgesamt 190 Austritte (1909 = 56; 1910 = 54; 1911 = 80) aus der evangelischen Landeskirche. Vgl. Stenogramme der 12. Landessynode … (wie Anm. 4), 97. Die Zahl der Taufverweigerungen (1909 = 6; 1910 = 1; 1911 = 5) und die Zahl der verweigerten kirchlichen Trauungen (1909 = 50 bei 2.608 Eheschließungen; 1910 = 56 bei 2.612 Eheschließungen; 1911 = 62 bei 2.723 Eheschließungen) waren in Anhalt ebenfalls gering. Vgl. ebd, 150.

8 Emil FRIEDEBERG: Lehrbuch des katholischen und evangelischen Kirchenrechts. Leipzig 1903, 206-211.

schaftlichen Kräften und den staatlichen Organen in institutioneller Selbständigkeit, auch mit einem spürbaren kirchlichen Selbstbewusstsein.[9] Innerkirchlich war der Streit zwischen konfessionell lutherischen und reformierten Positionen zugunsten eines immer deutlicher werdenden Gegensatzes in theologischen, kirchen- und gesellschaftspolitischen Fragen zwischen den Anhängern einer kirchlich-konservativen, »rechten« Haltung (»Positive Union«) einerseits und den Vertretern von mehr liberal-kritischen, »linken« Auffassungen (»Freie Protestanten«) andererseits zurückgetreten. Erstere sahen in Kirche und Christentum ein Bollwerk gegen moralisch-sittlichen Verfall und gegen die Auflösung alter gesellschaftlicher Ordnungen. Letztere sahen die Notwendigkeit für Kirchen und Christentum, auf die Probleme der Zeit einzugehen, sich auch mit kritischen Fragen an Glaube und Kirche auseinanderzusetzen und auf die sozialen Nöte mit konkreten Hilfen und politischen Veränderungen zu antworten. Ihr Ziel war die Errichtung einer auf Glaubens- und Gewissensfreiheit und gleichberechtigter Teilhabe der Mitglieder (Männer und Frauen) gegründeten »Freien Volkskirche«, wie es das Ziel der politischen Linken im Staat war, in Weiterführung von 1848 einen auf Volkssouveränität und Demokratie gegründeten »Freien Volksstaat« zu errichten.[10]

II Die Revolution vom November 1918 in Anhalt und ihre ersten Auswirkungen auf die anhaltische Landeskirche

Während die Kämpfe an den Fronten des Ersten Weltkrieges seit dem 1.8.1914 von Jahr zu Jahr ungeheure Menschenopfer forderten, drückten im Lande der hohe Blutzoll und die sich verschlechternde Ernährungslage auf die allgemeine Stimmung.[11] Die Friedenssehnsucht der Menschen und das Bewusstsein von der Notwendigkeit eines politischen Neuanfangs wuchsen im vierten Kriegsjahr auch in Anhalt von Woche zu Woche.[12] Ein zum Reformationstag am 31.10.1918 heraus-

---

9 In Anhalt wurde das Kirchenregiment (»Kirchengewalt«) vom Landesherrn nicht direkt durch eine Staatsbehörde, sondern wie in Bayern, Braunschweig, Württemberg, Schaumburg-Lippe und Preußen für die inneren Kirchenangelegenheiten mit Hilfe einer staatskirchlichen Oberbehörde ausgeübt, welche für die äußeren Angelegenheiten unter Staatsaufsicht auch staatshoheitliche Funktionen wahrnahm. Vgl. ebd.

10 Vgl. Hesse: Von der Residenz … (wie Anm. 4), 56.

11 Fritz Hesse, der langjährige Dessauer Oberbürgermeister, schreibt dazu im ersten Band seiner Erinnerungen: »›Krieg‹ – das war ein Begriff, der so abseits unseres täglichen Gedankenkreises lag, daß wir außerstande waren, die Situation, in die wir uns so plötzlich versetzt sahen, geistig und seelisch zu bewältigen […]«, ebd, 75.

12 Vgl. Franz HOFFMANN: Meine Erinnerungen aus meiner Tätigkeit in der Leitung der Evangelischen Landeskirche Anhalts 1918-1923, Schreibmaschinenmanuskript im Landeskirchlichen Archiv Dessau, 5. Vgl. auch EVANGELISCHE KIRCHE IM FREISTAAT ANHALT: Erinnerungen von Oberkirchenrat Franz Hoffmann an die Jahre 1918 bis 1923/ hrsg. von Jan Brademann. Halle (Saale) 2020.

Helge Klassohn

gegebenes Rundschreiben des Herzoglichen Konsistoriums[13] an die »Geistlichen der Landeskirche« deutet die Kriegsereignisse als »Gericht Gottes« auch über das deutsche Volk, das einem »falschen Geist der Diesseitigkeit« folgend »irdischen Friedensphantomen nachgejagt und den ewigen Frieden verloren« habe. Jetzt gelte es, die Gemeinden aufzurufen, sich »fernzuhalten von der Parteipolitik«, sich unter Gottes Willen zu beugen, seinem Wort gehorsam zu sein und die »Seelen im Ewigen zu verankern«. Gerade jetzt gelte für die »Brüder im Amt« die Christen zu lehren:

> »Volle Treue gegen Kaiser und Reich, gegen Fürst, Volk und Vaterland ist unsere Pflicht und Schuldigkeit. [...] Mit Kaiser und Reich hat Gott uns vor 48 Jahren ein hohes Gut gegeben. Das preisgeben und wegwerfen zu wollen, heißt Gottes Güte verachten. [...] Kein Volk hat das Recht, um augenblicklicher Not zu entgehen, seinen Bestand, seine Freiheit, seine Ehre preiszugeben, solange ihm Gott noch Kraft gibt, sich selbst zu behaupten. [...] Werden wir dann doch überwunden, dann haben wir uns darunter als unter Gottes harte und schwere Schickung zu beugen und sie in Demut zu tragen.«[14]

Gerade der »hohe«, für heutige Ohren kaum erträgliche nationale Ton dieses doch als seelsorgerliche Ansprache an die anhaltische Pfarrerschaft konzipierten Schreibens zeigt m.E. deutlich: Die Entstehung einer »neuen Weltordnung« kündigte sich an.[15]

Am 9. November 1918 hatten sich auch in Anhalt Arbeiter- und Soldatenräte gebildet und die exekutive und legislative Gewalt im Staat übernommen. Zum Vorsitzenden des Dessauer Arbeiter- und Soldatenrates wurde OB Fritz Hesse bestimmt.[16] Nach einer Aussprache mit einer Abordnung des anhaltischen Staatsministeriums erklärte sich »Prinzregent Aribert auch für den unmündigen Herzog Joachim Ernst und das Haus Anhalt zum Thronverzicht bereit«.[17] Unter dem Datum vom 12.11.1918 wurde die vom Staatsminister Dr. Max Gutknecht gegengezeichnete Verzichtserklärung des Prinzregenten »An das anhaltische Volk« veröffentlicht.[18] Am 14.11.1918 konstituierte sich in Dessau unter dem Vorsitz des Berliner Rechtsanwaltes Wolfgang Heine, Reichstagsabgeordneter der SPD für den Wahlkreis Anhalt 1, ein aus den drei Sozialdemokraten Heinrich

---

13 Der Verfasser dieses Rundschreibens war der Vorsitzende des Herzoglichen Konsistoriums, Gen.-Sup. Franz Hoffmann. Vgl. Hoffmann: Meine Erinnerungen ... (wie Anm. 12), 5-9.
14 Ebd, 8 f.
15 Vgl. ebd, 89.
16 Vgl. ebd, 94.
17 Diese Erklärung war nach seinen Worten vom Bestreben geleitet, »dem anhaltischen Volk den inneren Frieden zu erhalten und das öffentliche Leben im Herzogtum Anhalt vor schweren Erschütterungen zu bewahren« sowie »die volkstümliche Entwicklung der Staatsform in ruhige Bahnen zu fördern«. Hesse: Von der Residenz ... (wie Anm. 4), 100.
18 Im »Anhaltischen Staatsanzeiger« erschien folgende Bekanntmachung des Arbeiter- und Soldatenrates: »Der Prinz-Regent ist zurückgetreten. Sein Leben und sein Eigentum darf nicht angetastet werden. Er hat sich unter den Schutz des Arbeiter- und Soldatenrates gestellt«. Anhaltischer Staatsanzeiger 267 (13.11.1918), 3.

Deist, Richard Paulick und Wilhelm Voigt, den zwei Abgeordneten der liberalen »Fortschrittlichen Volkspartei«, Oberbürgermeister Fritz Hesse und Rechtsanwalt Dr. Hermann Cohn, sowie einem nationalliberalen Abgeordneten, Landesbank-direktor Josef Lux, bestehender »Staatsrat für Anhalt« als neue republikanische Landesregierung. In seiner 1. Sitzung am 15.11.1918 verordnete er die Auflösung des Landtages durch Gesetz Nr. 1500 und setzte per Wahlgesetz vom 15.11.1918, Gesetz Nr. 1501, allgemeine, direkte, gleiche und geheime Wahlen für eine »Konstituierende Landesversammlung« in Anhalt auf den 15.12.1918 fest.[19] Zu den dann in die Anhaltische Landesversammlung gewählten Abgeordneten gehörten: 22 Sozialdemokraten, 12 Liberale (später »Deutsche Demokratische Partei«) und 2 Konservative von der DNVP.

Obwohl die Verzichtserklärung des Prinzregenten darauf keinen ausdrücklichen Bezug genommen hatte, war mit ihr auch das Ende des landesherrlichen Kirchen-regiments in Anhalt eingetreten. Damit war auch die Zeit für eine Neuordnung der evangelischen Landeskirche mit einem staatsunabhängigen, vom Kirchenvolk gewählten Kirchenregiment und einer demokratisch, nicht mehr ständisch struktu-rierten Verfassung anstelle der Gemeindeordnung von 1875 und der Synodalordnung von 1878 gekommen. Nicht nur den Vertretern der neuen staatlichen Ordnung, sondern auch Kirchenbehörde und Pfarrerschaft stand die Notwendigkeit einer strukturellen Trennung von Staat und Kirche klar vor Augen. Dem am 1.2.1918 zum Vorsitzenden des Konsistoriums mit dem Titel Generalsuperintendent berufenen Superintendenten und Hofprediger an St. Marien zu Dessau, Franz Hoffmann,[20] erschien der im Zuge des »Umsturzes« erzwungene Machtverlust des askanischen Herrscherhauses zwar als tief bedauerlich, aber die Trennung von Staat und Kirche als »schon lange gewünschte Unausweichlichkeit«. Sie galt es nun ohne »Revolution in der Kirche«, möglichst rechtsförmig und ohne existenzgefährdende finanzielle Einbußen für die Kirche zu organisieren. Bisher hatten alle 150 anhaltischen Geistlichen, die Kirchenbeamten und Kirchenangestellten ihre Gehälter vom Staat erhalten.[21]

---

19 Vgl. Hesse: Von der Residenz … (wie Anm. 4), 101.

20 Franz Hoffmann, geb. 14.12.1854 in Gernrode, 1882 Kaplan und 1886 Propst in Wörlitz, 1897 Archidiakon an St. Marien zu Dessau, 1901 Pfarrer und Hofprediger daselbst, 1902 zugleich Konsistorialrat, 1909 zugleich Superintendent, 1918 zugleich Vorsitzender des Konsistoriums und Generalsuperintendent, 1919-1923 Vorsitzender des LKR. Vgl. Hermann GRAF: Anhaltisches Pfarrerbuch. Dessau 1995, 290.

21 Das machte in Anhalt pro Monat die Summe von 800.000 RM aus. Wer würde jetzt dafür aufkommen? Schon gab es bei der insbesondere von der politischen Linken öffentlich ge-forderten »scharfen« institutionellen Trennung von Staat und Kirche unter den Geistlichen die Sorge ums tägliche Brot und einige fragten im Konsistorium nach der Möglichkeit und Genehmigung von Nebenverdiensten. Vgl. Hoffmann: Meine Erinnerungen … (wie Anm. 12), 11.

In ihrem Wahlaufruf für die Wahlen zur Nationalversammlung des Reiches am 19.1.1919 hatte die SPD in Anhalt wohl auch mit Blick auf die Revolution in Russland 1917 erklärt, dass sie »Aufbau und nicht Zerstörung, nicht Bürgerkrieg und neue Zerstörung« wolle. Ihr Ziel sei »höchste Freiheit und vollkommene Ordnung«. Sie wolle »keine Unterdrückung einer Rasse, eines Stammes, einer politischen oder religiösen Überzeugung«. Auch die »konfessionellen Gemeinschaften« sollten »jede Freiheit eines freien Staates geniessen«.[22] Die liberale Deutsche Demokratische Partei (DDP) trat in ihrem Wahlaufruf an die anhaltischen Wähler und Wählerinnen für »die Erhaltung und den Ausbau der politischen Freiheiten des Volkes« und für die »Freiheit des Gewissens und der Religionsausübung« ein. Eine »Trennung von Staat und Kirche« sei für sie »nur annehmbar unter voller Wahrung der Würde und unter Sicherung der finanziellen Selbständigkeit der Kirche«[23] sowie unter Berücksichtigung »der geschichtlichen Rechtsansprüche und des eigenen Besteuerungsrechtes«. Ein »Notstand durch plötzlichen Fortfall staatlicher Zuschüsse« müsse vermieden werden.[24] Ein wichtiger Streitpunkt im Wahlkampf war der christliche Charakter der Schule und die Stellung des Religionsunterrichtes in der Schule. Der Vorsitzende der (linken) kirchenpolitischen Vereinigung »Freunde evangelischer Freiheit« in Anhalt Oberlehrer Dr. Franz Münnich aus Dessau,[25] veröffentlichte im Blatt der DDP, dem »Anhalter Anzeiger«, eine Erklärung unter dem Titel »Die Trennung von Staat und Kirche in ihrer Auswirkung auf die Schule«.[26] Darin forderten auch die »Freunde evangelischer Freiheit« ein Verbleiben des konfessionellen Religionsunterrichtes in der Schule als »unentbehrliches und unersetzliches Stück des gesamten Unterrichts«. Am 31.7.1919 beschloss die Nationalversammlung in Weimar die Reichsverfassung, die am 11.8.1919 verkündet wurde. Mit ihr waren auch für das Land Anhalt und die anhaltische Landeskirche das Ende der Staatskirche und die Trennung von Kirche und Staat zur Rechtsnorm geworden.[27] Wenige Tage zuvor war auch die von der konstituierenden Landesversammlung gegen die Stimmen der DNVP beschlossene »Verfassung für Anhalt« am 18.7.1919 in Kraft getreten.[28] Anhalt hatte sich als erster deutscher »Freistaat« konstituiert.

---

22 Anhalter Anzeiger 4 (5.1.1919), 1.
23 Beilage zu Nr. 8 des Anhalter Anzeiger. Dessauer Neueste Nachrichten (1919) Nr. 8 vom 10. Januar, 1.
24 Ebd.
25 Er war später auch Abgeordneter der verfassungsgebenden Landeskirchenversammlung.
26 Veröffentlicht auch in: Anhalter Anzeiger. Dessauer Neueste Nachrichten (1919) Nr. 8 vom 10. Januar.
27 Zugleich war »mit der Verabschiedung der Reichsverfassung […] die für Anhalt als eines der kleinsten Reichsländer besonders akute Gefahr eines Verlustes der Eigenstaatlichkeit abgewendet«. Hesse: Von der Residenz … (wie Anm. 4), 137.
28 Vgl. Gesetz Nr. 1549. Gesetzessammlung für Anhalt 10 (1919), 79.

III Die Neuordnung des Verhältnisses zwischen Staat und ev. Landeskirche in Anhalt nach dem 9.11.1918 und die Bestrebungen zur Konstituierung einer staatsfreien Volkskirche

In Anhalt war Gen.-Sup. Franz Hoffmann zur Überzeugung gelangt, dass die seit dem revolutionären »Umsturz« im Staat Regierenden zwar »durch Unrecht und Gewalt zur Macht gekommen« wären, dass die Verantwortlichen der Kirche aber nun die Pflicht hätten, sich »unter die fertigen Resultate als unter ein Gericht Gottes zu beugen«, sich den »neuen Gewaltherren [...] ehrlich zu fügen, und, solange ihr Regiment zu Recht besteht, ihren neuen gesetzlichen Ordnungen«[29] Gehorsam zu leisten. Da der »Staatsrat für Anhalt« ausdrücklich in alle bisherigen Rechte des Herzogs eingetreten war, müsste nach der Auffassung von Hoffmann mit ihm auch als »zwischenzeitlichem Inhaber des Kirchenregiments« über die Fragen einer Trennung von Staat und Kirche verhandelt werden.[30] So erbat Hoffmann schon im November 1918 ein Treffen mit dem Vorsitzenden des »Staatsrates für Anhalt« Rechtsanwalt Heine, bei dem auch die Weiterzahlung der kirchlichen Gehälter durch den anhaltischen Staat »bis auf weiteres« vereinbart wurde. Der anhaltische Staatsrat und die Landesversammlung unternahmen auf dem Wege zur Trennung von Staat und Kirche schon erste Schritte, ohne das Konsistorium zu konsultieren.[31] Es bedurfte also für die nach Auffassung von Hoffmann anstehenden Verhandlungen dringend einer vom amtierenden, erklärtermaßen »unkirchlichen« Kirchenregiment als Gegenüber anerkannten, »legalen« und am besten von ihm selbst eingesetzten »zwischenzeitlichen« »kirchlichen« Leitung, die dann von einem von der Kirche selbst gewählten Kirchenregiment abzulösen war.

Mit Datum vom 2.3.1919 reichte das Konsistorium beim »Staatsrat für Anhalt« einen »Konsistorialvortrag« mit dem Vorschlag ein, dass entsprechend einer schon in der Synodalordnung von 1878 vorgesehenen Regelung ein aus Konsistorium und Landessynodalvorstand bestehendes Gremium für dringende kirchliche Entscheidungen nun unter dem Titel »Evangelischer Oberkirchenrat für Anhalt« einzusetzen sei.[32] Zu dieser Zeit gab es auch Anregungen aus anhaltischen Gemeinden für eine

---

29 Hoffmann: Meine Erinnerungen … (wie Anm. 12), 13.

30 Verordnung des Staatsrates für Anhalt vom 30.11.1918: »Der Staatsrat verordnet wie folgt: § 2. Als Träger der Staatsgewalt ist der Staatsrat für alle Angelegenheiten zuständig, die zur Zuständigkeit des früheren Landesherrn und Landtages gehörten, als oberste Landesbehörde für alle bisher vom Staatsministerium wahrgenommenen Verwaltungsaufgaben.« Vgl. Hoffmann: Meine Erinnerungen … (wie Anm. 12), 25 f.

31 Das Konsistorium wandte sich mit Schreiben vom 6.2.1919 an den Staatsrat, nahm zu den Projekten (z.B. die Aufhebung der geistlichen Ortsschulinspektion oder die Aufhebung der bisherigen »organischen Verbindung« von Kirchenämtern und Schulämtern, mit dem Hinweis auf die bisherige, geltende Rechtslage Stellung und bat um Rückäußerung). Vgl. ebd, 29-33.

32 Vgl. ebd, 29-32.

Helge Klassohn

Neustrukturierung der landeskirchlichen Leitung »ohne« Einwirkung des Staates, allein auf der Grundlage von Beschlussfassungen einer aus eigenem kirchlichem Recht zusammentretenden Landessynode. Die Kirchengemeinde Nienburg/Saale (Pfr. Hugo Christian Schwartzkopf, »Freunde evangelischer Freiheit«) schlug mit Eingabe vom 24.2.1919 dem Konsistorium vor, die Gemeindevertreterversammlungen (»Diözesanversammlungen«) in den fünf anhaltischen Kirchenkreisen einzuberufen, um »ohne« Einwirkung des Staates derartige Forderungen aus den Gemeinden aufnehmen und in der auf »ihre« Initiative hin einberufenen Landessynode beraten und beschließen zu lassen. Einen Appell gleichen Inhalts richtete die Kirchengemeinde Schackstedt (Pfr. Ewald Stier, »Freunde evangelischer Freiheit«) »an alle evangelischen Gemeinden Anhalts«. Diesem schlossen sich bis zum 8.4.1919 insgesamt 26 Gemeinden an, darunter St. Marien und St. Georg in Dessau, St. Jakob in Köthen, Oranienbaum und Harzgerode.[33]

Dem von Gen.-Sup. Hoffmann geführten Konsistorium erschien diese Initiative als zu sehr »von unten«, auf der Basis »eigenen, selbsterwählten Rechtes« gedacht, als würde auch in der Kirche »eine Art Revolution« stattfinden.[34] Zudem waren die konsistorialen Verhandlungen mit dem Staatsrat inzwischen so weit gediehen, dass der Staatsrat am 15.4.1919 einen den Wünschen des Konsistoriums entsprechenden Gesetzentwurf über die Einsetzung eines »Evangelischen Oberkirchenrates für Anhalt« in die »Landesversammlung« einbrachte.[35] Der führende Kopf der »Freunde evangelischer Freiheit« in Anhalt, Pfarrer Ewald Stier, Schackstedt, erklärte in einem in der Beilage zur Nr. 105 des »Anhalter Anzeigers« vom 6. Mai 1919 veröffentlichten Aufsatz unter der Überschrift »Notdach oder Neubau«: Die evangelische Kirche erlebe jetzt die »größte Veränderung seit den Tagen der Reformation«. Sie werde nun »auf eigenen Füßen stehen«. Ein Schritt dazu sei die Vorlage des Staatsrates »über die Schaffung eines Evangelischen Oberkirchenrates«. Damit dürfe sich die Kirche aber keinesfalls begnügen. Denn nun gehe es nicht nur um ein »Notdach« für das Bestehende, sondern um einen Neubau der Kirche und des gesamten kirchlichen Lebens. Das bedeute eine »radikale Umänderung der bestehenden kirchlichen Ordnungen« und die »Demokratie des Kirchenvolkes«. Es sei ein Widerspruch, »Volkskirche sein zu wollen und doch das Volk nicht mit ent-

---

33 Vgl. ebd, 33. Insgesamt gab es damals 200 Kirchengemeinden und 150 Pfarrer in der anhaltischen Landeskirche.

34 Ebd.

35 In der Begründung des Entwurfes heißt es: »Es kann dahingestellt bleiben, ob der Staatsrat für Anhalt, auf den die Rechte des Landesherren übergegangen sind, auch […] in dessen Stellung eingetreten ist. Jedenfalls trägt der Staatsrat Bedenken, sich in die kirchlichen Angelegenheiten einzumischen, da dies mit seiner Auffassung vom Verhältnis des Staates zu den Religionsgemeinschaften nicht im Einklang stehen würde. Es wird deshalb im Einvernehmen mit dem Konsistorium und dem Synodalvorstande vorgeschlagen, diese Befugnisse des Kirchenregiments […] auf ein bereits bestehendes Organ der Kirche […] zu übertragen«. Ebd.

scheiden lassen zu wollen«. Die Losung der Gegenwart sei: »Freie Kirche im freien Staat, freie Gemeinde in der freien Kirche, freier Christ in der freien Gemeinde«.[36]

Zur besseren Information der kirchlichen Basis über die Verhandlungen zur Neustrukturierung der Kirche und über das Verhältnis zum Staat wurde auf Anregung von sechs Kirchengemeinden der Dessauer Diözesanversammlung[37] vom Konsistorium am 8.5.1919 ein »Vertrauensrat«, bestehend aus den fünf Superintendenten, den Mitgliedern des Vorstandes der Landessynode und aus 30 Vertretern aller kirchlichen Parteirichtungen und Arbeitsorganisationen, berufen, der schon am 14.5.1919 zu seiner ersten Sitzung zusammentrat. Im Wesentlichen erörterte er das Projekt eines selbst gewählten Kirchenregiments und auch Grundsätze für eine neue Kirchenverfassung, hatte jedoch kaum einen Einfluss auf den weiteren Gang der Ereignisse.

Nachdem die Staats-Kirche-Verhandlungen etwas »ins Stocken«[38] geraten waren, lud der Vorsitzende des »Ausschusses für die Trennung von Staat und Kirche sowie Schule und Kirche« der Landesversammlung, der Abgeordnete Paul Fiedler, Vertreter des Landessynodalvorstandes und des Konsistoriums zu einer Sitzung am 30.5.1919 ein. An ihr nahmen für das Konsistorium Gen.-Sup. Hoffmann, Geh. Kons. Rat Klinghammer (Jurist), die geistlichen Konsistorialräte Bruno Finger und Oskar Pfennigsdorf, für den Landessynodalvorstand Pfr. Eduard Fritsche, Mosigkau (für Präses Dr. Döring), Felix Leinveber, Oberbürgermeister von Bernburg, Pfr. D. Karl Heinzelmann, Bernburg,[39] und für die Landesversammlung neben Abgeordneten P. Fiedler (DDP) die Abgeordneten Pfr. Emil Baumecker, Leopoldshall (DDP),[40] und Wilhelm Heinrich Peus (SPD), Präsident der Landesversammlung[41] sowie weitere Abgeordnete teil.[42] Peus erklärte[43] einleitend, dass er das Vorha-

---

36 Ewald STIER: Von der Staatskirche zur Volkskirche. Cöthen (Anhalt) 1919, 12.

37 Schreiben von Pfr. Franz Gericke, St. Georg zu Dessau vom 6.5.1919. Vgl. Hoffmann: Meine Erinnerungen … (wie Anm. 12), 37 f.

38 Ebd, 38.

39 Heinzelmann gründete 1906 die anhaltische Landesgruppe der »Positiven Union« und war von 1906-1917 Vorsitzender des Anhaltischen Pfarrvereins. Vgl. Graf: Anhaltisches Pfarrerbuch … (wie Anm. 20), 278.

40 Pfarrer Emil Baumecker war 1908-1920 Abgeordneter im Anhaltischen Landtag und in der Konstituierenden Landesversammlung und in den Jahren 1924-1928 wiederum Abgeordneter im Anhaltischen Landtag. Vgl. ebd, 210.

41 Peus war Chefredakteur des sozialdemokratischen »Volksblattes für Anhalt« und war für seine kirchenkritischen Artikel bekannt. Er war Vorsitzender der am 25.9.1920 gegründeten anhaltischen Ortsgruppe des Deutschen Monistenbundes in Dessau. Vgl. GESCHICHTE ANHALTS IN DATEN/ hrsg. von Studium Hallense e.V. Halle 2014, 719. 762. 779. 785.

42 Darunter auch der Abgeordnete Dr. Georg Leonhardt (DDP), der zu den »Freunden ev. Freiheit« gehörte. Anders die Liste der Anwesenden in den (wohl nicht ganz vollständigen) »Erinnerungen« von Franz Hoffmann. Vgl. Hoffmann: Meine Erinnerungen … (wie Anm. 12), 39.

43 Vgl. ebd, 38-40.

Helge Klassohn

ben der Wahl einer neuen Landessynode nach demokratischen Grundsätzen auf Grund eines auch vom Staat einzuführenden kirchlichen Wahlgesetzes und die Einsetzung einer eigenen, vom Staat unabhängigen Kirchenleitung befürworte. Dann »möge die Kirche frei nach ihrem Ermessen ihren weiteren Ausbau und ihr inneres Leben gestalten. Aber die alte Synode sei dazu nicht zu gebrauchen, die müsse aufgelöst werden«.[44] Hoffmann entgegnete, dass man kirchlicherseits damit bis auf den Punkt einverstanden sein könne, dass man »die Revolution nicht in der Kirche haben« wolle, darum die amtierende Landessynode einberufen habe, dieser ein neues Wahlgesetz »ganz entsprechend den geäusserten Wünschen und Forderungen« vorlegen und nach den Wahlen eine neue Synode bilden werde, welche der Kirche dann eine neue Verfassung geben solle. Die Sitzung beriet auch die von Abgeordneten der Landesversammlung geforderte Erweiterung des zukünftigen »Landeskirchenrates« (LKR) um fünf Vertreter der kirchlichen »Linken« (»Freunde evangelischer Freiheit«). Pfr. Ewald Stier wurde dabei ausdrücklich genannt. Er genoss auch bei der parlamentarischen Linken Vertrauen und stand innerkirchlich im Ruf, auch »der Kirche abgeneigte und feindliche sozialdemokratische Kreise […] für eine fruchtbare Mitarbeit in der Kirche gewinnen« zu können.[45] Sich auf staatliche Personalvorstellungen festlegen lassen zu sollen, wurde von den meisten Kirchenvertretern als Nötigung empfunden.[46]

In einer Mitteilung an den Ausschussvorsitzenden Fiedler erklärte Hoffmann für die kirchliche Seite, dass man beabsichtige, »einen Zustand der Kirche herbeizuführen, bei dem innerhalb der durch das Christentum gesteckten Grenzen der Gewissensfreiheit Rechnung getragen und die kirchliche Verfassung und Verwaltung nach demokratischen Grundsätzen ausgestaltet wird«. So werde das der 14. Landessynode alsbald vorzulegende Wahlgesetz »den Grundsätzen des allgemeinen geheimen direkten Wahlrechtes für Männer und Frauen vom vollendeten 20. Lebensjahr ab unter Berücksichtigung der Verhältniswahl« Rechnung tragen.[47] Der neu zu bildende LKR möge zusätzlich zu den Mitgliedern von Konsistorium und Landessynodalvorstand, aus Pfr. Baumecker, Pfr. Schwartzkopf (beide »Freunde evangelischer Freiheit«), Pfr. Paul Günther, Pfr. Ewald Stier (»Freunde evangelischer Freiheit«), Pfr. Gerhard Hoffmann[48] (für die evangelische Gemeinschaft), Prof. Dr. Leonhardt (»Freunde evangelischer Freiheit«, Pädagoge, Mitglied der Landesversammlung für die DDP) bestehen.[49] Der Ausschussvorsitzende Fiedler teilte daraufhin am

---

44 Ebd, 39.
45 Ebd, 40.
46 Vgl. ebd, 41 f.
47 Ebd, 42.
48 Gerhard Hoffmann; Pfr. 1910-1927 in Edderitz. Sein Vater Bruno Hoffmann war 1879-1911 Pfarrer in Rathmannsdorf und leitete zwei Jahrzehnte die Gnadauer Konferenz. Vgl. Graf, Anhaltisches Pfarrerbuch … (wie Anm. 20), 291.
49 Vgl. Hoffmann: Meine Erinnerungen … (wie Anm. 12), 43.

6.6.1919 das Einverständnis des Ausschusses mit den Personenvorschlägen mit und brachte am gleichen Tage noch den Gesetzentwurf »betreffend die Regelung des Kirchenregiments in der anhaltischen evangelischen Landeskirche« in die Landesversammlung ein.[50] Der dann auf Beschluss der Landesversammlung am 6.6.1919 und des »Staatsrats für Anhalt« am 10.6.1919[51] eingesetzte »Evangelische Landeskirchenrat für Anhalt« war ein nach Namen und Funktion bemerkenswertes Organ. Von der auch aus Kirchengegnern und Kirchenfernen bestehenden Landesversammlung beschlossen und vom »Staatsrat für Anhalt« eingesetzt, fungierte er an Stelle »des früheren Landesherrn« als »Träger des Kirchenregiments«, übte als solcher die Kirchenhoheit auch über die Landessynode aus und bestand im Anschluss an die anhaltische Synodalordnung von 1878 § 17,6 aus den noch vom Herzog berufenen Mitgliedern des Konsistoriums und des Vorstandes der noch vom Herzog bestätigten Landessynode,[52] sowie aus fünf von beiden Körperschaften hinzuzuwählenden Personen. Zum »Landeskirchenrat für Anhalt« gehörten dann auf Beschluss von Konsistorium und Landessynodalvorstand vom 24.6.1919 zwölf Personen: vier Mitglieder des Konsistoriums, drei des Synodalvorstandes, sowie die von beiden Gremien hinzugewählten fünf Mitglieder Pfr. Baumecker, Pfr. Hoffmann, Edderitz, Prof. Dr. Leonhardt, Pfr. Schwartzkopf und Pfr. Stier.[53]

Der LKR trat dann am 1.7.1919 zu seiner 1. Sitzung zusammen und wählte jeweils mit einer Gegenstimme Gen.-Sup. Hoffmann zu seinem Vorsitzenden und Synodal-Präses Dr. Döring zu seinem Stellvertreter.[54] Er beschloss in seiner

---

50 Nach dem im Anhaltischen Anzeiger (Nr. 133 vom 8.6.1919, 2. Beilage) veröffentlichten Protokoll der 23. Sitzung der Landesversammlung am 6.6.1919 unter dem Vorsitz von Präsident H. Peus, SPD, mit der 2. Lesung des Gesetzentwurfes über die vorläufige Regelung des Kirchenregiments in der anhaltischen evangelischen Landeskirche erklärte Peus für die SPD, dass die nun angebrochene »neue Zeit« auch grundsätzlich neue Menschen und eine neue Ethik erfordere. Er würde sich freuen, wenn der beschrittene Weg zu einer gesunden Weiterentwicklung führe. Der Staat dürfe »keine materiellen Aufwendungen für die Kirche leisten« und die Kirche dürfe »keine besonderen Vorrechte vor anderen Organisationen beanspruchen«. Nur auf Grund von kirchlicherseits erbrachten Leistungen könne »geprüft werden, ob ihr Unterstützungen gewährt werden können«.

51 Vgl. Gesetz Nr. 1544. »Gesetz, betreffend die vorläufige Regelung des Kirchenregiments in der anhaltischen evangelischen Landeskirche«. Gesetzessammlung für Anhalt 7 (1919), 1-3.

52 Vgl. ebd, § 1,1.

53 Nach der Erinnerung von Hoffmann habe Kreisschulinspektor Günther »seine Wahl abgelehnt zugunsten des Pfarrer Stier«, obwohl er und Stier doch vom Konsistorium der Landesversammlung vorgeschlagen worden wären. Hoffmann: Meine Erinnerungen … (wie Anm. 12), 45.

54 Hoffmann hatte die 1. Sitzung des LKR am 1.7.1919 mit einem Gedenken in »warmen Worten« an das anhaltische Fürstenhaus eröffnet und seiner Freude darüber Ausdruck gegeben, »daß es ohne Revolution in der Kirche gelungen sei, die oberste Leitung der Landeskirche aus den Händen des religionslosen Staates auf eine innerkirchliche Instanz übergehen zu lassen«. Ebd, 46 f.

Helge Klassohn

4. Sitzung am 4.8.1919 einstimmig den der 14. Landessynode zur Beschlussfassung vorzulegenden Entwurf eines Wahlgesetzes für die Wahl einer »verfassungsgebende Landeskirchenversammlung« auf demokratischer Grundlage und die Einsetzung eines Verfassungsausschusses,[55] der einen von Gen.-Sup. Hoffmann und Pfr. Schwartzkopf zu erarbeitenden Entwurf für eine neue Kirchenverfassung beraten werde.[56] Deutlich wird das Bemühen um ein rechtsförmiges, »organisches« (Hoffmann) Verfahren bei der Trennung von Staat und Kirche in Anhalt.

Fast ein Jahr nach Revolution und Ende von Monarchie trat am 25. August 1919 die vom »Anhaltischen Konsistorium« eingeladene »14. Ordentliche Anhaltische Landessynode« in alter Zusammensetzung in Dessau im vom Präsidenten der Landesversammlung H. Peus (SPD) zur Verfügung gestellten Landtagssaal[57] unter dem Vorsitz des bisherigen Synodalpräses, des Geheimen Justizrates Dr. Döring zusammen,[58] der wie viele Synodale gegenüber dem neuen republikanischen Staat eine dezidiert kritische, ja ablehnende Haltung vertrat. Zur Eröffnung der Landessynode waren die Mitglieder des vom Staatsrat berufenen »Landeskirchenrates für Anhalt« als Vertreter des neuen Kirchenregimentes an Stelle der früheren, vom Landesherrn entsandten »Herzoglichen Kommissare« erschienen. Im vom Präses vorgetragenen Bericht des Synodalvorstandes über seine Tätigkeit seit der letzten Synodaltagung im Jahre 1916 wurde zunächst des am 21.4.1918 verstorbenen Herzog Friedrich II. und an des am 13.9.1918 verstorbenen Herzog Eduard ehrend gedacht. Mit Herzog Eduard habe die Landeskirche abermals »ihren obersten Träger des Kirchenregiments« verloren. Es erfülle den Landessynodalvorstand »mit umso grösserem Schmerz, daß diese Verbindung, welche 400 Jahre lang zwischen unserem Askanischen Fürstenhaus und der evangelischen Landeskirche zum reichen Segen derselben aufrecht erhalten ist, nunmehr für immer gelöst sein soll«.[59] Das Konsistorium habe »nach den Vorgängen in verschiedenen deutschen Gliedstaaten« mit dem »Staatsrat für Anhalt«, der neuen Landesregierung über die

---

55 Gen.-Sup. Hoffmann, Pfr. Schwartzkopf, OB Leinveber, Pfr. Stier, Geheimer Konsistorialrat Klinghammer (Jurist), Pfr. Heinzelmann und Konsistorialrat Lic. Pfennigsdorf sollten die Mitglieder sein.

56 Am 11.8.1919 hatte die Weimarer Nationalversammlung die neue Reichsverfassung mit den »Religionsartikeln« 135–150 beschlossen, die den verfassungsrechtlichen Rahmen vorgab. Für Hoffmann hatte sie »der Kirche dem Staat gegenüber erstmalig einen festen Rechtsstand geschaffen […]. Die Reichsverfassung sei darum für ihn »tägliches Handwerkzeug« geworden. Hoffmann: Meine Erinnerungen … (wie Anm. 12), 50 f.

57 Vgl. ebd, 51.

58 Dr. Döring war langjähriger Führer der nationalliberalen Partei, Vorsteher der Dessauer Stadtverordnetenversammlung und Präsident des Anhaltischen Landtages zu herzoglicher Zeit. Vgl. Hesse: Von der Residenz … (wie Anm. 4), 4.

59 Amtliche Protokolle der 14. Ordentlichen Anhaltischen Landessynode vom Jahre 1919. Dessau 1919, 8 f. Mit dieser Würdigung durch den Vorstand vor dem Plenum der Landessynode wurde das Ende des landesherrlichen Kirchenregiments für die Landeskirche noch einmal förmlich festgestellt.

»Schaffung eines Organs« verhandelt, »das [...] als Träger des Kirchenregiments und als kirchliches Verhandlungsorgan zu gelten habe«.[60] Es trete nun längstens bis 1.12.1919 und bis zur »anderweitigen« gesetzlichen Regelung »an die Stelle des früheren Landesherrn« der »Evangelische Landeskirchenrat für Anhalt«.[61] Im Bericht des Synodalvorstands, der sich aus Vertretern des »alten Regimes« zusammensetzte, begegnen uns einerseits die menschliche Verbundenheit mit dem Herzoghaus und andererseits die Nüchternheit, Geschicklichkeit und Effizienz, mit denen man zusammen mit dem bisher »Herzoglichen« Konsistorium auf das Ende des landesherrlichen Kirchenregiments reagiert und die für eine gedeihliche Entwicklung der Landeskirche nötigen Verhandlungen beherzt aufgenommen hatte.

Bedeutsam für einen konstruktiven Verhandlungsverlauf war wohl auch, dass an den Begegnungen zwischen Landespolitik und Konsistorium vom November 1918 bis Juni 1919 auch versierte Juristen beteiligt waren, die sich im kleinen Anhalt auch aus anderen Bezügen gut kannten und einander vertrauten. Zudem war es nicht unwichtig, dass neben Vertretern des liberalen, zumeist weiter einer protestantisch-freiheitlichen, christlichen Kultur verbundenen Bürgertums auch Angehörige der »kirchlichen Linken« in die Landesversammlung des Freistaates gewählt worden waren. Auf kirchenamtlicher Seite hat Franz Hoffmann eine kaum zu überschätzende Rolle gespielt. Es war für den bisher führenden Vertreter einer monarchisch geprägten Obrigkeits- und Behördenkirche sicher keine geringe Leistung, in die nachrevolutionäre Entwicklung dieser Kirche, Elemente einer »Kirche von unten« einzufügen und ihre Umgestaltung unter den Bedingungen der Trennung von Kirche und Staat zu moderieren und voranzubringen. Gerade an der Vorlage zum Wahlgesetz für die Landeskirchenversammlung mit dem Wahlrecht auch für Frauen in direkten und gleichen »Urwahlen« sollten sich die synodalen Debatten und der Widerstand der Konservativen gegen eine »Kirche der Revolution« entzünden. Hoffmann genoss auch den Respekt seiner kirchenpolitischen Gegner, zu denen in vielen grundlegenden Fragen auch die Pfarrer Stier und Schwartzkopf von den »Freunden evangelischer Freiheit« gehörten.

In Pfr. Ewald Stier können wir den profiliertesten Antipoden von Franz Hoffmann in den Jahren des Übergangs von der Behörden- und Obrigkeitskirche zur »Freien Volkskirche« in Anhalt sehen. Er hat zusammen mit den »Freunden evangelischer Freiheit« auch einen bestimmenden Einfluss auf Geist und Form der neuen Kirchenverfassung und auf die neue Gestaltung der Gemeindeordnung der anhaltischen Landeskirche gehabt. Im Jahre 1902 hatte Stier[62] in Anhalt eine Landesgruppe

---

60 Ebd.

61 GESETZESSAMMLUNG FÜR ANHALT 1–20 (1919)/ hrsg. vom Staatsrat für Anhalt. Dessau 1919. Archiv der Evangelischen Landeskirche Anhalts, Sign. A 5, Sammlung Vierthaler.

62 Ewald Stier war seit 1892 2. Pfr. (»Diakon«) an der Hauptkirche St. Marien zu Dessau, wo Franz Hoffmann seit 1897 1. Pfr. (»Archidiakon«) und seit 1901 zugleich Superintendent war. Vgl. Graf: Anhaltisches Pfarrerbuch ... (wie Anm. 20), 290. 1902 wechselte Stier dann

der »Freunde der Christlichen Welt« gegründet. Im Jahr 1907 wurden daraus die »Freunde evangelischer Freiheit«.[63] Ab dem Jahr 1914 war Stier Geschäftsführer der »Deutsch-Armenischen Gesellschaft«. Axel Meissner urteilt in seiner Arbeit zu Martin Rades »Christlicher Welt« und Armenien m.E. zu Recht über Stiers Bedeutung für die jüngere Geschichte der Evangelischen Landeskirche Anhalts:

> »Stier war der wohl aktivste Streiter für eine Liberalisierung bzw. nach dem Zusammenbruch von 1918 für eine völlige konsequent demokratische Neuordnung seiner Landeskirche. Das markante Gesicht dieser Kirche trägt bis heute seine und seiner Freunde Handschrift«.[64]

Pfarrer Schwartzkopf, Mitglied des LKRs, erinnerte die Konservativen in der 14. Landessynode daran, dass das von den kirchlichen Frauenvereinen »einmütig« geforderte Frauenwahlrecht und das unter rein kirchlichen Gesichtspunkten vorgesehene Urwahlrecht Synode und Kirchenleitung erst wieder in ein »persönliches Verhältnis« zu jedem einzelnen Mitglied der Kirche bringen würden.[65] Im Laufe der lebhaft geführten Synodaldebatten sagte der Synodale Dr. Arndt, dass es jetzt Pflicht sei, »einer freiheitlichen Regung« in den Kirchengemeinden entgegenzukommen.[66]

> »Die freie Wahl zur Synode ist mit ein Weg, auf dem wir hoffen können […] zur Volkskirche zu kommen. […] Wir wollen die weiten Kreise unseres Volkes in unsere Kirche hineinhaben. Wir wollen einen Aufbau von unten her; von unten her fehlt uns die Basis, die breiten Massen sollen uns die Grundlage bilden […] das Laienelement soll mitarbeiten in der Kirche und im Gottesdienst«.[67]

Auffallend ist, mit welch hohen Erwartungen der Begriff »Volkskirche«, insbesondere von den Vertretern der »linken« kirchenpolitischen Richtung gebraucht wurde. Auch kirchenpolitisch stärker konservativ Orientierte wie Franz Hoffmann benutzten den Begriff »Volkskirche«, um eine zukünftige, nicht mehr staatskirchlich verfasste evangelische Kirche zu bezeichnen. Als »Landeskirche« sollte sie nach

---

auf die Pfarrstelle Alten bei Dessau. Schon in der Dessauer Zeit war es zwischen beiden Männern zu Konflikten gekommen. Stier war von 1920-1927 und 1931-1933 »Kirchenrat« in und Mitglied des LKRs. Ab 1.11.1917 war er festangestellter Pfarrer in Schackstedt/ Anhalt. Von hier aus nahm er seine kirchenpolitischen Aktivitäten in Dessau wahr. Vgl. Personalakte E. Stier, Landeskirchliches Archiv Dessau, Beiakte, Bl. 42. 54; Vgl. Graf: Anhaltisches Pfarrerbuch … (wie Anm. 20), 439.

63 Vgl. Axel MEISSNER: Ewald Stier – biographische Skizze. In: Ders.: Martin Rades »Christliche Welt« und Armenien: Bausteine für eine internationale Ethik des Protestantismus. Berlin 2010, 369, Anm. 192.

64 Ebd, 374.

65 Amtliche Protokolle der 14. Landessynode ... (wie Anm. 59), 24 f. Der »grundlegende Entwurf« für das vom LKR eingebrachte Wahlgesetz war von Pfr. Schwartzkopf, »Freunde evangelischer Freiheit« erarbeitet worden. Vgl. Hoffmann: Meine Erinnerungen … (wie Anm. 12), 49 f.

66 Amtliche Protokolle der 14. Landessynode … (wie Anm. 59), 59.

67 Ebd.

dem Verständnis der Kirchenmitglieder aller Richtungen mit dem Land Anhalt, seiner Geschichte und seinen Menschen weiter eng verbunden sein. Das »Kirchengesetz über die Wahl zur Verfassungsgebenden Landeskirchenversammlung in Anhalt« wurde von der Synode in ihrer 4. Sitzung am 30.8.1919 dann mit nur zwei Gegenstimmen beschlossen.[68]

Mit der Einsetzung des »Evangelischen Landeskirchenrates für Anhalt« am 10.6.1919, der Verabschiedung des Wahlgesetzes zu einer Landeskirchenversammlung durch die Landessynode am 30.8.1919, mit seiner Verordnung durch den LKR am 6.9.1919 und mit seiner rechtskräftigen Veröffentlichung durch den »Staatsrat für Anhalt« am 16.9.1919,[69] verbunden mit dem Hinweis, dass dies vorbehaltlich einer künftigen Trennung von Staat und Kirche geschehe, waren im Laufe des Jahres 1919 von staatlicher und kirchlicher Seite die wichtigsten Weichen zur Trennung von Staat und Kirche nach dem Ende des landesherrlichen Kirchenregimentes gestellt worden. Franz Hoffmann schreibt dazu in seinen »Erinnerungen«: »Irgendein Eingriff des Staates in die innere kirchliche Entwicklung ist von da an nicht wieder vorgekommen. Die freie Kirche hatte ihr eigenes leitendes Organ«.[70] Andererseits waren im von der Landesversammlung beschlossenen und vom Staatsrat am 28.6.1919 verkündeten Haushaltsplan des Freistaates Anhalt für das Haushaltsjahr 1919–1920 weiter unter dem Titel VII. »Kultus« Staatsleistungen an die Landeskirche wie zu herzoglicher Zeit eingeplant.[71] Im Hinblick auf eine finanzielle Auseinandersetzung zwischen Staat und Kirche blieb noch einiges zu tun.

IV Die Verhandlungen zur Auflösung des Konsistoriums und die Wahl einer eigenen Kirchenleitung durch die frei gewählte Landeskirchenversammlung

Noch bevor die verfassungsgebende Landeskirchenversammlung zusammengetreten war, hatte Gen.-Sup. Hoffmann eine Vereinbarung mit der staatlichen Seite über das Konsistorium geschlossen, dessen Leiter er noch immer war. Es ging um die Zukunft jener Oberbehörde in Dessau, durch die der Landesherr in Anhalt bis zum

---

68 Vgl. ebd, 30; Anhang: Stenogramme, 107; Hoffmann: Meine Erinnerungen … (wie Anm. 12), 60 berichtet von drei Gegenstimmen: Grohmann, Windschild und von Kalitzsch.

69 Bekanntmachung über die Veröffentlichung eines Kirchengesetzes vom 16. September 1919. Gesetzsammlung für Anhalt 15 (1919), 149. Vgl. auch Gesetz Nr. 1560 vom 20.9.1919.

70 Hoffmann: Meine Erinnerungen … (wie Anm. 12), 45.

71 Für das Konsistorium waren dies 73.000 Mark und für den »Evangelischen Kultus« 532.000 Mark (für den katholischen 0, für den jüdischen 1.225 Mark). Vgl. Gesetzessammlung für Anhalt 9 (1919), 67. Haupt-Finanz-Etat des Herzogtums Anhalt für das Jahr 1917/18 vom 19.4.1917. In: Gesetzessammlung für das Herzogtum Anhalt, Nr. 1460, 203, Titel VII: »Kultus«. Für das Konsistorium waren dies 49.667 Mark und für den »Evangelischen Kultus« 428.000 Mark – für den katholischen 39.141 Mark und für den jüdischen 1.225 Mark.

Helge Klassohn

Thronverzicht der Askanier das Kirchenregiment »ausgeübt« hatte.[72] Sie übte auch nach der Revolution die Kirchenverwaltung geräuschlos und effizient weiter aus, seit dem 10.6.1919 unter der Leitung des »Landeskirchenrates für Anhalt«. Noch am 27.10.1919 war Franz Hoffmann gemäß dem anhaltischen Gesetz Nr. 1567 vom 3.10.1919 als Vorsitzender des Konsistoriums und Staatsbeamter vom Präsidenten des Staatsrates Deist auf die neue Verfassung des Deutschen Reiches und die anhaltische Landesverfassung vereidigt worden.[73]

Ein Gespräch zwischen Ministerialdirektor Müller und Hoffmann am 31.12.1919 ergab u.a.: 1.) Das Konsistorium werde zum 1.4.1920 »in seiner Eigenschaft als staatliche Kirchenbehörde aufgelöst«. Sofern bis dahin die Landessynode die Neuordnung der kirchlichen Behörden noch nicht vorgenommen habe, könne der LKR »für die Weiterführung der Geschäfte des Konsistoriums« sorgen. 2.) Der Staat wolle »bis zur endgültigen Auseinandersetzung« der Landeskirche ab 1.4.1920 – »ohne Präjudiz für diese« – eine Pauschale zahlen in Höhe der Kosten des bisherigen Konsistoriums, abzüglich freier Stellen etc. 3.) Der Staat beurlaube vorläufig – »bis zur Auseinandersetzung« – die bisherigen Konsistorialbeamten vom Staatsdienst. Sie bekämen ihre Bezüge weiter aus der vom Staat bezuschussten Konsistorialkasse, falls der Staat sie nicht in den aktiven Staatsdienst übernehme. Diese Stellen könne der LKR »im Einvernehmen mit dem Staatsrat« neu besetzen. 4.) Der Staat werde nicht »auf dem Wege der Gesetzgebung« jetzt schon bestimmen, »welche Rechte der Staat sich der Kirche gegenüber vorbehalten und auf welche er, als aus dem Rechte des Kirchenregiments fließend, verzichten will«. Diese Frage werde zurückgestellt, bis sie in den »übrigen deutschen Ländern geregelt« sei und bis die Landeskirche ihrerseits »das Gebäude ihrer Institutionen verfassungsmäßig ausgebaut und diese zur Übernahme der bisher von Konsistorium und Staat ausgeübten Befugnis befähigt« habe. 5.) Der Staat werde über die bisher vom Konsistorium genutzten Räume verfügen müssen, werde aber von Hoffmann gebeten »zunächst bis zur Auseinandersetzung und der dann erfolgenden endgültigen Regelung«, die bisher benutzten oder andere Räumlichkeiten zur Verfügung zu stellen.[74] Der Staatsrat stimmte den Vereinbarungen mit Beschluss vom 9.1.1920 mit dem Bemerken zu, dass es sich dabei um kein »Präjudiz« sondern um ein »Provisorium« handele.[75] Mit Schreiben vom 19.1.1920 erklärte sich Gen.-Sup. Hoffmann mit den »Vorschlägen« des Staatsrates »wegen Auflösung des Konsistoriums« im Namen

---

72 Die Vorgänge lassen sich gut anhand der im Landeshauptarchiv Sachsen-Anhalt, Abteilung Dessau befindlichen Akten des Staatsrates für Anhalt zu Dessau betr. die Aufhebung des Konsistoriums (LHASA, DE, Z 109, Nr. 2287) verfolgen.

73 Vgl. Hoffmann: Meine Erinnerungen … (wie Anm. 12), 64.

74 Akten des Staatsrates für Anhalt … (wie Anm. 72), Bl. 007-009.

75 Ebd, Bl. 010.

des von der Landeskirchenversammlung als neue kirchliche Oberbehörde inzwischen gewählten »Evangelischen Landeskirchenrates für Anhalt« einverstanden.[76]

In der zweiten Lesung des Gesetzentwurfes über die Auflösung des Konsistoriums in der 77. Sitzung der Landesversammlung am 22.5.1920 wurde auf Grund übereinstimmender Beschlüsse von Landesversammlung und Staatsrat des Freistaates Anhalt das Konsistorium »als staatliche Behörde« mit dem Ablauf des 30. Juni 1920 endgültig aufgelöst.[77] Nach der am 2.11.1919 vollzogenen Wahl, vor der die »Freie kirchliche Vereinigung« und die »Freunde evangelischer Freiheit« einander einen harten Wahlkampf[78] geliefert hatten, war die »Anhaltische verfassunggebende Landeskirchenversammlung« zu ihrer 1. Sitzung am 21.11.1919 in der Dessauer Kirche St. Georg zusammengetreten. 11 der 45 Mitglieder hatten noch zur 14. Landessynode gehört. Zwei Drittel der Mitglieder (29 Mandate) gehörten zur »Freien kirchlichen Vereinigung« (»Rechte«), ein Drittel der Mitglieder (16 Mandate) gehörten zu den »Freunden evangelischer Freiheit« (»Linke«).[79] Konsistorialrat Klinghammer erklärte bei der Eröffnung für den amtierenden LKR: Da die Amtszeit des LKRs nur bis zum 1.12.1919 reiche, die Landeskirche aber für die bei der »bevorstehenden Trennung von Staat und Kirche« weiter notwendigen Verhandlungen mit den staatlichen Behörden ein »verhandlungsfähiges Organ« brauche, lege der LKR den Entwurf eines »Kirchengesetzes über den Evangelischen Landeskirchenrat für Anhalt« (Ds. Nr. 1) vor.[80] Zum Präses der Versammlung wurde am 22.11.1919 einstimmig der Dessauer Regierungs- und Oberschulrat Dr. Arndt gewählt.[81]

Anders als in der 14. Landessynode wurde die »Urwahl« von der kirchlichen »Rechten« nicht mehr als »unkirchliches Revolutionswahlrecht« bekämpft und die Legitimität der Versammlung wurde nicht angezweifelt.[82] Der Abgeordnete Pfr. Stier

---

76 Ebd, Bl. 016.

77 Vgl. ebd, Bl. 025.

78 In den fünf Wahlkreisen hatten erhalten: »Freie kirchliche Vereinigung«: 36.146 Stimmen; »Freunde evangelischer Freiheit«: 18.936 Stimmen; »Freunde der Volkskirche« (nur im Kreis Ballenstedt): 914 Stimmen. 55.996 Stimmen waren gültig, 225 Stimmen waren ungültig bei einer Wahlbeteiligung von ca. 20 %. »Die Erregung in den Gemeinden war groß«. Hoffmann: Meine Erinnerungen … (wie Anm. 12), 64.

79 Zur Fraktion der »Freien kirchlichen Vereinigung« gehörten 10 Geistliche, 6 Lehrer, 4 Beamte, 5 Landwirte, 1 Handwerksmeister, 1 Zeitungsredakteur, 1 Arbeiter und 1 Rentner. Zur Fraktion der »Freunde evangelischer Freiheit« gehörten: 5 Geistliche, 9 Lehrer, 1 Arbeiter und 1 Industrieller. Vgl. ebd, 65 f.

80 VERHANDLUNGEN DER VERFASSUNGSGEBENDEN LANDESKIRCHENVERSAMMLUNG VOM JAHRE 1919. Dessau 1919, Amtliche Niederschrift, 3-6. Anlage I, 7 f. 13-15.

81 Der neugewählte Präses stellte in seiner Antrittsrede fest, dass sich die Mitglieder der Landeskirchenversammlung infolge des »Wahlsystems« von vornherein »in 2 verschiedenen Gruppen« zusammenfinden würden, er sich aber verpflichtet fühle, nach links und rechts »mit gleicher Unparteilichkeit« seines Amtes zu walten. Ebd, 7.

82 Ebd, 60 f.

Helge Klassohn

(»Freunde evangelischer Freiheit«) führte für die »linke« Minderheitsfraktion aus, dass die Vorlage für ein Gesetz zur Wahl eines LKR von ihr mit größter Freude begrüßt werde. Sie sei der »erste Spatenstich zum Bau der freien evangelischen Volkskirche«. Der größte Nachteil der engen Bindung an den Staat sei gewesen, dass »die Kirche das Vertrauen weiter Volksschichten verloren« habe.[83] Der Abgeordnete Prof. Dr. Leonhardt (»Freunde evangelischer Freiheit«)[84] sagte u.a.: Die Vorlage für das Kirchengesetz über den LKR wolle »das vom Staat geborene Organ« durch ein »von der Kirche geschaffenes Organ ersetzen und damit den Zustand herbeiführen«, den doch alle »ersehnen« würden.[85] Zur Frage einer »von unten her« aufgebauten und staatsunabhängigen künftigen Kirchenstruktur betonte Stier, dass eine »ganze Reihe von Gemeinden« den rein kirchlichen Weg[86] über die Gemeinden, die Diözesanversammlungen und die Landessynode zur Installierung einer neuen Spitze der Kirchen hätten gehen wollen. Das noch immer amtierende Konsistorium sei Staatsbehörde, und darum seien sie, die »Freunde evangelischer Freiheit«, bei diesem Gesetz dagegen, dass Mitglieder des Konsistoriums weiter im LKR blieben, sonst wäre dieser keine »rein kirchliche Behörde«.[87] In der Frage der rechtswirksamen Verkündung des Kirchengesetzes über die selbst gewählte Kirchenleitung (»Kirchenregiment«) konnte Gen.-Sup. Hoffmann berichten, dass der Staatsrat beabsichtige, die im anhaltischen Gesetz Nr. 515[88] geregelte Verkündung, Kirchengesetze durch den Staat mit einem staatlichen Gesetz zu beenden, und das bisher gültige Gesetz aufzuheben. Damit sei die Kirche dann »frei«,[89] ihr Gesetzblatt herauszugeben, darin ihre Gesetze zu verkünden und selbst in Kraft zu setzen.[90]

In der 4. Sitzung der Landeskirchenversammlung am 27.11.1919 debattierte sie Anträge der »Freunde evangelischer Freiheit« und der »Freien kirchlichen Vereinigung«[91] über die Bildung von Ausschüssen zur Trennung von Staat und

---

83 Ebd, 11.

84 Vgl. ebd, 16.

85 Ebd.

86 Ebd, 22.

87 Ebd.

88 Art. III, Abs. 2 der Synodalordnung von 1878. Allgemeines Kirchenblatt für das evangelische Deutschland 1 (7.1.1879), 1-13, hier 10.

89 Hoffmann: Meine Erinnerungen ... (wie Anm. 12), 96.

90 Die Veröffentlichung des Kirchengesetzes über die Wahl zur verfassungsgebenden Landeskirchenversammlung vom 6.9.1919 war durch den »Staatsrat für Anhalt« noch mit der »Bekanntmachung über die Veröffentlichung eines Kirchengesetzes vom 16. September 1919« (Gesetz Nr. 1560) erfolgt. In dieser »Bekanntmachung« stellte er fest, dass die Veröffentlichung des Kirchengesetzes durch die Gesetzessammlung für Anhalt von ihm »vorbehaltlich einer späteren Änderung« der Bestimmungen der Synodalordnung, »spätestens bei der bevorstehenden Trennung von Staat und Kirche« genehmigt werde. Gesetzessammlung für Anhalt 15 (1919).

91 Vgl. Verhandlungen der verfassungsgebenden Landeskirchenversammlung ... (wie Anm. 80), Drucksachen Nr. 10 und 11.

Kirche und zur Beratung einer neuen Kirchenverfassung. In den Debattenbeiträgen und den vorgetragenen Vorschlägen zeigte sich wiederholt der freiheitlich-demokratische, sozial aufgeschlossene Geist der »Freunde evangelischer Freiheit«, welche die innerkirchliche Entwicklung in Richtung einer staatsfrei und demokratisch verfassten, gemeindeorientierten Volkskirche vorantreiben wollten. In derselben Sitzung wurden, nachdem sich die beiden Fraktionen auf eine Kandidatenliste geeinigt hatten, im Rahmen des von der Landeskirchenversammlung beschlossenen Kirchengesetzes einstimmig in den ab 1.12.1919 amtierenden dreiköpfigen LKR gewählt: Franz Hoffmann, »Freie kirchliche Vereinigung«; Justizrat Lezius, Köthen, »Freunde evangelischer Freiheit«; Superintendent Konrad Lehmann, Bernburg, »Freie kirchliche Vereinigung«. Hoffmann wurde in einem gesonderten Wahlgang einstimmig mit 45 Stimmen zum Vorsitzenden des LKR gewählt.[92] Die einstimmige Wahl Hoffmanns kurz vor Erreichung seines Pensionsalters zum Vorsitzenden des LKRs als neuer Kirchenleitung war zum einen ein Beweis für die hohe Wertschätzung, der er sich allseits erfreute, zum anderen auch ein Zeichen für die Kontinuität des über sieben Jahrzehnte dauernden durch die Revolution von 1918 rasant beschleunigten evolutionären Prozesses, in dessen Verlauf die anhaltische Landeskirche von einer landesherrlich angeleiteten Staatskirche zu einer im Rahmen der Weimarer Reichsverfassung gegenüber dem Staat selbständig konstituierten und selbständig agierenden, aber auch in mehreren Bereichen weiter mit ihm verbundenen[93] »Volkskirche« wurde.

Hoffmann machte »etliche Tage später« auf der Basis des neugewonnenen, »gleichberechtigten« und »partnerschaftlichen« Verhältnisses der Kirche zum Staat dem Präsidenten des »Staatsrates für Anhalt« Heinrich Deist (SPD)[94] seinen Antrittsbesuch, um sich ihm, »dem obersten Beamten und verantwortlichen Leiter des Staates« als »oberste[n] Beamte[n] und verantwortliche[n] Leiter der anhaltischen Landeskirche vorzustellen«.[95] Deist machte dann Hoffmann binnen weniger Tage seinen Gegenbesuch in den Diensträumen des LKR im Anhaltischen Behörden-

---

92 Zuvor hatte der Abgeordnete Pfr. Stier für die »Freunde ev. Freiheit« erklärt, dass sie sich trotz früherer Bedenken gegenüber Mitgliedern des Konsistoriums bei der Aufstellung von Gen.-Sup. Hoffmann allein nach der Person gerichtet hätten und »daß die Art, wie der Herr Generalsuperintendent Hoffmann jetzt in letzter Zeit vor allem im evangelischen Landeskirchenrat und in der 14. Anhaltischen Landessynode sich beiden Parteien gegenüber verhalten« habe, ihre »volle Anerkennung« finde. Ebd, 123.

93 Z.B. Kirchensteuererhebung, Religionsunterricht in der Schule, Krankenhaus-, Militär- und Gefängnisseelsorge.

94 Heinrich Deist, SPD, seit 14.11.1918 Mitglied im 1. »Staatsrat für Anhalt«, seit 23.7.1919 »Präsident des Staatsrats für Anhalt« (anhaltischer Ministerpräsident). Seit 6.10.1923 wurde Anhalt von einem aus zwei Staatsräten und einem Ministerpräsidenten bestehenden Staatsministerium regiert. Deist amtierte bis 1924 als Ministerpräsident. Vgl. Geschichte Anhalts in Daten … (wie Anm. 41), 778-791. 796.

95 Hoffmann: Meine Erinnerungen … (wie Anm. 12), 77.

haus.[96] Die schwierigen Verhandlungen über die finanzielle Trennung von Kirche und Staat in Anhalt zogen sich allerdings noch über zehn Jahre hin. Sie fanden ihren Abschluss erst am 3.2.1930 mit einem Vergleich zwischen dem Freistaat Anhalt und der Landeskirche vor dem Oberlandesgericht Naumburg.

V Die Erstellung einer freiheitlichen Kirchenverfassung und erste Bewährungen im neuen Staat-Kirche-Verhältnis.

Im Verlauf der 5. Sitzung der Landeskirchenversammlung am 28.11.1919 kam es zu einer zwischen der »Freien kirchlichen Vereinigung« und den »Freunden evangelischer Freiheit« mit Schärfe geführten Debatte über die Frage, ob der neugewählte LKR unter dem Vorsitz von Oberkirchenrat Hoffmann das Mandat erhalten solle, ohne oder mit einem von der Versammlung gewählten Ausschuss den Entwurf für eine neue Kirchenverfassung vorzubereiten. Insbesondere Ewald Stier beharrte auf der alleinigen Verantwortung des Ausschusses für die Erstellung des Verfassungsentwurfes. Es handele sich um die Frage, »welchen Geist soll unsere ganze Kirchenverfassung atmen?«[97] Man habe erst eine größere Gewähr, »daß wirklich der neue Geist der Volkskirche« den Verfassungsentwurf von Anfang durchwehe, wenn dieser Entwurf nicht von den »alten Organen der Staats- resp. Obrigkeitskirche«, sondern von den »neuen Organen der Volkskirche«, d.h. von der Landeskirchenversammlung erstellt werde.[98] Pfr. Schwartzkopf, der schon zusammen mit Franz Hoffmann vom vorläufigen LKR mit der Erstellung eines Verfassungsentwurfes beauftragt worden war,[99] stellte fest, dass bei dem Verfassungsvorhaben darauf ankomme, dem »anhaltischen Volke den evangelisch-protestantischen Grundcharakter« zu erhalten.[100] Ziel müsse die »Volkskirche« sein, für die sie sich alle miteinander erklärt hätten und in der Inhaber und Träger des Kirchenregimentes das »Kirchenvolk« sei.[101] Die Landeskirchenversammlung hat dann in ihrer 5. Sitzung am 28.11.1919 mit ihrer »rechten« Mehrheit beschlossen, dass der LKR ersucht werde, »in Gemeinschaft« mit einem 15-köpfigen, von ihr benannten Ausschuss »eine Kirchenverfassung« auszuarbeiten.[102]

---

96 Vgl. ebd.

97 Verhandlungen der verfassungsgebenden Landeskirchenversammlung ... (wie Anm. 80), 148 f.

98 Ebd, 149.

99 Siehe oben, S. 224.

100 Vgl. Verhandlungen der verfassungsgebenden Landeskirchenversammlung ... (wie Anm. 80), 150.

101 Ebd.

102 Zu Mitgliedern des Verfassungsausschusses wurden bestellt für die »Freie kirchliche Vereinigung«: Dr. Knorr, Dr. Schulze, Püschel, Ehrhardt, Dr. Heine, Windschild, Hinze, Schmidt, Mittelstrass, Gericke. Für die »Freunde evangelischer Freiheit«: Kotze, Dr. Leonhardt, Münnich, Schwartzkopf und Stier. Dr. Knorr war später anhaltischer Ministerpräsident und

Das Ende des landesherrlichen Kirchenregiments in Anhalt

In der Debatte zur Einsetzung des »Trennungsausschusses« in der 5. Sitzung der Landeskirchenversammlung am 28.11.1919 berichtete Dr. Leonhardt, der zusammen mit Pfr. Baumecker, Leopoldshall auch Mitglied der Landesversammlung war,[103] vom »Trennungsausschuß«, den diese gebildet habe. Dieser werde für den Staatsrat mit dem durch den kirchlichen Trennungsausschuss unterstützten LKR verhandeln. Geheimrat Klinghammer vom Konsistorium, der »geradezu eine Autorität auf diesem Gebiet« sei und »die Sache bis in das kleinste ausgearbeitet« habe, werde dann die Verbindung zwischen dem Ausschuss der Landeskirchenversammlung und dem LKR halten können.[104] OKR Hoffmann versicherte, dass Klinghammer dem Ausschuss mit ihm zusammen bald berichten und man die Dinge dort besprechen werde.[105] Klinghammer hat dann die Trennungsverhandlungen auf kirchlicher Seite zusammen mit OKR Hoffmann bis zu deren Abschluss geführt.

Von den Anhängern der konservativen »Freien kirchlichen Vereinigung« scheinen in dieser Phase der Entwicklung die theologischen Gegensätze zu den »Freunden evangelischer Freiheit« so scharf und deren kirchenpolitische Positionen als so unvereinbar mit den eigenen empfunden worden zu sein, dass viele das Auseinandergehen der Kirchenmitglieder in je eigene Gemeinden befürchteten. Die Einheit konnte wohl nur unter dem offenen Dach einer »evangelisch-christlichen« anhaltischen Landes- und Volkskirche mit einem möglichst allgemeinen religiösen Bekenntnis und ohne den Bezug auf einzelne Symbole oder Bekenntnisschriften bewahrt werden. Dieser Eindruck scheint durch den wiederholten Rekurs der »Freunde evangelischer Freiheit« auf Minderheitenschutz und auf Glaubens- und Gewissensfreiheit noch verstärkt worden zu sein. Anders ist der dringende Appell von Franz Hoffmann nicht zu verstehen: »Lassen sie uns noch einmal den Versuch machen, daß wir zusammenbleiben«.[106] Die Notwendigkeit mit dem Staat über die Trennung von Staat und Kirche verhandeln zu müssen und auch die Unsicherheit über die Zukunft des kleinen Freistaates überhaupt haben wohl das Bewusstsein der gemeinsamen Verantwortung für die Einheit der Landeskirche, als Kirche im Volk und für das Volk im Lande Anhalt verstärkt, so dass man sich letzten Endes doch »zusammenraufte«.

1932 nach der Wahl des NS-Ministerpräsidenten Freyberg erst Finanzminister und dann für kurze Zeit bis zur DC-»Machtergreifung« 1933 Vorsitzender des LKR.

103 Vgl. Günter Ziegler: Parlamentarismus in Anhalt. Bd. III: die anhaltischen Land- und Reichstagsabgeordneten zwischen 1918 (1919) und 1933. Dessau 1995, 30.

104 Verhandlungen der verfassungsgebenden Landeskirchenversammlung ... (wie Anm. 80), 158.

105 Zu Mitgliedern des nach dem Antrag der »Freien kirchlichen Vereinigung« eingesetzten »Ständigen Trennungsausschusses« wurden für die »Freie kirchliche Vereinigung« bestellt: Dr. Mittelstrass, von Krosigk, Holzmann, Woche, Diederichs, Busch, Werner, Coswig, Wagner, Dr. Bauer, Kampe; für die »Freunde ev. Freiheit«: Dr. Bischof, Kayka, Günther, Schreiber und Zabel. Vgl. Hoffmann: Meine Erinnerungen ... (wie Anm. 12), 158.

106 Ebd, 202.

Helge Klassohn

Wenige Tage nach Abschluss der 6. Sitzung der Landeskirchenversammlung am 29.11.1919 veröffentlichte der LKR am 5.12.1919 im »Gesetz- und Verordnungsblatt der Evangelischen Landeskirche Anhalts« unter der Nr. 1 das »Kirchengesetz über die vorläufige Regelung des Kirchenregiments in der evangelischen Landeskirche Anhalts vom 28. November 1919«.[107] Der von der Landeskirchenversammlung eingesetzte Verfassungsausschuss hatte im Zusammenwirken mit dem LKR eine schwierige Arbeit vor sich, konnte sie aber auf der Grundlage von Entwürfen von OKR Hoffmann und Pfr. Schwartzkopf und vor dem Hintergrund der bisher geführten Debatten über die zukünftige anhaltische Volkskirche in verhältnismäßig kurzer Zeit abschließen. Im »Gesetz- und Verordnungsblatt« Nr. 11 vom 23.8.1920 wurde gemäß den Beratungen und Beschlüssen der Landeskirchenversammlung[108] und des LKRs[109] das »Kirchengesetz enthaltend die Verfassung der Evangelischen Landeskirche Anhalts vom 14. August 1920« veröffentlicht. Damit wurde die Selbständigkeit der anhaltischen Landeskirche als Körperschaft des öffentlichen Rechtes im Rahmen der Weimarer Verfassung und der Verfassung des Freistaates Anhalt vollendet.

Im Bemühen um die Wahrung der Einheit zwischen »freien« und »positiven« Protestanten und zur Vermeidung neuen konfessionellen Streites bekennt sich die Verfassung der Landeskirche Anhalts im Rahmen der 1820 begonnenen und 1880 vollendeten Union in § 2 bis zum heutigen Tage in den von Franz Hoffmann formulierten Worten ohne ausdrücklichen Bezug auf altkirchliche oder reformatorische Bekenntnisse

> »zu dem Evangelium von der freien Gnade Gottes in Jesus Christus unserm Herrn, dem Heiland und Erlöser der Welt, niedergelegt in der heiligen Schrift, von neuem erschlossen und bezeugt in der Reformation, im Glauben ergriffen durch den heiligen Geist«.[110]

Nach § 3,1 der Verfassung vom 14.8.1920 definiert sie sich als »Volkskirche«, die »ihre Angelegenheiten durch die von ihr selbst gewählten Organe frei und selbständig innerhalb der Schranken des für alle geltenden Gesetzes und unbeschadet der Hoheitsrechte des Staates« ordnet und verwaltet. Nach § 3,3 gewährt sie »allen ihren Gliedern volle Glaubens- und Gewissensfreiheit« und »umschließt in Brüderlichkeit« alle, »die Gott ernstlich suchen und in der Nachfolge Jesu ihr Leben führen wollen«.

---

107 In ihm war die Ablösung des vom Staatsrat eingesetzten LKRs durch die neue »landeskirchliche Oberbehörde unter gleicher Bezeichnung« festgestellt (§ 1) und sowohl seine Wahl (§ 2), die Wahl seines Vorsitzenden (§ 3) durch die Landeskirchenversammlung, als auch seine Stellung »als Träger des obersten Kirchenregiments und der Kirchenregierung« an Stelle des früheren Landesherrn (§ 5) sowie die Einrichtung des neuen, kircheneigenen Gesetz- und Verordnungsblattes öffentlich-rechtlich geregelt.

108 Einstimmige Verabschiedung durch die Landeskirchenversammlung am 14.7.1920.

109 Einstimmig beschlossen und verkündet durch den LKR am 14.8.1920.

110 Hoffmann: Meine Erinnerungen … (wie Anm. 12), 80-85. Verfassung der Evangelischen Landeskirche Anhalts vom 12. Mai 1969, Präambel Art. 2, 4.

Das Ende des landesherrlichen Kirchenregiments in Anhalt

Mit der Struktur dieser strikt von den Kirchenmitgliedern, dem »Kirchenvolk«, in den Gemeinden her gedachten Kirchenverfassung, welche die Minderheiten schützt, Glaubens- und Gewissensfreiheit ausdrücklich achtet, Leitungsämter durch direkte Wahlen und auf Zeit besetzt, die Wahl der Pfarrer durch die Gemeindeglieder vorsieht, die Gemeindeleitung den Gemeindekirchenräten überträgt, die Gottesdienstordnung der Gemeinden respektiert, Exekutive und Legislative im Verhältnis von Kirchenparlament und LKR voneinander trennt und in der direkt gewählten, parlamentarisch-demokratisch agierenden Vertretung aller Kirchenmitglieder, dem »Landeskirchentag«, den obersten »Träger der Kirchengewalt« sieht, wurden wesentliche Anliegen des Programms der »Freunde evangelischer Freiheit« verwirklicht, aber auch den Erwartungen vieler anderer Kirchenmitglieder entsprochen. Die Landeskirchenversammlung hat 1920 auf der Basis der neuen Kirchenverfassung außerdem noch eine »Kirchengemeindeordnung« ausführlich beraten und am 24.9.1920 verabschiedet.

Die nach der neuen Verfassung durchgeführten Wahlen zum Landeskirchentag mit 30 Mitgliedern und sechsjähriger Legislatur am 28.11.1920 ergaben ein Verhältnis von 19 Mandaten für die kirchliche »Rechte« zu 11 Mandaten für die »Linke«.[111] In der 2. Sitzung des Landeskirchentages am 9.12.1920 wurden in den LKR gewählt: Hoffmann, Mittelstrass (Jurist) und Albert Hinze (Kreisoberpfarrer in Zerbst) – »Freie Kirchliche Vereinigung«; Stier und der Köthener Jurist Lezius – »Freunde evangelischer Freiheit«. Zum Vorsitzenden des LKR wurde einstimmig Hoffmann gewählt, zu seinem Stellvertreter Lezius.

Eine erste Bewährung im Verhältnis der anhaltischen Landeskirche zum demokratischen Staat der Weimarer Verfassung hatte der sog. »Kapp-Putsch« im Jahre 1920 gebracht. Der Ausbruch der zunächst siegreich scheinenden »Gegenrevolution« unter der Führung des Generallandschaftsdirektors a.D. Kapp und des Generals von Lüttwitz am 13.3.1920 stellte die Leitung der anhaltischen Landeskirche vor die Frage »wie sie dieser neuen Bewegung gegenüber Stellung nehmen solle«.[112] In einem Erlass vom 15.3.1920 mahnte Hoffmann »die Herren Geistlichen«, die Gottesdienste und Gotteshäuser von »parteipolitischen Bekundungen« freizuhalten und in der Gewissensberatung »die Christen zu lehren, daß jeder gewaltsame Angriff gegen [...] die zu Recht bestehende Ordnung und Verfassung vom christlichen Standpunkt aus zu verurteilen ist [...]«.[113] Der Putsch, an dem das in Dessau stationierte 8. Schützenregiment beteiligt war, brach auch in Anhalt zusammen, nicht zuletzt

---

111 Entsprechend Kirchengesetz Nr. 9 über die Wahlen zum Landeskirchentag vom 22.8.1920. Einen neuerlichen Wahlkampf hatte man wohl um der Einheit der Landeskirche willen vermeiden wollen. § 21 des genannten Kirchengesetzes ermöglichte die Aufstellung von nur einem Wahlvorschlag. Vgl. Hoffmann: Meine Erinnerungen ... (wie Anm. 12), 80-85.
112 Ebd, 85-89.
113 Ebd, 86. Der Erlass wurde dann vom LKR in seiner Sitzung am 13.4.1920 nachträglich gebilligt. Vgl. ebd, 90 f.

Helge Klassohn

weil der Generalstreik funktionierte und die anhaltische Polizei sich als verfassungstreu erwies. In Dessau gab es fünf Tote, in Jeßnitz, Bobbau und Raguhn kam es zu Straßenkämpfen mit Toten und Verletzten.[114] Aus dem Staatsministerium erhielt Hoffmann zu späterer Zeit das Echo: »Sie haben ja damals auch so beruhigend in die Verhältnisse eingegriffen.«[115]

Die Landeskirche geriet anders als ihre landbesitzenden Gemeinden in den Jahren wachsender wirtschaftlicher und sozialer Not in eine gefährliche finanzielle Schieflage.[116] Der demokratische Staat verlor in den Krisenjahren nach 1920 an Zustimmung, insbesondere unter denen, die den kirchlichen Verhältnissen unter der Monarchie nachtrauerten, und davon gab es unter den Geistlichen und den Mitgliedern der kirchlichen Entscheidungsgremien nicht wenige, zumal sich auch die pastorale Versorgung der Gemeinden und die Befolgung der kirchlichen Lebensordnung durch die Gemeindeglieder als immer weniger selbstverständlich erwiesen.[117] Die in ihrer Mehrheit bürgerlich-konservative Pfarrerschaft und ihre Gemeindekirchenräte sahen in der gesellschaftlichen Modernisierung und der weiter zunehmenden Abwendung der »Massen« (Hoffmann) von Kirche und Christentum auch die Folgen der ungeliebten und unverstandenen »linken« Revolution. Dies zeigte sich auch in der Haltung der durch die »Freie kirchliche Vereinigung« getragenen Mehrheit in LKR und Landeskirchentag. Auf ihr Vertrauen war OKR Hoffmann angewiesen. Die in diesen Jahren stets wache Kritik aus den Reihen der »Freunde evangelischer Freiheit« an den Entscheidungen der Mehrheit komplizierte die Situation für die landeskirchlichen Leitung auch im Verhältnis Kirche-Staat, zumal sich die besonders von der linken Presse mit Argusaugen[118] verfolgten Verhandlungen über eine endgültige finanzielle Auseinandersetzung zwischen Staat und Kirche quälend lange hinzogen.

Ein Schlaglicht auf die Haltung vieler Kirchenmitglieder gegenüber dem »Staat von Weimar« werfen die Vorgänge um die Feier des Verfassungstages am 11.8.1923 in Anhalt. Am 23.7.1923 hatte der »Deutsche Ev. Kirchenausschuß« in einem

---

114 Vgl. Geschichte Anhalts in Daten … (wie Anm. 41), 784.

115 Hoffmann: Meine Erinnerungen … (wie Anm. 12), 87.

116 Monatlich waren allein an Gehältern 800.000 RM zu zahlen. Vgl. ebd, 113 f. Am 1.7.1923 konnten die Pfarrgehälter gar nicht gezahlt werden. Die Landeskirche behalf sich mit der Teilzahlung der Gehälter und der Aufnahme von wertbeständigen Roggenanleihen. Vgl. ebd, 120 f.

117 Die Landeskirche reagierte darauf am 14.6.1921 mit dem Kirchengesetz Nr. 31 über die Zulassung von Nichtgeistlichen zu Predigt und Amtshandlungen und am 18.6.1921 mit dem Kirchengesetz Nr. 32 über die Aberkennung kirchlicher Rechte und Versagung kirchlicher Dienste. Vgl. ebd, 109.

118 Das sozialdemokratische »Volksblatt für Anhalt« kommentierte in der Ausgabe vom 29.11.1929 einen Vergleichsvorschlag des Gerichtes unter dem Titel »Die Kirche hat einen großen Magen« u.a. mit der Frage: »Wann endlich wird es zur Trennung von Staat und Kirche kommen, damit der *unerträgliche Zustand* aufhört, der der Kirche eine Existenz auf Kosten der Allgemeinheit sichert?« (Hervorhebung im Original unterstrichen).

Schreiben den Landeskirchen die Bitte des Reichsinnenministers übermittelt, »in dankbarer Erinnerung« an die Verabschiedung der Reichsverfassung am 11.8.1918 und im Hinblick auf den »inbrünstigen Wunsch aller Deutschen nach Befreiung der leidenden Deutschen an Rhein und Ruhr« (von der französischen Besetzung) an diesem Tage besondere Gottesdienste zu halten. Ebenso wäre die Reichsregierung dankbar, wenn »um 9 Uhr vormittags im ganzen Reich die Glocken läuten würden«. Reichs- und Landesbeamten solle der Besuch dieser kirchlichen Feiern »ermöglicht werden«.[119] Hoffmann war klar, dass die anhaltische Landeskirche dem Ersuchen von Reichsregierung und Kirchenbund zu folgen hätte, obwohl ihm die gerade in den »noch kirchlichen Kreisen der Bevölkerung« herrschende, »dem neuen System feindliche Einstellung« bekannt war.[120] Im von KR Pfennigsdorf vorbereiteten und von OKR Hoffmann unterzeichneten Erlass des LKR Nr. 4189 vom 26.7.1923 wurde zunächst Sonntag, der 12.8.1923, zum »allgemeinen Gedenk- und Bettag in allen Kirchen des Landes« bestimmt, an dem in gottesdienstlichen Feiern »der Not der Brüder im besetzten Gebiet« und ihrer Leiden unter einem »rachsüchtigen und beutegierigen Feind« gedacht werden solle.

Zugleich wurde vom LKR »auf Veranlassung des deutschen evangelischen Kirchenausschusses« die »Empfehlung« ausgesprochen, dass am Sonnabend, dem 11.8.1923, dem »nationalen Gedenktag der Reichsverfassung« und vom Reich diesmal auch zum »Rhein-Ruhrtag« bestimmt, vormittags um 11.30 Uhr »mit allen Glocken in den Gemeinden des Landes geläutet werde«. Mindestens in den Hauptkirchen der fünf Kirchenkreise solle auch am Sonnabend, dem 11.8.1923 ein Festgottesdienst abgehalten werden, zu dem die Behörden einzuladen seien, um auch nach der Trennung von Staat und Kirche »das moralische Band zwischen Staat und Kirche bei Gelegenheit eines solchen allgemeinen Volksdienstes [...] in Erscheinung treten zu lassen [...]«.[121] Obwohl der nationale Akzent im Erlass des LKR stärker als im Schreiben des Kirchenausschusses betont war, gab es aus den kirchlich-konservativ eingestellten Kreisen sogleich Widerstand gegen eine kirchliche Feier des Verfassungstages. Das Ersuchen von OKR Hoffmann,[122] den Gottesdienst am 11.8.1923 in der Dessauer Hauptkirche St. Marien halten zu können, wurde vom GKR abgelehnt. Er fand dann mit Einladungen an das Staatsministerium, die anhaltischen Behörden und den Dessauer Magistrat in der in einem Dessauer Arbeiterviertel gelegenen St. Jakobus-Kirche bei auffallend geringer Beteiligung aus den anderen Dessauer Gemeinden statt. Hoffmann

---

119 Hoffmann: Meine Erinnerungen ... (wie Anm. 12), 123.

120 Ebd. KR und Kreisoberpfarrer Hinze (»Freie kirchliche Vereinigung«) hatte sich in der LKR-Sitzung am 26.7.1923 entschieden gegen eine kirchliche Feier des 11. August gewandt. Vgl. ebd, 121.

121 Ebd, 125 f.

122 Hoffmann war auch Kreisoberpfarrer des Kirchenkreises Dessau und 1. Pfarrer an St. Marien zu Dessau.

Helge Klassohn

erinnerte sich später: »Der überwiegende Teil der noch kirchlich gesinnten Bevölkerung wollte von den neuen durch den Umsturz geschaffenen Verhältnissen nichts wissen.«[123] In seiner Predigt bezog er sich ohne Umschweife positiv auf den Anlass »Verfassungstag«.[124] Die Verfassung sei »ein hohes Gut« und gebe den Bürgern »doch wieder festen Grund des Rechtes und der gesetzlichen Ordnung« unter die Füße. Mit ihr sei die staatliche Einheit gerettet, die geschichtlich notwendige Trennung von Staat und Kirche herbeigeführt und zugleich die Freiheit für das religiöse Leben und das Gewissen rechtlich gesichert worden. Das Eigentum sei geschützt, aber sein Gebrauch solle zugleich Dienst für das allgemeine Beste sein. Den auf dem Boden dieser Verfassung ruhenden staatlichen Ordnungen sei Gehorsam zu leisten, sofern sie nicht den Geboten Gottes widersprächen. Weder eine verbrecherische Willkürherrschaft noch eine Plutokratie entspräche dem Recht und dem Willen Gottes.

Während der Vertreter des Staatsministeriums sich im Anschluss an den Gottesdienst persönlich für die Predigt bedankte, war ein Echo in Presse und Öffentlichkeit bis auf einen Abdruck des Manuskripts in der »Köthenschen Zeitung« und ein freundliches Handschreiben vom Chef des Hauses Anhalt ausgeblieben. Missstimmung und Groll »weiter bürgerlicher Kreise« gegenüber Hoffmann[125] führten neben der Unzufriedenheit in der Pfarrerschaft über den Sparkurs der Landeskirche und das Bestehen des LKR-Vorsitzenden auf Disziplin und administrativer Effizienz letztlich zum »schleichenden« Entzug des Vertrauens. So entschloss sich Hoffmann zum Rücktritt vom Amt des Dessauer Kreisoberpfarrers »aus Altersgründen«[126] zum 1.12.1923. Nach einem monatelangen Prozess der weiteren kritischen Distanzierung[127] von ihm auch in der Fraktion der »Freien kirchlichen Vereinigung« unter ihrem Vorsitzenden Pfr. Franz Gerike[128] trat er am 1.12.1923[129] nach § 85 der Kirchenverfassung auch vom Amt des Vorsitzenden des LKR zurück. Präses Dr. Arndt sagte in seiner Würdigung des Dienstes von Hoffmann vor dem am 10.12.1923 zusammengetretenen Landeskirchentag:

---

123 Dessau hatte damals mehr als 60.000 Einwohner. Am Gottesdienst nahmen ca. 150 Personen teil. Vgl. ebd, 127 f.

124 Der Predigt lag der Bibeltext Am 5,15 zugrunde: »Haßt das Böse und liebt das Gute, richtet das Recht auf im Tor, vielleicht wird der Herr, der Gott Zebaoths gnädig sein dem Rest Josefs«. Vgl. ebd, 128-138.

125 Ebd, 139.

126 Ebd, 142.

127 Mit Bezug auf die vielfach kritisierte Verfassungsfeier. Zu den Vorgängen vgl. ebd, 143.

128 Gerike war von 1906-1934 Pfr. an St. Georg in Dessau, seit 1924 stellvertretender Kreisoberpfarrer und 1931-1933 KR und Mitglied des LKRs. Vgl. Graf: Anhaltisches Pfarrerbuch ... (wie Anm. 20), 256 f.

129 Vgl. Hoffmann: Meine Erinnerungen ... (wie Anm. 12), 153 f.

»Die Spuren seiner Wirksamkeit sind tief in die Geschicke der evangelischen anhaltischen Landeskirche eingedrückt und wir sind überzeugt, daß seine Wirksamkeit unserer Kirche zum Segen gereicht hat und gereichen wird. Das wollen wir ihm danken.«[130]

Zum Nachfolger im Amt des Vorsitzenden des LKR wurde am 10.12.1923 der Kirchenrat im LKR und Zerbster Kreisoberpfarrer D. Albert Hinze[131] gewählt, ein Exponent der »Positiven Union« und »Freien kirchlichen Vereinigung«. Seine Wahl war auch ein Zeichen für den Geist, der nun mehrheitlich die anhaltische Landeskirche bestimmte. Das Menetekel der kommenden »bösen« Jahre stand aber schon an der Wand.[132] Bei den Wahlen zum anhaltischen Landtag im Jahre 1928 erhielt Hauptmann a.D. Wilhelm Friedrich Loeper[133] das erste Mandat für die NSDAP. Nach dem Sturz der sozialliberalen Regierung um Heinrich Deist (SPD) und Ernst Weber (DDP) hatte die NSDAP in den Landtagswahlen am 24.4.1932 mit 15 von 36 Mandaten[134] eine Vorrangstellung erreicht und stellte seit dem 31.5.1932 mit dem Quedlinburger Rechtsanwalt Alfred Freyberg als Anführer einer »Nationalen Arbeitsgemeinschaft« aus NSDAP, DNVP, Stahlhelm und Hausbesitzerpartei den ersten NS-Ministerpräsidenten in einem deutschen Land, sein Vorgänger Willy Knorr, DNVP, wurde Finanzminister.[135] Am 8.7.1932 verbot das Kabinett Freyberg die jährlichen Verfassungsfeiern am 11. August in den staatlichen Einrichtungen und Schulen Anhalts, erließ aber am 1.9.1932 eine Anordnung zur »Pflege des völkischen Gedankens«.[136] Der Freistaat Anhalt und die evangelische Landeskirche gingen schweren Zeiten entgegen.

---

130 Ebd, 156-160. Hoffmann lebte im Ruhestand in Dessau und verstarb hier im Alter von 87 Jahren am 18.4.1941. Ewald Stier war in den Jahren 1920-1927 und 1931-1933 Mitglied des LKRs, von 1925-1933 zugleich Pfarrer und Gefängnisseelsorger in Jeßnitz, Kirchenkreis Dessau. Danach lebte er im Ruhestand in Dessau und verstarb hier im Alter von 82 Jahren am 9.6.1946.

131 D. Albert Hinze, 1886 Hilfsprediger an St. Marien zu Dessau, 1887 2. Pfr. In Roßlau und seit 1888 Strafanstaltsprediger in Coswig, 1896 Pfr. und 1907 Oberprediger in Bernburg, 1918-1926 Sup. (Kreisoberpfarrer) in Zerbst, 1920 Mitglied des LKRs, 1923-1931 Vorsitzender des LKRs. Er lebte von 1931-1940 im Ruhestand in Dessau.

132 Am 2.9.1923 wurden die Dessauer Ortsgruppe, am 4.11.1923 die Bernburger Ortsgruppe und am 11.3.1924 die Roßlauer Ortsgruppe der NSDAP gegründet.

133 Loeper war Teilnehmer am Hitlerputsch in München 1923 und NSDAP-Gauleiter in Anhalt von 1927-1935.

134 Es errangen in diesen Landtagswahlen u.a. die SPD 12, die KPD 3, die DNVP 2 und die DVP 2 Mandate.

135 Willy Knorr (DNVP) wechselte nach der Auflösung des Landtages am 7.4.1933 zwischenzeitlich als Jurist in den LKR, wurde als Vorsitzender des LKRs aber unter dem Druck von Gauleiter Loeper nach den für die DC entschiedenen Kirchenwahlen (17 Mandate für »Deutsche Christen«; 13 für »Gruppe Evangelische Kirche«) am 23.7.1933 zum Rücktritt gedrängt. Von diesem Landeskirchentag wurde dann am 27.7.1933 wiederum unter dem Druck Loepers ein nur aus fünf DC-Vertretern bestehender LKR »gewählt«. Vgl. Geschichte Anhalts in Daten … (wie Anm. 41), 815.

136 Ebd, 817.

LANDESKIRCHEN IN DER MITTE DEUTSCHLANDS

Abschiede und ein Neuanfang

Das Werden der Thüringer evangelischen Kirche 1918/19

Von Ernst Koch

I Die Region Thüringen am Anfang des 20. Jahrhunderts

Es ist bekannt, dass Thüringen als Region in der Neuzeit eine ganze Reihe selbstständiger staatlicher Einheiten umfasste. Prägend für diese politische Vielfalt war vor allem das Erbrecht der Ernestinerdynastie geworden, das allen männlichen Nachkommen ein eigenes Herrschaftsrecht verhieß. Aus dieser Tradition stammten die Herzogtümer Sachsen-Weimar-Eisenach (seit 1815 Großherzogtum), Sachsen-Coburg und Gotha, Sachsen-Meiningen und Sachsen-Altenburg. Neben ihnen existierten die Fürstentümer Schwarzburg-Rudolstadt und Schwarzburg-Sondershausen sowie die beiden Fürstentümer Reuß älterer und Reuß jüngerer Linie. Die politische Landkarte Thüringens zeigte jedoch ein noch wesentlich bunteres Bild, insofern nicht nur zu den beiden schwarzburgischen Fürstentümern jeweils eine nach geographischem Befund genannte Ober- und Unterherrschaft gehörte, sondern auch zwischen die in engerem Sinne thüringischen Landesteile im Westen des Landes sich die kurhessische Herrschaft Schmalkalden schob.[1] Außerdem gehörte zum politischen Bild der Befund, dass der größte Teil der Einzelstaaten nicht über eine in sich geschlossene Fläche verfügte und somit über die gesamte Thüringer Region verteilt existierte. Noch dazu zeigten sich Anteile der Provinz Sachsen im Bild, von Teilen der genannten Staaten umgeben, ganz zu schweigen von Befunden in einzelnen Ortschaften, die in Wiedergaben der Fläche des Landes in großem Maßstab kaum darstellbar sind.

Große Unterschiede wiesen die Verfassungen der einzelnen Staaten auf. Das sollen einige Beispiele belegen: Das Großherzogtum Sachsen-Weimar-Eisenach erhielt bereits 1816 »eine betont fortschrittliche Verfassung, die früheste im Deutschen Bund überhaupt«.[2] Im Herzogtum Sachsen-Coburg und Gotha tagten seit 1874 zwei eigene Landtage, in Gotha mit 19, in Coburg mit 11 Sitzen, und daneben ein Gemeinschaftlicher Landtag, bestehend aus den Abgeordneten beider Landesteile.

---

1 Vgl. die Übersichtskarten in: GESCHICHTE THÜRINGENS. Bd. 5: Politische Geschichte der Neuzeit, 2. Teil. Geschichte der Neuzeit/ hrsg. von Hans Patze; Walter Schlesinger. Köln; Wien 1978, Anlage; ATLAS DES SAALE- UND MITTLEREN ELBEGEBIETES: 2., völlig neu bearb. Aufl. des Werkes Mitteldeutscher Heimatatlas. 1. Teil/ hrsg. von Otto Schlüter; Oskar August. Leipzig 1958, Karte 22 (farbig).

2 Gerhard KÖBLER: Historisches Lexikon der deutschen Länder: die deutschen Territorien vom Mittelalter bis zur Gegenwart. 7. Aufl. München 2007, 601. Zur Sache vgl. Ulrich HESS: Geschichte der Behördenorganisation der thüringischen Staaten und des Landes Thüringen von der Mitte des 16. Jahrhunderts bis zum Jahr 1952. Jena; Stuttgart 1993, 94 f.

Ernst Koch

Auch alle gothaischen Verwaltungsbehörden existierten unabhängig voneinander. Das bedeutete, dass jeder Abgeordnete sich zu unterschiedlichen Terminen zu Sitzungen in zwei unterschiedlichen Gremien einzufinden hatte.[3] Im Fürstentum Reuß ä. L. fand bis 1919 keine Trennung von Geheimem Rat und Kammer statt, sodass beide Behörden Privatbehörden des Fürsten blieben.[4]

Mit dem Ende des monarchischen Systems im Deutschen Reich musste besonders in Thüringen die politische Neuordnung erhebliche Schwierigkeiten bringen.[5] Zwar kam es noch im Juni 1918 zu einer Zusammenkunft der Landtagspräsidenten, auf der über eine Vereinigung der Einzelstaaten unter bleibender Souveränität der Landesherren beraten wurde. Sie endete ohne Ergebnis.[6] Mit dem Erlöschen der Tätigkeit der Landtage infolge der Ereignisse im November 1918 wurden den an ihre Stelle getretenen Gebietsvertretungen die zu lösenden Probleme anvertraut. Das bedeutete, dass sie als Übergangsgremien an ihrem eigenen Abbau zu arbeiten hatten.[7] Diese Prozesse konnten auch für die Landeskirchen nicht ohne Belang bleiben und mussten von ihnen wahrgenommen werden, da parallel zu den politischen Ereignissen auch sie vor einer bisher nicht vorstellbaren Aufgabe standen.

II Kirchenvereinigungspläne in Thüringen seit dem 19. Jahrhundert

Wie es auch im Einzelnen mit der Struktur des Verhältnisses von Staat und Kirche in den Einzelstaaten bestellt sein mochte, war doch klar, dass die Landeskirchen vor einem Neuanfang zu stehen schienen. Bald wurde die Erinnerung daran wach, dass bereits im Zusammenhang mit der Revolution der Jahre 1848/49 Pläne zum

---

3 Vgl. Jörg SIEGMUND: Zwischen Konsens und Blockadepolitik: die Übergangsparlamente in Sachsen-Gotha und Sachsen-Coburg. In: Die vergessenen Parlamente: Landtage und Gebietsvertretungen in den Thüringer Staaten und Gebieten/ hrsg. von Harald Mittelsdorf. Rudolstadt 2002, 121 f.

4 Hess: Geschichte der Behördenorganisation ... (wie Anm. 2), 121.

5 Dazu besonders Karl-Eckhard HAHN: Von der Novemberrevolution 1918 bis zum endgültigen Erlöschen der Thüringer Staaten und Gebiete zum 1. April 1923: Notizen zu reichs- und landesgeschichtlichen Rahmenbedingungen. In: Die vergessenen Parlamente ... (wie Anm. 3), 11-52. Ferner: Volker WAHL: Vorgeschichte und Gründung des Landes Thüringen 1919/20. In: Thüringen-Handbuch: Territorien, Verfassung, Regierung und Verwaltung in Thüringen 1920 bis 1995/ hrsg. von Bernhard Post; Volker Wahl. Weimar 1999, 23-31. Weitere Literatur: Dietmar WIEGAND: Thüringer Kirche und soziale Frage: Motive, Institutionen und Aufgaben kirchlicher Sozialarbeit zur Zeit der ersten deutschen Demokratie. In: Thüringer Gratwanderungen: Beiträge zur fünfundsiebzigjährigen Geschichte der evangelischen Landeskirche Thüringens/ hrsg. von Thomas Seidel. Leipzig 1998, 33 Anm. 1.

6 Vgl. Bernhard POST: Von der Fürstenzeit zur Weimarer Republik. In: neu entdeckt: Thüringen – Land der Residenzen. Bd. 3: Essays/ hrsg. von Konrad Scheurmann; Jördis Frank. Mainz 2004, 535.

7 Vgl. dazu die in dem in Anm. 3 erwähnten Sammelband: Die vergessenen Parlamente ... enthaltenen Einzeluntersuchungen.

Zusammenschluss von Landeskirchen auf territorialer Ebene bzw. einer deutschen Nationalkirche erwogen worden waren. Auch die Erstellung von Kirchenverfassungen spielte eine Rolle. Anstöße dazu gingen vor allem vom Großherzogtum Sachsen-Weimar-Eisenach aus. Einer der wichtigsten Theoretiker für eine entsprechende Theologie wurde der Jenaer Kirchenhistoriker Karl von Hase. Im April 1848 ging die Einladung zu einer Generalversammlung von landeskirchlichen Deputierten mit dem Ziel der Gründung einer deutschen Nationalkirche aus, unterstützt auch von den Lichtfreunden, einer rationalistisch-frühliberalen Bewegung, und ihrem Pendant, den Deutschkatholiken. An dem Treffen, das im Bahnhofsrestaurant von Köthen in Anhalt stattfand, nahm ein Weimarer Vertreter teil, der wohl als eigentlich führender Kopf der Kircheneinigungsbestrebungen des 19. Jahrhunderts in Thüringen zu gelten hat, der Jenaer Oberpfarrer und Superintendent, seit 1849 auch Großherzoglicher Kirchenrat, Johann Karl Eduard Schwarz. Von dieser Versammlung angeregt kam es zu einer Reihe weiterer Beratungstermine bis zum Herbst 1849, wo sich die politische Situation verändert hatte und der Plan zu den Akten gelegt wurde. Als Frucht der Anstöße dieser Entwicklung blieb mit dem »Thüringer Kirchenblatt« ein Diskussionsorgan übrig, das in Jena erschien, aber schon Mitte 1851 sein Erscheinen einstellte, und als Spätfrucht die Einführung von Synodalverfassungen im Weimarer Großherzogtum (1873) und im Herzogtum Meiningen (1876). Allerdings fanden zwischen 1849 und 1874 eine Reihe von Thüringer Kirchentagen statt, später (1898 bis 1908) gefolgt von Konferenzen Thüringer Kirchenregierungen, ihrem Charakter nach eher Beratungs- und Verständigungsgremien für aktuelle Probleme.

Es verdient allerdings bemerkt zu werden, dass bei den gescheiterten Plänen für eine Auflösung der Verbindung zwischen Staat und Kirche bzw. der Gründung einer gesamtthüringischen Landeskirche immer wieder die Weigerung der Landtage eine entscheidende Rolle spielte.

War die Wurzel dieser Initiativen und Überlegungen eher liberaltheologischen Ursprungs gewesen, kam es zeitlich parallel zu ihnen im Sommer 1849 zu einer Bewegung, in der sich Kräfte sammelten, der die Bindung an das lutherische Bekenntnis wichtig war und aus der 1879 die Thüringer Kirchliche Konferenz erwuchs.

Zu den unermüdlichen Befürwortern des Planes der Gründung einer deutschen Reichskirche gehörte der Jenaer Professor für Neues Testament Heinrich Weinel. Er griff nochmals 1915 diesen Plan, verbunden mit der Vision einer Volkskirche, auf, resignierte dann aber doch, da, wie er sagte, »uns [...] einfach *das Volk*« fehle.[8]

---

8 Ernst Koch: Christentum als Sache des Volkes?: Heinrich Weinel, der Erste Weltkrieg und der Plan einer deutschen Reichskirche. JGNKG 93 (1995), 52 (Hervorhebung im Original).

Ernst Koch

III Das Kirchenregiment des Landesherrn in den Einzelkirchen

Wie auch anderswo im Deutschen Reich lag die letzte Instanz für die Leitung der zugehörigen Kirche, unterschiedlich immer abgestuft, beim jeweiligen Regenten.[9] Ausgeübt wurde sie durch spezielle Behörden, doch zeigten sich in den thüringischen Staaten hierbei große Unterschiede. Dies soll an einigen Beispielen exemplifiziert werden.

Im Großherzogtum Sachsen-Weimar-Eisenach, wo seit 1873 eine Synode existierte,[10] lag die Leitung der Kirche beim Kirchenrat als einem gemischten Kollegium, bei dem der Vorsitz dem Staatsminister zukam. Ihm war ein Jurist zur Seite gestellt. Das Kollegium versammelte sich monatlich. Die kirchliche Seite wurde durch drei auf Lebenszeit berufene Geistliche vertreten. Als außerordentliche Mitglieder des Kirchenrats nahmen an dessen Sitzungen beratend und beschließend, sofern es nötig war, da es um gesetzbezogene Themen ging, die Mitglieder des Ständigen Synodalausschusses teil.

Für Sachsen-Meiningen, wo es sei 1876 ebenfalls eine Synode gab, war der Oberkirchenrat als kirchliche Zentralbehörde als Abteilung IV des Staatsministeriums diesem untergeordnet. Er war zuständig für die internen und externen Angelegenheiten der Kirche unter Vorsitz eines Staatsrats bis hin zur Besetzung geistlicher Stellen und bestand aus zwei weltlichen und zwei geistlichen Mitgliedern, die ebenfalls Staatsbeamte waren. Über relevante Angelegenheiten wurde unter Hinzuziehung synodaler Abgeordneter verhandelt.

In gewisser Weise mit Sachsen-Meiningen verwandt zeigte sich die Struktur der Leitung der Kirche in Sachsen-Altenburg. Hier war es die Ministerialabteilung für Kultusangelegenheiten, wo unter Vorsitz des Staatsministers zwei weltliche und drei geistliche Staatsbeamte kirchliche Angelegenheiten zur Sprache brachten. Handelte es sich dabei um äußerlich bezogene Themen, wurden sie nicht durch kollegiale Entscheidungen erledigt. Standen kirchlich interne Themen zur Verhandlung, galt das gleiche Gremium als kollegial handelnde Kirchenbehörde.

Als Eckpunkte der breiten Skala der Gestaltung von kirchenleitenden Behörden in Thüringen können die Verhältnisse im Herzogtum Sachsen-Coburg und Gotha und im Fürstentum Reuß ä. L. genannt werden. Im Herzogtum Sachsen-Gotha lag die Verantwortung für die Leitung der Kirche beim Staatsminister bzw. Chef des Departments III (für Schule und Kirchenwesen) des Staatsministeriums, dem

---

9 Zum Folgenden vgl. Paul GLAUE: Das kirchliche Leben der evangelischen Kirchen in Thüringen. Tübingen 1910, 82-87.

10 Zur Zusammensetzung der Synode vgl. ebd, 95-97. Vgl. Erich Wilhelm REICHARDT: Die Vereinigung der thüringischen Kirchen. In: Die territoriale Bindung der evangelischen Kirche in Geschichte und Gegenwart: ein Beitrag zur Strukturreform der ev. Kirche in Deutschland/ hrsg. von Karlheinrich Dumrath; Hans-Walter Krumwiede. Hannover 1969, 78.

Abschiede und ein Neuanfang

auch das Departement II (Innere Angelegenheiten) unterstellt war. In Sachsen-Coburg kam diese Funktion der in Coburg befindlichen Abteilung des für beide Teilherzogtümer zuständigen Staatsministeriums unter dem Vorstand des jeweiligen Geheimen Staatsrats zu. Das Ministerium kannte hier keine weitere Aufgliederung in Departements. War in Gotha der Generalsuperintendent Mitglied des Departements III, so in Coburg der dortige Generalsuperintendent in gleichzeitiger Funktion als Oberkonsistorialrat. Die genannten Geistlichen waren kirchliche Vertreter und Staatsbeamte in einer Person. Seit 1903 existierte in Gotha ein mit beratender Befugnis ausgestatteter Landeskirchenrat. Nach gothaischem Recht gab es, was das parochiale Leben betraf, keine Kirchgemeinden als Rechtspersonen, da sie mit der (bürgerlichen) Gemeinde identisch waren.

Das Fürstentum Reuß ä. L. besaß keine schriftlich fixierte Kirchenverfassung. Die das Kirchenregiment des Landesherrn ausübenden Befugnisse lagen bei einer konsistorial-kollegial organisierten Behörde, dem Konsistorium Greiz, das unmittelbar dem regierenden Fürsten unterstand. Präsident des Konsistoriums war der Präsident der fürstlichen Regierung. Das Konsistorium bestand aus zwei weltlichen und zwei geistlichen Mitgliedern. Die geistlichen Mitglieder führten neben ihrer Amtsbezeichnung als Geistliche den Titel Kirchenrat, der sie in ihrer konsistorialen Funktion auswies.

Die Skizze der praktischen Ausübung des landesherrlichen Kirchenregiments in Thüringen in ihrer Vielfalt lässt ahnen, welche Aufgaben hier und auf anderen Feldern nach dem Abschied der Landesherren von ihrer kirchlichen Leitungsfunktion anstehen würden. Nicht übersehen werden dürfen nämlich auch die tiefgreifenden Unterschiedlichkeiten in der gelebten Frömmigkeit der einzelnen Landeskirchen. Falls beispielsweise die Beteiligung am Abendmahlsempfang der Gemeindeglieder als Indiz für eine Prägung der Frömmigkeit gelten kann, kann dies auf die erwähnten Unterschiede aufmerksam machen. Die Prozentzahlen für das Jahr 1920 liegen im Bereich zwischen 30% der Gemeindeglieder in der Kirche von Reuß ä. L. und 14% in der Kirche von Sachsen-Gotha, wobei Sachsen-Coburg mit 14,2% abschneidet. Außer den erwähnten liegt keine der übrigen thüringischen Landeskirchen unter 20%, der Gesamtdurchschnitt für Thüringen beträgt 23,3%.[11]

---

11 Die Angaben nach DATENATLAS ZUR RELIGIÖSEN GEOGRAPHIE IM PROTESTANTISCHEN DEUTSCHLAND VON DER MITTE DES 19. JAHRHUNDERTS BIS ZUM ZWEITEN WELTKRIEG. Bd. 2/ hrsg. von Lucian Hölscher. Berlin; New York 2001, 671-676.

Ernst Koch

IV Die Umwälzungen der Jahre 1918/19 als Rahmenbedingungen des Alltags

Die Übernahme der Macht durch Arbeiter- und Soldatenräte im ganzen Reich hatte in Thüringen besonders gravierende Ausmaße.[12] Zu einem Zentrum der Radikalisierung entwickelte sich bis 1923 zunehmend Gotha. Das Ergebnis der Wahlen im Gebiet Gotha zeigte 50% für die Unabhängige Sozialistische Partei Deutschlands (USPD) gegenüber knapp 50% für die Mehrheitssozialdemokraten zusammen mit den bürgerlichen Parteien, die 40% erreichten. Unter den gewählten Abgeordneten fanden sich allerdings kaum Angehörige der Arbeiterschaft.[13] Der »eigentliche Sieger« blieb die Kommunistische Partei Deutschlands (KPD).[14] Bald steigerten sich die Auseinandersetzungen zur Gewaltanwendung, sodass die Reichswehr eingreifen musste. Der Lüttwitz-Kapp-Putsch forderte allein in Thüringen über 100 Tote. Auch die Stimmung in der Öffentlichkeit wurde durch »dichotomische Weltbilder« von einer schlichten Trennung zwischen Freund und Feind« begleitet und durch »Brutalisierung der Sprache« vergiftet.[15] Ein Generalstreik in Mitteldeutschland führte zu tiefen Verunsicherungen. Augenzeugen berichteten, dass während der Tagung der Nationalversammlung in Weimar die Stadt einer belagerten Stadt glich. Eine Ausnahme bildeten allerdings die schwarzburgischen Fürstentümer, wo der Übergang zum republikanischen System auf parlamentarischem Weg erfolgte.[16]

Zu den den Alltag bestimmenden Phänomenen kam der oft lebensbedrohliche Hunger als Folge der Lebensmittelknappheit der letzten Kriegsjahre, die längst noch nicht überwunden war.[17] Es bleibt zu beachten, dass Unsicherheit und Unzufriedenheit, verstärkt durch Anarchie und Währungsverfall, allgegenwärtig waren und auch die anstehenden Bemühungen um die Zukunft der Landeskirchen Thüringens begleiteten.

---

12 Zum Gesamtprozess vgl. neben Hahn: Von der Novemberrevolution … (wie Anm. 5): Friedrich FACIUS: Politische Geschichte von 1828 bis 1945. In: Geschichte Thüringens. 5.2 (wie Anm. 1), 343-370; Manuel SCHWARZ: »Die Throne brachen und Dynastien […] sind vom Schauplatz ihres Daseins verschwunden«: Zeitenwende in den Thüringer Fürstentümern 1900-1918. In: Das Ende der Monarchie in den deutschen Kleinstaaten: Vorgeschichte, Ereignis und Nachwirkungen in Politik und Gesellschaft 1914-1939/ hrsg. von Stefan Gerber. Wien u.a. 2018, 181-198.

13 Vgl. Hahn: Von der Novemberrevolution … (wie Anm. 5), 45.

14 Siegmund: Zwischen Konsens … (wie Anm. 3), 125.

15 Stefan GERBER: Hort des »Radikalismus«?: die Revolution 1918/19 in Gotha. In: Das Ende der Monarchie … (wie Anm. 12), 239.

16 Vgl. Schwarz: »Die Throne brachen … (wie Anm. 12), 195.

17 Vgl. Oliver RIEGG: Die Lebensmittelversorgung in den thüringischen Staaten im Ersten Weltkrieg: erfolgreiche Mängelverwaltung oder zunehmender Legitimitätsverfall. In: Das Ende der Monarchie … (wie Anm. 12), 63-82. Vgl. auch Jochen LENGEMANN; Andrea KIRCHSCHLAGER: Landtag Schwarzburg-Sondershausen und Gebietsvertretung Sondershausen 26.1.1919 bis 31.3.1923. In: Die vergessenen Parlamente … (wie Anm. 3), 225.

V Die thüringischen Einzelkirchen angesichts der Novemberereignisse 1918
  – erste Schritte

Bereits Anfang November 1918 setzte sich in Teilen der Öffentlichkeit die Überzeugung durch, dass die Trennung von Staat und Kirche bevorstünde.[18] Weiterer Überlegung musste sich auch die Einsicht erschließen, dass in diesem Zusammenhang auch die politische Neuordnung Thüringens erfolgen würde, zumindest dann, wenn es zum Wegfall der monarchischen Struktur des Landes in den Fürsten- und Herzogtümern kommen werde. Als diese Entwicklung sich andeutete bzw. in Gang kam, war Eile geboten.[19] War doch die linkspolitische Orientierung der Aufständischen, dokumentiert durch rote Bekanntmachungsplakate, ein deutliches Warnungssignal. Wer aber in der differenzierten kirchlichen Lage im Lande sollte in diesem Fall die Initiative im Blick auf eine ungewisse Zukunft ergreifen?

Es existierte eine solche Institution, zu der ein großer Teil der bisherigen Länder intakte Beziehungen hatte: die Universität Jena mit ihrer Theologischen Fakultät. Dort gab es Kräfte, die weitsichtig die Gefahren und Chancen des Neuen im Auge behielten, unter ihnen der Professor für Kirchengeschichte Hans Lietzmann. Wie es auch mit seiner Erinnerung wenige Jahre später im Einzelnen bestellt gewesen sein mag:[20] Er wollte angesichts der aktuellen Ereignisse »die evangelische Kirche in Thüringen […] retten«, und es gelte, »die Thüringer Einheitskirche zu konstituieren«.[21] Am Montag, dem 11. November 1918, erging ein Schreiben der Theologischen Fakultät an Einzelpersonen in den bisherigen Teilkirchen, »führende Persönlichkeiten der kirchlichen Kreise von Thüringen, Männer der kirchlichen Verwaltung und der kirchlichen Vertretungen, Führer der Pfarrervereine u. ä.«, deren exakter Empfängerkreis wohl kaum noch zu ermitteln sein dürfte.[22] Das Schreiben war von der Sorge getragen, die Kirchen könnten »von politischer Seite vor vollendete Tatsachen gestellt werden«.[23] Es war also keine Zeit zu verlieren.

---

18 Vgl. Reichardt: Die Vereinigung … (wie Anm. 10), 72-85; Dietmar WIEGAND: Kleine Geschichte der Thüringer Landeskirche: ein Durchgang in 12 Schritten. In: Landhaus und Landeskirche auf dem Eisenacher Pflugensberg. Beiträge zur Geschichte der Evangelisch-Lutherischen Kirche in Thüringen und ihrer Kirchenleitung in Eisenach/ hrsg. von Hans-Peter Hübner; Gabriel Schmidt. Weimar 2006, 41-46. Als Zeitzeuge auch: Rudolf HERRMANN: Thüringische Kirchengeschichte. Bd. 2. Weimar 1947, 598-614; Ernst KOCH: Die Thüringer evangelische Kirche in ihrer Entstehungszeit (1918-1920). HCh 21/22 (1998), 119-134, hier 121. Dieser Beitrag ist auch für die folgenden Ausführungen zu vergleichen.
19 Eine vergleichende tabellarische Übersicht über die Größenverhältnisse der thüringischen Landeskirchen um 1918 bei Reichardt: Die Vereinigung … (wie Anm. 10), 82.
20 Rudolf Herrmann spricht von Wilhelm Thümmel und Heinrich Weinel als Initiatoren. Vgl. Herrmann: Thüringische Kirchengeschichte … (wie Anm. 18), 617.
21 Koch: Die Thüringer evangelische Kirche … (wie Anm. 18), 123.
22 Als Adressaten nicht berücksichtigt wurden die preußischen Landesteile Thüringens.
23 Koch: Die Thüringer evangelische Kirche … (wie Anm. 18), 124.

Ernst Koch

Die Bedrohung durch die politische Linke war abzusehen. Ein Wettlauf mit den Trägern der politischen Neuordnung begann.

Auf das Rundschreiben mit der Einladung zu einer vorläufigen Beratung hin versammelten sich am Nachmittag des 15. November für knapp drei Stunden sechs Professoren der Theologischen Fakultät und 20 Vertreter aus sieben thüringischen Landeskirchen im Senatssaal der Universität Jena. »[…] in Jena lernten sich die ›Thüringer Kirchenleute‹ erst einmal kennen« – so hat Beate Schreier die Situation beschrieben.[24] Förmlich, aber ohne ausdrückliche Begründung entschuldigt hatte sich die Evangelisch-lutherische Kirche in Reuß ä. L. Das Gremium gab sich die Bezeichnung »Der geschäftsführende Ausschuß der thüringischen Landeskirchen«. Zu den Ergebnissen der Beratung gehörte ein Brief an die thüringischen Staatsregierungen, in dem die Empfänger gebeten wurden, zur Klärung von Fragen, bei denen kirchliche Gesichtspunkte zur Verhandlung anstanden, zur Mitarbeit herangezogen zu werden. Vorbereitet wurde als nächster Schritt ein Brief, der die Tagung einer provisorischen Synode am 10. Dezember ankündigte, zu der eine Wahl bis spätestens 29. November durch die Kirchenvorstände erfolgen sollte. Der geschäftsführende Ausschuss einigte sich auf die Superintendenten als Empfänger des Briefes und teilte die demokratisch strukturierten Modalitäten der geplanten Wahl mit.

Die provisorische Vorsynode am 10. Dezember tagte in Hörsaal 1 der Universität.[25] Auch zu diesem Anlass fehlten Vertreter der Kirche von Reuß ä. L. Wichtigster Tagesordnungspunkt war die Vorbereitung der Wahl zu einer ersten ordentlichen Synode. Nachdem man sich während der Zusammenkunft am 15. November trotz dringender Anträge zur Sache über ein Wahlrecht der Frauen nicht hatte einigen können, wurde nunmehr im Blick auf die anstehende Wahl das aktive und passive Wahlrecht der Frauen mit Mehrheit beschlossen. Die Wahl sollte »womöglich bis Mitte Februar 1919« stattfinden – im Hintergrund stand der Zeitdruck, unter den man sich hinsichtlich der politischen Entwicklungen gesetzt hatte. Von der Tagesordnung abgesetzt – vermutlich aus Zeitgründen – wurden dringende Regelungen finanzpolitischen Charakters und zur Vorbereitung grundlegender Verfassungselemente, nämlich die Vereinheitlichung des Kirchensteuerwesens und die Wahl einer Kommission zur Aufstellung einer Kirchgemeindeordnung und einer Kirchenverfassung. Jedoch hatte die Vorsynode einen fünf-, später sechsköpfigen Ausschuss gewählt, der ermächtigt wurde, die anstehenden Verhandlungen zu führen. In ihm hatte, am Profil seiner Mitglieder gemessen, die liberaltheologische Position eine Übermacht. Da dies bemerkt wurde, wählte der Ausschuss in seiner ersten Sitzung

---

24 Beate SCHREIER: Die Gründung der Thüringer evangelischen Kirche und ihr Weg während der Weimarer Republik. In: Thüringer Gratwanderungen … (wie Anm. 5), 18. Vgl. DIES.: Untersuchungen zur Kirchengeschichte Thüringens 1918 bis 1933. Bd. 1. Diss. Masch. Halle 1985, 29 (eine Äußerung des Altenburger Oberhofpredigers Wilhelm Reichardt als Zeitzeuge).

25 Zu den Einzelheiten Koch: Die Thüringer evangelische Kirche … (wie Anm. 18), 125.

den eher konservativ orientierten Altenburger Generalsuperintendenten D. Wilhelm Reichardt als zusätzliches sechstes Mitglied.

Dass die erste ordentliche thüringische Gesamtsynode viel später als zum ursprünglich geplanten Termin Mitte Februar 1919 zusammentreten konnte, war darin begründet, dass der Synodalausschuss mehrfach wegen militärisch begründeter Behinderungen nicht zusammentreten und sich somit auch nicht mit der Vorbereitung der Synode beschäftigen konnte. Dennoch konnte er, über Frühjahr und Sommer 1919 hin verteilt, Vorlagen für wichtige Ordnungen der künftigen thüringischen Gesamtkirche erarbeiten. Es handelte sich um Textentwürfe, die z. T. bereits auf der Tagesordnung der Zusammenkunft vom 15. November gestanden hatten. So konnten dann am 19. Mai – gleichzeitig mit der für diesen Tag angesetzten Sitzung des Synodalausschusses – durch eine Zusammenkunft von Vertretern Thüringer Kirchenregierungen die Wahlordnung für die in Aussicht genommene Synode insgesamt gebilligt werden. Bis zum 15. August sollten dann die Wahlen vor Ort in den Kirchgemeinden stattgefunden haben, damit der Termin für eine erste Synode festgesetzt werden könne.

VI Retardierende Orientierungen

Im Fortgang der Veränderungen in der politischen Landschaft kam es zu retardierenden Bewegungen, die auch für die Neukonstituierung der kirchlichen Landschaft von Bedeutung werden konnten. Verunsicherungen konnten eintreten, wenn in nördlichen und östlichen Randregionen Thüringens diskutiert wurde, ob im Zuge der staatlichen Orientierung eher ein Anschluss an den jeweiligen Nachbarstaat zu wünschen wäre. Aus der mit der Landwirtschaft verbundenen Bevölkerungsschicht in der bisherigen Unterherrschaft Schwarzburg-Sonderhausen wurden Stimmen laut, die eine Volksabstimmung darüber forderten, »ob größere Gebietsteile […] sich auf Verlangen […] an einen außerthüringischen Staat« anschließen könnten.[26] Mit dem genannten Staat konnte nur Preußen mit seinem Regierungsbezirk Erfurt – und damit auch die preußische Landeskirche – gemeint sein. Der Altenburger Ostkreis stand kurz vor einer Abstimmung für einen Anschluss an den Freistaat Sachsen.[27] Heftig umstritten und ernsthaft diskutiert wurde in Altenburg in Sorge um die Identität des Landes und seine wirtschaftliche Zukunft auch der Anschluss an Preußen. Dagegen standen jedoch Tendenzen ähnlicher Art, die aus den reußischen Fürstentümern zu vernehmen waren. In Altenburg jedoch wollte man sich nicht auf ein »reußisches Kuckucksei« einlassen.[28] Außerdem hatte den Status der Landeskirche bereits ein Gesetz vom 1. April 1919 gesichert. Die Kirche des

---

26 Lengemann; Kirchschlager: Landtag Schwarzburg-Sondershausen ... (wie Anm. 17), 223 f.
27 Vgl. Joachim EMIG: Landesversammlung des Freistaats Sachsen-Altenburg und Gebietsvertretung Altenburg 1919-1923. In: Die vergessenen Parlamente ... (wie Anm. 3), 171 f.
28 Ebd, 172-175, hier 174.

Ernst Koch

ehemaligen Herzogtums Sachsen-Altenburg war als Körperschaft öffentlichen Rechts mit Selbstverwaltung und Landeskirchentag (Synode) anerkannt worden.[29] Die Evangelisch-lutherische Kirche in Reuß ä. L. war ohnehin dabei, sich kirchlich nach Bayern hin zu orientieren.

Diese genannten Erwägungen – abgesehen von Reuß ä. L. – führten zu keinen Entscheidungen, kamen doch auch aus den ins Auge gefassten Nachbarstaaten deutliche Signale für die Ablehnung solcher Pläne.

Allerdings mussten die Kräfte, die sich um einen Zusammenschluss der thüringischen Landeskirchen bemühten, eine herbe Enttäuschung erleben, als sie mit der Absage einer ganzen bisherigen Landeskirche konfrontiert wurden. Die ohnehin staatsrechtlich differenzierte Situation im Verhältnis zwischen dem Gothaer und dem Coburger Landesteil des Herzogtums Sachsen-Coburg und Gotha wurde bereits seit längerer Zeit von einer schleichenden Entfremdung begleitet.[30] Sie war in einem seit Jahrzehnten angewachsenen Misstrauen zwischen beiden Landesteilen begründet, das mit der Mangelwirtschaft während des Krieges sich verfestigte. Das in Weimar ansässige Ernährungsamt hatte Coburg im Vergleich zu anderen Städten ungenügend versorgt, für die Bevölkerung ein neues Signal dafür, dass das Land durch Gotha vernachlässigt wurde.[31] Nach dem Kriegsende erhielt – wie auch in anderen Landesteilen – die »Magenfrage« ein noch stärkeres Gewicht.[32] Sie verband sich mit der voraussehbaren politischen Schwäche Thüringens und einer wachsenden Bindung Coburgs an das Reich. Daraus erwuchs das Begehren nach einer Volksbefragung über die politische Zukunft des Landes. Sie erfolgte am 30. November 1919. Die Fragestellung, ob der Coburger Landesteil des Doppelherzogtums die Verbindung mit dem Gothaer Landesteils aufrecht erhalten solle oder nicht, schloss in der ablehnenden Entscheidung die Zustimmung zum Anschluss an Bayern ein, ohne dass dies ausdrücklich formuliert worden wäre. Friedrich Facius nannte den Vorgang im Rückblick ein »primitive(s) Schaukelspiel«.[33]

Das Ergebnis der Volksbefragung, bei der die Wahlbeteiligung 88% der Bevölkerung betrug, zeigte im Vergleich zu den Dörfern eine überwiegende Stimmenzahl für den Verbleib bei Thüringen. Doch hatte die Befragung keinen Einfluss auf den Fortgang der Dinge und betraf auch die Kirche des Coburger Landes. So kam es, dass die Vertreter der Kirche von Sachsen-Coburg sich während der ersten Tagung

---

29 Vgl. ebd, 177 f.

30 Vgl. Karlheinrich DUMRATH: Der Anschluß der Evangelischen Landeskirche Coburg an die Evang.-Luth. Kirche in Bayern im Jahr 1921. In: Die territoriale Bindung ... (wie Anm. 10), 86-104; Jürgen ERDMANN: Coburg, Bayern und das Reich 1918-1923. Coburg 1969, 47; vgl. auch ebd, 33-35.

31 Vgl. ebd, 64.

32 Ebd, 46 f.

33 Facius: Politische Geschichte ... (wie Anm. 12), 376.

der vorläufigen Synode der im Werden befindlichen thüringischen Gesamtkirche Anfang Dezember 1919 in Jena nur noch formell verabschieden konnten.

Inzwischen waren bereits Vorverhandlungen mit der bayerischen Landeskirche angelaufen. Es war zu erwarten gewesen, dass sich der Anschluss der Kirche von Sachsen-Coburg an die Evangelisch-Lutherische Kirche in Bayern nicht problemlos gestalten würde – die theologischen Spannungen waren erheblich.[34] So war in Coburg zwischen 1919 und Juli 1920 auch der Plan der Bildung einer staatsfreien Landeskirche erwogen worden. Auch konkrete Einzelheiten, so beispielsweise die Anerkennung des Vollzugs der Taufliturgie ohne Gebrauch des Apostolischen Glaubensbekenntnis, standen zur Debatte,[35] und auch die Übernahme der bayerischen Agende wurde in Coburg als Bedrohung empfunden.[36] Bayern kam Coburg jedoch zumindest für eine Übergangszeit entgegen, so z.B. mit § 7 des Anschlussvertrags im Fall des Umgangs mit dem Symbolum Apostolicum.[37] Dieser Vertrag fand am 11. Januar 1921 die Zustimmung der coburgischen Seite und schrieb den Beitritt zum 1. April 1921 fest.[38]

VII Die Zusammenführung der Landeskirchen

Nach der Abdankung der Landesherren war zunächst offen, wohin der Weg der thüringischen Landeskirchen führen sollte. Zwar waren die Weichen mit den stattgefundenen Zusammenkünften im November und Dezember 1918 bereits gestellt – die entschiedenen Äußerungen aus der Reihe der Befürworter eines Zusammenschlusses sprachen eine deutliche Sprache. Noch aber standen die Beschlüsse der Leitungsgremien der Einzelkirchen aus. Dort wurden auch Alternativen diskutiert, wie beispielsweise in Sachsen-Coburg mit dem Gedanken einer staatsfreien Landeskirche. Aus Meiningen kam der Plan des Zusammenschlusses zu einem Kirchenbund. Er versprach gewisse Weiterführungen des Status quo, ohne dass es in allen Bereichen des kirchlichen Lebens zu Veränderungen hätte kommen müssen. Die Zeit zu weiteren Diskussionen wurde knapp, der Drang zu raschen Entschlüssen angesichts der politischen Großwetterlage war groß.[39] Auf Reichsebene war die Tendenz zu beobachten, die schließlich auf Art. 137 der Weimarer Reichsverfassung zulaufen sollte: Kirchliche Grenzen brauchten nicht mit politischen Grenzen zusammenzufallen. Der sechsköpfige Synodalausschuss als Vertretungsorgan der Einzelkirchen war bereits an der Arbeit an einer Ordnung für die künftige Synode,

---

34 Vgl. Walter Rupprecht: Der kirchliche Anschluß des Coburger Landes an die bayerische Landeskirche. In: Jahrbuch der Coburger Landesstiftung 1972, 128-131.

35 Vgl. ebd, 129.

36 Vgl. ebd, 132.

37 Vgl. ebd, 133.

38 Vgl. Amtsblatt für die Evangelisch-Lutherische Kirche in Bayern 7 (1921) vom 24. Februar, 40. Kritisch ergänzter Abdruck bei Dumrath: Der Anschluß … (wie Anm. 30), 105-108.

39 Zum Folgenden Koch: Die Thüringer evangelische Kirche … (wie Anm. 18), 128-130.

Ernst Koch

einer Kirchgemeindeordnung, an einer Ordnung für die künftigen Kreissynoden, einem Gesetz über die Pfarrerwahl über in Aussicht genommenen Leitungsorgane. Auch der drei Artikel umfassende Text »Die Thüringer Volkskirche« als eine Art Grundlagenerklärung lag bereits vor.[40] Er schloss die Einladung zum Anschluss anderer Landeskirchen und Teile von ihnen ein.[41] So fand der vom Synodalausschuss erarbeitet Entwurf für die Wahlordnung zu einer Gesamtsynode als Leitungsorgan im Mai 1919 in Erfurt Zustimmung, der einem Gremium aus Vertretern der Thüringer Kirchenregierungen als Vertretung der Einzelkirchen vorgelegt worden war. Nun sollten die Wahlen für eine erste Ordentliche Synode bis spätestens zum 15. August durchgeführt werden.

Die Wahlordnung[42] entsprach deutlich einem demokratischen Muster in Analogie zu den aktuellen politisch-parteilichen Gruppierungen: Zur Wahl standen die »Freunde der christlichen Freiheit« (analog zur Deutschen Demokratischen Volkspartei), der »Einigungsbund für praktisches Christentum« (analog zur Deutschen Volkspartei) und der »Christliche Volksbund« (analog zur Deutschnationalen Volkspartei).[43] Die durchschnittliche Wahlbeteiligung lag bei 20-25%. Das Wahlergebnis war in mancher Hinsicht überraschend, so beispielsweise, dass in Sachsen-Gotha die Zahl der »Vertreter der Freunde der christlichen Freiheit« nur etwas mehr als die Hälfte der Zahl der gewählten Abgeordneten des »Christlichen Volksbundes« erreichten.[44]

Die erste Tagung der ordentlichen Synode der geplanten thüringischen Einheitskirche, für den 10. November 1919 geplant, fand nach zweimaliger Terminverschiebung, ausgelöst durch Unterbrechungen des Eisenbahnverkehrs in Thüringen, nach dem Eröffnungsgottesdienst am 2. Dezember in der Jenaer Stadtkirche vom 3. bis 9. Dezember in den Rosensälen statt. Auf den 5. Dezember fiel der entscheidende Beschluss: Der Zusammenschluss der thüringischen Landeskirchen zu einer Gesamtkirche könne in Kraft treten, wenn mindestens drei der Vorgängerkirchen ihre Zustimmung zu dem Beschluss gegeben hätten.[45] Als erste der Vorgängerkirchen stimmte am 22. Januar 1920 die Landeskirche des Herzogtums Meiningen dem Beitritt zu, gefolgt von Sachsen-Weimar-Eisenach (7. Februar) und Sachsen-Gotha

---

40 Ebd, 129.
41 Thüringer Kirchenblatt: Gesetz- und Verordnungsblatt der Thüringer evangelischen Kirche 1 (1920), 2.
42 THÜRINGEN SYNODE 1919: A. Die von der theologischen Fakultät zusammengerufene Versammlung leitender Persönlichkeiten der thüringischen Landeskirchen am 15. November 1918 in Jena. Eisenach 1926, 106-110. Vgl. dazu Herbert GOTTWALD: Kirchenpolitik im Thüringer Landtag von 1920 bis 1933. In: Kirchen und kirchliche Aufgaben in der parlamentarischen Auseinandersetzung in Thüringen vom frühen 19. bis ins ausgehende 20. Jahrhundert/ hrsg. vom Thüringer Landtag. Rudolstadt 2005, 136-138.
43 Vgl. Herrmann: Thüringische Kirchengeschichte … (wie Anm. 18), 620.
44 Vgl. die Zahlen in: KJ 47 (1920), 407 f.
45 Thüringer Kirchenblatt … (wie Anm. 41), 1.

Abschiede und ein Neuanfang

(13. Februar). Mit diesem Termin war der Zusammenschluss der künftigen Kirche gesichert. Dass die Evangelisch-lutherische Kirche in Reuß ä. L. dieser Kirche fern bleiben würde, war zu erwarten gewesen. Sie erklärte am 20. September 1920 ihren Entschluss, sich der neu gegründeten Kirche nicht anschließen zu wollen. Sachsen-Altenburg stimmte am 18. Februar, Schwarzburg-Sondershausen am 2. März zu. Schwarzburg-Rudolstadt und Reuß j. L. bedurften vor allem wegen Klärung konfessionell bedingter Fragen längerer Fristen. Schwarzburg-Rudolstadt stimmte am 2. Februar 1921, Reuß j. L. am 1. November 1921 dem Anschluss an die neu zu gründende Landeskirche zu. Beschlusserklärungen weiterer Teilkirchen enthielten Vorbehalte, bedingt durch vermögensrechtliche Probleme den Herrscherhäusern gegenüber oder durch ungeklärte staatskirchenrechtliche Einzelfragen, deren Klärung noch jahrelanger Verhandlungen bedurfte. Die Übergangs- und Schlussbestimmungen der Verfassungsstücke vom 16. Dezember 1920 stellten in § 5 fest,

»daß die Thüringer evangelische Kirche in vermögensrechtlicher Beziehung erst dann als Rechtsnachfolgerin der in ihr aufgehenden Landeskirchen anzusehen ist, wenn die Auseinandersetzung zwischen Staat und Einzelkirchen einerseits und zwischen diesen und der Gesamtheit andererseits durchgeführt ist.«[46]

Die damit geforderten Klärungen brauchten im Einzelnen teilweise Zeit bis 1929. Der Landeskirchenrat teilte dann doch allen Kirchenregierungen Deutschlands am 28. Mai 1920 das Zustandekommen der Thüringer evangelischen Kirche mit.

Es mag manchen aktiv Beteiligten an dem mit dem 15. November 1918 begonnenen Prozess Erleichterung, Genugtuung und wohl auch etwas Stolz eingebracht haben, dass das offene oder auch geheime Ziel, der kirchlichen Zusammenschluss mit dem 13. Februar 1920 eineinhalb Monate vor dem staatlichen Zusammenschluss zum Land Thüringen, erreicht worden war, der erst zum 1. April 1920 bekanntgegeben werden konnte. Nachdem die Nationalversammlung durch ein Reichsgesetz die Vereinigung der thüringischen Länder zum Lande Thüringen beschlossen hatte, ordnete der Landeskirchenrat der neuen Landeskirche am 27. April an, »daß der Bedeutung dieses Ereignisses in den Gottesdiensten des 2. Mai innerhalb der evangelischen Landeskirche gedacht wird«.[47] Die Folgezeit sollte ihr allerdings noch viel Anstrengung und Mühe für die Stabilisierung und Gestaltung des Erreichten bringen.

---

46 Zitiert nach: ebd, 40.
47 Kirchenblatt für Sachsen-Weimar-Eisenach 3 (1920), 18.

Ernst Koch

VIII Die theologischen Grundlagen

Man hatte im Blick auf die Situation einer thüringischen Gesamtkirche bereits vor ihrem Zusammenschluss erwarten können, dass es Einsprüche gegen ihre geplante Gestaltung angesichts der Differenzen in theologischen Grundfragen geben würde. In den Kirchen der schwarzburgischen und reußischen Fürstentümer äußerte sich Kritik aus konfessionellen Gründen am deutlichsten, wie an unterschiedlichen Äußerungen bis hin zur Abspaltung einzelner Kirchgemeinden zu erkennen war.[48]

Bereits während ihrer ersten (provisorischen) Synode im Dezember 1919 zeigten sich Signale von Kritik. Während der Diskussion um die Absicht, auf eine Einheitskirche hinzuarbeiten, äußerte der Eisenacher Abgeordnete Friedrich von Eichel-Streiber ein dreifach begründetes Bedenken im Blick auf die Erhaltung der Bekenntnisgrundlagen der Kirchen, die »Erhaltung in langer, treuer Arbeit erwachsener kirchlicher Eigenart und [...] Sicherung traditioneller Rechte und Belange kirchlicher Minderheiten«.[49] Ein Schreiben des Pfarrers Ernst Modersohn vom 15. März 1919 an den Vorstand des Synodalausschusses Prof. Wilhelm Thümmel trug diesem die Befürchtungen der Landeskirchlichen Gemeinschaften im Hinblick auf die Bekenntnisbindung der künftigen Kirche vor – sie werde keine Bekenntniskirche sein oder das Bekenntnis werde so weit gefasst sein, »daß die verschiedensten Richtungen darin Platz haben« bei vorherrschender liberaler Ausrichtung.[50] Die Befürchtungen bezogen sich speziell auf den soteriologischen Gehalt der Bekenntnistexte.

Zu Beginn der Synodalverhandlungen während der 2. Tagung der Thüringer Synode am 4. Oktober 1920 formulierte der Vorsitzende Prof. Dr. Wilhelm Thümmel unter Beifall das erklärte Ziel der künftigen Arbeit:

> »Wir wollen mit unserm Neubau der Thüringer Kirche nicht warten, bis das Land Thüringen politisch zustande gekommen ist oder nicht. Angesichts der bevorstehenden Durchführung der Trennung von Staat und Kirche müssen wir ein festes Haus bauen, indem wir uns möglichst schnell eine sichere Verfassung geben. Diese große Aufgabe gilt es auf jeden Fall und sofort zu lösen. Darum mit Gott ans Werk.«[51]

Zur Debatte stand die Klärung einer Lehrgrundlage im ekklesiologischen Sinne. Dieses Thema sollte die Synode jedoch noch jahrelang beschäftigen. Es begleitete die Regelung des Umgangs mit Minderheiten und tauchte wieder bei den Auseinandersetzungen über benachbarte Sachgebiete auf, so naturgemäß bei der

---

48 Vgl. Herrmann: Thüringische Kirchengeschichte ... (wie Anm. 18), 616 f.

49 THÜRINGER SYNODE 1919: C. 1. Tagung der Thüringer Synode vom 3. bis 9. Dezember 1919. Eisenach 1926, 61.

50 Ebd, 126 f.

51 2. TAGUNG DER THÜRINGER SYNODE VOM 4. BIS 15. OKTOBER 1920: Teil I: Verhandlungsberichte. Eisenach 1926, 20 f (4. Oktober 1920).

Abschiede und ein Neuanfang

Abstimmung über die Ordinationsverpflichtung von Pfarrern und über die Zukunft des konfessionsbestimmten Religionsunterrichts.

Die Kirche in Reuß j. L. hatte in einem Brief an Generalsuperintendent Wilhelm Reichardt im Vorfeld der Synode vom 20. August 1920 große Bedenken darüber geäußert, ob es möglich sein werde, in den theologischen Grundfragen zu einer Einigung zu kommen.[52] Karl König formulierte als seine Position, die Kirche sei aus der Bekenntniskirche »im Sinne lehrgesetzlicher Zwangseinheit« herausgewachsen, seit das Prinzip cuius regio – eius religio undurchführbar wurde. Die deutschen Länder seien »Eigentum des Volkes« geworden und unterstünden dem Willen des Kirchenvolkes selbst. Aufgabe der Kirche sei:

> »[…] einzig in der Gesinnung Jesu Christi, uns zur Betätigung des daraus fließenden praktischen, religiös-sittlichen Lebens brüderlich und herzlich die Hände reichen, Lehrmeinungen aber frei geben und eben diese Freiheit dem einzelnen wie den Gemeinden durch Gesetz schützen und sichern.« Das gelte gegenüber Rom und aller Kirchenfeindschaft.[53]

So kam es zu einer ersten Formulierung der Grundlagen der neuen Landeskirche, bei der sie als »freie Volkskirche« deklariert wurde:

> »Die Thüringer evangelische Kirche weiß sich in lebendigem Zusammenhang mit der ganzen Christenheit. Sie steht auf dem Grunde der Heiligen Schrift. Die Quelle ihrer Lehre und ihres Lebens ist Jesus Christus und sein Evangelium. Sie bekennt sich im Heimatland der Reformation insbesondere zu der Erneuerung des Evangeliums durch Martin Luther«.[54]

Die lange Debatte um die mit der Ordination verbundenen Themen im Juni 1921 zeigte in ihrem Engagement, dass die Tragweite der Problematik für die neue Kirche allen Teilnehmern deutlich war. Für König ging es um eine Formulierung »weit genug, daß alle unsere Pfarrer ihr Eigenleben darin guten Gewissens mit dem Gesamtleben der freien Thüringer Volkskirche verbunden und gesetzlich anerkannt sehen dürfen«.[55] So ging es ihm darum,

> »daß mit der Amtsverpflichtung […] keine evangelische Richtung der anderen das Leben hemmen und den Eingang in die verschiedenen Gebiete der Thüringer evangelischen Kirche versperren will und kann, sondern daß alle Pfarrer, die sich ihr unterziehen, ihr volles und gleiches Recht in der Thüringer evangelischen Kirche haben«.[56]

Ablehnung erfuhr der Vorschlag, dass der jeweilige Ordinand sich das Ordinationsformular auswählen könne.[57] Auch Hans Lietzmanns umsichtig und ausführlich begründeter Vorschlag, der (noch immer) davon ausging, dass es um konfessionelle

---

52 Thüringer Synode 1919, 1. Tagung … (wie Anm. 49), 95-97.
53 2. Tagung der Thüringer Synode … (wie Anm. 51), 65 f (7. Oktober 1920).
54 Ebd, Anhang 5, 290. Vgl. Thüringer Kirchenblatt: Gesetz- und Verordnungsblatt der Thüringer evangelischen Kirche 3 (1920), 30.
55 2. Tagung der Thüringer Synode … (wie Anm. 51), 34 (13. Juni 1921).
56 Ebd, 60.
57 Vgl. ebd, 49.

Positionsbeschreibungen gehe, blieb hinter den skizzierten Stellungnahmen zurück. Lietzmann schlug (vergeblich) vor, im einschlägigen § 4 des Pfarrergesetzes zu formulieren: »Bei der Verpflichtung für Gemeinden reformierten Bekenntnisses oder unierten Charakters ist das Wort ›lutherischen‹ wegzulassen«.[58] Was die Aufgaben der Tätigkeit des Pfarrers betraf, blieb es vorerst bei der herkömmlichen Beschreibung als Hirtenamt. Konsequent vermieden wurde jedoch der Begriff ›Pfarramt‹.

Die Thüringer kirchliche Konferenz als Sammelort konfessionell-lutherischer Kräfte wandte sich am 29. Mai 1924 vor der schließlich endgültigen Formulierung der Verfassungsgrundlage mit einer umfangreichen Eingabe an den Landeskirchentag.[59] Wohl maßgeblich auf Grund dieser Eingabe erfuhr die theologische Grundlage der Kirchenverfassung am 10. Oktober 1924 ihre endgültige Fassung. Sie übernahm die Textfassung vom Oktober 1920 unter Weglassung ihres letzten Satzes und ergänzte wie folgt:

> »Sie [die Thüringer evangelische Kirche] ist ihrem Ursprung und Wesen nach eine Kirche lutherischen Bekenntnisses. Sie will eine Heimat evangelischer Freiheit und Duldsamkeit sein. Der Bekenntnisgrund im Bereich der bisherigen Landeskirchen bleibt durch die Gesetzgebung unberührt. Das lutherische Bekenntnis behält dieselbe Geltung wie vor dem Zusammenschluss«.[60]

Mag man die Belastbarkeit der Formulierung, die, aus mehrfachen Kompromissen entsprungen, sich gegenseitig neutralisierten, für ungenügend halten, so erschien sie doch als der Situation nach brauchbarer Text. Ihr entsprach dann auch die am 22. Dezember 1925 beschlossene Ordinationsformel. Sie bestand aus der Aneinanderreihung von teilweise grammatisch angeglichenen Zitaten aus dem Neuen Testament und verzichtete auf einen Hinweis auf ein Bekenntnis.[61] Wohl erschien 1928 ein gemeinsames Gesangbuch,[62] eine gemeinsame Agende kam trotz einer Reihe von in Angriff genommenen Vorarbeiten nie zustande.

---

58 Ebd, 55.

59 Erwähnt in: 5. TAGUNG DES ERSTEN THÜRINGER LANDESKIRCHENTAGES 30. SEPTEMBER BIS 9. OKTOBER 1924. Eisenach 1924, 11. Der Text: [Emil] PETRI; [Richard] OTTO: Die Thüringer Kirchliche Konferenz im Kampf um die staatsfreie Volkskirche und um die Geltung des Lutherischen Bekenntnisses in Thüringen. Leipzig 1926, 46-49. Ebd, 53-55 der Versuch eines Entwurfs für die Fassung der Bekenntnisstücke der thüringischen Kirchenverfassung von Richard Otto.

60 DIE VERFASSUNGEN DER DEUTSCHEN EVANGELISCHEN LANDESKIRCHEN. Bd. 2/ hrsg. von Friedrich Giese; Johannes Hosemann. Berlin 1927, 576.

61 Vgl. THÜRINGER KIRCHENBLATT UND KIRCHLICHER ANZEIGER: A: Gesetze und Verordnungen (1926). Eisenach 1926, 1.

62 Dazu Herrmann: Thüringische Kirchengeschichte … (wie Anm. 18), 616.

IX Ausblick

Parallel zu bzw. im Zusammenhang mit den geschilderten Arbeitsanforderungen erwuchsen den Institutionen der neuen Landeskirche noch weitere Themen, die zu bedenken waren. Dazu gehörte neben einer Kirchgemeindeordnung[63] der Umgang mit kirchlichen Minderheiten.[64] Heftig umstritten blieb der künftige Sitz der Kirchenleitung. In Erwägung kamen das Residenzschloss Gotha und Eisenach,[65] bis das Angebot von Friedrich von Eichel-Streiber, seinen Besitz auf dem Pflugensberg dafür zur Verfügung zu stellen, den Ausschlag gab.[66] Bereits in die Frühzeit der Thüringer evangelischen Kirche reichten die heftigen und sich über Jahre hinstreckenden Auseinandersetzungen über die Folgeerscheinungen der Trennung von Staat und Kirche zurück, das Verhältnis von Kirche und Schule, die staatlich geordneten kirchlichen Feiertage und Finanzleistungen des Staates an die Kirche.[67]

Eine Rückschau lässt bemerken, dass die Gestaltung der Thüringer evangelischen Kirche von starken Kräften des theologischen Liberalismus getragen war. Das Pathos der ›Thüringer freien Volkskirche‹ zeigte sich bis hinein in die institutionelle Terminologie: Die neue Kirche wollte keine Synode, sondern einen Landeskirchentag, kannte keine Superintendenten oder Pröpste, sondern Oberpfarrer, keinen Bischof, sondern einen Landesoberpfarrer. Sie verabscheute (vorgebliche) Zwangsvorgaben konfessioneller Bindung oder gottesdienstlicher Gestaltungselemente. Sie war stolz auf ihre nahezu unbeschränkte Vielfalt (quasi)theologischer Positionen, die auch auf Pfarrer mit erkennbar fragwürdigen religiösen Prägungen einladend wirkte, was unter dem Gesichtspunkt zu beachten ist, dass nach dem Willen von § 8 der Verfassung der Pfarrer die Aufgabe haben sollte, »der religiöse Führer und amtliche Leiter der Gemeinde zu sein«.[68] Diese Gegebenheiten zu reflektieren bedürfte intensiverer auch biographischer Forschungen bis in die Zeit

---

63 Vgl. Thüringer Kirchenblatt … (wie Anm. 41), 4.

64 Vgl. Gesetz vom 7. Juli 1921 über die kirchliche Versorgung und über den Schutz der Minderheiten. Thüringer Kirchenblatt: Gesetz- und Verordnungsblatt der Thüringer evangelischen Kirche 4 (1921), 23-27. Zu den Anfängen der kirchlichen Sozialarbeit Dietmar WIEGAND. Volkskirche und Sozialarbeit. soziales Denken und Handeln in der Thüringer evangelischen Kirche in den Jahren ihres Auf- und Ausbaus. HCh 21/22 (1997/98), 133-153.

65 Vgl. 2. Tagung der Thüringer Synode … (wie Anm. 51), 132-148.

66 Vgl. Hans-Peter HÜBNER: Vom Familien- zum Bischofssitz. In: Landhaus und Landeskirche … (wie Anm. 18), 23.25-27.

67 Vgl. Gottwald: Kirchenpolitik … (wie Anm. 42), 138-153. Der aus politisch-zeitgenössischer Perspektive gebotene Überblick über die ersten 15 Jahre der Thüringer evangelischen Kirche von Georg WITZMANN: Die kirchliche Entwicklung in Thüringen 1918-1933. In: Thüringer Gratwanderungen … (wie Anm. 5), 222-243, vermittelt Einblicke in Einzelheiten der Entwicklung einschließlich der latenten oder auch offenen Kirchenfeindschaft in der Sicht eines kritischen Beobachters.

68 Thüringer Kirchenblatt … (wie Anm. 64), 16.

Ernst Koch

des Nationalsozialismus hinein.[69] Einer kritischen Reflexion bedürfte auch der gelegentlich an Hypostasierung grenzende Umgang mit dem Begriff des Volkes/ Völkischen, der neben dem Begriff der Freiheit ebenso zum Selbstverständnis der Thüringer evangelischen Kirche in ihren Angängen gehörte und bald zum Kampfbegriff werden sollte.

Ist der Weg des Coburger Anteils der ehemaligen Kirche von Sachsen-Coburg und Gotha, der zum Zusammenschluss mit der Evangelisch-Lutherischen Kirche in Bayern führte, zufriedenstellend erforscht, so bleibt es nach wie vor ein dringendes Desiderat, dem Eigenweg der anderen thüringischen Teilkirche, der ehemaligen Evangelisch-lutherischen Kirche in Reuß ä. L. zwischen 1918 und 1939, besonders zwischen 1933 und 1939, die Aufmerksamkeit der Forschung zuzuwenden.[70]

---

69 Es fehlen – abgesehen von biographischen Skizzen – kritische Biographien von wichtigen Gestalten auch aus der Entstehungszeit der Thüringer evangelischen Kirche wie z.B. von August César, Heinrich Weinel, Karl König und Max Maurenbrecher.

70 Dazu bisher Otto Dann: Von der Volkskirche zur Bekenntniskirche: der Greizer Kirchenkampf unter Titus Reuter. HCh 34/35 (2010/2011), 157-174; Ernst Koch: Der Anschluss der evangelisch-lutherischen Landeskirche in Reuß älterer Linie an die Thüringer evangelische Kirche im Jahre 1934. In: Hessen und Thüringen: Festschrift für Jochen Lengemann zum 75. Geburtstag/ hrsg. von Jens Beger. Jena 2013, 257-298.

Die Landeskirche in Hessen-Darmstadt zwischen 1918 und 1933

Von Wolfgang Lück

I Vorbemerkung

Das Land Hessen des Jahres 1918 mit der Hauptstadt Darmstadt und seine evangelische Landeskirche gibt es nicht mehr. Die heutige Evangelische Kirche in Hessen und Nassau hat zwar auch ihren Sitz in Darmstadt, ist aber nicht identisch mit der Evangelischen Kirche des Großherzogtums Hessen-Darmstadt oder der des Nachfolgelandes Volksstaat Hessen. Gleichwohl kann man die Evangelische Kirche in Hessen und Nassau als eine späte Frucht der mit dem Ende des Landesherrlichen Kirchenregiments beginnenden Veränderungen ansehen, die nicht schon während der Weimarer Zeit, sondern erst nach dem Zweiten Weltkrieg 1947 zum Abschluss kamen. Die Veränderungen blieben auch nicht auf die evangelische Kirche des alten Landes Hessen beschränkt, sondern bezogen vier weitere Landeskirchen der Region mit ein. Dabei waren die Kirchen nicht frei von staatlichem Einfluss. Ein guter Teil der Entwicklungen verdankte sich in den Jahren 1933/34 der nationalsozialistischen Kirchenpolitik. Die heutige Evangelische Kirche in Hessen und Nassau wurde gebildet aus drei Landeskirchen: der evangelischen Kirche des Großherzogtums Hessen-Darmstadt, dem preußischen Konsistorialbezirk Wiesbaden (Nassau) und dem preußischen Konsistorialbezirk Frankfurt am Main. Nassau und Frankfurt gehörten zur preußischen Provinz Hessen-Nassau. Ihr Landesherr und damit Summepiskopus war der preußische König in Berlin. Die hessische Kirche hatte ihren Landesherrn direkt vor Ort in Darmstadt.

II 1918 in der hessischen Landeskirche

Auf dem ersten Deutschen Evangelischen Kirchentag in Dresden 1919 hieß es:

> »Die Herrlichkeit des deutschen Kaiserreichs, der Traum unserer Väter, der Stolz jedes Deutschen ist dahin. Mit ihr der hohe Träger der deutschen Macht, der Herrscher und das Herrscherhaus, das wir als Bannerträger deutscher Größe so innig liebten und verehrten [...]. Wir können nicht anders als hier feierlich es bezeugen, welcher reiche Segen von den bisherigen engen Zusammenhängen von Staat und Kirche auf beide – auf den Staat und die Kirche – und durch beide auf Volk und Vaterland ausgegangen ist«.[1]

Ob man in Wiesbaden und Frankfurt ähnlich redete, habe ich nicht untersucht. Aber solche Töne sind mir aus dem Großherzogtum Hessen, dem nachmaligen

---

1 QUELLEN ZUR GESCHICHTE DES DEUTSCHEN PROTESTANTISMUS 1871-1945/ hrsg. von Karl Kupisch. München 1965, 147.

Wolfgang Lück

Volksstaat Hessen, nicht bekannt geworden. Das mag mit der Quellenlage zusammenhängen. Bei dem großen Luftangriff im September 1944 sind in Darmstadt alle Archivbestände verbrannt. Doch erhalten gebliebene Stimmen lassen nicht auf eine derartige Stimmung in Hessen schließen.

Im November 1918 gab das Oberkonsistorium in Darmstadt lediglich bekannt, dass sich mit dem Umsturz der politischen Verhältnisse auch Veränderungen in der Gestalt und Verfassung der Kirche ergeben würden. »Es begrüßte die ›volkstümlichere Entwicklung des kirchlichen Lebens, jede Steigerung der Beteiligung der Gemeindemitglieder‹ an der kirchlichen Leitung, damit eine Kirche des allgemeinen Priestertums immer deutlicher in Erscheinung trete«.[2] Bereits am 7. Dezember 1918 wurde bezüglich der rechtlichen Stellung des Oberkonsistoriums bekannt gegeben:

> »Mit Rücksicht auf die derzeitigen Verhältnisse in Bezug auf das landesherrliche Kirchenregiment ist bis zu einer der Landessynode obliegenden gesetzlichen Regelung durch Einvernehmen zwischen Synodalausschuss und Oberkonsistorium das folgende bestimmt worden: In den Fällen, in denen nach der bestehenden Kirchenverfassung die *landesherrliche Genehmigung* einzuholen ist, wird das Oberkonsistorium sich mit dem Präsidenten der Landessynode in Verbindung setzen [...]. In Fällen größerer Bedeutung wird das Oberkonsistorium nach Fassung seiner Entschließung den Synodalpräsidenten um Vorlage an den Synodalausschuss ersuchen, dessen Entschließung die landesherrliche zu ersetzen hat«.[3]

Weder jetzt, noch später findet man in den öffentlichen Verlautbarungen Worte des Bedauerns über den Wegfall des landesherrlichen Kirchenregiments. Im »Verordnungsblatt für die Evangelische Landeskirche in Hessen« Nr. 2 von 1919 wird darauf hingewiesen, dass man Reden, die in einer evangelischen Volksversammlung in Gießen am 5. Januar 1919 zum Thema »Trennung von Staat und Kirche« gehalten wurden, zum Einzelpreis von 50 Pfennig bestellen könne. Offenbar ging man ganz unaufgeregt daran, sich auf die neue Rechtslage einzustellen.

Im März 1919 forderte das Oberkonsistorium die Pfarrämter auf, am Sonntag Palmarum den traditionellen Buß- und Bettag zu halten. Als Predigttexte wurden vorgeschlagen: Klgl 3,39-40 »Wie murren denn die Leute im Leben also? Ein jeglicher murre wider seine Sünde!« und Hebr 12,11-13 »Alle Züchtigung, wenn sie da ist, dünkt uns nicht Freude, sondern Traurigkeit zu sein; aber darnach wird sie geben friedsame Frucht der Gerechtigkeit denen, die dadurch geübt sind [...].« In der Ansprache, die bei der Ankündigung des Buß- und Bettages verlesen werden sollte, heißt es u.a.: »So haben wir wohl Ursache, in der Tiefe, in die Gott uns geführt,

---

2 Heinrich STEITZ: Geschichte der Evangelischen Kirche in Hessen und Nassau. Marburg 1977, 454.

3 Verordnungsblatt für die evangelische Landeskirche des Großherzogtums Hessen 20 (1918) vom 12. Dezember, 1 (Hervorhebungen im Original gesperrt).

unserer Sünde zu gedenken und unsere Schuld zu bekennen [...].«[4] Dann gebe es die Hoffnung, dass Gott auch aus der Tiefe des Elends wieder herausführen werde.

Man hat den Eindruck, als sei die hessische Landeskirche ohne langes Lamentieren zur Tagesordnung übergegangen. Der spätere Prälat Wilhelm Diehl hat zweifellos dazu beigetragen. Er konnte in der Landessynode 1919 sagen:

> »Es steht außer allem Zweifel, dass die ev. Kirche in Hessen immer fortschrittlicher als der hessische Staat war. Wir haben das parlamentarische System in einer vernünftigen Form in dem Synodalausschuss schon gehabt, als man im Staat überhaupt noch nicht daran gedacht hat. Wir haben ein direktes Wahlverfahren von einer Art gehabt, wie es der Staat früher nicht hatte. Wir haben auch sonst eine ganze Reihe von Einrichtungen, die dem Staatsleben vorausgeeilt sind und die der Staat sich nachträglich aneignen muss. Wir sind sogar – das Wort [...] im guten Sinne gebraucht – allezeit demokratischer gewesen, als der Staat jemals war.«[5]

Kirchenvorstehern, die gegenüber dem Staat skeptisch eingestellt waren, rief Diehl zu:

> »Der Staat braucht die Kirche; der Staat sucht die Kirche. Werden Sie nicht irre über das, was Berliner und Offenbacher Parteizeitungen schreiben! Das ist nicht die tiefste und eigentlichste Meinungsäußerung des verantwortungsbewussten Sozialismus von heute. Wo verantwortungsvolle Politik von sozialistischen Führern gemacht wird, weiß man um den Dienst, den die Kirche für den Aufbau einer wahren sozialen Volksgemeinschaft leisten kann.«[6]

Ich kann nicht abschätzen, inwieweit Diehls Auffassung allgemein in der hessischen Kirche geteilt wurde. Aber die hohen Stimmenanteile bei Wahlen, die Diehl jeweils in der Synode und später im Landeskirchentag erhielt, deuten doch auf eine andere Stimmung in Hessen hin als etwa in Preußen.

III 1918 – die Revolution in Hessen

Die Unaufgeregtheit, mit der man offenbar in der hessischen Landeskirche dem mit dem Übergang von der Monarchie zur Demokratie gegebenen Neuen begegnete, entsprach in vielem dem, worum sich im Staat verantwortungsbewusste Politiker bemühten. Am 7. November 1918 stellten die Sozialdemokraten im hessischen Landtag den Eilantrag zur Einführung der parlamentarischen Staatsordnung und zur Umwandlung der Monarchie in einen Volksstaat. Am 8. November berief daraufhin Großherzog Ernst Ludwig von Hessen und bei Rhein einen Staatsrat ein, in dem alle Parteien des Landtags vertreten waren. Die Verhandlungen dieses Staatsrats blieben jedoch ohne Ergebnis. In der Nacht vom 8. auf den 9. November

---

4 Verordnungsblatt für die Evangelische Landeskirche in Hessen 3 (1919), 7.

5 Ernst GERSTENMEIER: Wilhelm Diehl als Pfarrer, Synodaler, Professor und Prälat: Teil 2. JHKGV 23 (1972), 81-196.

6 Gustav MAHR: Wilhelm Diehl und die Dorfkirche. In: Ich dien: Festgabe zum 60. Geburtstag von Wilhelm Diehl/ hrsg. von Hans von der Au u.a. Darmstadt 1931, 54.

proklamierten Soldaten der Griesheimer Garnison einen »Hessischen Arbeiter-, Bauern- und Soldatenrat«. Dieser erklärte den Großherzog für abgesetzt.[7] Zeitnahe Berichte über die Ereignisse dieser Tage fehlen. In einer Sitzung des hessischen Landtags am 25. November 1920 berichteten jedoch führende sozialdemokratische Politiker und Gewerkschaftler rückblickend von dem Geschehen, und wie sie alles daran gesetzt hatten, um die demonstrierenden Soldaten zur Besonnenheit zu bewegen und die Arbeiterschaft in den Fabriken zu halten. Heinrich Delp, später sozialdemokratischer Bürgermeister und Präsident des Landtags des Volksstaates Hessen, resümierte:

> »Wenn in Darmstadt an dem Platze, wo die Regierung ihren Sitz hat und die Militärrevolte zuerst ausgebrochen ist, alles so schiedlich-friedlich erledigt wurde, so war das kein Verdienst derjenigen, die heute in nationaler Beziehung glauben, alles in Erbpacht genommen zu haben, sondern, so darf ich wenigstens für unsere Parteigenossen den Anspruch erheben, dass sie das getan haben, was ihre Pflicht in der fraglichen Nacht gewesen ist [...]. Wäre ich ein gewissenloser Parteihetzer, es wäre mir in dieser Nacht ein leichtes gewesen, Öl ins Feuer zu gießen [...].«[8]

Eine entscheidende Forderung der Räte war, dass der Großherzog abdanken sollte. Der spätere Staatspräsident Carl Ulrich erzählt in seinen Erinnerungen, dass er dem Großherzog nahegelegt habe, abzudanken. Dies habe der jedoch abgelehnt. Er, Ulrich, sei dann zu der Sitzung des Arbeiter- und Soldatenrates gegangen.

> »Hier wurde ich von mehreren Mitgliedern desselben empfangen mit der Frage, ob Ernst Ludwig abgedankt habe. Jetzt hing der weitere ruhige Verlauf der Revolution nach meiner Auffassung von meiner Antwort ab. Hätte ich gesagt, dass er nicht abdanken wolle, so stand zu befürchten, dass die aufgeregten Soldaten zum neuen Palais gezogen wären, um den ehemaligen Großherzog zum Abdanken zu zwingen. Was dann gefolgt wäre, war nicht abzusehen. Ich erklärte deshalb: ›Ihr habt ihn ja in der vorigen Nacht abgesetzt! Dabei bleibts!‹ Das beruhigte die Einzelnen, und die Verhandlungen gingen ungestört weiter; sie endeten mit dem Beschluss, die ›sozialdemokratische Landtagsfraktion zu beauftragen, eine neue republikanische Regierung zu bilden‹.«[9]

Innerhalb weniger Tage übernahm Carl Ulrich als Ministerpräsident die Revolutionsregierung. Er lud alle Parteien zur Mitgestaltung der neuen politischen Ordnung ein. Die großherzoglichen Minister wurden am 13. November in den Ruhestand verabschiedet und die Dienstbezeichnung »großherzoglich« abgeschafft. Der Großherzog hatte zwar nicht abgedankt, erkannte aber de facto die neuen Gegebenheiten an.[10] Er blieb mit seiner Familie in Darmstadt. Zur Eröffnung der

---

7 Vgl. Klaus-Dieter RACK: Revolutionärer Eilantrag in Darmstadt. In: Zeitenwende in Hessen: revolutionärer Aufbruch 1918/1919 in die Demokratie/ hrsg. von Andreas Hedwig. Marburg 2019, 55-58.

8 Zitiert nach Manfred KNODT: Ernst Ludwig: Großherzog von Hessen und bei Rhein. Sein Leben und seine Zeit. Darmstadt 1978, 370.

9 Zitiert nach ebd, 373.

10 Vgl. Rack: Revolutionärer Eilantrag ... (wie Anm. 7), 57 f.

Die Landeskirche in Hessen-Darmstadt zwischen 1918 und 1933

Hessischen Volkskammer am 13. Februar 1919 schrieb er an Carl Ulrich: »Die Eröffnung der hessischen Volkskammer am morgigen Tage gibt mir Veranlassung, der Volksvertretung meine aufrichtigsten Wünsche für eine gesegnete und gedeihliche Arbeit zum Besten unseres Vaterlandes auszusprechen.«[11] Ausdrücklich dankt Ernst Ludwig dann Carl Ulrich für die besonnene Art und Weise, wie er den Staat durch die Veränderungen geführt habe. Wie Ernst Ludwig selbst die Dinge gesehen hatte, dokumentiert Manfred Knodt in seiner Biografie des Großherzogs wie folgt:

> »›Es ist geschehen ... alle alten Throne sind gestürzt, der Kaiser geflohen, alle Fürsten sind in einsame Schlösser gezogen, nur ich allein mit den Meinen lebe in Darmstadt‹, mit dieser Notiz vom 25. November 1918, seinem 50. Geburtstag, ist die große Veränderung umschrieben, der Ernst Ludwig nun Rechnung zu tragen hatte. Es fiel ihm nicht leicht, trotzdem äußerte er: ›Ich bin nicht enttäuscht und fühle die sogen. Undankbarkeit des Volkes nicht so, wie viele andere, da ich die großen Fehler der früheren Zeit längst erfaßt hatte und vieles wegen der Verhältnisse im deutschen Reich nicht ändern konnte‹«.[12]

Am 2. Dezember 1918 listete Ernst Ludwig auf, welche Pläne er nun nicht mehr verwirklichen konnte. Neben vielen Baumaßnahmen und dergleichen steht in der Aufzählung lapidar: »Die Trennung von Kirche und Staat, aber eher von der Kirchenbehörde ausgehend.«[13]

IV Der letzte Summus Episkopus

Nach allgemeiner Einschätzung dürfte die Wahrnahme des Summepiskopats nicht zu den vordringlichsten Interessensgebieten Ernst Ludwigs gehört haben. Kunst und Kultur, auch Wirtschaftsförderung, hatten Vorrang. Dennoch hat er seine Verpflichtungen wahrgenommen. Manfred Knodt urteilt denn auch: »[...] den Großherzögen Ludwig IV. und Ernst Ludwig kann man bescheinigen, dass sie ihre ›bischöfliche Gewalt‹ nicht missbraucht haben.«[14] Von Ernst Ludwig schreibt er, dass er sein kirchliches Amt mit »gutem Einfühlungsvermögen« ausgeübt habe, und er zitiert Ernst Ludwigs Selbstverständnis darin:

> »›Jetzt aber muss der Fürst den Beweis liefern, ein Land regieren zu können. Denn die Kultur ist in allen Ständen so gestiegen, dass das »von Gottes Gnaden« nicht mehr zieht. [...] Einen in der Religion freidenkenden Fürsten, der ein rechtschaffener Mann ist und sein Volk glücklich zu machen versucht, liebt man mehr als einen, der orthodox ist und einen kleinlichen Charakter hat.‹«[15]

Der Großherzog ließ sich für Kirchenneubau- und -renovierungsprojekte bereitwillig in Anspruch nehmen, sowohl als Schirmherr, als auch als Stifter. Zum

---

11 Knodt: Ernst Ludwig ... (wie Anm. 8), 375 f.
12 Ebd, 381.
13 Ebd, 382.
14 Ebd, 203.
15 Ebd, 204.

Wolfgang Lück

25-jährigen Regierungsjubiläum 1917 verlieh ihm die hessische Landesuniversität Gießen die Ehrendoktorwürde der Theologie. Manfred Knodt fasst sein Bild von Ernst Ludwig als geistlichem Oberhaupt der hessischen Landeskirche so zusammen:

>»Großherzog Ernst Ludwig war ein tief religiöser, auch frommer Mann. In seinem Drang, hinter die Geheimnisse der Welt und des Glaubens zu gelangen, war er fern von orthodoxer Enge. Seine große Weltkenntnis und intensive Beschäftigung mit anderen Religionen und der Philosophie machten ihn zu einem anregenden Gesprächspartner der Theologen. Wer wie er im Wesentlichen verankert war, konnte sich auch ins Vorfeld hinauswagen, ohne Schaden zu nehmen an seiner Seele.«[16]

Diese leicht schwärmerische Charakterisierung relativiert sich etwas, wenn man zur Kenntnis nimmt, dass ihr Autor Pfarrer an der Stadtkirche in Darmstadt war, der Grablege der Landgrafen und der für das Residenzschloss zuständigen Kirche. Knodt wurde nachgesagt, dass er sich als Hofprediger der großherzoglichen Familie verstand, obwohl es dieses Amt schon längst nicht mehr gab.

V Die Herausforderungen der Nachkriegszeit

Im Zuge der Umwälzungen nach Kriegsende war Großherzog Ernst Ludwig abgesetzt und am 9. November 1918 eine »Freie sozialistische Republik Hessen« ausgerufen worden. Mit der Verfassung vom 12. Dezember 1919 entstand der Volksstaat Hessen. Große Teile des Landes Hessen und damit auch der hessischen Landeskirche gehörten jedoch anfangs zur französischen Besatzungszone, die mit ihrem Brückenkopf Mainz bis in die Vororte von Darmstadt (Arheilgen, Griesheim, Wixhausen) reichte, und deren Grenzkontrollen auch die Kommunikation innerhalb der Landeskirche erschwerten. Zurückkehrende Soldaten und Flüchtlinge waren auch für die kirchliche diakonische Arbeit eine Herausforderung.[17]

Biografen stimmen darin überein, dass es für die evangelische Kirche in Hessen-Darmstadt ein Glücksfall war, einen Mann wie den Prälaten Wilhelm Diehl gehabt zu haben, als es darum ging, 1918 den Übergang vom landesherrlichen Kirchenregiment in die Selbständigkeit der Landeskirche zu bewältigen.[18] »Diehl war – das muss historische Wahrhaftigkeit feststellen – der rechte Mann zur rechten Zeit am rechten Ort.«[19] Wilhelm Diehl war seit 1913 Professor am Predigerseminar und Pfarrer in Friedberg. Das Jahr 1918 wurde für ihn in verschiedener Hinsicht zur Herausforderung. Diehl meisterte die schwierige Finanzlage der Landeskirche.

---

16 Ebd, 206.

17 Vgl. Peter ENGELS: Art. Volksstaat Hessen. https://www.darmstadt-stadtlexikon.de/v/volksstaat-hessen.html (zuletzt besucht am 6.1.2020).

18 Vgl. Karl DIENST: Wilhelm Diehl: Kirchenmann – Gelehrter – Politiker. Ebernburg-Hefte I/29 (1995), 173-193.

19 Heinrich STEITZ: Prälat Dr. theol. Dr. phil. h.c. Wilhelm Diehl zum 100. Geburtstag. Mitteilungsblatt des Ev. Pfarrervereins in Hessen und Nassau 20 (1971), 1-5, hier 5.

Die Landeskirche in Hessen-Darmstadt zwischen 1918 und 1933

Joachim Schmidt hebt die Mitwirkung Diehls bei der Neuordnung nach 1918 und als besondere Leistung hervor: »Ihm gelang das Erstaunliche: Trotz größter Schwierigkeiten wurde nicht eine einzige Pfarrstelle aufgelöst – nicht zuletzt, weil Diehl als Kirchenhistoriker in Hunderten von Einzelgutachten finanzielle Verpflichtungen des Staates nachweisen konnte.«[20] Volker Press nennt als eine der größten Leistungen Diehls, dass er die hessische Kirche in der Weimarer Republik umzuformen in der Lage war. »Vor allem wirkten Diehls Menschenkenntnis und seine großen taktischen Fähigkeiten.«[21]

Diehl sah realistisch, was mit dem Ende der Verbindung von Kirche und Staat nötig war. Immer wieder wird die Finanzsituation erwähnt. Mit der Trennung von Kirche und Staat stellte sich auch die Frage, wie die Kirche welchen Einfluss im Landtag nehmen konnte. Diehl fand eine – typisch hessische? – Lösung. Nach der Novemberrevolution von 1918 ließ er sich als Abgeordneter der Hessischen Volkspartei aufstellen. Es wurde gefragt, wie er dazu käme, die Kirche solle doch parteipolitisch neutral sein. Er argumentierte – und diese Argumentation wurde vom Oberkonsistorium übernommen –, dass seit 1820 der Prälat der Hessischen Kirche Mitglied in der Ersten Kammer der hessischen Stände gewesen sei. Dadurch habe die Kirche stets eine Stimme im Landtag gehabt, dass sei mit der neuen Staatsverfassung nun aber nicht mehr gegeben. Das Oberkonsistorium verfasste eine entsprechende Verlautbarung, in der es hieß:

> »Durch das Edikt vom 18. März 1820, die landständische Verfassung des Großherzogtums betreffend, sowie durch die Verfassungsurkunde vom 22. Dezember 1820 war der Evangelischen Landeskirche in Hessen eine ständige Vertretung in der 1. Kammer sicher gestellt. Die neue Staatsverfassung vom 12. Dezember 1919 kennt eine Vertretung der Evangelischen Landeskirche im Landtag nicht. Der Evangelischen Landeskirche ist es dadurch unmöglich gemacht, auf die Landtagsverhandlungen und Landtagsbeschlüsse irgend einen direkten Einfluss auszuüben. [...] Dieser Zustand ist bei der Bedeutung der Evangelischen Landeskirche für das öffentliche Leben sehr zu bedauern. Eine Änderung der Staatsverfassung nach dieser Richtung erscheint für absehbare Zeit ausgeschlossen. Deshalb sind andere Wege einzuschlagen [...].«[22]

Man wollte u.a. Persönlichkeiten aus dem Landeskirchenamt damit beauftragen, sich als Landtagskandidaten aufstellen und wählen zu lassen. Diehl ließ sich in diesem Sinne beauftragen. Er war von 1919 bis 1927 Mitglied der Fraktion

---

20 Joachim Schmidt: Wilhelm Diehl (1871-1944). In: Gesichter einer lernenden Kirche: die Evangelische Kirche in Hessen und Nassau/ im Auftrag der Evangangelischen Kirche in Hessen und Nassau hrsg. von Horst Krockert; Joachim Schmidt. Frankfurt am Main 1987, 142-145, hier 144.

21 Volker Press: Wilhelm Diehl. In: Gießener Gelehrte in der ersten Hälfte des 20. Jahrhunderts: Erster Teil. Zweiter Band. Lebensbilder aus Hessen/ hrsg. von Georg Gundel u.a. Marburg 1982, 158-173, hier 172.

22 Wilhelm Diehl 1871-1944: Ausstellung des Zentralarchivs der Evangelischen Kirche in Hessen und Nassau/ bearb. von Ekkard Kätsch; Edita Sterik. Darmstadt 1994, 52.

Wolfgang Lück

der Hessischen Volkspartei, der hessischen Variante der Deutschen Nationalen Volkspartei (DNVP).

Ein weiteres Thema in den zwanziger Jahren war die Schulfrage. Im Großherzogtum Hessen hatte man seit 1874 ein liberales Schulgesetz. Man sprach von einer christlichen Simultanschule. Daneben gab es noch Konfessionsschulen. Nach der Reichsverfassung von 1919 sollte die Simultanschule die Regelschule, die Konfessionsschule die Ausnahme sein. Bei einer statistischen Erhebung von 1921 stellte sich jedoch heraus, dass 84,6 % der Schulen im Reich Bekenntnisschulen und nur 15,4 % Gemeinschaftsschulen waren. Starke politische Kräfte wollten deshalb die gesetzliche Grundlage dahin gehend geändert haben, dass die Konfessionsschule zur Regelschule werden sollte. In Hessen wirkte besonders das Zentrum dahin gehend, dass das Reichsschulgesetz geändert werden sollte. Prälat Diehl plädierte für die Beibehaltung der Simultanschule, weil sie der Gemeinschaft der Volkskirche eher entspräche als eine auf Trennung angelegte Konfessionsschule. Hessen blieb auch bei späteren Schuldebatten bei der Simultanschule.[23]

Die Jahre nach 1919 waren für die evangelischen Landeskirchen eine Zeit des Kampfes um ihre Stellung in der Gesellschaft. Es gab wellenförmige Kirchenaustrittsbewegungen. Für Hessen stellt Heinrich Steitz fest, dass die Kirchenaustrittsbewegung aber keinen großen Erfolg hatte. Das habe mancherlei Gründe gehabt. Aus den Visitationsberichten gehe hervor, dass der Pfarrerstand eine gute Gemeinschaft gehalten habe.

> »[E]s gab positive und liberale Theologen, es gab Pietisten und Aufklärer, es gab auch einige Verfechter der dialektischen Theologie und es gab Theologen der Erweckungsbewegung. Aber alle theologischen Richtungen vereinigten sich in der apologetischen Aufgabe; die Kirche musste verteidigt werden und sie konnte verteidigt werden; denn die Glaubensgrundlage war unangefochten für Pfarrer und Gemeindeglieder.«[24]

Man verstand sich als »Volkskirche« und besann sich auf die Grundorientierung, die einst Martin Bucer der hessischen Kirche gegeben hatte. 1931 wurde dementsprechend ein Kirchengesetz über die Erhaltung der kirchlichen Zucht und Ordnung vom Landeskirchentag diskutiert. Man stellte den seelsorgerlichen Aspekt des kirchlichen Handelns in den Vordergrund. Seinerzeit war Kritik an der Amtshandlungspraxis der Kirche geübt worden. Man sah bei Trauungen oder Beerdigungen auf Personen, die man teilweise als unwürdig ansah und durch die die kirchliche Handlung selbst entwürdigt zu werden schien. Der Gießener Praktische Theologe Leopold Cordier argumentierte gegen eine solche Auffassung. Wenn man die Amtshandlungen als Verkündigung des Wortes Gottes ansehe, könnten sie niemals durch als unwürdig angesehene Personen entwürdigt werden. Es ging dabei oft um die

---

23 Vgl. Wolfgang Lück: Wilhelm Diehl: einer der Gründungsväter der Evangelischen Kirche in Hessen und Nassau. Darmstadt 2013, 102.

24 Steitz: Geschichte ... (wie Anm. 2), 471 f.

268

Wiederverheiratung Geschiedener oder die Ehe mit aus der Kirche Ausgetretenen. Darf man den beteiligten Menschen das Wort Gottes und die Fürbitte verweigern? Cordier formulierte: »Kirchliche Handlungen sind Dienste, die angeboten werden, Dienste am Wort.«[25] Verabschiedet wurde schließlich ein Kirchengesetz zur Erhaltung der kirchlichen Zucht und Ordnung unter der ausdrücklichen Maßgabe einer »seelsorgerlichen Handhabung« durch die Pfarrer. Darauf hatten insbesondere die jüngeren Pfarrer bestanden, die noch im Ersten Weltkrieg gewesen waren.[26]

Seit der Mitte des 19. Jahrhunderts hatte es im deutschen Protestantismus immer wieder die Forderung nach einer deutschen Nationalkirche gegeben. Die Idee einer deutschen Nationalkirche bezog sich einerseits auf das Territorium, hatte also die Reichskirche zum Ziel. Sie bezog sich aber auch auf das Volkstum und hatte damit eine völkisch deutsche Kirche vor Augen, die Menschen aus anderen Völkern und sog. »Rassen« ausschloss. Im hessischen Landeskirchentag gab es 1925 eine kurze Debatte über die mögliche Gründung einer judenchristlichen Kirche. Der Abgeordnete, spätere (seit 1929) Superintendent und Kirchenpräsident (1945-1947), Dr. Friedrich Müller, wies in der Debatte am 16. Februar 1925 eine entsprechende Initiative aus Darmstadt zurück. Er sagte:

> »Was die dreihundert Juden anlangt, die nach dem Jahrbuch von Schneider zur christlichen oder zur evangelischen Kirche in Deutschland übergetreten sind, so haben wir von hier aus keine Möglichkeit, auf diese Leute eine Einwirkung auszuüben, daß sie eine judenchristliche Kirche gründen. Wir können das von Darmstadt aus nicht machen. Es erübrigt sich deshalb, darüber zu sprechen.«[27]

Zur deutschen evangelischen Kirche gehörten nach Ansicht einiger Abgeordneter Juden nicht dazu. Die evangelische Kirche weiß sich nach dieser Überzeugung nur an Deutsche gewiesen. Eine völker- oder »rassen«übergreifende Kirche wurde abgelehnt. Tatsächlich haben solche Gedanken 1942 dazu geführt, dass die nachmalige evangelische Landeskirche Nassau-Hessen die Judenchristen ausschloss.

VI Die Verfassungen von 1874 und 1922

Hessen erhielt 1820 eine erste landständische Verfassung. 1832 kam es zu einer Neuorganisation der kirchlichen Behörden mit einem Oberkonsistorium, drei Superintendenten, Kreisräten, Dekanen, Pfarrern und Kirchenvorständen.

1874 trat die erste umfängliche Verfassung der evangelischen Kirche des Großherzogtums Hessen-Darmstadt in Kraft.[28] Danach ordnet die Kirche ihre Angelegenheiten selbständig im Rahmen des staatlichen Oberaufsichtsrechts (§ 3).

---

25 Ebd, 472.

26 Vgl. ebd, 471 f.

27 VERHANDLUNGEN DES ERSTEN EVANGELISCHEN LANDESKIRCHENTAGES IN HESSEN IN DEN JAHREN 1923/28 (12. Sitzung). Darmstadt 1931, 29.

28 Vgl. Großherzoglich Hessisches Regierungsblatt 2 (1874) vom 26. Januar, 13-48.

Wolfgang Lück

Laut § 4 übt der Landesherr das Kirchenregiment aus. Die Kirchengemeinde sei eine Vereinigung zur »Erreichung kirchlicher Zwecke« (§ 6). Das entspricht einem Verständnis, wie wir es in Meyers Konversationslexikon von 1876 finden, wonach Gemeinden Gliederungen zur Erreichung besonderer Zwecke innerhalb des Staates sind wie z.B. »die Kirchen-, Schul-, Armen-, Deichgemeinde«.[29]

Die Kirchengemeinden verwalten ihre Angelegenheiten selbst durch die Gemeindevertretung und den Kirchenvorstand. Die Gemeindevertretung besteht aus dem Kirchenvorstand und gewählten Gemeindegliedern. Wahlberechtigt sind »alle confirmirte[n], selbständige[n] Männer der Gemeinde, welche das 25. Lebensjahr zurückgelegt haben [...]« (§ 13). Ausgeschlossen sind Straffällige, aber auch wirtschaftlich in Konkurs Geratene oder die, die die kirchlichen Umlagen ein Jahr lang nicht bezahlt haben. Ein allgemeines Wahlrecht ist noch nicht vorgesehen. Frauen und wirtschaftlich Schwache sind ausgeschlossen. Der Kirchenvorstand kann Personen ausschließen. Er führt eine Wählerliste. Die Leitungsgremien in Dekanat und Landeskirche kommen durch Wahlen zustande. Nach § 59 sind in der Dekanatssynode alle Geistlichen vertreten. Die Gemeinden entsenden jeweils gleichviel »weltliche« Abgeordnete. Entsprechendes gilt für die Landessynode. Jedes Dekanat entsendet einen geistlichen und einen weltlichen Abgeordneten (§ 88).

Das Kirchenregiment des Landesherrn greift insbesondere auf der obersten Ebene, der Landessynode und dem Oberkonsisterium. Der Großherzog kann zusätzliche Mitglieder in die Synode berufen (§ 88), wobei das Verhältnis von geistlichen und weltlichen Abgeordneten gleich bleiben muss. Der Landesherr beruft die Synode ein, bestimmt den Tagungsort, kann die Synode schließen, vertagen und auflösen. Er hat auch in den leitenden Verwaltungsgremien das entscheidende Wort. Der Großherzog beruft die Mitglieder des Oberkonsistoriums, d.h. den Präsidenten und weitere Mitglieder, die zugleich Superintendenten in den Kirchenprovinzen sind. Er erlässt Geschäftsordnungen und Dienstanweisungen.

In der neu erarbeiteten Verfassung von 1922 wurde vieles von 1874 aufgenommen.[30] Aber der Souverän der Kirche war nicht mehr der Landesherr, sondern die Synode selbst. Damit waren entscheidende Veränderungen in den Leitungsorganen nötig. Aber auch die Sätze über die Zweckbestimmung der Kirchengemeinde wurden neu gefasst. Die Kirchengemeinde ist nicht mehr nur als Vereinigung zur Erreichung kirchlicher Sonderzwecke in der Gesellschaft charakterisiert (1874 § 5). Der § 5 der Verfassung von 1922 lautet:

> »I. Die Kirchengemeinde hat die Aufgabe, durch Wort und Sakrament eine Pflanzstätte evangelischen Glaubens und Lebens und eine Gemeinschaft brüderlicher Liebe und Zucht zu sein. II. Als Körperschaft des öffentlichen Rechts ordnet und verwaltet sie ihre Angelegenheiten selbständig«.

---

29 Art. Gemeinde. In: Meyers Konversationslexikon. 3. Aufl. Bd. 7 (1876), 570.
30 Vgl. Verordnungsblatt für die Evangelische Landeskirche in Hessen 8 (8.6.1922), 3-40.

Die Kirchengemeinde habe in der Pflege von Wort, Sakrament und Gemeinschaft eigene Ziele. Jetzt gelte auch ein allgemeines Wahlrecht (§ 11). Frauen und finanziell Schwache seien nicht mehr ausgeschlossen. Ausführlich wird aufgezählt, wegen welchen Verhaltens der Kirchenvorstand von der Wahl ausschließen kann. Eine Wählerliste gibt es nicht mehr.

Die Leitungsorgane der jeweiligen Ebene kommen wie schon in der Verfassung von 1874 durch Wahlen zustande. 1922 wird der Begriff Synode ersetzt. Jetzt gibt es den Dekanatstag und den Landeskirchentag, wie es im Staat den Landtag gibt. Die Mitglieder dieser Gremien sind Abgeordnete.

Der Landeskirchentag ist die »verfassungsmäßige Vertretung der Evangelischen Landeskirche. Er ist der Träger aller Rechte der Landeskirche und übt sie aus durch die Kirchenregierung und das Landeskirchenamt« (§ 80). Im Landeskirchentag ist jetzt die Zahl der »weltlichen« Abgeordneten gegenüber der der Geistlichen verdoppelt (§ 81). Die Kirchenregierung ist im engeren Sinne die Kirchenleitung. Sie wird im Auftrag des Landeskirchentages tätig. Sie setzt sich zusammen aus dem Präsidenten, dessen Stellvertreter und dem Landeskirchenausschuss. An den Sitzungen der Kirchenregierung nehmen auch berufene »Berichterstatter« aus dem Landeskirchenamt mit Stimmrecht teil (§ 102). In der Verfassung von 1922 setzt sich das Landeskirchenamt aus dem Präsidenten, seinem Stellvertreter, den Superintendenten und »der erforderlichen Zahl von Räten«, sowie weiteren Mitarbeitenden zusammmen (§ 112).

Die Verfassung von 1922 hat das landesherrliche Kirchenregiment durch die aufeinander gewiesene Trias von Landeskirchentag, Kirchenregierung und Landeskirchenamt ersetzt. Die Kirche definiert sich auf allen ihren Ebenen nicht mehr als ein Teil des Staates, sondern als eigenständige Organisation. In ihr gilt jetzt ein allgemeines und gleiches Stimmrecht für alle konfirmierten über Fünfundzwanzigjährigen. Da die Zahl der »weltlichen« Abgeordneten im Landeskirchentag gegenüber den »geistlichen« verdoppelt ist, wird das Gewicht des Laienelements verstärkt.

VII Bekenntnis und geistliche Ämter

In seiner Geschichte der Evangelischen Kirche in Hessen und Nassau urteilt Heinrich Steitz über die Verfassung von 1922:

> »Die Kirchenverfassung hielt an dem von Martin Butzer in die hessische Kirche gleich bei ihrem Entstehen hineingetragenen Gemeindegedanken fest, wonach die Gemeinde die Grundlage und Grundzelle der ganzen Kirche bildet [...]. Wichtig schien es dem Landeskirchentag – und dafür setzte sich vornehmlich Wilhelm Diehl ein –, dass der überkommene Bekenntnisstand gewahrt wurde. Die hessische Landeskirche könne sich

Wolfgang Lück

weder lutherisch, noch reformiert, noch uniert nennen, sondern müsse ›evangelisch‹ sein.« Sie müsse alle umfassen können.[31]

Die geistlichen Ämter blieben in der neuen Verfassung im wesentlichen in der Tradition, die in der Verfassung von 1874 ihre Ausformung gefunden hatte. Auf der Ebene der Kirchengemeinde gab es die Pfarrer, darüber die Dekane und auf der Landeskirchenebene die Superintendenten, die jeweils für einen Sprengel zuständig waren. Die Sprengel entsprachen den drei Provinzen des Großherzogtums: Oberhessen, Rheinhessen und Starkenburg. § 116,I der Kirchenverfassung definiert: »Der Superintendent ist der geistliche Leiter seines Sprengels«. Er ist Vorgesetzter und »brüderlicher Berater« der Pfarrer. Die in § 117 aufgelisteten Aufgaben wie Ordination, Einweihung von Kirchen, Erlass von Hirtenbriefen und Visitationen erweisen den Superintendenten als bischöfliches Amt. Die geistliche Leitung der Gesamtkirche oblag dem Kollegium der Superintendenten, das unter dem Vorsitz des Prälaten tagte. Vom Prälat hieß es, er »soll in steter persönlicher Fühlung mit den lebendigen und tätigen Gliedern der Landeskirche auf allen Gebieten der kirchlichen Arbeit, die diese als Ganzes berühren, führend und fördernd tätig sein.« (§ 119, I,1). Er nimmt das theologische Examen ab. Zusammen mit den Superintendenten ist er für die theologische Fortbildung usw. zuständig. Sein dienstliches Verhältnis zu den Superintendenten sollte, so weit erforderlich, noch durch eine von der Kirchenregierung zu erlassende Dienstordnung geregelt werden (§ 119, II).

Das Amt des Prälaten war in dieser Form neu. Bis zur Trennung von Kirche und Staat war der Prälat gewissermaßen der Vertreter der Kirche beim Staat, in dem er – wie oben schon erwähnt – die Kirche in der 1. Kammer des Großherzogtums vertrat. In der Verfassung von 1874 wird dieses Amt nicht erwähnt. In der neuen Situation war er jetzt so etwas wie der Moderator der Gesamtkirche. Er war für die Kirche als ganze zuständig ohne einschränkende Verpflichtungen. Das Amt gab insofern für Personen wie Wilhelm Diehl den nötigen Spielraum her.

VIII Eine großhessische Kirche?

Als in den zwanziger Jahren über eine mögliche Vereinigung von Landeskirchen zu einer deutschen Reichskirche diskutiert wurde, gab es in den fünf Landeskirchen, die in irgendeiner Weise zum hessischen Bereich gezählt wurden, auch Überlegungen für einen Zusammenschluss. Konkreter Anlass war, dass in die Stadt Frankfurt Orte eingemeindet wurden, die nicht zur Frankfurter Landeskirche gehörten, sondern im Bereich der nassauischen und der kurhessischen Landeskirche lagen. Man hielt es nicht für sinnvoll, dass innerhalb einer Kommune verschiedene Landeskirchen zuständig sein sollten. Wie groß aber sollte die Lösung für dieses Problem sein? Damit beschäftigte sich die Marburger Konferenz, zu der sich die Landeskirchen

---

31 Steitz: Geschichte ... (wie Anm. 2), 456.

von Kurhessen, Waldeck, Nassau, Frankfurt und Hessen-Darmstadt zusammenfanden. Der Hessische Prälat Diehl engagierte sich in der Frage einer Union in außerordentlich hohem Maße. Für ihn war eine Großhessische Kirche eine sehr attraktive Vision, die er auch historisch begründete. Am 31. Januar 1929 berichtete er dem Hessischen Landeskirchentag von den Verhandlungen der Marburger Konferenz und sagte u.a.:

> »In diesen Erörterungen habe ich einen einleitenden Vortrag gehalten über das Geschichtliche. In dem Gebiet liegen 1.150 Pfarreien, und es sind zweieinhalb Millionen Evangelische darin zusammengefasst. Die Bevölkerung dieses Gebietes ist durchschnittlich bis zu 80 % evangelisch. Es ist ein Gebilde, das geschichtlich die stärksten Verbindungen miteinander gehabt hat. Ich konnte nachweisen – es war eine sehr schwere Arbeit –, dass über 60 % der in Betracht kommenden Pfarreien eine alte hessische Tradition haben, in ihrem Kirchenwesen und ihrer ganzen kirchlichen und geistigen Struktur hessisch orientiert sind.«[32]

Für Diehl hätte die Vereinigung der fünf Landeskirchen insgesamt ein Gebiet umfasst, das zur Zeit Philipps des Großmütigen zu einem Staatswesen gehört hatte.[33]

Die Praxis erwies sich jedoch als schwierig. Man unterschied vier Möglichkeiten eines Zusammengehens.

> »1. Die Landeskirchen könnten einen organischen Zusammenschluss suchen, also Bildung einer großen Landeskirche mit *einer* Kirchenregierung. 2. Die Landeskirchen könnten für einzelne Gebiete eine rechtliche Einheit und finanzielle Gemeinschaft schaffen. 3. Die Landeskirchen könnten unbeschadet ihrer Selbständigkeit auf bestimmten Gebieten zusammengehen, um gemeinsame Aufgaben, die eine einzelne Landeskirche nicht für sich erledigen könne, zu erfüllen, wobei eine rechtliche Grundlage erforderlich ist. 4. Die Landeskirchen könnten, in freier Gemeinschaft miteinander die gemeinsamen Aufgaben beraten.«[34]

Bereits beim ersten Treffen wurde deutlich, dass die Landeskirchen die Bildung eines lockeren Verbundes vorziehen würden. Immer wieder wurden auch andere Vereinigungsmöglichkeiten in den Landeskirchen wie der Anschluss an die Altpreußische Union diskutiert. Von Nassau aus befürchtete man bei einem großhessischen Zusammenschluss eine »zu große Liberalität«. Derselbe Vorbehalt kam aus Waldeck bezüglich der Theologischen Fakultäten in Marburg und Gießen. Für die Kirchen schienen die Staatsgrenzen besonders in finanzieller Hinsicht noch immer unüberwindlich zu sein. Man fürchtete, dass die finanzielle Besserstellung der Kirchen in Preußen durch einen Zusammenschluss mit Hessen-Darmstadt aufgehoben werden könnte. Es war deutlich geworden, dass die Landeskirchen in Preußen von ihrem Staat mehr Geld pro evangelischem Gemeindeglied bekamen als die hessische.

---

32 Ernst GERSTENMEIER: Wilhelm Diehl als Pfarrer, Synodaler, Professor und Prälat: Teil 3. JHKGV 24 (1973), 125.

33 Vgl. Sebastian PARKER: Die Marburger Konferenz: Fusionspläne und Zusammenarbeit hessischer evangelischer Landeskirchen im 20. Jahrhundert. Darmstadt; Kassel 2008, 14.

34 Ebd, 17.

Wolfgang Lück

Prälat Diehl berichtete 1929 im Landeskirchentag, in anderen Landeskirchen habe es 5,40 Mark bzw. 4,80 Mark gegeben. In Hessen seien es nur 54 Pfennig. Aber so viel wie die anderen brauche man auch gar nicht. »Wenn uns die Hälfte dessen gegeben würde, was die anderen bekommen, dann würden wir einen Finanzplan hinstellen, der sich sehen lassen könnte vor aller Welt.« Dass man mit so wenig auskommen könne, hinge damit zusammen, dass man überall die Rechtsansprüche habe wahren können. Von denen sei kaum ein Zehntel verloren gegangen. Das sei in anderen Landeskirchen anders gewesen, weil da oft die Entscheidungen bei der einzelnen Gemeinde lägen.[35]

1932 kam die Arbeit der Marburger Konferenz zum Erliegen. Doch nachdem die Nationalsozialisten in Deutschland 1933 an die Macht gekommen waren, wendete sich das Blatt. Die Nationalsozialisten kritisierten die Zersplitterung des deutschen Protestantismus. Diese Bestrebungen wurden seit 1932 mit der Forderung nach einer Nationalkirche von der aus verschiedenen deutsch-christlichen Gruppierungen gebildeten Glaubensbewegung »Deutsche Christen« unterstützt.[36]

Hinzu kam, dass im Frühjahr 1933 per Gesetz die Länder mit dem Reich gleichgeschaltet wurden. Die Länderhoheit wurde damit zwar nicht ganz aufgehoben, aber doch soweit eingegrenzt, dass das Problem der Zweistaatlichkeit, das bis dahin eine Kirchenvereinigung verhindert hatte, so nicht mehr gegeben war. Die Deutschen Christen drängten auf neue Gespräche über eine Kirchenunion in Hessen. Unter nationalsozialistischem Druck kam es letztlich zum Zusammenschluss von zwei Landeskirchen im hessischen Raum: Die Evangelische Kirche Nassau-Hessen (heute: Die Evangelische Kirche in Hessen und Nassau) gebildet aus Nassau, Frankfurt und Hessen-Darmstadt und die Evangelische Kirche von Kurhessen-Waldeck. Diese Zuordnung hatte ihren Grund darin, dass die beiden hessischen Gauleiter (Süd und Nord) jeweils ihre eigene Landeskirche haben wollten und deshalb einen Zusammenschluss aller fünf in Frage kommenden Kirchen verhinderten. Am 12. September 1933 tagten die Landeskirchentage der für einen Zusammenschluss vorgesehenen Kirchen räumlich getrennt in Frankfurt, Wiesbaden, Darmstadt und Kassel. Der Gauleiter von Nordhessen erhob in Kassel jedoch Einspruch gegen einen Fusionsbeschluss. Daraufhin verbot auch der Gauleiter von Südhessen einen Zusammenschluss mit Nordhessen.[37]

IX Kontinuitäten und Diskontinuitäten

In wenigen Sätzen fast Heinrich Steitz in seiner Geschichte der EKHN zusammen, wie man sich in Hessen-Darmstadt bemüht hatte, möglichst wenig Brüche entstehen zu lassen:

---

35 Karl Esselborn: Wilhelm Diehls Leben und Wirken. Darmstadt 1931, 58.
36 Vgl. Parker: Die Marburger Konferenz ... (wie Anm. 33), 65.
37 Vgl. ebd, 71 f.

Die Landeskirche in Hessen-Darmstadt zwischen 1918 und 1933

»Oberkonsistorialpräsident D. Nebel legte den Verfassungsentwurf dem Landeskirchentag vor› dankte ‚dem letzten Träger des landesherrlichen Kirchenregiments‹ für das, ›was er der hessischen Kirche gewesen ist‹ und betonte, daß der Verfassungsausschuss bemüht gewesen sei, aus der alten Kirchenverfassung dasjenige zu erhalten, was sich bewährt hatte. Dazu rechnete er die ›Unantastbarkeit der Bekenntnisse‹ und Gestaltung der Verfassungsgrundlage von der Kirchengemeinde her.«[38]

Wilhelm Diehl, der am 4. Mai 1920 zum ersten Präsidenten des verfassungsgebenden Landeskirchentages gewählt worden war, bekannte sich ausdrücklich zur althessischen Tradition. Er sagte u.a.:

»Die Gefühle, die mich jetzt in diesem Augenblick beherrschen, werden am besten angedeutet durch die Worte, mit denen unser althessisches Ordinationsgelübde anhebt: ›Ich erkenne wohl, dass es ein *schwer* Amt ist, das ich antreten will.‹ Die Schwierigkeiten des Amtes liegen auf der einen Seite in den besonderen Zeitläuften, in denen wir drin stehen, die Schwierigkeiten liegen für mich aber auch auf persönlichem Gebiete«.

Diehl gedenkt dann des früheren Präsidenten Dingeldey. Er schließt mit den Worten: »Ich fasse meine Wünsche für meine Amtsführung zusammen in dem Geleitwort, mit dem unsere Altvorderen an ihre Arbeit am Tagesbeginn zu gehen pflegten: ›Gott walt's!‹ [...]«[39]

Diehl gehörte zu der »Gründerzeitgeneration«, die ihre Prägung in den Jahren nach der Thronübernahme Wilhelms II. erfahren hatte, verantwortliche Positionen erst nach der Jahrhundertwende bekam und zu Beginn des Ersten Weltkriegs zwischen vierzig und fünfzig Jahre alt war.[40] Diese Generation war noch nicht von den Modernisierungskonflikten um 1900 geprägt. Sie hatte auch nicht das Erlebnis des Krieges in ihrer Jugend gehabt. Es war für sie naheliegend, das als bewährt Erkannte in die neue Situation hinüber zu retten. Den abgesetzten Landesherrn und den neuen Präsidenten und dann Prälaten verband dabei ein hessischer Patriotismus, der sie gern von ihrem geliebten Hessenland sprechen ließ.

Natürlich gab es zwischen dem vergangenen Großherzogtum und dem neuen Volksstaat Hessen genügend Diskontinuitäten. Darauf soll hier nicht weiter eingegangen werden. Beispielhaft sei die kirchliche Bautätigkeit dafür genannt, wie der Erste Weltkrieg eine Zäsur darstellte. In den Jahren nach der Jahrhundertwende waren mit Unterstützung des Großherzogs in den neuen Wohnvierteln der Städte große repräsentative Kirchenanlagen mit Gemeinde- und Pfarrhäusern errichtet worden. Die vasa sacra waren meist Stiftungen der Herrscherfamilie. Der Jugendstil war vorherrschend. Nach dem Krieg entstanden fast ausschließlich noch bescheidene Dorfkirchen in Diasporagebieten mit der Unterstützung durch das Gustav-Adolf-Werk, keine Luther- und Pauluskirchen mehr, sondern Gustav-Adolf-Kirchen.

---

38 Steitz: Geschichte ... (wie Anm. 2), 455.
39 Wilhelm Diehl … (wie Anm. 22), 142. Hervorhebungen im Original gesperrt.
40 Vgl. Friedrich Wilhelm Graf: Der heilige Zeitgeist: Studien zur Ideengeschichte der protestantischen Theologie in der Weimarer Republik. Tübingen 2011, 31.

Wolfgang Lück

X Kirchenpolitische Gruppierungen

Am 31. Oktober 1851 wurde in Friedberg in Hessen die »Lutherische Konferenz« gegründet, die zum Ziele hatte, die Kirche nach lutherischen Prinzipien zu entwickeln. Die drei hessischen Superintendenten betonten in einem Rundschreiben, dass die Landeskirche auf dem Boden der Union stehe.

> »Die Freunde der Union [...] gründeten am 15. Oktober 1856 die ›Evangelische Konferenz‹, welche nach ihrem ersten Versammlungsort auch ›Friedberger Konferenz‹ genannt wurde. Die ›Kirchliche Mitte‹ wollte ›ein Sammelpunkt für alle diejenigen werden, welche sich durch die Not der Kirche und durch den Schmerz über so viele verloren gehende Seelen zu erneuter gemeinsamer Sorge und Tätigkeit‹ aufgerufen fühlten.«[41]

Am 30. September 1863 wurde in Frankfurt der »Deutsche Protestantenverein« gegründet. Damit trat die »Kirchliche Linke« hinzu. Im Laufe des Jahres 1869 entstanden Protestantenvereine in Darmstadt und zahlreichen anderen Orten.

Diese kirchenpolitischen Gruppierungen traten auch nach dem Ende der Staatskirche 1918 in Erscheinung. Alle setzten sich für die Volkskirche ein, verstanden jedoch darunter jeweils etwas anderes.

> »Für die ›Linke‹ war das ›Volk‹ dieser Kirche die Gesamtheit des Kirchenvolkes; im Kampfe gegen die ›Pfarrer‹-Kirche sollte das mündig gewordene Volk [...] eine neue ›Laien‹-Kirche aufbauen. Die ›Rechte‹ klammerte sich an das bekenntnisgebundene und -bestimmte Kirchentum; sie sah in der ›Volkskirche‹ die missionarische Möglichkeit [...]. Die ›Mitte‹ wollte auf dem geschichtlich gewordenen Fundament aufbauend die kirchliche Arbeit gegenwartsnah gestalten; ihr Wirken galt der ›Heimat‹-Kirche.«[42]

Im zweiten hessischen Landeskirchentag 1928 gab es folgende Listen: »Kirchlich-positive Vereinigung«, »Hessische Evangelische Vereinigung«, »Freie volkskirchliche Vereinigung für Hessen« und »Bund für lebendige Kirche in Hessen«.[43] Bei der Wahl zur Landessynode 1933 war die Zahl der Abgeordneten von 60 auf 36 reduziert worden. Die alte kirchenpolitische Fraktionierung spielte keine Rolle mehr. Von den 36 Abgeordneten waren 14 Mitglieder bei den Deutschen Christen. Es gab jedoch keine nach Parteien gegliederte Listen mehr, sondern man stellte Einheitslisten auf.

Die neue Auseinandersetzung um die rechte Gestalt der Kirche begann schon im Sommer 1933. Eine Gruppe von hessischen Pfarrern hatte angesichts des Drängens der Deutschen Christen, eine Einheitsliste für die Kirchenwahl aufzustellen, zum 31. Juli 1933 nach Frankfurt eingeladen, um über die Lage zu beraten. Aus dieser Versammlung ging eine Bewegung hervor, die zur Gründung von Pfarrerbibelkreisen führte. Viele, auch Pfarrer aus den Reihen der Deutschen Christen,

---

41 Steitz: Geschichte … (wie Anm. 2), 389.

42 Ebd, 453.

43 Vgl. Karl DIENST: Politik und Religionskultur in Hessen und Nassau zwischen Staatsumbruch (1918) und nationaler Revolution (1933). Frankfurt am Main u.a. 2010, 195.

hielten jetzt theologische Arbeit für vordringlich. Die aus dieser Bewegung entstehenden Konvente in Darmstadt, Frankfurt, Mainz, Wiesbaden, Gießen und Limburg schlossen sich am 8. März 1934 zum Pfarrernotbund der Evangelischen Landeskirche Nassau-Hessen zusammen. Der Pfarrernotbund in Nassau-Hessen bekundete seine Zugehörigkeit zum Pfarrernotbund in Deutschland und nahm am Bekenntnistag in Ulm am 24. April 1934 teil. Anschließend wurde in Frankfurt die Bekenntnisgemeinschaft Nassau-Hessen gegründet und landesweit zur Bildung von Bekennenden Gemeinden aufgerufen.[44] Damit war eine neue kirchenpolitische Situation entstanden, die sich nicht mehr an den Gruppierungen des 19. Jahrhunderts orientierte. Im Laufe der Auseinandersetzungen zwischen Deutschen Christen und Bekennender Kirche bzw. Amtskirche und Bekennender Kirche bildete sich auch hier wieder eine kirchliche Mitte heraus, die besonders in Hessen stark war. Seit 1938 engagierten sich führende Personen in der Landeskirche Nassau-Hessen in einem Einigungswerk zur Überwindung der Konflikte. »Jedenfalls wurde das Einigungswerk nicht von der BK, sondern im Wesentlichen von der Gruppe der Mitte getragen.«[45] Deren Sprecher Propst Dr. Friedrich Müller – ursprünglich Hessen – war daran gelegen, dass die Mitte bei der Gestaltung der Landeskirche beteiligt sein sollte. Das gelang ihm auch nach 1945.

XI Schlussbemerkung

Das Großherzogtum Hessen-Darmstadt und ab 1918/19 der Volksstaat Hessen waren geografisch weithin von Preußen und Bayern umgeben. Der immer einmal wieder zur Schau getragene hessische Patriotismus drückte aus, dass man in der Nachkriegszeit und in den Weimarer Jahren sich durchaus bewusst war, dass es auch in Hessen Veränderungen gab, die man aber anders als die im übrigen Deutschland beobachteten erlebte. Es gab auch in Hessen die Räte, und es wurden revolutionäre Ideen diskutiert. Es gab auch in Hessen die Forderung nach einem Sozialismus. Nur erlebte man das als nicht so radikal, wie man es aus dem Ruhrgebiet, Berlin oder München gemeldet bekam. Der Großherzog konnte mit seiner Familie im Neuen Palais in Darmstadt, später in Schloss Wolfsgarten, wohnen bleiben. Kirchenvertreter konnten sich ins Parlament wählen lassen. Insgesamt blieb in Hessen in gewisser Weise die Kontinuität zur Monarchie erhalten. Die Entwicklung verlief anders als in anderen deutschen Ländern.[46]

---

44 Vgl. Steitz: Geschichte ... (wie Anm. 2), 571 f.

45 Hermann Otto GEISSLER: Ernst Ludwig Dietrich (1897-1974): ein liberaler Theologe in der Entscheidung. Darmstadt 2012, 394.

46 Vgl. Karl DIENST: Gießen – Oberhessen – Hessen: Beiträge zur evangelischen Kirchengeschichte. Darmstadt; Kassel 2010, 437.

Landeskirchen im Süden Deutschlands

Die vereinigte evangelisch-protestantische Landeskirche in Baden 1919 in verfassungspolitischer Perspektive

Von Johannes Ehmann

Wenn die Grundannahme oder Suggestion des Themas die sein sollte, dass die deutschen Landeskirchen im Jahre 1919 ohne ihre Landesherren gleichsam wie freigelassene Käfighühner agierten, so trifft dies für die badische Kirche nicht zu. Vielmehr vermag der Untertitel der Tagung: »Neuanfänge und Kontinuitäten« die badischen Ereignisse zu charakterisieren, wobei eine Pointe aber darin liegen könnte, die Reihenfolge der Begriffe zu verändern, also: Kontinuitäten und Neuanfang. Die Behauptung einer Kontinuität ist freilich nur mit ausgiebigem Blick ins 19. Jahrhundert plausibel.

I Der fürstlich-badische evangelische Summepiskopat und sein Ende unter Großherzog Friedrich II.

1 Markgrafschaft, Kurfürstentum und Großherzogtum

Dass mit der späten Einführung der Reformation 1556 im damaligen Baden-Pforzheim auch das landesherrliche Kirchenregiment etabliert wurde, ist alles andere als überraschend. Das Spezifikum der badischen Geschichte ist freilich, dass 1771 durch einen Erbvertrag die beiden konfessionell getrennten badischen Markgrafschaften Baden-Baden und Baden-Durlach (bzw. Karlsruhe) zusammengeführt wurden. Damit kam eine katholische Teilherrschaft unter ein lutherisches Fürstenhaus. Die rechtlichen Folgen, Maßnahmen und Moderationen sind insgesamt im Geiste der frommen Aufklärung Karl Friedrichs geglückt.[1]

Für unser Thema ist dies insofern von Bedeutung, dass einerseits in Baden schon früh eine besondere Sensibilität im Verhältnis der Kirchen zum Staat zu beachten ist, und dass andererseits die staatskirchenrechtlichen Fragen in der gewaltigen Spanne von 1774 bis 1807 von ein und demselben Beamten, nämlich Friedrich Brauer administriert worden sind. Jeder dem Hause Baden dienende Gebietszuwachs, 1771, 1803 oder 1806, entfesselte einen Integrationsschub, der mittelbar, dann unmittelbar auch die Verfassung der evangelischen Kirche betraf.

---

1 Vgl. Karl Friedrich VIERORDT: Geschichte der evangelischen Kirche in dem Großherzogthum Baden: nach großentheils handschriftlichen Quellen bearbeitet. Bd. 2: Vom Jahr 1571 bis zu der jetzigen Zeit. Karlsruhe 1856; Johannes EHMANN: Geschichte der Evangelischen Kirche in Baden. Bd. 2: Die Kirche der Markgrafschaft. Leipzig 2021.

Johannes Ehmann

Brauer war es, der durch die Kirchenratsinstruktion von 1797[2] die Dialektik von Bekenntnisbindung und freier Schriftforschung der Unionskirche nach 1821 in die Wiege gelegt hat. Er hat mit der 1803 erneuerten Instruktion die an das jetzt kurfürstliche Baden fallende reformierte Kirche der rechtsrheinischen Kurpfalz staatskirchenrechtlich »egalisiert« und dann (nach Ende des alten Reiches) im Großherzogtum durch das I. Konstitutionsedikt 1807 die beiden evangelischen Kirchen rechtlich (eben neu!) »*konstituiert*« und zugleich unter einheitliche Verwaltung gestellt.

Weder hat Brauer selbst die Union noch erlebt, noch scheinen Bekenntnisbindung und freie Schriftforschung zu unserem Thema zu gehören. Es lässt sich aber zeigen, dass die Bekenntnisbindung als Streitfrage zwischen 1850 und 1860 Affinitäten zur Kirchenverfassungsfrage aufweist; und dasselbe gilt für die Frage der freien Forschung im Sinne des Liberalismus nach 1860 als Prinzip allgemeiner Gewissensfreiheit und freiheitlicher Verfassung.

2 Union und Kirchenverfassung 1821

Wenngleich sich die badische Union als Bekenntnisunion eine verlässliche theologische Grundlage erarbeitet hat – die Abendmahlskonkordie ist ein Geniestreich – so blieb sie im Verhältnis von Schrift und Bekenntnis offen bzw. erläuterungsbedürftig. 1821 war das noch unproblematisch. Der badische Spätrationalismus und politische Frühliberalismus haben alles geschluckt, zugleich aber mit der Unionskirche direkt auch die Verfassungsfrage verbunden – eine Steilvorlage für den kirchlichen Liberalismus des Vormärz.[3]

So hieß es im Verfassungs*entwurf* der Kirchenräte 1821 im § 1:

> »Die evangelische Kirche überhaupt, in ihrem göttlichen Stifter Jesus Christus das einzige Haupt seiner großen Gemeinde auf Erden demuthsvoll verehrend, und in der von ihm geoffenbarten Lehre die einzige von menschlicher Autorität unabhängige Norm ihres christlichen Glaubens und Lebens anerkennend, ist ein sittlich religiöser Verein, welchem Pflicht und Recht zukommt, alles was im unmittelbaren nothwendigen, und mittelbaren gedeihlichen Bezug auf Erreichung, Forderung und Sicherung seiner geistigen Zwecke steht, anzuordnen, zu leiten und zu bewahren. So in sich selbst begründet erhält die Kirche dadurch zugleich die, die ihr als Körperschaft gebührende, keine weltlichen Bevormundung bedürftige Selbstständigkeit mit der dazu gehörigen Autonomie und einer ihr angemeßenen, würdigen Stellung in dem allgemeinen Gesellschaftsverbande.«[4]

---

2 Vgl. Friedrich Brauer: Markgräflich Badische Kirchenraths-Instruktion [1797]: durch Anhang und Beylagen auf den jezigen Landeszustand angewendet. Neue Auflage. Carlsruhe 1804, 15-34.

3 Vgl. dazu Johannes Ehmann: Karl Zittel: der Liberale. In: Lebensbilder aus der evangelischen Kirche in Baden. Bd. 2: Kirchenpolitische Richtungen/ hrsg. von Dems. Heidelberg u.a. 2010, 77-93.

4 Vgl. Johannes Ehmann: Union und Konstitution: die Anfänge des kirchlichen Liberalismus in Baden im Zusammenhang der Unionsgeschichte (1797-1834). Karlsruhe 1994, 351. Auch Ders: Thron und Altar: das Ringen um kirchliche Selbstbestimmung in der Evangelischen

Die vereinigte evangelisch-protestantische Landeskirche in Baden 1919

Alle weiteren Rechte, etwa die des Staatsoberhaupts, waren von diesen Bestimmungen abgeleitet. Der Großherzog wurde als Landesbischof erst im § 3 erwähnt; der Synode war ein Versammlungsrecht alle zwei Jahre zuerkannt. Von Bekenntnisgrundlagen war keine Rede.

Die hier umrissene relative Kirchenautonomie konnte »nicht« durchgesetzt werden. Neben der jetzt eingetragenen Bekenntnisbindung wurde auf der Unionssynode nun als Summepiskopus der Großherzog festgeschrieben, der – von Liberalen (bspw. Karl Zittel) später süffisant aufgegriffen – (und nicht etwa Christus) das Haupt der Kirche bilde. Auch wurde jetzt ein regelmäßiges Zusammentreten der Generalsynode nur zugesagt; eine Zusage, die dann nicht eingehalten worden ist. Erst 1834 wurde die Generalsynode unter dem folgenden Regenten Großherzog Leopold wieder einberufen.

Die der badischen Revolution 1848/49 folgende Restaurationszeit hat für kaum ein Jahrzehnt das konservativ-vermittlungstheologische Kirchenregiment Carl Ullmanns etabliert. Entgegen mancher liberaler Mythenbildung umfasste sein Programm auch das einer durchaus freiheitlichen Kirchenverfassung. Im Grunde nahm Ullmann dazu alte Brauersche Gedanken wieder auf und führte sie weiter, indem er die relative Freiheit der Kirche mit einer Bindung an die reformatorischen Bekenntnisse bei freier Schriftforschung verknüpfte. Doch zu einer neuen Kirchenverfassung kam es unter Ullmann nicht (mehr).

Hier schürzte sich ein Knoten. Ullmann und ihm sekundierend etwa Karl Bernhard Hundeshagen entwickelten die Freiheit der Kirche aus der »Freiheit« des Evangeliums »und« der »Bindung« an das Bekenntnis. Die aufstrebenden Liberalen vertraten dagegen immer eindeutiger die Position der Bekenntnisfreiheit und der Freiheit der Kirchengesellschaft im Gleichklang zur politischen Entwicklung in Staat und Gesellschaft. Das hatte Folgen für den Verfassungsgedanken.

3 Neue Ära: Osterproklamation und Verfassung vom 5. September 1861

Der Knoten platzte und es ist kein Zufall, dass die konservative Staatsregierung über einer religionspolitischen Frage 1859 scheiterte, einer Konvention mit Rom als Abschluss zum badischen Kulturkampf mit der Erzdiözese Freiburg seit einem Vierteljahrhundert, verschärft seit 1852. Über der Konventionsfrage scheiterte die Regierung – und das evangelische Kirchenregiment, das in der Frage des Bekenntnisstandes 1855 noch gewonnen und nun im Stellvertreterkrieg um eine neue Agende einen liberalen »Sturm« entfesselte. Ullmann trat 1860 verbittert zurück.

Kirche in Baden. In: Zwischen »Staatsanstalt« und Selbstbestimmung: Kirche und Staat in Südwestdeutschland vom Ausgang des Alten Reiches bis 1870/ hrsg. von Hans Ammerich; Johannes Gut. Stuttgart 2000, 27-42; DERS.: Union und Kirchenverfassung in Baden: zur theologischen Bestimmung eines unklaren Verhältnisses. In: Jahrbuch für badische Kirchen- und Religionsgeschichte 5 (2011), 155-167.

Johannes Ehmann

Das Zusammenspiel von Politik und Kirchenpolitik offenbart nun den Gleichklang von Politik und Kirche, jetzt zugunsten der Liberalen. Als Folge des kirchendiplomatischen Desasters 1859 erfolgte zu Ostern 1860 die danach benannte Osterproklamation des Großherzogs vom 7. April 1860, welche in Baden die »Neue Ära« unter dem Ministerium August Lamey einleitete.

Nachdem Großherzog Friedrich (I.) darin von »beklagenswerte[n] Irrungen mit dem Oberhirten der katholischen Kirche des Landes«, die man beheben müsse, gesprochen hatte, erklärte er weiter:

> »Es ist Mir heute eine eben so werte Pflicht, von Meiner Mir teuern Kirche zu reden. Den Grundsätzen getreu, welche für die katholische Kirche Geltung erhalten sollen, werde ich darnach streben, der evangelisch-protestantischen-unierten Landeskirche auf der Grundlage ihrer Verfassung eine möglichst freie Entwicklung zu gewähren.«[5]

Überspitzt formuliert: Erst die notwendige Entflechtung von Staat und Kirche zur Bereinigung des Konflikts mit der »katholischen« Kirche hat der »evangelischen« Kirche die des längeren geforderten Freiheiten verschafft.

Von staatlicher Seite maßgeblich wirkte hier der Staatssekretär im Ministerium des Innern, Julius Jolly. Seine an die Beratungen der Paulskirche anknüpfenden staatskirchenrechtlichen Grundsätze hat er in einer Denkschrift niedergelegt. Hier heißt es:

> »Der Grundgedanke des in sämtlichen Regierungsentwürfen durchgeführten Systems ist der: Selbständigkeit der christlichen Hauptkirchen, als öffentlich berechtigter Kirchen, aber in entschiedener Unterordnung unter den Staat.«[6]

Letztgenanntes war zweifellos eine gegen Freiburg gerichtete Sicherung bzw. Warnung. Die Osterproklamation bildetet die Grundlage des Staatsgesetzes vom 9. Oktober 1860 über »Die rechtliche Stellung der Kirchen und der kirchlichen Vereine im Staat«, als dessen Folge wiederum die nun »liberale« Kirchenverfassung vom 5. September 1861 anzusehen ist.

In dieser Kirchenverfassung war nun tatsächlich die relative Trennung von Kirche und Staat ausgesprochen, die Schulfrage zugunsten des Staates gelöst und der Generalsynode nun wirklich ein konstitutionell-legislativer Charakter zuerkannt, wie auch die Kirchenregierung tatsächlich in den Händen der Kirche selbst lag. Die kirchlich-konservative Opposition wurde freilich gehört: Noch im Vorfeld der Arbeiten zur Kirchenverfassung schrieb Ullmann kurz vor seinem Rücktritt 1860:

> »Allerdings hört der Großherzog als Staats-Oberhaupt, als welches er durch sein Ministerium handelt, nunmehr auf, die evangelische Landekirche zu regieren, aber keineswegs hört er auf, als vornehmstes Mitglied der evangelischen Landeskirche die bischöflichen Rechte auszuüben. Als evangelischer Landesbischof hat er an der Neuordnung unserer

---

5 Großherzoglich Badisches Regierungsblatt (1860) vom 7. April, 85.

6 Julius JOLLY: Die badischen Gesetzentwürfe über die kirchlichen Verhältnisse. Heidelberg 1860, 3.

Die vereinigte evangelisch-protestantische Landeskirche in Baden 1919

Kirchenangelegenheiten vollen Anteil zunehmen und nimmt ihn durch die Behörde, durch welche er schon seither seine bischöflichen Rechte ausgeübt hat, durch den Oberkirchenrat.«[7]

Freiheit der Kirche bedeutete für Ullmann also Freiheit von der staatlichen Administration bei Zuordnung des Kirchenregiments (weiterhin) zum Großherzog – im Grunde war das das alte melanchthonische System der Zuordnung der Kirche zum »praecipuum membrum ecclesiae«.

Gleichwohl wird man – die Kirchengeschichte endete ja nicht 1860 und auch nicht 1919 – zu fragen haben, ob eine dann doch liberale Verfassung, die sich faktisch im Gleichklang mit den Verhältnissen im Staat bewegte, nicht auch Probleme aufwies oder aufweisen könnte.

Kein geringerer als wieder Karl Bernhard Hundeshagen hat hier die Hand auf die Wunde gelegt, indem er die Inkonsequenzen der Kirchenverfassung scharf kritisierte: Die Kirchenverfassung sei einerseits zu liberal, indem sie nicht zwischen »echten« Gemeindegliedern und nomineller Kirchenmitgliedschaft unterschied; sie sei zu wenig liberal, indem sie eine Position stützte, die ausgerechnet das Predigerseminar (unter Daniel Schenkel das Bollwerk des kirchlichen Liberalismus!) der kirchlichen Aufsicht vorenthielt – Liberalismus als Staatsdoktrin. Die Kirchenverfassung in ihrer »weltlichen« Diktion mache die Kirche zur »Welt«. Ganz deutlich ist, dass auch und gerade eine Kirchenverfassung ein für Hundeshagen zutiefst problematisches »ekklesiologisches« Dokument darstellte:

»[…] Staat und Kirche werden sich ermannen müssen zu richtigem Verständniß und naturgemäßer praktischer Ausführung dieses folgenreichen Grundsatzes [der Trennung von Kirche und Staat]. Diese Ermannung ist aber wenigstens von Seiten der neu constituirten Kirche zur Zeit noch nicht erfolgt. Der augenfälligste Beweis davon ist die noch andauernde Stellung des Predigerseminars, welche sicherlich mit den durch Gesetzgebung von 1860 zur Geltung gebrachten Grundsätzen nicht in Uebereinstimmung steht. […] Eine wirkliche Trennung von Staat und Kirche ist eben allein darum seit dem 5. September 1861 bei uns nur auf dem Papier, nicht aber in Wirklichkeit vollzogen. Eine Kirche, welche sich vom Staat den Unterhalt sogar für ihr Predigerseminar reichen läßt, wird nirgends in der ganzen Welt eine vom Staat unabhängige genannt werden. […] So wenig die neue Kirchenverfassung, obschon sie auf diese Voraussetzung gebaut war, Antriebe gegeben hat zu einer verständigen Lösung der Kirche aus ihrem bisherigen Verhältniß zum Staat, so entschiedene Schritte dagegen hat sie meines Erachtens gethan zur Auflösung der Kirche in die Welt. Sie hat den Schwerpunkt der Kirche in die Gemeinde verlegt, und ich bin nicht im Entferntesten gewillt, sie deßhalb zu tadeln. Aber sie hat unterlassen, zugleich die Gemeinde zu organisieren, d.h. die religiös-kirchliche Eigenschaftlichkeit derer genau zu bezeichnen, welche zur Gemeinde gehören, ihre Vortheile genießen, ihre Rechte üben und vertreten, ihre Leitung führen sollen. Denn da kann von einer Gemeinde-Organisation nicht die Rede sein, wo lediglich nach Zurücklegung eines ge-

---

7 LKA Karlsruhe, Rep. EOK, Gen. Staatsverfassung – Die Änderung der Kirchenverfassung bzw. Vorarbeiten zum Gesetz vom 9. X. 1860, Die rechtliche Stellung der Kirchen und kirchlichen Vereine im Staat betr., 1848 bis 1860, I Nr. 4530.

Johannes Ehmann

wissen Lebensalters das gesammte evangelisch getaufte, confirmirte und im Allgemeinen bürgerlich unbescholtene Ortspublikum männlichen Geschlechts von Rechtswegen auch als Gemeinde angesehen werden soll. […] Und warum wohl hat es die Generalsynode von 1861 für gut befunden, die in der Kirchenverfassung von 1821 enthaltenen Bestimmungen der religiös-kirchlichen Qualifikation der Kirchengemeinderäthe nach Maßgabe von Apostelgesch. 5,13; 6,3; Röm. 12,13; Ephes. 6,21; 2 Thess 1,11 stillschweigend zu beseitigen? So unterscheidet sich in Folge der mangelnden Gemeindeorganisation die Gemeinde der neuen Verfassung durch keinerlei charakteristisches Kennzeichen von der buntgemischten Menge des Publikums, zu dem nicht blos gottesfürchtige, christgläubige, sittlich ernste kirchlich gesinnte und thätige Leute, sondern zugleich die ganze Masse derjenigen gehört, welche in der Schrift die ›Welt‹ genannt werden, welche ›im Argen liegt‹, welcher ›der Christ sich nicht gleichstellen‹, sondern welche er ›fliehen‹ soll sammt allem was ›von ihr‹ ist.«[8]

Man muss Hundeshagens Auffassung nicht teilen. Aber das Problem des Verhältnisses von Gemeindegliedschaft und Kirchenmitgliedschaft ist hier klar erkannt. Wie kann die Kirche der Welt gegenübertreten, wenn sie selbst als Gesellschaft (nur) Teil der Welt ist? Unstrittig ist, dass schon die Beratung und der Beschluss der Kirchenverfassung Demokratie eingeübt haben. Beratungen erfolgten auf Bezirksebene, weitere und der Beschluss dann durch eine eigens dazu einberufene Generalsynode.

Dennoch blieb Entscheidendes in der Schwebe. »Konstitutionell« war die Kirchenverfassung darin, dass sie den Großherzog nun auch rechtlich an die Kirchenverfassung band. »Hinkend« war die Trennung schon damals, wenn es hieß: »Der evangelische Großherzog hat als Landesbischof das den evangelischen Fürsten Deutschlands herkömmliche [!] Kirchenregiment und übt dasselbe nach den Bestimmungen aus.«[9] Ein im Grunde schwacher Traditionsbeweis wie auch die Eröffnung der Generalsynode durch den Großherzog selbst sind wohl als Strategie der Beruhigung der Konservativen zu werten. Freilich »hatte« der Großherzog tatsächlich Gewicht, indem er bspw. (weiterhin) die Präsidenten des Oberkirchenrates ernannte.

Ansonsten – mehr kann an dieser Stelle nicht gesagt werden – war die Kirchenverfassung bestrebt (hier waren sich Liberale und Konservative einig), durchgehend das Gemeindeprinzip[10] geltend zu machen, wobei damit nicht nur die Parochie, sondern auch der Bezirk und vor allem die Landeskirche als Gemeinde verstanden wurden – wenn man so will: eine demokratisch gegliederte Ordnung – zugleich in direkter Parallelität zur staatlichen Verfassung. Die Kirche war als soziale

---

8 Karl Bernhard HUNDESHAGEN: Sechs Jahre in der Separation: Antwortschreiben an einen Freund im badischen Lande. Heidelberg 1867, 12-14.

9 § 4 der Verfassung (s. Anm. 7).

10 Vgl. zum Ganzen den wertvollen Beitrag von Peter VON TILING: Gemeinde und Gemeindeprinzip im badischen Kirchenverfassungsrecht seit 1821. In: 150 Jahre Vereinigte Evangelische Landeskirche in Baden 1821-1971: Dokumente und Aufsätze/ im Auftrag des Oberkirchenrates hrsg. von Hermann Erbacher. Karlsruhe 1971, 555-581.

Größe beschrieben. Geleitet wurde sie von einer Kirchenregierung unter einem Oberkirchenratspräsidenten (zwischen 1860 und 1902 immer ein Jurist), der in der typisch liberalen Vorstellung der Ministerverantwortlichkeit, der Synode gegenüber rechenschaftspflichtig war. Was die Kirche vom Staat unterschied war das Prälatenamt zum bischöflich-seelsorglichen Handeln an Pfarrern und Gemeinden. Erst 1902 wurde mit Albert Helbing wieder ein Theologe (ein halbes Jahrhundert nach Ullmann) zum Präsidenten des EOK bestellt.

Noch 1928 hat der für Baden wichtige Praktische Theologe und Landeskirchenhistoriker Johannes Bauer die Verfassung von 1861 nicht nur rühmen können, sondern als Etappe einer Entwicklung gesehen, die bis in seine Zeit reichten:

> »Aus einem völlig vom Staat abhängigen Kirchenwesen ist unsere Kirche schon vor nahezu siebzig Jahren, seit 1860, zu einer weitgehenden Selbständigkeit gelangt, die dann den Endpunkt in der Entwicklung in der Gegenwart, seit 1918, gefunden hat.«[11]

I Die Kirchenverfassung von 1919

1 Eine Weihnachtsgabe

Zum 24. Dezember 1919 wurde eine neue Kirchenverfassung promulgiert. Im Vorwort hieß es dazu:

> »Zur Umgestaltung der Kirchenverfassung vom 5. Sept. 1861, die durch die Staatsumwälzung vom 9. Nov. 1918 dringend geworden war, ist aufgrund des Wahlgesetzes vom 18. Juni 1919 am 28. September 1919 eine außerordentliche Generalsynode von 85 Mitgliedern gewählt worden und am 13. Oktober 1919 zusammengetreten. Die Synode hat – mit Unterbrechung durch die Verkehrssperre – in fünfwöchiger angestrengtester und gründlichster Arbeit ihre schwierige Aufgabe erledigt. Der Entwurf des Oberkirchenrates wurde im Verfassungsausschuß einer dreimaligen Lesung unterzogen und der aus diesen Beratungen hervorgegangene Entwurf des Verfassungsausschusses in der Schlußsitzung der Vollversammlung am 12. Dezember 1919 mit unwesentlichen Änderungen einstimmig angenommen.«[12]

2 Legitimität und Gleichklang   Geschichte und Würdigung der Kirchenverfassung

Die letzte ordentliche Generalsynode war am 24. Juli 1914 zusammengetreten. Am 14. November 1918 suspendierte Großherzog Friedrich II. seine Regierungsgewalt. Der politischen Revolution entsprach kirchlich nun freilich »keine«, sondern ein gänzlich evolutionärer Übergang.

Zunächst kündigte der Großherzog zwar an, dass er »uneingeschränkt und endgültig [auch] auf seine kirchenregimentlichen Funktionen« verzichten werde.

---

11 Johannes BAUER: Die Eigenart der evangelischen Kirche in Baden. In: Kirche und Heimat: ein Buch von der evangelischen Kirche in Baden. Festgabe zum Deutschen Evangelischen Pfarrertag in Karlsruhe 1928. 2. Aufl. Karlsruhe 1931, 49-71, 55.

12 VERFASSUNG DER VEREINIGTEN EVANGELISCH-PROTESTANTISCHEN LANDESKIRCHE BADENS vom 24. Dezember 1919: amtliche Ausgabe. Karlsruhe 1920, 5 (Vorwort) (nachfolgend abgekürzt: KV).

Johannes Ehmann

Aber er tat dies mit der Motivation, »um der Kirche nicht Ungelegenheiten zu bereiten«.[13] Offensichtlich war Friedrich II. hier klüger als der EOK, der zunächst die konservative Auffassung vertreten hatte, die kirchlichen Rechte seien durch einen Regierungsverzicht nicht berührt. Friedrich blieb bei seiner Auffassung.

Dies bedeutete, dass völlig im Einklang mit der noch geltenden Kirchenverfassung von 1861 ein Kirchengesetz erlassen wurde, in welchem dem Evangelischen Oberkirchenrat die Kirchenregierung übertragen wurde. Dadurch, dass der Generalsynodalausschuss dem Gesetz zustimmte, konnte am 20. November 1918 das Gesetz in Kraft treten. Da nun freilich der Großherzog erst am 22. November seinen Thronverzicht erklärte, entstand keinerlei Rechtslücke.

Das heißt: Mit den alten konstitutionellen Mitteln schied die evangelische Kirche aus dem kirchlichen Konstitutionalismus des rechtlich noch nicht abgelösten großherzoglichen Systems aus. Die evangelische Kirche war also keinesfalls ein kopfloses Huhn, sondern konnte ganz organisch und legitimiert ihren Weg gehen. Am 28. und 29. November 1918 trat eine außerordentliche Generalsynode in der Bibliothek des EOK zusammen, stimmte den vorläufigen Gesetzen zu und beschloss, die bereits 1914 ins Auge gefasste Verfassungsreform quasi unter neuen Voraussetzungen »weiterzuführen« – also: mehr Kontinuität als Neubeginn. Im September 1919 versammelte sich die erste (jetzt) »Landes«synode in Zeiten der Republik und hat dann – wie gehört – in erstaunlich kurzer Zeit die neue Kirchenverfassung beraten und verabschiedet.[14] Offensichtlich auch unter dem Eindruck der Revolution sind die Beratungen zwischen Konservativen und Liberalen konfliktfrei verlaufen.

Ein Zwischenfazit: Über die Mentalitäten, die Anhänglichkeit der badischen Bevölkerung an das großherzogliche Haus, die konservative Option der Landeskirche in der Frage der Fürstenenteignung, den weiteren Kontakt vor allem der Großherzogin zum badischen Prälaten Ludwig Schmitthenner, wäre eine eigene Untersuchung nötig.[15] Festzustellen ist hier lediglich, dass die Neugestaltung der kirchlichen Verhältnisse in Baden als Kontinuum sich darstellt, dessen Etappen vom Synodal»entwurf« 1821 bis zur Kirchenverfassung von 1861 und ihrer Fortschreibung 1919 reichen.

Im Einzelnen bedeutet das: Äußerer Rahmen war jetzt die neue gesetzliche Grundlage der am 11.8.1919 beschlossenen Weimarer Artikel. § 137, der bekanntlich ins Grundgesetz übernommen wurde, begründete die (Staats-)Freiheit

---

13 Vgl. Otto Friedrich: Einführung in das Kirchenrecht. 2. Aufl. Göttingen 1978, 211.

14 Der Kirchenverfassung selbst waren noch beigegeben: Einführungsgesetz, Kirchengemeindewahlordnung, Pfarrwahlordnung und Landessynodalwahlordnung. Der Druck wurde erst 1920 vorgenommen. Es war die staatliche Genehmigung (29. März) abzuwarten, sodann die Inkraftsetzung auf Ostersonntag, den 4. April 1920.

15 Vgl. dazu jetzt: Micha Willunat: Kirchenleitung und Seelsorge: Ludwig Schmitthenner Wirken als Pfarrer, großherzoglicher Seelsorger und Prälat der badischen Landeskirche (1892-1923). Stuttgart 2019.

der Kirche im Rahmen der für alle geltenden staatlichen Gesetze zur Regelung der eigenen Belange. Männer und Frauen waren hinsichtlich der Mitwirkungsrechte gleichgestellt, schon 1903 war das Frauenwahlrecht gefordert worden.[16] Mit 23 Jahren war das aktive, mit 30 Jahren das passive Wahlrecht verbunden. Im Weiteren entwickelte die Kirchenverfassung wie 1861 ihre Ordnung erneut ganz nach staatlichem Vorbild, d.h. als kirchlichen Parlamentarismus. Die Kirche war demokratisch gegliedert. Ihre Gremien waren die Kirchenversammlung, der Kirchenausschuss, der Kirchengemeinderat, die Bezirks- und die Landessynode. Der Kirchenversammlung war eine Rolle zugedacht, die die (ohnehin schwache) Rolle der heutigen Gemeindeversammlung weit übersteigt. Die Synode war ein von Parteien getragenes Kirchenparlament. Ihr Gegenüber war der Kirchenpräsident, dessen verfassungsmäßige Rolle die des bisherigen Präsidenten des EOK und die der höchsten Repräsentation der Landekirche umfasste, während die Kirchengewalt bei der Synode lag. Untergeordnet war das Amt eines Synodalpräsidenten, der quasi erst nach Eröffnung der Synode durch den Kirchenpräsidenten amtierte.

Die Kirchenregierung bestand aus dem Kirchenpräsidenten, seinem Stellvertreter, dem Prälaten und sechs Synodalen. Dem gegenüber stand administrativ der Oberkirchenrat, der dem entsprechend mehr als Kirchenverwaltung denn als Kirchenleitung anzusehen ist. Auch wurden die Oberkirchenräte nicht durch die Synode bestellt, sondern durch die Kirchenregierung.

Für uns sind nun freilich die Einzelbestimmungen von geringerem Interesse als das Aufspüren größerer Zusammenhänge und Kontinuitäten. Ich tue dies mit einem Rückblick, dem ein Vorausblick in die Weimarer Zeit folgt.

Die Kirchenverfassung von 1919 war zunächst nichts anderes als eine Bekräftigung der Verfassung von 1861, darin war sie liberal. Indem sie auf die Bekenntnisgrundlagen der Union verwies und summarisch damit einen Bekenntnisstand erklärte, vor allem aber von allen Kirchengliedern einen geistlichen Lebenswandel forderte, war sie konservativ. In beidem konnten also die großen Kirchenparteien »ihre« Kontinuitäten entdecken. Ja selbst der durch »Weimar« gegebene staatskirchenrechtliche Rahmen war in Baden nicht neu, sondern entsprach den 1860 gewiesenen Grundsätzen Julius Jollys. »Richtig« neu war eigentlich nur das Frauenwahlrecht. Die Kirchengewalt lag bei der Synode und wurde legitim von der Kirchenregierung administriert. Die Ablösung von der Person des Fürsten verlief kampf- und krampflos.

Die Befürchtungen, nach Ende des landesherrlichen Kirchenregiments habe sich die badische Kirche quasi in Einzelgemeinden aufgelöst, war – wenngleich geäußert – schon damals eigentlich ohne Substanz. Zur Wahrnehmung der Voraus-

---

16 Vgl. Hans LIERMANN: Die vereinigte evangelisch-protestantische Kirche des Großherzogtums Baden. In: 150 Jahre Vereinigte Evangelische Landeskirche in Baden … (wie Anm. 10), 521-554, hier 553.

schau ist ein erneuter Blick auf die Verfassungsstruktur nötig: Eine signifikante Dreiteilung ist hier zu erkennen:

I. Kirchenpräsident – Kirchenregierung (– Prälat) – Synode (– Gemeinde)

II. Kirchenpräsident – Oberkirchenrat (– Prälat) – Verwaltung

III. Prälat – Dekan (Ordinationen!) – Pfarrer – Gemeinde (Visitation, »sittliche Hebung« des Kirchenvolkes, Seelsorge)

Ad I und II) Zweifellos war der Kirchenpräsident der verfassungsrechtliche Fluchtpunkt, dessen Stellung der des Prälaten auch protokollarisch eindeutig übergeordnet war, und quasi legitimierend an die Stelle des Großherzogs getreten ist. Regierung und Verwaltung standen in einer (meist wieder) juristischen Hand.

Ad III) Die geistliche Leitung bildete eine Art Nebenstruktur, was ihr gewissermaßen eine Art Autonomie sicherte, aber auch eine Unterscheidung von Kirchenleitung und bischöflicher Leitung bescherte. Die Struktur war in Baden solange unproblematisch, so lange Prälat und Kirchenpräsident an einem Strang zogen – und faktisch bis zur Aufhebung beider Ämter im Jahre 1933.

Im Vorfeld der Verfassung von 1919 hatte es bereits Stimmen gegeben, die das Amt eines Landesbischofs gefordert hatten. Die Liberalen haben dies verhindert, was den liberalen Charakter der Verfassung auch zum Angriffspunkt machen konnte. Ein Anonymus schrieb unter dem Titel: »Die Revolutionierung der Kirche«:

> »Hier zeigt sich wieder einmal der ganze liberale Doktrinärismus; von neuer Kirchenverfassung, neuem Wahlrecht und Wahlverfahren, von einer Zurückdrängung des geistlichen Elements erhofft man das Heil der Kirche, so ungefähr wie die Herren in Weimar mir neuen Paragraphen das schwarzrotgoldene Deutschland neuer Herrlichkeit zuzuführen verheißen.«[17]

Zweifellos regte sich hier erstmals eine gesamtparlamentarische Kritik auch in der Kirche – verbunden mit dem Ruf nach geistlicher Leitung (s.u.).

3 Das Ende

1933 ist dieses System kollabiert: »KV § 108 (2) bestimmte: Die Kirchenregierung kann die Synode auflösen.«[18] Am Anfang des badischen Kirchenkampfes stand die von einem (pseudoreformatorischen) Antiparlamentarismus getragene Entmachtung der Synode in Anwendung dieses Paragraphen, darüber hinaus und noch im synodalen Einklang die Aufhebung der beiden leitenden Ämter der Kirche und der Verschmelzung des Kirchenpräsidenten- mit dem Prälatenamt. Dies war ein Verfassungsbruch (nur) unter dem Schein des Rechts, da der Synode ihr Charakter als

---

17 Zitat nach Hermann ERBACHER: Die Evangelische Landeskirche in Baden in der Weimarer Zeit und im Dritten Reich 1919-1945: Geschichte und Dokumente. Karlsruhe 1983, 29 (= Korrespondenzblatt der Landeskirchlichen Vereinigung 32 [1919], 41 f). Der Anonymus war vermutlich Pfr. Karl Spitzer.

18 Verfassung der vereinigten evangelisch-protestantischen Landeskirche Badens … (wie Anm. 12).

Die vereinigte evangelisch-protestantische Landeskirche in Baden 1919

»kirchliche Volksvertretung [und] Inhaberin der der Landeskirche innewohnenden Kirchengewalt« (§ 93 [1]) durch die Synode selbst aberkannt worden war. Das war für die Positiven die Errungenschaft des bischöflichen, für die anderen (DC) die des Führerprinzips.

Auch dieser eigentlich revolutionäre Akt vom 1. Juni 1933 verlief »irgendwie« problemlos, indem man den bisherigen Prälaten Julius Kühlewein am 24. Juni 1933 zum geistlichen Führer wählte, der dann den Titel Landesbischof trug. Und auch das lief »irgendwie« verträglich, weil man keinen DC-Mann wählte, sondern einen Positiven. Bereits aus dieser personalen Besetzung erklären sich die Unsicherheiten in Beschreibung und Bewertung des badischen Kirchenkampfes. Doch eines war klar: Das »System Weimar« war auch in der badischen Kirche ans Ende gelangt.

III Ergebnis

Nach 1771 erfolgte die Gewährung rechtlicher Parität der lutherischen und katholischen Kirche unter Wahrung des landesherrlichen Kirchenregiments; 1803 wurde dieses Prinzip auf die reformierte Kirche ausgeweitet. 1807 erfolgte die Konstituierung der Kirchen als anerkannte Kirchen als Ersatz des Alten Reichsrechts (IPO). Im Jahr 1821 kam es zur Neukonstituierung der Unionskirche als Staatskirche gegen frühliberale Versuche, einen größeren kirchlichen Freiraum durchzusetzen. Durch den politischen Wandel des Jahres 1860 erfuhr die evangelische Kirche einen Zuwachs an Freiheiten als quasi konstitutionelle Gesellschaft unter Staatsaufsicht mit dem nominellen Kirchenoberhaupt eines Landesbischofs. Es entwickelte sich aus dem Direktorat des EOK das Amt eines Kirchenpräsidenten als Behördenchef neben dem traditionellen Prälatenamt. Freilich war der Großherzog (als Landesbischof noch) Petitionsadresse der kirchlich Konservativen in kirchenpolitischen Fragen, insbesondere in den Kämpfen der 1860er Jahre.

1919 erfolgte durch die Revolution der Wegfall der Integrationsfigur des Großherzogs. Die neue Kirchenverfassung war eine Fortschreibung der Verfassung im Geiste des Weimarer Parlamentarismus, mehr aber noch die Wahrung der Kontinuität seit 1860. Konservativ-theologische Grundorientierung fanden Eingang durch den Hinweis auf den Bekenntnisstand, die Verpflichtung auf geistlichen Lebenswandel der Kirchenmitglieder und die verfassungsmäßige Ausgestaltung des Prälatenamtes. Dieses System wurde durch die revolutionären Ereignisse des Jahres 1933 aufgehoben.

Noch einmal ein letzter Blick auf das Krisenjahr 1919.

Der Blick auf die badische Kirche im Jahre 1919 zeigt vor allem andern, dass die Kirchenverfassung am Ende einer kontinuierlichen Entwicklung stand, die bereits 1821 beginnt. Der Wegfall des landeskirchlichen Kirchenregiments mochte viele mit Wehmut erfüllen; einen echten Neuanfang musste man nicht wagen. Was man vollzog, war bereits angelegt, was man tun musste, konnte man im Rückgriff

Johannes Ehmann

auf Bestehendes tun. Die Verfassung und ihr parlamentarischer Charakter wurden vielleicht nicht begrüßt, aber getragen und mit Leben erfüllt. Ein freigelassenes Käfighuhn war die badische Kirche 1919 also nicht; eher ein von seiner Mutter ins Wasser gestoßenes Robbenbaby – und siehe, es schwamm, weil es schwimmen konnte.

Die bayerische Landeskirche nach dem Ende des landesherrlichen Kirchenregiments und in den ersten Jahren der Weimarer Republik

Von Wolfgang Sommer

Inge Mager zum 80. Geburtstag

Bayern war der erste deutsche Staat, in dem der Übergang von der Monarchie zur Republik zunächst friedlich vollzogen wurde. Unter Führung des maßgeblichen Mannes der bayerischen USPD, Kurt Eisner,[1] und dem Führer des Bayerischen Bauernbundes, Ludwig Gandorfer, zogen am Nachmittag des 7. November 1918 nach einer großen gemeinsamen Kundgebung beider sozialdemokratischer Parteien auf der Theresienwiese Tausende von Zivilisten durch München. Die Soldaten in den Kasernen schlossen sich dem riesigen Demonstrationszug an und besetzten zahlreiche öffentliche Gebäude. Im Zentrum von München, am Stachus, wurde ein Arbeiter- und Soldatenrat unter Führung Eisners gebildet. Noch am Abend dieses Tages eröffnete Eisner im Landtag die konstituierende Sitzung der bayerischen Arbeiter-, Bauern- und Soldatenräte, die ihn zum Präsidenten wählten. In der Nacht vom 7. zum 8. November proklamierte Kurt Eisner in einem Aufruf an die Bevölkerung den »Freistaat Bayern« und kündigte die Wahl zu einer konstituierenden Nationalversammlung an, die über die zukünftige Gestalt des Freistaates Bayern zu befinden habe. Am Morgen des 8. November erschien dieser Aufruf in den Zeitungen, der den raschen Wandel der politischen Verhältnisse signalisierte.

Zu dieser Zeit war Wilhelm II. noch Deutscher Kaiser und König von Preußen. Der Umbruch in der Reichshauptstadt Berlin folgte erst am 9. November, mit dem der Beginn der sog. Novemberrevolution von 1918 in Verbindung gebracht wird.

Die Erklärung Kurt Eisners, dass Bayern Freistaat sei, gilt bis heute. Sie hatte ursprünglich die Bedeutung, dass Bayern von nun an frei sei von der Monarchie, d.h. von der über 700 Jahre währenden Herrschaft der Wittelsbacher Dynastie. König Ludwig III. verließ mit seiner Familie am Abend des 7. November die bayerische Hauptstadt. Er war der erste Monarch in Deutschland, der durch die Revolution vertrieben wurde.

---

1 Über Eisner vgl. Karl Otmar FREIHERR VON ARETIN: Kurt Eisner. In: Nation, Staat und Demokratie in Deutschland: ausgewählte Beiträge zur Zeitgeschichte/ hrsg. von Andreas Kunz; Martin Vogt. Mainz 1993, 95-105. – In der Zeitschrift für bayerische Kirchengeschichte habe ich einen Aufsatz veröffentlicht, der die bayerische Revolution 1918/1919 und die Haltung der evangelischen Kirche darauf thematisiert: Wolfgang SOMMER: Die protestantische Kirche in Bayern rechts des Rheins zur Zeit der Novemberrevolution 1918 und im Frühjahr 1919. ZBKG 87 (2018), 123-140. In dem folgenden Aufsatz wird das Thema in veränderter und erweiterter Form bis in die erste Zeit der Weimarer Republik erneut aufgegriffen.

Wolfgang Sommer

Eisner rief die Bevölkerung zur Mitarbeit auf, er hoffte auf einen friedlichen Übergang in die neuen politischen Verhältnisse. Sein Ziel war, »dass sich die unvermeidliche Umwandlung rasch, leicht und friedlich vollzieht. [...] In dieser Zeit des sinnlos wilden Mordens verabscheuen wir alles Blutvergießen. Jedes Menschenleben soll heilig sein.«[2]

Zehn Tage nach Ausrufung der Republik fand im vormals Königlichen, jetzt Nationaltheater in München eine Revolutionsfeier statt, die von den Arbeiter-, Soldaten- und Bauernräten organisiert wurde. Es erklang Beethovens Leonoren-Ouvertüre, dirigiert von Bruno Walter. Auch Rainer Maria Rilke und Thomas und Heinrich Mann sowie der zum Innenminister im Kabinett Eisner ernannte Erhard Auer, der Führer der Mehrheitssozialdemokraten, und der Dramaturg Gustav Landauer waren anwesend. Das bildungsbürgerliche München stand den revolutionären Ereignissen nicht teilnahmslos gegenüber. Das Bewusstsein, an einer Epochenwende zu stehen, war allgemein präsent. Eisner hielt eine Rede, die kein revolutionärer Kampfaufruf war, sondern die sein Demokratieverständnis selbstbewusst und in idealer Weise zum Ausdruck brachte:

> »Wir verstehen unter Demokratie nicht, daß alle paar Jahre alle Bürger das Wahlrecht ausüben und die Welt regieren mit neuen Ministern und neuem Parlament. Wir, die wir eine neue Form der Revolution gefunden haben, wir versuchen auch eine neue Form der Demokratie zu entwickeln. [...] Wir wollen der Welt das Beispiel geben, daß endlich einmal eine Revolution, vielleicht die erste Revolution der Weltgeschichte, die Idee, das Ideal und die Wirklichkeit vereint.«[3]

In diesen hoch gestimmten, geradezu maßlosen Tönen liegen der hohe moralische Anspruch und der ehrliche Wille, aber auch die völlige tragische Verkennung der Realitäten eng beieinander. Schon in Eisners erstem Aufruf am 8. November 1918 wird diese tragische Illusion deutlich:

> »Die demokratischen Völker dürfen nicht wollen, daß die revolutionäre Schöpfung der deutschen Demokratie durch die Schonungslosigkeit der Sieger vernichtet wird. Jetzt ist die Stunde gekommen, wo durch einen Akt weit ausblickender Großmut die Versöhnung der Völker herbeigeführt werden kann.«[4]

Bei den Friedensverhandlungen in Versailles ging es nicht darum, die demokratische Bewegung in Deutschland zu stärken, sondern darum, die Großmacht Deutschland auszuschalten.

---

2 Wolfram WETTE: Die deutsche Revolution von 1918/19: Ein historischer Essay. In: Viktor Klemperer: Man möchte immer weinen und lachen in einem: Revolutionstagebuch 1919/ hrsg. von Christopher Clark. Berlin 2015, 207.

3 Kurt EISNER: Ansprache anlässlich der Revolutionsfeier im Nationaltheater am 17. November 1918. In: Ders.: Die neue Zeit. Nikosia 2015, 33 (= Nachdruck des Originals von 1919). Zitiert nach Ralf HÖLLER: Das Wintermärchen: Schriftsteller erzählen die Bayerische Revolution und die Münchner Räterepublik 1918/1919. Berlin 2017, 270, Anm. 7.

4 Kurt Eisner zitiert nach von Aretin: Kurt Eisner ... (wie Anm. 1), 102 f.

Die bayerische Landeskirche nach dem Ende des landesherrlichen Kirchenregiments

Während Eisners kurzer Regierungszeit wurden einige wichtige Veränderungen zugunsten der benachteiligen Bevölkerungsschichten umgesetzt, so die Einführung des Achtstundenarbeitstages und des Frauenwahlrechtes. Mit der Abschaffung der geistlichen Schulaufsicht machte sich die Regierung Eisner die einflussreiche katholische Kirche, aber auch das konservative Bürgertum zum Feind. Für den Münchner Erzbischof Michael von Faulhaber war die Revolution mit dem Sturz des bayerischen Königs Hochverrat, eine Ausgeburt aus der Hölle. Das evangelische Oberkonsistorium in München setzte dagegen auf Ruhe und vorsichtiges Abwarten. Eisners Regierung versuchte einen Mittelkurs zu steuern zwischen direkter Demokratie, wie sie die Arbeiter-, Soldaten- und Bauernräte forderten, und dem bisherigen Stil in Politik und Verwaltung. Banken, Industrie und Wirtschaft blieben unangetastet, und die Beamten in Justiz und Bürokratie behielten ihre Stellungen. Wie darüber zu entscheiden sei, sollte dem zu schaffenden Parlament vorbehalten bleiben.

Gegenüber der Reichsregierung in Berlin, die von den Mehrheitssozialdemokraten gebildet worden war, isolierte sich Eisner durch seinen betonten Föderalismus und sein Beharren auf Eigenstaatlichkeit, vor allem aber auch durch eine Aktenpublikation, die er aus Berichten des bayerischen Gesandten in Berlin, Hugo Graf von und zu Lerchenfeld, erstellen ließ, aus der die deutsche Kriegsschuld hervorging. Dies brachte ihm den Vorwurf des Hochverrats und die Beschimpfung als jüdischen Bolschewisten ein, der sein Vaterland an seine Feinde verriet.

Am 12. Januar 1919 fanden die bayerischen Landtagswahlen statt. Zum ersten Mal konnten auch die Frauen in Bayern wählen – eine Woche vor der Wahl zur Nationalversammlung in Weimar am 19. Januar, die das Frauenwahlrecht für ganz Deutschland brachte. Die Bayerische Volkspartei hatte eine antisemitisch ausgerichtete Kampagne gegen die »jüdisch-bolschewistische Revolution« betrieben und errang 35 % der Stimmen. Die SPD lag knapp hinter ihr mit 33 %. Die Partei Eisners aber, die USPD, erlitt eine deutliche Niederlage mit nur 2,5 % der Stimmen.[5]

Kurt Eisner wollte beim Zusammentritt des neuen Landtages am 21. Februar seinen Rücktritt als Ministerpräsident erklären. Aber dazu kam es nicht. Auf dem Weg zum Landtag wurde er von dem Jurastudenten und jungen Leutnant Anton Graf Arco auf Valley niedergeschossen. Der Attentäter stammte aus dem geistigen Milieu der Thule-Gesellschaft, einer Gruppierung, zu der auch spätere Nationalsozialisten wie Rudolf Heß, Alfred Rosenberg und Hans Frank gehörten. Sie wurde am Ende des Ersten Weltkrieges gegründet und war von einer völkisch-antisemitischen, antidemokratischen und reaktionären Haltung geprägt. Die Münchner USPD rief nach der Ermordung Eisners zum Generalstreik auf. Die vorläufige Regierungsge-

---

5 Vgl. Hans MAIER: Der eigensinnige Freistaat: Bayern 1918-2018. Zur Debatte: Themen der Katholischen Akademie 8 (2018), 17.

walt übernahm der von der Rätebewegung eingesetzte »Zentralrat der Bayerischen Republik«.

Eines der erstaunlichsten Ereignisse während der bayerischen Revolution war die Beisetzung Kurt Eisners am 26. Februar 1919. Ein Trauerzug zog durch München, der eine bisher einzigartige, enorme Beteiligung der Bevölkerung aller Schichten dokumentiert. Die eigentlichen Träger der Revolution waren nicht vorwiegend Industriearbeiter, sondern kleinere Gewerbetreibende, Handwerker, Angestellte, Bürger des unteren Mittelstandes und Soldaten, aber auch Literaten und Intellektuelle. Die zeitgenössischen Berichte sprechen von fast 100.000 Menschen, die dem Sarg folgten. Unter ihnen waren auch Heinrich Mann und der junge Bertolt Brecht.

Der Mord an Eisner bedeutete eine Zäsur in den weiteren Ereignissen der Revolutionszeit. Nun kam die pure Gewalt in die Auseinandersetzung zwischen revolutionären und konterrevolutionären Kräften. Die Rätebewegung radikalisierte sich im Zusammenhang mit dem Generalstreik; Eisners Prinzip der Gewaltfreiheit wurde verlassen. Der Mörder Eisners wurde von nicht wenigen Revolutionsgegnern als patriotischer Held stilisiert, und die antijüdische, völkisch-reaktionäre Stimmung in der Öffentlichkeit und in der Presse wurde immer heftiger.

Am 17. März fand die Wahl im Landtag statt. Der schon in der Regierung Eisners als Kultusminister bestellte SPD-Politiker Johannes Hoffman wurde zum Ministerpräsidenten gewählt. Als seine Regierung von der Rätebewegung immer mehr unter Druck gesetzt wurde, ist sie nach Bamberg ausgewichen. Jetzt kam die Stunde der radikalen Linken. Am 7. April 1919 riefen sie die Münchner Räterepublik aus.

Die Münchner Ereignisse lösten bei der Berliner SPD-Regierung unter Friedrich Ebert und Philipp Scheidemann schlimmste Befürchtungen aus. Der zum Reichswehrminister avancierte Gustav Noske erhielt den Auftrag, notfalls mit Gewalt gegen die Münchner Räterepublik vorzugehen. In München hoffte man noch auf eine Verständigungslösung. Aber die Logik der Gewalt nahm ihren Lauf. Der Schrecken der bolschewistischen Revolution in Russland diktierte die gewaltsame Auslöschung des sog. Rotarmisten der Räterepublik. Diese hatten zwar noch vor dem Einmarsch der Freikorpstruppen den Beschluss zur Waffenniederlegung gefasst, aber Anfang Mai kam es zu einem regelrechten »Blutrausch«, bei der viele hundert Anhänger der Räterepublik in diesem ungleichen Kampf ihr Leben verloren.[6] Die Münchner Räterepublik blieb in den stürmischen Monaten nach dem Ersten Weltkrieg nur eine kurze Episode, sie hatte von Anfang an keine realistische Chance. In den Zeitdokumenten lebt sie jedoch im Zusammenhang mit dem höchst bewegten geistigen Fluidum im damaligen München im Frühjahr 1919 bis heute auf vielfältige Weise fort.[7]

---

6 So Gustav Noske in seinen Erinnerungen an diese Zeit. Vgl. Wette: Die deutsche Revolution ... (wie Anm. 2), 210.

7 Vgl. DIE MÜNCHNER RÄTEREPUBLIK: Zeugnisse und Kommentar/ hrsg. von Tankred Dorst. Mit einem Kommentar versehen von Helmut Neubauer. Frankfurt a.M. 1968; Simon

I Überleitung des Summepiskopats auf die revolutionäre Regierung

Wie hat die evangelische Kirche in Deutschland insgesamt und besonders in Bayern mit ihrer Leitung im Oberkonsistorium in München und bei den Pfarrern und Gemeinden auf die revolutionären Ereignisse reagiert? Dieser Frage ist seltsamerweise bis heute nur in wenigen Ansätzen nachgegangen worden.[8]

Mit der Proklamation des provisorischen Arbeiter-, Soldaten- und Bauernrates unter Kurt Eisner vom 8. November 1918, dass Bayern fortan Freistaat, d.h. Republik und die Dynastie Wittelsbach abgesetzt sei, war das jahrhundertealte Verfassungsinstitut des landesherrlichen Kirchenregimentes nach kirchenrechtlicher Auffassung noch nicht beendet. Auch nach der Erklärung des geflohenen Königs vom 13. November 1918, dass alle Beamten, Offiziere und Soldaten von ihrem ihm geleisteten Treueeid entbunden seien, bestand es fort. Denn seit der zweiten Hälfte des 19. Jahrhunderts galt das landesherrliche Kirchenregiment nicht als der Staatsgewalt zugehörig, sondern als ein dem Landesherrn zusätzlich übertragenes innerkirchliches Amt. Das im sog. Protestantenedikt von 1818 als »oberstes Episkopat« umschriebene landesherrliche Kirchenregiment des Königs wäre mit dem abgesetzten Landesherrn somit automatisch erloschen.[9]

Aber die neue provisorische Regierung unter Kurt Eisner nahm im Gegensatz dazu das landesherrliche Kirchenregiment in der Nachfolge der Monarchie in Anspruch, da sie es als der Staatsgewalt zugehörig verstand. Das vormals vom König ausgeübte Amt ging nach Auffassung der neuen Regierung auf den Kultusminister und späteren Ministerpräsidenten Johannes Hoffmann über, so dass die Rechte des

---

SCHAUPP: Der kurze Frühling der Räterepublik: ein Tagebuch der bayerischen Revolution. Münster 2017.

8 Es gibt zu dieser Frage nur eine einschlägige Darstellung: Heinz HÜRTEN: Die Kirchen in der Novemberrevolution: eine Untersuchung zur Geschichte der Deutschen Revolution 1918/19. Regensburg 1984. Sie geht über das ganze Reich, vorwiegend Preußen und Bayern, vor allem die katholische Kirche betreffend, enthält aber auch einige Aspekte zur evangelischen Kirche in Bayern. Für Bayern vgl. Armin Rudi KITZMANN: Mit Kreuz und Hakenkreuz: die Geschichte der Protestanten in München 1918-1945. München 1999, 11-20. Gottfried MEHNERT: Evangelische Kirche und Politik 1917-1919: die politischen Strömungen im deutschen Protestantismus von der Julikrise 1917 bis Herbst 1919. Düsseldorf 1959 sowie Kurt NOWAK: Evangelische Kirche und Weimarer Republik: zum politischen Weg des deutschen Protestantismus zwischen 1918 und 1932. 2. Aufl. Göttingen 1988, 38-53. Über die Epochenschwelle vom Ende des Ersten Weltkriegs bis zum Anfang der Weimarer Republik in Bayern gibt es jedoch in ereignisgeschichtlicher Perspektive gute Darstellungen: Werner K. BLESSING: Erster Weltkrieg und Revolution 1918/19. In: Handbuch der Geschichte der Evangelischen Kirche in Bayern. Bd. 2/ hrsg. von Gerhard Müller; Horst Weigelt; Wolfgang Zorn. St. Ottilien 2000, 203-209; Hans-Peter HÜBNER: Neuordnung der Evangelisch-Lutherischen Landeskirche und ihres Verhältnisses zum Staat. In: Ebd, 211-232.

9 Vgl. Hübner: Neuordnung … (wie Anm. 8), 211 f.

Wolfgang Sommer

Summus Episcopus über die inneren Angelegenheiten der Kirche (ius in sacra) nunmehr von ihm ausgeübt wurden.

Das Programm der Regierung Eisner vom 15. November 1918 enthielt jedoch nicht nur diese einschneidende neue Verhältnisbestimmung zwischen Staat und Kirche, sondern auch den Satz: »Die Regierung wird die volle Freiheit der Religionsgesellschaften und die Ausübung ihres Kultus gewährleisten.«[10] Die Trennung von Staat und Kirche wurde hier nicht eigens ausgesprochen, aber im Oberkonsistorium mit seinem Präsidenten Friedrich Veit[11] bestand Einigkeit darüber, dass dieser Satz von der Freiheit der Kirche nur Trennung vom Staat bedeuten konnte.

Im Oberkonsistorium hatte man auf die neuen Verlautbarungen der Regierung Eisner sehr besonnen und zuversichtlich reagiert. Schon am 12. November gab es folgende Erklärung ab:

> »Wir verpflichten uns, dem Volksstaat Bayern, unter Wahrung unserer Gesinnung und Überzeugung freiwillig und aufrichtig im Interesse der Gesamtheit unsere Arbeitskraft zur Verfügung zu stellen. Wir sind zu diesem Entschluß veranlaßt mit Rücksicht auf das Vaterland, das jetzt mehr als je alle Arbeitskräfte braucht.«[12]

Mit dieser Erklärung gibt das Oberkonsistorium zugleich seiner Hoffnung Ausdruck,

> »dass alle Geistlichen ebenfalls bereit sein werden, auch unter den veränderten Verhältnissen ihre Dienstobliegenheiten gewissenhaft und treu fortzusetzen, der neu heraufgezogenen Welt das Evangelium zu verkündigen und die Geister des Mißtrauens und des Hasses zu vertreiben. Mit der Einmütigkeit brüderlicher Liebe sollen alle am Wiederaufbau des schwer heimgesuchten Volkes mitarbeiten.«[13]

Erstaunlich schnell hatte sich die Kirchenleitung in München und in anderen Landeskirchen auf die neuen Realitäten eingestellt. Kurt Nowak stellt fest: »Überhaupt gehört es zu den überraschenden Ergebnissen der Revolution, daß die Monarchie, die so fest im deutschen Volksbewußtsein verankert schien, keine Verteidiger fand – auch keine kirchlichen […].«[14] Das besonnene, vorsichtige Verhalten der Kirchenleitung in München kommt auch darin zum Ausdruck, dass

---

10 Bayerische Staatszeitung 268 (17.11.1918).

11 Friedrich Veit, seit 1915 Oberkonsistorialrat und seit 1917 in der Nachfolge Hermann von Bezzels Präsident des Oberkonsistoriums. Zu Veit vgl. Wolfgang SOMMER: Friedrich Veit: Kirchenleitung zwischen Kaiserreich und Nationalsozialismus. Nürnberg 2011. Wie Veit auf die Ereignisse im Herbst 1918 zurückblickt, habe ich in einem Aufsatz dargestellt: DERS.: Das Wirken von Kirchenpräsident Friedrich Veit im Spiegel seiner Beiträge in der Neuen Kirchlichen Zeitschrift. In: Nationalsozialismus und Luthertum: Akteure und politische Herausforderungen im Kontext der Evangelisch-Lutherischen Kirche in Bayern. Gesammelte Aufsätze/ hrsg. v. dems. Gütersloh 2019, 75-106, hier 80-85.

12 Allgemeine Evangelisch-Lutherische Kirchenzeitung 51 (1918), 1027. Ähnliche Äußerungen gab es auch von den Kirchenleitungen anderer Landeskirchen, so z.B. in Hessen.

13 Amtsblatt für die protestantische Landeskirche in Bayern rechts des Rheins (1918), 325.

14 Nowak: Evangelische Kirche … (wie Anm. 8), 19.

sie infolge der als Provisorium angesehenen Aussagen über die »volle Freiheit der Kirche« nicht von sich aus auf eine Loslösung der Kirche vom Staat hinarbeitete. Die Auffassung der neuen Regierung vom Fortbestehen des landesherrlichen Kirchenregiments und seine Inanspruchnahme durch den Kultusminister wurde zwar abgewiesen, aber man nahm davon Abstand, dagegen förmlich Einspruch zu erheben. Für eine Übergangszeit sollte alles vermieden werden, was auf eine überstürzte Trennung der Kirche vom Staat hinauslief. Eine solche hätte ja auch für die Kirche, ihre nach wie vor vom Staat völlig abhängigen Finanzen und ihre gesamte Struktur und ihre Stellung in der Gesellschaft erhebliche Folgen gehabt. Dass die Trennung unmittelbar bevorstand, war zwar allen Beteiligten bewusst, aber die Initiative dazu sollte der staatlichen Seite überlassen werden. Zudem hatte Kultusminister Johannes Hoffmann gegenüber dem Oberkonsistorium zugesagt, bis zur endgültigen Neuordnung des Verhältnisses von Staat und Kirche sich nicht in die inneren Angelegenheiten der Kirche einzumischen.

In Bayern blieb der evangelischen Landeskirche, anders als in Preußen, ein kirchenfeindliches und kulturkämpferisches Agieren des dortigen Kultusministers Adolph Hoffmann erspart.[15] Die Kirchenleitung konnte unter Oberkonsistorialpräsident Friedrich Veit das weitere Vorgehen in Abstimmung mit den verschiedenen Gruppierungen der Landeskirche in Ruhe beraten und die weiteren Schritte gegenüber dem Staat vorsichtig planen. Hinsichtlich des schulischen Religionsunterrichtes kam es jedoch zu heftigen Protesten der Kirche gegen einen Erlass von Kultusminister Johannes Hoffmann, woraus sich ein Hauptstreitpunkt im Verhältnis von Kirche und Staat entwickelte.[16] Es konnte kein Zweifel darüber bestehen, dass mit der Parole von der Freiheit der Kirche wie der Freiheit für die Schule die bisherigen engen Beziehungen zwischen Kirche und Schule, d.h. die Beendigung des Einflusses der Kirche auf die Schule gemeint war. Das Ziel der neuen Regierung unter Kultusminister Hoffmann war die Beseitigung der geistlichen Schulaufsicht.

Dem vorsichtigen, abwartenden Verhalten der Kirchenleitung in München entsprachen auch nicht wenige Stimmen in der Pfarrerschaft. Sie sind vielfach von

---

15 Unter dem preußischen Kultusminister Adolph Hoffmann sah die Situation für die Kirche wesentlich anders aus. Vgl. Adelheid BULLINGER: Das Ende des landesherrlichen Kirchenregiments und die Neugestaltung der evangelischen Kirche. ZEvKR 19 (1974), 73-105, hier 75-77.

16 Der Erlass von Kultusminister Hoffmann vom 25. Januar 1919 hatte verfügt, dass alle Schüler aufgrund einfacher Erklärung der Erziehungsberechtigten von der Teilnahme am Religionsunterricht sowie ihrer Beteiligung am Gottesdienst und anderen religiösen Übungen entbunden seien. Die Anwendung disziplinarischer Zwangsmittel zur Erfüllung religiöser Aufgaben wurde verboten. Diese Vorschriften blieben zwar erheblich hinter der Hoffmannschen Parole »Freie Kirche, Freie Schule«, also einer strikten Trennung von Staat und Kirche zurück, revolutionierten jedoch das bayerische Volksschulwesen insofern, als bislang der Religionsunterricht Hauptfach und Basis der gesamten schulischen Erziehung gewesen war.

Wolfgang Sommer

einer durchaus zuversichtlichen Bereitschaft einer tätigen Mitgestaltung an den Aufgaben in der neuen Zeit und im neuen Staat geprägt.

II Stimmen in der Pfarrerschaft zu den Aufgaben in der neuen Zeit

Kurze Zeit nach Ausrufung der Republik in Bayern erschien im Korrespondenzblatt für die evangelisch-lutherischen Geistlichen in Bayern, dem Organ des Pfarrervereins, folgende Erklärung aller protestantischen Geistlichen in Nürnberg, die sie von den Kanzeln den Gemeinden bekanntgaben:

>»Das deutsche Volk hat in kürzester Zeit eine innenpolitische Umwälzung erlebt, die ihresgleichen in seiner Geschichte kaum gehabt haben dürfte. Wer treu zu seinem König stand und wessen Wesen fest eingewurzelt war in den hergebrachten Ordnungen, den erfüllt Leid ob des Erlebten der letztvergangenen Tage und Sorge um die Zukunft. Christen steht solches wohl an; doch ziemt es dem Christen eingedenk zu sein der apostolischen Mahnung: Jedermann sei untertan der Obrigkeit, die Gewalt über ihn hat. Darum fügen wir uns nicht bloß gehorsam in die neuen Verhältnisse, sondern wir wollen an unserem Teil alles tun, was der Ordnung und Ruhe in unserem Volk dienlich ist. Keine Regierungsform darf sich rühmen, daß sie vor anderen die allein christliche ist, sondern die Regierungsform ist die beste, die es am meisten ermöglicht, des Volkes Bestes zu suchen, die Freiheit des Glaubens schützt und niemand hindert, auch den Christen nicht, nach seinem Gewissen zu leben, seine Glaubensgemeinschaft zu pflegen und seinem Gott und Herrn zu dienen. Evangelische Gemeinden treten darum auch in die neue Zeit entschlossenen Sinnes ein, das Wohl des neuen Staates zu fördern, wo immer sich Gelegenheit bietet, aber ebenso entschlossen, ihr gemeinsames Glaubensgut auch im neuen Staat als teures Erbe der Vergangenheit wie als eine Lebenskraft für die Gegenwart zu hüten und zu pflegen.«[17]

Diese Kanzelabkündigung der evangelischen Pfarrerschaft in Nürnberg unter ihrem damaligen Dekan Friedrich Boeckh[18] ist bemerkenswert. Sie stellt sich quer zu der heute noch oft geäußerten Ansicht, dass die ihres Summus Episcopus plötzlich entbehrenden Pfarrer nur der alten, privilegierten Ordnung ihrer Kirche

---

17 Korrespondenzblatt für die evangelisch-lutherischen Geistlichen in Bayern 46 (18.11.1918), 365.

18 Der aus einer alten Pfarrerfamilie stammende Theologe war u.a. Pfarrer in Augsburg, Kitzingen und Schwabach und ab 1911 Dekan in Nürnberg St. Leonhard. 1921 wurde er in den Landeskirchenrat nach München als Oberkirchenrat berufen. Von 1903-1912 leitete er den Verband der evangelischen Arbeitervereine in Bayern. An der Neuordnung der ev.-luth. Landeskirche am Anfang der Weimarer Republik arbeitete er maßgeblich mit und machte sich um das kirchliche Leben (Gesangbuchreform, Jugendbewegung, Verbindung zur Lehrerschaft) verdient. Von 1911 bis 1921 war er Vorsitzender des Landesvereins für Innere Mission. Vgl. Thomas GREIF: Der Landesverein für Innere Mission mit den Rummelsberger Anstalten. In: Feldlazarett und Wanderkino: die Innere Mission in Bayern zwischen Kaiserreich und Weimarer Republik. Begleitband zur Ausstellung im Diakoniemuseum Rummelsberg 2018-2020/ hrsg. von Thomas Greif. Lindenberg im Allgäu 2018, 93-122. Siehe auch einige Hinweise im Handbuch der Geschichte der Evangelischen Kirche in Bayern ... (wie Anm. 8), 174. 294. 347.

nachtrauerten und in dieser verunsicherten Situation der neuen Zeit nicht gewachsen waren. Leid über das kurz zuvor erlebte Geschehen und Sorgen um die Zukunft haben für Christen in dieser besonderen geschichtlichen Stunde ihr volles Recht. Aber der Obrigkeitsgehorsam aus Röm 13,1 eröffnet hier – anders als vielfach sonst – nicht das Tor zu einer blinden Untertanengesinnung, sondern zu einer tätigen Mitgestaltung an den Aufgaben der neuen Zeit. Neu ist nicht nur die Zeit, sondern auch der Staat, an dessen Wohl evangelische Gemeinden entschlossenen Sinnes mitarbeiten wollen. Der klaren Absage an einen sogenannten christlichen Staat entspricht die evangelische Erwartung, dass die neue staatliche Ordnung die Freiheit des Glaubens und des Gewissens sowie die Gemeinschaft des Glaubens »als teures Erbe der Vergangenheit wie als eine Lebenskraft für die Gegenwart« schützt und pflegt. Eine Lähmung oder gar rückwärtsgewandte Verweigerungshaltung wird man dieser Kanzelabkündigung gegenüber dem neuen Freistaat Bayern nicht vorwerfen können.

Auf die Kanzelabkündigung der Nürnberger protestantischen Geistlichen erschien bald darauf eine Entgegnung von Pfarrer Gerhard von Zezschwitz, der Bedenken erhob, da es sich um eine Angelegenheit handele, die die ganze Landeskirche berührt und die Sache selbst erfordert.[19] Nach dieser Ansicht hätten die Nürnberger Pfarrer das apostolische Wort aus Röm 13,1

> »nicht nur nach Seite der Verpflichtung den gegenwärtigen Machthabern gegenüber hervorheben sollen, sondern ebenso nach Seite des richtenden Ernstes, die es für alle enthält, die mit Gewalt die verfassungsmäßige Regierung in unserem Land gestürzt oder sich an der aufrührerischen Bewegung beteiligt haben«.

Das wird als »Unterlassung eines Zeugnisses« verstanden, dass wir als »Diener des göttlichen Wortes in dieser entscheidungsvollen Zeit unseren Gemeinden schuldig sind«.[20] Der Verfasser spricht von dem »Unrecht der verfassungswidrigen gewaltsamen Umwälzung, die sich in unserem Vaterland vollzogen hat«.[21]

Diese sicher nicht nur vereinzelte Äußerung eines Pfarrers, die jeglichen Umbruch der bestehenden Ordnung nur als »gewaltsame Umwälzung« verstehen kann, entsprach jedoch nicht der historischen Wirklichkeit. Die Vorgänge in der

---

19 Vgl. Die Erklärung der protestantischen Geistlichen in den Nürnberger Kirchen. Korrespondenzblatt für die evangelisch-lutherischen Geistlichen in Bayern 47 (25.11.1918), 368 f. Unterschrieben ist sie mit dem Namen Zezschwitz. Es ist anzunehmen, dass es sich um Pfarrer Gerhard von Zezschwitz handelt. Der Sohn des gleichnamigen Erlanger praktischen Theologen war von 1887-1900 Pfarrer in Neustadt/Aisch und von 1900-1929 Pfarrer in Burgbernheim und starb dort im Ruhestand. Zu ihm: DEUTSCHLAND, ARMENIEN UND DIE TÜRKEI 1895-1925: Teil 3. Thematisches Lexikon zu Personen, Institutionen, Orten, Ereignissen/ hrsg. von Hermann Goltz; Axel Meissner. München 2004, 549. Das Interesse an der Armenien-Hilfe teilte von Zezschwitz mit Wilhelm von Pechmann. Vgl. Wolfgang SOMMER: Wilhelm Freiherr von Pechmann: ein konservativer Lutheraner. Göttingen 2010.
20 Ebd, 369.
21 Ebd.

Wolfgang Sommer

bayerischen Revolution hatten eine folgenreiche Veränderung der bisherigen öffentlichen Ordnung zur Folge, die sich weitgehend ohne Gewalt vollzogen hat.[22]

Nicht wenige Stimmen zur kirchlichen Lage nach der Revolution haben das Ende des landesherrlichen Summepiskopats und die behutsame Trennung der Kirche vom Staat begrüßt. So der theologisch konservative, langjährige Erlanger Neutestamentler Theodor von Zahn, der sich mit 80 Jahren zu Wort meldet:

> »Es ist ein Gewinn der Revolution, daß wir mit einem Schlag von der ungesunden Reformationserbschaft des landesherrlichen Summepiskopats frei geworden sind. Möchten wir niemals wieder in die alte Knechtschaft fallen! Irgendein Abhängigkeitsverhältnis wird sich dem Staat gegenüber so lange nicht umgehen lassen, als wir noch finanziell von demselben abhängig sind. Aber schon die gegenwärtigen Staatszustände werden es ermöglichen, in der Freiheit des inneren Kirchenlebens einen Schritt vorwärts, aufwärts zu tun.«[23]

Auch von Zahn möchte der Trennung von Kirche und Staat nicht zuarbeiten, aber alle Anstrengungen jetzt darauf richten, eine neue Verfassung auszuarbeiten, die »für die Zukunft unserer Kirche von ausschlaggebender Bedeutung« sein wird.[24]

Eine weitere Stimme zu dem Verhältnis von Staat und Kirche in der Revolutionszeit stammt von dem Ansbacher Pfarrer und Kirchenrat D. Hermann Steinlein[25]:

---

22 Das wird auch aus einem Zeitzeugenbericht deutlich, den der Volkswirtschaftler Paul Busching in den Kriegsheften der Süddeutschen Monatshefte (Oktober 1918 bis März 1919, 217-243, hier 218) veröffentlichte: »Daß der Ausgang des Krieges zur Revolution führen würde, stand fest, und wenn alles so ruhig vor sich ging, so beweist das nur, daß alles erwartet worden war. Seit Monaten hatten wir beobachtet, wie die Disziplin der Soldaten planmäßig untergraben wurde, dann hatten wir gesehen, wie die Autorität der Zivilbehörden durch die erzwungene Freilassung der politischen Gefangenen den Todesstoß erhalten hatte. Der Krieg war verloren. Die Grippe wütete. [...] Das Bürgertum war am Ende seiner Kraft. Der politisch ganz ungeschulte Mittelstand war durch den Krieg ruiniert. [...] Die Eingeweihten wissen, daß das einzige Ziel noch war: kein Blutvergießen und kein Bolschewismus. Dieses Ziel ist damals erreicht worden. [...] Der Umsturz in München ist unblutig verlaufen, und die Regierung Eisner hat zunächst nicht nach den Rezepten der russischen Räterepublik gearbeitet. [...] Wenn die alte Regierung bei Nacht und Nebel verschwunden ist, wenn der alte König und seine Familie flüchteten, so war das besser, als wenn der Umsturz durch Gegenbewegungen verzögert worden wäre.«

23 Theodor VON ZAHN: Zur kirchlichen Lage. Korrespondenzblatt für die evangelisch-lutherischen Geistlichen in Bayern 49 (1918) vom 9. Dezember, 384 f.

24 Ebd. Wie Veit lehnt auch von Zahn die Auffassung vom christlichen Staat entschieden ab, und in einem längeren bibelwissenschaftlichen Aufsatz begründet von Zahn, weshalb die paulinischen Aussagen in Röm 13 keine Antwort auf die Frage nach dem richtigen Verhalten gegenüber einer Staatsumwälzung geben können. Theodor VON ZAHN: Staatsumwälzung und Treueid in biblischer Betrachtung. NKZ 30 (1919), 309-361.

25 Zu Steinlein vgl. Friedrich Wilhelm KANTZENBACH: Der Einzelne und das Ganze Teil 1: Pfarrerschaft und Kirchenleitung in Bayern in der Auseinandersetzung mit dem Nationalsozialismus (1930-1934). ZBKG 47 (1978), 106-228. Der Lutherforscher Steinlein hat sich u.a. in der Zeit des Nationalsozialismus besonders um die Rezeption der Judenschriften

Die bayerische Landeskirche nach dem Ende des landesherrlichen Kirchenregiments

»Die katholische Kirche hat von dem jetzigen Zustand fast nur Vorteile, aber keine Nachteile. Sie wird vom Staat finanziell und rechtlich weitgehend gestützt und unterstützt, hat aber im Wesentlichen ihre volle Selbständigkeit. Anders bei der evangelischen Kirche! Sie steht in starker Abhängigkeit vom Staat. Sie wird dadurch nicht bloß vielfach in ihrer freien Entwicklung und Betätigung gehemmt, ja gelähmt. Sie ist vielmehr dadurch zugleich, zumal gegenüber den Arbeiterkreisen, mit dem Odium belastet, eine Art von staatlicher Zwangsanstalt zum Schutze der Besitzenden zu sein.«

Steinlein macht auf die erheblichen Unterschiede bei den staatlichen finanziellen Leistungen für beide Kirchen aufmerksam, die sich zu Lasten der evangelischen Kirche auswirken und kommt zu dem Schluss:

»Aus alledem ergibt sich, daß unser Bestreben nicht darauf gerichtet sein wird, die Trennung von Kirche und Staat grundsätzlich zu bekämpfen, sondern vielmehr darauf, eine ausreichende Übergangszeit zur Vorbereitung und dem Recht und der Billigkeit entsprechende Bedingungen zur Durchführung der Loslösung der Kirche vom Staat zu erlangen. Wenn uns das gelingt, wird uns die Entwicklung wohl mehr Segen als Schaden bringen.«[26]

Auch Steinlein setzt seine Hoffnungen auf die Verhandlungen zu einer neuen Kirchenverfassung und ist weit davon entfernt, das bisherige Verhältnis von Staat und Kirche vor dem Umsturz als das für die evangelische Kirche angemessene zu halten.

Kirchenrat D. Friedrich Boeckh[27] hat in einem längeren Aufsatz konkrete Vorschläge und Überlegungen unterbreitet, wie auf die neue Situation seit der Revolution reagiert werden sollte: »Lage und Aufgabe der evangelischen Kirche im neuen Staat.«[28]

Über das Verhältnis von Kirche und Staat vor der Revolution stellt er fest,

»daß die Kirche durch die Entwicklung dieses Verhältnisses in einen Zustand unwürdiger Unfreiheit und Gebundenheit versetzt wurde. […] Die evangelische Kirche ist dem Konflikt mit dem Staat behutsam aus dem Weg gegangen, sie hat sich dem Obrigkeitsstaat willig gefügt, dafür aber je und je wenig Dank geerntet. Nun gibts in Bälde keine Staatskirche mehr, [...] sie erhält die volle Freiheit ihres Handelns, zwar nicht erbeten, aber aufgedrungen.«[29]

Diese Freiheit der Kirche will sie zum Wohl des Staates einbringen, von dem sie die freie Religionsausübung fordert. Dazu gehört eine neue Verfassung der Kirche

---

Luthers in den 30er Jahren des 20. Jahrhunderts in Konfrontation mit dem Missbrauch Luthers durch Mathilde Ludendorff u.a. verdient gemacht.

26 Hermann STEINLEIN: Über unsere Stellung zu den neuen politischen Parteien. Korrespondenzblatt für die evangelisch-lutherischen Geistlichen in Bayern 50 (16.12.1918), 396 f.

27 Siehe Anm. 18.

28 Friedrich BOECKH: Lage und Aufgabe der evangelischen Kirche im neuen Staat. Korrespondenzblatt für die evangelisch-lutherischen Geistlichen in Bayern (1918) 51 vom 23. Dezember, 400 f; Nr. 52 vom 30. Dezember, 409 f; (1919) Nr. 1 vom 6. Januar, 3 f.

29 Ebd (1918) Nr. 51 vom 23. Dezember, 400.

Wolfgang Sommer

sowie eine finanzielle Neuordnung. »Die demokratische Welle, die durch unsren Volkskörper hindurchgeht, fließt auch durch den Kirchenkörper hindurch.«[30] In der neuen Kirchenverfassung rückt die Einzelgemeinde in den Vordergrund. »Ihre Bedeutung wächst in dem Maße, in dem sie sich mit den Gemeinden gleichen Bekenntnisses zusammenschließt, als sie eben ein Glied wird des ganzen Organismus der Kirche und in dem und mit dem sie sich verantwortlich weiß für das Ganze.«[31] Die Gemeinden in der Vergangenheit haben sehr wenig zur tätigen Mitarbeit am Aufbau des Gemeindelebens beigetragen. Er wünscht sich deshalb das Recht der Gemeinde zur Pfarrwahl. Für den neuen Kirchenaufbau plädiert Boeckh für ein neues Gewicht der Generalsynode, in der die Gemeinden vertreten sind und damit Anteil an der Kirchenleitung gewinnen:

> »In diese Synodalordnung gehört auch, daß wie die Gemeinde künftighin ihren Pfarrer sich selber wählt, auch die Gemeinden durch ihre gewählten Vertreter das Kirchenregiment wählen. […] Das Wahlrecht in der Kirche muß ergänzt werden durch das Wahlrecht der Frauen.«[32]

Der Blick von Boeckh auf die Kirche vor und nach der Revolution ist von einer nüchternen Realität, vor allem aber von einer erstaunlichen Zuversicht geprägt. Das ist deshalb bemerkenswert, da seine Analyse vor der Weimarer Reichsverfassung vom August 1919 und der bayerischen Kirchenverfassung vom September 1920 erfolgte, die das Verhältnis von Staat und Kirche in einer für die Kirche wesentlich günstigeren, für die Zukunft wegweisenden Richtung gestaltete, was zuvor kaum erwartet werden konnte.[33]

Die Situationsanalyse von Boeckh wurde damals heftig diskutiert und auch kritisiert, aber seine Anstöße zur Stärkung des Gewichts der früheren General- bzw. Landessynode u.a. gingen in die neue Kirchenverfassung ein, die Boeckh wesentlich mitgestaltete.[34]

---

30 Ebd, 1 (6.1.1919), 4.

31 Ebd.

32 Ebd.

33 Die Kirchenartikel der Weimarer Reichsverfassung bilden die Grundlage für das Verhältnis von Staat und Kirche im Grundgesetz der Bundesrepublik Deutschland.

34 Vgl. Hübner: Neuordnung … (wie Anm. 8), hier 215-221. Im Jahr 1919 hat Boeckh in der Neuen Kirchlichen Zeitschrift einen weiteren grundlegenden Aufsatz veröffentlicht, der sich mit dem inneren Aufbau der evangelischen Kirche nach der Revolution beschäftigt: Friedrich Boeck: Revolution und Kirche. NKZ 30 (1919), 369-405. Hier wiederholt er seine Ansicht von der schon länger in der Kirche erhofften und erwarteten Trennung von Kirche und Staat, spitzt sie aber zu der Aussage zu, dass das Ende des landeskirchlichen Summepiskopats nicht ohne die Revolution gekommen wäre: »Das Eingekapseltsein der Kirchenleitung in die Staatsbureaukratie hätte zu ihrer Lösung unendliche, unabsehbare Kämpfe notwendig gemacht« (ebd, 370). Der Aufsatz ist nach dem Zusammentreten der Nationalversammlung in Weimar verfasst.

Die bayerische Landeskirche nach dem Ende des landesherrlichen Kirchenregiments

Die wichtigste Aufgabe der Kirche sieht Boeckh in der religiösen Erziehung der Jugend. Er beklagt bitter das Herausdrängen der Geistlichen aus den Schulen, aber die starken Gegenbewegungen aus christlichen Kreisen sind doch nicht ohne Wirkung geblieben.

»Es hat sich mir bestätigt, wie verfehlt die Politik der Kirche war in dem zähen Festhalten der geistlichen Schulaufsicht, wie recht diejenigen hatten, die seit Jahrzehnten mahnten, dem Lehrerstand zu geben, was ihm gebührt, ohne das Recht der Kirche auf die Mitwirkung in der Erziehung preiszugeben.«[35]

Im Ton zwar unterschieden, in der Sache aber weithin gleichlautend mit Friedrich Boeckh hat sich eine Kundgebung der Gesellschaft für innere und äußere Mission im Sinne der lutherischen Kirche über die gegenwärtige kirchliche Lage im Februar 1919 geäußert.[36] Die Revolution wird darin als Auflehnung gegen Gott bezeichnet, »aber Gott kann auch das Schlimmste zum Besten, zur Förderung seines Reiches, zum Bau der Kirche gedeihen lassen«.[37] Die bisherige Staatskirche habe die freie Entfaltung der Kirche gehemmt. Die Kundgebung versteht es als »Pflicht, den Versuch mitzumachen, daß die bayerische evangelisch-lutherische Landeskirche in ihrem derzeitigen kirchlichen Bestand in staatsfreie Gestalt hinübergeführt werde«[38]. Einer freikirchlichen Gestaltung wird eine Absage erteilt, aber mit aller Deutlichkeit darauf hingewiesen, dass in der nunmehr vom Staat freien Landeskirche die lutherische »Bekenntnisgrundlage und die jetzt bestehenden gottesdienstlichen Ordnungen unverändert bleiben«.[39]

Die Zeitschrift »Christentum und Gegenwart«, die 1910 als evangelisches Monatsblatt in Nürnberg gegründet wurde, ist als Stimme des liberalen Protestantismus durch ihre beiden ständigen Mitarbeiter Christian Geyer und Friedrich Rittelmeyer auch über Nürnberg hinaus weit bekannt geworden. Ab 1923 hieß die Zeitschrift »Christentum und Wirklichkeit«[40].

---

35 Ebd, 391.
36 GESELLSCHAFT FÜR INNERE UND ÄUSSERE MISSION: Kundgebung der Gesellschaft für innere und äußere Mission im Sinne der lutherischen Kirche über die gegenwärtige kirchliche Lage. Korrespondenzblatt für die evangelisch-lutherischen Geistlichen in Bayern (24.2.1919), 56 f. Diese Gesellschaft mit Sitz in Neuendettelsau, die noch heute existiert, wurde 1849 von Wilhelm Löhe gegründet.
37 Ebd, 56.
38 Ebd.
39 Ebd, 57. Aus Kenntnis der Schwierigkeiten der freikirchlichen Gestaltung »diesseits und jenseits des Ozeans« und wegen des »Eindringens der modernen Richtung in die Gemeinschaft des Glaubens« (ebd, 56) wird eine in der Separation von der Landeskirche existierende Freikirche abgelehnt.
40 Zur Zeit Hermann von Bezzels, der ab 1909 Oberkonsistorialpräsident in München war, kam es zwischen ihm und den beiden liberalen Predigern in Nürnberg vor dem Ersten Weltkrieg zu einem heftigen Streit. Zu dieser, in der bayerischen Landeskirche bekannten Auseinandersetzung zwischen einem bekenntnistreuen Luthertum und liberaler Theologie vgl. Claus-Jürgen ROEPKE: Die Protestanten in Bayern. München 1972, 366-373.

Wolfgang Sommer

Der langjährige Hauptprediger an St. Sebald in Nürnberg, Christian Geyer,[41] stellt in einem Artikel die Frage: »Fordert das Christentum das Festhalten an der alten Regierungsform?«[42] Er beantwortet sie wie viele andere Stimmen im Korrespondenzblatt. Die bisherige Bindung an den Staat wird ebenso wie das Gebilde eines sog. christlichen Staates abgelehnt.

> »Daß unsere Landeskirchen so außerordentlich schwerfällig waren, kam zum großen Teil von unserer Bindung an den Staat her. […] Der Staat erzwingt seine Befehle, die Kirche erzieht zu einer freien Folgsamkeit um des Gewissens willen. Ein Staat, der Frömmigkeit erzwingt, und eine Kirche, die das geschehen läßt, haben beide ihr eigenes Wesen verleugnet. […] Die Kirche gedeiht am besten, wenn der Staat sie nach ihren eigenen Gesetzen wachsen läßt. Und der Staat kann sich unmöglich die Art seiner Ordnung und Einrichtung von der Kirche vorschreiben lassen.«[43]

III Rückblick auf die bayerische Revolution von 1918/19 und die Haltung der Kirche zu ihr

Kirchenpräsident Veit hat in seiner Selbstbiographie seine Wehmut angesichts des Umbruchs der politischen Verhältnisse mit folgenden Worten zum Ausdruck gebracht:

> »Die dankbare Anhänglichkeit an unser Herrscherhaus, die Verehrung und Liebe zu unserm Prinzregenten, die Treue gegen das durch Jahrhunderte geschichtlich Gewordene, die Freude an unserer weiß-blauen Fahne bleiben mir ein stilles Heiligtum, in das ich mich immer wieder aus dem wirren Lärm des Alltags flüchte.«[44]

Das ist eine sehr noble Stimmungsbeschreibung, die gewiss von vielen geteilt wurde, und die sich vornehm von nicht wenigen anderen Stimmen abhebt, die den so rasch gekommenen Umbruch als Ausbruch aus dem finsteren Reich des Bösen gedeutet haben.[45] Veit fühlt sich aus einem stillen Heiligtum vertrieben. Das war nicht allein die monarchische Staatsform an sich, sondern das war die besondere

---

41 Christian Geyer. Nach Studien in Erlangen und Leipzig Pfarrer in Altdorf und Nördlingen. Dr. phil., seit 1902 Hauptprediger an St. Sebald in Nürnberg. 1914 D. theol. h.c., verliehen von der Universität Jena.

42 Christian GEYER: Fordert das Christentum das Festhalten an der alten Regierungsform?. Christentum und Gegenwart 9/12 (1918), 189-192.

43 Ebd, 190.

44 Aus der Selbstbiographie Veits, in: Sommer: Friedrich Veit … (wie Anm. 11), 123.

45 In diese Richtung gehen vor allem die Kommentare der evangelischen Kirchenzeitungen. So z.B. das Evangelische Gemeindeblatt für den Dekanatsbezirk München. Hier schreibt der Herausgeber Dr. Hilmar Schaudig am 30. Dezember 1918: »Das alte Jahr geht zu Ende. Es hat unserem Volk viel Böses gebracht.« Und am 12. Januar 1919 heißt es: »Was ist aus unserem schönen Deutschen Reich geworden! Vorher überall Ordnung und Sicherheit, und jetzt ein wirres, wüstes Durcheinander. […] Nun schiebt man die Schuld für alles Unglück auf den Kaiser« – Evang. Gemeindeblatt für den Dekanatsbezirk München 28 (1919), Tagebuchblätter, 16. 30 f.

Verbindung der evangelischen Kirche mit der Spitze der Wittelsbacher Dynastie, die das äußere Geschehen der Kirche bestimmt hatte in Gestalt des Summepiskopats. Und trotz mancher bürokratischer Hemmnisse hatte die Kirche mit dieser Symbiose durchaus im Ganzen positive Erfahrungen gemacht. So hatte es jedenfalls Veit selbst erlebt.

Aber diese Stimmung ist nicht das vorherrschend Charakteristische in der kirchlichen Haltung zur Revolution in Bayern. Auch Veit selbst und das Oberkonsistorium stellten sich sehr rasch auf die neue Situation ein und wollten freiwillig und aufrichtig unter Wahrung ihrer Gesinnung und Überzeugung ihre Arbeitskraft dem neuen Volksstaat Bayern zur Verfügung stellen. Das ist auch der Gesamtton der Kanzelabkündigung der Nürnberger Pfarrer und vieler anderer Stimmen in der bayerischen Pfarrerschaft, die sich den neuen Gegebenheiten öffnen und ihre Mitarbeit unter Wahrung der Freiheit des Glaubens und Gewissens mit Zuversicht der neuen Zeit und dem neuen Staat ankündigen. Keine Regierungsform kann sich für die allein christliche halten und der sog. christliche Staat wird abgelehnt.

Ein Nachtrauern über die vorrevolutionären Zustände ist in den unterschiedlichen kirchlichen Stellungnahmen nicht zu finden. Dass die Trennung von Kirche und Staat schon längst auf der kirchlichen Tagesordnung vor der Revolution lag und das Ende des landesherrlichen Kirchenregiments allgemein begrüßt wurde, ist eine Tatsache, die sich querstellt zu der vielfach behaupteten rückwärtsgewandten Pfarrermentalität, die in der allgemeinen Krisensituation nach dem Ersten Weltkrieg den Aufgaben der neuen Zeit angeblich nicht gewachsen zu sein schien.[46]

Im Gegenteil: Eine zuversichtliche, tatkräftige Mitarbeit an der jetzt erst für die Kirche beginnenden, vielfältigen Aufbauarbeit, die schließlich überall in die Forderung nach einer neuen Kirchenverfassung mündet, das ist die beherrschende Thematik, vor die sich die allermeisten Pfarrer, Universitätstheologen und Kirchenbeamte gestellt sahen.

---

46 Dieses Urteil ist offenkundig noch weit verbreitet. Im Blick auf Bayern sprechen die Kommentare in den evangelischen Kirchenzeitungen zwar eine andere Sprache, aber diese können nicht für die Haltung in der Pfarrerschaft insgesamt in Anschlag gebracht werden. Wenn Björn Mensing feststellt, dass der Münchner Protestantismus eine »fast einheitlich konservativ-monarchistisch-antidemokratische Orientierung [...] in der Revolutionszeit« aufweist, dann ist das eine sehr übertriebene Aussage (vgl. Björn Mensing: Hitler hat eine göttliche Sendung: Münchens Protestantismus und der Nationalsozialismus. In: Irrlicht im leuchtenden München?: der Nationalsozialismus in der »Hauptstadt der Bewegung«/ hrsg. von Dems.; Friedrich Prinz. Regensburg 1991, 96). Über die Situation in München in der Revolutionszeit vgl. die Predigten von Pfarrer Wilhelm Rüdel in München-Schwabing (Sommer: Die protestantische Kirche ... (wie Anm. 1), hier 135-138).

Wolfgang Sommer

IV Die Kirchenverfassung von 1920 und der Staatskirchenvertrag von 1924

Schon am Ende des Jahres 1918 waren die Vorarbeiten für eine neue Kirchenverfassung aufgenommen worden.[47] In den verschiedenen Gruppierungen der Landeskirche bestand Einigkeit darüber, dass das Verfassungswerk von der Generalsynode als Vertretung der Gesamtkirche zu beschließen war. Deshalb stand am Anfang die Reform des Synodalwahlrechts, die das aktive und passive Wahlrecht zu den Kirchenvorständen und Synoden in Parallele zur Reichsverfassung einführte.[48] Die bisherige paritätische Zusammensetzung der Synoden aus Geistlichen und Laien wurde durch eine Zweidrittelmehrheit der Laien ersetzt. Die durch diese Neuordnung gewählte verfassungsgebende Generalsynode trat am 17. August 1920 in Ansbach zusammen. Sie wählte erstmals selbst den Präsidenten der Synode. Es war der Jurist Wilhelm Freiherr von Pechmann, der durch leitende gesamtdeutsche und ökumenische Kirchenämter in der Weimarer Republik und vor allem durch sein Eintreten für die Christen jüdischer Herkunft und für die Juden im »Dritten Reich« zu einem »der bedeutendsten Laien in der evangelischen Kirche« wurde.[49]

Zu den befürchteten heftigen Auseinandersetzungen zwischen den theologischen Gruppierungen, wie sie vor dem Krieg stattfanden, kam es nicht. Der Weltkrieg und die Nachkriegszeit hatten die theologischen Gegensätze entschärft, die Bekenntnisbindung bildete keinen Streitpunkt mehr, die das Verfassungswerk gefährden konnte.

Die Kirchenverfassung wurde am 10.9.1920 einstimmig verabschiedet.[50] Am selben Tag wählte die Synode den bisherigen Präsidenten des Oberkonsistoriums, Friedrich Veit, zum Kirchenpräsidenten. Am 1.1.1921 trat die neue Kirchenverfassung in Kraft. Seitdem trägt die bayerische Landeskirche offiziell den Namen Evangelisch-Lutherische Kirche.

Die Verfassung verstärkte das Recht der Kirchengemeinden als Körperschaften des öffentlichen Rechts im Gegenüber zur Landeskirche und wertete die Dekanate zu Selbstverwaltungskörperschaften auf. An der Spitze der zunächst drei Kirchenkreise[51] standen die Kreisdekane.

Aus der bisherigen obrigkeitlich dominierten Leitungsstruktur der Landeskirche wurden drei synodal und behördlich zusammengesetzte Leitungsorgane: Landessynode, Landeskirchenrat, Landessynodalausschuss und als viertes das personale geistliche Leitungsamt des Kirchenpräsidenten. An der Benennung dieses nun auch formell verselbstständigten Leitungsamtes schieden sich in Bayern ebenso

---

47 Vgl. Hübner: Neuordnung … (wie Anm. 8), hier 215-228. Christoph LINK: Vom landesherrlichen Kirchenregiment zu Eigenständigkeit. ZBKG 80 (2011), 151-157.

48 Das passive Wahlrecht für die Gesamtsynode erhielten die Frauen erst 1958.

49 Klaus SCHOLDER: Die Kirchen und das Dritte Reich. Bd. 1. Berlin 1977, 24. Über von Pechmann, der mit Veit freundschaftlich verbunden war, vgl. Sommer: Wilhelm Freiherr von Pechmann … (wie Anm. 19).

50 Der Titel lautete: Verfassung der evangelisch-lutherischen Landeskirche rechts des Rheins.

51 Ansbach, Bayreuth und München, 1935 kam noch Nürnberg hinzu.

wie in anderen Landeskirchen die Geister.[52] Gegen den Bischofstitel wurden nicht nur die Verwechslungsprobleme mit den katholischen Bischöfen genannt, sondern auch Vorbehalte gegenüber der Verknüpfung von geistlicher und rechtlicher Leitung. Auch Veit selbst hatte Bedenken gegen den Bischofstitel.[53] Aber das in der Verfassung verankerte personale Leitungsamt des Kirchenpräsidenten, das schon die Vorgänger von Veit, vor allem Hermann von Bezzel, im Sinne eines geistlichen Bischofsamtes verstanden und gelebt hatten, wurde der Sache nach als »das kraftvollste und inhaltsreichste evangelische Bischofsamt« bezeichnet.[54]

Die Kirchenverfassung von 1920, die in ihrer Grundstruktur bis in die Gegenwart reicht, bildete den Rahmen für die innere Erneuerung des kirchlichen Lebens in der bayerischen Landeskirche. Vor allem in den Gemeinden hatte es sich, besonders in der jüngeren Generation, spürbar belebt.

Die andere große Herausforderung nach der Kirchenverfassung war die Neuordnung des Verhältnisses der Kirche zum demokratischen Staat von Weimar.[55] Dass dieses Verhältnis überhaupt in einem Vertrag, und nicht einseitig durch Staatsgesetz geregelt wurde, war die Frucht der Konkordatsbemühungen des damaligen vatikanischen Nuntius Eugenio Pacelli, des späteren Papstes Pius XII. Am 29.3.1924 wurde das Konkordat zwischen dem bayerischen Staat und dem Heiligen Stuhl unterzeichnet. Die Entstehungsgeschichte der mit der Evangelisch-Lutherischen Kirche und mit der Vereinigten protestantisch-evangelisch-christlichen Kirche der Pfalz abgeschlossenen bayerischen Kirchenverträge ist nur auf der Grundlage der bereits bestehenden Konkordatsbestimmungen verständlich.[56] Die Landesregierungen bestanden diesen gegenüber auf einer paritätischen Behandlung auch der evangelischen Kirchen.

Kirchenpräsident Veit musste sich gegenüber vielfältiger Kritik aus den eigenen Reihen zur Wehr setzen, die infrage stellten, ob die evangelische Kirche ebenso wie die katholische ihre Rechtspositionen gegenüber dem Staat als eine gesellschaftliche Macht neben ihm überhaupt anstreben dürfe. Die Frage führte ins Zentrum des reformatorischen Kirchenverständnisses. Aufseiten der »völkischen Theologie« der frühen zwanziger Jahre wurde sie verneint. Hier sah man die Kirche als geistliche Dimension des auf das Volk gegründeten Nationalstaates an.[57]

---

52 Vgl. Arne MANZESCHKE: Persönlichkeit und Führung: zur Entwicklung des evangelischen Bischofsamtes in Bayern zwischen Novemberrevolution und Machtergreifung. Nürnberg 2000.

53 Vgl. die Selbstbiographie Veits in: Sommer: Friedrich Veit … (wie Anm. 11), 128f.

54 Paul SCHOEN: Der deutsche evangelische Bischof nach den neuen evangelischen Kirchenverfassungen. Verwaltungsarchiv 30 (1925), 403-431, hier 406.

55 Vgl. Hugo MASER: Evangelische Kirche im demokratischen Staat: der Bayerische Kirchenvertrag von 1924 als Modell für das Verhältnis von Kirche und Staat. München 1983.

56 Ebd, 25.

57 Der Staatskirchenvertrag von 1924 erlebte eine sehr lebhafte Diskussion. Außerhalb Bayerns war die Kritik vielfach noch schärfer und anhaltender, innerhalb Bayerns lehnten die zahl-

Wolfgang Sommer

Im Sinne von Luthers Zwei-Reiche-Unterscheidung und Zuordnung setzte Kirchenpräsident Veit dagegen auf eine Trennung von Staat und Kirche, die nicht Beziehungslosigkeit bedeutet:

> »Dem Ideale der Arbeitsgemeinschaft von Staat und Kirche am Wohl des Volkes kann doch nur eine Lösung entsprechen, die beiden Lebensmächten je in ihre Sphäre und mit ihren Mitteln Freiheit und Raum läßt zur Betätigung – das ist Trennung von Staat und Kirche, wie wir sie verstehen, – und dann die so nach eigenem Recht Lebenden zusammenführt zu gemeinsamen Dienst am Ganzen in gegenseitiger Rücksichtnahme und verständnisvoller Förderung. Das bedeutet nach Seite der Selbständigkeit wie der Gemeinschaft der Vertrag zwischen Staat und Kirche.«[58]

Der bayerische Staatskirchenvertrag war zusammen mit dem pfälzischen der erste deutsche Kirchenvertrag und Vorbild für viele weitere, z.B. in Preußen und Baden. Nachdem die Landessynode dem Vertrag mit 71 zu 19 Stimmen und der Landtag mit 73 zu 52 Stimmen zugestimmt hatten, traten die Verträge am 27. Januar 1925 in Kraft.

Der Inhalt der Verträge orientierte sich wesentlich an denen des Konkordates. Neben den Regelungen zu den finanziellen Staatsleistungen war u.a. die schwer umkämpfte Gewährleistung des Bekenntnisschulsystems unter Einschluss der Bekenntnisbindung der Lehrkräfte und der konfessionellen Lehrerbildung ein wichtiges, erreichtes Ziel. Auch die sog. politische Klausel war höchst umstritten, nach der bei der Staatsregierung für die in Aussicht genommenen Leitungspersönlichkeiten der Landeskirche nachgefragt werden musste, dass »Erinnerungen politischer Natur nicht obwalten«.[59] Das betraf zwar nur allgemeinpolitische, nicht parteipolitische Bedenken, stieß aber bei vielen auf Ablehnung.

Die Kirchenverfassung und der Staatskirchenvertrag stellen das große Reformwerk in der Ära Veit dar, das in kirchenverfassungsrechtlicher Hinsicht für ein halbes Jahrhundert Bestand haben sollte. Der Staatskirchenvertrag hat seine Gültigkeit bis heute.

Unter Kirchenpräsident Veit hat die bayerische Landeskirche ihre positiv-pragmatische Stellung zum demokratischen Staat von Weimar und ihren Platz darin gefunden. Diese Haltung des konservativ geprägten Lutheraners verband ihn mit seinem Jugendfreund Wilhelm von Pechmann, deren beider kirchliches Wirken die bayerische Kirchengeschichte in der Zeit der Weimarer Republik nachhaltig geprägt hat.

---

reichen konservativen Kritiker des Staates von Weimar natürlich auch diese vertraglichen Vereinbarungen mit einer »glaubenslosen« Regierung ab, aber auch der Evangelische Bund sowie die Lehrerschaft, die eine »Klerikalisierung« der Schulen fürchtete.

58 Friedrich Veit: Zum Neuen Jahre. NKZ 39 (1928), 8. Vgl. Sommer: Das Wirken von Kirchenpräsident ... (wie Anm. 11), 94.

59 Art. 14 § 1 des Bayerischen Konkordats vom 29.3.1924.

Die bayerische Landeskirche nach dem Ende des landesherrlichen Kirchenregiments

Der immer stärker werdende Einfluss des Nationalsozialismus in den zwanziger Jahren des 20. Jahrhunderts auf Volk und Kirche war die große Herausforderung im Wirken von Kirchenpräsident Veit. Er hat sich ihr schon frühzeitig gestellt und verschiedene Schritte unternommen, um Pfarrer und Gemeinden vor dieser immer bedrohlicher werdenden Gefahr zu warnen. Dass die bayerische Landeskirche nach dem Ersten Weltkrieg bis 1933 inmitten einer immer stärker werdenden reaktionären, antidemokratischen und antisemitischen Stimmung in weiten Bevölkerungskreisen vonseiten der Kirchenleitung eine eindeutig antinationalsozialistische Haltung einnahm, ist dem Wirken von Kirchenpräsident Veit zu verdanken.[60]

---

60 Davon zeugt auch sein bitterer Abgang im Frühjahr 1933. Vgl. Sommer: Friedrich Veit … (wie Anm. 11), 100-102.

Deutschsprachige evangelische Kirchen im osteuropäischen Ausland

Die evangelischen Kirchen in Polen nach 1918

Von Olgierd Kiec

Am 11. November 1918, genau an diesem Tage, an dem zwei deutsche Minister das Waffenstillstandsabkommen in Compiègne unterzeichneten, proklamierte in Warschau der ehemalige Sozialistenführer Józef Piłsudski die Entstehung des polnischen Staates, der Republik Polen. Die Grenzen des neuen Staates mussten jedenfalls erst erkämpft und in diplomatischen Verhandlungen festgelegt werden. Das Gebiet der ehemaligen polnisch-litauischen Adelsrepublik wurde doch Ende des 18. Jahrhunderts von drei Nachbarstaaten geteilt und befand sich seit über hundert Jahren unter der Herrschaft Russlands, Österreichs und Preußens, bzw. des Deutschen Reiches. Die Kämpfe gegen Deutsche, Ukrainer, Tschechen, Litauer und vor allem gegen das sowjetische Russland, dauerten mindestens bis 1921.[1] Im Endeffekt entstand jedoch ein Staat, der als Kompromiss betrachtet werden muss. Die alte Adelsrepublik war doch ein Vielvölkerstaat, und als Vielvölkerstaat sollte auch die neue polnische Republik nach dem Ersten Weltkrieg wiederaufgebaut werden. Die Frage war nur, ob Polen ein National- oder Nationalitätenstaat werden sollte. Marschall Piłsudski plädierte für den Aufbau eines föderativen Nationalitätenstaates, während sein größter Widersacher Roman Dmowski, der bekannteste Ideologe des polnischen Nationalismus, sich für den Aufbau eines polnisch-katholischen Nationalstaates engagierte. Offiziell haben sich polnische Politiker auf zwei Grundideen berufen: Einerseits hoben sie das Recht auf die Grenzen aus dem Jahre 1772 hervor, betonten aber andererseits das Prinzip der Selbstbestimmung der Völker und stellten Forderungen auf die Gebiete, die vor 1772 keineswegs zur polnischen Adelsrepublik gehörten, wo aber ein hoher Prozentsatz der polnischen Bevölkerung festgestellt werden konnte. Die polnische Republik war also ein Kompromiss in vielerlei Hinsicht: Die Grenzen aus dem Jahre 1772 wurden – besonders im Osten – nicht erreicht, aber im Westen wurde ein Teil Oberschlesiens angeschlossen, das bereits im 14. Jahrhundert von der polnischen Krone losgelöst worden war. Der Anteil der nationalen Minderheiten war sehr beträchtlich und betrug ca. ein Drittel der Bevölkerung. Polen war also ein Vielvölkerstaat, aber die regierenden, nationalen Eliten wollten keineswegs die Minderheiten als gleichberechtigte Mitbürger anerkennen. Besonders sichtbar wurde das im Dezember 1922, als die linken Parlamentsabgeordneten, verbündet mit Abgeordneten der nationalen Minderheiten, den

---

1 Mehr dazu vgl. Jochen Böhler: Civil War in Central Europe 1918-1921: the Reconstruction of Poland. Oxford 2018.

Olgierd Kiec

ersten Staatspräsidenten, Gabriel Narutowicz wählten. Wenige Tage später wurde Narutowicz von einem polnischen Nationalisten erschossen.[2]

Die nationalen Minderheiten in der Zweiten Polnischen Republik werden oft mit religiösen Minderheiten gleichgesetzt. Tatsächlich spielte die Religion eine Schlüsselrolle in der Entwicklung des modernen Nationalismus in Ostmitteleuropa; der bereits erwähnte Ideologe des polnischen Nationalismus Roman Dmowski, selbst Biologe mit materialistischer Weltanschauung, hat sehr entschieden die Bedeutung des Katholizismus für das polnische Volk betont. Die nationalen Minderheiten in Polen waren aber fast ausschließlich nicht katholisch, oder besser gesagt: nicht römisch-katholisch. Und die Anwesenheit der religiösen Minderheiten in Polen wurde – ähnlich wie die Anwesenheit der nationalen Minderheiten – nicht als Erbe der jahrhundertelangen historischen Traditionen des polnisch-litauischen Staates betrachtet, sondern vielmehr als Erbe der Teilungen Polens im 18. Jahrhundert und der darauffolgenden Fremdherrschaft. Die orthodoxen Kirchen in den Zentren der Städte in Mittelpolen (Kongresspolen) – darunter in Warschau –, die Ende des 19. und Anfang des 20. Jahrhunderts erbaut worden waren, wurden als Symbole der zaristischen Gewaltherrschaft bereits in den 1920er Jahren zerstört.[3]

Als Erbe der Fremdherrschaft kann auch die Struktur des Protestantismus in Polen gedeutet werden. In der Zweiten Republik existierten sieben evangelische Kirchen, die bis 1918 integrale Teile der protestantischen Kirchen in Russland, Österreich und Preußen gewesen sind. Die größte von diesen sieben Kirchen war die Evangelisch-Augsburgische Kirche, mit dem Konsistorium in Warschau. Die zweitgrößte war die Evangelische Unierte Kirche in Polen, geleitet vom Evangelischen Konsistorium in Poznań (Posen). Die zweitgenannte Kirche umfasste jedoch nicht alle evangelisch-unierten Gemeinden der preußischen Landeskirche in Polen. Im autonomen Oberschlesien wurde die separate Evangelische Unierte Kirche in Polnisch Oberschlesien gegründet, die den Schutz der deutsch-polnischen Genfer Konvention nutzen konnte. Im ehemals preußischen Teilungsgebiet wirkte

---

2 Paweł Brykczyński: Gotowi na przemoc: mord, antysemityzm i demokracja w między-wojennej Polsce. Warszawa 2017. Amerikanische Originalausgabe: Paul Brykczynski: Primed for Violence: murder, Antisemitism and Democratic Politics in Interwar Poland. Madison/Wisconsin 2016.

3 Vgl. Piotr Paszkiewicz: W służbie Imperium Rosyjskiego 1721-1917: Funkcje i treści ideowe rosyjskiej architektury sakralnej na zachodnich rubieżach Cesarstwa i poza jego granicami [Im Dienst des Russischen Imperiums: Funktionen und ideologische Inhalte der russischen Sakralarchitektur in den westlichen Grenzgebieten des Kaisertums sowie außerhalb seiner Grenzen]. Warszawa 1999, 79-139; Paulina Cynalewska-Kuczma: Architektura cerkiewna Królestwa Polskiego narzędziem integracji z Imperium Rosyjskim [Die orthodoxe Kirchenarchitektur im Königreich Polen als Mittel der Integration mit dem Russischen Imperium]. Poznań 2004; vgl auch Mirosława Papierzyńska-Turek: Między tradycją a rzeczywistością: Państwo wobec prawosławia 1918-1939 [Zwischen Tradition und Wirklichkeit: der Staat und die Orthodoxie 1918-1939]. Warszawa 1989, 323-377.

Die evangelischen Kirchen in Polen nach 1918

auch die Evangelisch-Lutherische Kirche (besser bekannt als Altlutherische Kirche), die inoffiziell die Kontakte mit dem Evangelischen Oberkirchenkollegium in Breslau pflegte. Im ehemals österreichischen Teilungsgebiet (Galizien) existierte die Evangelische Kirche des Augsburgischen und Helvetischen Bekenntnisses, die vom Superintendenten Theodor Zöckler in Stanislau (Stanisławów/Ivanofrankivsk) geleitet wurde. Eine Besonderheit waren die beiden, kleinen evangelisch-reformierten Kirchen, die den Konsistorien in Warschau und in Wilna unterstellt waren und die meisten Gemeinden und Gemeindemitglieder im ehemaligen russischen Teilungsgebiet hatten.[4]

Problematisch war nicht nur der Zusammenhang der evangelischen Kirchen mit nationalen Minderheiten, besonders mit Deutschen in Polen, sondern auch ihre Abhängigkeit von den Kirchenbehörden im Ausland. Abgesehen von zwei kleinen, reformierten Kirchen wurde nur die Evangelisch-Augsburgische Kirche von einem Konsistorium geleitet, welches von keiner ausländischen Kirchenbehörde abhängig war und befand sich in der polnischen Hauptstadt. Noch wichtiger war, dass die Mitglieder des Warschauer Evangelisch-Augsburgischen Konsistoriums und der Generalsuperintendent dieser Kirche, Julius Bursche[5], zwar aus deutschen Familien stammten, aber eine entschieden polnische Haltung vertraten. Generalsuperintendent Bursche ist im Jahre 1919 persönlich als Experte der polnischen Regierung auf der Pariser Friedenskonferenz aufgetreten und unterstützte die polnischen Ansprüche auf die polnischsprachigen Grenzgebiete in Schlesien und Ostpreußen. Was noch wichtiger war: Keine der evangelischen Kirchen durfte auf dem ganzen Gebiet der Republik Polen tätig sein, sie mussten ihre Aktivitäten auf die ehemaligen Teilungsgebiete einschränken, d.h. sie konnten die alten Grenzlinien von 1914 nicht überschreiten. Die Ausnahme war die Evangelisch-Augsburgische Kirche, die bis 1918 nur in Russisch-Polen wirkte. Das Warschauer Konsistorium hat in den Jahren 1918-1923 ihren Wirkungskreis auf das ganze Gebiet des polnischen Staates ausgedehnt und die Zahl der Gemeinden beinahe verdoppelt. Bis 1918 gehörten der Evangelisch-Augsburgischen Kirche 66 Gemeinden sowie 39 Filialgemeinden an, im Jahr 1937 zählte die Kirche 117 Gemeinden und 40 Filialgemeinden mit insgesamt ca. 400.000 Mitgliedern. Die neu angeschlossenen

---

4 Alfred KLEINDIENST; Oskar WAGNER: Der Protestantismus in der Republik Polen 1918/19 bis 1939 im Spannungsfeld von Nationalitätenpolitik und Staatskirchenrecht, kirchlicher und nationaler Gegensätze. Marburg 1985, 69 f. Neuere Perspektiven aufgrund der umfangreichen Quellenrecherchen präsentiert Elżbieta ALABRUDZIŃSKA: Kościoły ewangelickie na Kresach Wschodnich II Rzeczypospolitej. Toruń 1999; deutsche Ausgabe: Der Protestantismus in den Ostgebieten Polens in den Jahren 1921-1939. Toruń 2000.

5 Generalsuperintendent Julius Bursche benutzte bereits in den 20er Jahren den Titel »Bischof«, welchen die Kirchenverfassung, angenommen von der Generalsynode 1922, vorgesehen hatte. Diese Kirchenverfassung ist aber nicht in Kraft getreten und erst 1936 wurde das Gesetz über das Verhältnis der Evangelisch-Augsburgischen zum polnischen Staate erlassen, welches den Bischoftitel bestätigte.

Olgierd Kiec

Gemeinden befanden sich im Nordosten sowie im Süden Polens und gehörten bis 1918 der Evangelisch-lutherischen Kirche Russlands bzw. der Evangelischen Kirche Augsburgischen und Helvetischen Bekenntnisses an.[6] Die polnischen Mitglieder der Evangelisch-Augsburgischen Kirche bildeten eine Minderheit innerhalb der Kirche; ihr Anteil betrug ca. 20-30 Prozent und die polnischen Lutheraner konzentrierten sich in größeren Städten, vor allem in Warschau, sowie in den neu angeschlossenen Gemeinden in Krakau und besonders in Teschener Schlesien.[7]

Das Warschauer Konsistorium unterstützte auch die Gründung der polnisch-evangelischen Gemeinden im ehemaligen preußischen Teilungsgebiet, wo bis 1918 die preußische evangelisch-unierte Kirche dominierte. Die polnischen Lutheraner aus Zentralpolen sowie aus Teschener Schlesien vermieden dabei jeglichen offizi-ellen Kontakt mit den unierten Geistlichen und hielten ihre Gottesdienste meistens in den dortigen altlutherischen Kirchen. Der gegenseitige Argwohn, um nicht zu sagen Feindseligkeit hatte tiefe Wurzeln. Die Evangelisch-Augsburgische Kirche, auch wenn sie vornehmlich deutsche – oder besser gesagt – volksdeutsche Mitglieder hat-te, wurde von den kirchenleitenden Stellen als nationalpolnische Kirche präsentiert. Die Idee des polnischen Protestantismus und der polnischen, lutherischen Kirche, wurde von deutschstämmigen, aber polnisch gesinnten Pastoren in Russisch-Polen bereits im 19. Jahrhundert verbreitet. Und schon im 19. Jahrhunderts wurden die polnischen Lutheraner im österreichischen Teschener Schlesien als potentielle Verstärkung der deutschstämmigen, polonisierten Lutheraner in Zentralpolen be-trachtet. Am Anfang des 20. Jahrhunderts wurde Generalsuperintendent Bursche zum eifrigsten Verfechter dieser Idee. Bursche versuchte seine deutsche, typische Auslandskirche in eine nationalpolnische, protestantische Kirche zu verwandeln. Die weitreichenden Pläne des Generalsuperintendenten Bursche sollten zwar die religiöse Trennung zwischen Deutschen und Polen abschaffen und das polnische Volk in eine überkonfessionelle, nationale Gemeinschaft verwandeln, aber der Protestantismus würde dann seine Bedeutung als Nationalbekenntnis der deutschen Minderheit in Polen verlieren.[8]

---

6 Vgl. Kleindienst; Wagner: Der Protestantismus … (wie Anm. 4), 69-71. Jarosław Kłaczkow: Kościół Ewangelicko-Augsburski w Polsce w latach 1918-1939 [Die Evan-gelisch-augsburgische Kirche in Polen 1918-1939]. Toruń 2017, 15-49. Im Herbst 1938, als Polen den westlichen, tschechoslowakischen Teil Teschener Schlesiens annektierte, vergrößerte sich die Zahl der Lutheraner in der Evangelisch-Augsburgischen Kirche um ca. 50.000 Personen in acht Gemeinden, vgl. ebd, 49.

7 Kleindienst; Wagner: Der Protestantismus … (wie Anm. 4), 71. Jarosław Kłaczkow be-tont zwar das labile Nationalbewusstsein sowohl der deutschen als auch der polnischen Lutheraner, aber polnischen Schätzungen aus den 30er Jahren folgend gibt er den Anteil der polnischen Bevölkerung in der Evangelisch-Augsburgischen Kirche auf ein Drittel an, vgl. Kłaczkow: Kościół … (wie Anm. 6), 30 f.

8 Bischof Julius Bursche ist die Hauptfigur in der Erinnerungskultur der polnischen Luthe-raner, aber die komplexe Erforschung seines Lebens und Wirkens bleibt immer noch ein

Die evangelischen Kirchen in Polen nach 1918

Unter anderem aus diesem Grunde stießen die Bemühungen Bischof Bursches gegen den Widerstand einflussreicher deutscher Pastoren, Lehrer und Unternehmer, die sich mindestens seit der Revolution in Russland 1905 dem deutschen Nationalismus zugewandt hatten. Bursche versuchte also seine Pläne mit Hilfe des polnischen Staates zu verwirklichen, was ihm zusätzliche kritische Stimmen brachte, auch vonseiten der polnischen Protestanten. Doch nicht die polnischen, sondern die deutschen Widersacher Bursches stellten eine ernsthafte Opposition innerhalb der Evangelisch-Augsburgischen Kirche. Sie wurden sehr stark von der Evangelischen Unierten Kirche im ehemaligen preußischen Teilungsgebiet Polens unterstützt. Viel deutet darauf hin, dass gerade diese Kirche, die erst 1920 zu einer Auslandskirche wurde, entscheidend dazu beigetragen hat, dass die Ideen Bischof Bursches nicht verwirklicht werden konnten.[9]

Im Versailler Vertrag wurden der polnischen Republik die preußischen Provinzen Posen und Westpreußen fast vollständig zuerkannt; nach der Volksabstimmung (1921) und dem polnischen Aufstand hat Polen auch ca. ein Drittel Oberschlesiens angeschlossen. In all diesen Gebieten befanden sich zahlreiche Gemeinden der Evangelisch-Unierten Kirche, die einen integralen Teil der preußischen Landeskirche bildeten. Die Protestanten im Osten Preußens lebten aber in einer Diaspora, sogar – wie oft betont worden war – in einer doppelten Diaspora, weil dort die polnische, katholische Bevölkerung dominierte. Protestanten hatten also in zweierlei Hinsicht Minderheitenstatus: als Deutsche unter Polen und als Protestanten unter Katholiken.[10]

Forschungsdesiderat. Die beste Arbeit zu diesem Thema: Bernd KREBS: Nationale Identität und kirchliche Selbstbehauptung: Julius Bursche und die Auseinandersetzungen um Auftrag und Weg des Protestantismus in Polen 1917–1939. Neukirchen-Vluyn 1993; polnische Ausgabe: Państwo, Naród, Kościół: Biskup Juliusz Bursche a spory o protestantyzm w Polsce w latach 1917-1939. Bielsko-Biała 1998. Vgl. auch Elżbieta ALABRUDZIŃSKA: Juliusz Bursche – zwierzchnik Kościoła ewangelicko-augsburskiego w Polsce: Biografia [Juliusz Bursche (1862-1942) – der Vorgesetzte der Evangelisch-Augsburgischen Kirche in Polen: die Biographie]. Toruń 2010.

9 Beispiele dieser Unterstützung bei Kleindienst; Wagner: Der Protestantismus ... (wie Anm. 4), 310-319, sowie bei Krebs: Państwo, Naród, Kościół ... (wie Anm. 8), 144 f. 156 f. 163.

10 Die doppelte, deutsche und evangelische Diaspora in der Provinz Posen, wurde bereits um die Mitte des 19. Jahrhunderts thematisiert, u.a. in den Schriften des Gustav Adolf-Vereins; nach der Wende 1918-1919 und massenhafter Emigration der deutschen Bevölkerung aus Westpolen ins Deutsche Reich, hat sich die Vorstellung von einer doppelten Diaspora noch vertieft; vgl. u.a.: DENKSCHRIFT VON DEN KIRCHLICHEN NOTHSTÄNDEN DER PROVINZ POSEN UND HÜLFERUF AN ALLE THEUERN GLAUBENS-GENOSSEN DER EVANGELISCHEN KIRCHE, Posen, 31. October 1850. Archiwum Państwowe Poznań [Staatsarchiv Posen], Akten des Evangelischen Konsistoriums Sign. 2598, ohne Blattzahl; Berthold RASMUS: Diasporafahrten: Bilder aus dem Leben eines Posener Pastors. Leipzig 1909; Olgierd KIEC: Protestantyzm w Poznańskiem 1815-1918 [Protestantismus in der Provinz Posen 1815-1918]. Warszawa 2001, 207-336.

Olgierd Kiec

Die Revolution und Ausrufung der Republik in Deutschland haben die führenden Kreise der evangelisch-unierten Kirche im Osten mit Sorge angenommen. Dem Druck des polnischen Nationalismus und der katholischen Kirche ausgesetzt, fühlten sie sich sehr eng mit dem preußischen Staat und mit der Hohenzollerndynastie verbunden. Der Kaiser und die preußische Staatsverwaltung galten als wichtigste Stützen im deutsch-polnischen Nationalitätenkampf im deutschen Osten, an der Grenze zum slawischen, russischen Zarenreich mit seiner großen polnischen Minderheit.[11] Die unmittelbare Folge der Revolution in Deutschland im Herbst 1918 war die Belebung der polnischen Forderungen nach einem eigenen Staat – im ganzen deutschen Osten wurden polnische Volksräte gegründet, die einen Landtag der polnischen Bevölkerung im »preußischen Teilgebiet« einberiefen. Der Landtag tagte in Posen Anfang Dezember 1918, knapp einen Monat nach dem Ausbruch der Revolution, und schon Ende dieses Monats brach ein polnischer Aufstand aus. Polnische Freiheitskämpfer eroberten in wenigen Wochen die zentralen und östlichen Kreise der Provinz Posen. Der Versailler Vertrag hat diese territorialen Gewinne nicht nur bestätigt, sondern stark erweitert: Als der Vertrag im Januar 1920 in Kraft trat, besetzten die polnische Verwaltung und das polnische Militär die von den deutschen Grenz- und Heimatschutztruppen noch verteidigten Kreise der Provinz Posen und fast die gesamte Provinz Westpreußen.[12]

Die deutschen Protestanten im Osten Preußens mussten also auf eine doppelte Herausforderung reagieren: einerseits auf die neue Situation im Deutschen Reich, und andererseits auf den neuen Status der »Auslandskirche« in Polen. Die Ereignisse in Deutschland haben sie teilweise sehr kritisch aufgenommen. Als Beispiel der Stimmung der evangelisch-unierten Christen im Osten kann die Äußerung von Ernst Gürtler, dem zweiten Pfarrer der Posener St. Matthäigemeinde, dienen:

»Ich bin unter der schwarz-weiß-roten Fahne geboren und ich will unter ihr sterben. [...]
Und weil ich so empfinde und nicht los davon kann, darum verwerfe ich die Republik

---

11 Vgl. Olgierd KIEC: Der Protestantismus in der Provinz Posen: Modernisierung – Säkularisierung – Rekonfessionalisierung. In: Kirchen- und Kulturgeschichtsschreibung in Nordost- und Ostmitteleuropa: Initiativen, Methoden, Theorien/ hrsg. von Rainer Bendel. Berlin 2006, 97-113.

12 Die letzte deutsche, umfangreiche Arbeit über den polnischen Aufstand in der Provinz Posen erschien 1980, vgl. Dietrich VOGT: Der Großpolnische Aufstand 1918/1919: Bericht, Erinnerungen, Dokumente. Marburg 1980, vgl. auch Mike SCHMEITZNER: Deutsche Polenpolitik am Ende?: Alfred Herrmann, der Deutsche Volksrat und die Nationalitätenkampfe in Posen 1918/19. In: Nationalistische Politik und Ressentiments: Deutsche und Polen von 1871 bis zur Gegenwart/ hrsg. von Johannes Frackowiak. Göttingen 2013, 63-103. Die polnische Nationalbewegung im preußischen Teilungsgebiet und der polnische Aufstand werden intensiv von der polnischen Geschichtsforschung untersucht, auch wenn die Schwerpunkte in den letzten Jahren auf Regionalstudien und Erinnerungskultur liegen. Eine gute Zusammenfassung der Fakten und Orientierung über den Stand der Forschung bietet Marek REZLER: Powstanie wielkopolskie: po 100 latach [Der Großpolnische Aufstand: nach 100 Jahren]. Poznań 2018.

und mit ihr die Demokratie. […] Wenn mich schon einer regieren soll, so sei es ein Fürst und kein Advokat, den die Gunst der Massen auf den Präsidentenstuhl spült. […] Ich lasse mir meinen Stolz auf das alte Schwarz-weiß-rot nicht rauben. Ich brauche kein Rot und kein Rosarot, ich bleibe, was ich war und mache den großen Umfall nicht mit. […] Wenn auch mein Kaiserhaus zu meinen Lebzeiten nicht wiederkehren sollte – ich konnte es ihm nicht verdenken – sein Bild bleibt an meiner Wand und in meinem Herzen. Und ich selbst bleibe deutsch und national, solange ich lebe. – Dass in dem neuen Deutschland, das nun unter schweren Wehen geboren werden soll, auch gesunden Reformen die Bahn gebrochen bleiben wird, das ist mein Hoffen und Streben. Die Gesündeste wäre, wenn mehr Vertrauen und Liebe zwischen den Ständen sich fände. […] Nur die Gewalt der Liebe kann uns retten. Wo ist der Große, der sie, sprühenden Funken gleich, aus den harten und kalten Herzen schlägt? – Ich kenne ihn. Er heißt Christus. Über deutsch und national schreibe ich das dritte und beste: christlich! – Darum kann ich mich nur zu Parteien halten, die ausgesprochenermaßen zu der christlichen Weltanschauung sich zu bekennen den Mut haben. […] Es ist ein alter, edler Klang, der uns ruft: deutsch, national, christlich!«[13]

Emotionale Äußerungen versuchten die leitenden Männer der Posener evangelischen Kirche zu rationalisieren und in ein positives Programm für die Zukunft zu verwandeln. Erich Nehring, Jurist im Evangelischen Konsistorium in Posen, sah in der politischen Entwicklung eher eine Chance für die Kirche. In einer Denkschrift »Staat und Kirche«, die er Mitte Dezember 1918 vorgelegt hatte, skizzierte er die Geschichte der evangelisch-unierten Kirche in Preußen im 19. Jahrhundert und setzte seine Erwägungen mit folgenden Sätzen fort:

»Überblickt man die Geschichte und den letzten Zustand, so ist es klar, wohin die Entwicklung ging: Die evangelische Kirche wuchs in Gemeinde und Synode aus sich heraus zu einer neuen unabhängigen Größe. Der Einfluss des Staates und des Landesherrn war im Abnehmen. Zugleich ist deutlich, welche unmittelbare Bedeutung die Umwandlung des preußischen Staates aus einer Monarchie in eine Republik für die evangelische Kirche hat: Der Landesherr, der Träger der Kirchengewalt, ist fortgefallen, die Kirche kann nicht mehr in seinem Namen regiert werden, sie muss sich selber leiten. Die Gemeinde- und Synodalverfassung bleibt. Das geistliche Amt arbeitet weiter. Selbst die Stellung der Kirche im Staat, die Rechte und Befugnisse des Staates ihr gegenüber sind zunächst nicht berührt worden. […] Es ist wohl möglich, dass unsere Kirche, vom Staat getrennt, Fähigkeit und Kraft zum Wirken erlangt wie nie zuvor. […] Was die Landeskirche bisher kraft ihrer öffentlich-rechtlichen Stellung gewesen und was sie voraussichtlich bald nicht mehr sein wird, das muss ersetzt werden durch die lebendigen Glieder der Kirche und durch ihr Bekenntnis und Halten zur Kirche. Dadurch, dass der Staat sich trennt, entsteht eine Leere im ganzen öffentlichen Leben. Sie muss erfüllt werden und wird es allein durch lebendiges persönliches Christentum«.[14]

---

13 [Ernst] GÜRTLER: Ein Bekenntnis. Evangelisches Gemeindeblatt für die Stadt Posen 52 (29.12.1918), 292. Ernst Gürtler diente 1914-1918 freiwillig als Feldgeistlicher u.a. in Belgien; er verließ Posen bereits 1920, bis 1928 war er Pfarrer in Neusalz/Oder (Niederschlesien), dann in Berlin.

14 Erich NEHRING: Staat und Kirche!. Evangelisches Gemeindeblatt für die Stadt Posen 50 (15.12.1918), 281 f.

Olgierd Kiec

Doch in erster Linie versuchten die führenden Kreise der Evangelisch-Unierten Kirche ihre Position im Staat und in der Gesellschaft durch die unmittelbare Teilnahme an den Wahlen zur Deutschen Nationalversammlung und zur Preußischen Landesversammlung zu festigen. Die Wahlen im Januar 1919 haben auch in diesen Kreisen der Provinz Posen stattgefunden, die von den polnischen Aufständischen besetzt worden sind; die polnische Bevölkerung hat die Wahlen jedenfalls boykottiert. In der ganzen Provinz Posen hat die Deutschnationale Volkspartei (DNVP) die Wahlen zur Deutschen Nationalversammlung sehr deutlich gewonnen, die – zusammen mit der Deutschen Volkspartei (DVP) – von den Posener Pastoren offen unterstützt wurde. In die Nationalversammlung wurde der Bromberger Superintendent Julius Assmann als Abgeordneter der DVP gewählt, sowie Friedrich Knollmann, Sekretär der evangelischen Arbeitervereine in Posen, als Abgeordneter der DNVP. Von der Liste der DNVP in Posen wurde auch Alfred Hugenberg gewählt, der zwar in Westfalen lebte, aber vorher mehrere Jahre in Posen arbeitete und in der Stadt gut bekannt war. Jedenfalls bekam Hugenberg mehr Stimmen als der Posener Oberkonsistorialrat Johannes Staemmler, der ebenfalls von der Liste der DNVP kandidierte, aber kein Mandat gewann.[15] Die Wahlen zur Preußischen Landesversammlung haben die deutschen Pastoren wieder sehr ernst genommen. Die Liste der DNVP leitete Generalsuperintendent Paul Blau, der auch in das preußische Parlament gewählt wurde. Die DNVP war auch die einzige Partei, die mehr Stimmen als eine Woche zuvor erhalten und sich als stärkste politische Kraft der Deutschen in Posen bestätigt hatte.[16]

Die politische Wende hat die weitere Beteiligung der Deutschen aus dem Osten am politischen Leben im Deutschen Reich weitgehend erschwert und nach dem Inkrafttreten des Versailler Vertrages im Januar 1920 praktisch unmöglich gemacht. Bereits im Jahre 1919 begann eine große Auswanderung der Deutschen aus den Provinzen Posen und Westpreußen. Deutsche Beamte, Lehrer, Polizisten, Soldaten, Bahnangestellte und Vertreter anderer Berufe haben den Osten mehr oder weniger freiwillig verlassen. Die Auswanderung betraf in erster Linie die Stadtbevölkerung. Der Posener Superintendent Arthur Rhode hat diesen Prozess so beschrieben:

»Das ist ein Bild unserer Gemeinden: ganze Strassenzüge in Posen, wo kaum noch ein Evangelischer wohnt, Strassenzüge, die einst von unseren Gemeindegliedern dicht bevölkert waren. Unsere Ansiedelungen, die Ergebnisse der letzten 40 Jahre, zertrümmert, in die alten seit Jahrhunderten bestehenden evangelischen Bauerngemeinden furchtbare Lücken geschlagen. […] Unsere jungen Leute grossen Teils weggewandert. Die Hierge-

---

15 Vgl. Die Wahlen zur Nationalversammlung in der Provinz Posen. Posener Tageblatt (1919) Nr. 30 vom 22. Januar; Amtliches Wahlergebnis der deutschen Nationalwahlen in Posen. Posener Tageblatt (1919) Nr. 40 vom 28. Januar.

16 Vgl. Ergebnis der preußischen Landesversammlungswahl in Posen. Posener Tageblatt (1919) Nr. 42 vom 29. Januar.

Die evangelischen Kirchen in Polen nach 1918

bliebenen vielfach ein müdes hoffnungsloses Volk, verzagend an der Aussicht, ihr sauer erworbenes Eigentum auch einmal an die eigenen Leibeserben übertragen zu können«.[17]

Die Gesamtzahl der evangelisch-unierten Christen in Posen und Westpreußen betrug vor dem Ersten Weltkrieg über eine Million und verringerte sich nach dem Weltkrieg um mehr als die Hälfte: Mitte der 20er Jahre gab es dort knapp 350.000 und in den 1930er Jahren ca. 280.000 evangelisch-unierte Protestanten. Trotz der verkleinerten Mitgliederzahl wurden keine Gemeinden liquidiert, aber viele Pfarrstellen blieben unbesetzt: Von den 405 Pfarrstellen in Posen und Westpreußen waren 1925 nur 270 besetzt, 135 unbesetzt. Zugleich blieben alle Kirchen, Pfarrhäuser, Diakonissenstationen, Krankenhäuser und andere kirchliche Anstalten sowie Friedhöfe im Besitz der Kirche.[18] Das hatte nicht nur positive Aspekte. Im Jahre 1925 wurde die Situation folgendermaßen beurteilt:

»Im großen und ganzen hat die evangelische Kirche ihren Besitz behalten; sie hat im allgemeinen genug Räume zum Gottesdienst, zu Versammlungen, zur Unterweisung der Jugend, aber sie hat zu gleicher Zeit eine erdrückende finanzielle Last. Kirchen, die für eine Gemeinde von vielleicht 2.000 Seelen gebaut worden sind, dienen jetzt einer Gemeinde von 500 bis 600 Seelen. Große Friedhöfe liegen fast unbenutzt da, auf dem Lande sind Dutzende von kleineren Friedhöfen vergessen und verwahrlost, da die evangelischen Gemeindemitglieder die Ortschaften verlassen haben«.[19]

Als Gefahr für die weitere Existenz der evangelisch-unierten Kirche wurden nicht nur die Auswanderung und finanzielle Notlage, sondern auch das Verhältnis des polnischen Staates gegenüber der Kirche gesehen. Bereits im Jahre 1919 haben die führenden Kreise der Kirche in Berlin, Posen und Westpreußen beschlossen, enge Beziehungen mit der Mutterkirche in Preußen aufrechtzuerhalten.[20] Gemäß dem Prinzip »Staatsgrenzen sind keine Kirchengrenzen« wurde im April 1920, drei Monate nach dem Inkrafttreten des Versailler Vertrages, die Provinzialsynode nach Posen berufen. Neben den Posener Synodalen beteiligten sich an den Beratungen auch Vertreter der westpreußischen Gemeinden. Die Versammelten nahmen die Not-

---

17 Arthur RHODE: Ephoralbericht zur Kreissynode, Posen, 16. September 1926. Staatsarchiv Posen (Archiwum Państwowe Poznań), Akten des Evangelischen Konsistoriums, Sign. 814, ohne Blattzahl.

18 Vgl. Die gegenwärtige Gestalt des Protestantismus in Polen. In: Der Protestantismus in Polen/ hrsg. von D. [Johannes] Staemmler. Posen 1925, 20-22. – Die Verfasser »wollten nicht genannt werden« – so heißt es jedenfalls im Vorwort des Herausgebers Staemmler, auf Seite VIII.

19 Ebd, 21.

20 Betrifft die evangelische Bevölkerung in den an Polen abzutretenden Gebieten und ihre fernere Zugehörigkeit zur altländischen Landeskirche im preußischen Staate, Berlin-Charlottenburg, den 11. Juli 1919. Staatsarchiv Posen, Akten des Evangelischen Konsistoriums, Sign. 536, ohne Blattzahl. Diese Denkschrift analysiert Woldemar GASTPARY: Protestantyzm w Polsce w dobie dwóch wojen światowych [Der Protestantismus in Polen in der Zeit der beiden Weltkriege]. Bd. 1: 1914-1939. Warszawa 1978, 78-82.

Olgierd Kiec

verfassung für die Evangelische Unierte Kirche in Polen an, die zur Grundlage der Existenz der Kirche in Polen wurde. Die Synodalen beschlossen die Gründung der Evangelischen Unierten Kirche in Polen, die alle evangelisch-unierten Gemeinden in den ehemaligen preußischen Provinzen Posen und Westpreußen umfassen sollte. Die Kirchenleitung wurde dem Evangelischen Konsistorium in Posen übergeben.[21] Auf diese Weise wurde die zweitgrößte evangelische Kirche in Polen gegründet, die zwar nur auf dem beschränkten Gebiet in Westpolen wirkte, aber durch ihre Stärke eine führende Rolle im deutschen Protestantismus in der Zweiten Republik Polen gespielt hat. Die Gründung der Evangelischen Unierten Kirche in Polen hat also die Rahmen- und Streitlinien für die fundamentalen Auseinandersetzungen innerhalb des Protestantismus im polnischen Staat geschaffen. Diese Auseinandersetzungen personifizierten die zwei Generalsuperintendenten: Julius Bursche in Warschau und Paul Blau in Posen. Bursche wurde zur Symbolfigur des polnischen Protestantismus, der vom polnischen Staat unterstützt, aber auch kontrolliert wurde, und Blau wurde zur Symbolfigur des deutschen Protestantismus, der sich unabhängig von jedem Einfluss des polnischen Staates entwickeln wollte, aber sehr eng mit der evangelisch-unierten Kirchenleitung in Berlin zusammenarbeitete.

Die polnischen Behörden haben die Notverfassung nie offiziell anerkannt. Schon die Einberufung der Provinzialsynode 1920 wurde als illegal betrachtet, weil das polnische Kultusministerium die Notverfassung erst nach dem Schluss der Beratungen nur ›zur geneigten Kenntnisnahme‹ erhielt. Die Beamten im polnischen Kultusministerium behaupteten, dass die Rechte des preußischen Königs als Kirchenoberhaupt vom polnischen Staatsoberhaupt übernommen worden seien – alle evangelisch-unierten Kirchensachen hätten also im Einvernehmen mit polnischen Behörden erledigt werden müssen. Auf Grund dieser Rechtsdeutung hat das polnische Ministerium die Notverfassung für das ehemalige preußische Teilungsgebiet als ungültig erklärt und am 3. Juli 1920 eine Verordnung über die »Vereinigte Evangelische Kirche in Polen« erlassen.[22] Die Beziehung der Kirche zum Evangelischen Oberkirchenrat in Berlin wurde abgebrochen, die Kompetenzen der Berliner Kirchenbehörde wurden dem Evangelischen Konsistorium in Posen übergeben, aber mit der Bedingung, dass der Konsistorialpräsident und die Konsistorialräte von den polnischen Staatsorganen ernannt werden.[23]

---

21 Vgl. VERHANDLUNGEN DER AUSSERORDENTLICHEN POSENER PROVINZIAL-SYNODE IM JAHRE 1920. [Posen 1920].

22 Rozporządzenie w sprawie Zjednoczonego Kościoła Ewangelickiego w byłej dzielnicy pruskiej [Verordnung betreffend die Vereinigte Evangelische Kirche im ehemaligen preussischen Teilungsgebiet]. Dziennik Urzędowy Ministerstwa b. Dzielnicy Pruskiej [Verordnungsblatt des Ministeriums für das ehemalige preußische Teilungsgebiet] 35 (15.7.1920), Position 327, 721 f.

23 Die Posener Kirchenleitung hat gegen die Maßnahmen und Forderungen der polnischen Behörden in einer offiziellen Anklage beim Völkerbund protestiert, vgl. DENKSCHRIFT

Das polnische Kultusministerium hat aber kein Mitglied des Konsistoriums ernannt. Wie der bereits zitierte Erich Nehring gezeigt hat, existierte das Posener Evangelische Konsistorium zwei Jahrzehnte lang als

> »einzige Arbeitsstätte von öffentlich-rechtlichem Rang im polnischen Staat [...], welche ausschließlich von deutschgesinnten Männern geleitet wurde, wobei Nehring und Blau nur die deutsche, nicht die polnische Staatsbürgerschaft besaßen«.[24]

Die von polnischen Staatsbehörden verordnete Auflösung der Beziehungen der Evangelischen Unierten Kirche in Polen mit der Mutterkirche wurde nicht respektiert. Im Dezember 1921 versammelte sich in Posen die erste evangelisch-unierte Landessynode, die die Notverfassung vom April 1920 bestätigte.[25] Im darauffolgenden Jahr wurde in Berlin die Kirchenverfassung der Evangelischen Kirche der Altpreußischen Union erlassen – schon der Name »Altpreußische Union« betonte, dass die Mutterkirche auch die evangelisch-unierten Kirchengemeinden in abgetretenen Gebieten, also in erster Linie in Polen, umfasste.[26] Die zweite Landessynode in Posen hat im Dezember 1923 die Kirchenverfassung für die Evangelische Unierte Kirche in Polen erlassen, die erneut die Beziehung zur preußischen Mutterkirche bestätigte. Die enge Verbindung mit der Mutterkirche beeinflusste auch die neue Kirchenverfassung der Tochterkirche. Die demokratisierenden Tendenzen, die Verstärkung der Synoden und vor allem das Frauenwahlrecht wurden – wenn auch mit Bedenken – berücksichtigt und teilweise implementiert. Das Frauenwahlrecht wurde jedoch nur mit knapper Stimmenmehrheit angenommen – erst nach der Überwindung des Widerstandes der konservativen Synodalen.[27]

Doch die neue Kirchenverfassung von 1923 trat nicht in Kraft. Im März 1921 war in Polen die neue Staatsverfassung erlassen worden, die der katholischen Kirche die »Hauptstellung unter den gleichberechtigten Bekenntnissen« vorbehielt. Die katholische Kirche erhielt auch das Recht, sich nach »eigenen Gesetzen« zu regieren, die von dem Staat nicht mehr nachgeprüft werden sollten. Das Verhältnis der katholischen Kirche zum Staat regelte das Konkordat von 1925, während die religiösen Minderheiten ihr Verhältnis zum polnischen Staat »auf gesetzlichem

---

BETREFFEND AKTE DES POLNISCHEN STAATES GEGEN DIE UNIERTE EVANGELISCHE KIRCHE IN POLEN. Posen 1920.

24 Erich NEHRING: Dem Gedenken an Generalsuperintendent D. Paul Blau. In: Festschrift zum Gedenken an Generalsuperintendent D. Paul Blau/ hrsg. von Harald Kruska. Berlin 1961, 16, zit. nach: Joachim ROGALL: Die Posener Evangelische Kirche im Gegenüber zum Nationalsozialismus. In: Der Kirchenkampf im Deutschen Osten und in den deutschsprachigen Kirchen Osteuropas/ hrsg. von Peter Maser. Göttingen 1992, 162.

25 Vgl. das Posener Tageblatt 232 (1.12.1921); 233 (2.12.1921); 234 (3.12.1921); 235 (4.12.1921); 239 (10.12.1921).

26 Vgl. Richard KAMMEL: Die neue Kirchenverfassung unserer Mutterkirche. Evangelisches Kirchenblatt 1/1 (1922), 11-15.

27 BESCHLÜSSE DER 2. LANDESSYNODE DER UNIERTEN EVANGELISCHEN KIRCHE IN POLEN: I. BIS 7. DEZEMBER 1923. Posen 1924, 8-29.

Olgierd Kiec

Wege nach Verständigung mit ihren rechtlichen Vertretungen« klären sollten.[28] Es war offensichtlich, auch wenn es nicht offen zugegeben, dass als Vorbild für alle evangelischen Kirchen in Polen das Gesetz über das Verhältnis der Evangelisch-Augsburgischen Kirche zum Staat gelten sollte. Diese Kirche hatte die verfassunggebende Synode bereits 1922 einberufen, aber die Verhandlungen endeten schon im darauffolgenden Jahr mit einem Misserfolg. Deutsche Synodale verließen die Versammlung; weitere Verhandlungen mit dem Staat wurden erst 1936 wieder aufgenommen und erfolgreich beendet.[29]

Bis zu dieser Zeit existierten die beiden größten evangelischen Kirchen in Polen in einem rechtlichen Schwebezustand. Es gab aber einen wichtigen Unterschied: Die Leitung der Evangelisch-Augsburgischen Kirche arbeitete mit polnischen Staatsorganen zusammen, während die Leitung der Evangelisch-Unierten Kirche jegliche Zusammenarbeit ablehnte und infolgedessen verschiedenen, oft kleinlichen Schikanen ausgesetzt war. Eines der wichtigsten Spannungsfelder war die Frage der Immobilien, die zwar von der Evangelisch-Unierten Kirche schon vor dem Ersten Weltkriege benutzt wurden, aber kein im Grundbuch eingetragenes Kircheneigentum waren. Wenn es sich um das Eigentum des preußischen Staates handelte, trat der polnische Staat als Rechtsnachfolger auf und beschlagnahmte die Immobilien. Auf diese Weise wurde bereits 1919 die evangelische Kapelle im Posener Kaiserschloss den Katholiken übergeben[30] und vier Jahre später (1923) wurde Generalsuperintendent Blau aus seiner Dienstwohnung, einer Luxusvilla, ausgewiesen und zog in das Pfarrhaus der Posener Kreuzkirchengemeinde um.[31] Ein ähnliches Vorgehen planten die polnischen lokalen Staatsbeamten u.a. gegen das Posener Diakonissenmutterhaus und gegen das Dienstgebäude des Evangelischen

---

28 Ustawa z dnia 17 marca 1921 roku: Konstytucja Rzeczypospolitej Polskiej [Das Gesetz vom 17. März 1921: Die Verfassung der Republik Polen]. Dziennik Ustaw Rzeczypospolitej Polskiej [Gesetzblatt der Republik Polen] 44 (1.6.1921), Position 267, Art. 114f, 654. Die deutsche Übersetzung der polnischen Zitate aus der Verfassung nach: Kleindienst; Wagner: Der Protestantismus … (wie Anm. 4), 94.

29 Vgl. Kleindienst; Wagner: Der Protestantismus … (wie Anm. 4), 80-94. 102-120.

30 Die deutschen Behörden intervenierten in dieser Sache nicht, ihre Haltung haben die Beamten des Ministeriums für Wissenschaft, Kunst und Volksbildung folgendermaßen erklärt: »Es wird sich schwerlich bestreiten lassen, daß der polnische Staat nach Abschluß des Friedensvertrages das formelle Recht hatte, über die Kapelle als Teil des in sein Eigentum übergegangenen Schlosses zu verfügen, und ein Anspruch des preußischen Staates oder deutschen Reiches darauf, daß sie auch in Zukunft evangelischem Gottesdienste gewidmet bleibe, wird sich nicht begründen lassen«, vgl. Der Minister für Wissenschaft, Kunst und Volksbildung an den Präsidenten des Staatsministeriums, August 1920. Evangelisches Zentralarchiv 7/18423, ohne Blattzahl.

31 Vgl. Paul Blau an den Posener Wojewoden Adolf Bniński, 29. September 1923 (Abschrift). Staatsarchiv Posen, Akten des Evangelischen Konsistoriums, Sign. 79, ohne Blattzahl. In der dienstlichen, geräumten Wohnung des Generalsuperintendenten Blau wurde u.a. der Stadtpräsident (Bürgermeister) von Posen, Cyryl Ratajski, einquartiert.

Die evangelischen Kirchen in Polen nach 1918

Konsistoriums, aber entschiedene Schritte wurden erst wenige Wochen vor dem Ausbruch des Zweiten Weltkrieges unternommen. Konsequent wurde aber gegen die Pastoren vorgegangen, die als illoyal eingestuft wurden: Falls sie die deutsche Staatsbürgerschaft besaßen, wurden sie häufig nach Deutschland deportiert.[32] Doch wie ich bereits erwähnte, war auch Generalsuperintendent Blau ein Reichsdeutscher; seine Ausweisung ins Deutsche Reich kam aber nicht in Frage – aus Rücksicht auf die eventuellen internationalen Reaktionen.[33]

Die polnischen Behörden schränkten zwar das deutsche, evangelisch-unierte Schulwesen sehr ein,[34] duldeten aber zugleich nicht nur das Evangelische Konsistorium, sondern auch die Theologische Hochschule und das Predigerseminar in Posen. Diese zwei akademischen Lehranstalten wurden 1921 gegründet und sollten die Ausbildung der Theologen für die Evangelische Unierte Kirche in Polen sichern.[35] Die Gründung dieser Anstalten war aber auch Ausdruck des Argwohns gegenüber dem polnischen Staate. Polnische Behörden verlangten von den nicht katholischen Kirchen, nur junge Geistliche anzustellen, die im Inland studiert hatten. Die Evangelisch-Augsburgische Kirche, deren Geistlichkeit bis zum Ersten Weltkrieg mehrheitlich aus den Theologen bestand, die an der Universität Dorpat (Tartu) studierten, schickte bereits 1919 vier Pastoren nach Basel, wo sie akademische Grade erlangten. Als sie 1922 nach Polen zurückkamen, wurden sie als Dozenten – später Professoren – an der gerade eröffneten Evangelisch-Theologischen Fakultät der Warschauer Universität angestellt. Diese Fakultät sollte nicht nur als Ausbildungsstätte der künftigen Pastoren fungieren, sondern auch als das geistige Zentrum des polnischen Protestantismus und Forschungsstelle zur Erforschung der Geschichte der Reformation in Polen.[36] Die Theologische Hochschule und das Predigerseminar boten in der gleichen Zeit das Studium der evangelischen Theologie im deutschen Geiste an – und wurden nicht nur von den Mitgliedern der Evangelischen Unierten Kirche in Polen bevorzugt, sondern nahmen auch viele Studenten aus anderen Kirchen in Polen auf. Beide Posener Lehranstalten arbeiteten bis zum

---

32 Unter den aus Polen ausgewiesenen Pastoren befand sich u.a. Ludolf Müller, später Mitglied der Bekennenden Kirche und Bischof der Kirchenprovinz Sachsen. Seine Erfahrungen und sein Verhältnis zum polnischen Staat präsentierte er in einer Publikation, die vier Jahre nach seiner Ausweisung erschienen ist, vgl. Ludolf MÜLLER: Die unierte evangelische Kirche in Posen-Westpreußen unter der polnischen Gewaltherrschaft. Leipzig 1925.

33 Vgl. Schreiben des Departements der Westlichen Gebiete des Ministeriums für religiöse Bekenntnisse in Posen an das Ministerium für religiöse Bekenntnisse in Warschau, 12. Oktober 1922. Archiwum Akt Nowych (Archiv der Neuen Akten, Warschau), Akten des Ministeriums für religiöse Bekenntnisse und öffentliche Aufklärung, Sign. 1312, 12-15.

34 Vgl. Ingo ESER: »Volk, Staat, Gott!«: die deutsche Minderheit in Polen und ihr Schulwesen 1918-1939. Wiesbaden 2010, 285-369.

35 Vgl. Harald KRUSKA: Das Theologische Seminar in Posen. In: Gestalten und Wege der Kirche im Osten/ hrsg. von Dems. Ulm 1958, 251-265.

36 Vgl. Gastpary: Protestantyzm... (wie Anm. 20), 166-172.

327

Zweiten Weltkrieg ohne Kontrolle der polnischen Ministerien. Enge Beziehungen zur Mutterkirche blieben nicht ohne Bedeutung für die Frage nach den Frauen, die evangelische Theologie studieren wollten. Die Posener Kirchenleitung protestierte lange; aber endlich durften mehrere Frauen ihr Theologiestudium absolvieren und als Hilfskräfte in der Kirche angestellt werden. Doch zum geistlichen Amt wurde keine von ihnen zugelassen; erst im Zweiten Weltkrieg hat sich die Situation zu ihren Gunsten etwas verbessert.[37]

Paradoxerweise hat sich die enge Beziehung der preußischen Mutterkirche zu ihrer polnischen Tochterkirche erst in der Zeit der nationalsozialistischen Herrschaft gelockert. Der Kirchenkampf im Dritten Reich hat dazu beigetragen, dass die Evangelische Unierte Kirche in Polen allmählich ihren Status der Auslandskirche akzeptierte. Die jungen Pastoren sprachen schon fließend Polnisch, die evangelischen Zeitschriften publizierten immer mehr Artikel über die religiösen Minderheiten in Polen, besonders über die orthodoxe Kirche. Die Posener und Pommerellischen Geistlichen und Laien wirkten immer häufiger weit im Osten Polens, nicht nur in den Gemeinden der deutschen Protestanten, sondern versuchten auch, die ukrainische Bevölkerung im evangelischen Geiste zu missionieren – an der Posener Theologischen Hochschule studierten auch Ukrainer.[38] Pfarrer Richard Kammel fasste diesen Prozess mit folgenden Worten zusammen:

»Nach dem Kriege […] war unser Blick so starr nach dem Westen gerichtet, dass wir unsere Verfassung zu stark an die Mutterkirche anlehnten, obwohl dies Vorbild auf andere und viel größere Verhältnisse zugeschnitten war. Inzwischen sehen wir den Abstand, der sich allmählich nicht bloß politisch, rechtlich, wirtschaftlich, sondern auch geistig und kirchlich diesseits und jenseits der neuen Landesgrenzen herausgebildet hat, sehr viel deutlicher. Auch unsere Eigenart hat sich klarer herausgebildet und verlangt Berücksichtigung bei der Gestaltung unserer Kirchenverfassung. Schließlich waren die bisher beschlossenen Kirchenverfassungen Kinder einer Übergangszeit, deren Irrwege uns inzwischen zum Teil schon deutlich geworden sind«.[39]

Diese allmähliche Akzeptanz der Existenz innerhalb des polnischen Staates hatte auch Schattenseiten. Das Eingreifen der staatlichen Behörden im Dritten Reich in die Kirchensachen rief die Angst hervor, die polnischen Behörden könnten dieses Eingreifen als Vorbild nutzen und eventuell die Mitglieder des Posener Konsistoriums absetzen und an ihre Stellen die polnischen oder polnisch gesinnten Pastoren berufen. Dieses Szenario hat sich tatsächlich in Oberschlesien abgespielt. Als die Genfer Konvention für Oberschlesien 1937 erlosch, wurde der oberschlesische Kirchenpräsident Hermann Voß in Kattowitz seines Amtes enthoben und die Kir-

---

37 Vgl. Olgierd Kiec: Historia protestantyzmu w Poznaniu od XVI do XXI wieku [Geschichte des Protestantismus in der Stadt Posen vom 16. bis zum 21. Jahrhundert]. Poznań 2015, 324-329. 429.

38 Vgl. ebd, 325-331.

39 Richard Kammel: Evangelische Verfassungsfragen. Posener Evangelisches Kirchenblatt 15/6 (März 1937), 233.

Die evangelischen Kirchen in Polen nach 1918

chenleitung dem Provisorischen Kirchlichen Rat übergeben. Den Rat bildeten drei polnische Lutheraner aus Teschener Schlesien. Die polnischen Geistlichen wurden als Seelsorger der Gemeinden der Evangelischen Unierten Kirche angestellt.[40]

Die Aktion war sehr gut vorbereitet, weil sie mit der Einführung des neuen Gesetzes über das Verhältnis der Evangelisch-Augsburgischen Kirche zum polnischen Staat koordiniert wurde. Das Gesetz, eigentlich die Verordnung des Staatspräsidenten mit Gesetzeskraft, wurde 1936 erlassen, wenige Wochen später wurde die neue Kirchenverfassung als Verordnung des Premierministers veröffentlicht. Auf der offiziellen Liste der evangelisch-augsburgischen Gemeinden befanden sich keineswegs die bisherigen evangelisch-unierten Gemeinden im polnischen Teil Oberschlesiens. Die Existenz der Evangelischen Unierten Kirche in Polnisch Oberschlesien wurde offiziell beibehalten. Doch die Leitung der Kirche übernahmen polnische Lutheraner, was sich sofort in der Vermehrung der Zahl der polnischen Gottesdienste in oberschlesischen Gemeinden auswirkte.[41] Die Angst und Empörung der evangelisch-unierten, meinungsbildenden Eliten in Posen und Pommerellen war enorm. Die Anhänger Bischof Bursches wurden in der evangelisch-unierten Presse mit der Bewegung der Deutschen Christen im Dritten Reich verglichen und als »polnische Christen« bezeichnet, die den Kirchenkampf gegen die evangelisch-unierten Gemeinden in Polen führten.[42] Ähnlich wurden die Kirchenwahlen für die Synoden in der Evangelisch-Augsburgischen Kirche beurteilt: In vier Diözesen wurden 1937 die Wahlen der deutschgesinnten Senioren (Superintendenten) vom Bischof Bursche als ungültig erklärt und kommissarische Senioratsverweser ernannt. Die erste Synode der Evangelisch-Augsburgischen Kirche, die gemäß dem neuen Gesetz tagte, wurde von der deutschen, innerkirchlichen Opposition als Rumpfsynode bezeichnet. Die Widersacher Bischof Bursches gründeten die Arbeitsgemeinschaft deutscher Pastoren und legten einen Plan der Gründung der Deutschen Evangelischen Kirche in Polen vor.[43]

---

40 Vgl. Henryk CzEMBOR: Ewangelicki Kościół Unijny na Polskim Górnym Śląsku 1922-1939 [Die Evangelische Unierte Kirche in Polnisch Oberschlesien 1922-1939]. Katowice 1993, 174-210.

41 Vgl. ebd.

42 Ein Posener Publizist, der sich als »Kl.« bezeichnete (wahrscheinlich Pastor Richard Kammel) kommentierte die Situation der Evangelisch-Augsburgischen Kirche bereits im Dezember 1936 mit folgendem Satz: »Was in Deutschland die ›Deutschen Christen‹ mit Ludwig Müller, das sind in Polen die ›polnischen Christen‹ mit Julius Bursche«, KL.: Zur kirchlichen Lage. Posener Evangelisches Kirchenblatt 15/3 (Dezember 1936), 109.

43 Vgl. Kleindienst; Wagner: Der Protestantismus ... (wie Anm. 4), 222-363. Die Autoren dieses 1985 publizierten Buches, selbst evangelische Geistliche in Polen bis 1945, benutzen den Terminus »Kirchenkampf« für die Darstellung und Deutung der Ereignisse 1937-1939. Ganz andere Perspektive präsentieren neuere Forschungen, vor allem Krebs: Państwo, Naród, Kościół ... (wie Anm. 8), 182-198, sowie Elżbieta ALABRUDZIŃSKA: Protestantyzm w Polsce w latach 1918-1939. Toruń 2004, 313-318. 324 f; deutsche Ausgabe: Der Protestantismus in Polen in den Jahren 1918-1939. Toruń 2010.

Olgierd Kiec

Dieser Plan konnte aus verschiedenen Gründen nicht verwirklicht werden. Die Evangelische Unierte Kirche strebte nach einem Kompromiss mit der polnischen Regierung, was sich u.a. in der Einberufung der verfassunggebenden Synode ausdrückte. Diese tagte zwar schon 1927 und 1928 im Einvernehmen mit dem polnischen Kultusministerium, aber endete ohne Erfolg. Im Jahre 1938 wurde im Posener Evangelischen Konsistorium eine ganz neue Kirchenordnung vorbereitet und der dritten Sitzung der Synode vorgelegt. In dieser Kirchenordnung versuchte man der Evangelischen Unierten Kirche eine gewisse Unabhängigkeit vom Staat zu sichern und so einen dritten Weg zwischen der Kirchenverfassung der Evangelisch-Augsburgischen Kirche in Polen und der Kirchenverfassung der Mutterkirche in Preußen zu finden.[44] Zur Synode wurde auch der Vertreter des polnischen Kultusministeriums eingeladen, aber das Ergebnis war offensichtlich. Die polnische Regierung konnte und wollte keine Kirchenordnung akzeptieren, die den deutschen Protestanten mehr Freiräume als den polnischen Protestanten garantierte.[45] Die Kluft zwischen den deutschen und polnischen Protestanten hat sich während des Zweiten Weltkrieges noch vergrößert[46] und erst die neue Generation sieht Bischof Bursche mit anderen Augen.

---

44 Vgl. Bericht über die fünfte Sitzung der Verfassunggebenden Synode der Unierten Evangelischen Kirche in Polen am 24. Februar 1938. Staatsarchiv Posen, Akten des Evangelischen Konsistoriums Sign. 908, ohne Blattzahl.

45 Vgl. Olgierd KIEC: Die evangelischen Kirchen in der Wojewodschaft Posen (Poznań) 1918-1939. Wiesbaden 1998, 67-70.

46 Vgl. Paul GÜRTLER: Nationalsozialismus und evangelische Kirche im Warthegau. Göttingen 1958; Jan SZILING: Kościoły chrześcijańskie w polityce niemieckich władz okupacyjnych w Generalnym Gubernatorstwie (1939-1945) [Christliche Kirchen in der Politik der deutschen Okkupationsverwaltung im Generalgouvernement (1939-1945)]. Toruń 1988, 94-106. 146-160; Olgierd KIEC: Die Posener Protestanten in der Hauptstadt des Warthelandes (1939-1945). In: Geteilte Erinnerung – versöhnte Geschichte?: deutsche und polnische Protestanten im Spannungsfeld der Ideologien des 20. Jahrhunderts/ hrsg. von Bernd Krebs; Annette Kurschus; Dirk Stelter. Stuttgart 2020, 175-190; Bernd KREBS: Das Deutsche Reich, die evangelischen Kirchen und Polen 1933-1945. In: Ebd, 191-212.

Von »deutschen« Landeskirchen zu nationalen Volkskirchen

Der Umbruch 1917/20 in den evangelisch-lutherischen Kirchen des Baltikums

Von Sebastian Rimestad

Aus den baltischen Ostseeprovinzen des Russischen Reiches entstanden nach dem Ersten Weltkrieg die neuen Staaten Estland und Lettland und mit ihnen neue evangelisch-lutherische Nationalkirchen. Diese Neugründungen waren in mancher Hinsicht ein sehr radikaler Neuanfang, verglichen mit einigen Landeskirchen in der Weimarer Republik. Während diese sich in einem größeren politischen Gebilde neu orientieren mussten, fanden sich die Kirchen in Estland und Lettland zum ersten Mal in politisch selbständigen Nationalstaaten, in denen die Machtverhältnisse komplett neu geordnet waren. Es galt, die Kirchen nach den veränderten politischen Umständen neu auszurichten. Der vorliegende Aufsatz beschäftigt sich mit diesem Umbruch. Er beginnt mit einem kurzen historischen Exkurs zu den Entwicklungen des Russischen Reiches im 19. Jahrhundert und befasst sich anschließend mit dem Wandel nach 1917. Der dritte Teil behandelt die Entwicklungen in der Zwischenkriegszeit, vor allem das Verhältnis der neuen Kirchen zu Deutschland und den Deutschen.

I Historischer Hintergrund – von unabhängigen Landeskirchen zu einem Bollwerk des Deutschtums

Religiös waren die baltischen Ostseeprovinzen des Russischen Reiches im 19. Jahrhundert vom deutschbaltischen Luthertum dominiert. Seit dem 12. Jahrhundert hatten deutsche Kreuzfahrer und Siedler das gesellschaftliche und religiöse Leben am östlichen Ufer der Ostsee maßgeblich bestimmt. Die autochthonen Esten und Letten blieben Teil der Unterschicht. Nur indem sie kulturell zu Deutschen wurden, war ein sozialer Aufstieg möglich. Das war die Situation bis weit in das 19. Jahrhundert hinein. In der zweiten Hälfte des Jahrhunderts fingen Nationalbewegungen an, das Esten- und Lettentum aufzuwerten, indem sie literarisch tätig wurden und sich politisch für die Landbevölkerung einsetzten.[1]

---

1 Vgl. Andreas FÜLBERTH: Der Wandel der ethnischen Verhältnisse in den baltischen Ostseegouvernements Estland, Livland und Kurland im 19. Jahrhundert. In: Das Baltikum: Geschichte einer europäischen Region. Bd. 2/ hrsg. von Karsten Brüggemann u.a. Stuttgart 2021, 429-449; Toivo Ü. RAUN; Andrejs PLAKANS: The Estonian and Latvian National Movements: an Assessment of Miroslav Hroch's Model. Journal of Baltic Studies 21 (1990), 131-144.

Sebastian Rimestad

Die evangelische Kirche im Baltikum wirkte nach dem 1832 ausgearbeiteten Gesetz für die Evangelisch-Lutherische Kirche im Russischen Reich. Dieses Gesetz regelte die bisher ziemlich autonom agierenden Gemeinden des gesamten Reiches und ordnete sie einem neu geschaffenen General-Konsistorium in Sankt Petersburg unter. Die Kirchen im Baltikum, die sich bisher als lokale Landeskirchen verstanden hatten, nahmen das Gesetz zunächst positiv auf, bedeutete es doch eine Intensivierung der gegenseitigen Kontakte und eine verstärkte Zusammenarbeit über die Landesgrenzen hinaus. Außerdem gab das Gesetz der Kirche in den jährlich abzuhaltenden Provinzialsynoden eine wirksame Einflussmöglichkeit auf die politischen Entwicklungen im Land.[2] Die Pfarrerschaft der vier Konsistorialbezirke von Kurland, Livland, Estland und Ösel sowie die beiden Stadtkonsistorien von Reval (Tallinn) und Riga konnten auf den Synodensitzungen im geordneten Rahmen debattieren und sich abstimmen. Das hatte es vorher so nicht gegeben, denn die Synoden hatten bisher unregelmäßig und ohne Disziplin stattgefunden.

In der Folge wurde die Kirche vereinheitlicht, sowohl mit Blick auf die Gottesdienst-Agende als auch in theologischer und organisatorischer Hinsicht. Die Konsistorialbezirke waren untergliedert in Kirchspiele, die wiederum meistens eine deutsche und eine estnische oder lettische Gemeinde umfassten. Auf dem Land hatte ein Pfarrer meist beide Gemeinden zu betreuen. Diese Struktur blieb bis 1917 bestehen, allerdings gingen die Stadtkonsistorien sowie der Konsistorialbezirk Ösel 1891 in den größeren Konsistorialbezirken auf. Obwohl sich die Bevölkerung in Riga und Reval durch die Industrialisierung seit den 1860er Jahren vergrößerte, kamen kaum neue Gemeinden hinzu, welche die wachsende Arbeiterschaft betreuen konnten.

Weil fast die gesamte Pfarrerschaft an der 1802 wiedereröffneten Theologischen Fakultät der Universität Dorpat (Tartu) ausgebildet worden war, hatte diese Fakultät einen immensen Einfluss auf die theologische Ausrichtung der baltischen Kirche.[3] Die größer werdende Kluft zwischen Theologie und Kirche in Deutschland war in den Ostseeprovinzen nicht zu beobachten. Seit den 1840er Jahren hatte sich die Fakultät ziemlich geschlossen dem konfessionellen Luthertum zugewandt und auch die Gesamtkirche schlug einen dezidiert konfessionellen Weg ein.[4] Obwohl seit den 1850er Jahren vermehrt auch ethnische Esten und Letten an der Fakultät studierten,

---

2 Vgl. Erich von SCHRENCK: Baltische Kirchengeschichte der Neuzeit. Riga 1933, 44; Wilhelm LENZ: Zur Verfassungs- und Sozialgeschichte der baltischen evangelisch-lutherischen Kirche 1710-1914. In: Baltische Kirchengeschichte/ hrsg. von Reinhard Wittram. Göttingen 1956, 117-119.

3 Vgl. ebd, 121 f.

4 Vgl. Schrenck: Baltische Kirchengeschichte ... (wie Anm. 2), 81; Heinrich WITTRAM: Dorpater Luthertum in der Auseinandersetzung mit kritischer Theologie und »modernen« Strömungen in Deutschland 1840-1918. In: Einblicke in die baltische Kirchengeschichte/ hrsg. von Heinrich Wittram. Rheinbach 2011, 126-128.

ließen die Konsistorien diese nur zögerlich zum Pfarramt zu. Die große Mehrzahl der Pastoren bestand weiterhin aus Deutschbalten, vor allem in den Stadtpfarreien.

Die Kirche im Baltikum geriet allerdings zunehmend in Bedrängnis. Einerseits hatte die neue Kirchenordnung von 1832 ihren Minderheitenstatus im Russischen Reich deutlich zum Ausdruck gebracht. Die Staatskirche war die russische-orthodoxe Kirche, die allerdings im Baltikum kaum vorhanden war. Bis 1832 konnten die Deutschbalten sich uneingeschränkt auf die Privilegien aus dem Frieden von Nystad 1721 berufen, die ihnen das lokale religiöse Monopol zusprachen. Das neue Gesetz hatte das Staatskirchentum der Orthodoxie theoretisch auch hier geltend gemacht, obwohl die Privilegien von allen Zaren bis Alexander II. bei Amtsantritt bestätigt wurden. Die Auswirkungen der neuen Gesetzeslage zeigten sich, als zwischen 1845 und 1848 mehr als 100.000 estnische und lettische Bauern der Provinz Livland zur Orthodoxen Kirche übertraten.[5] Diese Konversionen erfolgten teilweise aufgrund von Gerüchten, der Übertritt würde die materielle Situation verbessern. Es gibt keine Anhaltspunkte, dass sie die Folge konzertierter Maßnahmen der russischen Behörden gewesen seien, wie später im polemischen deutschbaltischen Narrativ verbreitet wurde.[6]

Allerdings war es den lutherischen Pastoren nunmehr verwehrt, die Konvertiten seelsorgerisch zu betreuen, da ein Abwenden von der Staatskirche gesetzlich verboten war. Auch die Kinder der Konvertiten mussten orthodox getauft und erzogen werden, obwohl schon bald einige von ihnen wieder zurück in die lutherische Kirche wollten. Im Ergebnis waren bis 1874 fast alle lutherischen Pastoren Livlands angeklagt worden, da sie unzulässige Amtshandlungen vorgenommen hätten. Verurteilungen gab es allerdings kaum, da das Konsistorium dafür zuständig gewesen wäre und es nicht verantworten wollte, die gesamte Pfarrerschaft zu suspendieren.[7] Nach internationalen Protesten und einigen Petitionen ließ sich Zar Alexander II. dazu bewegen, die Pastorenprozesse fallen zu lassen und die lutherische Taufe nominell orthodoxer Kirchenglieder zu billigen. Allerdings änderte er nicht das

---

5 Vgl. Karsten BRÜGGEMANN: Ein Fall von ›Verschmelzung‹ mit Russland?: zur nationalen Frage in der Orthodoxen Kirche der Ostseeprovinzen im späten Zarenreich. Nordost-Archiv 22 (2014), 95–99; Linda LAINVOO: Usuvahetuscst 19. sajandi keskel [Von den Konversionen Mitte des 19. Jahrhunderts]. In: Mitut usku Eesti IV: Õigeusk [Das religiös plurale Estland IV: Orthodoxie]/ hrsg. von Liina Eek. Tartu 2015, 13-39. Eine lebhafte Schilderung der Bewegung findet sich auch im Tagebuch des Pastors von Laiuse, Heinrich Georg von JANNAU: Die Anfänge der Konversion zur griechisch-orthodoxen Kirche in Südestland i.J. 1845-46/ hrsg. von Hans Kruus. Tartu 1927. Vgl. auch Horst GARVE: Konfession und Nationalität: Ein Beitrag zum Verhältnis von Kirche und Gesellschaft in Livland im 19. Jahrhundert. Marburg 1978, 145-194.

6 Vgl. z.B. Gert KROEGER: Die evangelisch-lutherische Landeskirche und das griechisch-orthodoxe Staatskirchentum in den Ostseeprovinzen 1840-1918. In: Baltische Kirchengeschichte ... (wie Anm. 2), 177-205; Maximilian STEPHANY: Konversion und Rekonversion in Livland. Riga 1931; Oskar SCHABERT: Märtyrer. Hamburg 1930, 13-21.

7 Vgl. Schrenck: Baltische Kirchengeschichte ... (wie Anm. 2), 102.

Sebastian Rimestad

Gesetz. Sein Nachfolger, Alexander III., konnte somit in den 1890er Jahren die alten Regeln rückwirkend wieder einführen und die Pastorenprozesse neu aufrollen.

In der Zwischenzeit waren die Fronten zwischen Deutschbalten und Russen verhärtet, vor allem im Zuge der Russifizierungsmaßnahmen der 1880er Jahre. Diese Maßnahmen, die zunächst nur auf eine Vereinheitlichung der politischen Ordnung im gesamten Russischen Reich abzielten, wurden von den Deutschbalten als Angriff auf ihre Privilegien gesehen.[8] Auch die Vertreter der lutherischen Kirche deuteten nunmehr alle Entwicklungen seit 1832 als gezielte russische Aggression. In diesem Diskussionsklima hielt man geschlossen an der konservativen lutherischen Orthodoxie fest, um als Einheit der externen Bedrohung standzuhalten. Erst Anfang des 20. Jahrhunderts kamen »moderne« theologische Strömungen auch im Baltikum an, wobei sie kaum nachhaltige Wirkung zeigen konnten.[9]

Die andere Bedrohung der lutherischen Kirche im Baltikum waren die seit der Mitte des 19. Jahrhunderts wachsenden Nationalbewegungen der Esten und Letten. Die Massenkonversionen der 1840er Jahre können als erste Anzeichen dieser Bewegungen gesehen werden, die später nur bedingt religiöse Formen hatten. Die estnischen und lettischen Nationalkämpfer waren nicht immer positiv gegenüber der Kirche eingestellt, die als Mittel der Unterdrückung gedeutet werden konnte. Zwar waren einige der frühen nationalen Vorkämpfer, besonders unter den Esten, lutherische Pastoren, wie Jakob Hurt oder Villem Reiman, aber das Hauptaugenmerk der Nationalisten war die Sprache und die Volkskultur. Der Versuch dem Luthertum nahestehender Aktivisten, die Orthodoxe Kirche als »Spalterin« der estnischen nationalen Einheit zu brandmarken, stieß bei orthodoxen Nationalisten auf Unverständnis. Vielmehr bot der konfessionelle Pluralismus den Esten und Letten einen freieren Spielraum. Die Nationalbewegungen konnten in einigen Fragen die Gegensätze zwischen der lokalen deutschbaltischen Elite und der russischen Reichsadministration gegeneinander ausspielen. Der estnische Nationalist Carl Robert Jakobson nutzte bevorzugt russische Kanäle, um seinen Missmut gegenüber den Deutschen zu äußern.[10] Religiöse Akteure konnten ebenfalls den Konflikt zwischen Russen und Deutschen für eigene Zwecke ausnutzen.[11]

Es gab auch innerhalb der lutherischen Kirche nationalistische Stimmen. Die deutlichste davon war ein 1899 publiziertes Buch vom estnischen Lyriker und Journalisten Ado Grenzstein mit dem Titel »Herrenkirche oder Volkskirche? Eine

---

8 Vgl. Michael HALTZEL: Der Abbau der deutschen ständische Selbstverwaltung in den Ostseeprovinzen Rußlands 1855-1905. Marburg 1977.

9 Vgl. Wittram: Dorpater Luthertum ... (wie Anm. 4), 161-164.

10 Vgl. Toivo Ü. RAUN: Estonia and the Estonians. Stanford/CA 2001, 65.

11 Vgl. Toomas SCHVAK: Õigeusu kiriku lugu 19. sajandist tänaseni [Die Geschichte der Orthodoxen Kirche seit dem 19. Jahrhundert]. In: Mitut usku Eesti ... (wie Anm. 5), 40-43.

Von »deutschen« Landeskirchen zu nationalen Volkskirchen

estnische Stimme im baltischen Chor«.[12] In diesem Werk wettert Grenzstein gegen die Kirche der deutschbaltischen »Herren«, die sieben Jahrhunderte lang als Unterdrückungsinstrument genutzt worden sei. Stattdessen fordert er eine »Volkskirche«, die dem estnischen Volk entspringe und sich ihm verpflichtet fühle. Ähnliche Entwicklungen geschahen auch in Lettland, wobei hier eine starke Beeinflussung durch anti-kirchliches, sozialistisches Gedankengut stattgefunden hatte. Im Zuge der russischen Revolution von 1905 kam es, vornehmlich in den lettisch geprägten Gegenden, zu gewalttätigen Ausschreitungen. Diese gingen als »Kirchendemonstrationen« in die Geschichte ein.[13] Dabei nutzten revolutionäre Gruppen die Kirche als Versammlungsort und Ausgangspunkt für brutale Überfälle und Brandstiftungen. Das kirchliche Leben in den Ostseeprovinzen kam vielerorts zum Erliegen und erholte sich nur langsam in den Jahren bis zum Ausbruch des Ersten Weltkrieges.

In kirchenrechtlicher Hinsicht bedeutete die Zeit zwischen 1905 und 1917 einen Neuaufbruch, denn das Toleranzmanifest von Zar Nikolai II. im April 1905 hatte die Glaubensfreiheit erweitert. Von nun an war es jedem volljährigen Bürger erlaubt, seine Glaubenszugehörigkeit selbst zu wählen. Die von der lutherischen Kirche erwartete Rekonversionswelle blieb allerdings aus, obwohl einige tausend Rückkehrer aus der Orthodoxen Kirche gemeldet wurden. In erster Linie kreiste die Debatte um das Patronatsrecht, das als veraltet und unzweckmäßig angesehen wurde.[14] Gleichzeitig war die Rede davon, die Kirchenstrukturen national aufzuspalten, in einen estnischen und lettischen neben dem deutschen Teil.[15]

Keiner dieser Vorschläge wurde umgesetzt und der Erste Weltkrieg erschwerte die kirchliche Neugliederung erheblich. Im Zuge des Krieges wurden die russischen Ostseeprovinzen von deutschen Truppen bedroht, was vor allem der Großstadt Riga schwer zusetzte. Nach der Februar-Revolution 1917 dankte Zar Nikolai II. ab und es kam zu Demokratisierungsversuchen, die allerdings noch im selben Jahr in der Oktoberrevolution von den Bolschewiken zunichte gemacht wurden. Derweil tobte im Baltikum ein Machtkampf zwischen der deutschbaltischen Landeswehr, roten und weißen Russen, sowie den erstarkten Esten und Letten. Mitten im Chaos

---

12 Ado Grenzstein: Herrenkirche oder Volkskirche?. eine estnische Stimme im baltischen Chor. Jurjew [=Tartu] 1899.

13 Vgl. Schrenck: Baltische Kirchengeschichte ... (wie Anm. 2), 159-163; Ernst Benz: Die Revolution von 1905 in den Ostseeprovinzen Rußlands: Ursachen und Verlauf der lettischen und estnischen Arbeiter- und Bauernbewegung im Rahmen der ersten russischen Revolution. Mainz 1989, 183-191.

14 Vgl. Alexander von Tobien: Die Livländische Ritterschaft in ihrem Verhältnis zum Zarismus und russischen Nationalismus. Riga 1925, 214-227.

15 Vgl. Schrenck: Baltische Kirchengeschichte ... (wie Anm. 2), 169 f; Riho Saard: Tartusse asutava eestlaste kirikuvalitsusega vabakiriku eelnõust Eesti Evangeelse Luteri Usu vaba rahvakiriku asutamiseni [Vom Vorschlag eines freien Kirchenstatuts in Tartu zur Einrichtung der Freien Estnischen Evangelisch-Lutherischen Kirche]. Acta Historica Tallinnensia 20 (2014), 97.

Sebastian Rimestad

erklärten Estland und Lettland ihre nationale Selbständigkeit, die in den Folgejahren auch international anerkannt und nach einem bolschewistischen Intermezzo intern gefestigt wurde. In diesem Kontext wurden auch die Kirchen und das Verhältnis zwischen Politik und Religion neu geregelt.

II Kirchliche Neuordnung im selbständigen Staat

Die Neuordnung der Kirchen fing schon vor Ende des Krieges an. Die lettischen Pastoren hatten sich im März 1916 getroffen, nämlich als 28 von ihnen gemeinsam im Kriegsexil in Sankt Petersburg waren.[16] Das Treffen wurde vom Russischen Reich gebilligt, um unter anderem den Einfluss der Deutschbalten auf die Kirche zu vermindern. Die auf diesem Treffen beschlossene Gründung eines neuen lutherischen Konsistoriums für eine lettische Nationalkirche konnte nach der Februarrevolution im Juli 1917 erfolgen. Dieses Gremium agierte somit parallel zu den noch bestehenden Konsistorien von Kurland und Livland. Das Verhältnis zwischen den beiden wurde nie abschließend geklärt, denn die Oktoberrevolution verhinderte jegliche weitere kirchliche Organisation. Die Vertreter der estnischen Gemeinden tagten nach vielen Schwierigkeiten in der Zeit vom 31. Mai bis 1. Juni 1917 in Tartu (Dorpat). An denselben Tagen trafen sich auch die deutschbaltischen Pastoren in Tartu, sowie einige lettische Pastoren in Cēsis (Wenden).[17]

Auf dem estnischen Kongress wurde nach lebhaften Diskussionen beschlossen, dass in Zukunft statt der baltischen »Landeskirchen« nunmehr für jede Nation eine »freie Volkskirche« bestehen sollte. Diese sollte frei von politischer Bevormundung sein und nur diejenigen aufnehmen, die es tatsächlich wünschten.[18] Unter den deutschen Pastoren verlief die Diskussion freilich weniger optimistisch. Der Rigaer Kirchenhistoriker Erich von Schrenck, dessen Kirchengeschichte 1933 publiziert wurde, erwähnte kaum die Debatten des Jahres 1917, da die Ereignisse des Weltkrieges diese Episode weitaus überschatten. Für Alexander von Tobien, der 1925 der aufgelösten livländischen Ritterschaft nachtrauerte, war die Lage aber nicht so pessimistisch. Die Pastoren der deutschen Gemeinden sahen durchaus eine Zukunft in national getrennten Gemeindeverbänden, die »das Aufblühen deutsch-nationaler Selbständigkeit fördern und doch einen schroffen Bruch mit der Vergangenheit ver-

---

16 Vgl. Voldemārs Lauciņš: 100 gadi kopš aizsākās LELB vēsture [100 Jahre seit Beginn der Geschichte der Lettischen Evangelisch-Lutherischen Kirche]. Luterisma Mantojuma fonda Publikācija [Veröffentlichung der Stiftung des Lutherischen Erbes], http://www.lmf. lv/wp-content/uploads/2018/02/2016-02-LELB-apalas-gada-d-ienas-mekl%C4%93jumos-SvR-1.pdf (zuletzt besucht am: 8.1.2020), 3; Vgl. Tobien: Die Livländische Ritterschaft ... (wie Anm. 14), 229.

17 Vgl. Saard: Tartusse asutava ... (wie Anm. 15), 103.

18 Vgl. Jakob Aunver: Die Rechtsordnung der Estnischen Volkskirche: die Theologische Fakultät der Universität Tartu/Dorpat. In: Baltische Kirchengeschichte ... (wie Anm. 2), 246.

Von »deutschen« Landeskirchen zu nationalen Volkskirchen

meiden werde.«[19] Das Ganze sollte in einer einzuberufenden Generalsynode aller evangelisch-lutherischen Konsistorien des Russischen Reiches beschlossen werden.

Dazu kam es allerdings nicht, da das Deutsche Heer im September 1917 Riga und bis Januar 1918 das gesamte Baltikum einnahm. Als Folge verbreitete sich rasch unter den Deutschen die Vorstellung, man würde bald mit dem Reich vereint sein, wodurch eine komplette Neuordnung des Kirchenwesens nötig gewesen wäre.[20] Dann würde, ihrer Ansicht nach, eine territoriale Landeskirche für das gesamte Baltikum errichtet werden, die weiterhin unter der Leitung der deutschen Oberschicht stehen würde. Die Ritterschaften nahmen die Neuordnung der Kirchenverfassung gleich in Angriff, aber kamen über provisorische Neuregelungen nicht hinaus.[21]

Während 1917 noch keiner an selbständige Staaten dachte, sondern eher eine Neugliederung der Ostseeprovinzen nach nationalen Gesichtspunkten ins Auge gefasst wurde, führte der kurze Bolschewikenterror und die deutsche Okkupation 1917/18 zu radikaleren Forderungen. Im Februar 1918 erklärte Estland seine Unabhängigkeit und Lettland folgte im November desselben Jahres. Die so neu entstehenden Staaten sollten nicht mehr von den Deutschbalten administriert werden, sondern von den Esten bzw. Letten. Die deutschbaltischen Gutsbesitzer wurden in beiden Ländern enteignet, zugunsten der besitzlosen Esten und Letten. Die Deutschen mussten ihr Selbstverständnis umstellen: von der Kulturträgerschicht zu einer kulturellen Minderheit. Das erfolgte nur sehr langsam. Dabei gewährten die jungen Nationalstaaten großzügige kulturelle Autonomie. Es gab weiterhin deutsche Schulen, ein deutsches Pressewesen und deutschsprachige Reden im Parlament.

Auch die Kirche und vor allem ihr Verhältnis zur politischen Obrigkeit wurde in den neuen Staaten neu aufgestellt. In beiden Ländern galt formell immer noch das russische Religionsgesetz von 1832, mit den dort festgelegten Konsistorien von Kurland, Livland und Estland. Die Diskussionen um die Zukunft der Evangelisch-Lutherischen Kirche waren allerdings voll auf die neuen Grenzen Estlands und Lettlands eingestellt. In Estland gab es im September 1919 einen gesamtkirchlichen Kongress, der die neue freie estnische Volkskirche konstituierte.[22] Rechtlich gesehen hatte die vorläufige Regierung schon im Frühjahr 1919 das russische Gesetz mit neuen Regelungen ersetzt. Die Kirche wurde zwar als Staatskirche definiert, aber der Staat wollte sich in ihre inneren Angelegenheiten nicht einmischen.[23] Die Erneuerung der Evangelisch-Lutherischen Kirche Estlands war abgeschlossen, als der vom erwähnten Kirchenkongress gewählte Bischof Jakob Kukk sowie das neu gewählte Konsistorium im Oktober 1919 von der Regierung im Amt bestätigt wurden. Die deutschen Vertreter hatten an der Entwicklung der estnischen Kirche

---

19 Tobien: Die Livländische Ritterschaft ... (wie Anm. 14), 231.

20 Vgl. Mark Hatlie: Riga at War 1914-1919. Marburg 2014, 192-195.

21 Vgl. Tobien: Die Livländische Ritterschaft ... (wie Anm. 14), 233.

22 Vgl. Saard: Tartusse asutava ... (wie Anm. 15), 114.

23 Vgl. ebd, 110 f.

keine entscheidende Rolle mehr. Ihre Interessen waren zweitrangig gegenüber den Interessen der Esten und ihrer Regierung. Ihnen wurde ein deutscher exterritorialer Propstbezirk zugesprochen, der in den Folgejahren relativ autonom handeln konnte.[24]

In Lettland verlief der Umbruch problematischer. Das lag vor allem an der multiethnischen Hauptstadt Riga, die zu einem Hort des Sozialismus geworden war und daher der Religion gegenüber weniger freundlich eingestellt war. Wie schon erwähnt, fing die Umstrukturierung der lettischen Kirche früher an als in Estland. Schon seit 1917 gab es ein lettisches nationales Konsistorium innerhalb der Evangelisch-Lutherischen Kirche des Russischen Reiches, das parallel zu den bestehenden deutschbaltischen Strukturen arbeitete, allerdings im Exil in Sankt Petersburg. Erst nach der endgültigen Befreiung Rigas von den Bolschewiken im Mai 1919 konnte daran gedacht werden, in Lettland selbst eine eigenständige Kirche zu errichten. So wird denn auch gewöhnlicherweise 1919 als das eigentliche Geburtsjahr der Evangelisch-Lutherischen Kirche Lettlands angesehen, sowohl von deutschen als auch lettischen Quellen.[25]

Der Aufbau der lettischen Kirche verlief auch weiterhin nicht so reibungslos wie in Estland. Einerseits war es nötig, eine neue Ausbildungsstätte für Theologen zu errichten, da die Universität Dorpat/Tartu nun estnische Nationaluniversität geworden war. Deshalb wurde an der neu errichteten Universität Lettlands in Riga eine interkonfessionelle Fakultät für Religionsforschung gegründet, in der die Amtssprachen Lettisch und Deutsch waren.[26] Andererseits waren die Gegensätze zwischen lettischen und deutschen Pastoren in Lettland schroffer als in Estland. Während die erste Synode der neuen lettischen Kirche vom März 1920 noch optimistisch auf die zukünftige Zusammenarbeit der beiden Nationen blickte, zerfiel die Einheit im folgenden Jahr. Inzwischen waren die Konsistorien des gesamten lettischen Territoriums zu einem einzigen zusammengeführt und eine vorläufige Kirchenordnung mit Laienbeteiligung an den Synoden bestätigt worden.

Die erste Landessynode ganz Lettlands mit Laienbeteiligung war für Anfang April 1921 angesetzt und sollte eine Kirchenordnung der jungen Kirche bestätigen. Nach der Eröffnungszeremonie zogen sich die Delegierten der deutschen Gemeinden zu einer eigenen Sitzung zurück, denn sie waren überzeugt, dass die weiteren Diskussionen national getrennt abgehalten werden sollten. Das führte unter den lettischen Delegierten zu einer Missstimmung und sie forderten die Deutschen auf, sich an der gemeinsamen Plenarsynode zu beteiligen. Der offizielle Antrag diesbezüglich wurde allerdings in der lettischen Synode abgelehnt und somit wurde weiter nach Nationen getrennt getagt. Am letzten Tag tauchten die Unstimmigkeiten wieder auf, als die lettische Synode eine Kirchenverfassung ohne Rücksicht auf

---

24 Vgl. Schrenck: Baltische Kirchengeschichte ... (wie Anm. 2), 195.
25 Vgl. ebd, 179; Lauciņš: 100 gadi ... (wie Anm. 16), 8.
26 Vgl. Schrenck: Baltische Kirchengeschichte ... (wie Anm. 2), 181.

die Vorschläge der deutschen Synode verabschieden wollte. Die deutsche Synode beklagte in einem Brief, die Letten hätten gezielt gegen deutsche Interessen gearbeitet.[27] Zusammen mit den deutschen Mitgliedern des Konsistoriums sowie den beiden deutschen Dozenten der Theologischen Fakultät sahen sich die deutschen Delegierten nicht mehr im Stande, unter solchen Umständen weiter zu tagen, so dass sie alle ihr Amt niederlegten.

In der lettischen Zeitung hieß es zur Synode:

> »[W]ir müssen leider auch erwähnen, dass es zwischen den lettischen und deutschen Delegaten zum Abbruch der Einheit gekommen ist, wonach die deutschen Delegierten die Zusammenarbeit aufkündigten. Das Ganze beruht nur auf Missverständnissen und wir hoffen, dass es keine weit reichenden Folgen haben wird.«[28]

In den deutschsprachigen Presseberichten wurde dies als Skandal betitelt: »Mit grellem Mißklang haben sich gestern der deutsche und der lettische Teil unserer evangelischen Synode voneinander geschieden. Der chauvinistische Kampfesruf ist in die Kirche gedrungen.«[29]

Das Verhältnis zwischen deutschen und lettischen Kirchenvertretern war jedenfalls gestört. Laut Erich von Schrenck, einem der beiden deutschen Dozenten der Theologischen Fakultät in Riga, die ihr Amt aus Protest niedergelegt hatten, näherten sich die beiden Parteien allerdings im Laufe des kommenden Jahres wieder an. Im Februar 1922 trat die konstituierende Versammlung der Lettischen Evangelisch-Lutherischen Kirche zusammen, um die endgültige Kirchenordnung anzunehmen. Diese Versammlung »bildet einen erhebenden Augenblick in der Kirchengeschichte Lettlands. Die ausgesprochene Abneigung der Letten gegen Sonderrechte eines deutschen Kirchenwesens war geschwunden. Man wünschte keine zweite Sezession!«[30] Daraufhin wurde Propst Kārlis Irbe zum ersten Bischof der lettischen Kirche gewählt und bestätigt, während Oberpastor Peter Harald Poelchau auf Bitten des neuen Bischofs für die deutschen Gemeinden auch den Bischofstitel erhielt. Allerdings wiederholten sich auch in den Folgejahren Versuche, die deutsche kirchliche Autonomie zu beschneiden.[31]

Der Kirche stand nunmehr kein vom Staat eingesetztes Konsistorium vor, sondern ein demokratisch gewählter Oberkirchenrat, der aus sechs lettischen und

---

27 Vgl. Evaṅgeliskā luteraṇu sinode [Die Evangelisch-lutherische Synode]. Svētdienas Rīts (5.6.1921).

28 Evaṅgeliskā luteraṇu sinode [Die Evangelisch-lutherische Synode]. Svētdienas Rīts (17.4.1921).

29 Paul SCHIEMANN: Moralischer Mut. Rigasche Rundschau (9.4.1921).

30 Schrenck: Baltische Kirchengeschichte ... (wie Anm. 2), 183.

31 Vgl. Rochus Joh. BENSCH: Neuere baltische Kirchenrechtsgeschichte. Herzberg 2003, 75-77; Voldemārs LAUCIŅŠ: Kārlis Irbe, First Bishop of the Evangelical Lutheran Church of Latvia. LOGIA 21 (2012), 25-37.

Sebastian Rimestad

drei deutschen Mitgliedern bestand.[32] Die deutschen Gemeinden hatten eine weite Autonomie mit einem eigenen Bischof, einer eigenständigen Synode und einem Verwaltungsorgan. Die Kirchenverfassung unterlag wiederholten Änderungen und wurde erst 1928 endgültig beschlossen. Die offizielle Annahme der neuen Verfassung erfolgte, nachdem das lettische Parlament durch ein Gesetz im selben Jahr die Autonomie der Kirche genehmigte.[33]

Der Ritterschaftsapologet Alexander von Tobien bewertete die kirchliche Neuordnung nicht eindeutig positiv:

> »Bedeutet das einen Gewinn, der Zufriedenheit gebiert, oder birgt die Neuordnung den Keim des Zerfalls der lutherischen Kirche Altlivlands in sich? Ein abschliessendes Urteil ist heute natürlich nicht möglich [...]. Trügen aber nicht alle Anzeichen, so hat die lutherische Kirche Lettlands an Geschlossenheit erheblich eingebüsst; in Eesti [Estland] mag es hierin vielleicht besser stehen. Nicht so sehr deshalb, weil das Kirchenwesen in Lettland jetzt national gespalten und weil selbst auf kirchlichem Gebiet der nationale Chauvinismus des völlig unerwartet zu Macht gelangten Lettenvolkes seine Blüten treibt, sondern vielmehr aus dem Grunde, weil innerhalb der lettischen evangelisch-lutherischen Gemeinden eine tiefgehende, von negativ stehenden Gliedern verursachte Entzweiung in dogmatischer Hinsicht Platz gegriffen hat und als Folge hiervon das Sektenwesen emporzublühen beginnt.«[34]

III Weitere Entwicklungen in der Zwischenkriegszeit

Ein interessanter Bezug zu den Entwicklungen in Deutschland zeigte sich, als die lettische Synode von 1922 den Titel des Kirchenoberhauptes bestimmen sollte. Der lettische Theologe Ludvigs Adamovičs erklärte in seinem Referat:

> »In Deutschland gibt es bisher keine Bischöfe und es kann auch keine geben, denn dort wird der Landesherr als summus episcopus (höchster Bischof) betitelt und die Kirche war, wie bisher bei uns, eine Herrenkirche. Ob dort jetzt Bischöfe eingeführt werden, kann man noch nicht sagen, da die Deutschen Länder ihre Kirchenorganisation noch nicht vollständig neu geordnet haben. Wir können uns Deutschland auch sonst nicht als Vorbild nehmen, weil dort noch ein sehr starker reformatorischer Einfluss herrscht und in kirchlichen Kreisen eine starke Dankbarkeit gegenüber dem ehemaligen summus episcopus, dem Deutschen Kaiser, besteht.«[35]

Deutschland blieb eine Bezugsgröße, kam aber nicht als Modell in Frage. Auch in Estland war die Zwischenkriegszeit eine Zeit der Neuorientierung. Die jahrhundertealte enge Beziehung zur deutschen Theologie wurde unter den Esten und Letten langsam abgelöst durch eine Faszination an schwedischer und anglikanischer

---

32 Vgl. Bensch: Neuere baltische Kirchenrechtsgeschichte ... (wie Anm. 31), 74; Lauciņš: 100 gadi ... (wie Anm. 16), 10.

33 Vgl. Bensch: Neuere baltische Kirchenrechtsgeschichte ... (wie Anm. 31), 105-109.

34 Tobien: Die Livländische Ritterschaft ... (wie Anm. 14), 235.

35 Evaņģeliskā luteraņu sinode [Die Evangelisch-lutherische Synode]. Svētdienas Rīts (29.5.1921).

Theologie.[36] Die Einführung der beiden lettischen Bischöfe 1922 sowie des ersten estnischen Bischofs Jakob Kukk 1921 wurden zum Beispiel unter Mitwirkung des schwedischen Erzbischofs Nathan Söderblom durchgeführt, damit die lettischen Bischöfe die apostolische Sukzession erlangten.[37] In Estland wurde die Idee einer balto-skandischen Einheit auch im kirchlichen Bereich hochgehalten, die zu periodisch tagenden Nordisch-Baltischen Kirchentagen führte.

Durch diese Abwertung der deutschen theologischen Prägung wurde das deutsche Kirchenwesen im Baltikum weiter in die Peripherie gedrängt. Um dagegenzuhalten, hatten deutsche Akademiker in Riga das Herder-Institut gegründet, eine private Hochschule, dessen Herzstück die große theologische Abteilung war. Das Institut wurde allerdings nicht so recht von der deutschen Jugend angenommen, die durch die Zwischenkriegszeit hindurch zahlreicher an der lettischen Universität von Riga als am Herder-Institut vertreten waren.[38] Außerdem führten kontinuierliche finanzielle Schwierigkeiten dazu, dass kaum Vollzeit-Lehrkräfte vorhanden waren, obwohl sich die beiden oben erwähnten Professoren, die ihr Amt 1921 aus Protest niedergelegt hatten, dem Herder-Institut verpflichtet hatten. Das Institut organisierte auch Treffen der deutsch-baltischen Pastorenschaft. Allerdings sind zwischen 1921 und 1934 nur 15 Theologen aus dem Institut hervorgegangen.

Ein ähnliches theologisches Institut in Estland, die 1931 vom Theologen Werner Grühn gegründete private deutsche Theologisch-Philosophische Luther-Akademie zu Dorpat, spaltete sowohl die estnische Kirche als auch die deutschbaltische Gemeinschaft.[39] Die estnische Kirche wollte deutschbaltischen Separatismus verhindern und warf dem Institut vor, deutschnationale und reichspolitische Ideen propagieren zu wollen. Immerhin durften die deutschbaltischen Professoren an der

---

36 Vgl. Jouko TALONEN: The Birth and Development of Latvian National Theology in 1918-1934. In: Itämeren itälaidalla II [On the Eastern Edge of the Baltic Sea II]/ hrsg. von Kari Alenius; Anita Honkala; Sinikka Wunsch. Rovaniemi 2009, 77-92; Priit ROHTMETS: The International Dimension of Estonian Lutheranism in the 20th Century. Nordost-Archiv 25 (2016), 136-166.

37 Vgl. Lauciņš: 100 gadi ... (wie Anm. 16), 15 f; Rohtmets: The International Dimension ... (wie Anm. 36), 144 f; Talonen: The Birth ... (wie Anm. 36), 80. Die Betonung auf die Wiedererlangung der apostolischen Sukzession führte zu einer Reaktion von Seiten der orthodoxen Letten, deren Bischof Jānis Pommers auch in apostolischer Sukzession stand. Statt nach Schweden zu schauen, hätten die Lutheraner doch einfach die Orthodoxen zur Bischofsweihe mit einladen und dabei der Ökumene Vorschub leisten können, so die Argumentation. Siehe Sebastian RIMESTAD: The Challenges of Modernity to the Orthodox Church in Estonia and Latvia (1917-1939). Frankfurt am Main 2012, 207 f.

38 Vgl. Jürgen VON HEHN: Das Herder-Institut zu Riga, 1921-1939. Zeitschrift für Ostforschung 30 (1981), 503.

39 Vgl. Mikko KETOLA: The Nationality Question in the Estonian Evangelical Lutheran Church, 1918-1939. Helsinki 2000, 215-272; Riho SAARD: Ristitud eestlane: Kristluse ajalugu Eestis keskajast tänapäevani [Getaufter Este: die Geschichte des Christentums in Estland vom Mittelalter bis heute]. Tallinn 2018, 296.

Sebastian Rimestad

Theologischen Fakultät in Tartu bis 1938 im Amt bleiben. Eine parallele Institution musste deshalb Verdacht erregen. Die Rigaer Deutschen wollten ihrem Herder-Institut eine sammelnde Rolle des deutschen Baltentums zuteilen, was durch ein paralleles Institut in Tartu gefährdet werden würde. Sowohl das Herder- als auch das Luther-Institut waren auf reichsdeutsche Studierende angewiesen, um als akademische Lehranstalten überleben zu können.

Die Esten und Letten trieben die Entwicklung nationaler Theologien voran. In Lettland war dies vor allem das Werk des Kirchenhistorikers Ludvigs Adamovičs, der die Letten als Akteure der Kirchengeschichte wahrnahm, während sie bisher nur als Subjekte des deutschen Kirchenregiments angesehen worden waren. Dies tat er, indem er pietistische Strömungen und die Herrnhuter Brüdergemeine ins Zentrum der Betrachtung rückte.[40] In Estland gab es keinen herausragenden nationalen Theologen, aber auch hier ist eine Betonung der Esten als Akteure, insbesondere innerhalb der pietistischen Strömungen zu erkennen.

Auch im täglichen kirchlichen Leben war der ehemalige Mustercharakter der deutschen Gemeinden verloren gegangen, wobei ihre Vertreter diese neue Situation nur schwer ertragen konnten. Das zeigte sich vor allem in der Debatte um den Dom sowohl in Riga als auch in Tallinn. In beiden Fällen wollten »die Nationalen«, wie die Deutschen die Esten und Letten betitelten, die repräsentative Kirche im Herzen der Altstadt der dort beheimateten deutschen Gemeinde entziehen, um daraus die Hauptkirche ihres Bischofs zu machen. In Lettland hatte die deutsche Gemeinde der Rigaer Jakobskirche schon 1922 ihr großes Kirchengebäude abgeben müssen, als der Staat es als neuen Dom des katholischen Erzbischofs von Riga bestimmte.[41] Diese Enteignung hing damit zusammen, dass die katholisch dominierte Provinz Latgale (Lettgallen) seit 1920 neu zum lettischen Staatsgebiet dazukam und die Regierung die dort lebenden Lettgallen integrieren wollte. Neben der Jakobskirche als Dom wurde auch das orthodoxe Alexeev-Kloster als Bischofsdomizil enteignet.[42] Die Katholische Kirche wurde somit 1922 durch ein Konkordat mit dem Vatikan die erste rechtlich voll anerkannte Kirche im jungen lettischen Staat.

Der lutherische Dom zu Reval war bis 1927 ausschließlich für die Benutzung der deutschen Domberggemeinde bestimmt, die ihn seit der Reformation verwaltet hatte. Einige estnische Nationalisten in der jungen estnischen Kirche versuchten seit Anfang der 1920er Jahre, auf diese Kirche Anspruch zu erheben, wobei sie sich darauf beriefen, dass der Dom traditionell dem Bischof gehöre. Nach wiederholten Petitionen an die Regierung verfügte diese im Januar 1925, dass die Kirche als Staatseigentum galt und der Gemeinde zugunsten des estnischen Konsistoriums

---

40 Vgl. Talonen: The Birth … (wie Anm. 36), 85.
41 Vgl. Lauciņš: Kārlis Irbe … (wie Anm. 31), 28-30; Bensch: Neuere baltische Kirchenrechtsgeschichte … (wie Anm. 31), 215-225.
42 Vgl. Rimestad: The Challenges ... (wie Anm. 37), 122 f.

weggenommen werde.[43] Als die Gemeinde sich weigerte, die Schlüssel auszugeben, wurde das Schloss gewaltsam aufgebrochen.

In Riga ereignete sich eine ähnliche Übernahme Anfang der 1930er Jahre. Der lutherische Dom war im Besitz der deutschen Domgemeinde, wobei zwei lettische Gemeinden sowie Bischof Irbe ihn mitbenutzen durften. Diese Regelung hatte bisher kaum zu Konflikten geführt, aber aufgrund von steigender nationaler Polarisierung in der lettischen Gesellschaft begann die eine der beiden lettischen Gemeinden, für eine Neuregelung zu argumentieren, und zwar durch eine Petition an das Parlament. Dies führte zu einer politisch bestimmten Neuregelung, als Folge dessen Bischof Irbe zurücktrat und die Domgemeinde aus Protest noch vor Inkrafttreten der Neuregelung demonstrativ den Dom verließ.[44]

Als 1934 durch Staatsputsche sowohl in Lettland als auch in Estland autoritäre Regime eingesetzt wurden, bedeutete das für die Kirchen, insbesondere den deutschen Gemeinden, keine einschneidenden Veränderungen. Die Privilegien und die Freiheit, die sie im Russischen Reich noch so vehement verteidigt hatten, waren inzwischen komplett verschwunden. In den neuen politischen Umständen waren solche Privilegien auf Standesbasis auch nicht mehr zeitgemäß. Die Deutschbalten trauerten ihnen trotzdem nach. Die neue, in Deutschland heranwachsende, nationalsozialistische Ideologie stellte für einige der Vertreter des Deutschtums im Baltikum eine attraktive Alternative dar, obwohl nicht alle mit den tatsächlichen politischen Entwicklungen in Deutschland einverstanden waren.[45]

IV Fazit

Pastor Traugott Hahn (sen.) prophezeite während der Pastoralversammlung im Juni 1917 Folgendes: »Wir stehen vielleicht am Ende, jedenfalls aber an einem tiefschneidenden Wendepunkt in der Geschichte unserer alten, teuren livländischen und baltischen evangelisch-lutherischen Landeskirche.«[46] Dabei hatte er weitestgehend recht, denn es gab kaum Kontinuitäten über das Jahr 1917 hinaus, in welchem die gesamte kirchliche und politische Führungsriege ausgetauscht worden war. Während die Deutschbalten bisher das gesellschaftliche Leben und die Kirche dominiert hatten, bedeuteten die politischen Umwälzungen, dass sie

---

43 Vgl. Ketola: The Nationality Question ... (wie Anm. 39), 144-214; Bensch: Neuere baltische Kirchenrechtsgeschichte ... (wie Anm. 31), 215-225.

44 Vgl. Lauciņš: Kārlis Irbe ... (wie Anm. 31), 31 f; Bensch: Neuere baltische Kirchenrechtsgeschichte ... (wie Anm. 31), 232-263.

45 Vgl. die Beiträge zum Sammelband: Deutschbalten, Weimarer Republik und Drittes Reich/ hrsg. von Michael Garleff. Köln u.a. 2001 (Bd. 1) und 2008 (Bd. 2). Siehe insbesondere Heinrich Wittram: Deutschbaltische Theologen zwischen völkischer Sogkraft und reformatorischer Besinnung in Lettland und Estland in den 1930er Jahren. In: Ebd. Bd. 1, 217-244.

46 Zitiert nach Tobien: Die Livländische Ritterschaft ... (wie Anm. 14), 236.

sich im demokratischen Kampf mit den aufsteigenden estnischen und lettischen Nationalisten bewähren mussten. Die Rolle der Deutschen im Ersten Weltkrieg und die deutschbaltischen Reaktionen darauf haben das Image Deutschlands unter der estnischen und lettischen Mehrheitsbevölkerung nicht gerade gefördert und so entstand auch in der Kirche eine Emanzipationsbewegung weg vom deutschen Einfluss. Stattdessen orientierten sich die neuen lutherischen Nationalkirchen nach Skandinavien und England und gestanden den lokalen deutschen Gemeinden nur eine begrenzte innere Autonomie zu. Für viele Deutschbalten war das eindeutig das Ende der altbewährten kirchlichen Ordnung, während es die Esten und Letten als Höhepunkt der natürlichen Entwicklung ansahen.

Leider währte die Freiheit nur bis zum Zweiten Weltkrieg, infolgedessen eine deutsche und zwei sowjetische Okkupationen das kirchliche Leben für mehrere Jahrzehnte durcheinanderbrachten. Das Wiedererlangen der Selbständigkeit Anfang der 1990er Jahre bedeutete für die Lutherischen Kirchen Estlands und Lettlands wieder einen Neuanfang, der in vielerlei Hinsicht mit dem Neuanfang nach 1917 vergleichbar ist. Wieder wurde versucht, ehemalige »Unterdrücker« zu beseitigen und ihren Einfluss zu minimieren. Gleichzeitig betonten die Theologen das Eigene und Eigentliche, was besonders in Lettland zu erzkonservativen Strömungen geführt hat. Die Debatte um die Frauenordination, die in Lettland in den letzten Jahren einen starken Rückschritt erlitten hat, ist das deutlichste Beispiel. Der Aufbruch der 1920er Jahre war eine Emanzipation, während sich derjenige seit den 1990er Jahren eher in die entgegengesetzte Richtung bewegt.

»Man wechselt sein Vaterland doch nicht wie ein Hemd.«

Die Evangelische Landeskirche A. B. in Rumänien nach
dem Ende des Ersten Weltkriegs

Von Ulrich A. Wien

I Vorbemerkung

Obwohl die »Evangelische Landeskirche in Siebenbürgen« bzw. »in den siebenbürgischen Landesteilen Ungarns« seit 1861 faktisch autonom war und eine liberale,
an der Rheinisch-Westfälischen Kirchenordnung orientierte Kirchenverfassung
besaß,[1] hatten sich zum Jahresende 1918 die Rahmenbedingungen für diese Kirche
grundstürzend verändert.[2] Aus der fast 800-jährigen Zugehörigkeit zum Reich der
Stephanskrone herausgebrochen, hatten – gemäß dem vom US-amerikanischen
Präsidenten Woodrow Wilson proklamierten Selbstbestimmungsrecht der Völker,
angetrieben von der aufgrund der höheren Mitgliederzahlen führenden griechisch-
katholischen, mit Rom unierten Kirche – die in der Region die statistische Mehrheit
stellenden Rumänen am 1. Dezember 1918 in Karlsburg ihren Anschluss an das
Königreich Rumänien erklärt. Die sogenannte »Große Vereinigung« betraf aber
nicht nur diese geographische Region, sondern auch – im Uhrzeigersinn – die
Maramureş, Bukowina, Bessarabien, Süddobrudscha sowie das rumänische Banat.
Das auf die doppelte Fläche gewachsene Königreich Rumänien war aus einem
ethnisch nahezu homogenen Staat mit konstitutioneller Monarchie zu einem Vielvölkerstaat mit plurikonfessioneller Struktur geworden. Rumänien, wie andere aus
der Erbmasse der zerfallenen Landimperien hervorgegangene, rasch konstituierte
Imperien im Miniaturformat – »komposite Staaten«[3] –, erbte unter veränderten
(umgekehrten oder abweichenden) ethnischen Vorzeichen die Nationalitätenkon-
flikte und sozialen Spannungen der untergegangenen Reiche und war mit den

---

1 Vgl. Ulrich A. Wien: Kirchenrechtsentwicklung im Kontext der Evangelischen Kirche A. B.
  in Siebenbürgen vom 19. bis ins 21. Jahrhundert. In: Ders.: Resonanz und Widerspruch:
  von der siebenbürgischen Diaspora-Volkskirche zur Diaspora in Rumänien. Erlangen 2014,
  47-54; ders.: Liberalismus und Demokratie als Grundprinzipien der kirchlichen Autonomie: die neue Kirchenverfassung der evang. Kirche A. B. in Siebenbürgen. Ostdeutsche
  Gedenktage 2011/12, 272-281; Die Kirchenordnungen der Evangelischen Kirche
  A. B. in Siebenbürgen (1807-1997)/ hrsg. von Ulrich A. Wien; Karl W. Schwarz unter
  Mitarbeit von Ernst Hofhansl; Berthold W. Köber. Köln; Weimar; Wien 2005.
2 Vgl. Ulrich A. Wien: Die Evangelische Landeskirche A. B. in Siebenbürgen vor den Her-
  ausforderungen des vereinigten Rumäniens nach 1918. In: Teologi ardeleni şi Marea Unire
  [Siebenbürgische Theologen und die Große Vereinigung]/ hrsg. von Nicolae Chifar; Aurel
  Pavel. Sibiu 2019, 43-71.
3 Oliver Jens Schmitt: Der Balkan im 20. Jahrhundert: eine postimperiale Geschichte.
  Stuttgart 2019, 65.

Ulrich A. Wien

Transformationsproblemen auf nahezu allen Politikfeldern heillos überfordert. Grundsätzlich galt: Weiterer Unfrieden war voraussehbar, wenn sich ethnische Hierarchien nur umgekehrten, also frühere Minderheiten ungebremst andere (neue oder traditionelle) Minderheiten zu dominieren trachteten. Die sprichwörtliche »Krise« durchzog die gesamte Periode bis 1944.

Rumänien 1878-1944 mit den Siedlungsgebieten der deutschen Minderheitsgruppen (Konzept: Ulrich A. Wien)

II Kurzüberblick über die Geschichte der Landeskirche bis 1918

Seit der ersten Ansiedlung auf Königsboden (fundus regius) in der Mitte des 12. Jahrhunderts hatten die nach Südsiebenbürgen als hospites eingeladenen Gäste Privilegien: Dazu gehörte unter anderem die freie Pfarrerwahl der Gemeinden. Außerdem waren diese Siedlergruppen in einer eigenen exemten Kirchenstruktur organisiert, die als Hermannstädter Sankt Ladislaus Propstei[4] bis zu ihrer Auflösung 1424 dem geographisch fernliegenden Erzbistum Gran (ungarisch Esztergom) zugeordnet gewesen war. Auch das Dekanat Kronstadt, das dem Missionsbistum Milkow unterstanden hatte, wurde Gran im 16. Jh. endgültig unterstellt. Sekun-

---
4 Vgl. Karl REINERTH: Die freie königliche St. Ladislaus-Propstei zu Hermannstadt und ihr Kapitel. Deutsche Forschungen im Südosten 1 (1942), 319-361. 567-597.

»*Man wechselt sein Vaterland doch nicht wie ein Hemd.*«

därsiedlungen auf Komitatsboden gehörten kirchlich zum Bistum Weißenburg (ungarisch Gyulafehérvár). Die Pfarrgemeinden waren zu seit dem Ende des 13. Jahrhunderts nachweisbaren Kapitelsverbänden zusammengeschlossen, die von dem jeweiligen, jährlich gewählten Dekan administriert wurden, der auch die kirchlichen Abgaben (Kathedralzins) verwaltete; diese liefen jährlich beim seit 1502 nachweisbaren Generaldechanten zusammen. Die Geistlichen waren in der sogenannten »Geistlichen Universität«[5] zusammengeschlossen – im Unterschied zur politischen Repräsentanz politischer Bezirke: der Nationsuniversität (Universitas Nationis Saxonicae).[6] Die beiden Stadtpfarrer in Kronstadt und Hermannstadt übten seit Beginn des 16. Jahrhunderts begrenzte Episkopalrechte aus.[7]

Obwohl die unmittelbare Resonanz auf die aus Wittenberg ausstrahlende Reformation im städtischen, humanistischen Bürgertum siebenbürgischer Städte seit 1519/20 sowie heftige politische Gegenreaktionen des Jagiellonenkönigs Ludwig II. belegt sind, unterblieb eine offiziell geregelte Einführung der Reformation. Angesichts der realen osmanischen Bedrohung (Mohács 1526, Buda 1541), der inneren Zerrissenheit und militärischer Parteikämpfe zwischen den aus einer klassischen Doppelwahl (1526) hervorgegangenen Konkurrenten um den ungarischen Thron, Johann I. Szapolyai und Ferdinand von Habsburg, aber auch aufgrund der humanistischen Orientierung im Bürgertum gelang erst 1542/43 in Kronstadt (ungarisch Brassó, rumänisch Brașov) die offizielle Einführung einer an Wittenberg orientierten und von dort gebilligten, deren Rechtfertigungstheologie aber anfänglich bewusst aussparenden humanistischen Stadtreformation.[8] Binnen kürzester Frist schlossen sich die anderen siebenbürgischen Städte an. Die Nationsuniversität ließ 1547 eine Kirchenordnung erstellen und drucken. Sie führte 1550 die Reformation in

---

5 Vgl. Konrad G. GÜNDISCH: Die »Geistliche Universität« der sächsischen Kirchengemeinden im 15. und 16. Jahrhundert. In: Konfessionsbildung und Konfessionskultur in Siebenbürgen in der Frühen Neuzeit/ hrsg. von Volker Leppin; Ulrich A. Wien. Stuttgart 2005, 105-114; Georg Eduard MÜLLER: Die deutschen Landkapitel in Siebenbürgen und ihre Dechanten 1192-1848: ein rechtsgeschichtlicher Beitrag zur Geschichte d. dt. Landeskirche in Siebenbürgen. Archiv für siebenbürgische Landeskunde 48 (1936), 102-111.

6 Vgl. Wolfgang KESSLER: Gruppenautonomie in Siebenbürgen. 500 Jahre siebenbürgisch-sächsische Nationsuniversität. Köln; Weimar; Wien 1990.

7 Vgl. Ulrich A. WIEN: Einleitung zur Edition. In: Die Synodalverhandlungen der Evangelischen Superintendentur Birthälm 1601-1752/ hrsg. von dems.; Martin Armgart. Hermannstadt/Sibiu 2019, XXXIV.

8 Vgl. Johannes HONTERUS: Reformatio Ecclesiae Coronensis ac totius Barcensis Provinciae 1543/ hrsg. von Bernhard Heigl; Thomas Șindilariu. Kronstadt; Brașov 2017; Ulrich A. WIEN: Kein Platz für die Rechtfertigungslehre in Siebenbürgen?. In: Konfluenzen 16/17 (2016/2017), 138-148; DERS.: Humanistische Stadtreformation in Kronstadt. In: Ders.: Siebenbürgen – Pionierregion der Religionsfreiheit: Luther, Honterus und die Wirkungen der Reformation. Hermannstadt; Bonn 2017, 37-55; Andreas MÜLLER: Humanistisch geprägte Reformation an der Grenze von östlichem und westlichem Christentum: Valentin Wagners griechischer Katechismus von 1550. Cambridge; Mandelbachtal 2000.

Ulrich A. Wien

ihrem Rechtsraum ein.[9] 1553 wurde der aus Laibach stammende Hermannstädter Stadtpfarrer Paulus Wiener zum Superintendenten berufen,[10] und damit – obwohl der Kathedralzins letztmalig an Gran entrichtet wurde – eine eigenständige Kirchenorganisation begründet. Der seit 1541 innenpolitisch eigenständige, nach 1570 Fürstentum Siebenbürgen benannte Herrschaftsraum stand in einem Suzeränitätsverhältnis zur Hohen Pforte. Er entwickelte sich zur Pionierregion der Religionsfreiheit, als – über verschiedene Zwischenstufen – 1595 der Landtag vier Konfessionen (römisch-katholisch, lutherisch, reformiert und unitarisch) als »religio recepta« anerkannte und die rumänisch orthodoxe Konfession tolerierte.[11] Zwischenzeitlich hatte 1572 der katholische Regent Stefan Báthory die Geistlichen der nach Birthälm verlegten Superintendentur genötigt, eine an der Confessio Augustana angelehnte »Formula Pii Consensus« als verbindlich für das Kirchengebiet zu beschließen. Seitdem war die rechtliche Privilegierung der Sachsen in Siebenbürgen gewissermaßen an die lutherische Konfession gebunden,[12] wie dies auch die Synodalverhandlungen der Superintendentur Birthälm widerspiegeln.[13] Das seit 1595 geltende Grundgesetz einer Plurikonfessionalität wurde und musste von allen gewählten Fürsten anerkannt und bestätigt werden. Dies galt auch für die Habsburger nach 1690, die theoretisch diese Basis anerkannten, faktisch aber zu unterlaufen suchten.[14] Das seit 1753 »Großfürstentum Siebenbürgen« benannte Staatswesen war bis 1867 dem Kaiser in Wien direkt unterstellt. So waren im

---

9 DIE EVANGELISCHEN KIRCHENORDNUNGEN DES XVI. JAHRHUNDERTS. Bd. 24: Siebenbürgen. Das Fürstentum Siebenbürgen: das Rechtsgebiet und die Kirche der Siebenbürger Sachsen/ bearb. von Martin Armgart; Karin Meese. Tübingen 2012, 125-128. 206-246.

10 Vgl. Karl W. SCHWARZ: Art. Wien(n)er, Paul. BBKL 38 (2017), 1517-1521.

11 Vgl. Ulrich A. WIEN: Abschied von der Trinitätstheologie?: zur Komplexität von Disputationen und Religionsgesprächen in Siebenbürgen. In: Zwischen theologischem Dissens und politischer Duldung: Religionsgespräche in der Frühen Neuzeit/ hrsg. von Irene Dingel; Volker Leppin; Kathrin Paasch. Göttingen 2018, 77-110; vgl. auch István KEUL: Early Modern Religious Communities in East-Central Europe: Ethnic Diversity, Denominational Plurality, and Corporate Politics in the Principality of Transylvania 1526-1691. Leiden; Boston 2009, 48-166; Edit SZEGEDI: Konfessionsbildung in Klausenburg und Kronstadt: der Anspruch der Homogenität und die heterogene Wirklichkeit. In: Exportgut Reformation: ihr Transfer in Kontaktzonen des 16. Jahrhunderts und die Gegenwart evangelischer Kirchen in Europa/ hrsg. von Ulrich A. Wien; Mihai-D. Grigore. Göttingen 2017, 191-202.

12 Vgl. Ulrich A. WIEN: Die Formula Pii Consensus 1572: die Rezeption Wittenberger Theologie in Siebenbürgen im politischen Kontext. Zugänge (Jahrbuch des evangelischen Freundeskreises Siebenbürgen) 44 (2016), 42-56; – Nachdruck in ders.: Siebenbürgen – Pionierregion … (wie Anm. 8), 156-171; DERS.: New Perspective on the Establishing of Confession in Early Modern Transylvania: Context and Theological Profile of the Formula Pii Consensus 1572 as Heterodox Reception of the Wittenberg Theology. Journal of Early Modern Christianity 5/1 (2018), 57-74.

13 DIE SYNODALVERHANDLUNGEN DER EVANGELISCHEN SUPERINTENDENTUR BIRTHÄLM 1601-1752: Bde. 1-3/ hrsg. von Ulrich A. Wien; Martin Armgart. Hermannstadt 2019.

14 Vgl. Konrad G. GÜNDISCH: Geschichte der Siebenbürger Sachsen. München 1998, 106 f.

348

Verlauf des 18. Jahrhunderts etwa 3.000 Kryptoprotestanten nach Siebenbürgen zwangsmigriert worden.[15] Trotz der jeweils wieder zurückgenommenen verschiedenen Reformversuche, die allesamt die Rechtsstellung der Sachsen geschmälert und beeinträchtigt hatten, waren letztmalig nach dem Neoabsolutismus der 1850er Jahre die Ständeprivilegien revitalisiert worden. Doch zeichneten sich deutlich Veränderungen ab: Die Leibeigenschaft, aber auch der Zehnte waren abgeschafft worden,[16] den Rumänen waren die Bürgerrechte und Vertretung im Landtag zugebilligt worden.

Als Nebenprodukt des Protestantenpatents von 1860 erhielt auch die Evangelische Landeskirche A. B. die beherzt ergriffene Möglichkeit, sich eine eigene Kirchenverfassung zu schaffen. Dies gelang in den Jahren 1861/62, was die Grundlage für eine beachtliche Sonderentwicklung legte.[17] 1867 war im sogenannten »Österreichisch-Ungarischen Ausgleich« der Doppelmonarchie das Reich der Stephanskrone wiederbelebt worden. Ihm wurde Siebenbürgen inkorporiert. Die mittelalterlichen Privilegien waren im parlamentarischen System Ungarns, das ein strenges Zensuswahlrecht (Virilität) kannte, untergegangen. Dadurch sahen sich vielfach die nicht-magyarischen Nationalitäten, welche 56 % der Bevölkerung in der ungarischen Reichshälfte stellten, einem nationalistischen Chauvinismus gegenübergestellt, der durch verschiedenste politische und rechtliche Maßnahmen einen Assimilierungsdruck aufbaute, dem nicht alle ethnischen Gruppen des Königreichs Ungarn standhalten konnten. Im Unterschied dazu konstruierte der Historiker und Theologe Georg Daniel Teutsch, der 1867 zum Superintendenten der nunmehr nach Hermannstadt zurückverlegten Superintendentur gewählt worden war, im Verbund mit Juristen, Ökonomen und weiteren Vertretern der geistig führenden Schicht eine ethnisch-kirchlich homogene Identität der »Siebenbürger Sachsen«, der nunmehr erstmals in einer Gesamtkirche aber ohne politische Autonomie vereinigten ehemals hörigen deutschen Untertanen sowie einst privilegierten freien »Sachsen«. Für diese Identitätskonstruktion wurden die Historiographie instrumentalisiert, die kirchliche Administration sowie Bildungsanstalten und politisch-parlamentarische

---

15 Vgl. Ulrich A. Wien: Flucht hinter den »Osmanischen Vorhang«: Glaubensflüchtlinge in Siebenbürgen. Journal of Early Modern Christianity 6/1 (2019), 19-41; Alexander Schunka: Glaubensflucht als Migrationsoption. GWU 56 (2005), 547-564; Stephan Steiner: Transmigration: Ansichten einer Zwangsgemeinschaft. In: Geheimprotestantismus und evangelische Kirchen in der Habsburgermonarchie und im Erzstift Salzburg (17./18. Jahrhundert)/ hrsg. von Rudolf Leeb; Martin Scheutz; Dietmar Weikl. Wien; München 2009, 331-360; vgl. auch Ulrich A. Wien: Kirchen. In: Großpold: ein Dorf in Siebenbürgen/ hrsg. von Martin Bottesch; Ulrich A. Wien. Dößel 2011, hier 212-215; ders.: Zuwanderung der Landler nach Großpold. In: Ebd, 66-73.

16 Vgl. Gündisch: Geschichte der Siebenbürger ... (wie Anm. 14), 133-142.

17 Vgl. Wien: Kirchenrechtsentwicklung im Kontext ... (wie Anm. 1), 47-72; Friedrich Teutsch: Geschichte der Evangelischen Kirche in Siebenbürgen. Bd. 2: 1700-1917. Hermannstadt 1921, 425-465.

Ulrich A. Wien

Repräsentanten in Dienst genommen, und mit der Gründung von kirchlich-sozialen Vereinen und wissenschaftlichen sowie ökonomischen Vereinigungen wurde eine schlagkräftige Abwehrhaltung und Abwehrorganisation der ethnisch-religiös weitestgehend homogenen Gruppe ausgebaut, in der das Ensemble der symbiotischen Faktoren kirchlicher und ethnischer Identität austauschbar, aber auch verwechselbar wurde.[18] Mit Stolz zitierte man das Diktum von Adolf von Harnack: »Sie leben und sprechen in einem Akkord von Deutschtum, evangelischem Glauben und deutscher Wissenschaft und Erkenntnis. Diese drei Dinge sind so verbunden bei ihnen, dass sie selbst nicht wissen, wo das eine anfängt und das andere aufhört«.[19]

Richard Rothes Konzept eines Kulturprotestantismus wurde in Siebenbürgen in einer unnachahmlichen Konsequenz realisiert, um die ethnische Geschlossenheit sowie das Überdauern einer lebendigen und lebensfähigen ethnischen wie kirchlichen Minderheit nachhaltig mit allen Mitteln auf intellektueller, ökonomischer und juristischer Basis zu fördern und zu verteidigen.[20]

Der Kaiser und König in Wien genoss zwar Verehrung, war aber weitestgehend machtlos in den innenpolitischen Angelegenheiten Ungarns. Das deutsche Kaiserreich in Berlin bot politisch keinen Rückhalt, allerdings sorgten enge Beziehungen zu deutschen Universitäten und zu nationalprotestantischen Multiplikatoren im allgemeinen Deutschen Schulverein oder im Gustav-Adolf-Verein für kontinuierliche und gern gewährte Unterstützung aus dem Deutschen Reich und festigten eine regional eigengeartete, deutschnationale Gesinnung.[21]

Damit war es gelungen, eine ökonomische Aufholjagd voranzutreiben, die mit einem kontinuierlichen Ausbau zu einem breit diversifizierten Schulwesen verbunden war. Denn Kirche und Schule waren nachweislich schon seit dem Mittelalter praktisch in jedem der rund 250 sächsisch besiedelten und nicht untergegangenen Orte aufs engste verbunden gewesen.

Eine Gefährdung der Lebensfähigkeit und Homogenität der ethnischen Gruppe wurde vorwiegend auf vier Feldern gesehen:

---

18 Vgl. Ulrich A. WIEN: Georg Daniel Teutsch: Historiker, Theologe, Sachsenbischof. Ostdeutsche Gedenktage 2017, 242-248. Vgl. auch DERS.: Georg Daniel Teutsch (1817-1893). https://siebenbuergen-institut.de/wp-content/uploads/2019/07/Personenlexikon-Teutsch-Georg-Daniel.pdf (zuletzt besucht am 28.06.2021).

19 Zitiert nach Teutsch: Geschichte ... (wie Anm. 17), 581.

20 Vgl. Ulrich A. WIEN: Von der Volkskirche zur »Volksreligion«? In: Ders.: Resonanz und Widerspruch ... (wie Anm. 1), 237-240; vgl. dazu auch DERS.: Ethnic Cohesion in terms of Religion, Politics, Economics, Culture and Historiography: the middle clergy of the church of Augsburg Confession in Transylvania (1850-1918). In: Connecting Faiths and Nationalities/ ed. by Marius Eppel. Frankfurt; Berlin; New York 2021, 247-291.

21 Vgl. Ulrich A. WIEN: »Erkenntnis statt Notizenkram«. Vorwort zu: Adolf SCHULLERUS: Korrespondenzen und Reden/ hrsg. von Monica Vlaicu. Köln; Weimar; Wien 2018, 7-19; vgl. zur Entwicklung der Landeskirche die Schlusskapitel von Teutsch: Geschichte ... (wie Anm. 17), 560-618.

1) in einer ökonomischen Randlage (durch einen Wirtschaftskrieg mit Rumänien aber auch aufgrund der verheerenden Zerstörung der Weinberge bedingt durch die Peranosperakrankheit),
2) in der Arbeitsmigration bzw. Auswanderung in die Vereinigten Staaten von Nordamerika,
3) in dem Einbruch aus den USA importierter Vorstellungen religiöser Sondergruppen und deren Separation von der Landeskirche sowie
4) in den politischen Konflikten mit der ungarischen Regierung um die Schulbildung und Verwendung der Muttersprache.

Unmittelbar vor dem Ersten Weltkrieg hatte sich die Landeskirche darauf eingelassen, angesichts der finanziellen Herausforderungen in der Bildungspolitik und bzgl. der Ausstattung weiterführender Schulen inklusive der Alimentierung der zentralen Kirchenverwaltung eine (mit 700.000 Kronen) hohe jährliche Staatsleistung zu gewinnen und zu akzeptieren. Eine Abhängigkeit von staatlicher Finanzierung und Erpressbarkeit waren dadurch nicht mehr ausgeschlossen, trotz der geistigen und politischen Entfremdung vom und zugleich Abwehrbereitschaft der landeskirchlichen Elite gegenüber dem nationalistischen Politikbetrieb in Budapest.

III Der Umbruch 1918

Hatte anfänglich und über die Jahre hinweg der Erste Weltkrieg eine Re-Identifikation mit dem ungarischen Vaterland sowie eine intensivierte, religiös aufgeladene Verbundenheit zur »Heiligen Heimat« nach der Wiedereroberung Siebenbürgens im Herbst 1916 gebracht, so wurde sein für die Kirchenleitung in Siebenbürgen völlig unerwarteter Ausgang zu einer elementaren Katastrophe.[22] Erschien im Oktober 1918 die Beteiligung der Siebenbürger Sachsen an einer Demokratisierung Ungarns noch als anstehende Herausforderung, so wurden sowohl die politisch Verantwortlichen als auch die Kirchenleitung überrollt von der Entwicklung, die zu einer Abtrennung Siebenbürgens von Ungarn und zu einer Eingliederung an Rumänien führten. Aus einer westkirchlich geprägten, plurikonfessionellen Gesamtgesellschaft sowie aus einem juristisch und administrativ weitestgehend verlässlichen politischen Rahmen wurde die regionale Bevölkerung herausgerissen. Nach einer kurzen Übergangszeit landete sie in einem Staatswesen, das mit pluralen, heterogenen Identitäten überfordert, von einer ostkirchlich-orthodoxen Mentalität geprägt war und dessen Politiker überwiegend eine Klientelpolitik

---

22 Vgl. Ulrich A. WIEN: Die Evangelische Landeskirche A. B. in den siebenbürgischen Landesteilen Ungarns während des Ersten Weltkriegs. In: Umbruch mit Schlachtenlärm: Siebenbürgen und der Erste Weltkrieg/ hrsg. von Harald Heppner. Köln; Weimar; Wien 2017, 157-196; DERS.: Die Evangelische Landeskirche A. B. in den siebenbürgischen Landesteilen Ungarns während des Ersten Weltkriegs. Forschungen zur Volks- und Landeskunde 61 (2018), 9-66.

Ulrich A. Wien

praktizierten sowie sich an einem balkanische Gepflogenheiten kultivierenden Politikstil orientierten. In den angeschlossenen Grenzregionen des pluriethnisch geprägten Zentralstaates geriet die deutsche, konfessionell gespaltene Minderheit nach eigener Einschätzung gewissermaßen vom Regen in die Traufe.[23]

Aufgrund der jahrzehntelangen politischen Erfahrung fiel den Siebenbürger Sachsen die politisch-parlamentarische Führungsrolle bei der Vertretung der rumäniendeutschen Interessen zu. Relativ spät erst, am 8. Januar 1919, tagte der Deutsch-sächsische Zentralausschuss in erweiterter Zusammensetzung erneut und ergab sich schließlich illusionslos ins Unvermeidliche: Er beschloss nach langer Diskussion – im Rückblick auf die Enttäuschungen durch die ungarische Politik und in einer gutwilligen Hoffnung auf die zuversichtlich stimmenden, minderheitenfreundlichen Absichtserklärungen der sogenannten »Karlsburger Beschlüsse« der siebenbürgischen Rumänen – den Anschluss an Rumänien auszusprechen. Die rumänischen Politiker wurden von den Siebenbürger Sachsen in die moralische Pflicht genommen. Dennoch kam dem amtierenden Bischof Dr. Friedrich Teutsch auf der Tagung der Landeskirchenversammlung hinsichtlich Rumäniens die Bezeichnung als »Vaterland« nicht über die Lippen. Der ehemalige Vizegespan (Subpräfekt und Leiter der ungarischen Komitatsbehörde in Schäßburg) und langjährige Bezirkskirchenkurator in Schäßburg, Dr. Julius Schaser, bemerkte mit einem empörten Unterton: »Man wechselt doch sein Vaterland nicht wie ein Hemd.«[24] Die Ernüchterung und Akkumulation von Enttäuschungen erreichten ihren vorläufigen Höhepunkt 1923, als der Sprecher der deutschen Vertreter in der zweiten Kammer des rumänischen Parlaments (dem Senat) und Vorsitzende des siebenbürgisch-sächsischen Volksrats, Stadtpfarrer in Hermannstadt und Bischofsvikar der Landeskirche, Dr. Adolf Schullerus, im Parlament die Zustimmung zur neuen Verfassung Rumäniens verweigerte. Er tat dies – rhetorisch äußerst geschickt –, indem er originär rumänische Forderungen nach einem Minderheitenrecht aus der Vorkriegszeit zitierte und als allgemeingültige Maximen im Kontrast zu den Bestimmungen der Staatsverfassung von 1923 präsentierte.[25] Auch in den Folgejahren war das Verhältnis zu den überwiegend von der Liberalen Partei geführten Zentralregierungen von heftigen Auseinandersetzungen, zähem Ringen und – aus Sicht der deutschen Minderheit und der Landeskirche – nur kleinen Teilerfolgen vornehmlich im Bereich der Bildungspolitik und der Schulfinanzierung gekennzeichnet.[26]

---

23 Vgl. Wien: Die Evangelische Landeskirche A. B. in Siebenbürgen … (wie Anm. 2), 70 f.

24 Erinnerungen des Dr. Julius Schaser (Typoskript 1940, im NL bei Georg Schaser, Leingarten), 133.

25 Schullerus: Korrespondenzen und Reden … (wie Anm. 21), 303-309; vgl. dazu Ulrich A. Wien: Entwicklung von Nationalbewusstsein und ethnischer Identität in Südosteuropa – am Beispiel des Karpatenbogens. Jahrbuch der Hambach-Gesellschaft 26 (2019), 141-173.

26 Vgl. Ulrich A. Wien: Die Schulpolitik der Kirchenleitungen in Hermannstadt und Temeswar für die deutsche Minderheit zwischen 1919 und 1944: eine regions- und konfessionsübergreifende Skizze. Banatica 25 (2015), 431-448.

»Man wechselt sein Vaterland doch nicht wie ein Hemd.«

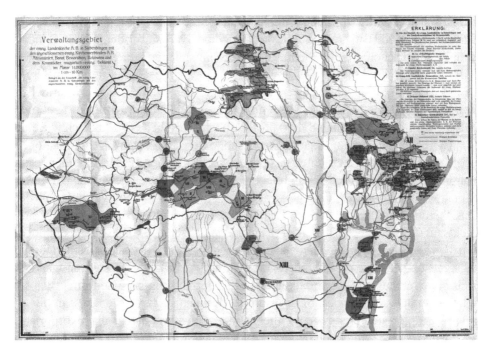

Amtliche Karte über das Verwaltungsgebiet der Evangelischen Landeskirche A. B. in Rumänien (1922) aus: Die evang. Landeskirche A. B. in Siebenbürgen ... (wie Anm. 27) Beilage 1.

Die Evangelischen in Rumänien standen frömmigkeitsgeschichtlich und institutionell in sehr disparaten Traditionssträngen: Die kulturprotestantisch und vom theologischen Liberalismus (eher sogar milden Rationalismus) geprägte Evangelische Landeskirche A. B. in den siebenbürgischen Landesteilen Ungarns hatte eine mehr als fünf Jahrzehnte währende liberale Autonomie erlebt und gestaltet. Staatskirchenrechtlich hatte sie einen Status vergleichbar einer Körperschaft des öffentlichen Rechts. In den anderen Regionen Rumäniens, sowohl in den angegliederten Gebieten als auch im sogenannten Altreich (Regat), hatten entweder österreichisches (Bukowina), zaristisches bzw. bolschewistisches (Bessarabien) oder ungarisches (Banat) Staatskirchenrecht gegolten. Hinzu kamen die 1883 ausgeschiedenen ungarischsprachigen Gemeinden im Burzenland sowie zwei größere slowakische Kirchengemeinden im Banat, die zum evangelisch-lutherischen Kirchenbezirk jenseits der Theiß gehört hatten.[27] Die evangelischen Gemeinden im Altreich inklusive der (im Süden ehemals

---

27 Vgl. Ulrich A. WIEN: Friedrich Müller-Langenthal: Leben und Dienst in der evangelischen Kirche in Rumänien im 20. Jahrhundert. Hermannstadt/Sibiu 2002, 30-33; ausführliche, materialreiche zeitgenössische Beiträge von Berthold Buchalla, Albert von Hochmeister, Wilhelm Melzer, Max Tschurl und Hans Weprich zu den einzelnen Regionen sind zu finden in: DIE EVANG. LANDESKIRCHE A. B. IN SIEBENBÜRGEN MIT DEN ANGESCHLOSSENEN EVANG. KIRCHENVERBÄNDEN ALTRUMÄNIEN, BANAT, BESSARABIEN, BUKOWINA, UNGARISCHES

Ulrich A. Wien

bulgarischen) Dobrudscha mit ihren spannenden Geschichten waren – mit Ausnahme der Stadtgemeinde Bukarest – seit 1906 als »Synodalverband an der unteren Donau« dem Evangelischen Oberkirchenrat in Berlin angegliedert gewesen, während die aufgrund der interethnischen Zusammensetzung evangelisch-unierte Stadtpfarrgemeinde Bukarest in Verlängerung ehemaliger fürstlicher Privilegien vom informellen Schutz der Königsfamilie (insbesondere der evangelischen Königin, geborene Elisabeth von Wied/Carmen Sylva) profitiert hatte.[28] Neben einer faktisch wie eine Staatskirche behandelten rumänischen Orthodoxie waren andere Denominationen im Königreich Rumänien unter das Vereinsrecht gefallen, ihr Immobilienbesitz war überwiegend auf die Namen reicher Gönner eingetragen gewesen.[29] In dieser Situation konnte allein die Evangelische Landeskirche in Siebenbürgen aufgrund der Zusicherung eines rechtlichen Bestandsschutzes vor allem auch des Öffentlichkeitsrechts für die Schulen den neuen Kern einer evangelischen »Reichskirche«[30] bilden, um die vielfältigen, vor allen Dingen diakonischen und schulischen Anstalten für die evangelisch-deutschen Gemeinden zu retten und zu erhalten. Deswegen wandten sich die »verwaisten« Regionalkonsistorien oder Einzelgemeinden direkt an die Kirchenleitung, das Landeskonsistorium in Hermannstadt, um zunächst in bilateralen Verträgen sich dieser anzuschließen und schließlich bereits als inkorporierte Kirchenbezirke ausdrücklich in der neuen Kirchenordnung (1926) Erwähnung und Berücksichtigung zu finden. § 27 der Kirchenordnung, welcher in gewissem Rahmen das Fortbestehen von Sondertraditionen erlaubte, hatte der Gemeindevorstand der Kirchengemeinde Bukarest durchgesetzt.[31] Der Jurist und Landeskirchenkurator D. Friedrich Walbaum war eine entscheidende Stütze von Bischof Teutsch und konzipierte die Anpassung und Neufassung der Kirchenordnung 1920 respektive 1926.[32]

DEKANAT: Festschrift (Seiner Hochwürden dem Herrn Bischof D. Dr. Friedrich Teutsch)/ hrsg. vom Institut für Grenz- und Auslandsdeutschtum an der Universität Marburg 1922. Mit einem Vorwort von Franz Rendtorff. Jena 1923.

28 Vgl. Ulrich A. WIEN: »Sachs' halte Wacht« – oder »Heim ins Reich«?: Herausforderungen von Gemeinde und Kirchenbezirk Bukarest (Rumänien) in der Zwischenkriegszeit. In: Evangelisch und deutsch?: Auslandsgemeinden im 20. Jahrhundert zwischen Nationalprotestantismus, Volkstumspolitik und Ökumene/ hrsg. von Andreas Gestrich; Siegfried Hermle; Dagmar Pöpping. Göttingen 2020, 187-219.

29 Trotz der Bestimmungen des Berliner Kongresses waren der Emanzipation der Juden bis 1918 kontinuierlich Hindernisse in den Weg gelegt worden.

30 In der rumänischen Fassung der Amtsbezeichnung wurde die Behörde des Landeskonsistoriums zum »Reichskonsistorium«.

31 Vgl. Wien: »Sachs' halte Wacht« ... (wie Anm. 28), 210. Beispielsweise führte der weltliche Präsident der Gemeinde den Vorsitz im Gemeindevorstand (Presbyterium) und repräsentierte die Kirchengemeinde Bukarest nach außen.

32 Vgl. Fritz GERCH; Michael FRAENK: Kurzgefaßte Beschreibung meines wundervollen und seligen Lebens-Laufs: Erinnerungen von Friedrich Walbaum, dem letzten Sachsencomes. Zeitschrift für Siebenbürgische Landeskunde 42 (2019), 190-239.

Das Kerngebiet der Landeskirche lag in Südsiebenbürgen und im sogenannten Nösnerland (um Bistritz und Sächsisch-Reen in Nordsiebenbürgen). Zu ihr gehörten rund 250.000 Gemeindeglieder in gut 250 Ortskirchengemeinden und wenigen Diasporastandorten. Die Gemeindeleitung teilten sich der ehrenamtliche, von der Gemeinde gewählte, meist äußerst tüchtige Kurator und der Ortspfarrer. Pfarrer wurde man in der Regel nach einem Doppelstudium für das Lehramt an Gymnasien mit Evangelischer Theologie, und wechselte meist zur Lebensmitte hin (nach mindestens fünf Jahren Schuldienst) vom Schulamt ins Pfarramt.[33] Bei der engen Verbindung von Schule und Kirche und der Schulaufsicht durch den Ortsgeistlichen hatte dies eminente Vorteile: Sogar im Weltkrieg lief der Unterricht praktisch unbeeinträchtigt weiter, weil die Pfarrer persönlich durchs Unterrichten in örtlichen Schulen die eingerückten Lehrer zu ersetzen verstanden. Oftmals mit didaktischem Geschick ausgestattet und fähig zur Elementarisierung, waren diese »praktischen Theologen« eine Idealbesetzung für das kulturprotestantische Konzept der Kirchenleitung. Sie übernahmen aber nicht nur die Gemeindeleitung, sondern dominierten oder bestimmten die örtliche oder regionale Arbeit im Landwirtschaftsverein, Raiffeisenverband, Spar- und Konsumverein oder in sozialen bzw. intellektuellen Vereinigungen (wie zum Beispiel im Verein für siebenbürgische Landeskunde) mit. In deren Studium zumeist an reichsdeutschen Universitäten hatte die Theologie meist ein Nischendasein geführt und gelangte auch während pfarramtlicher Praxis in den seltensten Fällen auf mehr als ein solides Niveau. Aufgrund der ungarischen Schulrechtsnovellen und Anhebung der Gehalte der Gymnasialprofessoren hatte der Übergang in das durch die Pfründen gut dotierte Pfarramt (um 1850 waren deshalb rund 90 % aller Pfarrstellen mit Akademikern besetzt gewesen) allerdings an Attraktivität verloren, weswegen die Landeskirche am Ende des 19. Jahrhunderts auf zwei, das bisherige System ergänzende Bildungsgänge setzte:

1) seminaristische Ausbildung eines Clerus minor aufgrund zentralisierter Schulung zum Volksschullehrer mit theologischem Schwerpunkt bzw. zum Pfarrlehrer am Hermannstädter Landeskirchenseminar, um in kleinen und Kleinstgemeinden Pfarrvakanzen zu vermeiden;[34] und

2) akademisches Studium von Volltheologen mit anschließendem Vikariat.[35]

Mit dieser Strategie hat die Landeskirche alle Pfarrstellen regelmäßig besetzen können.

---

33 Vgl. Wien: Ethnic Cohesion … (wie Anm. 20), 256.

34 Vgl. Hans MIESKES: Das Theologisch-pädagogische Landeskirchenseminar der evangelischen Landeskirche A. B. in Siebenbürgen zu Hermannstadt: Studien zur Geschichte und Dokumentation 1878-1948. München 1991.

35 Vgl. VERHANDLUNGEN DER ACHTZEHNTEN LANDESKIRCHENVERSAMMLUNG 1897/ hrsg. vom Landeskonsistorium der evang. Landeskirche A. B. in den siebenbürgischen Landesteilen Ungarns. Hermannstadt 1897, 88 (Beschluss am 7. Mai 1897) sowie die Bestimmungen unter Z. 1196/1897, ebd, CXXII (§ 11).

Ulrich A. Wien

In der für die ethnische Gruppe der Siebenbürger Sachsen dramatischen Situation Anfang November 1918 nahm der amtierende Bischofsvikar und Kronstädter Stadtpfarrer Dr. Franz Herfurth anlässlich der Reformationstagsfeier (am 10. November 1918) in einer rhetorisch brillanten Kanzelrede Stellung. Er fragte:

> »[...] sind wir uns nicht bewußt unserer ›Aufgabe‹?
>
> Hat unsere Kirche nicht mehr die Aufgabe, jeden einzelnen, also auch dein Herz stark zu machen für den Kampf des Lebens und für Gottes ewige Ziele! Bist nicht auch du Erbe Luthers und Honterus? Spürst du nicht in dir den Drang, Mitarbeiter Gottes zu sein im Dienst der höchsten Ideale? Sind wir denn auf dieser Erde, nur um zu arbeiten und zu hasten, zu essen und zu genießen? Hast du nicht eine sächsische Mutter gehabt? Die sächsische Mutter führt ihr Kind früh zu Gott und kettet sein Herz an Familie und Volk. Evangelisch sein und sächsisch sein sind Wechselbegriffe. Recht und Brauch und Sprache haben uns zum Volk, der deutsche Glaube hat uns zur Gemeinschaft der Kirche, beides zur Volkskirche zusammen geschmiedet. Lebendiges Glied dieser Kirche zu sein ist deine Aufgabe! Willst du sie lösen? [...]
>
> Abgesehen von unserem staatspolitischen Volksrecht auf Freiheit und Selbstbestimmung, das wir als altes Erbgut neu beanspruchen und volksmäßig ausüben wollen, steht vor uns unanfechtbar die hohe Aufgabe, auf diesem mit unserem Schweiß und Blut gedüngten Boden uns als ein Volk vollwertiger Bürger zu behaupten, als ein in sich selbst von Gott, Gewissen und Gesinnung »innerlich« fest gefügtes Edelvolk, eine große evangelisch-sächsische Kulturgemeinschaft. Ist's nicht des einzelnen, ist nicht gemeinsame Pflicht, das Erbe einer kampfesvollen, sieghaften Vergangenheit treu zu bewahren? Noch wird man unsere evangelische Bildung, sächsische Arbeit und sächsische Vaterlandstreue zu schätzen wissen [...]. Die Vergangenheit zeugt für uns.«[36]

Der Bischofsvikar pochte also – wie eben ausführlich zitiert – auf das als »altes Erbgut« der einstigen mittelalterlichen Privilegien anspielende »staatspolitische Volksrecht auf Freiheit und Selbstbestimmung«, das die ethnische Gruppe korporativ – nicht zuletzt als Volkskirche – »neu beanspruchen und volksmäßig ausüben wolle«.[37] Die Verheißungen des US-Präsidenten Wilson von ›Freedom and Selfdetermination‹ fanden weltweites Echo, auch in Siebenbürgen.

Obwohl gerade der selbstbewusste Bukarester Kirchengemeindevorstand § 27 der neuen Kirchenverfassung, der einen gewissen regionalen Bestandsschutz garantierte, im Verfassungsausschuss initiiert und durchgesetzt hatte, zeigt der Protokoll-Auszug der 8. Gemeindevorstandssitzung vom 19. Januar 1926[38] in Bukarest doch signifikant die Bedeutung der Landeskirche als Rettungsanker auf, den die Einfügung in diese traditionelle Institution für die anschlusswilligen evangelischen Gemeinden darstellte:

---

36 Fr[anz] Herfurth: Das Sachsenschiff im Sturm!: Predigt am Reformationsfest (10. November 1918) zu Matthäus 8,23-27. Kirchliche Blätter aus der ev. Landeskirche A. B. in den siebenbürgischen Landesteilen Ungarns: Ev. Wochenschrift für die Glaubensgenossen aller Stände 10 (1918) Nr. 47 vom 23. November, 400 f.

37 Ebd, 400.

38 Vgl. AEKB [Archiv der Evangelischen Kirchengemeinde Bukarest] 400-380-284 (Niederschriften über die Sitzungen des Vorstandes ab 1925), Tagesordnungspunkt II, 90-92.

»II. Einstellung des Schulwesens auf das neue Privatschulgesetz

Der Präsident betont die Wichtigkeit der Entscheidungen, vor welche sich der Vorstand durch die Auswirkungen des neuen Gesetzes über das Privatschulwesen gestellt sieht. Aus kleinen Anfängen sei die Gemeinde vor nunmehr etwa zwei Jahrhunderten entstanden und habe sich in evangelischem Geiste ein Schulwesen geschaffen, das, ursprünglich als konfessionelle Schule gedacht, im Laufe der Zeiten, namentlich aber in den letzten beiden Jahrzehnten in die Höhe und Breite gewachsen war, so daß es, mit seinen mehr als 2.300 Zöglingen, einen stolzen Bau darstellte, dessen sich die Gemeinde wohl berühmen konnte. Aber es ist nicht zu verkennen, daß durch die Entwicklung eine Einstellung auf deutsche Verhältnisse erfolgt war, die den ursprünglichen evangelischen Charakter vielleicht beeinträchtigte. Dann entzog der Krieg der Schöpfung die Stützen, auf denen sie zum Teil ruhte, und isolierte die Gemeinde. Es konnte zu Zeiten scheinen, als ob sie selbst in ihrem Bestande schwanke, und ihre Zukunft war zweifelhaft. Der Entschluß, sich an die Evangelische Landeskirche in Siebenbürgen anzuschließen, sich ihr als gesetzlichem Oberhaupt zu unterstellen, gab der Gemeinde den neuen Halt, dessen sie bedurfte.«[39]

IV Transformation zur Evangelischen Landeskirche in Rumänien und deren Herausforderungen

1 Bedingungen

Weil im neuen Staat der evangelischen Landeskirche in Siebenbürgen rechtlicher Bestandsschutz gewährt wurde, besaß sie im Unterschied zu allen anderen evangelischen Kirchengemeinden oder Kirchenbezirken den einer Körperschaft des öffentlichen Rechts vergleichbaren Status, welcher eine eigene Verwaltung, Rechtsetzung, Besteuerungsrecht sowie im Schulwesen die Option auf staatliche Anerkennung ihrer Abschlüsse (das sogenannte Öffentlichkeitsrecht) beinhaltete.[40] Aufgrund der völlig verschiedenen Ausgangspositionen nahmen die Einzelgemeinden bzw. Kirchenbezirke aus den angegliederten Gebieten mit der Kirchenleitung in Hermannstadt, dem Landeskonsistorium, Kontakt auf, um in rasch aufeinanderfolgenden Einzelverträgen ihren Anschluss an die Landeskirche zu vereinbaren. Dieser Prozess war 1922 weitgehend abgeschlossen, die Neuregelung wurde 1926 in die Kirchenverfassung aufgenommen und 1927 mit der Unterschrift von König Ferdinand in Kraft gesetzt als »Kirchenordnung der Evangelischen Landeskirche A. B. in Rumänien«.[41] Mit dem Zusammenschluss der historisch, frömmigkeitsge-

---

39 Ebd.

40 Die Edition der Kirchenregierungsprotokolle ist im Erscheinen. Sie dokumentiert die Herausforderungen, Handlungsoptionen und Richtungsentscheidungen im Landeskonsistorium, dem kirchenleitenden Gremium. DIE PROTOKOLLE DES LANDESKONSISTORIUMS DER EVANGELISCHEN LANDESKIRCHE A. B. IN RUMÄNIEN 1919-1932/ hrsg. von Ulrich A. Wien; Dirk Schuster. Hermannstadt 2020. DIE PROTOKOLLE DES LANDESKONSISTORIUMS DER EVANGELISCHEN LANDESKIRCHE A. B. IN RUMÄNIEN 1933–1944/ hrsg. von Dens. Hermannstadt 2021.

41 Die evangelischen Kirchenordnungen … (wie Anm. 9), 263 f. 288; Ulrich A. WIEN: Biserica Evanghelică C.A. in România începând cu anul 1918 [Die Evangelische Kirche A. B. in

schichtlich und soziologisch sehr disparaten Diaspora-Bezirke (Bukarest/ Altreich, Czernowitz/ Bukowina, Temeswar/ Banat, Tarutino/ Bessarabien) mit den zehn volkskirchlich strukturierten Dekanaten in Siebenbürgen und vorübergehend einem ungarischen Dekanat Kronstadt (bis 1928) sowie dem slowakischen Dekanat Nădlac (1932-1954) erstreckte sich die ethnisch weitestgehend homogene (deutschsprachige) Landeskirche über das gesamte Territorium des vereinigten Rumäniens und war auch anfänglich die einzige funktionierende deutschsprachige Institution im Land. Der Landeskirche gehörten rund 350.000 Glieder an, was einem Anteil von etwa 45 % an der deutschen Minderheit in Rumänien entsprach. Die Gruppe der insgesamt 760.000 Rumäniendeutschen stellten knapp 5 % der gesamten Staatsbevölkerung und zählte damit zu den großen Minderheiten der insgesamt knapp 30 % Minderheitenbevölkerung im Gesamtstaat (in Siebenbürgen rund 8 % aller Einwohner bei einer Minderheitenquote von rund 40 % an der Gesamtbevölkerung). Die Landeskirche trug seit dem 18. Jahrhundert die österreichische Bezeichnung »A. B.« als Konfessionszuschreibung. Die Confessio Augustana oder sonstige Bekenntnisschriften wurden jedoch in der Kirchenordnung nicht erwähnt! Die kulturprotestantische Tradition des 19. und beginnenden 20. Jahrhunderts hatte sich mit der rein formellen Zuschreibung positiv arrangiert.

2 Adaption der Kirchenordnung von 1861/62 in den Jahren 1920 und 1926

Die Landeskirche war auf drei Ebenen organisiert und demokratisch legitimiert: Die Kirchengemeinden wählten Gemeindevertretungen und Presbyterien, welche Entscheidungsbefugnis hatten und die Gemeinden leiteten; den Vorsitz führten die Ortspfarrer, ihre Stellvertreter waren der jeweilige Kurator.[42] In den großen Städten standen dem Stadtpfarrer und Presbyterium bezahlte Verwaltungskräfte zur Seite. Die mittlere Ebene bildeten die Dekanate, die von den Bezirkskirchenversammlungen bzw. dem geschäftsführenden Bezirkskonsistorium geleitet wurden. Diese setzten sich in einem Verhältnis zwei Drittel Laien und ein Drittel Theologen zusammen: Den Vorsitz führten ehrenamtliche Dechanten (aus den Reihen der Ortspfarrer), deren Stellvertreter waren die jeweiligen Bezirkskuratoren. Für jeden Kirchenbezirk bestand ein Verwaltungsamt (Kanzlei des Bezirkskonsistoriums), das in der Regel von einem juristisch gebildeten Bezirksanwalt administriert wurde. Die Gesamtleitung der Landeskirche lag in den Händen der bei Bedarf einzuberufenden, aus Laien und Theologen zusammengesetzten Landeskirchenversammlung; die Geschäftsführung oblag dem von der Landeskirchenversammlung auf sechs Jahre gewählten Landeskonsistorium (sieben Geistliche, 14 weltliche Konsistori-

---

Rumänien seit dem Jahre 1918]. In: Un veac frământat: Germanii din România după 1918 [Eine verlöschende Gemeinschaft. Deutsche in Rumänien nach 1918]/ hrsg. von Ottmar Trașcă; Remus Gabriel Anghel. Cluj 2018, 200-210.

42 Vgl. zum Gesamtzusammenhang Wien: Friedrich Müller-Langenthal ... (wie Anm. 27), 29-48 und 315-328.

umsmitglieder plus Bischof, Bischofsvikar und Landeskirchenkurator ex officio), dem die gleichnamige Kirchenbehörde (mit dem Hauptanwalt als Spitzenbeamten) zuarbeitete und die getroffenen Entscheidungen administrativ umsetzte. Den Vorsitz führte der Bischof, dessen Stellvertreter war der Landeskirchenkurator (außer in geistlicher Hinsicht, wofür ein Bischofsvikar gewählt wurde). Bei Bedarf erlaubte Paragraph 27 der Kirchenordnung einen Bestandsschutz lokaler Sondertraditionen. Aufgrund der ersten Reform der Kirchenverfassung 1920 war nicht nur das Frauenwahlrecht, sondern auch eine zentrale Schuladministration (mit je einem Schulrat für das Volksschulwesen sowie für die Gymnasien) eingerichtet worden.[43]

3 Herausforderungen

Die Landeskirche stand vor erheblichen Herausforderungen: Die Auswirkungen des Weltkriegs unterminierten an vielen Stellen gleichzeitig die Stabilität und Kohäsionskraft. Einerseits trug die veränderte Mentalität der obrigkeits- bzw. traditionskritischen Kriegsheimkehrer mancherorts zur Schwächung der innerkirchlichen Loyalität bei. Aufgrund der schwierigen ökonomischen Rahmenbedingungen kam es zusätzlich zu sinkender Steuermoral unter der ländlichen Bevölkerung und als Konsequenz davon teilweise zu Streiks der Lehrer, denen lokal variierend in manchen Orten ein angemessener, gesetzlicher Lohn (teilweise) vorenthalten wurde. Wegen vielfältiger Ursachen entwickelte sich die ökonomische Situation der Landeskirche dramatisch, so dass der Bischof bereits 1920 in einer brieflichen Mitteilung an Adressaten in den USA sie für »Bankerott« erklärte.[44] Hinzu kamen die in rascher Folge auftretenden politischen Kontroversen um die als gegenüber den Minderheiten unfreundlich oder als minderheitenfeindlich gewerteten gesetzlichen Regelungen im Bukarester Parlament sowie die administrativen Maßnahmen der rumänischen Zentralregierungen.

V Politische Kontroversen und Konflikte

Die Konflikte sind historiographisch bereits ausführlich dargestellt worden,[45] so dass eine summarische Zusammenfassung an dieser Stelle genügen muss:

---

43 Vgl. Die Protokolle des Landeskonsistoriums ... (wie Anm. 40), Bd. 4/1, 156. 180. 317 f.
44 ZAEKR [Zentralarchiv der Evangelischen Kirche in Rumänien] 103: Z. 776/920 in GZ. 620/1925; vgl. dazu Ulrich A. WIEN: Anfänge der Diaspora-Seelsorge an evangelischen Siebenbürger Sachsen im In- und Ausland. In: Ders.: Resonanz und Widerspruch ... (wie Anm. 1), 134, Anm. 16; Berthold BUCHALLA: A Saxon-Romanian Lutheran Pastor's Journey to the USA to Collect Funds, 1920/ introduction by Ulrich A. Wien, translation by Alexander Fisher. The Journal of the Lutheran Historical Conference 8 (2018), 107-129.
45 Vgl. Ulrich A. WIEN: Kirchenleitung über dem Abgrund: Bischof Friedrich Müller vor den Herausforderungen durch Minderheitenexistenz, Nationalsozialismus und Kommunismus. Köln; Weimar; Wien 1998, 29-48.

Ulrich A. Wien

a Agrarreform

Weil die 1916 nach Iași geflüchtete rumänische Regierung und König Ferdinand angesichts der bolschewistischen Nachbarschaft und zur Abwehr der revolutionären Gefahr eine Agrarreform versprochen hatten, welche auch in den Karlsburger Beschlüssen thematisiert worden war, gehörte diese zu den prioritären Maßnahmen im vereinigten Rumänien. Großgrundbesitz sollte an Kleinbauern aufgeteilt werden; allerdings galten im Altreich doppelt so hohe Grenzwerte wie in den angeschlossenen Gebieten. Es zeigte sich auch in der Rhetorik, die die Metapher der »Landnahme« aufgriff, »dass die Hoffnung auf soziale Veränderungen vom Wunsch, durch die Agrarreform auch die nationalen Machtverhältnisse in der Region zu verändern, nicht nur schwer zu trennen waren, sondern phasenweise übertroffen wurde«.[46]

Dabei trat neben unmittelbar politische und agrarstrukturelle Motive eine weitere Dimension: Die Agrarreform galt als Instrument der Staats- und Nationsbildung.

> »In den meisten neuen Staaten Ostmittel- und Südosteuropas wurde die Trennlinie zwischen Großgrundbesitz und Landarmut bzw. Landlosigkeit dergestalt ethnisch verdoppelt, dass die Großgrundbesitzer zu den bestimmenden Ethnien der alten Imperien gehörten, während die Kleinbauern und das Landproletariat überwiegend von den Mitgliedern der neuen Titularnationen gestellt wurden. Diese Konstellation ermöglichte den Eliten in den Zentren der neuen Nationalstaaten, eine Landumverteilung sozial und wirtschaftlich zu begründen, aber auch dergestalt zu überhöhen, dass die Inbesitznahme konkreter Landparzellen durch Mitglieder der Titularnation zugleich eine symbolische Inbesitznahme der neu erworbenen Provinzen bedeutete«.[47]

Insofern war besonders das Gemeinschaftseigentum der Siebenbürger Sachsen, das mit gut einem Drittel des Bodenbesitzes zu Buche schlug, zentral bei der Umsetzung der Bodenreform. Hierzu zählten die Intravillangründe der Gemeinden, die Kompossessoratshutweiden, die Sieben-Richter-Waldungen sowie Gemeindewälder, aber auch zu geringem Teil privater Großbesitz. Von den durch das Gesetz vom 23. Juli 1921 den Siebenbürger Sachsen endgültig enteigneten 110.000 Joch (ein Joch = 0,243 km²) entfielen mehr als die Hälfte, nämlich 58.000 auf die Evangelische Kirche A. B.[48] Insofern war nicht nur der adlige Großgrundbesitz von den Enteignungen betroffen, sondern auch derjenige der Kirchengemeinschaften, nicht zuletzt von ländlichen Kirchengemeinden, deren Grund und Boden zur Finanzierung vorwiegend des kirchlich getragenen Schulwesens beitrug. Diesen Gemeinbesitz hatten viele Bauern erst jüngst – während der Kommassation (Flurbereinigung) in den Jahren nach 1900 – durch Abtretung und Vergemeinschaftung

---

46 Florian KÜHRER-WIELACH: Siebenbürgen ohne Siebenbürger?: zentralstaatliche Integration und politischer Regionalismus nach dem Ersten Weltkrieg. München 2014, 360.

47 Dietmar MÜLLER: Bodeneigentum und Nation: Rumänien, Jugoslawien und Polen im europäischen Vergleich: 1918-1948. Göttingen 2020, 8.

48 Friedrich TEUTSCH: Die Siebenbürger Sachsen in Vergangenheit und Gegenwart. Hermannstadt 1924, 300.

eigenen Grund und Bodens zugunsten von Kirche und Schule erweitert. Aktuell erwies sich diese Vergrößerung als Nachteil. Jede Kirchengemeinde durfte nur 32 Joch Boden behalten, zusätzlich als Lehrer- und Kantorengrund noch 16 bzw. 8 Joch. Mehr noch als die sowieso niedrige Obergrenze empörte die Landeskirche die Willkür der Lokaladministrationen, was zur Folge hatte, dass nur 42 von 240 Pfarreien »das volle Ausmaß von 32 Joch erhalten«[49] hatten. Insgesamt waren den Kirchengemeinden der siebenbürgischen Dekanate 28.000 Joch Grund enteignet worden.[50] Die schriftlichen Eingaben bei den Behörden hatten selten Erfolg, so dass die politische Elite der Siebenbürger Sachsen (und auch das Landeskonsistorium) eine nie realisierte Klage beim Völkerbund ins Auge fasste. – Abgesehen von diesen Bestimmungen waren die den Bauern zugeteilten Parzellen viel zu klein, um angesichts der limitierten Betriebsgröße überlebensfähig zu sein. Dietmar Müllers These ist zuzustimmen, dass auch bei der rumänischen Agrarreform 1921 »ein weites Auseinanderklaffen vom Anspruch eines ethnoreligiös indifferenten Nationalstaates [...] mit der Realität einer gezielten Herstellung von Homogenität mittels eigentumspolitischen Diskriminierungen [...] zu konstatieren« sei.[51]

b Politische Währungsreform

Ein realistischer, marktkonformer Wechselkurs zwischen ungarischer Krone und rumänischem Leu wäre 1:2 gewesen, damit wäre aber das ökonomische Gefälle zwischen den anzuschließenden Gebieten und dem Altreich (Regat) stabilisiert worden. Mithilfe des politisch motivierten Umtauschkurses von zwei Kronen zu einem Leu wurde ein Kapitalschnitt sowie eine Minimierung der Bargeldreserven erreicht. Dadurch erlitt die Bevölkerung der ehemals ungarischen Gebiete eine massive ökonomische Schädigung.[52]

c Autonomie, Selbstverwaltung und Minderheitenschutzvertrag

Schon während der Pariser Friedenskonferenz versuchten die Vertreter ethnischer Gruppen aus den Kolonialimperien ihre Ziele und Ansprüche hinsichtlich des Selbstbestimmungsrechts der Völker zur Geltung zu bringen. Allerdings vergeblich, was den Vorwurf der Heuchelei gegen die Kolonialmächte provozierte. So entstand schon während der Friedenskonferenz bei der Umsetzung des Selbstbestimmungsrechts als Leitlinie der Konferenz – für die Siegermächte als Kolonialimperien – ein

---

49 VERHANDLUNGSBERICHT ÜBER DIE 33. LANDESKIRCHENVERSAMMLUNG 1930/ hrsg. vom Landeskonsistorium der evang. Kirche A. B. in Siebenbürgen, 24.

50 Otmar RICHTER: Wirtschaft und deutsche Minderheit in Siebenbürgen. Univ.-Diss. Köln 1935, 106-112. Vgl. auch Gustav Adolf KLEIN: Agrarreform und Minderheiten in Siebenbürgen. In: Volk unter Völkern/ hrsg. von Karl Christian von Loesch. Breslau 1925, 315-324, hier 321-322.

51 Müller: Bodeneigentum und Nation ... (wie Anm. 47), 9.

52 Teutsch: Die Siebenbürger Sachsen ... (wie Anm. 48), 301 f.

Ulrich A. Wien

»Glaubwürdigkeitsproblem«.[53] Anders stand es für die ethnischen Gruppen in den zu Mandatsgebieten des Völkerbunds erklärten Regionen: In diesen Regionen wurden Keime zur Auflösung der Kolonialreiche gelegt, weil dort tendenziell eine Selbstständigkeit angestrebt werden sollte. Für diese Regionen existierten internationale Prüfverfahren; die internationale »ständige Mandatskommission« beaufsichtigte aufgrund der »Charta des Völkerbundes« diese Regionen, was erstmals die Möglichkeit bot, Missstände der Mandatsherrschaft anzuprangern. Diese Kommission konnte erheblichen und nachhaltigen Druck auf Mandatsmächte ausüben.[54] Im Unterschied zu diesen Mandatsgebieten hatten die Gruppen der ethnischen Minderheiten in Ostmitteleuropa keine reelle Chance auf eine internationale Prüfung ihrer Beschwerden oder Klagen. Auch in Rumänien liefen ein forcierter Zentralisierungsprozess sowie die Ausdehnung von Gesetzgebung und Verwaltungssystem des Altreichs auf Siebenbürgen[55] dem Anliegen des Minderheitenschutzvertrags von 1919 sowie der Proklamation von Karlsburg von 1918 zuwider.

d Kriegsanleihe

Erschwerend für die ökonomische Situation kam der Vermögensverlust der in ungarischen Kriegsanleihen angelegten Kapitalien hinzu.[56] Die Landeskirche selbst hatte seit 1914 mehrfach zur Zeichnung von Kriegsanleihe aufgerufen und detailliert die zur Vorkriegszeit tagesaktuell vergleichsweise günstigen Anlagebedingungen hervorgehoben.[57] Die landeskirchliche Zentrale selbst hatte 7,5 Millionen Kronen (etwa 30 % ihrer Rücklagen), die anderen kirchlichen Körperschaften aufgrund der Empfehlungen des Landeskonsistoriums fast dieselbe Summe zusätzlich gezeichnet. Insgesamt 14,5 Millionen Kronen[58] und deren Kapitalrendite mussten die kirchlichen Gremien – nach mehrfach vergeblichen Rückzahlungsforderungen an den rumänischen Staat, der sicherlich der falsche Adressat war – abschreiben. Aufgrund der Nachkriegsinflation verloren die übrig gebliebenen Kapitalanlagen weiter an Wert.

---

53 Jörn LEONHARD: Erwartung und Überforderung: die Pariser Friedenskonferenz 1919. APuZ 15 (2019), 9.

54 Vgl. James KITCHEN: Krieg gewonnen, Friedensschluss verloren?: Frankreichs und Großbritanniens Kolonialreiche nach dem Ersten Weltkrieg. APuZ 15 (2019), 28.

55 Vgl. Kührer-Wielach: Siebenbürgen ohne Siebenbürger ... (wie Anm. 46), 361.

56 Vgl. dazu auch Die Protokolle des Landeskonsistoriums ... (wie Anm. 40), Bd. 4/1, 28. 39. 141. 175. 187. 350 und 540.

57 Vgl. Wien: Die Evangelische Landeskirche A.B. in den siebenbürgischen ... (wie Anm. 22), 160.

58 Vgl. Kirchliche Blätter 12 (1920), 37. Insgesamt hatte die sächsische Bevölkerung rund 500 Millionen Kronen als Kriegsanleihe gezeichnet. Vgl. dazu auch Friedrich TEUTSCH: Die Siebenbürger Sachsen in den letzten fünfzig Jahren: 1868-1919. Hermannstadt 1926, 224.

»Man wechselt sein Vaterland doch nicht wie ein Hemd.«

e Nationsuniversität

Nach dem österreichisch-ungarischen Ausgleich von 1867 war die einstige Selbstverwaltung der sächsischen Nationsuniversität (als Rechtsgemeinschaft und eigenständiges Rechtsgebiet) obsolet geworden. 1876 endete definitiv ihr seit 1486 ausgeübtes politisches Mandat. Deren Verwaltung bewirtschaftete allerdings bis zum Ende des Ersten Weltkriegs das beträchtliche Vermögen weiter, um daraus vorwiegend das ausdiversifizierte Bildungswesen der Landeskirche zu finanzieren.[59] Unmittelbar nach dem Ersten Weltkrieg wurde über verschiedene Zwischenstufen das Vermögen der sächsischen Nationsuniversität proportional zu den ethnischen Bevölkerungsanteilen aufgesplittet; die Landeskirche durfte sich schließlich 1937 symbolträchtige Immobilien aussuchen und wurde mit (weit unter dem Nominalwert gehandelten) Staatsobligationen abgespeist, und damit faktisch enteignet. Rund 60 % der Immobilien, von Grund und Boden sowie des Kapitals erhielt die rumänisch-orthodoxe Metropolie Sibiu (Hermannstadt), inklusive wichtiger Gebäude in der Fleischergasse (Strada Metropoliei).[60] Binnenethnische, politisch motivierte Konflikte wegen der Verwaltung der »Erbmasse« der Nationsuniversität durch die Landeskirche bestimmten auch die Tagesordnung des Landeskonsistoriums ab 1937.

f Schulrecht

Dicke Aktenordner, die jährlich zu den politischen Konflikten und juristischen Auseinandersetzungen um die »14 %« angelegt wurden, weisen auf willkürliches Handeln der Kommunen hin: Diese waren gesetzlich verpflichtet, aus ihrem Budget 14 % für Schulangelegenheiten zur Verfügung zu stellen und proportional zum Bevölkerungsanteil auch an die »partikularen« (also privaten) Schulträger auszuschütten. Bis 1939 hat sich an der Beschneidung bzw. der Verweigerung, die evangelischen Schulträger an diesen Mitteln zu beteiligen, nichts wesentlich geändert.

Die politischen Repräsentanten der Deutschen in Rumänien, aber auch die Schulräte und kirchlichen Kompetenzträger der Evangelischen Landeskirche A. B. in Rumänien führten ununterbrochen zermürbende, zumeist frustrierende und ergebnislose Diskussionen und Verhandlungen auf Regional- und Landesebene. Wesentliche Faktoren und thematische Schwerpunkte der Konflikte und Kontroversen waren die Unterrichtssprache bzw. der Prüfungssprache beim Baccalaureat

---

59 Vgl. ebd, 333-366 (Zur Geschichte der sächsischen Nationsuniversität). Teutsch stellt die jüngsten Ausschüttungsbeträge dar: Es waren dies ab 1906/07 »nach dem vorteilhaften Verkauf eines Teils des Waldbesitzes 225.000 Kronen jährlich« allein für Schulzwecke der Sachsen gewesen. Insgesamt hatten aus den Erträgen der Nationsuniversität jährlich die Siebenbürger Sachsen in Höhe von 380.000 Kronen profitiert, die rumänische Bevölkerung des Bezirks hatte daraus 91.400 sowie die ungarische 85.600 Kronen erhalten.

60 Vgl. Erwin WITTSTOCK: Die Liquidierung des sächsischen Nationalvermögens und die Enteignung der Sieben-Richter-Waldungen. Schäßburg 1930; Friedrich MÜLLER-LANGENTHAL: Die geschichtlichen Rechtsgrundlagen der »Sächsischen Nationsuniversität« in Siebenbürgen und ihres Vermögens. München 1938.

363

Ulrich A. Wien

an Schulen der Minderheiten, administrative Schikanen hinsichtlich verschleppter oder vorenthaltener Bewilligung des Öffentlichkeitsrechts für die von den Kirchen getragenen Schulen (insbesondere im Banat, Bessarabien, Altreich und Bukowina), das im Partikularschulgesetz vorgesehen war, für die Minderheitenschulen kaum zu realisierende Bedingungen im Volksschulgesetz, die nicht bedarfsgerechte Zuteilung von Lehrpersonal in den von den Minoritäten bewohnten Regionen, was flächendeckend die staatlich beabsichtigte oder angeordnete Schließung von eigenen Schulen mit deutscher Unterrichtssprache in der Bukowina, der Dobrudscha sowie teilweise im Altreich, Banat und in Bessarabien zur Folge hatte. Auch die der Landeskirche zustehenden Staatszuschüsse wurden in manchen Jahren gar nicht ausgezahlt, so dass der Parlamentarier Dr. Hans Otto Roth von »platonischer Anerkennung« der Verhältnisse sprach.[61] Auch hier änderte sich das Gesamtklima erst ab 1939, was die politische Entfremdung aber nicht mehr rückgängig machen konnte.[62]

g Verfassung 1923

Wie bereits erwähnt, hatte Dr. Adolf Schullerus 1923 in der letzten parlamentarischen Lesung des Verfassungsentwurfs auf die vergeblichen parlamentarischen Bemühungen seitens der Minderheiten, deren Änderungsvorschläge fast ausnahmslos missachtet worden waren, verwiesen und damit die Ablehnung der Verfassung begründet. Er erinnerte daran,

> »daß gerade das romänische Volk es als seine Pflicht und sein Recht erachtet hat, diese Forderungen im ehemaligen ungarischen Staat zu erheben. Sie deckten sich in den Grundsätzen vollständig mit den Forderungen, die auch wir Deutsche schon damals immer wieder aufgestellt haben. Aber ich habe diese Formulierung endlich auch darum hier aufgenommen, um damit die sichere Erwartung zu begründen, die wir beim Eintritt in den romänischen Staat haben durften, wir würden nunmehr gerade an dem romänischen Volke, an seinen eigenen früheren Leiden und Erfahrungen den wärmsten Fürsprecher für die den Minoritäten zu gewährenden natürlichen Lebensrechte finden. [...] Wenn ich hier zunächst im Namen und als Vertreter der deutschen Minderheit im Lande diese Forderungen erhebe, so weiß ich, daß die nationale Erhaltung und Entwicklung des deutschen Volkes im Lande, daß ihre Anerkennung als politische Volkspersönlichkeit nicht das Verlangen nach einem ›Staat im Staate‹ bedeutet, sondern gerade eine Bürgschaft für die Einheit und Geschlossenheit des Staates bildet. Denn indem wir Deutsche hier im Lande, im Banat, Bukowina und Bessarabien die Randgebiete bewohnen, zugleich aber in Siebenbürgen im Kern des Vaterlandes wurzeln, stellt unsere Volkseinheit eine zentripetale Kraft dar, die die Randgebiete festhält und auf das Wirksamste mithilft, zugleich die Einheit des neuen Vaterlandes zu sichern. [...]«[63]

---

61 Zitat von Dr. Hans Otto Roth als Berichterstatter des Landeskonsistoriums bezüglich der Situation des Staatsbeitrags zu den Kirchenfinanzen in der Landeskirchenversammlung. In: Verhandlungsbericht über die 33. Landeskirchenversammlung 1930 ... (wie Anm. 49), 25. Vergleiche zum Gesamtkontext Wien: Die Schulpolitik ... (wie Anm. 26), 449-466.

62 Vgl. Wien: Die Schulpolitik ... (wie Anm. 26), 459.

63 Adolf Schullerus: Drei Senatsreden. Hermannstadt 1926, 1-10; Nachdruck in Schullerus: Korrespondenzen und Reden ... (wie Anm. 21), 303-309.

VI Krisenphänomene und Aufbauarbeit in der Landeskirche

Die Evangelische Landeskirche durchlebte nach dem Ersten Weltkrieg eine veritable Krise nicht nur im Grundverständnis, sondern auf vielen Handlungsfeldern. Allerdings gelang es ihr, sich auch mit gegenläufigen Aufbrüchen und Initiativen sowie der Einbindung in die internationale Ökumene ansatzweise zu konsolidieren.

Einerseits war der ein halbes Jahrhundert lang dominierende Kulturprotestantismus gescheitert, vielfach das geistliche Leben nur noch schwach erkennbar oder auf dem Rückzug, die Loyalität der Gemeindeglieder hatte sich erkennbar abgeschwächt, es traten neue protestantische Sondergruppen (Sekten) in Konkurrenz zur Landeskirche, was mancherorts zum Verlust nicht weniger Gemeindeglieder führte. Die Finanzlage war bis zum Kassensturz 1933 desaströs, die Weltwirtschaftskrise beutelte nicht zuletzt auch die Bauern. Das Prekariat auf dem Land und in den Städten konnte sich die Schulgebühren kaum leisten, die zurückgehenden Einnahmen führten zur Schließung von Parallelklassen in den Schulen (sogenannter Schulabbau) sowie zum »Gehaltsabbau«, d.h. zur Reduktion der Gehälter der Angestellten in Kirche und Schule (1929-1938) um 30 %.[64]

Mit gegenläufigen Initiativen, wie zum Beispiel der Generalkirchenvisitation des Bischofs in den neu angegliederten Kirchenbezirken seit 1922, mit der Abhaltung von Evangelisationen aus einem volksmissionarischen Impetus heraus, mit der relativ flächendeckenden Einführung des Kindergottesdienstes, dem Ausbau und der strukturellen Unterstützung von Diakonie, insbesondere diakonischer Schwesternschaften (mit den Zentren in Hermannstadt, Kronstadt, Bukarest und Sărata) und landeskirchlicher Fürsorge (inklusive der dem Zeitgeist geschuldeten »Rassenhygiene«), der Einrichtung von akademischen Fortbildungsveranstaltungen sowie geistlichen Rüstzeiten für Pfarrer und Lehrer, der innerkirchlichen Solidaraktion seit 1930 mit dem »Landeskirchlichen Hilfswerk« und schließlich der aktiven Einbindung in die entstehende weltweite Ökumenische Bewegung, gelang der Landeskirche zumindest bis Mitte der 1930er Jahre ein trotz aller Widrigkeiten beeindruckender Konsolidierungskurs.[65] Auch schien die apologetische Resistenz gegen die Einflüsse und Rezeption der rassistischen NS-Ideologie auf die siebenbürgische Kirche vital und erfolgreich zu sein.[66]

Als 1932 der greise Bischof Dr. Friedrich Teutsch und seine turbulente Amtszeit vom Alterspräsidenten der Landeskirchenversammlung und ehemaligen Kronstädter

---

64 Vgl. dazu Ulrich A. WIEN: Von der »Volkskirche« zur »Volksreligion«? In: Ders.: Resonanz und Widerspruch ... (wie Anm. 1), 225-294.

65 Vgl. Wien: Kirchenleitung ... (wie Anm. 45), 35-39.

66 Vgl. Ulrich A. WIEN: Apologetik gegen den Nationalsozialismus in der »Samaritergeist«-Predigt von Viktor Glondys 1931. In: Zeitschrift für Balkanologie 56.1 (2020), 85-102. Das gesamte Predigt-Dokument ist dort abgedruckt als Anhang zu dem Aufsatz.

Ulrich A. Wien

Bürgermeister Dr. Karl Ernst Schnell gewürdigt worden waren, skizzierte dieser die Herausforderungen, die auf den zu wählenden Nachfolger warteten:

>»Das neue Oberhaupt unserer Kirche wird in eine schwere, gärende, trübe, ernste Zeit hineingestellt. Die Autonomie, das Selbstbestimmungsrecht unserer Kirche, gewährleistet auch durch internationale Verträge, ist in den letzten Jahren immer wieder schwersten Anfechtungen und ernstesten Gefährdungen ausgesetzt gewesen. Das Landeskonsistorium ist in heißem Bemühen, aber in aller Loyalität nicht müde geworden, gegen jede Rechtsverletzung Rechtsverwahrung einzulegen. Kein Recht ist freiwillig aufgegeben worden, daher auch keines verloren. Des neuen Kirchenführers schwere, verantwortungsvolle Pflicht und Aufgabe wird es sein, diesen Kampf ums Recht mit aller Kraft und Entschiedenheit fortzusetzen und er wird, – nicht leichtfertig und gegen seinen Wunsch, – aber gezwungen durch die Macht der Verhältnisse, schließlich den Weg vor die ›*Schranken des Weltareopags*‹ [Hervorhebung U. A. W.] einzuschlagen sich entschließen müssen, wenn nicht in zwölfter Stunde die Einsicht derer, die es angeht, für die gerechte Sache unserer Kirche doch noch geweckt werden kann.«[67]

Die gefährdete Autonomie und die Option auf eine Klage beim Völkerbund wurden hier überaus deutlich artikuliert, womit die politische Konfliktlage für die Landeskirche als Volkskirche eindeutig benannt wurde. Die illusionslose Zuversicht, die an der Jahreswende 1918/19 geherrscht hatte und sich in der am 8. Januar 1919 verabschiedeten Anschlusserklärung der Siebenbürger Sachsen ausgedrückt hatte, war einer eher verbissenen Abwehrhaltung gewichen. Die Erwartungen an eine honorige Haltung der Mehrheitsbevölkerung gegenüber den ethnischen Minderheiten waren enttäuscht worden. Die Chance, die die Proklamation von Karlsburg am 1. Dezember 1918 hätte eröffnen können, in einem vereinten Rumänien allen ethnischen Gruppen eine angemessene Repräsentation und soziale sowie kulturelle Entfaltung zu ermöglichen, und damit die aus eigener leidvoller Erfahrung der siebenbürgischen Rumänen vor 1918 gewonnenen Einsichten in Aufbaupotenzial für das ganze Land und die gesamte Gesellschaft zu verwandeln, war vertan worden.

---

67 VERHANDLUNGSBERICHT ÜBER DIE 34. LANDESKIRCHENVERSAMMLUNG 1932. Hermannstadt 1933, 5 f.

Autorenverzeichnis

Dr. Klaus Dicke – Professor em. für Politische Theorie und Ideengeschichte am Institut für Politikwissenschaft und Rektor a. D. der Friedrich-Schiller-Universität Jena

Dr. Johannes Ehmann – Professor für Kirchengeschichte an der Theologischen Fakultät der Ruprecht-Karls-Universität Heidelberg

Dr. Albrecht Geck – Apl. Professor für Historische Theologie am Institut für Evangelische Theologie der Universität Osnabrück

Dr. Dr. Rainer Hering – Leiter des Landesarchivs Schleswig-Holstein Schleswig, Professor für Neuere Geschichte und Archivwissenschaft am Fachbereich Geschichte der Universität Hamburg und Honorarprofessor an der Christian-Albrechts-Universität zu Kiel

Dr. Jürgen Kampmann – Professor für Kirchenordnung und neuere Kirchengeschichte an der Evangelisch-Theologischen Fakultät der Eberhard Karls Universität Tübingen

Helge Klassohn – Kirchenpräsident der Evangelischen Landeskirche Anhalts i.R., Bad Saarow

Dr. Ernst Koch – Honorarprofessor für Kirchengeschichte an der Theologischen Fakultät der Friedrich-Schiller-Universität Jena

Dr. habil. Olgierd Kiec – Professor am Institut für Politikwissenschaft und Verwaltung der Universität Zielona Góra

Dr. Wolfgang Lück – Pfarrer i.R. und Privatdozent für Praktische Theologie, Darmstadt

Dr. Andreas Mühling – Honorarprofessor für Evangelische Kirchengeschichte an der Universität Trier und Hochschulpfarrer ebd.

M. A. Dietmar Neß – Pastor em., Groß Särchen

Axel Noack – Bischof a.D. der Kirchenprovinz Sachsen und Honorarprofessor für Kirchengeschichte an der Theologischen Fakultät der Martin-Luther-Universität Halle-Wittenberg

Dr. Dr. h.c. Gerrit Noltensmeier – Landessuperintendent der Lippischen Landeskirche i.R., Detmold

Autorenverzeichnis

Dr. Sebastian Rimestad – Wissenschaftlicher Mitarbeiter am religionswissenschaftlichen Institut der Universität Leipzig

Dr. Hans Seehase – Rechtshistoriker und Kirchenrechtler, Magdeburg

Dr. Wolfgang Sommer – Professor em. für Kirchengeschichte an der Augustana-Hochschule Neuendettelsau

Dr. Christopher Spehr – Professor für Kirchengeschichte an der Theologischen Fakultät der Friedrich-Schiller-Universität Jena

Dr. Ulrich Wien – Akademischer Direktor am Institut für Evangelische Theologie an der Universität Koblenz-Landau, Campus Landau und Prof. asociat der Universität »Lŭcian Blaga« Hermanstadt/Sibiu

Personenregister

Adamovičs, Ludvigs (1884-1934) 340. 342
Ahlfeld, Johann Friedrich (1810-1884) 49
Alabrudzińska, Elżbieta 317. 319. 329
Alexander II., Zar von Russland
   (1818-1881) 333
Alexander III., Zar von Russland
   (1845-1894) 334
Althaus, Paul (1888-1966) 34. 66 f
Altmann, Johann (1664-1723) 40
Ansgar von Bremen, Erzbischof von Hamburg und Bremen (801-865) 189
Arco auf Valley, Anton Graf von
   (1897-1945) 295
Aretin, Karl Otmar Freiherr von 293
Aribert von Anhalt (1964-1933) 216
Arnim-Boitzenburg, Dietlof von
   (1867-1933) 68
Arnim-Kröchlendorff, Detlev von
   (1878-1947) 67 f
Arndt, Ernst Moritz (1769-1860) 43. 226.
   229. 238
Assmann, Julius (1868-1939) 322
Auer, Erhard (1874-1945) 294
Aunver, Jakob 336
Aust, Otto 175

Balzer, Eduard (1814-1887) 45
Barlach, Ernst (1870-1938) 146
Barth, Karl (1886-1968) 37. 128. 200
Báthory, Stefan (1533-1586) 318
Bauer 233
Bauer, Gustav (1870-1944) 28
Bauer, Johannes (1860-1933) 287
Bauks, Friedrich Wilhelm 99
Baumecker, Emil (1866-1947) 221-223. 233
Baumgarten, Otto (1858-1934) 11. 99 f
Beck, Wolfhart 98
Beckmann, Emmy (1880-1967) 196
Beckmann, Heinz (1877-1939) 190. 196 f
Beethoven, Ludwig van (1770-1827) 294
Behrens, Reinhard 195
Bender, Ernst (1873-1945) 165

Bensch, Rochus Johannes 339
Benz, Ernst 335
Bernhard, Prinz zur Lippe-Biesterfeld
   (1872-1934) 200
Besier, Gerhard 14. 48. 80. 87. 89. 99
Bethmann-Hollweg, Moritz August von
   (1795-1877) 46. 49
Bezzel, Hermann von (1861-1917) 298.
   306. 309
Birkmann, Günter 112
Bischof 233
Bismarck, Otto von (1815-1898) 97. 195
Blau, Paul (1861-1944) 322. 324-327
Blessing, Werner K. 297
Bloch, Ernst (1885-1977) 27
Bniński, Adolf (1884-1942) 326
Bock, Hans Manfred 100
Bockermann, Dirk 98. 118
Bödeker, Heinrich 203. 210
Bodelschwingh d.Ä., Friedrich von
   (1831-1910) 162
Boeckh, Friedrich (1859-1930) 300. 303-305
Böhler, Jochen 315
Böhm, Susanne 10
Böhmer, Wolfgang 141
Bonhoeffer, Dietrich (1906-1945) 36
Borchardt, Knut 190
Bormuth, Daniel 59
Botho, Erbprinz von Stolberg-Wernigerode
   (1893-1989) 147
Böttcher, Friedrich 210
Brakelmann, Günter 97
Brauer, Friedrich (1754-1813) 281 f
Braun, Theodor (1837-1927) 40. 53
Braune, Andreas 32
Brecht, Bertolt (1898-1956) 296
Brinkmann, Ernst 106
Brückner, Benno Bruno (1824-1905) 49.
   51 f
Brüggemann, Karsten 333
Brykczyński, Paweł 316

Personenregister

Buber, Martin (1878-1965) 29
Bucer, Martin (1491-1551) 268. 271
Buchalla, Berthold 353. 359
Buckenmaier, Anton-Heinrich 89
Bullinger, Adelheid 299
Bungeroth, Theodor (1858-1934) 118 f. 127
Bunsen, Christian Carl Josias von
(1791-1860) 43
Bunzel, Eva 179
Bunzel, Ulrich (1890-1972) 163. 171. 175-177. 179
Bursche, Julius (1862-1942) 168. 317-319. 324. 329
Busch 233
Buschbeck, Bernhard 160
Busching, Paul (1877-1945) 302
Butterweck, Wilhelm 207
Büttner, Ursula 13. 27. 38. 190. 196

César, August (1863-1959) 260
Christian Ernst, Fürst zu Stolberg-Wernigerode (1864-1940) 147
Clark, Christopher 26. 79. 97
Classe, Joachim (1881-1936) 176
Claussen, Arminius 184
Cohn, Hermann (1869-1933) 217
Conrad, Joachim 125
Cordier, Leopold (1887-1939) 268 f
Cynalewska-Kuczma, Paulina 316
Czembor, Henryk (*1941) 167. 329

Dahm, Wilhelm 194
Danielsmeyer, Werner 103
Dann, Otto 260
Daur, Georg 188
Deist, Heinrich (1874-1963) 216 f. 231. 239
Delp, Heinrich (1878-1945) 264
Dembowski, Hermann 128
Dibelius, Otto (1880-1967) 11 f. 55 f. 70. 86. 102 f. 135
Dicke, Klaus 9. 15. 34
Diederichs 233
Diehl, Wilhelm (1871-1944) 19. 263. 266-268. 271-275
Dienst, Karl 266. 276 f
Dietrich, Christian 10
Dietrich, Ernst Ludwig (1897-1974) 265. 277
Dingeldey 275
Dix, Otto (1891-1969) 27

Dmowski, Roman (1864-1939) 315 f
Döring, Wilhelm 221. 223 f
Drake, Heinrich (1881-1970) 208 f
Dreyer, Michael 13. 30. 32
Droste, Magdalena 25
Dumrath, Karlheinrich 252

Eberlein, Gerhard (1858-1923) 153 f
Eberlein, Helmut 163
Ebert, Friedrich (1871-1925) 25. 29 f. 115. 135. 296
Ebert, Paul (1865-1944) 196
Eckert, Erwin (1893-1972) 71
Eduard, Herzog von Anhalt
(1861-1918) 224
Eger, Johannes (1873-1954) 145
Ehmann, Johannes 19. 281 f
Ehrenforth, Gerhard 175
Ehrhardt 232
Eichel-Streiber, Friedrich von
(1876-1943) 256. 259
Eisner, Kurt (1867-1919) 19. 29. 293-298
Emig, Joachim 251
Engels, Friedrich (1820-1895) 11
Engels, Peter 266
Epkenhans, Michael 183
Erbacher, Hermann 290
Erdmann, Jürgen 252
Ernst I., Herzog von Sachsen-Gotha, der
Fromme (1601-1675) 53 f
Ernst Ludwig, Großherzog von Hessen
(1868-1937) 263-266
Ernst, Graf zur Lippe-Biesterfeld
(1842-1904) 205
Erzberger, Matthias (1875-1921) 29 f
Esau, Abraham (1884-1955) 36
Eser, Ingo 327
Esselsborn, Karl 274

Facius, Friedrich 248
Faulenbach, Heiner 128
Faulhaber, Michael von (1869-1952) 295
Feldman, Gerald D. 190
Ferdinand I. von Habsburg, Kaiser des
Heiligen Römischen Reiches Deutscher
Nation (1503-1564) 347
Ferdinand I., Fürst von Hohenzollern-Sigmaringen, König von Rumänien
(1865-1927) 357. 360

Personenregister

Fickeisen, Hugo 64
Fiedler, Paul 221 f
Finger, Bruno 221
Fischer, Gerhard (1869-1935) 136
Fischer, Otto 110
Fix, Karl-Heinz 13
Flor, Wilhelm (1883-1938) 73 f
Flügge 199
Fraenk, Michael 354
Franck, César (1822-1890) 62
Frank, Hans (1900-1946) 295
Franz II., Kaiser des Heiligen Römischen
    Reiches Deutscher Nation
    (1768-1835) 40
Frey, Julius (1869-1925) 113
Freyberg, Alfred (1892-1945) 232. 239
Frick, Wilhelm (1877-1946) 74
Friedeberg, Emil 214
Friedrich I., Großherzog von Baden
    (1826-1907) 284
Friedrich II., Großherzog von Baden
    (1857-1928) 281. 287 f
Friedrich II., Herzog von Anhalt
    (1856-1918) 224
Friedrich Wilhelm III., König von Preußen
    und Kurfürst von Brandenburg
    (1770-1840) 41. 129
Friedrich Wilhelm Konstantin, Fürst von
    Hohenzollern-Hechingen
    (1801-1869) 89
Friedrich Willhelm IV., König von Preußen
    (1795-1861) 43. 89
Friedrich, Norbert 102. 108
Friedrich, Otto 288
Fritsche, Eduard 221
Fritz, Hartmut 86
Fröhlich, Martin (1888-1965) 175
Fuchs, Konrad 164
Fülberth, Andreas 331

Gaede, Reinhard 184
Gailus, Manfred 87
Gandorfer, Ludwig (1880-1918) 293
Garve, Horst 333
Gastpary, Woldemar 323
Gastrow, Paul (1866-1950) 183. 188
Geck, Albrecht 16. 97. 109-111. 115
Geck, Helmut (1931-2010) 98 f. 111. 114
Geißler, Hermann Otto 277

Geist, Gustav 142
Geppert, Walter 158
Gerber, Stefan 27. 248
Gerch, Fritz 354
Gericke, Franz 221. 232. 238
Gerstenmeier, Ernst 263. 273
Gerwarth, Robert 13
Geyer, Christian (1862-1929) 305 f
Glaue, Paul 246
Göbell, Walter 90
Goebbels, Joseph (1897-1945) 74
Goethe, Johann Wolfgang von
    (1749-1832) 26
Goldammer, Karl-Christoph 10
Goltz, Hermann von der 47
Gottschewski, Dietrich (1899-1972) 171.
    175
Gottwald, Herbert 254
Graf, Friedrich Wilhelm 275
Graf, Hermann 217
Grażynski, Michal (1890-1965) 168
Greif, Thomas 300
Greiner, Max (1869-1950) 162
Grenzstein, Ado (1849-1916) 334 f
Greschat, Martin 13. 80. 83
Groos, Gisbert (1867-1939) 117
Gropius, Walter (1883-1969) 26. 35
Großmann, Christian Gottlob
    (1783-1857) 43
Grosz, George (1893-1959) 27
Grühn, Werner (1887-1961) 341
Gündisch, Konrad G. 347 f
Günther, Paul 222 f. 233
Gürtler, Ernst (1879-1948) 320 f. 330
Gustav II. Adolf, König von Schweden
    (1594-1632) 43. 141
Gutknecht, Max (1876-1935) 216

Haenisch, Konrad (1876-1925) 85. 101
Hahn, Julius (1880-1956) 196
Hahn, Karl-Eckhard 244
Hahn, Traugott (1848-1939) 343
Haile Selassie I., Kaiser von Abessinien
    (1892-1975) 36
Hakenmüller, Michael 89
Haltzel, Michael 334
Händel, Georg Friedrich (1685-1759) 62
Harms, Claus (1778-1855) 47
Harnack, Adolf von (1851-1930) 350

371

Personenregister

Hartmann, Christoph 145
Hase, Karl August von (1800-1890) 43. 57. 245
Hatlie, Mark 337
Haupt, Wilhelm (1846-1932) 151
Hauschild, Wolf-Dieter 13
Heckel, Johannes (1889-1963) 73
Hedemann, Justus Wilhelm (1878-1963) 28
Hehn, Jürgen von 341
Hein, Felicia Zs. 10
Hein, Markus 10
Heine, Wolfgang (1861-1944) 216. 219. 232
Heinzelmann, Karl (1850-1935) 221. 224
Helbing, Albert (1837-1914) 287
Hennig, Martin 190
Hense, Ansgar 13. 32
Herbert, Ulrich 117
Herfurth, Franz (1853-1922) 356
Hering, Rainer 17. 183. 186f. 189. 192. 194-198
Hermle, Siegfried 84
Herrmann, Alfred 320
Herrmann, Gottfried 46
Herrmann, Rudolf 249
Heß, Rudolf (1894-1987) 295
Hess, Ulrich 243
Hesse, Fritz (1881-1973) 214-217
Hesse, Hermann August (1877-1957) 72
Hindenburg, Paul von (1847-1934) 128. 146
Hinze, Albert (1861-1940) 232. 235. 239
Hirsch, Emanuel (1888-1972) 34
Hirsch, Paul (1868-1940) 88
Hitler, Adolf (1889-1945) 72f. 175-177
Hochmeister, Albert von 353
Hoffmann, Adolph (1858-1930) 11. 33. 85. 101. 153. 160. 299
Hoffmann, Bruno (1840-1911) 222
Hoffmann, Franz (1854–1941) 18. 213. 215-217. 219-228. 230-238
Hoffmann, Gerhard (1880-1962) 222
Hoffmann, Johannes (1867-1930) 296f. 299
Hofmann, Wolfgang 85
Höller, Ralf 294
Holzmann 233
Honterus, Johannes (1498-1549) 347. 356
Hornig, Ernst (1894-1976) 177
Hübener, Erhard (1881-1958) 136
Huber, Wolfgang 14. 32
Hübner, Hans-Peter 259. 297

Hugenberg, Alfred (1865-1951) 205. 322
Hundeshagen, Karl Bernhard (1810-1872) 283. 285f
Hurt, Jakob (1839-1907) 334
Hürten, Heinz 297

Ihlenfeld, Kurt (1901-1972) 163
Ipsen, Hans Peter 188
Irbe, Kārlis (1861-1934) 339. 343

Jacke, Jochen 98. 102. 111
Jäger, August (1887-1949) 175
Jahn, Friedrich Ludwig (1778-1852) 43. 64
Jähnichen, Traugott 98. 106. 108
Jakobson, Carl Robert (1841-1882) 334
Jannau, Heinrich Georg von (1788-1869) 333
Jatho, Carl (1851-1913) 107
Jaworski, Rudolf 164
Jenetzky, Konrad (*1887) 177
Joachim Ernst, Herzog von Anhalt (1901-1947) 216
Johann I. Szapolyai (1487-1540) 347
John, Jürgen 25
Jolly, Julius (1823-1891) 284. 289
Jones, Mark 13

Kahl, Wilhelm (1849-1932) 34. 37. 66f. 93
Kähler, Martin (1835-1912) 52
Kaftan, Julius (1848-1926) 60
Kaminsky, Uwe 122
Kammel, Richard (1882-1957) 167. 328
Kampe 233
Kampmann, Jürgen 10. 16. 79. 105
Kapler, Hermann (1867-1941) 69. 72
Kapp, Wolfgang (1858-1922) 235
Karl Anton, Fürst von Hohenzollern-Sigmaringen (1811-1885) 89
Karl V., Kaiser des Heiligen Römischen Reiches Deutscher Nation (1500-1558) 68
Karl Friedrich von Baden (1728-1811) 281
Kantzenbach, Friedrich Wilhelm 302
Kayka 233
Kerrl, Hanns (1887-1941) 75
Kershaw, Ian 27. 125
Kerstan, Eugen 145
Kessler, Harry Graf (1868-1937) 25. 35f
Kessler, Wolfgang 347
Ketola, Mikko 341

Personenregister

Keul, István 348
Kiec, Olgierd 19. 319f. 328. 330
Kircheis, Sebastian 10
Kirchschlager, Andrea 248
Kitchen, James 361
Kittel, Erich 199. 201
Kitzmann, Armin Rudi 297
Kłaczkow, Jarosław 318
Klassohn, Helge 18
Klein, Gustav Adolf 361
Kleindienst, Alfred 164. 317
Kleist, Ralf 10
Klepper, Jochen (1903-1942) 163
Klier, Freya 27
Klingemann, Karl Viktor (1859-1946) 117-119
Klinghammer 221. 224. 233
Klingenburg, Georg Martin (1878-1951) 121. 126
Knodt, Manfred (1920-1995) 264-266
Knolle, Theodor (1885-1955) 189. 191
Knollmann, Friedrich (1880-1920) 322
Knorr, Willy (1878-1937) 232. 239
Knuth, Anton 196
Köbler, Gerhard 243
Koch, Ernst 18. 245. 249
Koch, Karl (1886-1951) 206
Kocka, Jürgen 192
Kockelke, Heinrich (1861-1943) 104. 110. 113
Kodalle, Klaus-Michael 36
Könemann, Sandra 93
König, Karl (1868-1948) 257. 260
Kotze 232
Kramm, Paul (1873-1947) 115
Krebs, Bernd 319. 330
Kroeger, Gert 333
Kronhagel, Kristian Klaus 101
Krosigk, von 233
Krumeich, Gerd 26
Kruska, Harald 327
Kühlewein, Julius (1873-1948) 291
Kuhlo, Karl (1858-1940) 105 f. 112. 115
Kuhn 175
Kührer-Wielach, Florian 360
Kukk, Jakob (1870-1933) 337. 341
Kumlehn, Martin 81
Kunert, Sophie (1896-1960) 191
Kupisch, Karl 170

Lächele, Rainer 85
Lacher, Hugo 89
Lainvoo, Linda 333
Lamey, August (1816-1896) 284
Landauer, Gustav (1870-1919) 29. 35. 294
Lauciņš, Voldemārs 336
Leese, Kurt (1887-1965) 189. 196
Lehmann, Hartmut 80
Lehmann, Konrad (1853-1933) 231
Leinveber, Felix (1862-1934) 221. 224
Lengemann, Jochen 248
Lenz, Wilhelm 332
Leonhard, Jörn 117. 362
Leonhardt, Georg (1857-1930) 221-223. 230. 232 f
Leopold IV., Fürst von Lippe-Biesterdorf (1871-1949) 199-204. 206. 213
Leopold Friedrich, Herzog von Anhalt-Dessau (1794-1871) 213
Lepp, Claudia 13. 44
Lerchenfeld, Hugo von und zu (1871-1944) 295
Lezius, Walter 231. 235
Liebknecht, Karl (1871-1919) 29
Liermann, Hans 289
Lietzmann, Hans (1875-1942) 249. 257 f
Lindner, Eva 162
Link, Christoph 308
Lloyd George, David (1863-1945) 36
Loeper, Wilhelm Friedrich (1883-1935) 239
Löhe, Wilhelm (1808-1872) 305
Lohmann, Karl (1878-1945) 145
Loycke, Ernst (1876-1965) 139. 145
Lück, Wolfgang 18f
Ludendorff, Erich Friedrich Wilhelm (1865-1937) 29
Ludendorff, Mathilde (1877-1966) 303
Ludwig II., König von Böhmen, Ungarn und Kroatien (1506-1526) 347
Ludwig III., König von Bayern (1845-1921) 293
Ludwig IV., Großherzog von Hessen und bei Rhein (1837-1892) 265
Lürmann, Theodor (1861-1932) 64
Lütcke, Karl Heinrich 87
Luther, Martin (1483-1546) 61 f. 303. 310. 356
Lütkemüller, Ludwig 46
Lüttgert, Gottlieb 92

Personenregister

Lux, Josef 217
Luxemburg, Rosa (1871-1919) 29

Machtan, Lothar 13. 200
Mager, Inge 293
Maharens, August (1875-1950) 72
Mahling, Friedrich (1865-1933) 54
Mahr, Gustav 263
Maier, Hans 295
Maier-Bode, Sine 45
Malettke, Klaus 88
Mann, Heinrich (1871-1950) 294. 296
Mann, Thomas (1875-1955) 294
Manzeschke, Arne 309
Martin, Ernst (1885-1974) 146
Marx, Karl (1818-1883) 11. 86
Maser, Hugo 309
Maurenbrecher, Max (1874-1930) 260
Max, Prinz von Baden (1867-1929) 29. 97
Mehnert, Gottfried 100. 297
Meier, Kurt 120
Meissner, Axel 226
Meißner, Eduard 175
Melzer, Wilhelm 353
Mensing, Björn 307
Menzel, Maja 10
Merz, Johannes (1857-1929) 85
Metzing, Andreas 122
Meyer, August (1851-1935) 112
Meyer, Friedrich (1861-1943) 104
Michaelis, Walter (1857-1936) 80-82
Mieskes, Hans 355
Mirbt, Rudolf (1896-1974) 163
Mittelstrass 233. 235
Modersohn, Ernst (1870-1948) 256
Möller, Reinhard Johannes (1855-1927) 62
Morsey, Rudolf 81
Motschmann, Claus 120
Mühling, Andreas 9. 16. 122. 128
Mulert, Hermann 85
Mülhaupt, Erwin 123
Müller, Andreas 347
Müller, Dietmar 360f
Müller, Friedrich (1879-1947) 269. 277
Müller, Georg Eduard 347
Müller, Ludolf (1882-1959) 327
Müller, Ludwig (1883-1945) 72. 228. 329
Müller-Langenthal, Friedrich 363
Münnich, Franz 218. 232

Nagel, Julius 45
Narutowicz, Gabriel (1865-1922) 316
Naumann, Friedrich (1860-1919) 34
Nebel 275
Nehring, Erich (1877-1947) 321. 325
Neß, Dietmar 17. 155. 164. 168
Neukamm, Karl Heinz 31
Neuring, Gustav (1879-1919) 29
Neuser, Wilhelm (1888-1959) 204. 208
Niedlich, Karl (1889-1944) 157
Niedlich, Kurd (†1928) 157
Niemann, Anna-Lena 26
Nietzsche, Friedrich (1844-1900) 35
Nikolai II., Zar von Russland
   (1868-1918) 335
Nipperdey, Thomas 97
Noack, Axel 9f. 15
Noetel, Heinrich 92
Noltensmeier, Gerrit 17f. 203
Norden, Günther van 117
Noske, Gustav (1868-1946) 29. 296
Nottebohm, Theodor (1850-1931) 151. 165
Nowak, Kurt (1942-2001) 14. 83. 114. 194.
   297f

Ohr, Philipp 175
Oppelland, Torsten 30
Otto, Martin 30. 79
Otto, Richard 258

Pacelli, Eugenio (1876-1958)
   → Pius XII. 309
Papierzyńska-Turek, Mirosława 316
Pius XII., Papst (Amtszeit 1939-1958) 309
Parker, Sebastian 273
Paszkiewicz, Piotr 316
Pathe, Hermann (1874-1946) 157
Paulick, Richard (1876-1952) 217
Pechmann, Wilhelm Freiherr von (1859-
   1948) 65. 68f. 308. 310
Petri, Emil 258
Peus, Wilhelm Heinrich (1862-1937) 221.
   224
Pfennigsdorf, Oskar 221. 224. 237
Philipp I., Landgraf von Hessen, der Groß-
   mütige (1504-1567) 273
Philipps, Wilhelm (1859-1933) 61
Piechowski, Paul (1892-1966) 70
Piłsudski, Józef (1867-1935) 315

374

Plakans, Andrejs 331
Planck, Gottlieb Jakob (1751-1833) 42
Planck, Max (1858-1947) 42
Platthaus, Andreas 80
Poelchau, Peter Harald (1870-1945) 339
Pommers, Jânis (1876-1934) 341
Post, Bernhard 244
Praetorius, Michael (1571-1621) 62
Press, Volker (1939-1993) 267
Püschel 232

Rack, Klaus-Dieter 264
Rade, Martin (1857-1940) 33 f. 38. 100.
    103. 226
Ragaz, Leonhard (1868 1945) 37
Rasmus, Berthold 319
Ratajski, Cyryl (1875-1942) 326
Rathenau, Walther (1867-1922) 29
Rathmann, August 196
Raun, Toivo Ü. 331. 334
Reichardt, Wilhelm (1871-1941) 62 f. 246.
    250 f. 257
Reiman, Villem (1871-1917) 334
Reimer, Klaus 124
Reinerth, Karl 346
Reininghaus, Wilfried 199
Reuß, Heinrich (1862-1923) 195
Rezler, Marek 320
Rhode, Arthur (1868-1967) 322 f
Ribhegge, Wilhelm 25
Richter, Otmar 361
Richter, Petra 10
Rieffenberg, Hermann (1867-1929) 184
Riegg, Oliver 248
Riemestad, Sebastian 20. 341
Rilke, Rainer Maria (1875-1926) 294
Rische, August Dietrich (1819-1906) 106
Rittelmeyer, Friedrich (1872-1938) 305
Rixecker, Roland 125
Rode, Friedrich (1855-1923) 195
Roepke, Claus-Jürgen 306
Rogall, Joachim 325
Rogge, Joachim 168
Röhl, John C. G. 79
Rohr, Walter 160. 170
Rohtmets, Priit 341
Rolffs, Ernst (1867-1947) 11
Rosa, Hartmut 35
Rosenberg, Alfred (1893-1946) 295

Rosin, Maximilian 10
Roth, Hans Otto (1890-1953) 364
Roth, Otto 108
Rothe, Richard (1799-1867) 350
Rüdel, Wilhelm 307
Rupprecht, Walter 253

Saard, Riho 335. 341
Sauer, Paul 79
Schabert, Oskar 333
Schaich, Johanna 10
Schärer, Martin 123
Schaser, Julius (1868-1951) 352
Schaudig, Hilmar (1876-1944) 306
Schaupp, Johannes 296 f
Scheidemann, Philipp (1865-1939) 25. 27.
    29. 97. 296
Schenkel, Daniel (1813-1885) 44. 285
Schian, Martin (1869-1944) 12. 158. 163.
    172 f. 175
Schiemann, Paul 339
Schleiermacher, Friedrich Daniel Ernst
    (1768-1834) 42
Schlösser-Kost, Kordula 122
Schmeitzner, Mike 320
Schmidt 232
Schmidt, Fritz (*1887) 175
Schmidt, Heinz-Jochen 80
Schmidt, Joachim 267
Schmidt, Karl Ludwig (1891-1956) 128
Schmitt, Oliver Jens 345
Schmitthenner, Ludwig (1892-1923) 288
Schmula, Konrad (1873-1944) 170
Schneider, Johannes (1857-1930) 9. 64.
    69 f. 82. 100
Schneider, Thomas Martin 107. 117
Schnell, Karl Ernst (1866-1939) 366
Schoell, Jakob (1866-1950) 65
Schoen, Paul 309
Schöffel, Simon (1880-1959) 189. 193
Scholder, Klaus (1930-1985) 21. 98. 209.
    308
Scholz, Emil Rudolf Gustav (1863-1939) 64
Scholz, Hermann (1853-1929) 61
Schönfuß-Krause, Renate 46
Schöttler, Johannes (1861-1931) 145
Schramm, Max (1861-1928) 188
Schreiber, August Wilhelm 61 f. 233
Schreier, Beate 250

375

Personenregister

Schrenck, Erich von (1869-1930) 332. 336. 339
Schücking, Walther 33
Schullerus, Adolf (1864-1928) 350. 352. 364
Schultze, Erich (1872-1962) 177
Schulze 232
Schulze, Hagen (1872-1962) 27
Schunka, Alexander 349
Schuster, Margarete (1899-1978) 187
Schütt, Ernst Christian 185
Schütz, Heinrich (1585-1672) 62
Schvak, Toomas 334
Schwartzkopf, Hugo Christian (1864-1934) 220. 222-226. 232. 234
Schwartzkopff, David 109 f
Schwarz, Eberhard 162. 169
Schwarz, Johannes Karl Eduard (1802-1870) 245
Schwarz, Karl W. 348
Schwarz, Manuel 248
Schwarz, Walter (1886-1957) 160. 162 f. 170. 172. 174
Seehase, Hans 10. 16 f. 135. 139. 145 f
Seewald, Hermann Christian (1879-1956) 112
Seibt, Georg 175
Seidel, Thomas A. 9
Seifert, Günter 172
Selbmann, Stefan 10
Sellmann, Martin 93
Senn, Rolf Thomas 89
Severin, Günther 195
Siegmund, Jörg 244
Sievers 64
Simon, Klara 10
Smend, Rudolf (1882-1975) 34
Söderblom, Nathan (1866-1931) 341
Sommer, Wolfgang 19. 26. 293. 298. 301
Sontheimer, Kurt 34
Spehr, Christopher 10. 33. 41
Sperber, Jonathan 198
Spitzer, Karl (1874-1940?) 290
Staemmler, Johannes (1860-1946) 322
Steiner, Stephan 349
Steinlein, Hermann (1865-1947) 302 f
Steitz, Heinrich 262. 266. 268. 271. 274
Stephan, Martin (1777-1846) 45
Stephany, Maximilian 333

Stier, Ewald (1864-1946) 213. 220-226. 229-232. 235
Stoecker, Adolf (1835-1909) 97
Stolte, Max (1863-1937) 145
Stoob, Heinz 188
Stupperich, Robert 102
Stutz, Rüdiger 25
Suckow, Carl Adolph (1802-1847) 154 f
Szegedi, Edit 348
Sziling, Jan 330

Talonen, Jouko 341
Teutsch, Friedrich (1852-1933) 349. 352. 354. 360. 363. 365
Teutsch, Georg Daniel (1817-1893) 349
Theobald, Julius 89
Thierfelder, Jörg 85
Thimme, Friedrich (1868-1938) 11
Thümmel, Wilhelm (1856-1928) 249. 256
Tiling, Peter von 286
Titius, Arthur (1864-1936) 56 f. 59. 65
Tobien, Alexander von (1854-1929) 335 f. 340
Tönnies, Ferdinand (1865-1936) 36
Traub, Gottfried (1869-1956) 107 f
Tribukait, Hans (1870-1941) 112
Troeltsch, Ernst (1865-1923) 27. 34. 38
Trowitzsch, Michael 200
Trugenberger, Volker 90 f
Tschurl, Max 353
Tügel, Franz (1888-1946) 194
Tullner, Mathias 136

Ullmann, Carl (1796-1865) 283-285. 287
Ulrich, Carl (1853-1933) 264 f

Veit, Friedrich (1861-1948) 60. 62. 298 f. 306-311
Viebig, Paul (1876-1940) 176
Vierordt, Karl Friedrich 281
Vietzke, Johannes 175
Vitzthum von Eckstaedt, Woldemar (1863-1936) 69
Vogel, Rudolf 164
Vogt, Dietrich 320
Voigt, Immanuel 33
Voigt, Wilhelm (1867-[nach 1933]) 217
Volkening, Johann Heinrich (1796-1877) 106

Personenregister

Voß, Hermann (1872-1938) 165 f. 169. 177. 328
Vulpius, Melchior (1570-1615) 62

Wagner, Oskar 164. 317
Wahl, Volker 244
Walbaum, Friedrich (1864-1931) 354
Wall, Heinrich de 129
Walter, Bruno (1876-1962) 294
Wangemann, Hermann Theodor (1818-1894) 49 f
Weber, Ernst (1877- [nach 1945)] 239
Weber, Max (1864-1920) 31. 35
Wehlt, Hans-Peter 204
Wehrmann, Johannes (1877-1941) 195
Weinel, Heinrich (1874-1936) 55. 245. 249. 260
Wendt, Rudolf 125
Weprich, Hans 353
Werner 233
Weßel, August (1861-1941) 17. 203-206
Wessel, Horst (1907-1930) 102
Wessel, Ludwig (1879-1922) 97. 102
Wette, Wolfram 294
Wichern, Johann Hinrich (1808-1881) 47. 49. 162
Wied, Elisabeth von, Pseudonym: Carmen Sylva (1843-1916) 354
Wiegand, Dietmar 244. 249. 259
Wien, Ulrich A. 20. 345. 347-354. 357. 359. 365
Wiener, Paul (1495-1554) 348
Wiesenhütter, Alfred (1884-1936) 153
Wildt, Michael 193
Wilhelm II., Deutscher Kaiser und König von Preußen (1859-1941) 29. 53. 79. 97. 115. 117. 199. 275. 293

Wilhelm II., König von Württemberg (1848-1921) 79. 83
Willunat, Micha 288
Wilson, Woodrow (1856-1924) 25. 108. 345. 356
Winckler 63
Windfuhr, Walter (1878-1970) 196 f
Windschild 227. 232
Winkelmann, Reinhold (1874-1958) 178
Winkhaus, Karl (1865-1929) 107 f
Winkler, Eberhard 43
Wittram, Heinrich 332. 343
Wittstock, Erwin 363
Witzmann, Georg 259
Woche 233
Wolff, Walther (1870-1931) 67 f. 70. 126 f
Wurm, Theophil (1868-1953) 85

Zabel 233
Zachäria, Heinrich Albert (1806-1875) 134
Zahn, Adolph 214
Zahn, Theodor von (1838-1933) 302 f
Zänker, Otto (1876-1960) 173. 177
Zarnikow, Kurt (*1885) 172. 177
Zeiß-Horbach, Auguste 191
Zeller, Hermann (1849-1937) 83
Zezschwitz, Gerhard von (1859-1942) 301
Ziegler, Günter 233
Zimmermann, Karl (1803-1877) 43
Zittel, Karl (1802-1871) 283
Zöckler, Theodor (1867-1949) 317
Zoellner, Wilhelm (1860-1937) 99
Zuckmayer, Carl (1896–1977) 26
Zweig, Stefan (1881-1942) 37
Zwingli, Huldreich (1484–1531) 64

Ortsregister

Aachen 68. 123 f
Altenburg 251
Altdorf 306
Ansbach 303. 308
Apolda 10
Aschersleben 143
Augsburg 69 f. 300. 326. 330

Bad Reinerz 159
Balingen 90
Barmen 72 f. 118 f. 210
Basel 327
Bayreuth 308
Berlin 11 f. 25. 27 f. 48 f. 52. 54 f. 61. 64. 70.
75. 87. 91 f. 97. 100 f. 110. 113. 118. 132.
142. 145. 156. 191. 205. 216. 261. 277.
293. 295. 323-325. 350. 354
Bernburg 221. 231. 239
Bethel 64
Beuthen 170
Bielefeld 81. 103 f. 200
Birthälm 348
Bitterfeld 41
Blasheim 109
Bobbau 235
Bochum 114
Bonn 46. 124. 128. 188
Bornstedt 145
Bremen 129 f. 205
Breslau 31. 45. 134. 152-156. 159. 162. 172.
175. 177
Brest-Litowsk 80
Budapest 351
Bukarest 354. 356. 359. 365
Burgbernheim 301

Cēsis (Wenden) 236
Coburg 243. 247. 252 f. 260
Compiègne 28. 315
Cosel/OS 159
Coswig 239

Danzig 131
Darmstadt 43. 261 f. 264-266. 269. 274. 276 f
Detmold 199 f. 205
Dessau 214-218. 220 f. 224-227. 229. 235-239
Dresden 27. 29. 34. 46. 52. 59. 75. 85. 261
Dorpat (Tartu) 327. 332. 338. 341
Dortmund 98. 106-108. 111 f. 143
Duisburg 122

Eckenförde 143
Edderitz 222 f
Eisenach 11. 44. 47. 62. 69. 256. 259
Erfurt 11. 134-137. 145. 254
Erlangen 51. 302. 306
Erxleben 145
Essen 79

Frankfurt/Main 40. 130. 261. 272-274. 276 f
Freiburg 283
Freystadt 153
Friedberg 266. 276
Friedrichsruh 195

Gehlenbeck 112
Genf 166. 169
Gernrode 217
Gießen 12. 262. 266. 268. 273. 277
Gleitwitz 165
Glogau 156
Gnadau 81
Goldberg 153
Görlitz 153. 156. 178
Gotha 11. 43. 53. 64. 243. 247 f. 252. 259 f
Göttingen 42. 134
Gremsdorf 152
Griesheim 264

Hagen 103
Halle/Saale 9. 52. 143-145
Hamburg 17. 129 f. 183. 185-189. 191-198
Hannover 45. 72. 132. 209
Harzgerode 220

378

Ortsregister

Hattingen 104
Heidelberg 172
Herford 143
Hermsdorf bei Waldenburg 152
Hermannstadt (Sibiu) 346-348. 352. 354 f. 365
Herzberg 41
Hindenburg 171
Hoheluft 184
Hohenfelde 184

Ilsenburg 140. 141
Isenstedt 109

Jena 9 f. 25. 28. 36. 43. 55. 57. 245. 248 f. 253 f. 306
Jeßnitz 235. 238

Kahla 36
Karlsburg 345. 362. 366
Karlsruhe 281. 287
Kassel 62. 274
Kattowitz 165 f. 169. 328
Kiel 11. 25. 29. 47
Kitzingen 300
Königsberg 37. 66-70. 72
Köln 121. 202
Köthen 220. 231. 235. 345
Krakau 318
Kreuzberg 165
Kronstadt 347. 355. 358. 365

Laiuse 333
Landeshut 163
Leipzig 10. 40. 43. 49
Leopoldshall 221. 233
Liegnitz 153. 156 f
Limburg 277
Lübbecke 98. 105 f. 109. 112. 115
Lübeck 130
Lünen 113
Lüttwitz 235
Lützen 43. 141

Magdeburg 10. 136 f. 142. 145 f
Mainz 266. 277
Mansfeld 41
Mannheim 70
Marburg 39. 100. 273

Merseburg 136 f. 142. 145
Minden 202
Mosigkau 221
Moskau 109
München 19. 25. 28 f. 35. 62. 65. 277. 293-300. 306-308
Münster 141

Nădlac 358
Naumburg 138. 232
Neiße 165. 171
Neuendettelsau 305
Neustadt 171
Neustadt/Aisch 301
Nienburg/Saale 220
Nordhausen 45
Nördlingen 306
Nürnberg 67-70. 300 f. 305-308
Nystad 333

Oels 156
Ohlau 153
Oppeln 165. 169. 171
Oranienbaum 220
Osnabrück 11

Paderborn 202
Parchwitz 153
Pforta 137 f
Pleß 165
Posen 323-328. 330

Raguhn 235
Rahden 105
Ratibor 165. 175
Rathmannsdorf 222
Recklinghausen 104. 109. 114 f
Reval (Tallinn) 332. 342
Riga 332. 335-339. 341-343
Rom 109. 283
Roßlau 239
Rothsürben 153

Saarbrücken 125. 126
Sangerhausen 41
Sărata 365
Schackstedt/Anhalt 220. 226
Schäßburg 352
Schwabach 300

Ortsregister

Schweidnitz 153
Schwelm 110
Sibiu (Hermannstadt) 363
Sigmaringen 90
Speyer 129
St. Louis 45
St. Petersburg 332. 336. 338
St. Vith 131
Stanislau 317
Stettin 74. 140
Stolberg/Harz 134
Stolz 163
Stralsund 134
Stuttgart 40. 61. 65. 70. 83

Tallinn (Reval) 342
Tannenberg 80
Tarnowitz 153
Tartu (Dorpat) 336. 342
Treysa 129
Trier 9
Tübingen 10

Versailles 80. 117. 294

Waldenburg 152. 163
Warschau 81. 168. 315. 317 f. 324. 327
Weilburg 140
Weimar 9 f. 13 f. 26 f. 31 f. 35 f. 38. 79. 86.
    115. 130. 141. 188. 196. 245. 248. 252.
    289. 309 f
Weißenfels 41
Wernigerode 141 f
Wettin 145
Wien 348. 350
Wiesbaden 261. 274
Wilhelmshaven 25. 29
Wilna 317
Witten/Ruhr 140
Wittenberg 41. 46 f. 62. 141. 347
Wörlitz 217
Worms 61
Wustrau 110

Zerbst 235. 239

Abkürzungen

ABl.	Amtsblatt
Abs.	Absatz
AEKB	Archiv der Evangelischen Kirchengemeinde Bukarest
APuZ	Aus Politik und Zeitgeschichte
Art.	Artikel
BBKL	Biographisch-Bibliographisches Kirchenlexikon
CA	Confessio Augustana
D.E.K.A.	Deutscher Evangelischer Kirchenausschuss
DC	Deutsche Christen
DDP	Deutsche Demokratische Partei
DEK	Deutsche Evangelische Kirche
DNVP	Deutschnationale Volkspartei
DVP	Deutsche Volkspartei
EG	Evangelisches Gesangbuch
EKBlSchl	Evangelisches Kirchenblatt für Schlesien
EKD	Evangelische Kirche in Deutschland
EKHN	Evangelische Kirche in Hessen und Nassau
EKM	Evangelische Kirche in Mitteldeutschland
EKvW	Evangelischen Kirche von Westfalen
ELKTh	Evangelisch-Lutherische Kirche in Thüringen
EOK	Evangelischer Oberkirchenrat
EPS	Evangelische Preßverband für Schlesien
EZA	Evangelisches Zentralarchiv Berlin
FS	Festschrift
GKR	Gemeindekirchenrat
GVBl.	Gesetz- und Verordungsblatt
GVM	Gesetze, Verordnungen und Mitteilungen aus der Evangelisch-lutherischen Kirche im Hamburgischen Staate
GWU	Geschichte in Wissenschaft und Unterricht
HCh	Herbergen der Christenheit
HGVBl.	Hamburgisches Gesetz- und Verordnungsblatt
IKZG-RE	Institut für kirchliche Zeitgeschichte des Kirchenkreises Recklinghausen
JGNKG	Jahrbuch der Gesellschaft für Niedersächsische Kirchengeschichte

Abkürzungen

JHKGV	Jahrbuch der Hessischen Kirchengeschichtlichen Vereinigung
JWKG	Jahrbuch für westfälische Kirchengeschichte
K.B.A.	Kirchenbundesamt
KABl.	Kirchliches Amtsblatt
KGVBl.	Kirchliches Gesetz- und Verordnungsblatt
KJ	Kirchliches Jahrbuch für die evangelischen Landeskirchen Deutschlands
KR	Kirchenrat
LHASA	Landeshauptarchiv Sachsen-Anhalt
Lic.	Lizenziat
LKA	Landeskirchenarchiv
LKAK	Landeskirchliches Archiv der Nordkirche, Kiel
LKR	Landeskirchenrat
MEKGR	Monatshefte für evangelische Kirchengeschichte des Rheinlandes
MSPD	Mehrheitssozialdemokratische Partei Deutschlands
ND	Nachdruck
NKZ	Neue kirchliche Zeitschrift
NS	Nationalsozialismus
NSDAP	Nationalsozialistische Deutsche Arbeiterpartei
OB	Oberbürgermeister
OHL	Oberste Heeresleitung
OKR	Oberkirchenrat
OS	Oberschlesien
Pfr.	Pfarrer
PrGS	Preußische Gesetzessammlung
RE	Realencyklopädie für protestantische Theologie und Kirche
RGBl.	Reichsgesetzblatt
RGG	Religion in Geschichte und Gegenwart
SPD	Sozialdemokratische Partei Deutschlands
StA HH	Staatsarchiv Hamburg
Sup.	Superintendent
USPD	Unabhängige Sozialdemokratische Partei Deutschlands
ZAEKR	Zentralarchiv der Evangelischen Kirche in Rumänien
ZAS	Zeitungsausschnittsammlung
ZBKG	Zeitschrift für bayerische Kirchengeschichte
ZEvKR	Zeitschrift für Evangelisches Kirchenrecht